江川年鉴

JIANG CHUAN YEARBOOK

2017

中共玉溪市江川区委
玉溪市江川区人民政府 主办
玉溪市江川区人民政府区志编纂委员会办公室 编

德宏民族出版社

江川年鉴编辑部

地　　址　云南省玉溪市江川区大街街道宁海路34号
邮　　编　652600
电　　话　（0877）8018536
E - mail　jcszb@163.com

编 辑 说 明

一、《江川年鉴》是具有政府公报性质的地方综合性年鉴。由中共玉溪市江川区委、玉溪市江川区人民政府主办，玉溪市江川区人民政府区志编纂委员会办公室承编。《江川年鉴》全面、系统、准确、翔实地记载江川区社会主义物质文明、政治文明和精神文明建设的历史进程，记述上一年度内的新发展、新成就、新情况和新问题。它具有资料、信息、史料等诸多功能，旨在为海内外有关机关、团体、学校、研究部门、企事业单位和社会各界人士研究及促进江川建设提供现实服务。

二、《江川年鉴》采用条目体，分类编辑法。2016年版全书设部类19个，即《特载》《大事记》《概况》《政治》《军事》《法制》《经济管理》《建设·环保》《工商企业》《农林·水利》《交通·邮电》《财政·税务》《金融·保险》《教育·气象·防震减灾》《文化·旅游·广电·体育·卫生》《社会》《人物》《统计资料》《附录》，信息量大，图文并茂，可读性强。

三、本年鉴所用稿件均由主办单位、区属各单位和中央、省、市驻江单位专人撰写，单位领导审核签章，编辑人员反复核对。本年鉴内容真实，体例规范，具有较高的使用价值。

四、本年鉴所用统计数据由各供稿单位主管业务部门提供并审核，但由于统计时间、口径不同等原因，反映国民经济和社会发展情况的个别数据在不同稿件中不尽一致，使用时请以玉溪市江川区统计局提供的《统计年鉴》为准。

五、本年鉴的编辑出版得到江川有关部门和驻江的省、市各有关单位的热情支持和积极协助，得到省、市以及各县区地方志部门的指导帮助，在此表示诚挚谢意。殷切希望各界人士提出改进意见，使《江川年鉴》常办常新，更好地为建设宜居宜业和谐美丽新江川服务。

撰稿人员名录

郭昊恒　　徐凡清　　朱姝璇　　鲍　敏　　刘清清　　周　权　　郭世民
李　想　　李佩佩　　杨冬丽　　沈　娴　　申雪　　张陈俊达　　刘蓉芳
徐顺生　　盛文芬　　褚　获　　郑文明　　赵　鹏　　张　琪　　翟　月
吴　侣　　刘　鸿　　矣树芬　　赵连江　　金武恒　　李拥军　　杨花润
杨智强　　张文丽　　夏雁丽　　龚永达　　高　洁　　张　潇　　靳红艳
杨美艳　　顾宝富　　王青青　　罗连辉　　张树良　　吴冬丽　　李　瑞
王汐羽　　廖江平　　黄　迪　　林　辛　　王玲芬　　施函成　　赵维新
李华英　　张　浩　　储　晶　　李　霞　　郑文红　　杨红明　　李昊阳
李明利　　李伟宏　　韩海萍　　王牙明　　叶红梅　　黄　飞　　黄华平
海　霞　　侯　芳　　靳嘉玲　　李学辉　　刘　芳　　张冲平　　陈花艳
罗留芝　　周　愚　　韩卓城　　邓　琼　　金　琳　　郭春乐　　吕玉红
侯新华　　张艺云　　徐　锴　　杨留柱　　白　啸　　李金琳　　杨彦明
周　兰　　牛　潇　　周占明　　李依梵　　刑榕玲　　王晓萍　　代志伟
黄　毅　　张本林　　顾文熹　　陈　江　　刘　丽　　李阳春　　张　毅
李　祥　　徐　浩　　张文聪　　郭艳波　　史文杰　　熊崟钧　　李亚捷
晏　培　　周艳萍　　杨　虎　　李明川　　李江艳　　唐　甜　　徐兴坤
侯彦昆　　张寒杰　　普江燕　　邓江玲

区委书记徐贤作工作报告　（杨孟奇　摄）

看望代表　（王亚芬　摄）

分组讨论　（杨孟奇　摄）

依法选举　（王亚芬　摄）

2016年7月12日，中国共产党玉溪市江川区第二次代表大会召开　（杨孟奇　摄）

区委书记徐贤作工作报告　（杨孟奇　摄）

区委副书记、区长王志华主持会议　（陈宽　摄）

分组讨论

分组讨论　（陈宽　摄）

2016年12月29日，中国共产党玉溪市江川区第二届委员会第三次全体会议召开　（杨孟奇　摄）

区委副书记、区长王志华作政府工作报告

区人大常委会主任龚桂存作工作报告

分组讨论

依法选举

2017年1月5日，玉溪市江川区第二届人民代表大会第一次会议召开　（陈宽　摄）

区政协主席罗跃岗作工作报告

分组讨论

政协委员视察工业园区

依法选举

2017年1月4日，政协玉溪市江川区第二届委员会第一次会议召开　（陈宽　摄）

2016年7月29日，国家水利部视察龙泉工业园区　（工业园区　供稿）

2016年6月8日，省委书记李纪恒（前左二）到江川调研江通高速公路建设情况　（区交通局　供稿）

2016年5月13日，省委常委、纪委书记张硕辅（前右二）到江通高速公路调研　（区交通局　供稿）

2016年3月8日，省安监局局长杨亚林（右）检查调研江川区安全生产大检查长效机制推广运用工作
（杨孟奇　摄）

2016年8月31日，市委书记罗应光（中）与航空专家到龙泉工业园区调研　（工业园区　供稿）

2016年9月5日，市委书记罗应光（中），市委副书记、代市长张德华（前左）到龙泉工业园区调研合美通用航空生产情况　（陈宽　摄）

2016年7月29日，市委副书记、市长饶南湖（左）到九溪镇调研　（九溪镇　供稿）

2016年9月28日，市委副书记、代市长张德华（中）到江川看望慰问百岁老人　（区老龄委　供稿）

2016年4月11日，市委副书记保明顺（中）到江川调研生态农业 （王亚芬 摄）

2016年7月28日，市政协主席夏立洪（左）到江川看望慰问驻江部队官兵 （杨孟奇 摄）

2016年5月13日，市委常委、组织部部长晏森（右）到安化乡新庄村看望慰问困难老党员
（莫小伟　摄）

2016年7月19日，市委常委、玉溪军分区政委金志达（中）出席区人武部党委第一书记任职大会
（杨孟奇　摄）

2016年10月11日，市委常委、纪委书记赵基（中）到江川调研　（杨孟奇　摄）

2016年7月2日，市委常委、副市长王力（前右二）到江通高速公路施工现场调研　（区交通局　供稿）

2016年12月30日，副市长解仕清（右二）到江川检查烟花爆竹安全生产工作　（区安监局　供稿）

2016年8月31日，副市长黎晓英（右）到安化乡调研　（莫小伟　摄）

撤县设区

市四套班子调研　（陈宽　摄）

撤县设区工作领导小组会　（王亚芬　摄）

授印仪式　（王亚芬　摄）

授牌仪式　（杨孟奇　摄）

2016年2月26日，江川撤县设区大会召开　（王亚芬　摄）

村级组织换届选举工作动员会　（陈宽　摄）

村级组织换届选举工作培训会　（王亚芬　摄）

村级组织换届选举工作　（九溪镇　供稿）

村级组织换届选举工作　（王亚芬　摄）

依法选举　（陈宽　摄）

九溪镇2016年新一届村组干部业务培训会
（九溪镇　供稿）

党建工作会

党员知识竞赛 （王亚芬 摄）

观摩学习下营社区党总支规范化建设（陈宽 摄）

互联网+纪律监督平台启动仪式 （王亚芬 摄）

“两学一做”学习教育工作座谈会

“小个专”党委成立 （王亚芬 摄）

2016年3月18日，玉溪市农机技术培训推广站、江川新天力现代农业装备制造有限公司在江川区联合举办2016年春耕生产农机展示会　（杨孟奇　摄）

2016年10月24日，玉溪市“金秋十月，共谋发展”装备制造业座谈会在江川龙泉工业园区召开　（工业园区　供稿）

海明堡飞机　（陈宽　摄）

九溪润特物流项目开工仪式　（王亚芬　摄）

市委常委、纪委书记赵基（左）调研龙泉工业园区　（工业园区　供稿）

合美通用航空挂牌仪式　（王亚芬　摄）

联塑生产车间

龙泉工业园区招商引资项目签约仪式

市委书记罗应光（前右二）到腾达机械生产车间调研

玉溪城际天然气管道工程江川段铺设现场
（陈宽　摄）

澄江至江川高速公路试验路段开工仪式
（陈宽　摄）

龙泉工业园区6号路建成通车　（工业园区　供稿）

2016年12月13日，江川区迎接义务教育基本均衡国家督导评估动员暨培训会召开

大街中学“阳光分班” （陈宽　摄）

大街小学预防意外伤害讲座

区总工会组织“金秋助学”活动

“六一”活动剪影

江川职中毒品预防教育活动 （王亚芬　摄）

江二中排危新建工程

江二中勤工俭学基地绿色蔬菜　（江川二中　供稿）

书法课堂

区委副书记、区长王志华（中）调研江川区教育事业
（陈宽　摄）

大街街道大庄中学校安工程美丽校园　（代志伟　摄）

2016年3月4日，市政协到安化乡调研扶贫工作

2016年11月15日，玉溪市江川区扶贫攻坚脱贫考核验收动员会召开

安化彝族乡整乡推进精准脱贫项目开工仪式

区委书记徐贤（中）调研扶贫工作　（陈宽　摄）

江川区反映扶贫领域违纪问题信访举报督办工作部署会召开　（陈宽　摄）

江川区扶贫开发工作推进会召开　（王亚芬　摄）

江川区召开金融助推青铜产业座谈会

巧夺天工制铜器

铜　狮

云岭技帅陆培兴制作铜壶

大铜锅

铜壶　（陈宽　摄）

2016年10月21日，玉溪市江川区提升人居环境行动推进“六城同创”暨国家卫生城市创建达标动员大会召开

防艾文艺晚会 （疾控中心 供稿）

区委副书记、区长王志华（中）查看烤烟受灾情况

安化乡光山村农危改开工 （陈宽 摄）

2016年8月15日，江川区国地税联合办税服务厅启用
（张艺云 摄）

交警除雪保障通行 （陈宽 摄）

科普知识下乡

垃圾无害化处理点火仪式

免费诊疗

书赠春联

送书下乡

文艺汇演 （陈宽 摄）

拳术训练

手枪射击训练

江川二中征兵报名现场

江川区2016年度入伍新兵思想政治教育

征兵宣传

玉溪市江川区庆祝中国人民解放军89周年暨军事日活动　（区人武部　供稿）

表彰文艺工作者

江川县非物质文化遗产传承保护工作会召开
（陈宽　摄）

“中国楹联文化县”验收授牌仪式
（王亚芬　摄）

彝民钻木取火展示　（陈宽　摄）

2016年12月25日，李红周先生画展暨收藏江川名人书画作品捐赠展　（杨孟奇　摄）

江川区中华传统美德教育实践示范基地建设启动仪式
（陈宽　摄）

2016年5月12日，江川区举行珠江流域星云湖大头鲤人工增殖放流活动

清理排草

区领导到星云湖南岸调研

星云湖环湖截污治污工程PPP项目合同签约仪式
（陈宽　摄）

星云湖海鸥　（曲雪琼　摄）

应急演练

地震应急演练

地震应急演练　（区疾控中心　供稿）

防灾减灾应急演练

检查应急通讯照明设备

抗震救灾演练

抗震救灾指挥部　（陈宽　摄）

第十二届开渔节暨高原湖泊水产品交易会

开渔节入湖仪式

星云湖捕鱼　（杨孟奇　摄）

鱼　市　（陈宽　摄）

开渔节钓鱼比赛

开渔节越野车比赛

开渔节羽毛球比赛　（王亚芬　摄）

目 录

政　治

军　事

法　制

经济管理

建设·环保

工商企业

农林·水利

林　业

水　利

交通·邮电

交通运输

公　路

电　信

财政・税务

金融・保险

文化·旅游·广电·体育·卫生

人　物

统计资料

附　录

特 载

抓实战略机遇 推动跨越发展 奋力夺取全面建成小康社会的新胜利

——在中国共产党玉溪市江川区第二次代表大会上的报告

区委书记 徐 贤

（2016年7月12日）

各位代表、同志们：

这次大会的主要任务是：全面总结过去五年工作，研究部署今后五年的奋斗目标、主要任务和工作措施，选举产生中国共产党玉溪市江川区第二届委员会和中国共产党玉溪市江川区第二届纪律检查委员会，选举出席市第五次党代会代表，团结动员全区党员干部和各族群众抓实战略机遇，推动跨越发展，确保与全市同步全面建成小康社会。

现在，我代表中国共产党玉溪市江川区第一届委员会向大会作报告，请予审议。

一、过去五年主要工作回顾

"十二五"以来，在市委、市人民政府的坚强领导下，十二届县委和一届区委团结带领广大干部群众，紧紧围绕"环境优先、兴园强工、建设新城、做美生态"的发展思路和建设富裕和谐美丽新江川的发展战略，牢牢把握经济社会发展主动权，主动适应经济发展新常态，妥善应对经济下行压力加大的严峻考验，全力以赴稳增长、调结构、促改革、建生态、惠民生、保稳定、强党建，保持了经济社会平稳健康发展的良好局面。五年累计完成地方生产总值294.2亿元，是"十一五"时期的1.8倍，年均增长12.1%；地方财政收入24.8亿元，是"十一五"时期的2.4倍，年均增长18.6%；规模以上固定资产投资142.3亿元，年均增长25.2%；社会消费品零售总额77.5亿元，是"十一五"时期的2.1倍，年均增长14.8%；城镇常住居民可支配收入增加到28509元，年均增长11.7%；农村常住居民人均可支配收入增加到10214元，年均增长12.6%；县域经济发展全省排名由2014年的第60位上升到2015年的第22位，顺利完成"十二五"规划确定的各项目标任务，为"十三五"发展和到2020年全面建成小康社会奠定了坚实基础。

五年来，我们始终坚持稳增长调结构，着力加快转型升级，综合实力稳步提升。建成各类农田水利基础设施1万余件，实施中低产田（地）改造和高标准农田建设16.6万亩，烤烟生产位居全市前列，粮食、蔬菜、花卉、经果、畜牧等高原特色农业健康发展；龙泉工业园区发展初具规模，装备制造、生物制药、新能源、新材料等新兴产业平稳起步，红砖、烟花爆竹行业整合取得实效，磷化工等传统产业升级改造成效明显；商贸物流持续活跃，以生态文化旅游产业为重点的第三产业稳步发展。三次产业比重由“十一五”末的29.2：26.7：44.1调整为2015年的20.8：32.4：46.8，产业结构更趋合理，发展质量明显提高。

五年来，我们始终坚持促统筹树形象，更加注重协调发展，城乡面貌日益改观。棚户区改造有序推进，街区整治成效明显，城市建成区面积扩大到5.5平方千米，城市化率提高到38.3%，成功撤县设区。城市管理不断加强，城乡人居环境综合整治深入推进，省级“甲级卫生县城”得到巩固。江城、九溪被列为省级特色小镇，美丽宜居乡村建设稳步推进，统筹城乡发展卓有成效。

五年来，我们始终坚持建生态优环境，倾力建设生态文明，生态环境持续改善。成功纳入国家重点生态功能区转移支付补助范围。“两湖”水污染综合防治“十二五”规划项目全面完工，东风水库径流区水污染综合整治工程深入推进。“森林江川”建设取得实效，森林覆盖率达40.7%。万元生产总值能耗下降13.4%。“仙湖卫士”行动计划全面实施，生态文明创建成效显著，抚仙湖稳定保持I类水质，星云湖水质明显好转。

五年来，我们始终坚持抓改革促开放，不断健全体制机制，发展活力显著增强。政府机构改革和职能调整圆满完成，农村综合改革取得阶段性成果，医药卫生体制、教育体制和供销社综合改革稳步推进，行政审批制度、投融资体制改革取得进展。殡葬改革实现火化率和公墓安葬率100%。融入滇中城市经济圈和玉溪中心城区一体化发展各项工作积极开展。实施市外国内项目310项，到位省外国内资金141亿元；实现进出口总额4.2亿美元，对外开放水平不断提高。

五年来，我们始终坚持惠民生保稳定，全面发展社会事业，发展成果普惠共享。教育优先发展地位得到巩固，被省政府评为“教育工作先进县”。新型农村合作医疗实现全覆盖，城镇居民医疗保险扎实推进。社会保障体系不断完善，城乡养老、低保水平稳步提高，建成保障性住房19.7万平方米，实施农村危房改造及抗震安居工程1.1万户。城镇登记失业率控制在3.36%以内。启动安化乡扶贫攻坚整乡推进项目，脱贫攻坚步伐明显加快，减少贫困人口6900人。文化、科技、体育事业繁荣发展，成功创建“中国楹联文化县”，“全国先进文化县”通过文化部复审。依法治区工作深入开展，荣获“全省平安先进县”。

五年来，我们始终坚持强党建打基础，从严从实管党治党，党的建设全面加强。区委常委会自身建设切实加强。党的群众路线教育实践活动、“三严三实”和“忠诚干净担当”专题教育、学习型党组织和基层服务型党组织建设成效显著，“两学一做”学习教育扎实开展。干部选拔任用、教育培训等机制不断完善，新农村建设指导员、大学生村官、党组织常务书记作用充分发挥。全面从严治党扎实推进，中央“八项规定”精神切实贯彻，“四风”积弊得到有效整治，干部作风持续好转。党风廉政建设党委主体责任和纪委监督责任全面落实，反腐败斗争保持高压态势，五年查处违纪违法案件81件81人，政治生态和社会风气明显净化。民主政治建设全面加强，人大、政协作用发挥更加到位，“一府两院”履职尽责更加有为，党管武装、宣传、思想、统战、民宗、群团、双拥、老干等工作卓有成效。

各位代表、同志们，成绩来之不易，奋斗充满艰辛。这是市委、市人民政府正确领导、倾斜关心的结果，是历届县委和第一届区委接力开拓、持续努力的结果，是全区上下齐心协力、团结实干的结果，是中央和省市驻江单位、驻江军警部队及社会各界大力支持、鼎力帮助的结果。在此，我代表区委向过去五年来为江川发展付出心血和汗水的全区广大党员干部群众、社会各界人士，表示衷心的感谢和崇高的敬意！

在充分肯定成绩的同时，我们也要清醒地看到工作中存在的不足和问题：一是产业发展实力不强、层次不优、后劲不足、聚集程度不高；二是工业化、城镇化水平较低，特别是工业体量不大、生产性投资比重低；三是新常态下部分党组织核心作用没有充分发挥，少数领导干部作风不实、不敢为、慢作为，工作能力和水平与新形势新任务要求不相适应。对这些问题，我们必须高度重视并认真解决。

二、今后五年目标任务

“十三五”时期，是我区与全市同步全面建成小康社会的决胜期，是全面深化改革取得决定性成果和全面推进依法治区迈出坚实步伐的关键期，是产业结构调整和转型升级的攻坚期，是“四化”同步的加速推进期，是抢抓机遇扩大开放大有作为的战略机遇期。未来五年，我区发展面临一系列重大机遇：国家深入实施西部大开发、脱贫攻坚、“一带一路”、“互联网+”战略和供给侧结构性改革，云南加快推进滇中城市经济圈一体化发展和“五大基础网络”建设，玉溪全面推进“三区一港”战略和“六城同创”工作，特别是撤县设区后市委、市人民政府出台《关于全面加快江川区发展的意见》，为我区加快实现跨越发展提供了千载难逢的历史机遇。我们必须牢固树立强烈的机遇意识、大局意识、发展意识、开放意识、担当意识，以“跳起来摘桃子”的勇气推动江川大开发、大建设、大发展，在新的起点上努力开创江川跨越发展新局面。

今后五年全区工作的指导思想是：高举中国特色社会主义伟大旗帜，以马克思列宁主义、毛泽东思想、邓小平理论、“三个代表”重要思想、科学发展观为指导，全面贯彻党的十八大和十八届三中、四中、五中全会精神，深入贯彻习近平总书记系列重要讲话和考察云南重要讲话精神，坚持“四个全面”战略布局，贯彻创新、协调、绿色、开放、共享五大发展理念，主动服务国家发展战略，主动融入玉溪中心城区，按照“创新引领、生态优先、兴园强工、城乡融合”的发展思路，围绕建设全市重要的新型工业化聚集区、全省知名的休闲旅游度假区、滇中城市经济圈的产城融合发展样板区和辐射周边地区的现代物流中心的“三区一中心”发展战略，统筹推进经济建设、政治建设、文化建设、社会建设、生态文明建设和党的建设，努力把江川建成全市绿色发展示范区、对外开放门户区、“三湖”城市先行区、文明和谐幸福区，确保与全市同步全面建成小康社会。

今后五年全区经济社会发展的主要预期目标是：全区地方生产总值年均增长10%以上，地方财政一般公共预算收入年均增长5%以上，规模以上固定资产投资年均增长20%以上，城镇常住居民人均可支配收入增长10%以上，农村常住居民人均可支配收入增长11%以上，万元生产总值能耗与省市同步下降。

围绕以上目标任务，重点抓好六个方面的工作：

（一）更加突出产业强区，全力壮大综合经济实力。坚持产业强区理念不动摇，主动适应经济发展新常态，加快推动产业结构由中低端向中高端迈进，逐步构建现代生态产业体系。做大做强工业经济，全力推进龙泉园区建设，大力发展临空经济、高端装备制造、生物医药、新能源新材料等新兴产业，改造提升磷化工、烟花爆竹、建筑建材、农产品加工、纸制品等传统产业，确保到2020年实现全区工业总产值200亿元以上，园区工业总产值150亿元以上。做精做活以文化旅游业为重点的第三产业，牢固树立“全域旅游”理念，打好高原水乡、古滇青铜、渔文化等品牌，稳步发展铜文化产业，积极推进李家山国家考古遗址公园建设，加快发展星云湖周边新兴旅游业态，着力打造一批旅游示范村、休闲庄园、旅游客栈，确保到2020年实现旅游总收入30亿元以上；积极承接玉溪中心城区产业、城市服务等功能转移，大力发展金融、信息、养老养生等现代服务业，改造提升餐饮、住宿、批发、零售等传统服务业，发展壮大城市经济。做优做特高原特色农业，按照“接二连三”的发展思路，深入推进“互联网+农业”公共服务平台建设，加快培育农业新型经营主体，高起点、高标准建设一批以烟草、蔬菜、花卉、经果、畜牧、渔业为重点的精品农业庄园和家庭农场，积极发展都市农业和生态观光农业，加快建设农产品加工基地、无公害蔬菜生产基地，不断提升农业产业化水平，确保到2020年实现农业总产值33.5亿元以上。

（二）更加突出统筹兼顾，全力推进城乡协调发展。坚持产城联动、城乡融合，牢牢抓住撤县设区重大历史机遇，高起点做好城市规划设计，优化城市空间布局，打造具有“一流水质、一流生态、一流旅游”的高原湖泊生态城。修订完善“十三五”规划，科学修编土地利用总体规划，调整完善产业功能布局、交通体系建设、生态环境保护和集镇、乡村等专项规划，推进“多规合一”，实现“一张蓝图”管控。全面完善城镇化空间结构，规划建设龙泉园区新城区，推动江川主城区向龙泉园区新城区拓展，加快形成以大街为中心，江城为次中心，前卫、路居、九溪、雄关、安化各具特色的新型城镇格局，确保到2020年城镇化率达55%。统筹推进棚户区改造、街区整治和城市综合管廊建设，启动实施“海绵城市”试点工程，积极创建“国家卫生城市”，打造“六城同创”模范城。创新城市管理体制，鼓励支持社会各方参与城市管理，实现城市共治共管、共建共享。统筹城乡发展，加快农村人口市民化进程，深入推进城乡人居环境综合整治工作，大力推进美丽宜居乡村建设，稳步推进基本公共服务城乡居民全覆盖。

（三）更加突出基础先行，全力破解发展瓶颈。坚持抢抓全省“五大基础网络”建设机遇，全力以赴打基础、破瓶颈、补短板、强支撑，夯实跨越发展基础。加强交通基础设施建设，加快推进澄川、红江、江通高速和环城路建设，推进西南护林防火直升机场建设，启动城际铁路、民用运输机场、一类通用机场等重大工程，实施农村公路路面硬化工程。加强能源基础设施建设，实施缺水地区供水管网建设和新一轮农村电网改造升级工程，抓好天然气管道建设，推进雄关光伏发电项目，合理开发利用太阳能、生物质能等新能源。配合滇中引水项目搞好民生水利，加快推进农村人畜饮水安全工程建设，继续配合实施东片区暨三湖生态保护水资源配置应急工程，抓好病险水库除险加固、高效节水灌溉、集镇供水、污水处理等工程。加强信息基础设施建设，抓好教育云、卫生云等平台建设，实施信息网络“村村通”工程，实现通信光纤主干全覆盖，积极建设“数字城管”“应急联动”等公共信息服务平台，推进公共服务网络化。

（四）更加突出改革开放，全力激发创新驱动活力。坚持向改革要动力、向开放要活力，瞄准制约江川发展的突出问题，积极稳妥地推进各项改革，努力推动经济体制、生态文明、公务用车、户籍制度、农村产权制度、政府职能转变、党的群团改革、干部人事制度和文化教育卫生体制等重点领域改革创新，积极探索应用PPP、资产证券化、股权融资等投融资模式，扎实推进供给侧结构性改革，切实激发经济发展新动力。全方位扩大对外开放，主动融入滇中城市经济圈“六个一体化”建设，加强与北京顺义区等发达地区的合作交流，加大招商引资力度，积极承接先进装备制造、新能源新材料等新兴产业落地江川，推动形成开放型经济新格局，不断凸显江川区在国家战略交汇点和玉溪建设省内重要内陆港中心地位作用，确保到2020年全区引进省外国内资金年均增长15%以上，对外贸易总额年均增长10%以上。大力加强物流基础设施建设，全力推进九溪润特、云南宏程等物流项目建设，积极推广大数据、“互联网+”在各领域的应用，促进商贸流通发展。

（五）更加突出生态建设，全力创建全市绿色发展示范区。坚持把生态建设放在更加重要的位置，严格落实《云南省主体功能区规划》，推动绿色发展，努力走出一条“生产发展、生活富裕、生态文明”的新型发展路子。把星云湖纳入抚仙湖保护治理单元，积极申报星云湖国家湿地公园，启动实施星云湖水体置换、底泥疏挖、沿湖居民搬迁等重大工程，完成星云湖水环境保护治理“十三五”规划项目，确保2020年星云湖消除劣V类水质，力争达到IV类水质。加强东风水库径流区环境综合整治，积极推进董炳河、九溪河河道治理，确保东风水库流域生态安全。以城镇面山、江河堤岸、村庄四旁绿化为重点搞好绿化美化，深入推进“森林江川”建设，确保到2020年森林覆盖率达45%。加强环保能力建设，严格环境执法监管，稳步淘汰落后产能，圆满完成节能减排目标任务。深入实施大气、土壤等污染治理工作，深入实施“仙湖卫士”行动计划，加快国家和省级生态乡镇创建步伐，努力创建云南省生态文明区。

（六）更加突出共建和谐，全力提升群众幸福指数。坚持共享发展，促进就业服务、社会保障、文化体育等公共服务均等化，切实增进人民福祉。瞄准1个建档立卡贫困乡、8个建档立卡贫困村、8790人建档立卡贫困人口，突出异地搬迁扶贫、产业扶贫、教育扶贫、精准扶贫和区域开发，围绕“八个一批”倒排工期、挂图作战，着力实施脱贫攻坚工程，确保2017年前圆满完成脱贫目标任务。着力推进民生社会事业发展，基本普及学前3年教育，全面普及高中教育，大力发展职业教育，实现义务教育发展基本均衡目标；加强城乡公共卫生服务体系建设，支持中医事业发展，提高公立医院综合服务水平；大力实施公民道德素质提升工程，深入实施文化惠民工程，全面繁荣文化体育事业；稳步提高城乡居民社会保障覆盖率和保障水平，加快城乡养老服务和社会救助体系建设，做好保障性住房运营管理和农村危房改造及抗震安居工程建设；稳妥落实“全面二孩”政策；继续巩固殡葬改革成果。着力实施创业促进就业工程和“城乡居民收入倍增计划”，确保城镇登记失业率控制在4%以内。着力推进全面依法治区工作，强化社会创新和治安综合治理，加强治安防控体系建设，严格落实安全生产责任制，坚决打好禁毒防艾人民战争，巩固“平安江川”创建成果，确保社会和谐稳定。

三、坚持从严治党，着力推进党的建设

做好“十三五”各项工作，关键在党，关键在人。要充分发挥好党在经济社会发展中的领导核心作用，广泛凝聚全区人民和社会各方面力量，为推动跨越发展、全面建成小康社会提供坚强的政治保证。

一是要提高各级党委领导经济发展的能力。全区各级党委要强化责任意识，加强对经济社会发展工作的领导，完善党委研究经济社会发展战略、定期分析经济形势、研究重大方针政策的工作机制，及时研究解决经济社会发展的重大问题，使党委总揽全局、协调各方的领导核心作用更好地体现到经济社会发展各个领域。强化能力建设，切实提高各级党委把握和谋划经济社会发展大局的能力，全面增强党员干部适应和驾驭经济发展新常态、推动跨越式发展、做好群众工作和维护社会稳定的能力，促使各级领导干部成为领导经济社会发展的行家里手。创新引领发展的方式方法，改进工作体制机制，规范重大行政决策程序，强化全委会决策和监督作用，确保中央、省委和市委的决策部署落实到位。

二是要充分发挥基层组织战斗堡垒作用。全区各级党组织特别是党组织书记要牢记党建“主业”，自觉耕好“责任田”，树立大抓基层的鲜明导向，狠抓基层党建责任制落实，推进基层组织建设全面进步。全面建强基层服务型党组织，抓好“三个行动计划”、“四级”党建联席会议制度、软弱涣散基层党组织整顿转化、基层综合服务平台作用发挥等工作，用好党员积分制管理、农村党员户挂牌、美丽玉溪先锋行动和党员先锋岗等载体，进一步强化基层党组织整体功能。切实加强村（社区）党组织书记、大学生村官和农村致富带头人等队伍建设，继续选派好驻村扶贫工作队、第一书记，不断提高基层组织工作经费保障水平。着力加强党员教育管理和服务，扎实开展“两学一做”学习教育，更加注重发挥基层党员先锋模范作用，更好带领群众促跨越、奔小康。

三是要以鲜明的用人导向打造过硬干部队伍。坚持党管干部的原则，优化领导班子知识结构和专业结构，注重培养选拔政治强、懂专业、善治理、敢担当、作风正的领导干部，提高专业化水平。坚持好干部标准，突出忠诚干净担当、不让老实人吃亏、从基层一线培养选拔干部的用人导向，落实“七个大力培养和重用”、“七个坚决调整和不用”要求，合理使用各层次、各年龄段干部，加强“四类”干部和后备干部培养，选好用好干部。深化干部人事制度改革，完善政绩考核评价体系和奖惩机制，着力整治干部“为官不为”等问题，推动干部能上能下，调动和发挥各级干部工作积极性、主动性、创造性。统筹抓好各类干部教育培训，继续开展“领导干部讲坛”和科级党员领导干部讲党课工作，积极推广“微型党课”，不断提高党员干部的理论水平和工作能力。全面推行“挂路线图、排时间表、追责任人、销任务号”工作机制，不断提高领导干部执行意识。切实加强对干部的监督管

理，严格执行好干部日常监督制度。大力实施人才强区战略，推进各类人才队伍建设。

四是要深入落实全面从严治党要求。教育引导广大党员干部牢固树立政治意识、大局意识、核心意识、看齐意识，自觉在思想上政治上行动上同以习近平同志为总书记的党中央保持高度一致。严格执行《中国共产党廉洁自律准则》和《中国共产党纪律处分条例》等各项法规，始终把纪律和规矩挺在前面。继续深化党的群众路线教育实践活动、“三严三实”和“忠诚干净担当”专题教育成果，坚决执行中央“八项规定”精神和省市实施办法，旗帜鲜明反对和惩治“四风”，从严整治“为官不为”，探索建立干部召回制度，加快推进作风建设形成新常态。认真落实党风廉政建设党委主体责任和纪委监督责任，实践好监督执纪“四种形态”，进一步健全权力运行制约和监督体系，深入推进纪律教育经常化，坚决查处违纪违法案件，始终保持正风肃纪的高压态势，努力形成不想腐、不能腐、不敢腐的有效机制，营造良好的政治生态。

五是要形成推动跨越发展的强大合力。认真贯彻落实《中国共产党地方委员会工作条例》，继续完善区委全委会及其常委会议事规则和决策程序，建立健全党员领导干部民主生活会配套制度办法，努力提高科学决策、民主决策、依法决策水平。积极支持区人大、区政府、区政协以及司法机关、人民团体、统一战线成员依法依章履职尽责，确保区委关于经济社会发展的各项重大决策得到贯彻落实。切实做好老干部工作。加强党管武装工作。注重发挥群众首创精神，鼓励基层积极开展试点示范，建立改革探索容过纠错机制，及时总结推广基层在推动经济社会发展方面的好经验、好做法。加强舆论引导，凝聚更多正能量，以求实、务实、落实和马上就办、办就办好的精神，用心、用情、用力做好各项工作。

各位代表、同志们，新起点开启新征程，新蓝图激发新梦想。让我们更加紧密地团结在以习近平同志为总书记的党中央周围，在市委的坚强领导下，同心同向同行、真干实干苦干，闯出一条符合江川实际的跨越式发展路子，共同夺取与全市同步全面建成小康社会的伟大胜利！

名词解释

中共玉溪市江川区第一届委员会：根据《中国共产党玉溪市委员会关于江川撤县设区县委、县纪委更名有关事项的批复》（玉复〔2016〕4号），江川2月26日撤县设区后，中共江川县第十二届委员会为中共玉溪市江川区第一届委员会，任期至2016年换届。

五大基础网络：指路网、航空网、水网、能源保障网和互联网（通讯网）。

玉溪“三区一港”：指市委提出的围绕到2020年把玉溪建成全省产业转型升级的先行区、新兴产业发展的聚集区、重要的高端休闲旅游度假区和重要内陆港的“三区一港”发展定位。

六城同创：指市委提出的创建联合国人居环境奖、全国文明城市、国家环保模范城市、生态园林城市、智慧城市和创新型试点城市这六项创建工作。

“四个全面”战略布局：全面建成小康社会、全面深化改革、全面推进依法治国、全面从严治党。

全域旅游：指在一定区域内，以旅游业为优势产业，通过对区域内经济社会资源尤其是旅游资源、相关产业、生态环境、公共服务、体制机制、政策法规、文明素质等进行全方位、系统化的优化提升，实现区域资源有机整合、产业融合发展、社会共建共享，以旅游业带动和促进经济社会协调发展的一种新的区域协调发展理念和模式。

海绵城市：是新一代城市雨洪管理概念，指城市在适应环境变化和应对雨水带来的自然灾害等方面具有良好的“弹性”，也可称之为“水弹性城市”。国际通用术语为“低影响开发雨水系统构建”。下雨时吸水、蓄水、渗水、净水，需要时将蓄存的水“释放”并加以利用。

生物质能：指太阳能以化学能形式贮存在生物质中的能量形式，即以生物质为载体的能量。它直接或间接地来源于绿色植物的光合作用，可转化为常规的固态、液态和气态燃料，取之不尽、用之不竭，是一种可再生能源，同时也是唯一一种可再生的碳源。人类对生物质能的利用，包括直接用作燃料的有农作物的秸秆、薪柴等；间接作为燃料的有农林废弃物、动物粪便、垃圾及藻类等，它们通过微生物作用生成沼气，或采用热解法制造液体和气体燃料，也可制造生物炭。

数字城管：是数字化城市管理系统的简称，指综合运用现代数字信息技术，以数字地图和单元网格划分为基础，集成基础地理、地理编码、市政及社区服务的多种数据资源，以城市监管员和市民服务热线为信息收集渠道，创建城市管理和市民服务综合指挥系统，通过多部门信息共享、协同工作，构建起沟通快捷、责任到位、处置及时、运转高效的城市管理、公共服务的监督和处置新机制，全面提高城市管理和政府公共服务水平。

六个一体化：是指交通基础设施一体化、产业发展一体化、生态环保一体化、城乡一体化、市场体系一体化、公共服务和社会管理一体化。

七个大力培养和重用：是指大力培养和重用理想信念坚定、心系人民、襟怀坦白的干部，依法办事、为政清廉、品行端正的干部，坚持原则、认真负责、敢抓敢管的干部，想改革、谋改革、善改革的干部，能力过硬、实绩突出、群众公认的干部，扎根基层、埋头苦干、甘于奉献的干部，公道正派、不拉关系、不走门子的干部。

七个坚决调整和不用：是指坚决调整和不用理想信念动摇、信仰缺失、精神迷茫的干部，不守纪律、不讲规矩、目无法纪的干部，宗旨意识淡漠、作风漂浮、弄虚作假、群众不认可的干部，投机钻营、跑官要官、买官卖官的干部，能力平庸、为官不为、不敢担当的干部，言行不一、阳奉阴违、做"两面人"的干部，律己不严、道德败坏、以权谋私的干部。

监督执纪"四种形态"：党内关系要正常化，批评和自我批评要经常开展，让咬耳扯袖、红脸出汗成为常态；党纪轻处分和组织处理要成为大多数；对严重违纪的重处分、作出重大职务调整应当是少数；严重违纪涉嫌违法立案审查的只能是极极少数。

凝心聚力　砥砺前行
奋力开创全区经济社会发展新局面

——在区委二届三次全会第一次全体会议上的报告

区委书记　徐　贤

（2016年12月29日）

同志们：

这次全会的主要任务是：认真贯彻落实党的十八届六中全会、省第十次党代会、市委五届二次全会精神，深入学习贯彻习近平总书记系列重要讲话和考察云南重要讲话精神，坚持“五位一体”总体布局和“四个全面”战略布局，贯彻落实五大发展理念，认真总结今年特别是二届区委履职以来的工作，动员全区广大党员干部和各族群众，凝心聚力谋发展，砥砺前行促跨越，奋力开创全区经济社会发展新局面。

下面，我受区委常委会委托，向全会作工作报告。

一、迎难而上、奋发有为，“十三五”实现良好开局

即将过去的2016年，是“十三五”开局之年，也是二届区委履职的第一年。面对国际国内经济持续下行的压力和艰巨繁重的改革发展稳定任务，在市委的坚强领导下，区委始终把握正确的政治方向，坚持稳中求进工作总基调，全力以赴稳增长、调结构、抓改革、促开放、惠民生、防风险，统筹推进经济、政治、文化、社会、生态文明建设和党的建设，为全面建成小康社会奠定坚实基础。

突出从严治党，党风政风持续向好。牢固树立“抓好党建是最大政绩”的理念，深入学习贯彻党的十八大、十八届三中四中五中六中全会和习近平总书记系列重要讲话精神，强化“四个意识”，严守党的政治纪律和政治规矩，全面落实党委主体责任和纪委监督责任，把从严治党不断推向深入。切实加强党员干部党性教育和思想政治建设，认真抓好意识形态工作，党的群众路线教育和“三严三实”专题教育成果得到巩固，“两学一做”学习教育扎实开展，首届青干班、浙江大学——江川区区域经济发展与城镇化建设专题研修班成功举办，党员干部党性修养和能力素质不断提高，人才发展规划稳步实施。统筹“基层党建推进年”建设各项工作，基层党组织的战斗堡垒作用进一步发挥。着力加强干部队伍建设，坚持好干部标准，树立鲜明用人导向，严肃换届纪律，区委、乡镇党委和村级组织换届选举工作圆满完成，区乡人大、政府和区政协换届选举有序推进，“三超两乱”治理全面完成，干部队伍结构不断优化。落实纪检监察机关“三转”要求，纪检体制改革取得新成效。深入推进党风廉洁建设和反腐败斗争，认真践行监督执纪“四种形态”，大力推进纪律教育经常化，积极构建“互联网+纪律监督”平台，创新实施领导干部约谈、巡察工作，扎实开展“六个严禁”、“为官不为”等专项整治，严肃查办一批违纪违法案件，坚持不懈落实中央八项规定精神，驰而不息正风肃

纪，党风政风持续好转。

突出产业发展，综合实力不断增强。认真落实稳增长系列措施，全区经济运行总体平稳。农业高效节水减排灌溉、病险水库除险加固、中低产田地改造等农田水利设施建设项目加快推进，烤烟、粮食、果蔬、花卉、畜牧业、渔业等高原特色农业健康发展，农业产业化步伐不断加快，农业基础地位更加稳固。龙泉工业园区基础设施得到加强，联塑集团、腾达机械、新天力农机、合美航空等一批装备制造产业接续突破，德兆环保、欣宇机械、福胤钢构、复烤二车间技改等项目稳步推进，江磷集团黄磷深加工等技改项目完成投产，建筑建材、纸制品加工等传统产业转型升级持续推进。星云湖国家湿地公园、北山寺旅游景区总体规划编制完成，李家山国家考古遗址公园启动申报。宏程、润特物流项目开工建设。以青铜制品为主的文化旅游产品市场逐步拓展，“互联网+”行动扎实推进，商贸流通持续活跃。全年预计完成地方生产总值80.8亿元，增长12%；一般公共预算收入5.82亿元，增长7.9%；规模以上固定资产投资54.1亿元，增长35%；社会消费品零售总额22亿元，增长11.5%，综合实力和竞争力不断增强。

突出改革开放，发展活力得到释放。坚持以改革激活力，以开放促发展。扎实推进简政放权、放管结合优化服务。行政审批、不动产统一登记、教育医疗卫生、公务用车、农村综合改革等稳步实施，区级医院DRGs付费、分级诊疗改革全面启动，农村土地承包经营权确权登记颁证工作顺利推进，殡葬改革成果得到巩固提升。科技创新能力不断增强，民营经济稳步发展，生机和活力进一步焕发。对外开放水平持续提升，北京顺义产业园、星云航空学院等招商项目相继签约，兴福村镇银行成功引进，与江苏省常州市武进区缔结友好城市。

突出基础建设，发展环境日益改善。抓好撤县设区重大机遇，统筹谋划城乡规划建设管理。市政基础设施PPP项目申报待批，江通路景观提升工程顺利完工，城市体育综合体、江城古镇棚户区改造等项目启动实施，主城区棚户区改造完成三调工作。全力推进“五网”基础设施建设，江通、澄川高速公路、国道213线江川段改造全面开工，国防战备路江川段改造工程基本完工，城际铁路完成可研征求意见，通用机场建设开展前期工作，博能燃气和巨鹏燃气管道铺设有序推进，农村电网改造加快实施，光纤宽带有线网络和4G无线网络实现行政村全覆盖。开展城乡人居环境综合整治，建立村环保规划专管员，“六城同创”、“增绿添色、点亮江川”、“百村示范、千村整治”、农村危房改造和抗震安居工程建设稳步实施，开展“除闲房、拆危房、腾空间、建新村、换新貌、奔小康”行动，城乡面貌持续改观。

突出生态保护，环境质量稳步提升。星云湖水污染综合防治“十三五”规划编制完成，水体置换、环湖截污治污、底泥疏挖及处置等工程启动实施，河（段）长责任制全面落实，星云湖水质持续好转，主要污染因子接近Ⅴ类水质标准。抓好中央环境保护督察组转办件、信访件及环保违规建设项目的整改落实。污水处理厂提标改造及南北片区管网一体化项目被财政部列为PPP示范项目。南方航空护林总站江川直升机场项目完成主体工程。加强“森林江川”建设。加大节能减排和环境治理力度，生态文明示范区创建深入开展。

突出社会建设，群众福祉持续增进。加大民生投入，办好惠民实事，全区民生支出占全年一般公共预算支出的79.4%。就业形势总体稳定，“两个10万元”微创企业培育初显成效，新增城镇就业和再就业3522人，城镇登记失业率控制在3.32%。城乡居民收入稳步增加，城镇和农村常住居民人均可支配收入分别增长10%、11%。实施精准脱贫攻坚，贫困乡、贫困村和贫困人口按计划脱贫摘帽出列。养老服务体系不断健全，社会保障日趋完善。落实教育优先发展战略，推进义务教育均衡发展，提高教育教学质量。美丽100校园行动计划、校安工程、教育信息化建设顺利完成。覆盖城乡的基层医疗卫生服务体系正在形成，人口计生政策全面落实。成功创建“中国楹联文化县”，甘棠箐遗址考古项目入选“2015年度全国十大考古新发现”，文化、体育、科技事业健康发展。坚持依法治区、依法执政、依法行政共同推进，党委领导、政府负责、社会协同、公众参与、法治保障的社会治理格局逐步形成。完善矛盾纠纷排查机制，及时有效处理社会矛盾，“七五”普法全面启动，依法治区第四个五年规划稳步实施，缉枪治爆、禁毒防艾深入开展，安全生产形势稳定，平安江川、法治江川建设扎实推进。

同志们，天道酬勤，汗水凝金。加快江川跨越式发展是时代的呼唤和人民群众的期望，更是我们的使命担当、职责所系。区二次党代会以来，二届区委牢记使命，奋发有为、勤政廉政，努力推动江川经济社会发展迈上新台阶。我们切实增强政治意识、大局意识、核心意识、看齐意识，时刻同以习近平同志为核心的党中央保持高度一致，始终把从严治党摆在首要位置，保持反“四风”、正党风，反腐败、促清廉的战略定力，努力营造风清气正的政治生态、干事创业的发展环境，为全面建成小康社会提供坚强的政治保证。我们切实增强机遇意识、责任担当，始终注重打基础、抓长远，深度研判区情实际，牢固树立和落实新发展理念，以全局的视野、改革的理念、战略的思维研究新问题、制定新政策、增添新举措，在五网建设、城乡统筹、产业转型、生态文明、脱贫攻坚等方面精准发力，着力夯实全面建成小康社会的基础；我们切实增强协作共进、团结干事，始终发挥好区委常委会统揽全局、协调各方的核心作用，加强民主政治建设，人大、政府、政协履职卓有成效，宣传、统战、民宗、双拥、国防动员和后备力量建设、老干部等工作不断进步，工会、共青团、妇联等群团组织作用得到充分发挥，凝聚了全面建成小康社会的强大力量。成绩的取得，是市委、市政府坚强领导的结果，是全区各级各部门和广大党员干部群众共同努力的结果。在此，我代表区委，向所有为江川经济社会发展付出辛勤努力的全区广大党员干部群众、离退休老同志、驻江军警部队官兵、中央和省市驻江单位以及所有关心、支持江川建设发展的朋友们，表示衷心的感谢并致以崇高的敬意！

在肯定成绩的同时，我们也清醒地看到，我区改革发展中还存在不少差距和短板，主要表现在：一是经济总量小，生产经营性投资占比不高，工业劳动生产率低，财政收支矛盾突出，创新驱动能力不足，环境承载能力弱，经济转型发展压力巨大；二是城乡统筹发展滞后，城乡建设规划管控不到位，中心城区辐射带动不强，农村脏乱差现象依然突出；三是维护社会稳定工作压力加大，因经济下行、环境保护等因素导致的矛盾凸显；四是一些基层党组织软弱涣散，党员先锋模范作用发挥不足。少数领导干部学习意识、责任意识、担当意识不强，干事创业的激情与肩负的使命责任不相称；少数党员、干部纪律规矩意识淡薄，离作风建设新常态的要求还有差距。我们一定要增强忧患意识和责任担当，坚持问题导向，切实加以解决，努力把各项工作做得更好。

二、努力拼搏、砥砺前行，奋力开创全区经济社会发展新局面

实现江川全面建成小康社会，其势已成，其时已至。站在新的历史起点上，我们必须清醒认识和准确把握发展面临的外部环境、内在条件和阶段性要求的新变化。从江川面临的机遇看，我们有信心发展得更好更快。国家“一带一路”、“互联网+”、“中国制造2025”等重大发展战略以及新一轮西部大开发、主体功能区建设等重大决策部署的实施，云南加快推进滇中城市经济圈一体化发展和“五大基础网络”建设等重大决策，市第五次党代会提出的“5577”发展思路和玉溪从“红塔时代”向“三湖时代”迈进，为江川跨越发展创造了良好的条件。从市委对江川发展的要求看，我们有责任发展得更好更快。实现到2018年GDP过百亿元和星云湖水质达Ⅴ类偏好，主动融入玉溪“一核双心”发展格局，这是市委对江川发展的新要求。撤县设区后，城市基础设施建设、高速路网、航空产业、城际铁路等重大项目和园区经济、民营经济快速发展，必将进一步破解我区发展中面临的瓶颈制约，发展基础更加坚实。从江川自身发展优势看，我们有能力发展得更好更快。经过多年的艰苦奋斗和快速发展，全区综合实力明显提升，产业支撑更加强劲，干部群众干事创业激情迸发。面对前所未有的机遇、优势和挑战，我们必须以强烈的责任感和使命感，抢抓机遇、顺势而为，精准发力、率先突破，把区位优势、资源优势转变为发展优势、竞争优势，在改革发展中赢得主动、赢得未来。

开创全区经济社会发展的新局面，我们必须高举中国特色社会主义伟大旗帜，以马列主义、毛泽东思想、邓小平理论、“三个代表”重要思想、科学发展观为指导，深入学习贯彻习近平总书记系列

重要讲话和考察云南重要讲话精神，按照“五位一体”总体布局和“四个全面”战略布局，贯彻五大发展理念，认真落实党的十八大和历次全会、省第十次、市第五次和区第二次党代会精神，严格落实市委五届二次全会部署，坚持全面从严治党，深化改革开放，突出五网建设，统筹城乡发展，加快产业转型，优化生态环境，开创全区经济社会发展新局面。建议2017年全区地方生产总值增长11%以上，一般公共预算收入增长5%以上，规模以上固定资产投资增长25%以上，社会消费品零售总额增长10%以上，城乡居民可支配收入分别增长10%和11%以上，万元生产总值能耗与省市同步下降，城镇化水平不断提升。实现以上目标任务，必须抓重点破难点，以攻坚必胜的决心抓好六个方面的工作。

（一）坚持产业创新发展，注重转型升级，提升综合经济实力。加快产业结构转型升级，集中力量打好产业攻坚战。加快高原特色现代农业建设，做强一产。推进农业供给侧结构性改革，突出烤烟、果蔬、花卉、畜牧、渔业等优势产业，坚持“接二连三”的思路，培育一批农村经济合作组织、专业大户和家庭农场、示范庄园，启动云湖山·怡养主题公园、丫眯玫瑰庄园和湖源现代生态休闲农庄项目建设，实施食品加工企业倍增计划，打造一批“农业小巨人”龙头企业，培育农业农村发展新动能。加快水库坝塘除险加固、农业高效节水减排灌溉、高标准农田等项目建设，夯实农业基础，加快转变农业生产方式，促进农业提质增效和农民持续增收。加速工业强区进程，做优二产。以加快构建开放型、创新型、高端化、信息化、绿色化的现代产业体系为目标，坚持做优存量和做大增量并举，支持纸制品加工、复烤二车间技改和汇源水泥项目建设，推进烟花爆竹行业产业整合，创造条件帮助停产半停产企业恢复生产，推动传统产业优化升级；强化工业园区基础设施建设，优化园区布局，加大精准招商引资力度，创新融资担保机制，加快联塑二期等入园项目建设，确保欣宇机械、福胤钢构、德兆环保项目建成投产，抓好通用机场建设和航空产业发展，大力培育发展装备制造、生物医药、新能源新材料等新兴产业。切实营造良好发展环境，构建“亲”“清”新型政商关系，鼓励、支持、引导民营经济发展。加大发展现代服务业，做活三产。牢固树立“全域旅游”新理念，依托古滇青铜文化、高原水乡文化、渔文化等优势，科学谋划星云湖环线旅游开发，启动沿湖生态产业示范区建设，推进星云湖国家湿地公园、星云湖十里长堤生态旅游区、李家山国家考古遗址公园建设，打造主题旅游线路，建设精品乡村休闲基地；积极发展现代服务业，加快润特、宏程物流项目建设，启动实施雄关现代农业物流园区、星云航空学院项目，发展健康养老产业，全力推进传统服务业转型升级和新兴服务业提速发展。

（二）坚持全面深化改革，注重创新引领，增强跨越发展新动力。必须加强和改善区委对经济工作的领导，坚持稳中求进工作总基调，一手抓改革措施制定，一手抓改革举措落地，让改革创新成为推动江川经济社会发展的强大动力。认真落实供给侧结构性改革，深化行政体制改革，简政放权、放管结合、优化服务，深化财政、金融体制机制改革，加大金融支持实体经济力度，积极鼓励社会资本参与PPP项目建设，促进“大众创业、万众创新”。深化教育卫生、司法体制等各领域的改革，完成农村土地承包经营权确权登记颁证，最大限度释放改革推动发展的红利效应。开展“科教引领创新发展”大讨论，大行动。强化创新引领，促进政产学研用一体化，推动科技成果转化为现实生产力，支持宏斌、阳光、丫眯等加工企业提质增效和卓一食品做强“云料”品牌，加大扶持新技术、新产业、新业态。坚持开放合作发展，主动融入滇中城市经济圈和“三湖生态经济带”建设。不断扩大对外开放和合作交流，加强与江苏武进区的区域合作，推进共同发展，加快北京顺义产业园项目落地，创新招商引资方式，营造招商良好环境，进一步提高招商引资的质量。

（三）坚持城乡统筹发展，注重补齐短板，打造江川城乡规划建设管理升级版。必须不断加大城乡统筹发展力度，加强规划引领，提升建设品质，整治城乡环境，促进城乡共同繁荣，打造以古滇文化、高原湖泊为特色的江川城乡规划建设管理升级版，建设宜居宜业生态活力新区。提质扩容，建强中心城。坚持产城融合，加快与红塔区协同发展。按照主城区“四镇一体、一环三带一园”的布局，推进“多规合一”。加快廖家营片区城市综合体、主城区和江城古镇棚户区改造，实施城市综合管廊、绿色街道建设，推进绿竹小区、古滇国城二期等房地产项目，建设城区专业市场，启动区委党校、司法局迁建。聚焦“五网”建设大会战，加快江通、澄川等高速公路和国道213线江川段建设，完成老玉江公路江川段、大铁线全面改造，抓好城际铁路、滇中调水前期工作；实施海绵城市、“智慧城市”建设，开展“六城同创”和“国家卫生城市创建达标”，高位推进“四治三改一拆一增”，提升城市人居环境，提高城市管理水平。提升完善，建好特色镇。把特色城镇规划建设与产业发展有机结合，充分发挥古滇、渔耕、美食和青铜等文化底蕴，强化资源整合、布局优化，通过政府引导、企业主体、市场化运作，进一步完善集镇功能，加强环境整治，提升特色品牌，真正使特色小镇成为兴一方产业、活一方经济的载体。提标整治，建美新农村。坚持生产生活生态统一、发展与转型同步、传承与创新结合、建设与管理并举，深化提升“百村示范、千村整治”和“增绿添色、点亮江川”工程，推进“七改三清”环境整治，全力“除闲房、拆危房、腾空间、建新村、换新貌、奔小康”，切实抓好乡风文明建设，打造布局美、致富美、环境美、和谐美“四美”新农村。

（四）坚持生态立区，注重环境保护，持续推进生态文明建设。必须牢固树立“生态立区、绿色发展”的理念，坚持保护优先，统筹推进生态文明建设，实现经济发展和生态建设双赢。加大以星云湖为重点的生态环境保护治理，抓好星云湖水体置换、环湖截污治污、底泥疏挖及处置，防控和整治农业面源污染、加大蓝藻水华治理，认真落实河（段）长责任制，稳步提升星云湖水质。持续推进“森林江川”建设，突出抓好绿化美化，严厉打击毁林开荒行为。扎实推进节能减排工作，加大“两污”治理力度，鼓励发展节能节水环保产业，支持推进清洁生产，努力实现绿色低碳循环发展。加快国家级生态乡镇创建步伐，推进云南省生态文明区创建工作。严格环保执法，严厉查处环境违法行为。加快构建政府、企业、公众共治的环境治理体系。

（五）坚持民生优先发展，注重增进福祉，提升人民群众的幸福感。必须按照人人参与、人人尽力、人人享有的要求，持续解决好群众普遍关心的突出问题。继续实施全民参保计划，落实城乡低保、五保供养、助残帮困、临时救助和重特大疾病救助等工作，切实巩固好脱贫攻坚成果。稳步提高最低生活保障标准，织牢社会救助兜底网；大力实施创业促进就业工程，确保城镇登记失业率控制在4%以内；加大棚户区、农村危房改造力度。全力发展社会事业，坚持教育优先发展，推进义务教育一体化发展，加大非义务教育发展力度，改善办学条件，办好人民满意的教育；加快推进“健康江川”建设，完成中医院医技综合楼主体工程建设，实施“互联网+医疗健康”计划，逐步建设覆盖城乡居民的公共卫生、医疗服务体系；继续实施文化惠民工程，繁荣文化事业，发展文化产业。大力发展体育事业，加快推进城市体育综合体建设。全力提升公共服务水平，以基础设施和基本公共服务等薄弱环节为切入点，继续实施一批“共享惠民”工程。认真落实国家人口政策，稳步建立健全农村留守儿童、妇女、老年人、残疾人关爱服务体系，推动社会福利向普惠型转变。

（六）坚持依法治区，注重民主法治建设，促进社会和谐稳定。必须更大力度加快全面依法治区进程，更好地发挥法治的引领和规范作用，不断提高社会管理科学化水平。加强社会主义民主政治建设。加强党对人大政协工作的领导，支持人大、政协按宪法、章程行使职权，支持“一府两院”积极开展工作。加强党管武装，巩固双拥共建，发展军政军民团结的良好局面。全面推进法治江川建设。进一步转变政府职能，深入推进依法行政，加快建设法治政府。加快民族地区经济发展，依法管理宗教事务，维护民族团结宗教和顺。加强普法宣传教育，扎实抓好“七五”普法工作，提高全民法治素养，增强全社会尊法学法守法用法意识。完善社会信用体系，建立联合信用惩戒机制。深入推进平安江川建设，妥善化解矛盾纠纷和信访突出问题，完善社会治安防控体系，强化社会治安综合治理，打好第四轮禁毒防艾人民战争，严厉打击各类违法犯罪行为。抓好防灾减灾工作，严格落实安全生产责任制，坚决遏制重特大安全事故发生，不断提升人民群众的安全感和满意度。

三、全面贯彻落实党的十八届六中全会精神，为江川跨越发展提供坚强的政治和组织保证

完成奋斗目标，关键在党，关键在党要管党、从严治党。必须坚决贯彻全面从严治党要求，不断强化党的领导核心作用、基层党组织的战斗堡垒作用、广大党员的先锋模范作用和各级干部的骨干作用，充分发挥群众的主体作用，凝聚全区人民的智慧和力量，共同肩负起全面建成小康社会的庄严使命。

（一）压实主体责任，推动全面从严治党走向严实硬。坚持把全面从严治党作为最大主业，把抓好党建作为最大政绩，做到党建工作和中心工作同谋划、同部署、同考核。各级党组织书记要严格履行第一责任人的责任，领导班子成员认真履行“一岗双责”，从严抓好分管领域的党建工作。坚持把党建工作融入领导班子和领导干部综合考核，深化基层党组织书记抓党建述职评议工作，加大党建工作责任清单落实，推行党建项目化管理，形成“责任清单化、清单项目化、项目标准化、标准制度化、制度品牌化”的新格局。

（二）切实加强思想建设，进一步坚定理想信念。坚持把加强思想政治建设摆在首位，持续深化习近平总书记系列重要讲话精神的学习贯彻，教育引导广大党员干部不断增强“四个意识”、坚定“四个自信”，坚决在思想上政治上行动上同以习近平同志为核心的党中央保持高度一致。强化党管意识形态工作，牢牢掌握意识形态工作的领导权和主动权，把好意识形态，特别是宣传舆论工作的正确方向和导向，让主旋律更响，正能量更强。深化群众性精神文明创建活动，推动基层宣传思想文化工作创新发展。坚持不懈强化理论武装，推动各级党委（党组）中心组理论学习制度化、规范化。加强和改进干部教育培训，加大上挂下派实践锻炼，提升领导干部学习讲坛，提高干部党性修养和综合素质。继续抓好“两学一做”学习教育，形成经常性思想政治教育长效机制，提振干事创业的精气神。

（三）严肃党内政治生活，营造良好的政治生态。严守党的政治纪律和政治规矩。深入学习贯彻党的十八届六中全会精神，严格落实《关于新形势下党内政治生活的若干准则》，进一步加强和规范党内政治生活。全面落实“三会一课”、民主生活会、领导干部双重组织生活会、谈心谈话等组织生活制度，认真执行民主集中制，健全完善党委（党组）工作规则，切实履行党委（党组）把方向、管大局、作决策、保落实的职责。强化党内监督和权力运行制约。坚持从领导机关、领导干部做起，努力形成以上率下、层层担当的局面。规范和纯洁党内同志交往，构建清清爽爽的同志关系、规规矩矩的上下级关系。把严肃党内政治生活最终体现到调动广大党员干部积极性、推动事业发展上。

（四）加强干部队伍建设，不断提升领导能力和工作水平。坚持党管干部原则，严格执行干部选拔任用条例，深化干部人事制度改革，坚持事业为上、公道正派，牢固树立“解放思想、迸发激情、勇于担当、团结奋斗”的鲜明用人导向和好干部标准，提高选人用人公信度，切实把能让党和人民放心的好干部选出来、用起来，培养具有铁一般信仰、铁一般信念、铁一般纪律、铁一般担当的高素质干部队伍，建设政治过硬、本领过硬、作风过硬、廉洁过硬的领导班子。加大年轻干部、女干部、少数民族干部、党外干部培养选拔力度。完善干部监督考评方式，严格实行“凡提四必”，坚决防止“带病提拔”，确保选人用人风清气正。抓住想干事、敢干事两个关键，健全干部正向激励机制，把严格管理监督与信任关心爱护干部结合起来，坚持“三个区分开来”，落实尽职减责免责机制，旗帜鲜明的为敢于担当的干部担当，为敢于负责的干部负责。坚持党管人才原则，实施“四个一百”计划。进一步加强和改进离退休干部工作，用心用情做好老干部服务工作。

（五）夯实党的基层基础，推动全面从严治党向基层延伸。牢固树立大抓基层的鲜明导向，持续用力、久久为功，推动基层党建工作全面进步、全面过硬。强化基层党组织政治功能和服务功能，加强和改进新形势下农村、社区、机关、

学校、国有企业等各领域的党建工作，巩固提升"两类"组织党建工作，推进中小学校党组织和党的工作全覆盖。加强乡镇（街道）党（工）委书记、村（社区）党组织书记、农村致富带头人队伍建设，积极推进"三个行动计划"、党建创新项目、软弱涣散基层党组织整顿等工作，充分发挥基层党组织的战斗堡垒作用。创新党员教育管理，全面落实固定活动日、党费日、党员户挂牌、党员积分制管理等制度，提高发展党员质量，做好流动党员管理工作。开展"美丽江川服务先锋"行动，深化"双联系一共建双推进"，完善党建带群建制度机制，增强群团组织的政治性、先进性。

（六）推进党风廉洁建设，保持惩治腐败高压态势。严格落实党风廉洁建设"两个责任"，坚决同一切弱化党的先进性、损坏党的纯洁性的思想和行为作斗争。实践运用好监督执纪"四种形态"，重视日常监督执纪，加大谈话函询和纪律处分、组织调整力度，抓早抓小，防止小错酿成大错。严格执行"双报告""一案双查""述廉述责"等制度，始终以零容忍态度惩治腐败，做到有案必查、有腐必惩。持续深化作风建设，严格执行中央八项规定精神，严查隐形变异"四风"问题，持续改进学风文风会风，深入开展"转作风、抓落实、勇担当、促跨越"学习实践，大力整治"为官不为"等不良现象。持续推进专项纪律检查，促进各级各部门严明纪律、转变作风、狠抓落实。加强基层党风廉洁建设，严肃查处发生在群众身边的不正之风和腐败问题。稳步推进纪检监察体制改革，不断加强纪检监察干部队伍建设。全面开展党委巡察工作，逐步实现巡察全覆盖。加强廉洁文化建设，坚持不懈抓党风政风、带社风民风、塑优良家风，营造风清气正的社会环境。

同志们，人民对美好生活的向往就是我们的奋斗目标。让我们更加紧密地团结在以习近平同志为核心的党中央周围，在市委的坚强领导下，不忘初心、继续前进，在加快江川跨越式发展、全面建成小康社会中真抓实干、奋发有为，以优异的成绩喜迎党的十九大召开！

名词解释

三超两乱：指超职数配备干部、超机构规格提拔干部、超审批权限设置机构，擅自提高干部职级待遇、擅自设置职务名称。

监督执纪"四种形态"：指经常开展批评和自我批评、约谈函询，让"红红脸、出出汗"成为常态；党纪轻处分、组织调整成为违纪处理的大多数；党纪重处分、重大职务调整的成为少数；严重违纪涉嫌违法立案审查的成为极少数。

DRGs付费：指实行（疾病）诊断分类，根据病人的年龄、性别、住院天数、临床诊断、病症、手术、疾病严重程度，合并症与并发症及转归等因素，把病人分入500—600个诊断相关组，确定患者医疗费用支付。

"5577"发展思路：第1个"5"是坚定不移地实施生态立市、产业富市、创新强市、开放兴市、共享和市五大战略；第2个"5"是坚定不移地推进路网、航空网、水网、能源保障网和互联网等"五网"设施建设；第1个"7"是坚定不移地巩固提升卷烟及配套、矿冶及装备制造、高原特色现代农业三大传统产业，发展壮大生物医药及大健康、文化旅游、信息、现代物流四大新兴产业；第2个"7"是坚定不移地实施脱贫攻坚、教育提质惠民、创业促进就业、城乡居民增收、社保扩面提标、健康养生养老、人口均衡发展七大民生工程。

三权三证："三权"是指农民承包土地的经营权、农民宅基地的使用权、农民在宅基地之上自建住房的房产权；"三证"是指农民承包土地经营权证、农民宅基地使用权证、农民在宅基地之上自建住房的房产证。

一核双心："一核"是指以红塔区、江川区中心城市为带动，拓展城市发展区域，构筑以红塔区、江川区、澄江县、通海县、峨山县为核心的玉溪城市群框架；"双心"是指红塔区、江川区。

"四镇一体、一环三带一园"布局："四镇一体"指大街街道、江城镇、前卫镇和九溪镇城镇化建设统一规划，实现一体化发展；"一环"指环星云湖生态产业发展示范区，"三带"指玉江路、澄川路、江通江华路经济带，"一园"指龙泉工业园

（即航空产业园、北京顺义产业园、龙泉工业园三园合一）。

四治三改一拆一增：“四治”即治乱、治脏、治污、治堵，“三改”即改造旧住宅区、改造旧厂区、改造城中村，“一拆”即拆除违法违章建筑，“一增”即大面积增加城市绿化。

七改三清：“七改”即改路、改房、改水、改电、改圈、改厕、改灶，“三清”即清洁水源、清洁田园、清洁家园。

凡提四必：指讨论决定前，对拟提拔或进一步使用人选的干部档案必审、个人有关事项报告必核、纪检监察机关意见必听、线索具体的信访举报必查，坚决防止“带病提拔”。

三个区分开来：指把党员干部在推进改革中因缺乏经验、先行先试出现的失误和错误，同明知故犯的违纪违法行为区分开来；把上级尚无明确限制的探索性实验中的失误和错误，同上级明令禁止后依然我行我素的违纪违法行为区分开来；把为推动改革的无意过失与为谋取私利的故意行为区分开来。

四个一百：设立100万元人才专项资金，重点用于高层次人才的培养和引进、使用、表扬、奖励和重大人才工程的实施；每年引进100名人才，依托重点项目、重大产业等重点引进航空产业、环境保护、机械制造、城市规划、现代物流、电子信息、医疗卫生等方面的专业技术人才和企业经营管理方面的人才；每年培养100名人才，采取选派挂职、对口培养、到高校提升业务素质等方式每年对党政、企业经营管理、专业技术方面的人才进行能力素质提升；每年表扬100名人才，对企业经营管理、专业技术、非物质文化传承、带领群众致富等方面表现突出的人才等进行表扬，引导和鼓励各类人才健康成长、创新创业，推动优秀人才脱颖而出。

双联系一共建双推进：机关联系农村基层、党员干部联系贫困群众；机关党支部与贫困村党支部结对共建；基层党建与脱贫攻坚双推进。

政府工作报告

——在玉溪市江川区第二届人民代表大会第一次会议上

区委副书记、区长　王志华

（2017年1月5日）

各位代表：

我代表区人民政府向大会报告工作，请予审议，并请政协委员和列席人员提出意见。

一、2016年和过去四年工作回顾

2016年，是“十三五”的开局之年，我们牢牢把握稳中求进工作主基调，主动适应经济社会发展新常态，积极应对挑战，攻坚克难，圆满完成了十五届人大四次会议既定的主要目标。全年预计实现地方生产总值80.8亿元，完成计划数的101%，增长12%；一般公共预算收入5.82亿元，完成计划数的104.7%，增长7.9%；规模以上固定资产投资54.1亿元，完成计划数的113.4%，增长35%；社会消费品零售总额22亿元，完成计划数的101.5%，增长11.5%；城镇居民人均可支配收入31694元，完成计划数的100%，增长10%；农村居民人均可支配收入11428元，完成计划数的100%，增长11%。

（一）经济增长的质量和效益进一步提高

工业经济快速发展。实施工业项目41个，预计完成非电工业投资11亿元，增长56.2%；完成工业增加值22.1亿元，增长16.1%。园区发展速度加快，完成910亩土地平整，核心区电力、供排水工程开工建设，龙腾路、江义街建成通车，新天力农机制造、天虹彩印项目竣工投产，福胤钢构、欣宇机械项目主体工程完工，成功签约宏程物流、星云航空教育学院等7个项目。园区预计实现总产值10亿元、税收5039万元，分别增长35.3%和168.9%。传统产业转型升级步伐加快，惠茂纸业年产5000吨纸制品生产线、江磷集团黄磷深加工等10个技改项目完工投产。培育“两个10万元”微型企业170户，新增规上企业13户。

第三产业健康发展。预计完成第三产业增加值38.6亿元，增长11.2%。旅游发展水平稳步提升，“江川旅游”微信公众号正式发布，“玉溪号”旅游文化列车江川推介活动圆满完成，以青铜制品为主的文化旅游产品市场逐步拓展，李家山古墓群考古遗址公园申报工作有序推进，成功举办第十二届开渔节和首届安化新春斗牛文化节。全年预计接待游客350万人次，实现旅游总收入17.3亿元。房地产业有序发展，完成投资5.9亿元，销售商品房11.8万平方米。九溪润特物流仓储中心开工建设。商贸流通持续发展，拥有进出口自营权企业增加到23户，预计实现进出口总额6100万美元。

农业经济稳步发展。预计完成农业总产值26.5亿元，增长5.2%。投资2.4亿元建成各类水利工程2634件，中央小农水重点县和1.5万亩农业高效节水减排项目全面启动，完成6座小（二）型病险水库除险加固，大街庙湾片区抗旱应急工程基本完工，改造中低产田4700亩，新增改善灌溉面积3.94万亩。兑付各类涉农补贴4944万元，完成烟叶收购987万千克、烟农总收入3.31亿元，均价和上等烟比例居全市第一，实现烤烟生产减量不减收。蔬菜、花卉、畜牧、渔业巩固提升，新增核桃种植2.5万

亩。农业产业化步伐逐步加快，新增市级以上农业龙头企业2户、现代农业庄园6个。

（二）城乡建设的速度和品质进一步提升

“五网”基础设施不断完善。江通、澄川高速公路完成投资14亿元，国道213线改造顺利推进，30条农村公路建设全面完工。通用机场项目获省发改委批准开展前期工作，城际铁路江川段线形初步确定。铺设天然气管道32千米。改造升级农村电网41千米。行政村实现光纤宽带有线网络和4G无线网络全覆盖。

城区提质扩容步伐加快。市政基础设施PPP项目完成可研编制，中心城区棚户区改造前期工作有序开展，城市体育综合体项目稳步推进，完成江通路、五岔路口至紫红坝段景观提升，启动药王阁修缮，改造星云湖南岸湿地景观170亩。城区综合整治深入开展，实施星云路、明珠路、振兴街户外广告牌清理整治，完成宁海路中段和老戏台、王字街片区临时摊点搬迁，新建改造城市公厕13座，城区公厕免费开放。

特色集镇建设深入实施。江城棚户区改造全面启动，淮源广场完成主体工程建设。美丽乡村建设取得成效，78个“百村示范、千村整治”工程稳步推进，18个易地搬迁项目全面开工，完成大街水箐沟村、江城清水沟农场搬迁安置，实施3543户农村危房改造。启动提升城乡人居环境综合整治五年行动计划，建立村庄土地规划建设专管员制度，完成城乡违法违规建筑摸底排查。

（三）美丽江川建设的基础和支撑进一步夯实

星云湖保护治理力度不断加大。完成星云湖水污染综合防治“十三五”规划编制和一级保护区界桩设置，依托“三湖”生态保护水资源配置应急工程置换星云湖水体1000万立方米，环湖截污治污、底泥疏挖处置和106个村落环境综合治理工程完成前期工作。“两污”治理能力不断提升。建成北片区污水处理厂配套管网5.7千米，完成城区老污水处理厂提标改造主体工程建设和垃圾转运站提升改造，启动建子山垃圾填埋场渗滤液处理工程建设。

节能减排扎实开展。江磷集团年产5000吨五氧化二磷节能减排技改项目建成投产，淘汰5万吨过磷酸钙落后产能，关闭退出3座非煤矿山，万元生产总值能耗下降3.2%。“森林江川”建设深入实施。新增造林面积1.06万亩，治理水土流失18平方千米，完成南方航空护林总站江川直升机场主体工程建设。生态创建取得实效。顺利通过国家重点生态功能区考核，前卫镇、安化乡成功申报为省级生态文明乡镇。

（四）经济发展的活力和动力进一步激发

各项改革深入推进。着力推进简政放权放管结合优化服务，取消、调整行政审批事项72项，办理“五证合一”登记1129户，新增私营企业353户。“营改增”工作全面实施，落实减税政策，为企业减免税收6694万元。扎实推进预算、投融资改革，争取省级置换债券资金7.15亿元，政府性债务管理不断加强。农村土地承包经营权确权登记颁证工作进展顺利，完成不动产统一登记制度改革。

对外开放取得成效。招商引资态势良好，引进省外国内资金59亿元，增长27%。支持社会资本参与项目建设，成功实施总投资21亿元的4项重大基础设施PPP项目。金融业健康发展，引进兴福村镇银行，全区金融存贷款余额分别达115亿元、71.2亿元，存贷比达62%。成功与江苏省武进区缔结友好城市。

科技创新亮点纷呈。申报专利55件，获得专利授权56件，成功申报省级科技项目26个，创建国家高新技术企业4户。成功注册“江川大头鱼地理标志证明商标”，“宏斌”成为江川首个中国驰名商标。

（五）人民群众的幸福感和满意度进一步增强

支出民生资金13.55亿元，占一般公共预算支出的79.4%。扶贫攻坚成效显著，整合投入各类财政资金9945万元，实施整乡整村推进项目15个，完成易地扶贫搬迁126户，贫困乡、贫困村和贫困人口按计划脱贫摘帽出列。就业再就业工作深入开展，发放“贷免扶补”和小额担保贷款1.12亿元，新增城镇就业2270人，实现再就业1252人，城镇登记失业率控制在3.32%以内。社会保障体系不断完善，发放各类社会保障资金2.88亿元，报销新农合资金1.12亿元，分配入住保障性住房1320套。教育、文化、卫生等社会事业健康发展，完成江川一中、二中排危新建工程，美丽100校园暨校安工程圆满收官，义务教育基本均衡通过国家评估。成功创建“中国楹联文化县”，甘棠箐遗址考古项目入选

2015年度全国十大考古新发现，江川文庙二期修缮即将完工，建成村级体育文化广场16个。公立医院综合改革深入实施，中医院改扩建项目顺利推进，妇计中心业务用房完成主体工程建设，江城卫生院综合业务楼投入使用。养老服务体系不断完善，建成九溪中心敬老院和雄关下营、大街河咀居家养老服务中心。

“四五”依法治区和“七五”普法有序开展，社会治安综合治理持续深入，视频监控信息实现共享，禁毒防艾工作成效显著，各类社会矛盾有效化解，安全生产形势总体稳定。统计、气象、人防、供销、民宗、残联、红十字、工青妇、老体协、防震减灾、关心下一代等工作健康发展。

（六）政府行政效能和服务能力进一步加强

深入开展“两学一做”学习教育，坚决执行中央“八项规定”，严控机构编制，完成机关公务用车制度改革，“三公”经费下降24.21%。全面推进政府职能法定化和事权规范化，公开28个政府部门权力清单和责任清单。推行“双随机、一公开”监管工作，规范行政执法行为。健全重大行政决策程序，组织开展重大决策听证4项，重大风险评估9项。深入推进政务公开，自觉接受人大法律监督、工作监督和政协民主监督，办理人大代表建议和政协委员提案185件，办结率100%。强化审计监督，核减80项工程投资4000万元。规范公共资源交易行为，节约财政资金3376万元。提高综合考核奖励标准，全面落实各项增资政策，调动干部职工工作积极性。坚决治理为官不为、懒政怠政，警示约谈36人，问责9人。深入推进党风廉政建设和反腐败斗争，给予党纪政纪处分34人。一年来，经过大家的共同努力，我们较好地完成了既定的各项目标。但在一些具体的项目和工作上，由于受市场、政策、资金等因素影响，我们没能全部完成，没有达到人民群众的期盼，我代表区人民政府向各位代表表示歉意。

各位代表，2013年以来的四年，是江川全面建成小康社会的重要时期。四年来，在市委、市政府和区委的坚强领导下，在区人大、区政协的监督支持下，我们深入贯彻落实科学发展观，团结带领全区广大干部群众，坚定不移稳增长、调结构、惠民生、促和谐，成功撤县设区，圆满完成“十二五”既定目标，实现“十三五”良好开局。

过去四年，是我区综合实力明显增强的四年。地方生产总值净增32亿元，年均增长11.6%；工业总产值净增43亿元，年均增长18%；一般公共预算收入增加2.28亿元，年均增长18.3%；规模以上固定资产投资累计完成153.3亿元，年均增长20.63%。县域经济综合考核排名从全省第60位进位到第22位，被省政府表彰为科学发展先进县。

过去四年，是我区发展方式加快转变的四年。工业经济取得突破，培育产值过亿工业企业14户，规上工业增加值达到12亿元。龙泉园区加速发展，累计完成固定资产投资27.8亿元，实现产值31亿元。民营经济迈上新台阶，新增民营企业978户，非公经济对GDP贡献率从57.3%提高到62.1%。通用航空、电子商务等新兴产业平稳起步。三次产业比重从25.5：30.4：44.1调整为19.7：32.5：47.8。

过去四年，是我区基础设施快速发展的四年。投资37.5亿元，规划建设高速公路和市政道路64千米，新建、硬化农村公路183千米，改建修复各类公路320余千米；建成各类农田水利设施7000余件，解决农村2.7万人饮水困难，水利化程度达87.1%；新建3座变电站，改造农村电网209千米，天然气利用工程主管完工。

过去四年，是我区城乡建设迈出新步伐的四年。城市品位不断提高，街区整治成效明显，新增城市绿地810亩，城市建成区面积达5.5平方千米，城市化率达40%。集镇建设稳步推进，全面启动城乡人居环境提升行动，各类配套设施逐步完善，“百村示范、千村整治”和农村危房改造、易地搬迁等项目深入实施，改造农村住房1.1万户99.3万平方米。

过去四年，是我区生态建设成效显著的四年。累计投入资金3.7亿元，完成星云湖一级保护区5300余亩湖滨缓冲带建设，4条主要入湖河道综合治理和径流区100余个农村面源污染整治初见成效，星云湖水质持续好转，主要污染因子接近Ⅴ类水质标准。“两污”治理得到加强，城镇污水处理率达80%以上。“森林江川”建设取得成效，森林覆盖率从40.66%提高到43.78%。

过去四年，是我区人民生活持续改善的四年。就业再就业工作扎实开展，城镇、农村居民人均可支配收入年均分别增长10.3%、11.5%。城乡居民社会养老和基本医疗保险制度实现全覆盖，城镇低保和低收入家庭住房保障实现应保尽保。排除所有学校危房，公办学前教育规模逐步扩大，义务教育免补政策全面落实，高中阶段教育水平位居全市前列。基本医疗卫生公共服务均等化深入推进，养老服务体系进一步完善。

四年来，我们在抢抓机遇、迎接挑战中取得了可喜的成绩，也积累了宝贵的经验。我们深刻体会到：要凝聚江川发展的强大合力，推动经济社会快速发展，必须把抢抓机遇、推动发展作为政府工作的第一要务；必须把解放思想、改革开放作为政府工作的强大动力；必须把团结协作、狠抓落实作为政府工作的基本要求。坚定不移优化产业结构，坚定不移推进城乡建设，坚定不移建设生态文明，坚定不移促进民生改善，走创新发展、绿色发展、协调发展、开放发展、共享发展之路。

各位代表，四年来取得的成绩，是市委、市政府和区委坚强领导的结果，是全区广大干部群众开拓创新、团结奋斗的结果。在此，我代表区人民政府，向长期以来关心支持政府工作的人大代表、政协委员，离退休老领导、省市驻江单位，部队官兵和社会各界人士，致以崇高的敬意和衷心的感谢！

在肯定成绩的同时，我们也清醒地看到，全区经济社会发展还存在许多困难问题：一是经济下行压力加大，工业经济总量小、发展质量不高，结构性矛盾突出，稳增长促发展任务艰巨；二是财政收入渠道单一，刚性支出大幅增加，保工资、保运转、保民生难度加大；三是中心城区辐射带动能力不强，城乡差距较大，统筹城乡发展任务繁重；四是部分干部思想不解放，担当精神不足，作风漂浮、执行不力，发展环境有待进一步优化。对此，我们将高度重视，积极采取措施加以解决。

二、新一届政府工作的总体要求和奋斗目标

未来五年，是我区与全市同步全面建成小康社会的决胜期，人民群众对江川的未来充满期盼：期盼我们保持经济增长，做强整体实力，改善人民生活，实现民富区强；期盼我们完善城市功能、改善城乡面貌，提升承载能力，让出行更便捷，生活更便利，城乡更宜居；期盼我们切实解决生态文明建设中的突出问题，让山更绿、水更清；期盼我们进一步完善社会保障和公共服务体系，让群众共享改革发展成果。这些期盼，既是人民群众对美好生活的向往，也是政府工作的目标和重点，我们将为之不懈努力。

新一届政府的奋斗目标建议为：

实现综合实力新跨越。全区地方生产总值年均增长10%以上，一般公共预算收入年均增长5%以上，规模以上固定资产投资年均增长20%以上，社会消费品零售总额年均增长10%以上，城镇居民人均可支配收入年均增长10%以上，农村居民人均可支配收入年均增长11%以上，城镇登记失业率控制在4%以内，万元生产总值能耗与省市同步下降。

取得产业升级新突破。坚持产业强区理念不动摇，以结构调整为抓手，培育产业优势、竞争优势，全力支持航空、高端装备制造等新兴产业向支柱产业转变，鼓励磷化工等传统支柱产业向精细化发展转变，大力推进以星云湖为核心的生态文化旅游经济带建设，大幅提升农业产业化水平，基本建成现代产业体系。

构建城乡统筹新格局。牢牢抓住撤县设区机遇，按照“四镇一体、一环三带一园”的思路，加快推进“五网”建设，优化城市空间布局，提升城市品位，推进产城融合发展，实现“六城同创”目标。深入实施提升城乡人居环境五年行动计划，进一步推进公共服务向农村延伸，改善农村生产生活条件，实现城乡面貌大改观。

树立生态文明新形象。坚持把生态建设放在更加重要的位置，突出星云湖保护治理，确保主要污染源得到全面治理，入湖河流水质明显好转，内源污染隐患基本消除。加强环保基础设施建设，扎实推进污染减排，大力实施“森林江川”建设，严格环境执法监管，确保生态环境质量总体改善。

实现民生福祉新改善。社会保障实现全覆盖，城乡居民充分就业，人民生活更加幸福。教育、文化、医疗、体育、民政、老龄等社会事业全面进步，人民群众基本权益得到有效保障，人口素质不断提高，社会公平正义得到切实维护，公共服务体系更加完善。

推进行政能力新提高。践行以人为本、执政为

民理念，恪守为民、务实、清廉准则，坚持依法行政、依法管理、依法办事，切实转变政府职能，做到干部清正、政府清廉、政治清明，努力建成学习型、法治型、服务型政府。

围绕这些愿景，我们将制订周详的规划和具体的措施，积极整合资源，合理配置财力物力，全力做好政府各项工作。

三、2017年主要工作

各位代表，2017年是新一届政府履职的第一年，开好局、起好步至关重要。今年政府工作的总体思路是：高举中国特色社会主义伟大旗帜，以马列主义、毛泽东思想、邓小平理论、“三个代表”重要思想、科学发展观为指导，深入学习贯彻习近平总书记系列重要讲话和考察云南重要讲话精神，按照“五位一体”总体布局和“四个全面”战略布局，贯彻五大发展理念，认真落实党的十八大和历次全会、省第十次、市第五次和区第二次党代会精神，严格落实市委五届二次全会、区委二届三次全会部署，深化改革开放，突出五网建设，统筹城乡发展，加快产业转型，优化生态环境，努力建设宜居宜业生态活力新区。

全区经济社会发展预期目标建议为：完成地方生产总值89.6亿元，增长11%以上；一般公共预算收入6.11亿元，增长5%以上；规模以上固定资产投资68亿元，增长25%以上；社会消费品零售总额24.2亿元，增长10%；城镇居民人均可支配收入34863元，增长10%；农村居民人均可支配收入12685元，增长11%。

围绕上述目标，我们将重点做好以下七个方面工作：

（一）加快推进城乡统筹，在双心联动、城乡一体上奋力突破

围绕做强城区、做特集镇、做美乡村，坚持高起点规划，高标准建设，精细化管理，大力加强城乡基础设施建设，不断完善城市功能，改善城乡人居环境，推进城乡融合发展。

健全完善规划体系。围绕“一核双心”空间布局，启动城市总体规划修编，完成土地利用总体规划调整、城市控制性详细规划、海绵城市规划和产业功能布局、交通体系建设、生态环境保护等专项规划编制，完善提升一批村庄规划，推进“多规合一”，引领城乡科学发展。加大规划执行监管力度，全面完成城乡违法违规建筑清理，维护规划法定性、严肃性、权威性。

推进城区提质扩容。加快城市体育综合体建设，完成原人事局、公安局片区国有闲置土地规划建设，实施区委党校、司法局迁建。启动投资15.5亿元的第一批市政基础设施PPP项目，新建烟草小区北侧道路，改造提升宝凤路等11条街道，打造江通路、抚仙路等5条绿色道路，启动玉泉路、仁和街等4条街道城市综合管廊建设，完成渔文化广场亮化工程，推进天然气支管进家入户。依托龙泉园区和航空产业园，推动城区向西部发展，促进产城融合。加强城市管理，积极推进国家卫生城市达标创建，完成城区主要街道户外广告牌和老街桥头市场清理整治，加强各类市政基础设施管理维护，全面落实“门前三包”责任制，完善城区分类管理标准，实现网格化、精细化管理。

规范建设美丽乡村。完成江城棚户区改造和淮源广场、南北小区建设。实施香柏甸至新庄等38条农村公路建设，实现自然村通村道路全部硬化。继续实施“百村示范、千村整治”和“增绿添色、点亮江川”工程，完成11个示范村和67个整治村建设，安装5000盏太阳能路灯。加大集镇建设管理力度，深入推进提升城乡人居环境整治五年行动计划，按照“除闲房、拆危房、腾空间、建新村、换新貌、奔小康”的要求，全面启动拆临拆违工作，扎实开展“七改三清”，增加农村垃圾收运设施和保洁员，完成69个村庄污水处理设施建设，新建改造农村公厕14座，强化村庄土地规划建设管理，规范农村建房秩序。

（二）加快推进工业经济发展，在园区建设、增量提质上奋力突破

加快龙泉园区建设步伐，积极培育装备制造、生物医药等新兴产业，提升磷化工、建筑建材等传统产业，努力构建企业集中布局、产业集聚发展新格局。实现规上工业增加值15亿元，增长20%。

提升平台承载发展。启动龙泉工业园区、北京顺义产业园和航空产业园“三园合一”规划修编，收储园区土地1000亩，建设标准化厂房3万平

方米。完成龙泉大道、仙水大道等5条园区道路绿化、亮化工程，确保龙滨路、江源路、江滇路、江鼎街建成通车，龙泉大道南段、龙尚路等4条道路和供水管网工程开工建设，启动看守所搬迁，进一步提升园区承载力。加快北京顺义产业园项目落地，推进入园项目建设，确保欣宇机械、福胤钢构、德兆环保、博能燃气、巨鹏燃气项目建成投产，力争联塑二期、双招中药饮片、龙泉彩印扩建项目开工建设，4个项目签约入园。实现园区工业总产值15亿元，增长50%。

加快转型促进发展。大力发展航空产业，加快推进机场建设和航空培训、装备制造产业发展。巩固提升传统产业，启动红塔集团复烤二车间技改和汇源水泥项目建设，支持万利包装实施智能化改造，抓好烟花爆竹和红砖产业整合工作。深入推进“大众创业、万众创新”，支持企业建设技术研发中心2个，培育“两个10万元”微型企业200户。

盘活存量助推发展。健全民营经济扶持政策，加大中小微企业培育力度，新增规上企业5户以上。继续坚持领导联系重点企业制度，加强工业经济运行分析，强化困难企业“一企一策”帮扶，着力解决融资难、用地难、审批难等问题，帮助停产半停产企业恢复生产，负增长企业达产增效。

（三）加快推进第三产业发展，在旅游服务、商贸流通上奋力突破

抓住昆玉红旅游文化产业经济带、滇中国际旅游城市圈建设重大机遇，重点发展环星云湖旅游文化产业，繁荣商贸流通，实现第三产业增加值43.8亿元，增长11%。

大力发展全域旅游。将旅游产业建设重点转移到星云湖环线，启动沿湖生态产业示范区建设，高起点规划实施星云湖国家湿地公园、星云湖十里长堤生态旅游区、李家山国家考古遗址公园建设，打造旅游发展新亮点。促进文化旅游深度融合，启动曲焕章故居修缮，加快推进北山公园建设，打造特色文化展示、生态休闲观光、美食体验3条主题旅游精品线路。支持乡村旅游发展，加快江城、九溪特色旅游小镇建设，完成前卫新河咀铜工艺特色旅游村建设，打造雄关白石岩小田生态旅游村，启动安化民族文化传习馆项目，建设一批精品乡村休闲基地。实现旅游总收入20亿元，增长16%。

加快发展商贸流通业。优化商业布局，建设城区专业市场，完成大街、九溪农贸市场建设，实施大街、江城基层供销社升级改造，推动零散销售、服务企业划行归市、集聚发展，新增限上企业2户。扶持物流产业发展，加快九溪润特物流仓储中心、宏程物流项目建设，启动实施雄关现代农业物流园区项目。优化房地产市场供求结构，支持绿竹小区、古滇国城二期、廖家营片区城市综合体等房地产项目建设，鼓励农民进城购房。

努力培育新兴服务业。支持大健康产业、职业教育等新业态发展，鼓励多元市场主体创办健康养老服务机构，加快推进云湖山·怡养主题公园建设，启动实施星云航空教育学院项目，培育消费新热点。支持金融业健康发展，规范民间融资行为，推进江川农村信用社改组为农村商业银行。

（四）加快推进现代农业发展，在农业增效、农民增收上奋力突破

围绕农业增效、农民增收，全面落实各项强农惠农富农政策，夯实农业发展基础，提高农业产业化程度，加快高原特色农业发展，实现农业总产值28.1亿元，增长6%。

做大做强优势农业。规范烤烟生产收购管理，完成烤烟种植7.3万亩，烟叶收购1010万千克。继续巩固花卉、蔬菜等传统产业，推进核桃等经果林产业发展，实现种植业总产值增长9%。规范发展养殖业，推广渔业生态养殖技术，确保畜牧业总产值增长5%，渔业总产值增长3.36%。

提升基础设施水平。投资1.6亿元，完成石河、黄谷田、大龙潭3件小（一）型水库和77件小坝塘除险加固。加快推进小农水重点县和1.52万亩农业高效节水减排项目建设，实施中低产田改造和高标准农田建设8000亩，改善节水灌溉面积1.6万亩。

创新农业经营方式。完成农村土地承包经营权确权登记颁证工作，健全完善区乡土地流转服务平台，支持土地流转，提高农业产出效益。大力发展庄园经济，加快发展家庭农场，启动丫眯玫瑰庄园和湖源现代生态休闲农庄建设，新增市级家庭示范农场5个，开展“农业小巨人”培育工作。规范各类新型农业经营主体，新增农民专业合作社2个、市级示范社1个，培育新型职业农民200人。

（五）加快推进生态建设，在环境保护、节能减排上奋力突破

把生态建设放在更加突出的位置，以提升环境质量为核心，坚持标本兼治、综合治理，进一步加大星云湖保护治理力度，完善“两污”治理设施，减少主要污染物排放，着力防范生态风险。

加强生态环境保护。以星云湖保护治理为重点，全面推进星云湖水污染综合防治“十三五”规划项目实施，建设生态环湖截污干渠12千米，疏挖处置星云湖底泥120万立方米，置换星云湖水体5000万立方米，启动蓝藻藻水分离站建设，实施后卫等50个村落环境综合治理。坚持河（段）长责任制，加大入湖河道管护力度，完成8条主要入湖河道综合治理前期工作。继续推进“森林江川”建设，严厉打击毁林开荒行为，分步实施星云湖面山和城市近山绿化造林。启动董炳河、九溪河流域水污染综合整治工程。加快生态创建步伐，启动省级生态文明区创建工作。

深入推进节能减排。加大“两污”治理力度，启动龙泉园区污水处理厂建设，新建早街、海浒等片区污水管网12千米，完成污水处理厂厂网一体社会化建设管理营运。完成建子山垃圾填埋场渗滤液处置工程建设。强化减排刚性约束，严格落实节能减排责任制，继续推行清洁生产，完成年度减排项目建设，万元生产总值能耗下降3%。

加强环境执法监管。严格执行环境保护“一岗双责”，认真落实重点项目建设环评和“三同时”制度，依法查处环境违法行为，确保不发生重大环境污染事件。

（六）加快推进改革开放，在体制创新、开放转型上奋力突破

深化行政体制改革，持续推进简政放权放管结合优化服务，着力构建干事创业的政务环境。有序推进土地、林业、水利改革，提升不动产统一登记规范化水平，继续巩固“三权三证”抵押融资改革成果。推进财税金融改革，树立过“紧日子、苦日子”的思想，规范预算管理体系，细化部门预算编制，强化预算硬约束。按照“生财有道、聚财有方、用财有度”的要求，加强财源培植和税收征管，提高生财、聚财、用财的能力和水平。统筹推进民主法治、社会治理、生态文明、社会事业等领域改革，不断增强发展活力。

构建开放合作新格局。主动融入滇中城市经济圈和“三湖生态经济带”建设，积极做好通用机场、城际铁路建设前期工作，加快推进江通、澄川高速公路建设和国道213线改造，启动玉江大道改造、老玉江线大修和大铁线改扩建。加快内外贸易发展，培育壮大进出口主体，增加农产品、磷化工等传统产品出口，提高高端装备、生物医药等高附加值产品出口比重，实现进出口总额6710万美元，增长10%。加大招商引资力度，抓好项目包装策划推介，做好企业跟踪服务，营造良好招商环境。

打造创新发展新引擎。加快推动传统商贸业和地方特色产品的电商应用，实现商贸流通线上线下深度融合。创新投融资方式，搭建担保平台，发挥财政资金牵引作用，引导金融机构扩大信贷规模，鼓励社会资本参与公益性项目建设，形成多元化投资格局，发挥投资对经济增长的拉动作用。

（七）加快推进社会建设，在服务群众、改善民生上奋力突破

广覆盖推进社会保障。认真做好10件惠民实事。继续做好“贷免扶补”工作，新增城镇就业岗位2200个，实现再就业600人，培训转移农村劳动力8000人，城镇登记失业率控制在4%以内。稳步扩大社会保险覆盖面，做好城乡医疗救助、临时救助工作，将城乡贫困残疾人全部纳入最低生活保障范围，提高最低生活保障标准。巩固脱贫攻坚成果，确保贫困发生率控制在3%以内。

高质量发展社会事业。全面落实义务教育“三免一补”政策，巩固提升义务教育基本均衡成果。努力改善办学条件，完成职业中学实训中心和9所幼儿园建设，确保江城中学综合楼等10个“全面改薄”项目全面完工。抓好公立医院综合改革，提高医疗机构管理水平和服务能力，完成中医院医技综合楼主体工程建设。落实全面二孩政策，提高出生人口素质。完成药王阁、体育馆修缮和烈士陵园提档升级。完成第三次全国农业普查和第二次全国地名普查。大力支持工青妇等群团组织开展工作。

全方位加强社会治理。深入推进“四五”依法治区和“七五”普法工作。完善矛盾纠纷排查调处机制，深入开展区领导大接访大下访，切实解决群众反映的突出问题，化解社会不稳定风险。继续

健全完善社会治安防控体系，加大禁毒防艾工作力度，加强突发事件应急处置，严厉打击各类违法犯罪，切实提高人民群众安全感。进一步规范农村“三资”管理，继续清缴原基金会欠款。严格落实安全生产责任制，加快非煤矿山转型升级，加强安全隐患排查治理，强化食品药品安全监管，确保安全生产形势总体稳定。

四、努力建设人民满意政府

新形势新任务新常态，考验着政府的作风和能力。我们将以更严的标准转变作风，更强的担当履职尽责，更实的举措优化服务，提高执行力和公信力，努力建设人民满意政府。

（一）严格依法行政。坚决服从党的领导，自觉维护党中央权威，牢固树立政治意识、大局意识、核心意识、看齐意识，不折不扣执行好区委各项决策部署。始终把依法行政作为政府工作的生命线，完善学法用法制度，严格按照法定程序、法定权限、法定职责行使权力。完善公众参与、专家论证、风险评估、合法性审查、集体讨论决定重大决策程序，提高科学民主依法决策水平。自觉接受人大的法律监督、政协的民主监督和社会监督，高度重视工商联和党外人士的意见建议，充分发挥人民团体的桥梁纽带作用。

（二）加强能力建设。把敢于担当、忠诚履职作为政府工作的基本要求，建立容错纠错机制，大力倡导敢于负责、勇于创新的担当精神，持续开展“为官不为”专项整治，全面治理不敢为、不会为、不想为的庸懒散行为。转变机关作风，改进文风会风，践行一线工作法，切实帮助基层解决实际问题。把狠抓落实作为政府工作的重要职责，全面推行政府工作项目化、项目推进责任化、责任落实具体化，靠实实在在的工作落实做出实实在在的工作业绩。健全完善督办机制，严格绩效考核，落实行政问责，让失责必问成为常态。

（三）大力反腐倡廉。严格遵守《关于新形势下党内政治生活的若干准则》《中国共产党党内监督条例》，严守党的政治纪律和政治规矩，认真落实党风廉政建设责任制，切实加强领导干部廉洁自律。厉行勤俭节约，反对奢侈浪费，压缩“三公”经费支出，严防“四风”反弹，让中央“八项规定”精神落地生根。运用好监督执纪“四种形态”，扎紧筑牢制度笼子，全面推进“阳光权力”工程，加强腐败易发多发领域监控，以零容忍态度严惩腐败，做到有腐必反、有贪必肃。加强行政监察，推进审计全覆盖，全程监控公共资源交易，管好政府“钱袋子”。抓好重点领域纠风治乱，着力整治和纠正不正之风，严肃查处发生在群众身边的腐败问题，确保干部清正、政府清廉、政治清明。

各位代表！新的征程已经开启，新的目标催人奋进。让我们更加紧密地团结在以习近平同志为核心的党中央周围，高举中国特色社会主义伟大旗帜，深入贯彻落实科学发展观，在区委的坚强领导下，解放思想、锐意进取，团结拼搏、真抓实干，向着全面建成小康社会的宏伟目标奋勇前进，以更加优异的成绩迎接党的十九大胜利召开！

大事记

玉溪市江川区2016年大事记

1月

5日，召开《县委十二届七次全会工作报告》《江川县国民经济和社会发展第十三个五年规划建议（草案）》征求意见座谈会及撤县设区相关工作会议。

6日，召开十二届县委第82次常委会议。

8日，召开中共江川县委十二届七次全委（扩大）会议。

8日，召开十二届县委第83次常委会议。

11日，召开全县文艺工作座谈会。

15日，召开十二届县委第84次常委会议。

16日，召开江川县撤县设区工作推进会议。

18日，召开十二届县委第85次常委会议。

18日，召开2015年度基层党（工）委书记抓基层党建工作述职评议考核会议。

18日，召开中共江川县委扶贫开发工作会议。

20日，副市长杨洋到江川调研抚仙湖径流区统一托管情况。

22日，召开江川县2016年烟叶工作会议。

22日，市、县领导到驻江部队进行慰问，并走访慰问农民工代表、职工代表、见义勇为模范等。

26日，召开十二届县委第86次常委（扩大）会议。

27日，召开江川县基层党建示范点建设工作推进会。

28日，召开2015年度江川县第九批新农村建设指导员考核总结暨工作队队长座谈会。

29日，召开江川县2016年银政企座谈会。

2月

14日，县委书记马文龙，县委副书记、县长王志华等深入大街街道、前卫镇、雄关乡，对护林防火和烤烟生产工作进行调研。

15日，召开撤县设区工作领导小组会议。

17日，召开乡镇党委和村级组织换届工作会议暨业务培训会。

17日，市人大常委会副主任吴建森率调研组到江川调研提升城市基础设施建设水平情况。

17日，市人大常委会副主任叶本功带领市人大调研组，对江川县乡镇卫生院基础设施建设和人才队伍建设情况进行实地调研。

19日，市人大常委会副主任郭开堂率调研组到江川就城市规划建设等工作进行调研。

19日，县委常委、县委政法委书记陈琎寿带领县依法治县办、综治办、维稳办工作人员到九溪镇六十亩村就法治文化广场建设及“6995”语音平台推广使用开展调研。

24日，市委副书记保明顺，县委书记马文龙，县委常委、县委办主任邓春元等对江城镇温泉村委会庄科村旧村改造和大街街道泰怡云湖庄园农业庄园经济进行调研。

24日，召开十二届县委第87次常委会议。

24日，召开中共玉溪市江川区第一届委员会第1次常委会议。

24日，召开中共江川县委全委会议。

26日，举行江川撤县设区大会，省民政厅副厅长卢振义宣读《国务院关于同意云南省调整玉溪市部分行政区划的批复》《云南省人民政府关于撤销江川县设立玉溪市江川区的通知》；市委常委、市委组织部部长晏森宣布市委关于江川县撤县设区机构名称变更及干部任职或过度的批复。市委书记罗应光，市委副书记、市长饶南湖，市委副书记保明顺，市政协主席夏立洪，市委常委、纪委书记赵基，市委常委、市委组织部部长晏森，江川区委书记马文龙，江川区委副书记、区长王志华出席会议。

29日，省纪委常委、省监察厅副厅长孔荣华率省委党风廉政建设第六检查考核组对江川区2015年党风廉政建设责任制工作进行延伸检查考核，市委常委、市纪委书记赵基出席会议。

3月

4日，区委副书记、区长王志华对全区城市工作进行调研。

8日，召开玉溪市江川区“争先创优跨越发展”大讨论、大行动动员大会暨2016年区委理论学习中心组第一次集中学习。

8日，召开中共玉溪市江川区第一届委员会第2次常委会议。

8日，省安监局局长杨亚林到江川区对安全生产大检查长效机制推广运用工作进行检查调研。

9日，召开玉溪市江川区关工委2016年工作会议。

11日，召开区委全面深化改革领导小组第二次会议。

17日，召开2016年中共玉溪市江川区委政法工作会议。

17日，组织参加云南省领导干部会议。

18日，召开玉溪市江川区“创建中国楹联文化县”工作推进会。

18日，召开中共玉溪市江川区第一届委员会第3次常委会议。

18日，召开中共玉溪市江川区委全委会议。

22日，区委副书记、区长王志华带队调研星云湖南岸环湖截污及生态修复工程和环湖路、环城路建设工作。

30日，区委副书记、区长王志华，副区长王波对全区“无火清明”森林防火武装巡护工作进行调研。

31日，区委副书记张燕华到区委政法委就政法工作进行调研。

31日，江川区开展党章党规学习教育知识竞赛。

4月

1日，召开玉溪市江川区2016年党建工作会议。

1日，召开村级组织换届选举业务培训会。

1日，召开中共玉溪市江川区第一届委员会第4次常委（扩大）会议。

7日，召开中共玉溪市江川区第一届委员会第5次常委会议。

7日，召开中共玉溪市江川区委全委（扩大）会议。

9日，召开中共玉溪市江川区第一届委员会第6次常委会议。

11日，市委副书记保明顺率队到江川区就“三农”工作进行专题调研。

12日，召开“两学一做”学习教育工作座谈会。

12日，市委常委、常务副市长陈勇，市委副秘书长、政研室主任赵永云对江川区改革开放工作作专题调研。

12日，沾益县撤县设区考察团到江川区考察学习撤县设区工作。

13日，区委副书记张燕华率队对前卫镇曲焕章故居修缮、江城镇李家山申报国家考古遗址公园工作、江城古镇建设等旅游、文化项目建设进展情况进行调研。

14日，举办云岭大讲堂玉溪讲堂暨江川区领导干部学习讲坛（第二十四期）。

14日，省总工会副主席尚建明一行8人深入江川区总工会调研“互联网+工会”建设和工会重点工作，共同探索服务职工的新方式、新途径。

15日，召开全区统战、民族宗教工作会议。

18日，召开中共玉溪市江川区第一届委员会第7次常委（扩大）会议。

20日，召开江川区2016年烤烟移栽现场会议。

22日，市委常委、市委秘书长李洪云率队到江川区调研城乡统筹发展及江川撤县设区后城市发展布局工作推进情况。

25～27日，区委书记马文龙，区委副书记、区长王志华深入各乡镇（街道）开展经济社会发展工作调研。

26日，召开江川区北山寺旅游景区总体规划及新河咀铜工艺特色旅游村规划中期汇报会议。

26日，组织参加云南省领导干部时代前沿知识讲座（第96讲）。

28日，市纪委副书记蒋光厚一行到江川区，就如何运用好“四种形态”进行调研指导。

29日，召开中共玉溪市江川区第一届委员会第8次常委（扩大）会议。

5月

4日，召开玉溪市江川区扶贫开发工作推进会议。

4日，召开玉溪市江川区领导干部大会。

5日，区委副书记、区长王志华深入云南江磷集团股份有限公司和云南九溪润特物流有限公司开展走访调研。

6日，召开玉溪市江川区扶贫开发工作推进会议。

6日，市人大常委会主任谢兴荣一行到江川区就抗旱移栽烤烟工作进行调研。

11日，区委书记马文龙，区委副书记、区长王志华一行对全区文化、广电和体育工作进行专题调研。

11日，召开玉溪市江川区城市（镇）周边永久基本农田划定工作会议。

11日，区委书记马文龙，区委副书记、区长王志华等深入区文化广电和体育局开展文化广播电视和体育工作调研。

12日，召开2016年区委理论学习中心组第二次学习。

12日，组织参加云南省推进供给侧结构性改革工作会议。

17日，参加云南省第四轮禁毒和防治艾滋病人民战争动员大会。

18日，组织参加云南省“十三五”规划纲要玉溪市宣讲报告电视电话会。

18日，组织参加云南省领导干部时代前沿知识讲座（第97讲）。

19日，召开中国共产党玉溪市江川区第二次代表大会筹备会。

24日，组织参加云南省领导干部时代前沿知识讲座（第98讲）。

24日，区委副书记、区长王志华，区委副书记张燕华率相关部门负责人，深入部分中小学和幼儿园，开展教育事业发展工作专题调研。

25日，举办玉溪市江川区领导干部学习讲坛（第二十五期）。

25日，召开安化彝族乡扶贫开发整乡推进项目工作领导小组会议。

27日，江川区召开“互联网+纪律监督”平台启动仪式暨平台管理使用动员培训会。

28日，中国楹联学会副会长胡春奎、孙本胜授予了江川区“中国楹联文化县”荣誉称号。

29日，区四套班子领导参加雄关光伏农业科技大棚项目、云南华克中药材庄园重楼种植基地项目、江城海门传统村落保护项目、工业园区龙滨路、江鼎街建设项目等重点项目集中开工仪式。

30日，区委书记马文龙，区委副书记、区长王志华等四套班子领导到雄关乡上营村委会调研旧村改造工作推进情况。

31日，召开中共玉溪市江川区第一届委员会第9次常委会议。

6月

1日，召开中国共产党玉溪市江川区第二次代表大会第二次筹备会。

1日，召开中共玉溪市江川区委全委（扩大）会议。

1日，召开江川区纪念中国共产党成立95周年歌咏比赛动员会。

6日，召开《在中国共产党玉溪市江川区第二次代表大会上的报告（征求意见稿）》征求意见座谈会。

8日，召开中国共产党玉溪市江川区第二次代表大会第三次筹备会。

12日，召开中共玉溪市江川区第一届委员会第10次常委（扩大）会议。

12日，区委书记马文龙率队调研全区防汛和烤烟中耕管理工作。

16日，召开玉溪市江川区领导干部大会。

16日，市委书记罗应光到江川区部分乡镇（街道）就烤烟生产、“百千工程”、基层党建及“两学一做”学习教育等进行调研。

16日，市委常委、市委组织部部长晏森，区委书记王远，区委副书记、区长王志华等领导一行对江川经济社会发展和重点项目建设工作进行现场调研。

17日，召开中共玉溪市江川区第一届委员会第11次常委会议。

17日，召开中共玉溪市江川区第一届委员会第12次常委会议。

17日，召开中共玉溪市江川区委全委会议。

20～21日，区领导王远、李学祥、张文彬、邓春元一行深入九溪润特物流项目建设地、龙泉工业园区、大街街道小白坡村委会水箐沟易地扶贫搬迁点，对江川区的产业发展、重点项目建设、扶贫攻坚等工作进行实地调研。

21日，召开江川“中国楹联文化县”总结座谈会。

22日，举办玉溪市江川区领导干部学习讲坛（第二十六期）。

23日，举行玉溪市江川区不动产权证首发仪式。

24日，组织参加云南省领导干部时代前沿知识讲座（第99讲）。

26日，区委书记王远，区委副书记、区长王志华对全区教育、卫生工作进行调研。

26日，市委常委、市政府党组副书记王力到江川区调研经济社会发展情况。

27～30日，纪念建党95周年开展走访慰问老党员和生活困难党员活动。

29日，召开中共玉溪市江川区第一届委员会第13次常委会议。

29日，省食品药品监督管理局调研组一行到江川区就如何加强商场超市现场制售食品和农贸市场食用农产品监管工作进行调研。

29日，观看纪念中国共产党成立95周年歌咏比赛（决赛）。

29日，区四套班子领导参加安化彝族乡整乡扶贫推进项目、江川区兰田瑞昌琉璃瓦厂项目、大街街道上头营社区饮泉村百村示范·千村整治建设项目、大街街道旱街社区第八居民小组百村示范·千村整治建设项目、石河民族特色村建设项目等重点项目集中开工仪式。

30日，召开玉溪市江川区庆祝中国共产党成立95周年大会。

7月

1日，组织全区各级党员干部收听收看庆祝中国共产党成立95周年大会实况。

4日，组织参加云南省第一次县（市、区）委书记工作交流视频会。

8日，召开玉溪市江川区领导干部大会。

8日，召开中共玉溪市江川区第一届委员会第14次常委会议。

8日，召开中共玉溪市江川区第一届委员会第15次常委会议。

8日，召开中共玉溪市江川区委全委会议。

8日，市委副书记保明顺到江川区调研经济社会发展、重大项目建设等工作。

11～14日，召开中国共产党玉溪市江川区第二次代表大会。

18日，市人大常委会副主任叶本功率领调研组到江川区调研上半年国民经济和社会发展计划及财政预算执行情况。

19日，召开迎接中央环境保护督察工作准备会议。

19日，召开玉溪市江川区人民武装部党委第一书记任职大会。

19日，区委书记徐贤分别就区人大、区政协工作进行专题调研。

20日，召开中共玉溪市江川区第二届委员会第1次常委会议。

25日，组织参加云南省领导干部时代前沿知识讲座（第100讲）。

25日，召开玉溪市脱贫攻坚等六项重点工作落实情况专项纪律检查江川区汇报会。

26日，召开玉溪市江川区区乡两级人大换届选举工作会议。

26日，召开玉溪市江川区宣传思想工作会议。

26日，省政府稳增长第三工作组到江川调研督查我区稳增长工作。

27日，召开玉溪市江川区2016年上半年工作汇报会。

27日，召开2016年区委理论学习中心组第三次学习。

27日，召开区委常委领导班子党风廉政建设专题民主生活会。

28日，开展庆祝建军89周年暨军事日活动。

28日，区委常委、区委组织部部长张祖权到九溪调研。

28日，市委副书记、市长饶南湖率队到江川区就重点项目建设推进情况进行专题调研。

8月

3日，召开呈贡至澄江和江川至红塔区城际铁路预可研方案江川意见征求会。

3日，召开全区2016年基层党建工作推进会暨组织工作会。

3日，区委书记徐贤，区委副书记、区长王志华等深入大街街道小白坡村委会水箐沟村、前卫镇杨家咀水库、前卫镇杨家咀村委会下大石咀村等，对全区防汛减灾工作进行专题调研。

4日，区委书记徐贤调研纪检监察工作。

4日，区委书记徐贤，区委副书记、区长王志华率队对江川区防汛减灾工作进行专题调研。

5日，召开非公有制经济人士理想信念教育实践活动推进会暨工作培训会。

5日，召开玉溪市江川区曲焕章故居修缮项目规划征求意见会。

9日，区委书记徐贤就江川区意识形态工作进行专题调研。

10日，召开中共玉溪市江川区第二届委员会第2次常委会议。

10日，召开中共玉溪市江川区第二届委员会第二次全委会议。

10号，副省长张祖林到江川就供销社综合改革和电子商务发展等工作进行调研。

12日，召开玉溪市创建全国“长安杯”江川区工作部署会议。

12日，召开中共玉溪市江川区第二届委员会第3次常委会议。

16日，江川区人大常委会组织调研组专题调研旅游发展工作。

17日，区委副书记张燕华到区农业局就农业、涉农扶贫工作进行调研指导。

18～19日，区委书记徐贤率队对全区水网、路网、航空网、能源保障网和互联网“五网”建设情况进行专题调研。

22日，召开江川区2016年烟叶收购工作会议。

22日，区委书记徐贤参加区委办党支部活动，对区委办公室工作进行调研。

23日，召开江川区第四轮禁毒和防治艾滋病人民战争动员大会。

23日，召开中共玉溪市江川区委人大政协工作会议。

25日，召开全区旅游产业发展推进会议。

26日，组织参加云南省领导干部时代前沿知识讲座（第101讲）。

30日，召开玉溪市江川区关工委农村青年教育工作经验交流会议。

30日，召开玉溪市江川区“基本解决执行难”暨执行案款清理工作动员部署会议。

9月

1日，区委书记徐贤深入江川区江城镇侯家沟村委会大龙潭村和桐关村委会调研扶贫攻坚工作。

2日，召开玉溪市江川区公务用车制度改革动员会议。

3日，区委书记徐贤深入九溪镇，就“百村示范、千村整治”工程推进情况、扶贫工作等进行调研。

3～4日，省加快发展非公有制经济工作督导组到江川调研督导民营经济发展工作。

6日，召开2016年区委理论学习中心组第四次学习。

6日，组织参加云岭大讲堂·玉溪讲堂（第6讲）暨江川区领导干部学习讲坛（第二十七期）。

7日，召开玉溪市江川区2016年教育工作暨庆祝第32个教师节大会。

12日，召开玉溪市江川区传达学习中国共产党玉溪市第五次代表大会精神会议。

12日，召开中共玉溪市江川区第二届委员会第4次常委会议。

12日，召开玉溪市江川区传达学习中国共产党玉溪市第五次代表大会精神会议。

12日，省政府九湖督导组到江川就星云湖水污染综合防治工作进行调研。

19日，市人大副主任叶本功对江川区新河咀铜工艺特色旅游村发展情况进行实地走访调研。

19~20日，区委书记徐贤对江川区规模以上工业企业发展情况进行实地走访调研。

20日，副市长解仕清到江川调研工业企业稳增长、增效益工作。

23日，举办2016年全国科普日活动。

24日，中国关心下一代工作委员会常务副主任杨志海一行到玉溪市江川区调研关心下一代工作，云南省关心下一代工作委员会主任张宝三等领导陪同。

26日，召开全区领导干部大会。

26日，召开中共玉溪市江川区第二届委员会第5次常委会议。

29日，举办玉溪市江川区领导干部学习讲坛（第二十八期）。

29日，区委书记徐贤到云南恒大药业有限公司进行实地走访调研。

30日，开展烈士纪念日纪念活动。

10月

8日，召开中共玉溪市江川区第一届委员会第6次常委会议。

8日，召开2016年区委理论学习中心组第五次集中学习。

9日，召开玉溪市江川区“九·九”敬老节经济形势通报会。

10日，召开全区党校工作会。

10日，区委书记徐贤深入江城镇侯家沟村委会大龙潭村对大龙潭村异地搬迁扶贫配套项目和集中成片标准化卧式烤房建设项目进行调研。

11日，举行玉溪市江川区农业高效节水减排（PPP）项目开工仪式。

11日，市委常委、市纪委书记赵基到江川调研市第五次党代会精神贯彻落实情况。

12日，区委书记徐贤深入江川区部分农产品加工企业进行调研。

17日，组织参加全省2016年“10·17”扶贫日脱贫攻坚表彰暨社会扶贫推进大会。

17日，召开玉溪市江川区领导干部大会。

17日，召开中共玉溪市江川区第二届委员会第7次常委（扩大）会议。

17日，召开中共玉溪市江川区第二届委员会第8次常委会议。

18日，市委书记罗应光，市委副书记、代市长张德华等领导一行到江川对江川城市提质扩容规划建设、星云湖保护治理等工作进行调研。

19日，召开中共玉溪市江川区第二届委员会第9次常委会议。

19日，召开江川区农村土地承包经营权确权登记颁证工作领导小组第二次会议。

20日，举行玉溪市江川区农村危房改造项目集中推进仪式。

20日，召开中共玉溪市江川区第二届委员会第10次常委会议。

21日，举行玉溪市江川区中华传统美德教育实践示范基地建设启动仪式。

21日，召开玉溪市江川区提升人居环境行动推进“六城同创”暨国家卫生城市创建达标动员会议。

24日，区委书记徐贤对全区政法工作进行专题调研。

25日，区委书记徐贤深入雄关乡，就扶贫工作、旧村改造、基层党建工作等情况进行调研。

26日，区委书记徐贤先后到安化乡、九溪镇调研乡镇综合工作。

27日，区委书记徐贤对大街街道、前卫镇综合工作进行调研。

28日，市委常委、市纪委书记赵基到江川，就区委和区纪委落实党风廉政建设“两个责任”情况进行调研。

11月

2日，召开中共玉溪市江川区第二届委员会第11次常委（扩大）会议。

2日，区委书记徐贤深入江城镇，就基层党建、脱贫攻坚、棚户区改造、重点项目推进等情况进行调研。

3日，组织参加全省传达学习党的十八届六中全会精神干部大会视频会议。

4日，开展2016年江川区地震应急综合演练。

7日，召开2016年区委理论学习中心组第六次学习。

8日，召开呈贡至红塔区城际铁路（江川段）线形征求意见会。

9日，召开区委全面深化改革领导小组第五次会议。

10日，区委副书记张燕华到大街小学、区幼儿园、前卫中学、前卫小学调研家长学校建设工作。

11日，组织参加云南省学习贯彻党的十八届六中全会精神中央宣讲团宣讲报告会。

11日，举办江川区统战民宗工作培训班。

11日，召开中共玉溪市江川区第二届委员会第12次常委会议。

11日，召开中共玉溪市江川区第二届委员会第三次全委会议。

14日，召开2016年江川区越级上访专项治理暨信访形势分析研判会。

14日，区委副书记、区长王志华到江城镇调研古镇棚户区改造项目推进工作。

15日，召开玉溪市江川区扶贫攻坚脱贫考核验收动员会。

16日，举办玉溪市江川区党委信息工作业务培训会。

16日，区四套班子领导赴红塔区参加玉溪市海绵城市建设项目集中开工仪式。

22日，召开玉溪市江川区2016年信访维稳工作专题会议。

22日，省委巡察工作专项检查组到江川区对巡察工作进行专项检查。

22日，省农业厅厅长王敏正到江川区对云南农业科技园花卉组培育苗、园艺花卉生产情况进行调研。

24日，召开2016年度党建暨党风廉洁建设责任制检查考核工作动员会。

24日，区委书记徐贤率相关部门人员对安全生产工作进行检查。

25日，召开2017年度森林防火工作会议。

28日，组织参加市委宣讲团学习贯彻党的十八届六中全会精神宣讲报告会。

29日，区委书记徐贤调研区委组织部工作。

29日，组织观看“德耀云岭—云南先进模范人物曲艺巡演”。

29日，召开第十二届开渔节（高原湖泊水产品交易会）推进工作会议。

12月

1日，区长王志华和武进区区长戴士福共同签署双方缔结友好城市协议。

1～10日，区级领导带队对6个乡镇（街道）和51个单位（部门）党风廉洁建设责任制落实情况进行考核。

2日，举办第二次全国地名普查县级自查工作推进会。

2日，江川区与浙江金龙房地产投资集团签订星云航空学院项目投资协议。

3日，召开中共玉溪市江川区第二届委员会第13次常委会议。

5日，召开配合做好抚仙湖旅游重大项目建设督查汇报会。

5日，市委副书记保明顺到江川调研旅游文化工作。

6日，召开区乡两级人大换届选举工作推进会。

6日，召开玉溪市江川区第八次法治宣传工作会议及举办领导干部学习讲坛（第二十九期）。

7日，参加云南省领导干部时代前沿知识讲座（第102讲）。

8日，召开《在玉溪市江川区二届区委第三次全体会议上的报告（征求意见稿）》征求意见座谈会。

8日，区四套班子领导深入江城卫生院、大街卫生院、区妇计中心、区疾控中心、区中医院、区人民医院对全区卫计系统工作及人才进行调研。

8～9日，召开《在中国共产党玉溪市江川区二届区委第三次全体会议上的报告（征求意见稿）》征求意见座谈会。

12日，市委宣传部副部长方勇云率市委宣传文化科到江川调研2017年“三下乡”活动和禁毒工作。

13日，召开中共玉溪市江川区第二届委员会第14次常委会议。

13日，举办玉溪市江川区领导干部学习讲坛（第三十期）。

13日，召开迎接义务教育基本均衡国家督导评估动员暨培训会。

14日，召开中共玉溪市江川区第二届委员会第15次常委会议。

14日，召开第三次全国农业普查工作会议，全面安排部署我区第三次全国农业普查工作。

14日，召开江城古镇棚户区改造项目工作推进会议。

15日，召开玉溪市江川区2016年度党风廉政建设责任制暨党建工作考核汇报会。

16日，召开玉溪市江川区关工委关爱留守儿童现场会。

16日，星云湖开渔节和江川精品旅游推介会在广州羊城东方国际饭店举行。

20日，举行星云湖环湖截污治污工程PPP项目合同签约仪式。

21日，区领导张燕华、李学祥、邓春元、赵琦对中国·云南·江川第十二届开渔节（高原湖泊水产品交易会）相关活动准备工作进行现场检查，确保第十二届“开渔节”成功举办。

21日，组织参加玉溪（华叶）和红塔山（硬恭贺新禧）新品推介会。

21日，云南省第三次全国农业普查宣传月在江川启动，省统计局党组成员、副局长，农普办常务副主任赵卫军，市政府副市长、农普领导小组组长蔡四宏等出席启动仪式。

22日，召开中共玉溪市江川区第二届委员会第16次常委会议。

24日，区委书记徐贤，区委副书记、区长王志华率队对第十二届开渔节相关活动准备工作进行督查。

24日，“古驿雄关　醉美小田”乡村旅游启动仪式在江川区雄关乡小田村举行。

25日，组织参加中国·云南·江川第十二届开渔节（高原湖泊水产品交易会）开幕式暨开渔仪式。

25日，组织参加江川名人书画展暨李红周先生书画捐赠仪式。

26日，召开中共玉溪市江川区第二届委员会第17次常委会议。

28日，召开国务院教育督导委员会办公室对江川区义务教育基本均衡督导检查陈述答辩会。

29日，开展2016年度干部选拔任用工作“一报告两评议”。

29日，召开中共玉溪市江川区委二届三次全体会议。

29日，召开中共玉溪市江川区第二届委员会第18次常委会议。

29日，省委组织部副部长、省委“两类”组织党工委书记杨国宗，市委常委、市委组织部部长晏森到江川区调研指导“两类”组织党建工作。

30日，召开玉溪市江川区2016年财政结算工作会议。

（郭昊恒）

概　况

编辑　余立言

江川区

【自然概貌】　江川区地处云南省中部，位于东经102° 35′ ~ 102° 55′和北纬24° 12′ ~ 24° 32′之间。东接华宁县，南连通海县，西与红塔区交界，北同晋宁、澄江两县毗邻。区政府驻地距云南省人民政府驻地106.05千米、距玉溪市人民政府驻地25.4千米。江川区境由湖泊、盆地、中低山组成。区境东西最大横距31.9千米，南北最大纵距33.7千米，区域面积850平方千米（折合127.5万亩）。在总面积中，山区、半山区占71.67%，平坝占15.96%，湖泊占12.37%。整个地势为四周高、中部低，西部九溪略向玉溪倾斜。境内最高峰谷堆山海拔2648米，最低点九溪河口村海拔1690米。境内主要河流有16条，河道总长184.8千米，属珠江流域西江水系，最大洪水流量315立方米/秒，多数为季节性河流。县境中部有高原断陷湖泊星云湖，辖有抚仙湖三分之一水面。星云湖总面积34.7平方千米，最大水深10米，平均水深7米，容水量1.84亿立方米，正常水位海拔1722米，属富营养型湖泊，十分适合鱼类生长，被誉为“天然养鱼塘”。抚仙湖总面积212平方千米，其中江川辖水面68.94平方千米，占水面总面积的32.5%。

2016年内平均气温为17.0℃，比历年同期偏高1.1℃，比上年同期偏低0.2℃，属偏高年份。年极端最高气温为32.8℃（8月18日）；年极端最低气温为-3.6℃（1月25日）。全年日照时数1855.8小时，比历年同期偏少333.6小时（-15%），比上年同期偏少275.0小时（-13%），属略偏少年份，创1961年以来年日照时数最少记录，历史次少记录是1961年的1897.6小时。年降水量865.3毫米，比历年偏多2%。

【行政区划】　2016年，全区辖大街街道和江城、前卫、九溪、路居4个镇及安化（彝族乡）、雄关2个乡。全区共有社区居委会21个，居民小组168个；村民委员会53个，村民小组296个；自然村352个。

（徐凡清）

【人口、民族】　2016年末，常住人口28.73万人，其中：城镇人口11.83万人，城镇化率41.2%。按公安户籍人口统计的年末总人口280742人，比上年增0.8%。其中：乡村人口172361人，城镇人口108381人。年内出生人口3763人，死亡人口1585人，人口自然增长率7.79‰。在总人口中，汉族人口259904人，占总人口的92.6%；少数民族人口20838人，占总人口的7.4%。

【综合经济指标】　2016年，全区完成地方生产总值810895万元，比上年增12.1%。其中：第一产业增加值159866万元，增6.0%，对GDP增长的贡献率为10.4%；第二产业增加值264223万元，增16.6%，对GDP增长的贡献率为44.6%；第三产业增加值386806万元，增11.6%，对GDP增长的贡献率为45.0%。人均地方生产总值28284元，比上年增2912元，增11.7%。三次产业结构由上年的20.83：32.43：46.74发展变化为2016年的19.7：32.6：47.7，其中：第一产业比重比上年下降1.1

个百分点；第二产业比重提高0.2个百分点；第三产业比重提高1个百分点。2016年全区非公经济增加值458287万元，比上年增47435万元，增13.0%；非公经济增加值占GDP比重56.5%，比上年降0.2个百分点。

【农 业】 2016年，全区实现农林牧渔业总产值266257万元，比上年增5.7%。其中：种植业总产值152794万元，增6.4%；林业产值4496万元，增4.7%；牧业产值91102万元，增4.8%；渔业产值10700万元，增5.2%；农林牧渔服务业产值7165万元，增3.8%。

农作物总播种面积387073亩，比上年增16304亩，增4.4%。其中：粮食播种面积92169亩，增2008亩，增2.2%。油料播种面积39006亩，增1433亩，增3.8%。烤烟栽种面积86580亩，增5844亩，增7.2%。

全区收购烟叶1139万千克，其中：上等烟802万千克，占70.4%，比上年降3.3个百分点；收购单价33元/千克，比上年提高0.71元/千克；收购金额38038万元，增1222万元，增3.3%。

全年完成人工造林2.56万亩，特色经济林2.56万亩，核桃移植2.56万亩。共育林种木苗3313亩，可供苗木159.48万株，义务植树66.12万株，零星植树24.36万株，全区森林覆盖率43.78%。

全区肉蛋奶总产量46309吨，比上年增1.4%，其中：肉类总产量30716吨，降1.2%。年内出栏肥猪30万头，降1.9%；全年出售营销仔猪70万头，降17.2%；年末生猪存栏22.3万头，降11.1%。其中：能繁殖母猪3.5万头，降16.6%。

全区水产品产量4314吨，比上年增77吨，增1.8%，其中：星云湖2288吨，增30吨，增1.3%；抚仙湖554吨，增20吨，增3.7%。

【工业和建筑业】 2016年，工业总产值完成893153万元，比上年增15.6%，其中：规模以上工业产值530471万元，增17.8%；规模以下工业产值362682万元，增12.5%。工业增加值223757万元，增16.0%，拉动GDP增长4.5个百分点，对GDP的贡献率为36.9%。其中：规模以上工业增加值146561万元，增20.2%。

2016年全区全社会建筑业增加值41813万元，增19.9%。资质以上建筑业15户，完成建筑业总产值88387万元，增28.1%。

【固定资产投资】 2016年，全区500万元以上固定资产投资576681万元，比上年增175987万元，增43.9%。其中：工业投资完成118132万元，增42142万元，增55.5%。房地产开发投资57119万元，增8970万元，增18.6%。

【交通运输和邮电业】 2016年交通运输、仓储及邮政业增加值14238万元，比上年增821万元，增3.9%，增速比上年回落0.7个百分点。公路建设成效明显，客货运输发展平稳。年末全区公路总里程达902.424千米，其中：一级公路15.07千米，二级公路54.156千米，三级公路198.987千米，四级公路594.216千米，等外公路23.995千米，高速公路16千米。年末全区拥有载货汽车9159辆，载客汽车134辆。

全年邮电业务总量29754万元，其中：邮政业务总量824万元；电信业务总量3074万元；移动业务总量19000万元；联通业务总量6856万元。全区电话普及率83.3部/百人，年末固定电话用户8957户，其中：住宅电话3956户。移动电话229739户。互联网用户65241户。

【贸易、住宿、餐饮业和消费物价】 2016年，全区社会消费品零售总额完成219346万元，比上年增11.2%。按销售单位所在地统计，城镇消费品零售额189622万元，增11.2%；乡村消费品零售额29724万元，增11.4%。按消费形态分，餐饮收入45296万元，增20.2%；商品零售174050万元，增9.1%。

全年销售营业额合计355237万元，比上年增17.9%，其中：批发业销售额49846万元，增21.1%；零售业销售额206145万元，增16.1%；住宿业营业额18818万元，增18.3%；餐饮业营业额80427万元，增20.5%。居民消费价格比上年累计上涨1.3%，商品零售价格上涨0.9%，农业生产资料价格上涨1.8%。

【对外经济和旅游】 2016年，江川区招商引资项目共实施74个，其中：续建项目24个，新建项目50个。年内实际利用区外国内资金689086万元，比上年增152738万元，增28.5%，其中：市外国内资金689017万元，增153508万元，增28.7%；省外资金622097万元，增159275万元，增34.4%。

2016年全区共接待游客356.57万人次，比上年增46.95万人次，增15.2%。旅游总收入194026.83万元，增45212.93万元，增30.4%。

【财政、金融和保险业】 2016年，财政总收入87629万元，比上年增5627万元，增6.9%。地方财政收入80335万元，增16910万元，增26.7%。地方财政支出193542万元，增24976万元，增14.8%。其中：一般公共预算支出174170万元，增14381万元，增9.0%。

年末，全区金融机构各项存款余额1107834万元，比上年增11.8%，其中：住户储蓄存款余额739753万元，增9.5%。各项贷款余额713001万元，增13.2%。存贷比为64.4%，比上年提高0.8个百分点。

【就业和社会保障】 2016年，共开发就业岗位520个，新增就业2295人，下岗失业人员再就业640人，城镇登记失业率3.45%，农村劳动力转移就业942人。

年末全区共有385户企业4274人和自谋职业、个体5840人参加养老保险统筹，全年共发放养老金9011.67万元；有373户7207人参加失业保险统筹，发放失业救济金104.73万元；有29125人参加医疗保险统筹，支付医疗保险金6334.92万元；有237768人参加新型农村合作医疗，支付医疗保险金12336.22万元；全区参加农村养老保险149687人，支付农村养老保险金3780.08万元；参加工伤保险统筹企业418户10002人；参加生育保险统筹企业260户4193人。

2016年，全年对城市低保受益户2316户2633人发放低保金1082.1万元。对农村低保受益户5495户5994人发放定期生活救助1191.2万元，对特困人员320户321人发放定期生活救助218.15万元。年末共有优抚对象3009人，全年共对3009人发放各类补助金1605.32万元；兑现义务兵家属优待金220人165万元。

【教育、科技、文化、体育和卫生】 2016年，全区有公办学校75所，其中：乡镇中心小学12所，村完小44所，一贯制学校1所，教学点2个，乡镇中学11所，普通高中2所，职中1所，区幼儿园1所。另有教师进修学校1所，青少年学生校外活动中心1个。有教学班1093个，其中：幼儿学前班231个，小学511个，初中234个，普通高中90个，职业高中27个；全区在校学生40192人，其中：在园（班）幼儿7370人，小学15869人，初中11096人，普通高中4733人，职业高中1124人。

小学毛入学率106.21%，小学学龄儿童入学率99.99%，毕业率99.82%，小学毕业生升学率98.33%，年巩固率99.7%，新招一年级新生受过一年学前教育99.84%，学前幼儿毛入园（班）率88.37%，15周岁初等教育完成率99.88%。

初中毛入学率127.34%，初中毕业率99.22%，初中辍学率0.93%，年巩固率99.31%，17周岁初级中等教育完成率98.93%。

教职工2640人，其中：正式教职工2305人，临时人员335人。专任教师合格率高中达99.72%、初中达100%、小学达99.43%。

2016年，全年共向国家、省、市推荐申报科技项目和科普专项共37个，其中：省级科技项目10个，市级科技项目20个，省级科普项目2个，市级科普项目5个。申报成功的国家、省、市各类科技项目27项，其中：省级8个，市级19个；科普专项获得立项的7个，其中：省级2个，市级5个。全年申请专利50件，其中：申请发明专利11件，实用新型30件，外观设计9件；专利授权量52件，发明专利2件、实用新型专利13件、外观设计专利37件。

群众文化事业进一步繁荣，文学艺术创作成绩突出，专项活动亮点频现，文化市场秩序井然，文物保护和交流成效明显，非物质文化遗产保护扎实推进，文化产业持续发展，继续保持“全国文化先进区”的称号。科技、广播电视、体育等事业全面发展，平安江川建设稳步推进。年末全区共有大小文艺队579个，全年举行文艺调演汇演27次；组织文艺活动132次；现有文化厅室62个，全年共举办展览60期，举办各种培训班94期。

截至2016年，江川区共成立体育协会组织4个，累计举办活动20余场，参加活动人数0.8万人次，营造出全民参与体育活动的氛围。全区6个乡镇、1个街道成立全民健身领导小组，6个乡镇、1个街道挂牌成立“全民健身指导站”，晨晚训练点41个。拥有社会体育指导员345人，其中：国家级6人，一级2人，二级112人，三级225人。2016年举办区级体育比赛活动8次，组织基层体育比赛活动12次，全区体育人口达30%。举办全民健身活动8次，人数0.8万人次；年末全区拥有体育场地394个，体育系统拥有体育场地9个，年内开放使用7万人次；举办培训班7期，参加培训260人次。竞训体育有省传统游泳项目1个点，在训运动员30人；市传统训练项目（田径、柔道、自行车）3个点，在训运动员45人；区训练项目（篮球、武术）1个点，在训运动员30人。

2016年末共有卫生机构173个，其中区级医院2个、其它医院2个、卫生院7个，妇幼保健院1个，疾病预防控制中心1个，卫生监督机构1个。卫生技术人员1604人，其中执业医师和执业助理医师631人，注册护士792人，其他181人。医院和卫生院床位799张（核定床位）。乡镇卫生院7个，床位249张（核定床位），卫生技术人员269人。村级卫生室71个（下发过医疗机构许可证的），乡村医生258人。全区有237768人参加新型农村合作医疗，参合率98.28%。

【能源消耗和安全生产】 2016年单位GDP能耗1.0416吨标准煤/万元，降5.0%，其中：规模以上工业单位增加值能耗2.1765吨标准煤/万元，降19.0%。

全社会用电量8.83亿千瓦时，同比上升2.97%。分产业看，第一产业用电量0.14亿千瓦时，同比上升12.95%；第二产业用电量7.24亿千瓦时，同比上升1.07%；第三产业用电量0.51亿千瓦时，同比上升20.52%；城乡居民生活用电量0.95亿千瓦时，同比上升8.65%。

2016年，江川区安全生产考核控制指标类别事故共发生11起，比上年减2起，降15.4%；死亡人数9人，比上年减2人，降18.2%；直接经济损失82.2万元，减85.75万元，降51.1%。其中：工矿商贸企业事故1起，死亡人数1人，直接经济损失70万元。

2016年江川区发生道路交通事故1980起，增628起，增46.45%；死亡人数26人，减18人，降40.91%；直接经济损失279.81万元，增184.7万元，增194%。火灾事故56起，减10起，降15.15%；死亡2人，减1人，降50%；直接经济损失50.77万元，减74.41万元，降59.45%。

【人民生活】 2016年，城镇居民人均可支配收入31191元，比上年增2683元，增9.4%。农村居民人均可支配收入11167元，比上年增953元，增9.3%。

（统计局）

大街街道

【行政区划·人口】 大街街道办事处位于江川区境南部，是江川城区所在地，东与路居镇、雄关乡相邻，南与通海县纳古镇、四街镇接壤，西南与九溪镇毗连，西北接前卫镇，北濒临星云湖。境内最高海拔老尖山2277米，最低海拔星云湖湖面1722米，街道办事处位于浪广路北段，海拔1730米。

辖上营、下营、大街、三街、早街、上头营、大庄、河咀、朱家庄、伏家营、海浒、大营、浪广13个社区居民委员会，小白坡、土官田2个村民委员会、124个村（居）民小组（116个社区居民小组，8个村民小组），68个自然村。总国土面积97.074平方千米。

2016年年内GDP完成304517万元，同比增33898万元，可比价增13.5%。其中：第一产业完成23749万元，同比增1131万元，可比价增5%；第二产业完成138160万元，同比增14420万元，可比价增11.7%；第三产业完成142608万元，同比增18347万元，可比价增14.8%。

2016年末，实有耕地18783亩，属高稳产基本农田。其中：田12969亩、地5814亩，农业人口人均占有耕地0.37亩。

2016年末，全街道辖区内总户数30862户，总人口85039人，其中：男41889人，占总人口的49.2%；女43150人，占总人口的50.8%。农业人口50776人，占总人口的59.71%；非农业人口34263人，占总人口的40.29%。大街街道15个村（社区）居委会总户数23479户，总人口66789人，其中：男32745人，占总人口的49%；女34044人，占总人口的51%；农业人口50776人，占总人口76.02%，非农业人口16013人，占总人口的23.98%；农村从业人员38739人，从事第一产业18339人，占农村从业人员的47.34%。人口自然增长率7.56‰。辖区内人口密度为876人/平方千米。

【领导干部名录】

党工委书记　靳永春
副书记　李德坤（2016.3任）
　　宋　磊
　　张新荣(2016.3离任)
纪委书记　付　纲(2016.3离任)
　　花德财(2016.3任)
人大工委主任　郭　伟(2016.3任)
办事处主任　胡正鸿(2016.3离任)
　　李德坤（2016.3任）
副主任　李竹贵(2016.3离任)
　　张正鸿
　　王丕娅
　　陈国华

【经　济】　2016年农村社会总产值（现价）677242万元，比上年增5.92%。工农业总产值（现价）564863万元，比上年增4.06%，其中：工业总产值521752万元，比上年增3.5%；农、林、牧、渔、服务业总产值43111万元，比上年增4.97%。农村经济总收入450890万元，比上年增48290万元，增11.99%。其中：农业收入42513万元，比上年增4505万元，占总收入的11.85%；林业收入454万元，比上年减27万元，占总收入的0.1%，牧业收入22549万元，比上年增1975万元，占总收入的5%；渔业收入5014万元，比上年增584万元，占总收入的1.1%；工业收入152596万元，比上年增21135万元，占总收入的33.84%；建筑业收入104585万元，比上年增9386万元，占总收入的23.2%，运输业收入69496万元，比上年增3475万元，占总收入的15.41%；商业服务业收入43254万元，比上年增4075万元，占总收入的9.59%；其他收入10429万元，比上年增3182万元，占总收入的2.31%。农民人均所得11879元，比上年增1239元，增11.64%。二三产业从业人数20400人，占农村从业人数的52.66%，比上年增1.61%。

【农　业】　农作物播种面积52848亩，复种指数281%。粮食播种面积15938亩，粮食总产量794.14万千克，比上年增5.29%。其中：水稻栽种面积6467亩，单产654千克/亩；包谷播种面积3923亩，单产602千克/亩；小麦播种面积2427亩，单产262千克/亩；蚕豆播种面积1793亩，单产153千克/亩；农民人均产粮156千克；油料播种面积9921亩，总产150.8万千克，比上年增0.95%；烤烟种植面积9742亩，交售量140万千克，交售收入4806.2万元，平均单价34.33元/千克；上等烟占72.57%，比上年降5.1个百分点。农业人口人均烤烟收入946元，比上年增10.12%。

年末，生猪存栏36763头，比上年减8.03%；出栏肥猪85177头，比上年增0.79%；大牲畜存栏394头，比上年增减29.1%，其中：黄牛存栏309头，水牛存栏21头，马存栏52匹，驴存栏7匹，山羊存栏2816只，出栏2728只；生产营销商品仔猪16.26万头，比上年减9.79%；全年肉产量达920.5万千克。家禽出栏89.84万只，比上年增0.89%；湖泊面积3平方千米，水产品产量235.83吨，比上年增0.085‰。

年内全街道森林总占地面积7.54万亩，森林覆盖率41.96%。果园面积3109亩，水果产量76.14万千克，比上年增6.83%。全年投入农田水利建设资金2043万元，完成各类水利工程48件，其中：抗旱应急水源工程1件，即庙湾水站建设，完成投资780万元；跃进水库、防洪坝除险加固工程2件，完成投资393万元；捧寨水库项目区烟水工程完成20件，完成投资340万元；2016年小农水重点县项目建设完成23件，建设完成投资500万元；大街河、旧州河清淤泥工程完成2件，完成工程投资30万元。

年内，农、林、牧、渔、服务业实现总产值（现价）43111万元，其中：农业15226万元，占35.31%；林业604万元，占1.4%；牧业24546万元，占56.94%，渔业684万元，占1.59%；农林牧渔服务业2051万元，占4.76%。

【企　业】　年末，全街道有企业和个体工商户4168户，比上年减0.24%；从业人员27143人，比上年增0.37%；企业营业收入673262万元，比上年增3.87%。利税43207万元，比上年增4.11%。其中：私营企业156户11986人，收入465649万元，比上年增4.41%；利税28226万元，比上年增4.75%。个体企业4012户15157人，收入207613万元，比上年增2.66%；利税14981万元，比上年增2.91%；规模以上工业企业19户。

年内完成工业投资项目14个，其中：技改项目6个，新建项目4个，扩建项目4个。

街道规模企业已发展成为以磷化工、纸制品、建筑建材、农产品加工等为主导的多个产业和多个行业。

【村镇建设·环境保护】　2016年，组织“百村示范、千村整治行动”项目库申报，共申报示范村3个，整治村15个。办理辖区内农村住房规划许可证110本。农村危房改造拆除重建指标880户，录入率和开工率按要求完成100%。

积极推进生态环保工程建设和生态文明建设，以“3·5”学雷锋活动日、“6·5”世界环境日和重大节假日等为契机，组织安排各村（社区）党员、干部、广大群众、学生等进行集中清理和环境卫生大扫除，累计出动人员7620人次，出动装载机等车辆450辆次，清扫街道、巷道9598米，清理河道沟渠54280米，打扫公厕205个，清运垃圾35820

吨。通过会议、广播、板报、张贴标语、悬挂横幅、进村入户等方式进行全方位宣传发动。在各村（社区）主要街道及公共场所刷写永久性环保宣传标语10条以上，制作悬挂警示牌9块，刷写墙体标语385条，禁止乱倒垃圾和爱护环境卫生条幅380条。落实保洁制度、清运制度、督查考核制度、经费管理制度、资金筹措五项制度，强化保洁员、清运员、社区卫生监督员责任，确保各项城乡垃圾综合整治管理制度正常运行。对五条入湖河道进行清淤清理整治，共出动人员600人次，装载机10台，出动车辆60辆次，清理河道总长17680米，清除淤泥、沙土沙石，杂草、红白垃圾200吨。

【社会事业】 科 技 全街道有农村专业技术协会6个，会员231人。其中：养猪协会3个，种烟协会3个。年内刊出黑板报、科普宣传栏21期。街道科协举办技术培训讲座4期，培训人数522人；举办实用技术培训班14期，培训人数1181人。发放各种科技资料7000余份，赠送科普书籍900册。农技围绕农业生产确定的目标和任务，不断举办蔬菜种植、农药安全使用知识、测土配方、平衡施肥技术、养猪知识和烤烟栽培、烘烤等一系列技术培训，发放测土配方施肥技术问答资料600份；发放施肥建议卡29000张，发放《水稻蝇蛆防治明白卡》600份。每村配有一名科普宣传员。

教 育 年末，街道辖区村级有幼儿园11个，教职工134人，适龄儿童入园1758人，学前班10个，学生385人。小学10所，教职工305人，在校学生5252人，入学率、毕业率、升学率均为100%；中学3所，教职工288人，在校学生3873人，毕业率100%，升学率88.45%。小学教师文化程度，大专以上297人，中专7人，高中以下1人，共计305人，初中教师文化程度大专以上288人。

文化·体育 全街道有社区影剧院1个，观众席900个座位；露天戏台1个；街道文化站1个，藏书7100册；农家书屋17个，2016年为17个村（社区）农家书屋补充图书共4000余册。2016年春节举行大型民俗文艺展演在城区主要街道巡回演出；与区图书馆到小白坡小学举办“六一”儿童节游园活动；7月8日晚，在江川影剧院举办“情系红丝带，爱在阳光下”防艾专题晚会，来自17个村（社区）及不同行业、不同年龄段的观众600多人到场观看；8月10日，分别在大街社区、下营社区举办道德讲堂，两个社区的干部、党员、群众240余人参加活动；自创、排练花灯说唱《买件礼物表心肠》参加江川区小戏小品调演，荣获个人创作三等奖及两个个人表演奖；下村辅导文艺队排练舞蹈节目，排练文艺节目8个参加江川区第十二届开渔节群众文艺演出。

卫 生 2016年末，全街道有中心卫生院1所，医务人员37人，其中：专业技术人员32人；工勤人员5人。病床50张。村、社区卫生所14所，医务人员66人，病床70张。2016年内出生885人，出生率13.41‰；死亡385人，死亡率5.83‰；人口自然增长率7.56‰，计划生育率82%。加强和改进流动人口计划生育管理与服务体系建设，推进流动人口全员信息统计，建立完善统计台账，掌握流动人口婚、孕、育情况，进行跟踪管理。农村新型合作医疗参合人数57251人，参合率99.3%，年补偿18.6万人次，补偿金额2204.98万元（其中门诊补偿17.8万人次，补偿金额382.9万元，住院补偿8264人，补偿金额2718.92万元）。

民 政 年内，街道纳入居民最低生活保障2955户，3349人发放低保金9434200元。全年对86位五保老人发放五保户生活费282264元，春节慰问8600元。补助入新农合医保111户，108000元。全年为107户出现临时困难的家庭发放临时补助金101000元。全年共计发放救济粮食74050千克，救济衣物176套，大衣150件，被子166床。建国前老党员补贴1户，450元；伤残民工补助金2户，2700元；小乡干部51户，86328元；精减定救49户，74394元；春节慰问特困户308户，68400元。共对987名优抚对象发放优待抚恤金4509658.6元。其中：三属抚恤金7人，90921元；在职伤残金57人，761620.5元；在乡伤残金15人，200528.4元；复退军人补助金47人，387081万元；义务兵家属优待金73人，547500元；带病回乡退伍18户，82533元；春节慰问优抚对象806人，161200元。两参人员567人，2358420元。出国民工补助54人，58500元；第一季度民兵民工补助55人，20050元；农村籍退役士兵60岁补助215人，246240元。双重身份补差7人，41457元。烈士子女补助3人，8100元。优抚对象八一慰问928，185600元。街道共有孤儿7名，发入孤儿补助金95495.6元。全年共办理结婚登记826对、离婚登记267对、登记合格率达100%。补领《结婚证》613对，补领《离婚证》35对。大力推进殡葬改革，积极倡导绿色墓葬，自2015年3月1日实行火葬以来未出现一起装棺土葬现象，确保三个百分之百完成。

劳动保障 办理《失业证》证明人数603人。组织家政服务培训5个班287人，烹调培训116人，美容化妆169人，蔬菜种植培训522人，计算机培训117人。办理“贷免扶补”25人，发放贷款225万元。新参保新型农村养老保险和城镇居民养老保险465人，缴费率95.80%。办理60周岁以上人员死亡退保341人，每人发放安葬补助费600元，合计20.46万元。60周岁以上领取待遇人员11623人，发放待遇养老金1120.478万元，办理征地养老保险181人，保费45.25万元。在与江川县农业银行签订“代扣代缴”基础上，办理城镇居民基本医疗保险参保至年底共计57251人。

规范用人单位用工管理行为，履行劳动保障监察职责。劳动保障所对全街道3家红砖厂、纸制品厂15家、彩印包装厂5家、非煤矿山8家进行60次日常巡察。对全街道187家事业单位、企业、个体经济组织进行网上执法年审，对年审合格的用人单位发放劳动保障执法年审审验证。

老龄工作 年末，全街道有老年协会17个，班子成员134人，村（居）委会老年活动室14个，村民小组活动中心80个，建立家庭道德评议委员会14个。80岁以上老人1558人，其中80～89岁1405人，90～99岁149人，100岁以上5人，全年发放80岁以上无退休金老年人健康补助99.22万元。春节期间选拔16支文艺队到老戏台上公演，从老历正月初一到初六演出文艺节目94个，观看人数近万人；组建老年门球队9支63人，地掷球对7支28人，泰迪球队12支130人，初七、初八、初九进行比赛。正在运营的居家养老服务中心8个。老年活动中心建好正在使用5个，正在建2个。全街道有离退休干部205人，职工1058人。

【精神文明建设】 坚持把社会主义核心价值体系作为灵魂工程，贯穿精神文明建设和各个领域，坚持不懈地用中国特色社会主义理论体系武装各级党组织，深入开展“两学一做”学习教育，加强党的十八大精神和十八届三中、四中、五中、六中全会精神学习，促进党员干部理论学习建设。开展“道德讲堂”活动，提高居民文明程度。开展环湖文明走廊创建活动。以宣传改进农村生活习惯为切入点，强化农村环境综合整治，以生态文明街道创建工作建设为突破口，改善农村环境、完善基础设施美化家园。表彰奖励50名孝亲敬老先进个人及10名五老人员先进个人，弘扬社会文明新风尚，崇尚尊老敬老的文明正气。

【法制建设】 围绕社会和谐稳定抓普法，围绕中心保增长、保民生、保发展、保稳定、保生态，深入开展法制宣传教育与法治实践相结合，在促进学法、用法上求实效。全街道有司法所1个，18个人民调解委员会（1个街道人民调解委员会17个村社区人民调解委员会）。2016年1～12月开展大型法制宣传活动6次，展出图片10期424幅，印发材料8期25980份，接受咨询394人次；进行法制宣讲10次，听众652人；广播宣传198次，听众275900人；学校上法制课2次，听众560人次，骨干培训3期，参训人员104人，组织法制文艺演出2场65个节目，播放法制影视专题片2场4部，黑板宣传181块198期，悬挂张贴普法标语大标38幅、小标256幅。共调处各类纠纷323件，其中司法所调处10件，村（居）调委会调处313件，调处成功303件，调处成功率达到95%。2016年司法所有社区矫正人员80人，共接受社区矫正人员57人，解除矫正42人，接收刑满释放人员并安置帮教62人，帮教率达95%以上。对在矫社区矫正人员坚持每两个月每家人走访一次，做好日常档案记录和管理教育工作，对于社区矫正人员严格落实请假制度、汇报制度，做到不脱管，不漏管，并积极协调有关部门落实刑释解教人员和社区服刑人员低保、困难救济等措施，切实解决他们生产生活等方面的实际困难，防止重新违法犯罪。

进一步巩固和扩大“平安大街”建设成果，创建省级“平安先进街道”。把综治维稳工作纳入街道综合目标考核范围，将责任层层分解到村（社区），使村（社区）干部和相关责任人有压力、有责任，并与14个村（社区）和各企业学校及相关综治维稳成员单位签订年度社会治安综合治理维护稳定目标责任书。街道推进网格化社会管理服务工作，共开展网格员业务知识培训3期。全年完成各级信访44件，回复44件，回复率100%。接待群众来信来访49件107人，基本做到件件有记录，事事有结果，件件有答复。

【国土管理】 2016年，大街街道坚持“依法管地，节约用地，构建经济社会和谐发展”方针，建立耕地保护共同责任制度，全面履行保护资源、保障发展、维护权益、服务社会职能，加强农村集体土地管理。加大土地执法监察力度，全年辖区内土地巡查50次，严肃查处土地违法案件29宗，面积5363.35平方米，按各村（居）委会村规民约拆除10宗，面积1032平方米。出动80人次巡查督促检查11个石场，1个砂场，3个砖场，1个地下水的安全生产，对非法开采进行查处，发现安全事故隐患及时整改。办理发放农村集体土地使用证25本，发证总面积2820.02平方米。完成大营社区毕家庄组、三街社区王家营组、朱家庄社区朱家庄组894宗农村集体住房土地权属认定工作。

【财经管理】 根据农村财务管理的实际情况，从各个方面加大监控力度，克服人为乱支乱花现象，对村组财务收支情况及时公布，让群众及时了解集体财务状况，减少农村财务热难点问题，促进农村社会和谐稳定。大街街道农经中心对村组财务收支共结对账776次/组，账务处理776次/组。全街道村组民主理财小组共对村组集体收支情况进行776次/组民主监督理财。中心对村组财务收支共公开868次/组，其中张榜公开776次/组，会议公开92次/组。开启意见箱267次/组，收集群众意见7条，经疏理无财务管理意见。向村组反馈意见0次。

严格按照《大街街道建设工程管理办法》，凡村组建设项目工程按照公平、公正、公开原则进行招投标；年内招投标委员会招投标工程项目206个，验收竣工工程建设项目167个。

【村级组织换届选举工作】 大街街道党工委坚持把村级组织换届选举工作作为加强基层组织和基层政权建设的重中之重来抓，思想上高度重视，谋划上科学有序，组织上精心周密，实施上环环相扣，做到程序到位、过程平稳、结果圆满，实现组织和群众“双满意”。2016年换届，大街街道涉及18个村（社区）139个村（居）民小组，共有选民68084人，其中参加选举的选民有51879名，参选率达92%。选举产生村（社区）“两委”及监督委员会干部183名，其中党总支委员94人（其中3名专职专选大学生村官），村（居）委会成员78人，监督委员会成员51人，交叉任职40人，占22%；书记、主任“一肩挑”5人，占28%；新一届村（社区）干部平均年龄47岁；高中以上学历75名，占41%；妇女37名，占20%；推选出村（居）民小组长139名，村（居）民代表710名。

【徐贤到大街街道调研】 区委书记徐贤率区委副书记张燕华，区委常委、区委办主任邓春元等一行到大街街道开展综合调研。

街道党工委书记靳永春陪同查看下营党建情况、上营棚户区改造项目点，作了产业发展、重点工作重大项目、党的建设三大方面的综合汇报，并提出“将工作重心转移到城市建设上来，解决好规划和资金问题”的建议。

徐贤强调，大街应有作为中心城区的担当，应谋划整个城市规划如何做，提出可行的建议，尤其棚户区改造的方案要达到国家提出棚改的目的；大街在全区经济发展中起着举足轻重的作用，应充分发挥龙头地位的表率，在城乡统筹发展中当标兵，在党的建设中作示范，发挥辐射带动作用。针对城市建设、城乡统筹发展，徐贤要求大街街道及参与调研的各部门尽快就城市规划等现实问题形成建议方案，出台规范性指导意见。

张燕华就大街作为中心城区的地位，提出要围绕中心服务大局，打好党建牌；要谋划城乡统筹篇，打好建设牌；要谋好转型升级篇，打好突围升级牌；要谋好多方协调多措并举篇，打好协作牌；要结合危改篇，打好脱贫攻坚牌。

【国家义务教育均衡发展督导检查组到大街进行督导评估】 国务院教育督导委员会办公室督查小组余兆辉等一行到大庄中学进行义务教育基本均衡督导检查。小组现场查看物理实验室、计算机教室、音乐教室、心理咨询室，检查师生食堂、学生宿舍，询问体育器材室、图书室等功能室器材、设备、书籍的配备、管理和使用情况，查阅登记簿。并对学校的日常管理提出改进建议。

同日，国家义务教育均衡发展督导检查组组长廖秀梅等专家组到大街小学对学校义务教育均衡发展工作进行督导检查。督导组通过巡视校园、走访师生，对大街小学义务教育均衡发展十项办学条件的达标情况进行了解，同时对学校的办学条件、校园文化、师生精神面貌给予高度评价。结合大街小学实际，督导组对学校下一步工作提出意见，进一步推动大街小学“美丽街小、和谐街小”创建工作。

【脱贫攻坚】 大街街道办事处共有建档立卡贫困户346户1121人（含抚仙湖托管区路居镇57户148人），街道以整村推进和落实精准扶贫措施为抓手，统筹整合专项扶贫、行业扶贫、社会扶贫力度，着力改善贫困群众生产生活条件，实施基础设施建设、易地搬迁、劳动力培训等项目，不断加强医疗保障、低保等农村基本公共服务体系建设，深入开展“挂包帮”“转走访”工作，街道和区直部门干部主动捐款11.16万元，扶贫开发工作成效明显。贫困人口实现“两不愁、三保障”；实现街道2个贫困自然村脱贫摘帽；实现全街道消除贫困。

【国家级生态街道创建】 大街街道党工委、办事处将生态街道创建工作纳入重要议事日程，全年召开专题会议4次，对创建工作进行研究部署。根据创建工作需要，调整创建工作领导小组成员。明确分工，确保创建工作的顺利完成；明确分解任务，加强创建工作中所需各类材料、图片的收集整理工作，确保创建工作圆满完成。大街街道所有创建材料已编制完成、装订成册并通过省级专家评审，上报到国家创建工作组等待审查命名。

【第三次全国农业普查完成摸底工作】 大街街道分别召开全国第三次农业普查工作动员会及全国第三次农业普查业务培训会，对全国第三次农业普查的意义、对象、范围做了介绍，讲解全国第三次农业普查方案、普查条例及农户表、规模户表、农业经营单位表的指标。

街道普查员按照普查小区图顺序挨家挨户进行，做到不漏一户人、不漏一块地。此次摸底普查小区142个，总户数14937户，符合普查登记对象13856户（其中：规模户136户），经营单位86家（其中：农业法人单位25家、农业经营单位11家）。

（朱姝璇）

江城镇

【行政区划·人口】 江城镇地处江川北部，位于东经102°48′、北纬24°25′之间。东临全国第二大深水湖抚仙湖，南临星云湖、距县城18千米，西与玉溪市红塔区、昆明市晋宁县六街乡、晋城镇接壤，北距省会昆明市80千米。辖区面积222.67平方千米，全境地势西北高、东南低，最高海拔2648米，最低海拔1720米，东西最大横距19千米，南北最大纵距15千米。境内主要河流有牛摩河、东西大河、学河、周德营大河、大龙潭河、玉带河等，有西河一库、西河二库、茶尔山水库、大龙潭水库等水库8座，坝塘103座，矿藏主要有磷矿、白云岩、石灰石、石英砂及少量铁、锰、硅矿。镇政府所在地振兴街13号，驻地海拔1733米。

全镇辖江城、隔河2个社区居民委员会和左卫、大地、孤山、黄营、陈家湾、白家营、云岩、温泉、侯家沟、龙街、西河、海门、三百亩、明星、牛摩、尹旗、翠峰、桐关、祁家营19个村民委员会，9个居民小组、123个村民小组，119个自然村。2016年1月1日起，江城镇的明星、三百亩、牛摩、孤山4个村委会，以及海门村委会胡家湾村民小组和隔河第一、第二村民小组，共23个村（居）民小组，人口约1.13万人，国土面积约39.08平方千米统一托管至路居镇管理。

2016年末，总耕地面积36946亩，其中田25622亩，地11324亩（其中水浇地2757亩），农业人口人均耕地面积0.66亩。总人口72275人，其中男36447人，女35828人；农业人口55613人，非农业人口16651人。总户数26083户。少数民族人口1506人，占总人口的2.08%，其中彝族860人，占总人口的1.19%；哈尼族271人，占总人口的0.37%；傣族84人，占总人口的0.12%；白族64人，占总人口的0.09%。农村劳动力48635人，其中从事第二、三产业的11875人，占总劳动力的24.42%。人口自然增长率6.65‰。人口密度325人/平方千米。

【领导干部名录】

党委书记 郭　峰（2016.3任）

李忠海（2016.3离任）

党委副书记 赵子良（2016.3任）
李志高
郭 峰（2016.3离任）
周宏斌（2016.3离任）
纪委书记 郝 彬（2016.3任）
李任民（2016.3离任）
人大主席 顾学华
镇 长 赵子良（2016.3任，代理）
郭 峰（2016.3离任）
副镇长 李春伟（2016.8任）
李平良（2016.9任）
朱 俊
刘世培（2016.3离任）
马江艳（2016.3离任）
洪家彬（2016.9离任）
杨 坤（2016.3离任）

【经 济】 工农业总产值完成69723万元，比上年增9%，其中工业总产值26982万元，比上年增18.7%；农业总产值42741万元，比上年增6.9%。农村经济总收入447068万元，比上年增10.0%，其中农业收入79359万元，林业收入626万元，牧业收入26351万元，渔业收入7914万元，工业收入108127万元，建筑业收入64815万元，交通运输业收入75683万元，商业饮食业收入54690万元，社会服务业收入21548万元，其他收入7955万元；农民人均可支配收入12875元，比上年增11.1%。地方生产总值181640万元，比上年增10.1%，其中第一产业41936万元，增6.8%；第二产业36484万元，增17.4%；第三产业103220万元，增8.9%。全镇财政收入3492.4万元，比上年减8.15%；财政支出4683.5万元，比上年增40.89%。年末，各项存款余额154000万元，比上年增8.36%；人均储蓄存款余额21307元，比上年增7.54%。

【农 业】 全年农作物播种面积92099亩，复种指数247%。粮食播种面积32416亩，总产1787万千克，与上年相比，面积增加2.7%，产量增加16.7%，其中：水稻种植面积11566亩，单产643千克/亩；玉米种植面积7325亩，单产598千克/亩；小麦种植面积3543亩，单产256千克/亩；蚕豆种植面积2995亩，“干豆”单产120千克/亩，“青豆”单产480千克/亩；农民人均产粮321千克。油料播种面积8668亩，总产179万千克，面积比上年增1.5%，总产比上年增1.97%。烤烟种植面积8670亩，其中：田烟移栽面积3000亩，地烟移栽面积5670亩，总产120万千克；交售烟叶120万千克，上等烟比例达69.87%，均价32.1元。蔬菜种植面积34610亩，总产65万千克，比上年增5%，产值达7056万元，增0.8%。建设标准化（无公害）蔬菜基地，基地分布于陈家湾、侯家沟、龙街、孤山、西河、白家营、海门、江城、翠峰9个村委会，主要品种：花菜、早春白菜、早春马铃薯、甜辣、四季豆、青蒜。花卉种植面积4504亩，生产鲜切花58297万枝，花卉产值2345万元，比上年增2.4%。

年末，生猪存栏5.33万头（其中能繁母猪5489头），比上年减22.30%；肥猪出栏8.68万头，比上年减2.69%；大牲畜存栏1538头，比上年减11.86%，其中牛存栏1374头，出栏1011头；羊存栏5015只，出栏5449只；家禽存栏44.62万只，家禽出栏90.61万只。全年肉产量8568吨，肉蛋奶总产13485吨；水产品产量310吨，比去年减少9.88%。实现畜牧业产值26211万元，减16.53%。发放中央农业支持保护补贴155.2万元，农机综合补助18.02万元。

全年水利建设投入1350万元，完成孤山村委会片区水土流失综合治理工程的扫尾工作、温泉村松园片区水土流失综合治理工程、大地村西大沟工程、陈家湾人畜饮水工程、侯家沟大平地水库、明星小河坝小（二）型水库的除险加固工程、加快推进温泉高标准农田建设项目工程的实施、东西大河环境综合治理工程、云岩寺水源点建设工程改造、侯家沟村委会大龙潭小流域治理工程、海门村委会抽水站及水池建设工程（车厘子工程）、温泉庄科小龙潭河道清淤等工程建设，新建抽水泵站1座，蓄水池10个，水窖6口，新修沟渠17773米，新增田间道路4815米，延长机耕路6229米，铺设管道19790米。

2016年，完成农林牧渔业总产值（现价）69304万元，其中：农业38478万元，占55.5%；林业556万元，占0.8%；牧业26211万元，占37.8%；渔业2824万元，占4.1%；农林牧渔服务业1235万元，占1.8%。

【企 业】 2016年，有个体经营户、私营企业3189户，比上年减77户，其中私营企业83户，从业人员2677人，人数比上年增加6.4%；企业营业总收入155296万元，比上年增3.7%；利润总额16810万元，比上年增1.4%；上交税金5305万元，比上年减28.9%。其中：私营企业从业人员2677人，收入77475万元，利润总额8342万元，上交税金4768万元；个体经营户从业人员6313人，收入77821万元，利润总额8468万元，上交税金537万元。全年实现现价总产值159699万元，其中农林牧业11542万元，工业74186万元，建筑业3016万元，交通运输仓储业15369万元，批发零售业44963万元，住宿及餐饮业6485万元。

完成工业企业固定资产投资3980万元，实施工业技改项目1个。

【旅游业】 5月启动中国传统村落——海门村修复保护工程，工程整合了中央财政奖补传统村落保护资金150万元、“百村示范、千村整治”资金200万元，星云湖扶仙湖保护资金150万元，整个传统村落的修复工作处于拆除破旧建筑阶段。北山寺旅游景区新铺设柏油路4.8千米，完成沿路的绿化工作及山门修建。

【村镇建设】 完成移民投资文化活动中心项目5个，“一事一议”财政奖补普惠制项目15个。启动江城古镇棚户区改造项目为重点的城镇建设，完善征收补偿方案。完成南北大街、振兴街街区环境综合整治、7600余平方米低效利用房改造。稳步推进江川文庙改造恢复工程。启动江城文化广场项目建设。澄川高速公路试验启动路段建设，完成境内尹旗、龙街、西河征地拆迁前期工作，海门、左卫征地费补偿以及青苗、附着物补偿、坟地补偿和股息支付。完成烂泥箐与晋宁交界至白玉寨小组段路面硬化。白玉寨至黄营小学段路面正在开展硬化前准备工作。

【社会事业】 科　技　开展各种作物栽培技术、病虫害防治等农业科技培训，累计培训18次，5420人，发放培训材料11000份。培训测土配方知识300人，发放《测土配方施肥技术问答》8000份、测土配方施肥建议卡8000份。完成水稻同田对比试验1组，马铃薯专用肥效同田对比试验2组，花椰菜同田对比试验1组，花椰菜测土配方施肥样板3000亩，跟踪1个国家级、2个省级肥力监测点肥料效应并完成相应的同田对比试验3组，发放《水稻病虫害综合防治明白卡》2300份，防治稻瘟病、稻飞虱面积9453亩。

教　育　整合中央、省、市、区资金补助，共投资2100万元，实施了侯家沟、云岩、白家营、左卫小学等29个中小学校舍安全新建、改建项目。年末，党职校1所；中学3所，教学班54个，教职工217人，在校学生2636人，初中入学率100%，巩固率99%；中心小学3所、村完小9所，教职工230人，教学班99个，在校学生3049人，小学入学率100%。幼儿园6所，教职工61人，在校学生930人（含部分学前班人数）。表彰奖励2015—2016年度优秀教师24名，先进教育工作者6名。

文　化　开展春节系列文化活动，组织17个文艺方阵队，龙灯、狮灯、腰鼓队，举行大型街头游园活动。举办第三届广场舞比赛。开展文艺送戏下村活动，演出节目70个，观众达1800人次。启动江城文星阁修缮工程前期工作。围绕“江川县创建中国楹联文化县”工作目标，投资3万元，打造楹联文化一条街。

体　育　继续推进“七彩云南，全民健身基础设施工程”项目，为祁家营、上左卫、星云村、张家头等6个村组配置体育健身器材64件，完成15个村体育健身器材申报工作；投资6万元完成黄营村、温泉庄科村老年人球场标准化建设工作。

老龄工作　全年共发放80周岁无退休金老人保健补助金91.87万元，5703人次；发放有退休金高龄老人保健补助金10.4万元，593人次。年末，全镇60周岁以上老年人12321人，80周岁以上1765人，90周岁以上206人，100周岁以上6人。新建村级老年人活动场所3个，总投资达550万元。投资140万元完成龙街、温泉海溪2个居家养老服务中心建设。启动龙街村、祁家营村农村幸福院建设。启动江城中心敬老院项目建设。

卫　生　年末有中心卫生院1个，病床总数110张，全院职工79人，其中：卫生技术人员71人，其他专业技术人员1人，工人7人；初级资格31人，中级资格31人，高级技工6人，副高2人。村级卫生所20个，医务人员64人。年内出生678人，出生率11.04‰；死亡236人，死亡率3.84‰。已婚育龄妇女11000人，综合落实节育措施人群9279人，节育率84.35%。全年64743人参加新型农村合作医疗，参合率达98.97%；共214896人次享受新农合减免补偿，受益面达325.6%，共补偿医疗金2627.57万元。

民　政　发放优抚、救济补助经费530.1万元，救济粮59000千克。落实五包供养经费32.59万元，103人。完成托管区域五保老人“转院”工作。完成龙街敬老院改扩建工程招标审计，进入施工阶段。依法办理婚姻登记579

对，1158人；离婚登记210对，420人；补发婚姻登记288对，576人；补发离婚登记10人次。

殡葬改革 全年死亡495人，火化495人，安葬495人（456人安葬于公益性公墓、39人安葬于经营性公墓）。火化、安葬率均达100%。实施遗体火化补助351人、152.1万元。

残疾人工作 年末，共有残疾人1895人，残疾人家庭310户，321名残疾人享受农村低保。走访慰问残疾人困难户65户，发放慰问金额22500万元，发放轮椅42辆，补助1780人残疾人新型农村合作医疗资金17.8万元，20名重度精神残疾病人免费进入玉溪市第二医院精神科接受治疗，26名病人通过“阳光家园”居家托养。扶持残疾人生产6户，金额12000元。康复救助50人，3.5万元。补助9名残疾人家庭考取大中专院校学生2.1万元。为120名农村残疾人提供实用技术培训。

妇联工作 2016年，发放“贷免扶补”资金35户，283万元。组织理论学习18期950人次。组织镇村妇女召开座谈会19次540人次。16个村（社区）妇代会改建村妇联，选举产生16名村（社区）妇联主席，123名执委。深入开展“四送一创”活动。慰问了江城、龙街、翠峰中心小学贫困、留守、残疾学生55名，为镇机关14岁以下未成年人办理200元的购书卡65张。接待妇女信访案件5件，其中家庭暴力3件，家庭纠纷2件，处理率达100%。

工会工作 全镇有工会委员会26个，工会联合会2个，企业建会率达90%以上，会员2472人，其中女会员996人。签订工资集体协商专项合同数11份，覆盖企业11家，签订区域性合同1份，覆盖企业14家，涵盖职工659人。翠峰鸿湖公司成功创建“一活动一工程”市级示范点，市总工会奖励经费20000元。童话幼儿园成功创建“生态文明之家”。在档困难职工65人，元旦春节、中秋国庆、临时救助发放帮扶资金8万元。发放普惠卡568张。50名农民工参加家政培训并取证。组织镇机关7位离退休职工共赴北戴河工人疗养院参加疗休养。组织镇机关153名职工到市体检中心进行健康体检、女职工两癌筛查。2016年镇机关上缴工会费42800元。

共青团工作 完成村级团组织换届选举工作，选举产生新一届村团总支委员80名，其中书记16名，副书记11名。2016年发展团员511名，团青比例为17.4%。开展社会主义核心价值观教育宣传活动3次，发放宣传资料500份。在中小学开展纪念建党95周年和长征胜利80周年活动、开学第一课、“缤纷夏日·快乐童年”主题公益行动月活动。组织法制宣传讲座3次，发放宣传资料700份。在江城、翠峰、龙街3所中学建立青少年维权岗。

社会保障 年内参加新型城乡居民养老保险40662人，参保金额219万元。适龄人员缴费率达95%以上，参保率达98%以上。发放基础养老金9749人773万元，发放丧葬补助金及一次性退保金420人41.99万元。办理被征地农民养老保险参保缴费355人88.75万元。共办理《就业失业登记证》869人，对申领社会保险补贴65人进行认证，发放“贷免扶补”贷款33人205万元。组织200人参加职业技能、创业培训，转移农村劳动力100人。

国土资源管理 组织规模清理违法建盖房屋6次，出动人员100人次，清理违法占地6宗，保护土地资源1470㎡。调处群众来信来访及区级转办案件6件。发放农村集体土地使用证17本，变更登记6本。完成白家营、大地、上直河、下直河4个小组农村土地确权试点工作。在5个村委会8个村民小组建立重要地质灾害监测点9处。发放地质灾害工作明白卡32份，避险明白卡203份。制止1起违法非法盗采矿产资源行为。编制2016年《江城镇地质灾害防治方案》、《江城镇地质灾害应急预案》，建立完善重点地质灾害群测群防预警体系。

生态环境保护 开展城乡人居环境综合整治，拨付保洁工资96.7万元，聘请环卫保洁员201名、垃圾清运员40名、环境监督员17名。投资环卫设施17.25万元，建设垃圾池28个，平整建筑垃圾堆放场地一次，配置垃圾箱体8个，垃圾小推车10辆。对辖区内农村环境卫生实施日常保洁工作，对农村环境卫生整治进行检查考核11次，清扫清运垃圾2万吨，重点村落垃圾收集处置率达96%。聘请管护人员26名，对主要入湖河道进行管护，组织人员2089人，开展河道集中整治12次，清理河道25.9千米，出动垃圾车144辆，打捞清运河道垃圾450吨，对河道开展督促检查24次，主要入湖河流沿岸垃圾收集清运率达95%。投资150万元，完成黄营垃圾处理厂建设工程，包括土建、垃圾焚烧炉烟气净化设备及配套设备安装建设，占地713.63平方米。加强星云湖退田还湖生态修复工程湖滨带日常管护工作，打捞垃圾560吨，清捡湖滨带垃圾23吨。开展生态镇创建活动。

法制建设　开展法制宣传活动17次，发放普法材料4600份、宣传手册300册，板报宣传168期，展板90块，广播宣传220次，开展法律咨询360人次，张贴宣传标语2630幅。调解各类纠纷340件，（其中，简易纠纷201件、一般纠纷130件、重大纠纷9件），调解成功率99%。制定政府权力清单和责任清单，界定行政职权97项，责任事项458项，追责情形453项。办复人大代表建议30件、政协委员提案2件。

【村级组织换届】　4月5日至5月18日，历时44天，完成16个村（社区）村级组织换届选举工作。新一届“两委”和监督委班子154人（交叉任职43人，包含书记主任“一肩挑”7人）。村（社区）党总支委员会委员99名，其中书记16名，副书记13名（包含专职专选大学生村官2名）；村（居）民委员会委员50名，其中主任16名，副主任16名，委员18名；村（居）务监督委员会委员48名，其中主任16名。推选产生小组党支部书记110名，小组长111名，副组长93名，村（居）民代表1098名。新进班子26名，占16.9%。其中，新当选的党总支书记4名、村（居）委会主任5名。

【精神文明建设】　举办全镇道德讲堂1期、村级道德讲堂4期、企业道德讲堂1期，受益群众2000人，引导广大公民感知传统文化，弘扬传统美德，知荣辱、守规范，争做合格公民。

【纪律检查工作】　扎实开展党风党纪宣传教育工作，全面抓好习近平总书记系列重要讲话精神学习及十八届四中、五中、六中全会精神解读工作，启动“江城镇廉政讲坛活动”，抓好镇村两级组织换届纪律宣传及监督工作，完成大地村违反换届选举纪律案件的办理，对9名村组干部给予处理，其中1名开除党籍，1名留党察看1年，6名党内严重警告，1名延长1年预备期。严肃查办各类违法违纪案件。受理司法移送和群众反映信访举报件7件。对护林防火、烤烟生产、环境卫生、渠道清理、会场纪律、干部慢作为等方面工作进行督查，发督查通报13期，对23名镇村干部进行通报批评。

【干部队伍建设】　开展10个专题培训班，全镇村组干部2700人次参加培训学习。坚持选好、用好、管好村组干部，针对少数基层干部有令不行、有禁不止问题，调整增补村组干部21名，对17名镇干部、6名村干部进行通报处理。

【“两学一做”学习教育】　按照“十个一”要求，严格执行“三会一课”制度，结合“党员固定活动日”，每月组织党员干部开展一次集中学习。执行“党费日”制度，开展党章党规知识测试活动。坚持集中领学与个人自学相结合，确定镇机关每月1日、村（社区）每月10日为集中学习日。开展用身边事教育感染身边人活动，先后把主动交纳1200元党费的左卫村老党员李宝谦和临终前不忘向党组织交纳最后一次党费的侯家沟村老党员陈树华作为典型，引导广大党员集中学习身边的先进事迹。

【党员规范化管理】　继续推行党员积分管理、年终民主评议相结合的考核管理方式，进一步规范党员管理。按照“控制总量、优化结构、提高质量、发挥作用”总要求，抓好党员发展工作，年度发展党员48名，转正39人，延长预备期1人，取消预备党员资格1人；排查出“失联党员”64人。

【“三个行动计划”】　实施“三个行动计划”。开展“仙湖卫士”行动计划，落实河道管护“三长制”，组建“仙湖卫士”共产党员先锋队17支，开展爱湖护湖活动50次，江城社区党总支荣获市级“仙湖卫士”流动红旗。开展村级组织活动场所星级化管理，按照“八有”标准，完成左卫村小营二组党员活动室建设任务。推进“空壳村”集体经济增收全覆盖计划，全镇11个“空壳村”、2个“薄弱村”实施强基惠农股份合作经济项目13个，实现收益35.68万元。

【召开中国共产党江城镇第四届代表大会】　3月28日召开中国共产党江城镇第四届代表大会第一次会议，会议选举产生江城镇第四届党委领导班子和纪委领导班子，审议通过党委工作报告、纪委工作报告。

【召开江城镇第三届人民代表大会第四次会议】 1月12日至14日，召开江城镇第三届人民代表大会第四次会议，会议选举顾学华同志为江城镇第三届人民代表大会主席团主席。镇长郭峰、镇人大主席顾学华分别向大会作了政府工作报告和人大主席团工作报告，大会审议通过政府工作报告、人大主席团工作报告和各项决议，表彰5个先进代表小组和18名优秀代表。

【区、镇两级人大换届选举】 12月20日，举行区、镇人大代表换届选举。江城镇总人口71762人，选民总数57748人，不能行使和被剥夺选举权利的8人。划分区人大代表选区21个，镇人大代表选区82个，共选举产生区人大代表43名，镇人大代表89名。

【庆祝建党95周年大会】 7月1日，举行庆祝中国共产党成立95周年大会，回顾党的光辉历程，纪念中国共产党成立95周年，表扬优秀共产党员53名、优秀党务工作者10名、先进基层党组织20个。

【扶贫攻坚工作】 年初，建档立卡贫困户973户2826人（含三百亩86户282人，牛摩17户62人），托管后，实有建档立卡贫困户863户2513人，未脱贫户519户1682人。共有3个贫困行政村、14个贫困自然村，贫困户1103户。按照玉江办通〔2016〕48号《中共玉溪市江川区委办公室玉溪市江川区人民政府办公室关于印发〈玉溪市江川区扶贫攻坚脱贫摘帽退出考核实施办法〉》文件要求，进行了入户调查，考核评分、公示、审查，上报区扶贫开发领导小组拟脱贫名单，全部指标均达到脱贫标准，基本实现了“四有一超一受益”的脱贫摘帽工作目标。结合扶贫攻坚整村推进、百千工程、移民项目、一事一议等项目，投入资金1897万元，其中扶贫资金860万元，整合资金1037万元，对贫困行政村、贫困自然村的基础设施、人畜饮水工程、水利设施等进行改造、建设，改善基础设施，确保贫困户增收脱贫。实现2个贫困行政村、6个贫困自然村的脱贫出列，377户1129人脱贫（其中省级脱贫187户490人，市级脱贫190户639人），142户499人未脱贫。

【江城古镇棚户区改造项目】 江城古镇棚户区改造项目自2015年12月18日启动以来，完成了“三项”调查、预评估、水保方案可研评审等前期工作。对征收补偿方案进行了40余次讨论修改。制定完善商品房认购方案，扎实开展棚改征收准备工作。编制宣传手册、应急预案、突发事件处置方案，明确组织机构和各阶段工作任务。与中国建筑西南勘察设计院签订合作协议，开展社会稳定风险评估，计划与征求群众意见工作同步进行，分层次开展征求意见工作。江城古镇棚户区改造正有序推进。

【第三轮全国农业普查】 第三次全国农业普查工作于12月1日全面启动。张贴宣传画册780份，宣传标语1440条，选聘145个农业普查员，完成入户摸底及17000户农户普查登记工作。

（鲍 敏）

前卫镇

【行政区划·人口】 前卫镇位于玉溪市江川区境腹地，东临星云湖，西与九溪镇、安化乡接壤，南与大街街道为邻，北与江城镇相连。全镇辖杨家咀、业家山、渔村、庄子、石河、后卫、周官、赵官、小街、柏池古10个村民委员会和前卫社区居民委员会，51个自然村，70个村民小组。镇域总面积88.9平方千米，东西最大横距14.25千米，南北最大纵距12.75千米。最高海拔2139.4米，最低1724米，镇政府驻地海拔1730米。人口密度每平方千米551人。境内主要河流有前卫大河、周官河、小街河、渔村河等，有石河水库、小井坝水库等水库14座，坝塘68座。风光秀丽、具有民间传奇色彩的台山书院、七星塔、回头山坐落于星云湖西岸，镇政府的东、北面。

2016年末，全镇总户数19164户，总人口49498人，其中：男24785人，女24713人。农村从业人员30399人，其中从事二、三产业9433人，占从业人员的31.03%。年内出生人口597人，出生率为12.1‰；死亡286人，死亡率为5.78‰；人口自然增长率为6.32‰。

【领导干部名录】

党委书记 莽嘉慧（2016.3任）
副书记 张 曦（2016.3任）
陈乔华（2016.3任）
陈宝林（2016.3离任）
花德财（2016.3离任）
李 谨（挂职，2016.2离任）

邹　宁（挂职，2016.10离任）
纪委书记　向俊臣（2016.3任）
　　　　　郭　伟（2016.3离任）
人大主席　李江辉（2016.3离任）
镇　　长　张　曦（2016.3任，代理）
副 镇 长　施家敏（2016.4任）
　　　　　花云芬
　　　　　郭锦洋
　　　　　周宝在（2016.9任）
　　　　　李万雄（2016.3离任）
　　　　　孟　斌（2016.3离任）
　　　　　李文鹏（2016.3任；2016.9离任）

【经　济】　全年完成地方生产总值109968万元，增长14.6%。其中，第一产业增加值完成29697万元，增长6.7%；第二产业增加值完成37828万元，增长26.8%；第三产业增加值完成42443万元，增长10.4%。规模以上工业增加值2.84亿元，增长38.6%。规模以上固定资产投资7.83亿元，增长73.2%。农村居民人均可支配收入12013元，增加1208元，增长11%。信用社存、贷款余额分别为4.90亿元、2.09亿元，分别减少0.88亿元、0.57亿元，减少15.22%、21.42%。

农　业　围绕农民增收，着力推进结构调整，巩固提升优势产业和特色产业，实现丰产丰收。投资300余万元新建、改建烤房110座，收购烟叶200万千克，实现烟农收入6909.6万元，烤烟生产综合考核全区排名第一；蔬菜产业持续发展壮大，实现种植业总产值3.15亿元。充分发展利用林下资源，大力拓宽林业增收渠道，林业产值达548万元。种植核桃4303亩，特色经果林效益日趋显现。花卉、畜牧、渔业产业发展态势良好，产值分别达3295万元、1.47亿元、945万元。全年完成农业总产值4.9亿元，增长6.17%。顺利启动第三次全国农业普查，农村土地承包经营权确权登记颁证工作进展顺利。

工　业　实现工业总产值142746万元，增长23.89%。其中，规模以上工业实现产值107258万元，增长27.43%；增加值完成30287万元，增长20.8%。工业固定资产投资总额达35987万元，增长55%。完成招商引资完成2.89亿元，同比增长13.8%。围绕“工业重镇”建设目标，以龙泉园区开发建设为重点，促进工业经济提质增效，新增规模以上工业企业5户，配合园区完成土地收储265.38亩，支持腾达机械、特固电气、万利包装、同力橡胶、卓一食品等企业做大做强，支持欣宇机械、新天力尽快建成投产，扶持品香粮油、鼎恒机械等中小微企业加快发展，长寿火炮、后鑫火炮完成整合并投产。继续实行党政领导联系重点企业制度，不断加大招商引资工作力度，项目引进率、开工率、投产率大幅提高。

第三产业　新河咀铜工艺特色旅游村、石河阿豆村民族特色村建设稳步推进，启动七星塔康体旅游休闲项目规划，完成云南白药文化园（曲焕章故居核心保护区）修建性详细规划编制。传统民族民间铜器工艺文化内涵进一步挖掘，积极筹办“寻觅古滇文明·感受铜作之美”主题展览。铜工艺传承进一步加强，新增省级工艺美术大师1名。铜文化特色产业加快发展，龙华铜雕、三有铜器成功纳规，手工铜工艺作坊发展至78户，铜文化产业对经济社会发展贡献率进一步提升，预计实现产值2亿元。继续鼓励渔村小肚、鲜鱼荘为代表的特色餐饮业发展，前卫特色餐饮品牌的知名度和影响力不断提高。

【城乡建设】　按照“规划引领、多规合一、城乡统筹、做特集镇、做美乡村”的思路，启动前卫镇集镇建设规划修编工作。启动前卫社区、阿豆村、柏池古、唐家山、新河咀旧村改造，拆除危旧住房8256平方米。完成美丽乡镇工程建设，硬化道路场地4320平方米，安装太阳能路灯78盏。“百村示范·千村整治”项目建设有序推进，前街、李忠村项目建成投入使用，阿豆村、下大石咀、张家边、柏池古村项目开工建设，唐家山、上大石咀、三家村等15个项目完成前期工作。投资500万元的小街村“四位一体”建设项目快速推进。投资675万元在石河、小街、杨家咀、周官等村实施财政奖补“一事一议”项目12个。深入开展路域环境综合整治和拆临拆违工作，拆除临违建筑5990平方米，建成小街、后卫蔬菜交易市场及小街集贸市场，全镇交通拥堵状况得到改善。

【农田水利】　投资225.12万元建设“彩虹水窖”536口；投资485万元开展跨大山水库、李亮湾田坝、龙泉老关坝、人民坝、杨家咀坝除险加固，目前完成2件，正在实施3件；投资135.1万元完成后卫村、杨家河村、水月村、三家村人畜饮水工程改造；完成柏池古村饮水灌溉建设改造工程的开工架设工作，现已完成投资185万元；投资25万元完成小街2级站、渔村双桥营抽水站更新改造建设；投资35万元完成小石河安全饮水工程提升改造；投资160万元完成赵官龙泉村、石河团山村、水月村、三石河、杨家河村水库移民区后期扶贫项目5件。

【社会事业】 科 技 加大对农村劳动力人员实用技术培训和剩余劳动力转移培训。年内，组织开展了厨师、水电工2期职业技能培训，25期花椰菜、洋芋、西葫芦等种植技术和畜禽养殖的农村实用技术培训，累计培训人数达1.36万人次。

教 育 坚持教育优先发展战略，完成赵官小学、渔村小学校安工程建设，启动前卫中心幼儿园选址建设工作，义务教育实现基本均衡发展。年末，有中学2所、中心小学2所、村完小8所、公办幼儿园1所，教职工374人，在校生5600余人，表彰2015至2016学年优秀教师38名、先进教育工作者12名。

文 化 有综合文化站1个（藏书3633册），设有多功能厅、图书阅览室、电子阅览室、辅导培训室等。有村级文化活动室11个，群众文艺队48支，组织文艺演出活动61场次，群众文化生活进一步丰富，社会主义核心价值观深入人心，文化服务和推动发展的功能逐步显现。杨绍华、王家云、杨建坤、李发祥、陆培兴等14名民族民间技艺传承人被列入区级非物质文化遗产保护传承人。

卫 生 完成前卫卫生院升级改造，实施了分级诊疗制度和家庭医生签约工作，石河村标准化卫生室建设有序推进，医疗服务水平不断提高。全镇新农合参保人数44539人，筹资534.47元，参合率达97.2%，门诊、住院补偿减免163156人次、2371.96元。

民 政 发放救济粮2191户7504人7.37万千克、救济金17.59万元。发放农村低保662户702人共135.67万元，城镇低保532户568人共234.78万元；有60年代精简职工29人、小乡干部28人，建国前老党员1人，民工伤残1人，共发放生活补助179.82万元；有五保供养人数39人，敬老院2所，床位48张，入住对象18人，工作人员4人；院外五保供养对象21人，按国家规定每人每季发给生活费1368元；有孤儿6人，优抚对象617人（其中三属9人、在乡伤残军人13人、老复员军人38人、复员军人双重身份8人、带病回乡退伍军人5人、“两参”人员368人、出国民兵民工49人、农村籍退役士兵130人、部分烈士子女8人），发放生活补助费354.72万元；年内办理结婚登记269对、离婚登记103对，补发结婚登记168对，补发离婚登记6对。全面推进殡葬改革，实施黄地山公墓、玉天山公墓二期工程建设。

劳动保障 2016年新农保参保人数为32339人，新增466人，其中五保人数46人，残疾人员731人；60周岁以上死亡人员229人，发放丧葬补贴13.74万元；切实解决农村剩余劳动力就业问题，发放“贷免扶补”资金100余万元，组织就业培训182人次，全年实现新增城镇就业335人。社会保障力度进一步加大，发放金融社保卡2.96万张，城乡居民养老保险达96%。

惠民政策 兑现奖优免补计生惠民政策，发放独生子女保健费、教育奖学金、新农合医保补助金等各种奖补资金49.48万元；兑付农业支持保护性补贴21058.24亩、91.49万元；兑付退耕还林补助29.82万元；办理能繁母猪保险1264户、3783头，为养殖户办理死亡赔付105头，挽回经济损失10.5万元；受理2016年度保障性住房437户，兑付农村危房改造资金600户、1069.1万元；办理遗体火化补助237人、102.3万元。

计划生育 实施全面两孩政策，认真落实“奖优免补”政策，强化计生政策宣传和行政执法，完善计生信息系统建设，开展出生缺陷干预，推进流动人口基本公共服务均等化工作。加强对育龄妇女的监管，计划生育率达94.97%。

国土管理 加强执法监察工作，严肃查处国土资源违法案件。年内共制止违法占地8户，拆除5户面积135平方米；完成周官、赵官、柏池古2120平方米标准化密集式烤房设施农用地的报批工作。严格报批农村宅基地，积极开展迁村并点及建设用地城增村减试点工作，规范集体建设用地流转。

社会管理 顺利完成“六五”普法工作，“七五”普法和依法治镇工作有序推进，全民知法、守法、用法意识进一步提高。深入开展平安创建活动，及时解决信访热点问题，化解各类矛盾纠纷184件。对偷盗、吸毒等各类违法犯罪行为打击保持高压态势，加大对各村庄、学校、幼儿园等重点区域、重点场所的治安隐患排查整治力度。全年受理办结治安案件272起、侦破刑事案件49起，全镇社会和谐稳定。认真贯彻落实《安全生产党政同责暂行规定》，集中整治非法私做烟花爆竹、道路交通、消防、食品药品安全隐患，全年未发生安全生产事故。

行政效能　以“两学一做”学习教育为契机，坚决贯彻落实中央“八项规定”精神，完成公务用车制度改革，核减公务用车4辆，“三公”经费支出持续下降。坚决治理为官不为、懒政怠政，通报批评18人，约谈12人，诫勉谈话3人，4名村组干部离岗教育6个月。深入推进政务公开，公开政府信息378条，公示重要事项39项，通报重点工作32项。自觉接受镇人大的法律监督、工作监督和政协委员的民主监督，办结人大代表意见建议30件。进一步加强农村“三资”和项目建设招投标管理工作，实现了资金、资产、资源的规范管理。

【脱贫攻坚】　扶贫攻坚成效显著，投资770万元实施石河、柏池古、唐家山、李家边、云峰村脱贫攻坚整村推进项目，所有贫困村达到“一降一高一精准”退出标准，410户1406名贫困人口达到“四有一超一受益”退出标准，脱贫销号工作初步通过区、市两级考核验收。

【村级组织换届选举工作】　换届选举工作启动以来，前卫镇按照换届程序、时间节点，顺利完成村（社区）“两委”和村（社区）监督委员会的换届选举工作。4月11日，11个村（社区）全面完成村级党组织换届选举工作，选出11名村党组织书记，11名党组织副书记，50名总支委员。5月8日，推选产生村（居）民委员会委员33名。5月中旬，推选产生村（社区）监督委员会委员33名。

【赵国良到前卫调研青年就业创业工作】　1月11日，共青团云南省委副书记赵国良一行在团市委书记朱莉、副书记赵波、团县委书记戴吉国的陪同下到前卫镇调研青年就业创业工作。

调研组一行分别深入到云南腾达机械制造有限公司和小街村团建示范点实地查看团建工作，并就地召开座谈会同创业青年交流致富经验。赵国良对腾达机械制造有限公司的团建工作给予肯定，对企业高度的社会责任感提出表扬，用“冬天的行业压力，夏天的生产热情，春天的美丽厂区，秋天的丰收硕果”四句话总结了企业现状。同时对企业团建提出两点要求：一是要求企业围绕效益抓好团建工作；二是要求抓好团组织建设促进企业生产效益。

【前卫镇第三届人民代表大会第四次会议召开】　1月12日至13日，前卫镇召开第三届人民代表大会第四次会议，审议通过了政府工作报告、人大主席团工作报告，收到代表议案20件，建议、批评和意见10件。

【中国共产党前卫镇第四次代表大会隆重召开】　3月28日至29日，前卫镇召开中国共产党第四次代表大会，审议通过了党委工作报告、纪委工作报告，选举产生9名党委委员、5名纪委委员和37名出席区党代会的代表。

【中共前卫镇非公经济联合总支委员会授牌成立】　6月30日，前卫镇非公经济组织联合总支委员会授牌成立，下设党支部3个，委员3名，标志着全镇非公经济党组织不断规范和完善。

【庆祝建党95周年大会召开】　6月30日，前卫镇召开庆祝中国共产党成立95周年大会，回顾了中国共产党的光辉历程，表彰了11个先进基层党组织、13名优秀党务工作者和30名优秀党员。

（刘清清）

安化彝族乡

【行政区划·人口】　安化彝族乡地处区境西北部，距区城24千米，东接前卫镇、南连九溪镇、西与红塔区小石桥乡接壤、北与江城镇毗邻。全境地势西北高，东南低，地形北窄南宽呈“人”字形，东西最长距离17.2千米，南北最宽距离12千米，最高海拔2294.2米，最低海拔1782米。属中亚热带半湿润高原季风气候，冬无严寒，夏无酷暑，干湿季节分明，年平均气温14.9℃，有“天然温室”美称。乡政府所在地安化彝族乡安化大营一组8号。

乡域面积95.6平方千米，共辖安化、新庄、旱谷田、董炳、光山5个村（居）委会，26个自然村，28个村民小组。2016年末耕地总面积9156亩，其中田4932亩，地4224亩（水浇地1628亩）。农业人均耕地面积0.96亩。

2016年末，全乡辖区内人口总户数3336户，总人口9498人，其中：男4924人，女4574人；农业户2971户，农业人口9235人；少数民族人口9088人（其中彝族8998人、哈尼族64人、壮族3人、拉祜族5人、苗族4人、傣族3人、藏族3人、白族2人、傈僳族1人、其他族5人），少数民族人口占总人口的95.68%，是江川区唯一的山区民族乡。农村从业人员5861人。人口自然增长率为8.21‰，人口密度99.35人/平方千米。

【领导干部名录】

党委书记 陆云波

副 书 记 李永华

周留明

纪委书记 李伟明（2016.3任）

李江辉（2016.3离任）

人大主席 雷永彪（2016.3离任）

乡 长 李永华

副 乡 长 王彬生

普 虚（2016.4任）

张 波（2016.3任，2016.11离任）

平绍宏

【经 济】 2016年完成乡内生产总值35821万元，同比增加3386万元，增长10%。其中：第一产业完成13566万元，同比增加786万元，增长6.3%；第二产业完成4840万元，同比增长202万元，增长8.7%；第三产业完成17415万元，同比增加2398万元，增长13.5%。年末，农村社会总产值（现价）（农业加工业）22430万元，比上年增7.7%，其中：工业总产值6780万元，比上年增长10.78%；农业总产值15650万元，比上年增长6.8%。农村经济总收入17900万元，比上年增加280万元，增长1.6%。其中：农业收入14169万元，比上年增长1.04%，占总收入的79.2%；林业收入41万元，比上年减少5万元，减少10.9%，占总收入的0.2%；牧业收入617万元，比上年增长12万元，增长1.98%，占总收入的3.4%；渔业收入32万元，比上年增加6万元，增长23.1%，占总收入的0.18%；工业收入1487万元，比上年增加52万元，增长3.62%，占总收入的8.31%；建筑业收入452万元，比上年增加20万元，增长4.63，占总收入的，2.53%；交通运输业收入474万元，比上年增加2万元，增长0.42%，占总收入的2.65%；商业服务业收入201万元，比上年增加13万元，增长6.9%，占总收入的1.12%；社会服务业收入11万元比上年增加1万元，增长10%，占总收入的0.06%；其它收入416万元，比上年增加33万元，增长8.62%，占总收入的2.32%。农民人均纯收入9694元，比上年增加1140元，增11.76%。二三产业从业人数980人，占农村从业人数的16.7%，比上年增4.4%。地方财政收入完成1446万元，同比增加101万元，增6.98%。年末，农村信用社各项存款余额8770万元，比上年增加940万元，增长12%。

农 业 2016年，农作物播种面积3318.7公顷。复种指数379%。粮食播种面积11100亩，粮食总产量541.7万千克。其中：玉米播种面积6600亩，单产620千克/亩；小麦播种面积1600亩，单产265千克/亩；农民人均产粮868千克。蔬菜种植面积17530亩，总产302428万千克，实现产值6338万元。油料播种面积6000亩，单产255千克/亩。烤烟种植面积15150亩，总产206万千克，交售量206万千克，均价为33.2元，实现交售收入6529万元，比上年增加445万元，增长7.3%，上等烟比例达72.3%。2016年末，生猪存栏6208头；肥猪出栏8084头。大牲畜存栏1476头，其中，牛存栏1046头，出栏379头；羊存栏1785只，出栏320只。家禽出栏42665只，禽蛋产量50.5吨。全年肉产量803.5吨。实现畜牧业产值2669万元，比上年增加119万元，增长4.7%。水产品产量132吨。

企 业 2016年，有个体私营企业2户，其中：私营企业2户，企业营业总收入5881万元；税利311万元；营业收入上百万元的企业有2户。

村镇建设 高位推动安化大营、光山旧村村庄整治，编制完成12个村庄发展规划，拨款81.1万元完成农村危房改造60户（拆旧建新47户）。

【社会事业】 科 技 坚持科技为经济建设服务的指导思想，狠抓科技知识普及和科技成果转化，2016年举办各种培训班15期，培训人数达3640余人次。

教 育 始终优先发展教育事业，投入资金630.3万元，完成安化中心幼儿园、光山幼儿园标准化建设，教育部门发放助学补助资金110.9万元，幼儿入学率得到显著提高。年末，有中心小学1所，村完小2所，教学班28个，教职工62人，在校学生766人，毕业率达100%，升学率达100%；表彰先进教育工作者10人。

文 化 有文化站1个，藏

书2100余册，业余文艺宣传队25个。增加5个村（居）委会的农家书屋物资配备，平均每个书屋拥有藏书1613册。积极开展群众性文化活动，民族文化不断传承，群众性文化活动不断活跃，优秀文艺作品不断涌现。2016年2月成功举办安化彝族乡新春斗牛节，游客达到3.4万人，被中央电视台新闻联播采播，扩大了安化的影响力。依托商铺扶贫入股项目，举办安化彝族乡火把节，游客达到2.4万人，展示了安化美食。

卫　生　医药卫生体制改革顺利推进，区医院医生直接坐诊卫生院成为新常态，实现区乡一体化管理，基层医疗卫生服务水平进一步提高。2016年全乡新农合参合人数9068人，参合金额136.02万元，参合率99.12%，住院、正常分娩及门诊减免补助11894人次，报销金额71.1元。全乡有卫生院1个，村卫生所5个，卫生室1个，卫生院卫生技术人员8人（其中执业医师5人、注册护士1人，其他人员2名），卫生所医务人员10人，病床总数8张。住院业务实现零突破，2016年收住病人18人。加强健康档案管理，全乡现有纸质档案9410份，电子档案9405份。卓有成效做好健康宣传教育工作，全年更换宣传栏91次、开展咨询活动10次、举办健康知识讲座43期、发放宣传材料15190份。加强人口与计划生育工作，有效降低了无防范措施的人流率、引产率，2016年全乡人口出生率12.9‰，出生人口政策生育率77.2%，人口自然增长率为8.21‰。

民　政　以帮助困难群众、弱势群体为主，加强民政、残联和老龄工作，切实落实惠民政策。2016年发放救济大米37吨，发放民政救济金4.5万元，救济困难群众97户，发放88名优抚对象补助费46.6万元，发放448名城镇、农村低保保障金49.2万元，发放高龄老人保健费772人12.13万元。资助残疾人大米76袋，现金7.45万元。发放惠民扶持贷款985万元，补助创业能手157人。兑付支农资金2971户36万元。兑付农机补贴42户3万元。

劳动保障　大力推进城乡统筹，促进社会保障制度更加公平，提升干部职工和人民群众生活幸福感。2016年，安化乡67人参加职工医疗互助，参合率100%。全面完成区下达目标任务，城乡居民社会养老保险缴费率95.22%，发放低保、新农合、城乡居民社会养老保险资金247.2万元，基本实现新型农村和城镇居民社会养老保险全覆盖。

法制建设　加快推进依法治乡进程，更好地发挥法治的引领和规范作用，进一步转变政府职能。坚持依法行政，加快建设法治政府，不断提高社会管理科学化水平。加强法制教育，深入“七五”普法工作，不断增强干部群众的法律意识和法制观念。平安创建取得实效，矛盾纠纷和信访突出问题得到化解，综合运用接访、人民调解和网格化平台等多种方式及时化解各类矛盾纠纷65起，受理群众来信来访11件20余人次。全面开展综合性安全生产大检查和隐患排查、打非治违等专项整治活动25次，年内道路交通安全工作实现“零死亡”。依法对吸毒人员和各种违法犯罪活动进行专项治理打击，刑事案件发案率下降4%，行政案件下降2%，全年无群体性事件、无重特大安全事故发生。

基础设施建设　通过积极争取项目和政策支持，多方整合资金，努力完善村寨交通、水利、住房等基础设施建设，最大限度地改善农民生产生活条件。至2016年底完成项目投资3886.74万元，占基础设施类62.76%。其中村庄道路完成投资1700.29万元，硬化21.62千米；人畜饮水工程完成11件，投资301万元；双坝调水工程完成投资197.58万元；启动小坝塘除险加固8件，投资260万元；铁塔建设12项，投资1052万元；完成电网建设项目11个，投资92.6万元。惠及全乡5个行政村所有群众。

生态建设　坚持生态立乡、环境优先，抓好生态建设。编制《安化彝族乡生态乡环境规划》，以东风水库径流区董炳河为重点的水污染综合整治力度加大，人居环境综合整治和河（段）长责任制工作有效开展，全乡河道、村庄“脏、乱、差”现象明显改善。投资1872.64万元，启动“百千工程”“美丽乡村”建设14个，拆除危房、空房470平方米；投资100万元，安装路灯140盏；投资80万元实施绿化工作，栽种云南樱花、美国红枫。投资130万元完成农村节能灶改造项目，启动退耕还林太阳能建设项目，惠及农户2031户。投资40万元，配备垃圾斗、垃圾车。全乡5个村、社区被市命名为生态村、全乡通过省环保厅生态文明乡镇审查。

【核桃产业】　全乡有森林面积

84350亩，森林覆盖率64.29%。加大核桃种植技术培训和管护力度，大力发展核桃产业，完成推广种植核桃3000亩。至年底，累计种植核桃19300亩，建立核桃示范基地3个。

【整乡推进精准脱贫】 坚持精准帮扶与区域开发紧密结合，建档立卡初有建档立卡贫困户930户共3656人，贫困发生率38.9%。2016年，全乡共投入各类扶贫资金11360.81万元，精心编制《安化彝族乡整乡推进精准脱贫项目实施方案》，完成特色产业3829.71万元，基础设施3886.74万元，人居环境1872.64万元，素质能力29万元，服务体系630万元，生态建设369.22万元，基层党建552.2万元，其他项目190万元。全乡基础设施条件明显改善，群众生产生活水平明显提高、经济发展步伐明显加快、社会事业明显进步。对照脱贫标准，2016年度全乡预计脱贫554户2141人，贫困发生率控制在1.77%以下。其中光山村委会脱贫121户467人，贫困发生率0.96%。

【村级组织换届选举】 2016年4月7日至5月15日，按照省、市、区委统一部署，安化彝族乡积极稳妥完成新一届村级组织换届选举工作。村（社区）党组织换届严格按照“两推一选”办法选出村（社区）党总支委员27名，其中党总支书记5名、副书记3名，采用“直选”办法选出党支部书记26名。村（居）民委员会选举中应参加选举选民为7610人，实际参加选举7216人，参选率达到94.8%。共选出村（居）民委员会委员17人，村（居）民代表197名，村（居）民小组长28名，副组长12名。本次村（居）务监督委员会换届，共选出村（居）民监督委员会委员15名（其中主任5名）。

【土地确权登记】 2016年，安化彝族乡完成5个村（社区）、28个村民小组的土地实地指认、审核工作，全乡涉及农户2445户，确权总面积44333.4亩。其中，安化社区6834.96亩；新庄村委会12681亩；早谷田村委会3801.41亩；董炳村委会7180.73亩；光山村委会13835.30亩。至年底，已完成确权和第一批公示工作。

（周　权　郭世民）

九溪镇

【行政区划·人口】 九溪镇位于区境西南部，东与大街街道相连，南与通海县毗邻，西与红塔区接壤，北与前卫镇交界，镇政府距玉溪市政府所在地10千米，距区政府所在地12千米。镇政府驻地海拔1705米。

全镇辖马家庄、六十亩、阳山庄、大村、大营、中营、鸡窝、喜乐庄、矣文9个村（社区）（其中阳山庄、矣文为彝族村委会），26个自然村，28个村（居）民小组，镇域总面积113.6平方千米。

2016年末，实有耕地面积15666亩，其中田9453亩，地6213亩，稳产高效基本农田14245亩，农业人口人均占有耕地0.68亩。

2016年末，总户数10205户，总人口数27277人，其中男13705人，女13572人；城镇人口4320人，占总人口的15.8%，乡村人口22957人，占总人口的84.2%。少数民族人口3307人，占总人口的12%。农村劳动力人口数19749人，从业人员数16967人。人口自然增长率为7.55‰。

【领导干部名录】

党委书记　蒋　文（2016.7离任）
　　　　　史　伟（2016.9任）
副 书 记　何　眉（2016.11离任）
　　　　　刘海洪
　　　　　徐　强（2016.3离任）
　　　　　彭雁宇（2016.3离任，挂职）
人大主席　杨进荣
纪委书记　张　鑫（2016.3离任）
　　　　　李　琦（2016.3任）
镇　　长　何　眉（2016.11离任）
副 镇 长　龚艳美（2016.9离任）
　　　　　蒋培洋（2016.4任）
　　　　　王　坤
　　　　　杨晓胤
　　　　　任　行（2016.3离任，挂职）

【经　济】 2016年，完成镇内生产总值56843万元，比上年增长10.8%。其中：第一产业完成15855万元，同比增5.8%；第二产业完成12660万元，同比增15%；第三产业完成28328万元，同比增11.9%。一、二、三产业占GDP的比重调整为27.9∶22.3∶49.8。全社会规模以上固定资产投资完成58629万元，增长157.4%。农村经济总收入完成93963万元，同比增长11.54%；农村居民人均可支配收入11561元，增长11.44%。农村经济总收入完成84244万元，同比增7.2%。完成社会消费品零售总额9222万元，增长11%。金融机构存款余额65193.2万元、贷款余额14202.18万元，人均储蓄存款余额23900.4元，比上年增15.2%。

农　业　2016年，实现农业产值16330万元，同比增长5.4%；林业产值1605万元，同比增长6.3%；牧业产值9885万元，同比增长4.6%；渔业产值458万元，同比增长4.1%；农林牧渔服务业产值986万元，同比增长3.1%。

年末，生猪存栏36996头，比上年增11.8%，肥猪出栏27856头，比上年增3.8%，销售仔猪139348头，比上年减30.8%，大牲畜存栏814头，出栏171头；山绵羊存栏3969只，出栏2967只。全年肉产量达4038.3吨，家禽出栏7.5万只。禽蛋产量157吨，水产品产量20.5万千克。

调整农业产业结构，大力推广特色蔬果种植，完成草莓种植376亩、蔬菜种植14197亩，预计实现产值3743万元。发展百合、玫瑰等特色花卉产业，种植花卉1068亩，预计实现产值4010万元。种植核桃林5216亩，其中连片新栽2259亩，补植补种、零星种植面积2957亩。落实烤烟移栽面积9030亩，完成烟叶收购任务125万千克，交售总金额4300.5万元，上等烟比例、均价位居全区第二。

工　业　全年完成工业技改投资6128.6万元；完成规模以上工业总产值17621.2万元，增长48.07%；规模以上工业增加值4281.1万元，增长46.98%。完成招商引资项目3个，续建项目2个，新建项目1个；到位资金20260万元，其中省外国内资金19410万元，市外省内850万元，增长88.88%。储备开发九溪仓储中心建设项目、九溪光伏农业科技大棚项目。推进玉溪丫眯绿色休闲食品有限公司食用玫瑰花种植基地建设，实现年销售额达14000万元，其中电商年销售额达5800万元。江川惠茂纸业有限公司纳入规模以上工业企业，实现年销售额3626万元。

第三产业　第三产业增加值完成27669万元，增长12.09%。围绕将九溪建成生态休闲观光区、仓储物流园区和两区重要连接点的目标，巩固发挥3家“中华餐饮名店”和“云南餐饮名店”影响作用，全年实现餐饮业收入2105万元，增加13.5%。大力发展乡村旅游业，积极推进矣文、阳山庄山区土特产品进城市电商平台工作。

【生态保护】　顺利推进省级生态文明乡镇创建工作，充分发挥大营、六十亩等9个市级生态村的示范带动作用，积极开展城乡人居环境提升行动。全年共开展综合整治行动11次，出动3400人次，清理河道、沟渠82千米，清运垃圾350吨。发展壮大保洁员队伍，全镇共配备保洁员99名、河道管护员11名，扎实推进农村生活垃圾、重点村庄污水治理工作，强化每月督查通报力度，做到生活垃圾日产日清，定时定点收运。实施“森林江川”工程，种植绿化树61000棵，森林覆盖率达59.75%。

【城乡建设】　配备9名村庄土地规划建设专管员，规范全镇村庄规划建设管理秩序。投资905.21万元，完成“美丽乡镇”、“一事一议”财政奖补项目2个、2015年“百村示范、千村整治”项目6个。有序推进2016年“百千工程”项目11个、河口“美丽家园·小康库区”移民新村建设项目、九溪镇农贸市场新建项目建设。深入实施500户农村危房改造，发放贴息贷款195户1100万元；完成小营、鸡窝三组、河口小组新农村建设117户。推进交通基础设施建设，积极做好国道213线（九溪段）改造工程征地工作，投资2000万元升级改造老玉江线（十三千米至土官田段）10千米。投资401万元完成喜罗路、扯四路8.3千米道路硬化；投资727万元完成九放路、中古路、龙老路14.91千米道路硬化。推进能源保障网建设，完成10千米天然气管道铺设。加强农田水利基础设施建设，投资2206万元建成各类水利工程11件。

【社会事业】　教　育　全镇共有小学9所，中学1所，小学适龄儿童（6至11周岁）1429人，入学率为100%；中学适龄少年（12至14周岁）990人，入学741人，入学率84.3%。围绕“美丽校园、活力学校、提升质量、均衡发展”目标，积极推进义务教育基本均衡工作，努力提高办学水平和教育质量，投资1869万元完成中学教学楼、食堂等拆除重建，合理配置中小学教师、设备、图书、校舍等资源。管好用好“三免一补”资金，深入实施营养改善计划，进一步完善学校、社会、家庭“三结合”教育网络。

文　化　全镇设有文化站1个，文艺队28支，其中彝族文艺队5支、文艺队员830人，全年组织送戏下村文艺演出80余场，观众达11300人次。开展弘扬社会主义核心价值观和公民思想道德教育等宣传活动，宣传马金会、万建会、李定翠等好人好事6期，举办“道德讲堂”10期，倡导和谐文明乡风。强化花灯、陶瓷等特色文化资源挖掘和发展，绘制扯纳苴彝族民俗文化墙，举办彝族火把节。全镇9个农家书屋借阅情况良好，群众学知识、爱知识形成良好势头。成功举办首届“九溪镇美丽乡村多彩生活”广场舞大赛，投资200万元完成文化站舞台改扩建工程并投入使用。

卫　生　2016年末，全镇有卫生院1所，村级卫生所9个，医护人员56人，病床30张。城乡居民社会养老保险参保17359人，参保率达95%；新农合参合人数24952人，筹资299.42万元，参合率达99.7%，新农合门诊减免11.79万人次，减免报销资金203.34万元，新农合住院减免1189人，减免报销资金362.93万元。加大计生政策宣传力度，贯彻“全面二孩”政策，人口自然增长率7.1‰。

民　政　年内，发放各类民政事业经费610.91万元，涉及1660户1857人；拨付五保老人生活补助费16.23万元；发放大米40900千克，被子110床，劳保服80套，大衣70件，涉及1386户1742人。核准纳入城镇低保248户270人，全镇城镇居民人均月最低保障标准为456元；农村低保856户936人，全镇农村居民人均月最低保障标准为230元。全年共办理结婚登记205对，离婚登记67对，补办结婚证103对，补发离婚证6对。火化率、公墓入葬率始终保持100%，共兑付遗体火化补助经费73万元。养老服务体系不断完善，九溪敬老院改扩建工程通过验收。

惠民政策　中央农业支持保护补贴13777.82亩，补贴598646.28元，受益6896户共20688人。共推广微耕机150台119680元；农业支持保护补贴资金73万元；生态移民补助156人93850元；死亡能繁母猪58头，赔付5.8万元；退耕还林还草补贴62万元；发放涉农资金5349.12万元；贷免扶补资金620万元；计划生育补贴29万元。

防灾救灾　完善自然灾害、防汛抗旱、森林防火、地质灾害、地震等应急预案，建立防灾减灾长效机制。2016年共发放粮食40900千克、1636袋，被子110床，劳保服80套，大衣70件。配合抓好“全国综合减灾示范社区”创建工作，抓好防灾减灾宣传教育工作，逐步夯实基层防灾减灾能力。

法治维稳　以深化平安九溪建设为着力点，切实把争创平安先进镇工作落到实处。登记办理流动人口居住证185人，建立完善稳定、高效的流动人口管理应用平台。积极推进九溪镇精神卫生综合管理试点工作，对辖区内117名精神病人进行登记造册。加大“六五”普法宣传力度，推进“6995”语音公众服务平台与网格化服务管理平台一体化建设，深入开展反邪教工作，实时掌握重点人员，加强社区矫正和安置帮教，努力建设平安九溪、法治九溪。妥善处置各类矛盾纠纷，全年共受理各类治安案件192件，查处158件，受理刑事案件72件，查处45件，查处违法人员41人。

【扶贫攻坚】 认真抓好“四个一批”脱贫措施，做到精准扶贫、精准脱贫，完成市区镇148名帮扶干部“一对一，全覆盖”帮扶任务。有效发挥驻村扶贫工作队作用，向上争取56万元资金夯实矣文贫困行政村基础设施，驻村帮扶成效显现。投入250万元实施矣文整村推进项目，完成人畜饮水工程项目2个、村内道路硬化、特色产业补助兑付。为69户建档立卡贫困户发放小额到户贷款311万元，将34户40人纳入城乡低保，确保扶贫政策、项目、资金真正惠及贫困户，实现矣文贫困行政村，老尖山、古城、阳山庄等7个贫困自然村摘脱贫出列，全镇283户893人脱贫。

【九溪润特仓储中心】 加快推进九溪润特仓储中心项目建设，完成项目选址、规划、立项、审批等工作。项目建设在九溪老玉江公路13千米处，规划用地960亩，估算总投资达6亿元，总建筑面积约60万平方米，主要经营粮油、烟草、食糖等仓储物流。项目将采用现代信息技术，高起点打造仓储、批发零售、配送、物流、运输、第三方信息平台为一体的物流园区，使其成为依托玉溪市，辐射周边各地生产生活物资的集散地。现已投入资金3100万元完成租赁地块的土地平整工作及周边偏坡植树绿化，项目建设周期为三年，待项目全部竣工投产后，预计实现年税收700万元。

【中共九溪镇第十届代表大会第四次会议】 2016年1月11日，中共九溪镇第十届代表大会第四次会议召开。会议审议并通过蒋文代表中共九溪镇委员会所作的工作报告和张鑫代表中共九溪镇纪律检查委员会所作的工作报告。会议指出，今后5年九溪镇将坚持“四个全面”战略布局，把智慧和力量凝聚到实现“十三五”时期的各项目标任务上来，把“创新、协调、绿色、开放、共享”五大发展理念贯穿于全镇经济社会发展的各个环节上来。抢抓机遇，求真务实，为九溪同步全面建成小康社会而努力奋斗。

【九溪镇第十届人民代表大会第四次会议】 2016年1月12日，九溪镇第十届人民代表大会第四次会议召开。会议听取和审议镇长何眉代表九溪镇人民政府所作的工作报告和镇人大主席杨进荣代表主席团所作的工作报告。大会强调，2016年九溪镇将紧紧围绕建设富裕和谐美丽九溪为目标，着力转方式、调结构、促改革、建生态、惠民生，立足新形势，把握新机遇，谋求新发展，坚定实施“生态立镇、农业稳镇、服务业兴镇、文化和镇”四大战略，打造九溪“农业科技示范观光区、特色美食名镇、宜居生态小镇和现代综合服务型城镇”四张名片，努力实现“十三五”发展的良好开局。

【中共九溪镇第十一次代表大会】 2016年3月29日至30日，中共九溪镇第十一次代表大会召开，选举产生中共九溪镇第十一届委员会和纪律检查委员会。镇党委书记蒋文代表中共九溪镇委员会作题为《凝心聚力争先创优谱写九溪跨越发展新篇章》的工作报告。报告明确，2016年九溪镇将按照“生态优先、城乡统筹、服务发展、开放创新”的发展思路，统筹推进“五位一体”建设，着力将九溪建成生态休闲观光区、仓储物流园区和两区重要连接点，以争先创优的精神谱写九溪跨越发展新篇章。

【政府自身建设】 牢固树立“四个意识”，严格落实“三重一大”决策制度和《江川县重大行政决策程序规定》，加快政务信息平台建设，深化政务公开，依法行政，从严治政。深化“两学一做”学习教育，牢记为民服务宗旨，抓好“民生清单”，进一步改进工作作风。严格执行中央八项规定，严格公务接待，规范公车管理，推进机构、职能、权限、程序、责任法定化。加强《中国共产党廉洁自律准则》和《中国共产党问责条例》等党内法规学习，有效履行党风廉政“一岗双责”，加强对重点部门和关键岗位行政权力的监督和廉政风险防控。

（李　想）

雄关乡

【行政区划·人口】 雄关乡位于江川区东部，东与华宁县接壤，南与通海县毗邻，西连大街街道，北接路居镇。乡政府驻地在雄关社区上营村12号，距大街街道14千米。

全乡辖雄关、窑房、上营、下营、白石岩5个村（居）委会，23个自然村，26个村民小组，是典型的山区乡，总面积63.7平方千米，地形倾斜狭长，从东北到西南呈长方形，东北部山梁隆起较高，中间有两个山间小平坝，东北部与西南部地形变化较大，主要山脉有马鞍山、老尖山、马大山、大学山等。江华高等级公路由西向东穿境而过，甸雄公路横贯南北。全乡最大纵距15.4千米，东西最大横距8.2千米。海拔最高点马鞍山2509.8米，最低点马鞍子桥1832.8米，乡政府驻地海拔1844米。全乡气候属中亚热带半干燥高原季风气候，年平均气温15.6摄氏度，最高极温33摄氏度，东北部海拔较高，云雾多、气温稍低。

2016年末，全乡共有耕地面积8677亩，其中：田4586亩，地4091亩，稳定高产基本农田8677亩。年末总户数3837户，总人口11347人，其中：男5820人，女5527人；少数民族人口556人，主要有彝、哈尼、傣族等，占总人口的4.9%。年内出生人口为125人，人口自然增长率7.0‰。

【领导干部名录】

党委书记　李德坤（2016.3离任）
　　　　　戴吉国（2016.3任）
副 书 记　曹春艳（2016.9任）
　　　　　龚瑞中（2016.11离任）
　　　　　徐　强（2016.11任）
纪委书记　龚美伶（2016.3离任）
　　　　　徐留生（2016.3任）
人大主席　解若云（2016.11离任）
乡　　长　岳东芬（2016.10离任）
　　　　　曹春艳（2016.10任，代理）
副 乡 长　李文鹏（2016.4离任）
　　　　　赵红磊
　　　　　陈江伟
　　　　　陈江付（2016.4任）
　　　　　杨正雄（2016.11任）
　　　　　徐　强（2016.4任，2016.11离任）

【经 济】 主要经济指标 2016年，全乡地方生产总值完成36117万元，比2015年增长10.5%。其中：第一产业增长11944万元，增长6.2%；第二产业增长6556万元，增长16.8%；第三产业增长14142万元，增长11.3%。

规模以上固定资产投资4.03亿元，增长163.5%；规模以上工业增加值0.38亿元，增长30.6%；招商引资1.05亿元，增长26%。年末，信用社各项存款余额达21141.56万元。

农 业 2016年农林牧渔业总产值完成21379万元，同比增长5.8%。其中农业总产值14142万元，增长4%；林业总产值237万元，减少3.7%；牧业总产值6243万元，增长7.9%；渔业总产值339万元，增长4.3%；农林牧渔业服务业总产值418万元，增长4.0%；2016年，发放农业支持保护补贴36.85元，受益农户2972户。

全年农作物种植面积63813亩，其中小春播种面积21094亩，大春面积42719亩。

2016年烤烟育苗100%为K326，全乡计划种植烤烟14810亩，其中：田烟5500亩，地烟9310亩，收购烟叶205万千克（指令性收购任务190.5万千克，出口备货14.5万千克），上等烟比例达71.5%。收购均价达32.74元每千克，比上年每千克增0.71元，共计兑付烟农资金6712.37万元。

全年肉产量1400吨。完成生猪存栏数15800头，出栏数15904头，能繁母猪存栏2520头，肉产量1400吨。大牲畜存栏893头，出栏356头，其中：牛存栏数813头，出栏数275头，其中能繁母牛177头；羊存栏数1785头，出栏数320头。家禽出栏数199880只，禽肉产量459吨，禽蛋产量2655吨。

2016年，采收核桃88万千克，板栗51万千克。种植葡萄120亩，花卉434亩，种植白萝卜4229亩，产量为29450.9吨。

企 业 2016年有个私企业37个，从业人员213人，企业总收入45098万元，比上年增长130.4%；利税总额414万元，工业投资完成694万元。

村镇建设 2016年，全乡共计安装太阳能路灯118盏；新建烤房70座，改建烤房135座；全年累计兑付2015年农村危房改造补助资金251户364.44万元，2016年农村危房改造建房户开工326户，占总任务数的135.8%；2016年的“百千工程”整治村8个，均完成招标程序，开工建设；2016年共拆除闲房危房312户3.1万平方米；投资26万元，完成防雹点搬迁工作，完成防雹点标准化建设；投资30万元完成麦冲水库灌溉水沟修复工程；投资40万元架设人畜饮水管道2600余米；投资766.4万元，累计完成各类水窖建设1580口，有效改善土地灌溉面积3880亩；投资775万元，完成小田水库除险加固工程和水箐小坝除险加固工程。

交通·邮政 交运仓储和邮政业从业人员312人，2016年交通运输、仓储和邮政业产值为179万元。5个行政村全部通水泥路，全乡主干道路实现全部硬化。有乡村公路21条，里程40.062千米，其中乡道19条32.420千米，村道2条7.642千米；完成甸雄路绿色长廊建设，栽种各类树木共2516株。

【社会事业】 科 技 2016年全乡有科普协会3个，会员210人，农村科技示范户50户。按照“统一技术，统一标签，统一登记，统一送检”措施，在辖区内完成77个测土配方施肥土壤样本的采样及取样地块信息调查、录入工作。完成测土配方施肥同田试验二组800平方米，其中玉米试验400平方米，萝卜试验400平方米，发放玉米施肥建议卡2000份；2016年，发放猪瘟疫苗31200头份，猪W疫苗31200头份，猪高蓝耳疫苗31200头份，牛羊W疫苗10800头份，禽流感疫苗378000毫升，仔猪副伤寒12000头份；2016年，组织养殖户进行养殖技术、疫病防治培训，其中培训养殖规模户106户，散养户216户，培训人员852人；完成1710头能繁母猪的承保工作。

教育 全乡有初级中学1所，小学3所，幼儿园（学前班）4个；学龄前儿童、小学、中学入学率100%，小学、中学毕业率100%，完成雄关中学和3所小学的校舍安全、美丽校园建设，推进雄关中心小学校址搬迁工作。

文化·体育 全乡有综合文化站1个，2016年新增业余文艺队2个，共计24个，其中区级文艺示范队一支，乡级文艺示范队4支。2016年共举办文化艺术培训5期。2016年朝阳苑综合文化站免费开放并成功组织群众性文化活动14次、演出50余场，参与人员2.5万人次；2016年组织文艺队进村、入校，到企业演出39场。其中春节演出20场，文化惠民专场演出3场、文化进村演出5场，文化进企业1场，文化进校园2场。

卫 生 有乡属卫生院1个，

政　治

编辑　余立言

中共玉溪市江川区委

【中共江川县委第十二届委员会常委、书记、副书记名录】

县委常委　马文龙（2016.2离任）
王志华（2016.2离任）
石　伟（2016.1撤职）
孔　江（2016.2离任、挂职）
李学祥（2016.2离任）
陈琎寿（2016.2离任）
林　清（2016.2离任）
张文彬（2016.2离任）
曾宪涛（2016.2离任）
邓春元（2016.2离任）
李志刚（2016.2离任）
县委书记　马文龙（2016.2离任）
县委副书记　王志华（2016.2离任）
石　伟（2016.1撤职）
孔　江（2016.2离任，挂职）

【中共江川县委各部、委、办、局正副职名录】

县委办公室

主　任　邓春元（2016.2离任）
副主任　陈乔华（2016.2离任）
赵　鹏（2016.2离任）

县委组织部

部　长　林　清（2016.2离任）
副部长　唐光华（2016.2离任）
吴正顶（2016.2离任）
赵子良（2016.2离任）
范江应（2016.2离任）
县委正科级组织员
唐光华（2016.2离任）
县委副科级组织员
邢小刚（2016.2离任）

县委宣传部

部　长
副部长　杨春文（2016.2离任）
刘　鸿（2016.2离任）

县文产办

主　任　杨春文（2016.2离任）

县精神文明建设指导委员会办公室

主　任　王熙虹（女，2016.2离任）

县对外宣传办公室

主　任　李红有（2016.2离任）

县委统一战线工作部

部　长　石　伟（2016.1撤职）
副部长　徐丽华（女，2016.2离任）
王忠明（2016.2离任）
罗汉江（2016.2离任）

县民宗局

局　长　罗汉江（2016.2离任）
副局长　刘开华（2016.2离任）

县工商业联合会（商会）

党组书记　徐丽华（女，2016.2离任）
主席（会长）
戴朝红（2016.2离任）
副主席（副会长）
金兴荣（2016.2离任）
翁　健（2016.2离任）
秘书长　翁　健（2016.2离任）

县委政法委员会

书　记　陈琎寿（2016.2离任）
副书记　祁宝川（2016.2离任）
王彦东（2016.2离任）
何小春（2016.2离任）

县维护稳定工作领导小组办公室

主　任　王彦东（2016.2离任）

县社会管理综合治理委员会办公室

主　任　何小春（2016.2离任）
副主任　宋　瑞（2016.2离任）

县委党校

校　长　石　伟（2016.1撤职）
常务副校长　李卫东（2016.2离任）
副校长　雷永彪（2016.2离任）

江川县行政学校

校　长　普朝鹏（2016.2离任）
副校长　业居敏（女，2016.2离任）

县委保密委员会

主　任　邓春元（2016.2离任）

副主任　赵　琦（2016.2离任）

陈乔华（2016.2离任）

龚　钲（2016.2离任）

杨建梁（2016.2离任）

县保密局

局　长　杨建梁（2016.2离任）

县委政策研究室

主　任　张润斌（2016.2离任）

县委机要局

局　长　李成祥（2016.2离任）

副局长　何旭升（2016.2离任）

县国家密码管理局

局　长　李成祥（2016.2离任）

副局长　何旭升（2016.2离任）

县委督查室

主　任　史　伟（2016.2离任）

县史志办

主　任　余立言（2016.2离任）

县档案局

局　长　郭绍昆（2016.2离任）

县委老干部局

局　长　范江应（2016.2离任）

副局长　龚绍辉（2016.2离任）

共青团江川县委

书　记　戴吉国（2016.2离任）

副书记　沐　旭（2016.2离任）

县妇女联合会

主　席　王学梅（女，2016.2离任）

副主席　谢粉玲（女，2016.2离任）

县总工会

主　席　陆富仙（女，2016.2离任）

副主席　李　芬（女，2016.2离任）

李春伟（2016.2离任）

县科学技术协会

主　席　韩振华（2016.2离任）

副主席　张彦龙（2016.2离任）

县关心下一代工作委员会

常务副主任　郭家义（2016.2离任）

副　主　任　顾宝富（2016.2离任）

办公室主任　王荣华（2016.2离任）

办公室副主任　汤江平（2016.2离任）

县红十字会

会　长　杨军苹（女，2016.2离任）

常务副会长　曾　春（女，2016.2离任）

县文联

主　席　叶自林（2016.2离任）

副主席　王忠平（2016.2离任）

县机构编制委员会

主　任　王志华（2016.2离任）

副主任　林　清（2016.2离任）

张文彬（2016.2离任）

县委机构编制办公室

主　任　吴正顶（2016.2离任）

副主任　张荣华（2016.2离任）

【中共江川县委直属基层党委正副书记名录】

中共江川县人民武装部委员会

第一书记　马文龙（2016.2离任）

书　　记　曾宪涛（2016.2离任）

副书记　何　麟（2016.2离任）

中共江川县直属机关党工作委员会

书　记　杜正宁（2016.2离任）

副书记　王艳兰（女，2016.2离任）

中共江川县工业商贸和科技信息委员会

书　记　李天贵（2016.2离任）

中共江川县教育局委员会

书　记　李梅琼（女，2016.2离任）

中共江川县公安局委员会

书　记　牛旺林（2016.2离任）

中共江川县工业园区工作委员会

书　记　韩　良（2016.2离任）

副书记　张乘风（女，2016.2离任）

中共江川县委老干部局委员会

书　记　郑吉来（2016.2离任）

中共江川县非公有制经济组织党工作委员会

书　记　赵子良（2016.2离任）

副书记　李　敏（女，2016.2离任）

中共江川县卫生和计划生育局委员会

书　记　朱弘如（女，2016.2离任）

根据《国务院关于同意云南省调整玉溪市部分行政区划的批复》（国函〔2015〕208号）、《中共玉溪市委〈关于江川撤县设区县委、县纪委更名有关事项的批复〉》（玉复〔2016〕4号）、《中共玉溪市委〈关于江川撤县设区领导干部职务变更的批复〉》（玉复〔2016〕5号）、《中共玉溪市纪委〈关于江川区纪委监察局领导班子成员任职的批复〉》（玉纪复〔2016〕2号）的文件精神，经区委研究，现就江川撤县设区涉及组织机构和相关职务变更情况如下：

【中共玉溪市江川区委第一届委员会常委、书记、副书记名录】

区委常委　马文龙（2016.2任，2016.6离任）

王　远（2016.6任，2015.7离任）

徐　贤（2016.7任）

王志华（2016.2任）

张燕华（女，2016.3任）

李学祥（2016.2任）

陈琎寿（2016.2任，2016.7离任）

林　清（2016.2任，2016.5离任）

张文彬（2016.2任）

曾宪涛（2016.2任）

邓春元（2016.2任）

李志刚（2016.2任）

张祖权（2016.5任）

区委书记　马文龙（2016.2任，2016.6离任）

王　远（2016.6任，2015.7离任）

徐　贤（2016.7任）

区委副书记

王志华（2016.2任）

张燕华(女,2016.3任)

【中共玉溪市江川区委各部、委、办、局正副职名录】

区委办公室

主　任　邓春元（2016.2任）

副主任　陈乔华（2016.2任，2016.3离任）

赵　鹏（2016.2任）

刘世培（2016.3任）

区委组织部

部　长　林　清（2016.2任，2016.5离任）

张祖权（2016.5任）

副部长　唐光华（2016.2任）

吴正顶（2016.2任）

赵子良（2016.2任，2016.3离任）

范江应（2016.2任）

陈宝林（2016.2任，2016.3任）

区委正科级组织员

唐光华（2016.2任）

区委副科级组织员

邢小刚（2016.2任）

区委宣传部

部　长

副部长　杨春文（2016.2任）

刘　鸿（2016.2任）

区文产办

主　任　杨春文（2016.2任）

副主任　洪家起（2016.3任）

区精神文明建设指导委员会办公室

主　任　王熙虹（女，2016.2任）

区对外宣传办公室

主　任　李红有（2016.2任）

区委统一战线工作部

部　长

副部长　徐丽华（女，2016.2任，2016.3离任）

王忠明（2016.2任，2016.3离任）

罗汉江（2016.2任）

业东华（2016.3任）

潘兴发（2016.3任）

区民宗局

局　长　罗汉江（2016.2任）

副局长　刘开华（2016.2任）

区工商业联合会（商会）

党组书记　徐丽华（女,2016.2任，2016.3离任）

业东华（2016.3任）

主席（会长）

戴朝红（2016.2任）

业东华（2016.3任）

副主席（副会长）

金兴荣（2016.2任）

翁　健（2016.2任）

秘书长　翁　健（2016.2任）

区委政法委员会

书　记　陈琎寿（2016.2任）

副书记　祁宝川（2016.2任）

王彦东（2016.2任）

何小春（2016.2任）

区维护稳定工作领导小组办公室

主　任　王彦东（2016.2任）

区委依法治区领导小组办公室

专职副主任　王彦东（2016.2任）

区社会管理综合治理委员会办公室

主　任　何小春（2016.2任）

副主任　宋　瑞（2016.2任）

区委党校

校　长　张燕华（女，2016.3任）

常务副校长　李卫东（2016.2任）

副校长　雷永彪（2016.3任）

玉溪市江川区行政学校

校　长　普朝鹏（2016.2任）

副校长　业居敏（女，2016.2任）

区委保密委员会

主　任　邓春元（2016.2任）

副主任　赵　琦（2016.2任）

陈乔华（2016.2任，2016.3离任）

龚　钲（2016.2任）

杨建梁（2016.2任）

区保密局

局　长　杨建梁（2016.2任）

区委政策研究室

主　任　张润斌（2016.2任）

区委机要局

局　长　李成祥（2016.2任）

副局长　何旭升（2016.2任）

区国家密码管理局

局　长　李成祥（2016.2任）

副局长　何旭升（2016.2任）

区委督查室

主　任　史　伟（2016.2任）

区史志办

主　任　余立言（2016.2任）

区档案局

局　长　郭绍昆（2016.2任）

副局长　段雄伟（2016.3任）

区委老干部局

局　长　范江应（2016.2任）

副局长　龚绍辉（2016.2任）

共青团江川区委

书　记　戴吉国（2016.2任，2016.3离任）

副书记　沐　旭（2016.2任）

区妇女联合会

主　席　王学梅（女，2016.2任）

副主席　谢粉玲（女，2016.2任）

区总工会

主　席　陆富仙（女，2016.2任）

副主席　李　芬（女，2016.2任）

李春伟（2016.2任）

区科学技术协会

主　席　韩振华（2016.2任）

副主席　张彦龙（2016.2任）

区关心下一代工作委员会

常务副主任　郭家义（2016.2任）

副　主　任　顾宝富（2016.2任）

办公室主任　王荣华（2016.2任）

办公室副主任
汤江平（2016.2任）

区红十字会

会 长 杨军苹（女，2016.2任）
常务副会长
曾 春（女，2016.2任）

区文联

主 席 叶自林（2016.2任）
副主席 王忠平（2016.2任）

区委机构编制办公室

主 任 吴正顶（2016.2任，2016.3离任）
张荣华（2016.3任）
副主任 张荣华（2016.3离任）
业雁春（2016.3任）

【中共玉溪市江川区委直属基层党委正副书记名录】

中共玉溪市江川区人民武装部委员会

第一书记 马文龙（2016.2任）
书 记 曾先涛（2016.2任）
副书记 何 麟（2016.2任）

中共玉溪市江川区直属机关党工作委员会

书 记 杜正宁（2016.2任）
副书记 王艳兰（女，2016.2任）

中共玉溪市江川区工业商贸和科技信息委员会

书 记 李天贵（2016.2任）

中共玉溪市江川区教育局委员会

书 记 李梅琼（女，2016.2任）

中共玉溪市公安局江川分局委员会

书 记 牛旺林（2016.2任）

中共玉溪市江川工业园区工作委员会

书 记 韩 良（2016.2任）
副书记 张乘风（女，2016.2任）

中共玉溪市江川区委老干部局委员会

书 记 郑吉来（2016.2任）

中共玉溪市江川区非公有制经济组织党工作委员会

书 记 赵子良（2016.2任，2016.3离任）
陈宝林（2016.3任）
副书记 李 敏（女，2016.2任）

中共玉溪市江川区卫生和计划生育局委员会

书 记 朱弘如（女，2016.2任）

【中共玉溪市江川区委第二届委员会常委、书记、副书记名录】

区委常委 徐 贤
王志华
张燕华（女）
李学祥
张文彬
曾宪涛
邓春元
李志刚
张祖权
蒋 文（2016.7任）
赵 琦（2016.7任）
区委书记 徐 贤
区委副书记 王志华
张燕华（女）

【中共玉溪市江川区委各部、委、办、局正副职名录】

区委办公室

主 任 邓春元
副主任 赵 鹏（2016.7离任）
刘世培
洪彦正（2016.7任）
赵雄伟（2016.12任）

区委组织部

部 长 张祖权
副部长 唐光华
吴正顶（2016.9离任）
范江应
陈宝林
邢小刚（2016.9任）
区委正科级组织员
唐光华（2016.9离任）
区委副科级组织员
邢小刚（2016.9离任）
杨 东（2016.9任）

区委宣传部

部 长 赵 琦（2016.7任）
副部长 杨春文（2016.9离任）
刘 鸿
李红有（2016.9任）

区文产办

主 任 杨春文（2016.9离任）
刘 鸿（2016.9任）
副主任 洪家起

区精神文明建设指导委员会办公室

主 任 王熙虹（女，2016.12离任）

区对外宣传办公室

主 任 李红有（2016.9离任）

区委统一战线工作部

部 长 李志刚（2016.7任）
副部长 罗汉江（2016.8离任）
业东华
潘兴发
李忠良（2016.8任）

区民宗局

局 长 罗汉江（2016.8离任）
李忠良（2016.8任）
副局长 刘开华

区工商业联合会（商会）

党组书记 业东华
主席（会长） 业东华
副主席（副会长） 金兴荣（2016.9任）
翁 健
秘书长 翁 健

区委政法委员会

书 记 陈琎寿（2016.7离任）
蒋 文（2016.7任）
副书记 祁宝川
王彦东
何小春

区维护稳定工作领导小组办公室

主　任　王彦东

区委依法治区领导小组办公室

专职副主任　王彦东

区社会管理综合治理委员会办公室

主　任　何小春

副主任　宋　瑞

区委党校

校　　长　张燕华（女）

常务副校长　李卫东

副　校　长　雷永彪

玉溪市江川区行政学校

校　长　普朝鹏

副校长　业居敏（女）

区委保密委员会

主　任　邓春元

副主任　赵　琦（2016.7离任）

钟　镖（2016.11任）

刘世培

龚　钲

杨建梁

区保密局

局　长　杨建梁

区委政策研究室

主　任　张润斌（2016.9离任）

李　敏（女，2016.11任）

区委机要局

局　长　李成祥

副局长　何旭升

区国家密码管理局

局　长　李成祥

副局长　何旭升

区委督查室

主　任　史　伟（2016.9离任）

赵雄伟（2016.9任）

区史志办

主　任　余立言（2016.8离任）

张江瑞（2016.8任）

副主任　余立言（2016.8任）

区档案局

局　长　郭绍昆

副局长　段雄伟

区委老干部局

局　长　范江应

副局长　龚绍辉（2016.11离任）

潘兴江（2016.11任）

共青团江川区委

书　记

副书记　沐　旭

屈　瑞（2016.8任，主持工作）

区妇女联合会

主　席　王学梅（女，2016.9离任）

岳东芬（2016.9任）

副主席　谢粉玲（女）

区总工会

主　席　陆富仙（女）

副主席　李　芬（女，2016.9离任）

李春伟（2016.8离任）

戴燕芬（女，2016.9任）

区科学技术协会

主　席　韩振华

副主席　张彦龙

区关心下一代工作委员会

常务副主任　郭家义

副　主　任　顾宝富

办公室主任　王荣华（2016.9离任）

钱鸿润（2016.12任）

办公室副主任　汤江平（2016.11离任）

区红十字会

会　　长　杨军苹（女）

常务副会长　曾　春（女）

区文联

主　席　叶自林

副主席　王忠平（2016.9离任）

区委机构编制办公室

主　任　张荣华

副主任　业雁春

【中共玉溪市江川区委直属基层党委正副书记名录】

中共玉溪市江川区人民武装部委员会

第一书记　马文龙

书　　记　曾宪涛

副书记　何　麟

中共玉溪市江川区直属机关党工作委员会

书　记　杜正宁

副书记　王艳兰（女）

中共玉溪市江川区工业商贸和科技信息委员会

书　记　李天贵（2016.8离任）

中共玉溪市江川区教育局委员会

书　记　李梅琼（女，2016.8离任）

中共玉溪市公安局江川分局委员会

书　记　牛旺林

中共玉溪市江川工业园区工作委员会

书　记　韩　良

副书记　张乘风（女）

中共玉溪市江川区委老干部局委员会

书　记　郑吉来（2016.8离任）

中共玉溪市江川区非公有制经济组织党工作委员会

书　记　陈宝林（2016.3任）

副书记　李　敏（女，2016.11离任）

金武恒（2016.11任）

中共玉溪市江川区卫生和计划生育局委员会

书　记　朱弘如（女，2016.8离任）

【县委发出的主要文件】

中共江川县委关于印发马文龙同志在中共江川县委十二届七次全会第一次全体会议上关于县委常委会工作的报告和在第二次全体会议上的讲话的通知

中共江川县委关于制定国民经济和社会发展第十三个五年规划的建议

中共江川县委关于成立政协江川县第八届委员会第四次会议党的领导小组和临时党支部的决定

中共江川县委关于成立江川

县第十五届人民代表大会第四次会议临时党委的通知

【区委发出的主要文件】

中共玉溪市江川区委　玉溪市江川区人民政府关于江川撤县设区机构更名及启用新的行政区划代码的通知

中共玉溪市江川区委关于认真做好乡镇党委换届选举工作的意见

中共玉溪市江川区委关于印发《中共玉溪市江川区委关于全面贯彻好干部标准和“三严三实”要求进一步加强和改进干部选拔任用工作的实施意见》的通知

中共玉溪市江川区委关于转发《政协玉溪市江川区委员会2016年工作要点》的通知

中共玉溪市江川区委关于区委书记、副书记和区委常委工作分工的通知

中共玉溪市江川区委关于同意召开中国共产党江城镇第四次代表大会的通知

中共玉溪市江川区委关于同意召开中国共产党前卫镇第四次代表大会的通知

中共玉溪市江川区委关于同意召开中国共产党九溪镇第十一次代表大会的通知

中共玉溪市江川区委关于同意召开中国共产党雄关乡第十一次代表大会的通知

中共玉溪市江川区委关于同意召开中国共产党安化乡第十一次代表大会的通知

中共玉溪市江川区委关于中国共产党玉溪市江川区第二次代表大会代表选举工作的通知

中共玉溪市江川区委　玉溪市江川区人民政府关于印发《公立医院改革国家联系试点城市玉溪市江川区综合改革实施方案》的通知

中共玉溪市江川区委关于转发《玉溪市江川区人大常委会2016年工作要点》的通知

中共玉溪市江川区委　玉溪市江川区人民政府印发《关于在全区开展“争先创优跨越发展”大讨论、大行动的实施意见》的通知

中共玉溪市江川区委　玉溪市江川区人民政府关于认真做好2016年重点督办投资项目相关工作的通知

关于确定玉溪市江川区出席中国共产党玉溪市第五次代表大会代表候选人预备人选的情况报告

中共玉溪市江川区委关于表扬优秀共产党员、优秀党务工作者、先进基层党组织的决定

关于中共玉溪市江川区第二次代表大会和第二届委员会第一次全体会议、纪律检查委员会第一次全体会议选举结果的报告

中共玉溪市江川区委　玉溪市江川区人民政府关于对刘雪等278名同志予以奖励的决定

中共玉溪市江川区委关于加强和改进机关党的建设的实施意见

中共玉溪市江川区委关于区委书记、副书记和区委常委工作分工的通知

中共玉溪市江川区委转发《中共玉溪市江川区人大常委会党组关于做好区乡两级人民代表大会换届选举工作的意见》的通知

中共玉溪市江川区委关于印发中国共产党玉溪市江川区第一届委员会工作报告的通知

中共玉溪市江川区委　玉溪市江川区人民政府关于印发《玉溪市江川区国家卫生城市创建达标工作实施方案》的通知

中共玉溪市江川区委　玉溪市江川区人民政府关于表扬玉溪市江川区第三轮禁毒和防治艾滋病人民战争先进集体和先进工作者的通报

中共玉溪市江川区委关于表扬人大工作先进代表小组、优秀人大代表、先进人大工作者和代表建议办理先进单位的通报

中共玉溪市江川区委关于表扬优秀政协委员、先进政协委员活动组、先进政协工作者、优秀提案、提案承办先进单位和优秀文史委员的通报

中共玉溪市江川区委关于加强和改进人大工作的意见

中共玉溪市江川区委关于印发《中共玉溪市江川区委关于加强人民政协协商民主建设的实施意见》的通知

中共玉溪市江川区委　玉溪市江川区人民政府关于表扬2016年优秀教师和先进教育工作者的通报

中共玉溪市江川区委　玉溪市江川区人民政府关于印发《玉溪市江川区旅游产业转型升级三年（2016—2018年）行动计划》的通知

中共玉溪市江川区委关于印发《中共玉溪市江川区区委主要领导约谈区委常委班子成员及其他区领导制度（试行）》的通知

中共玉溪市江川区委关于加强和改进新形势下党校工作的实施意见

中共玉溪市江川区委　玉溪市江川区人民政府关于推进简政放权放管结合优化服务改革工作的实施意见

中共玉溪市江川区委　玉溪市江川区人民政府关于印发《玉溪市江川区进一步提升城乡人居环境五年行动计划（2016—2020年）》的通知

中共玉溪市江川区委　玉溪市江川区人民政府关于加快建设民族团结进步示范区的实施方案

中共玉溪市江川区委　玉溪市江川区人民政府关于印发《玉溪市江川区开展第四轮防治艾滋病人民战争工作方案（2016—2020年）》的通知

中共玉溪市江川区委关于印发《中共玉溪市江川区委巡察工作实施办法》的通知

中共玉溪市江川区委关于批转《中共玉溪市江川区委组织部　中共玉溪市江川区委统战部关于江川区政协换届有关问题的意见》的通知

中共玉溪市江川区委关于印发《玉溪市江川区贯彻落实〈中国共产党问责条例〉实施办法》的通知

关于提名徐贤等同志为玉溪市江川区第二届人民代表大会代表候选人预备人选的通知

中共玉溪市江川区委　玉溪市江川区人民政府关于表扬玉溪市江川区“六五”普法先进集体和优秀个人的通报

中共玉溪市江川区委　玉溪市江川区人民政府转发《区委宣传部、区司法局关于在全区公民中开展法治宣传教育的第七个五年规划（2016—2020年）》的通知

中共玉溪市江川区委　玉溪市江川区人民政府关于印发《关于加强和改进互联网宣传及管理工作的实施意见》的通知

中共玉溪市江川区委关于玉溪市江川区2016年党风廉政建设责任制检查考核自检自查报告

中共玉溪市江川区委关于印发《中共玉溪市江川区区委主要领导约谈区委常委班子成员及其他区领导制度（试行）》的通知

中共玉溪市江川区委关于成立政协玉溪市江川区第二届委员会第一次会议党的领导小组和临时党支部的决定

中共玉溪市江川区委关于成立玉溪市江川区第二届人民代表大会第一次会议临时党委和各代表团临时党支部的决定

【县委办发出的主要文件】

中共江川县委办公室关于对县委十二届七次全会主要精神进行立项督查的通知

中共江川县委办公室　江川县人民政府办公室关于表彰2015年度综治维稳（平安建设）工作先进乡镇（街道）和先进单位的决定

中共江川县委办公室关于2015年度惩治和预防腐败体系建设暨党风廉政建设责任制考核结果的通报

中共江川县委办公室　江川县人民政府办公室关于印发《江川县关于进一步健全完善重大决策事项社会稳定风险评估机制的指导意见》的通知

中共江川县委办公室　江川县人民政府办公室关于印发《江川县社会稳定风险评估问责办法（试行）》的通知

中共江川县委办公室　江川县人民政府办公室关于对部门挂钩联系村（社区）工作进行调整的通知

中共江川县委办公室　江川县人民政府办公室印发《关于加强社会治安防控体系建设的实施方案》的通知

【区委办发出的主要文件】

中共玉溪市江川区委办公室　玉溪市江川区人民政府办公室关于启用江川撤县设区后第一批新印章的通知

中共玉溪市江川区委办公室　玉溪市江川区人民政府办公室关于认真做好全区村级组织换届选举工作的意见

中共玉溪市江川区委办公室关于成立玉溪市江川区村级组织换届选举工作领导小组的通知

中共玉溪市江川区委办公室关于印发《玉溪市江川区四级党建工作联席会议实施办法（试行）》的通知

中共玉溪市江川区委办公室关于印发《关于加强基层组织建设确保村级组织换届选举风清气正的实施意见》的通知

中共玉溪市江川区委办公室关于印发《玉溪市江川区党建工作责任追究实施办法（试行）》的通知

中共玉溪市江川区委办公室　玉溪市江川区人民政府办公室关于对区领导挂钩联系乡镇（街道）工作进行调整的通知

中共玉溪市江川区委办公室　玉溪市江川区人民政府办公室关于2015年度综合目标考核结果的通报

中共玉溪市江川区委办公室关于周宝在等同志任免职务的通知

中共玉溪市江川区委办公室　玉溪市江川区人民政府办公室关于印发“玉溪市江川区‘争先创优跨越发展’大讨论、大行

动”配套文件的通知

中共玉溪市江川区委办公室关于印发《中国共产党玉溪市江川区第一届委员会第三次全体会议决议》的通知

中共玉溪市江川区委办公室关于印发《关于在全区党员中开展“学党章党规、学系列讲话，做合格党员”学习教育实施方案》的通知

中共玉溪市江川区委办公室关于成立玉溪市江川区“两学一做”学习教育领导小组的通知

中共玉溪市江川区委办公室 玉溪市江川区人民政府办公室关于命名表扬玉溪市江川区第八届文明单位、文明村和第四届文明社区的通报

中共玉溪市江川区委办公室关于转发《玉溪市江川区2016年宣传思想文化工作要点》的通知

中共玉溪市江川区委办公室 玉溪市江川区人民政府办公室关于开展2016年“六·五”世界环境日系列活动的通知

中共玉溪市江川区委办公室关于印发《玉溪市江川区加强和创新农村基层党建工作实施意见》的通知

中共玉溪市江川区委办公室关于印发《玉溪市江川区实施“基层党建推进年”的总体方案》的通知

中共玉溪市江川区委办公室关于中国共产党成立95周年纪念活动的通知

中共玉溪市江川区委办公室 玉溪市江川区人民政府办公室关于印发《中央环境保护督察组交办举报件办理工作方案》的通知

中共玉溪市江川区委办公室印发《关于加强基层党风廉政建设的意见》的通知

中共玉溪市江川区委办公室关于成立玉溪市江川区区乡两级人大换届选举工作领导小组的通知

中共玉溪市江川区委办公室 玉溪市江川区人民政府办公室关于印发《玉溪市江川区创建云南省文明城市工作2016年度考核办法》的通知

中共玉溪市江川区委办公室关于印发《玉溪市江川区干部尽职减责免责暂行办法》的通知

中共玉溪市江川区委办公室 玉溪市江川区人民政府办公室关于印发2016年江川区缉枪治爆专项行动工作方案的通知

中共玉溪市江川区委办公室 玉溪市江川区人民政府办公室印发《关于进一步加强和改进离退休干部工作的意见》的通知

中共玉溪市江川区委办公室关于成立区委意识形态工作领导小组的通知

中共玉溪市江川区委办公室关于印发《党（工）委（党组）意识形态工作责任制实施细则》的通知

中共玉溪市江川区委办公室关于印发《贯彻落实党（工）委（党组）意识形态工作责任制考核办法》的通知

中共玉溪市江川区委办公室 玉溪市江川区人民政府办公室印发《关于进一步加强反邪教基层基础工作的实施意见》的通知

中共玉溪市江川区委办公室 玉溪市江川区人民政府办公室关于印发《玉溪市江川区贯彻落实〈玉溪市创建全国“长安杯”工作方案〉的实施方案》的通知

中共玉溪市江川区委办公室 玉溪市江川区人民政府办公室印发《关于全面推进全区政务公开工作的实施方案》的通知

中共玉溪市江川区委办公室 玉溪市江川区人民政府办公室关于分解2016年亿元以上项目投资目标任务的通知

中共玉溪市江川区委办公室印发《关于落实全面从严治党主体责任实践运用“四种形态”的实施意见》的通知

中共玉溪市江川区委办公室 玉溪市江川区人民政府办公室关于印发《玉溪市江川区重点工作重大项目落实情况责任追究办法（试行）》的通知

中共玉溪市江川区委办公室关于调整中共玉溪市江川区委政法委员会组成人员的通知

中共玉溪市江川区委办公室 玉溪市江川区人民政府办公室关于印发《玉溪市江川区2016年依法治区工作要点》的通知

中共玉溪市江川区委办公室 玉溪市江川区人民政府办公室关于调整充实农村扶贫开发攻坚领导小组的通知

中共玉溪市江川区委办公室 玉溪市江川区人民政府办公室关于印发《玉溪市江川区扶贫攻坚脱贫摘帽退出实施方案》的通知

中共玉溪市江川区委办公室关于区委议事协调机构更名、主要领导调整的通知

中共玉溪市江川区委办公室 玉溪市江川区人民政府办公室关于印发《玉溪市江川区公务用车制度改革实施方案》及配套文件的通知

中共玉溪市江川区委办公室关于印发《乡镇（街道）纪（工）委书记、副书记提名考察办法（试行）》《区纪委派出纪

工委书记、副书记和派驻纪检组组长、副组长提名考察办法（试行）》的通知

中共玉溪市江川区委办公室关于印发《中共玉溪市江川区委巡察工作规划（2016—2020年）》的通知

中共玉溪市江川区委办公室关于进一步规范请示报告会议文件有关工作事项的实施意见

中共玉溪市江川区委办公室 玉溪市江川区人民政府办公室关于成立江川区污水处理厂（厂网一体化）政府和社会资本合作项目竞争性磋商工作领导小组的通知

关于成立玉溪市江川区乡镇（街道）人大换届选举工作指导小组的通知

中共玉溪市江川区委办公室 玉溪市江川区人民政府办公室关于印发《玉溪市江川区政务新媒体发布运营管理（暂行）办法》的通知

（杨冬丽）

【重要会议】 2016年1月8日，江川区召开中共江川县委十二届七次全体（扩大）会议召开。县委书记马文龙受常委会委托向大会作题为《闯出一条跨越式发展的路子 为全面建成小康社会而努力奋斗》工作报告。报告从七个方面总结2015年工作和“十二五”时期的主要成就：毫不动摇落实管党治党主体责任；全力以赴打牢跨越发展的产业基础；坚定不移争当生态文明建设排头兵；坚持不懈统筹城乡协调发展；凝心聚力深化改革扩大发展；主动作为抓好全面依法治县开局之年各项工作；尽心尽力促进民生社会事业全面进步。从六个方面总结江川经济社会发展取得的突出成绩：综合实力得到新提升；转型升级迈出新步伐；生态建设取得新成效；社会事业跃上新台阶；党的建设开创新局面。从六个方面安排2016年的工作：全面打响园区经济战役，更大力度发展以工业为主导、三次产业协调发展的实体经济；全面抢抓撤县设区机遇，更大力度促进城乡融合发展；全面加强生态文明建设，更大力度建设美丽江川；全面深化改革扩大开发，更大力度激发经济社会发展的动力和活力；全面打好脱贫开发攻坚战，更大力度保障和改善民生；全面加快依法治县进程，更大力度维护稳定增进和谐。会议号召，全县广大干部群众要振奋精神，砥砺前行，拼搏实干，闯出一条跨越式发展的路子来，共同夺取同步全面建成小康社会决胜阶段的伟大胜利。

1月11日，江川县召开文艺工作座谈会，深入学习贯彻落实习近平总书记在文艺工作座谈会上的讲话精神，表彰奖励2014年优秀文艺作品和文艺团队，听取各方面文艺工作者对江川文化建设的意见和建议，群策群力推动江川文艺繁荣发展。县委书记马文龙强调，当前及今后一段时期全县的文艺工作要始终坚持正确的政治方向；广大文艺工作者要带头自觉践行社会主义核心价值观；要努力创作无愧于时代的优秀作品；要高度重视文艺人才队伍建设；要全面推进文化体制改革。

1月18日，江川县召开2015年度党（工）委书记抓基层党建工作述职评议考核会议。对各乡镇（街道）党（工）委书记、县直属机关党工委书记、县工信局党委书记、县公安局党委书记、县教育局党委书记、县委老干部局党委书记、工业园区党工委书记、县“两类”组织党工委书记、县卫计局党委书记抓基层党建工作进行述职评议。市委组织部詹道斌同志作了重要讲话，对江川从严从实开展述职评议的做法和基层党建工作特色亮点给予了充分肯定，同时，具体指出了我县基层党建工作中存在的差距和不足，并对做好下步工作提出了建议。县委书记马文龙强调，进一步加强基层党建工作，要抓覆盖，不断扩大党的组织和工作覆盖面；要抓重点，继续深入推进“三个行动计划”；要抓队伍，提升基层党员干部服务能力；要抓载体，不断强化党组织和党员作用发挥；要抓责任，牢固树立大抓基层的鲜明导向。县领导，县委党建工作领导小组成员，部分党代表、人大代表、政协委员、基层党员干部和群众代表对15位党（工）委书记抓党建工作情况进行评议。

2月17日，江川县召开乡镇党委和村级组织换届工作暨业务培训会。学习贯彻全省、全市乡镇党委和村级组织换届工作暨业务培训会议精神，安排部署我县换届工作；对党委换届工作、党代表大会组织和村（社区）“两委”换届等业务进行培训。

2月26日，江川区召开撤县设区大会。宣布《国务院关于同意云南省调整玉溪市部分行政区划的批复》（国函〔2015〕208号）、《云南省人民政府关于撤销江川县设立玉溪市江川区

的通知》(云政发〔2015〕101号)和市委关于江川县撤县设区机构名称变更及干部任职或过度的批复，为江川区委、区人大常委会、区政府、区政协、区纪委揭牌授印。国家民政部、省政府领导作重要讲话。市委书记罗应光指出，江川撤县设区，有利于推动玉溪县域经济向都市经济转型，加速跨越式发展；有利于拓展玉溪城市空间布局，打造“三湖”生态城市群，加速协调发展；有利于提升玉溪对外开放水平，建设国际大通道和现代物流重要枢纽、辐射南亚东南亚的重要基地，加速开放发展；有利于推进绿色玉溪建设，争当全省生态文明建设排头兵，加速转型发展。市委副书记、市长饶南湖主持会议。

3月8日，江川区召开“争先创优跨越发展”大讨论、大行动动员大会暨2016年区委理论学习中心组第一次集中学习。区委书记马文龙强调，要切实把“争先创优跨越发展”大讨论、大行动引向深入，进一步强化不进则退、慢进就是退的忧患意识，立赶超之志，鼓奋进之气，创跨越之业，努力把本次动员大会和中心组学习的精神转化为奋力赶超、推动跨越的生动实践，确保江川争先创优跨越发展取得实实在在的成效。各乡镇（街道）党（工）委书记、部分单位主要负责人作表态发言。

3月17日，江川区召开区委政法工作会。区委书记马文龙作重要讲话，安排部署2016年政法工作，要求增强风险意识，着力提高维护稳定能力；紧扣发展大局，深入推进法治江川建设；勇于攻坚克难，积极推进司法体制改革；坚持创新驱动，全面提升社会治理水平；加强党的领导，努力打造过硬政法队伍。区委副书记、区长王志华分别与各乡镇（街道）、各成员单位签订《2016年度玉溪市江川区社会管理综合治理维护稳定目标责任书》。会议还表彰了2016年度社会管理综合治理维护稳定先进单位。

4月1日，江川区召开2016年党建工作会。县委书记马文龙强调，做好今年的党建工作，要深化落实全面从严治党责任；要全力以赴抓好村级组织换届工作；要扎实开展好“两学一做”学习教育；要坚持从严管理监督干部；要推动基层党建全面进步、全面过硬；要深入实施人才优先发展战略；要着力深化党的建设工作制度改革。

4月12日，江川区召开“两学一做”学习教育工作座谈会。会议传达了习近平总书记的重要指示精神和中央、省市委“两学一做”学习教育工作座谈会精神。区委书记马文龙要求全区各级各部门要深入领会开展“两学一做”学习教育的重大意义，并强调：坚持学字当先，领会精神，强化理论武装；坚持以知促行，树牢“四个意识”，做合格党员；坚持问题导向，解决重点问题，确保“学做”实效；坚持制度治党，规范党内生活，完善党员管理机制；坚持履职尽责，干在实处，争先创优促跨越；坚持领导带头，示范引领，作好表率，全力以赴推动“两学一做”学习教育扎实开展。

4月15日，江川区召开统战、民族宗教工作会。总结2015年我区统战、民族宗教工作取得的成效和经验，安排部署2016年统战、民族宗教工作主要任务，签订2016年统战、民族宗教工作目标管理责任书。

4月20日，江川区召开烤烟移栽现场会。区委书记马文龙强调，烤烟移栽时间紧、任务重，各乡镇（街道）一定要正确处理好烤烟移栽与村级组织换届的关系，要精心组织、科学统筹、落实责任，坚决打赢烤烟移栽攻坚战。

5月6日，江川区召开扶贫开发工作推进会。围绕市委、市政府提出的2017年消除贫困、2018年巩固提升，率先在全省全面建成小康社会的脱贫攻坚目标，查找工作中存在的差距和不足，动员全区上下进一步统一思想，扎实工作，努力在全市脱贫攻坚战中干在实处、走在前列。区发改局和各乡镇（街道）汇报扶贫工作开展情况。区委书记马文龙要求：认识上必须再提高，责任上必须再增强，方式上必须再创新，措施上必须再有力，为推进全区扶贫开发工作上新台阶作出新的贡献。

5月12日，中共玉溪市江川区委举行2016年区委理论学习中心组第二次集中学习。会上观看了衡阳、南充违反换届纪律案件警示录《镜鉴》，区委常委围绕“学党章党规、学系列讲话，做合格党员”进行发言。区委书记马文龙强调，必须夯实“学”这个基础，力求学深悟透；把握“做”这个关键，践行合格标准；突出“改”这个重点，坚持以改促做；聚焦“干”这个核心，全力推动发展。

6月29日，江川区召开庆祝中国共产党成立95周年大会。区委书记王远强调，全区各级党组织和广大党员干部要始终牢记使命，坚定信心，奋勇开拓，扎实工作，以严的要求、实的作风、新的姿态、足的干劲，共同开创江川更加辉煌灿烂的美好未来，为推动江川科学发展和谐发展跨越发展作出新的更大的贡献。会议对全区2014至2015年度优秀共产党员、优秀党务工作者、先进基层党组织进行表扬。

7月11日至14日，江川区召开中国共产党玉溪市江川区第二次代表大会。总结县第十二次党代会以来的工作，确定今后五年奋斗目标和主要任务，选举产生新一届区委和区纪委，选举出席市第五次党代会代表，动员和带领全区党员和干部群众进一步解放思想、开拓进取，进一步鼓舞斗志、凝聚力量，进一步挖掘潜能、发挥优势，进一步艰苦创业、团结奋斗，为完成“十三五”时期目标任务，与全市同步全面建成小康社会而努力奋斗。会议听取和审查了中国共产党玉溪市江川区第一届委员会工作报告、中国共产党玉溪市江川区纪律检查委员会工作报告；选举产生了中国共产党玉溪市江川区第二届委员会、中国共产党玉溪市江川区纪律检查委员会；选举了出席中国共产党玉溪市第五次代表大会代表。

7月26日上午，江川区召开区乡两级人大换届选举工作会议。区委书记徐贤强调，要充分认识做好我区县乡人大换届选举工作的重大意义，切实增强工作的责任感和使命感；准确把握换届选举工作原则，依法精心组织实施，切实把换届选举工作抓细抓实抓到位；做好思想工作，严肃换届纪律，着力营造风清气正的换届环境；加强组织领导，注重工作统筹，确保换届选举工作与经济社会发展两不误两促进。

7月27日上午，江川区召开2016年上半年工作汇报会。综合经济部门及各乡镇（街道）汇报上半年工作。区委书记徐贤指出，江川区2016年上半年继续保持了社会和谐稳定、经济平稳健康发展的良好态势，下半年将紧紧抓住撤县设区的历史机遇，牢固树立大局意识、发展意识和责任意识，切实抓好省、市稳增长政策措施落实，把圆满完成全年工作目标作为首要的政治任务，对照目标，突出重点，压实责任，全力以赴做好各项工作。

7月27日下午，江川区举行区委理论学习中心组第三次集中学习。集中学习了党章主要内容。张燕华、张祖权、李卫东、郭峰、莽嘉慧、戴吉国、李梅琼、朱弘如等同志围绕学习主题进行发言。区委书记徐贤强调，全区各级党组织要继续深入学习、认真领会习近平总书记重要讲话精神，不忘初心、继续前进，坚定理想信念，扭住发展第一要务，把对党的赤诚和忠贞融入到推进江川经济社会发展大局中去，勇于担当、务实苦干、攻坚克难，砥砺奋进，为实现江川跨越发展、全面建成小康社会作出新的更大贡献。

8月22日，江川区召开2016年烟叶收购工作会议。区委书记徐贤强调，圆满完成今年烟叶收购的目标任务，是确保农民增收和财政增收的重要基础，全区上下要以开展“两学一做”学习教育为契机，增强抓好烤烟产业发展的责任感和使命感，为服务“三农”、促进烟农增收履好职、尽好责，确保今年烤烟收购各项目标任务圆满完成，超前谋划明年烤烟生产，推进全区烤烟产业持续健康发展。

8月23日，江川区召开第四轮禁毒和防治艾滋病人民战争动员大会。区委常委、政法委书记蒋文宣读了区委、区政府对全区第三轮禁毒和防治艾滋病工作先进集体和先进工作者的表扬通报。牛旺林、杨军苹副区长代表区政府分别与各乡镇（街道）签订了禁毒防艾责任书。区委书记徐贤强调，打赢禁毒防艾人民战争，有效解决毒品和艾滋病危害问题，是我们义不容辞的重大政治责任，要以更加坚定的决心、更加务实的作风、更加有力的措施，确保中央和省、市禁毒防艾决策部署落地生根、开花结果，坚决打赢第四轮禁毒防艾人民战争，为全区社会治安大局稳定、经济社会发展和人民群众安居乐业作出新的贡献。

8月25日，江川区召开全区旅游产业发展推进会议。区委书记徐贤强调，要科学审视江川旅游产业发展面临的形势和任务；强化对旅游产业发展的组织领导；全力推进江川旅游产业发展转型升级。要求全区上下更加坚定信心，更加有决心和恒心把江川旅游产业作为一个支柱，以“全域旅游”的理念来推进我区旅游产业发展，努力形成步调一致、齐抓共管的强大合力，把旅游产业打造成为让江川民富区强的骨干产业之一。

9月2日，江川区召开公务用车改革动员会议。区委常委、区人民政府常务副区长张文彬就全区公务用车制度改革实施方案作说明。区委副书记、区长王志华强调全区各级各部门要严格按照党中央、国务院、省委、省政府和市委、市政府的决策部署，坚持改革方向，把握改革原则，严格改革政策，严明工作纪律，全力组织好，实施好我区的车改工作，确保圆满完成各项改革任务。

9月6日，江川区举行区委理论学习中心组第四次集中学习。集中学习了《中国共产党问责条例》、中央有关文件精神和市委罗应光书记调研江川区脱贫攻坚等工作时的讲话精神及警示教育文件精神。区委理论学习中心组成员李学祥、蒋文、赵琦围绕学习主题进行研讨发言。区委书记徐贤要求，各级党组织尤其是党员领导干部要担当责任，做到在党爱党、在党忧党，为党尽职、为民尽责；要利用问责制度的建设，助推我区经济社会发展，实现新跨越。

9月12日，江川区召开传达学习中国共产党玉溪市第五次代表大会精神会议。区委书记徐贤传达了中国共产党玉溪市第五次代表大会基本情况及四届市委工作报告、四届市纪委工作报告、党员干部大会主要精神。徐贤书记强调，要认真学习宣传贯彻会议精神，切实把思想统一到市第五次党代会精神上来，落实全面从严治党要求，积极主动担当作为，努力实现市第五次党代会确定的目标任务，为全区经济社会发展提供坚强保证。

9月26日，江川区召开全区领导干部大会。会议传达学习习近平总书记在东西部扶贫协作座谈会上重要讲话精神及省委书记陈豪在云南省严肃换届纪律第二次集体谈话会议上的讲话精神，并由区委书记徐贤讲授廉政党课。

10月8日，江川区举行区委理论学习中心组第五次集中学习。传达省委书记、省长陈豪同志在省委理论学习中心组集体学习时的重要讲话精，学习上级关于防止干部“带病提拔”的文件及相关案例。区委理论学习中心组成员王志华、张燕华、李学祥、张祖权围绕主题进行发言。区委书记徐贤强调，要深刻认识《关于防止干部“带病提拔”的意见》的重要意义，增强贯彻落实《意见》的自觉性；要树牢德才兼备选贤任能意识，确保《意见》不折不扣落到实处；要全面加强干部监督管理，不断把从严治党引向深入。

10月9日，江川区召开“九·九”敬老节经济形势通报会。区委副书记、区长王志华通报全区1—9月经济社会发展情况。

区委书记徐贤指出，一定要进一步强化担当、凝聚力量、凸显实效，围绕产业发展和城市建设、生态建设三大任务，推动江川的城镇化、产业化发展翻开崭新的一页，同时，要提高思想认识、落实各项待遇、广泛发挥作用、创新服务管理、深入工作作风，做好老同志服务工作，通过老同志的指导、帮助和监督，推动江川跨越发展。

10月21日，江川区召开提升人居环境行动推进“六城同创”暨国家卫生城市创建达标动员会议。区委副书记、区长王志华安排部署加快城乡建设开展提升人居环境行动，推进“六城同创”和国家卫生城市创建达标各项工作。区政府副区长杨军苹与相关单位签订国家卫生城市创建达标工作目标责任书。区委书记徐贤强调：要把统筹城乡建设，提升城乡人居环境行动作为一场必胜的战役来攻坚；要贯彻新理念、彰显新特色，打造江川城乡建设管理升级版；要强化领导，创新推进，确保各项工作取得实效。

11月15日，江川区召开扶贫攻坚脱贫考核验收动员会。区委书记徐贤要求，各级各部门必须把脱贫作为第一责任和第一任务，精准发力，以实干创造脱贫高标准验收；要落实责任主体，紧扣具体任务，主动做好迎检准备和配合服务工作，确保受检和验收两不误；要强化同市级相关部门的衔接和沟通交流，妥善处理好新增和返贫人口的问题，严格按照程序，将真正的贫困户纳入到系统中来；要以严的纪律，实的作风，全力保证脱贫攻坚考核验收工作的风清气正。

11月22日，江川区召开2016年信访维稳专题会议，贯彻落实全市信访维稳工作会议精神，做好省第十次党代会期间信访维稳工作，完成省委省政府主要领导作出的“六个坚决防止”的工作指示。区委区政府信访局局长赵华通报了全区信访突出问题及不稳定隐患。区委书记徐贤强调，必须牢牢把握当前形势，切实把信访维稳工作摆上突出位置；必须全力做好矛盾纠纷排查化解工作，确保源头预防取得实效；必须突出重点领域维稳工作，确保社会政治大局持续稳定；必须全面启动应急维稳工作机制，确保有效应对妥善处置突发事件；必须认真落实维稳责任，确保省第十次党代会期间社会稳定万无一失。

12月29日，江川区召开中共玉溪市江川区委二届三次全体会议。在全会第一次全体会议上，区委书记徐贤代表区委常委会作了题为《凝心聚力　砥砺前行　奋力开创全区经济社会发展新局面》的工作报告，客观真实总结了2016年特别是二届区委履职以来的工作，深入分析研判了江川发展面临的形式和机遇，并对2017年工作任务进行了全面安排部署，展现了区委带领全区广大党员干部和各族群众，争先创优跨越发展，奋力开创全区经济社会发展新局面的信心和决心。在全会第二次会议上，区委书记徐贤作了重要讲话。对做好当前和今后一个时期的工作提出了明确要求，动员全区广大干部切实增强“四种意识”，以优良的党风带民风、促民风，形成推动加快发展的强大合力，努力推动江川经济社会跨越发展。

【区委常委会议】　2016年1月6日，县委书记马文龙主持召开县委常委会议。会议共5项议题：听取县委十二届七次全会筹备工作情况汇报，研究全会报告、《江川县国民经济和社会发展第十三个五年规划纲要》、《中共江川县委关于制定〈江川县国民经济和社会发展第十三个五年规划〉的建议（草案）〈送审稿〉》；听取县纪委十二届六次全会筹备工作情况，研究全会报告；听取县十五届人大四次会议筹备工作情况，研究会议报告；听取县八届政协四次会议筹备工作情况，研究会议报告；研究撤县设区有关工作。

会议听取并原则同意县委常委、县委办主任邓春元关于县委十二届七次全会筹备工作情况、全会报告、《中共江川县委关于制定〈江川县国民经济和社会发展第十三个五年规划〉的建议（草案）〈送审稿〉》有关问题以及县政协党组成员、县发改局局长曲绍庭关于《江川县国民经济和社会发展第十三个五规划纲要》汇报；听取并原则同意县纪委副书记、县监察局局长郭华关于县纪委十二届六次全会筹备工作情况及全会报告情况汇报；听取并原则同意县人大办主任潘兴发、县政府办主任赵琦关于县十五届人大四次会议筹备工作情况和会议报告情况汇报；听取并原则同意县政协办主任王春华关于县八届政协四次会议筹备工作情况及会议报告情况汇报；听取并原则同意县委常委、县委办主任邓春元关于撤县设区有关问题情况汇报。

1月8日，县委书记马文龙主持召开县委常委会议。听取中共江川县委十二届七次全会报告分组讨论情况汇报，讨论《中国共产党江川县第十二届委员会第七次全体会议决议（草案）》。

会议原则同意《中国共产党江川县第十二届委员会第七次全体会议决议（草案）》并提交第二次全体会议审议。

1月18日，县委书记马文龙主持召开县委常委（扩大）会议，会议议题：贯彻落实中央、省、市关于开展基层党（工）委书记抓党建工作述职评议考核工作的要求和会议精神，组织开展基层党（工）委书记抓基层党建工作述职评议。

会议听取14位党（工）委书记抓基层党组织建设工作述职（前卫镇刘绍宏同志进行书面述职评议），参会同志进行了现场提问，马文龙书记代表县委逐一进行了点评并作重要讲话，市委组织部部务委员、办公室主任詹道斌同志作重要讲话，参会县领导、县委党建工作领导小组成员以及部分党代表、人大代表、政协委员、基层党员干部和群众代表对15位党（工）委书记抓党建工作情况进行评议。

1月26日，县委书记马文龙主持召开县委常委（扩大）会议，会议共10项议题：传达学习中共中央政治局“三严三实”专题民主生活会精神和《中共玉溪市委关于认真学习贯彻习近平总书记在中央政治局“三严三实”专题民主生活会上讲话的通知》精神；研究《江川县关于进一步健全完善重大决策事项社会稳定风险评估机制的指导意见（送审稿）》和《江川县社会稳定风险评估问责办法〈试行〉（送审稿）》；研究《关于表彰2015年度综治维稳（平安建设）工作先进乡镇（街道）和先进单位的决定（送审稿）》；研究《关于加强社会治安防控体系建设的实施方案（送审稿）》；研究2016年春节系列文体活动相关事宜；研究2015年党风廉政建设责任制及述廉述责考核情况；通报县区委书记抓基层党建工作述职评议反馈情况，研究我县初步整改意见；研究调整提高村组干部待遇有关事宜；研究九溪润特物流项目相关事宜；研究《中共玉溪市委 玉溪市人民政府关于全面加快江川区发展的意见（代拟稿）》。

会议由县委书记马文龙传达学习中共中央政治局“三严三实”专题民主生活会精神和《中共玉溪市委关于认真学习贯彻习近平总书记在中央政治局“三严三实”专题民主生活会上讲话的通知》精神；听取并原则同意县委常委、政法委书记陈琎寿关于《江川县关于进一步健全完善重大决策事项社会稳定风险评估机制的指导意见（送审稿）》和《江川县社会稳定风险评估问责办法〈试行〉（送审稿）》情况汇报；听取并原则同意县委常委、政法委书记陈琎寿关于《表彰2015年度综治维稳（平安建设）工作先进乡镇（街道）和先进单位的决定（送审稿）》情况汇报；听取并原则同意县委常委、政法委书记陈琎寿《关于加强社会治安防控体系建设的实施方案（送审稿）》情况汇报；听取并原则同意县委宣传部副部长、县文产办主任杨春文关于开展2016年春节文体系列活动情况汇报；听取并原则同意县纪委副书记、监察局局长郭华关于2015年党风廉政建设考核结果的汇报；听取县委常委、组织部部长林清关于2015年县区委书记抓基层党建工作述职评议反馈情况情况汇报；听取并原则同意县委常委、组织部部长林清关于调整提高村组干部待遇情况汇报；听取县委常委、组织部部长林清关于九溪润特物流项目推进有关情况汇报；听取并原则同意县政府副县长、公安局局长牛旺林关于《中共玉溪市委 玉溪市人民政府关于全面加快江川区发展的意见（代拟稿）》情况汇报。

2月24日，区委书记马文龙主持召开区委常委会议。会议共5项议题：研究撤县设区机构更名工作；研究撤县设区领导干部职务变更有关事项；研究乡镇党委换届选举工作；研究村级组织换届选举工作；研究干部工作。

会议听取并原则同意区委组织部副部长、区人社局局长吴正顶《关于江川撤县设区机构更名的通知（送审稿）》情况汇报；听取并原则同意区委正科级组织员、组织部副部长唐光华关于《撤县设区领导职务变更任免名单（送审稿）》情况汇报；听取并原则同意区委正科级组织员、组织部副部长唐光华关于乡镇党委换届选举工作及有关事项汇报；听取并原则同意区委组织部副部长、区“两类组织”党工委书记赵子良关于村级组织换届选举工作及有关事项汇报。会议听取区委常委、组织部部长林清关于2015年度基层党建述职评议考核综合得分情况通报。

3月8日，区委书记马文龙主持召开区委常委会议，会议共6项议题：研究星云湖畔、王牌2个火炮厂关停和原烟花爆竹企业遗留原材料半成品处置销毁有关工作；研究星云湖环湖截污及水资源循环利用项目、星云湖污染底泥疏挖及处置项目有关问题；研究2015年固定资产投资、工业发展、财税、招商引资、金融考核兑现有关工作；研究2016年主要经济指标目标任务分解有关工作；研究江川区公立医院综合改革有关工作；传达学习市委政法工作会议精神。

会议听取并原则同意区安监局局长马常有关于星云湖畔、王牌2个火炮厂关停和原烟花爆竹企业遗留原材料半成品处置销毁有关情况汇报；听取并原则同意区政府副区长普朝鹏关于星云湖环湖截污及水资源循环利用项目、星云湖污染底泥疏挖及处置项目有关事项情况汇报；听取并同意区委常委、区政府常务副区长张文彬关于2015年固定资产投资、工业发展、财税、招商引资、金融考核兑现有关事项情况汇报；听取并原则同意区委常委、区政府常务副区长张文彬关于2016年主要经济指标目标任务分解有关事项情况汇报；听取并原则同意区卫计局局长罗玉华关于江川区公立医院综合改革有关事项情况汇报。会议听取并原则同意区政府办主任赵琦关于撤销江城等4个镇建制设立街道办事处有关事项情况汇报。

3月18日，区委书记马文龙主持召开区委常委会议，会议共9项议题：研究干部工作；研究区委常委分工；研究区委换届相关工作；研究村级组织换届相关工作；研究2016年区领导挂钩联系重点工作重大项目实施方案；研究2015年各乡镇（街道）、区级部门综合目标考评结果；传达学习省市委主要领导对纪检工作重要指示精神；研究区领导挂钩联系乡镇（街道）相关工作；研究成立区委统一战线工作领导小组有关工作。

会议听取并原则同意区委常委、区委办主任邓春元关于区委常委分工相关工作情况汇报；听取并原则同意区委组织部副部长、“两类”组织党工委书记赵子良关于2016年江川区村（社区）“两委”及村（居）民监督委员会换届选举职数核编有关工作情况汇报；听取并原则同意区委常委、区委办主任邓春元关于2016年区领导挂钩联系重点工作重大项目有关工作情况汇报；听取并原则同意区委督查室主任史伟关于2015年各乡镇（街道）、区级部门综合目标考评有关工作情况汇报；听取区委常委、纪委书记李学祥传达学习《中共云南省纪委办公厅关于印发李纪恒同志对省纪委派驻省委办公厅纪检组重要指示要求的通知》和市委书记罗应光同志批示精神；听取并原则同意区委常委、区委办主任邓春元关于区领导挂钩联系乡镇（街道）有关工作情况汇报；听取并原则同意区委常委、区委办主任邓春元关于成立区委统一战线工作领导小组有关情况汇报。

4月1日，区委书记马文龙主持召开区委常委（扩大）会议，会议共15项议题：传达学习全国“两会”精神和省市委要求，研究我区贯彻落实意见；研究江川区稳增长工作，持续深入推进“争先创优跨越发展”大讨论、大行动；传达学习云南党政代表团赴广西、贵州学习考察有关精神及四届市委第136次常委（扩大）会议的有关精神；研究史志工作；总结2016年乡镇党委换届选举工作；研究村级组织换届选举有关工作；研究《2016年宣传思想文化工作要点（送审稿）》及2016年宣传思想文化工作会议筹备工作；研究玉溪市江川区社会管理综合治理委员会更名为玉溪市江川区社会治安综合治理委员会相关工作；研究违纪人员处分问题；研究江川区“争先创优跨越发展”大讨论、大行动系列文件；传达学习市委组织部《关于对县区党委领导班子进行换届考察的通知》，研究我区贯彻落实意见；传达学习全省党校工作会议精神，研究我区贯彻落实意见；传达学习《党委会的工作方法》，研究我区贯彻落实意见；传达学习中共中央有关违纪违法案件通报；传达学习省市统战部长工作会议精神，研究我区贯彻落实意见。

会议听取区委副书记、区委党校校长张燕华传达学习全国“两会”精神和省市委要求；听取区委副书记、区长王志华关于江川区稳增长工作，持续深入推进“争先创优跨越发展”大讨论、大行动相关工作情况汇报；听取区委书记马文龙传达学习云南党政代表团赴广西、贵州学习考察有关精神及四届市委第136次常委（扩大）会议的有关精神；听取区委正科级组织员、组织部副部长唐光华关于2016年乡镇党委换届选举工作总结汇报；听取并原则同意区委组织部副部长、“两类”组织党工委书记陈宝林关于村级组织换届选举有关工作情况汇报；听取并原则同意区委宣传部副部长、区文产办主任杨春文关于《2016年宣传思想文化工作要点（送审稿）》及2016年宣传思想文化工作会议筹备工作情况汇报；听取并原则同意区委常委、政法委书记陈珽寿关于玉溪市江川区社会管理综合治理委员会更名为玉溪市江川区社会治安综合治理委员会相关工作情况汇报；听取并原则同意区史志办主任余立言关于史志工作情况汇报；听取并原则同意区委办副主任赵鹏关于江川区“争先创优跨越发展”大讨论、大行动系列文件情况汇报；听取区委书记马文龙传达学习市委组织部《关于对县区党委领导班子进行换届考察的通知》精神；听取区委副书记、区委党校校长张燕华传达学习全省党校工作会议精神；听取区委常委、组织部部长林清传达学习《党委会的工作方法》；听取区委常委、区委办主任邓春元传达学习了省市统战部长工作会议精神，决定于4月中旬召开全区统战、民族宗教工作会。

4月18日，区委书记马文龙主持召开区委常委（扩大）会议，会议共2项议题：通报美中投资基金有限公司通用航空产业项目推进的相关情况；传达学习全市固定资产投资、招商引资、产业发展工作暨滇中城市经济圈一体化发展推进会精神，安排部署我区贯彻落实意见。

会议听取区委书记马文龙通报美中投资基金有限公司通用航空产业项目推进相关情况通报；听取区委常委、区政府常务副区长张文彬关于江川区一季度各项主要经济指标完成情况通报，听取区委书记马文龙传达学习全市固定资产投资、招商引资、产业发展工作暨滇中城市经济圈一体化发展推进会精神。

4月29日，区委书记马文龙主持召开区委常委（扩大）会议，会议共有5项议题：研究江川区“两学一做”学习教育相关工作；传达学习全省固定资产投资项目前期工作推进会精神，研究我区贯彻意见；传达学习云南党政代表团赴上海江苏浙江考察学习有关精神及市委第139次常委（扩大）会议精神，研究我区贯彻意见；传达学习全省旅游产业发展推进会议主要精神，研究我区贯彻意见；传达学习全省易地扶贫搬迁推进工作会议主要精神，研究我区贯彻意见。

会议听取并原则同意区委组织部副部长、区“两类”组织党工委书记陈宝林关于江川“两学一做”学习教育相关工作情况汇报；听取区委副书记、区长王志华传达学习全省固定资产投资项目前期工作推进会精神；听取区委书记马文龙传达学习云南党政代表团赴沪苏浙三省市学习考察有关精神及市委第139次常委（扩大）会议精神；听取区委书记马文龙传达学习全省旅游产业发展推进会议主要精神，研究我区贯彻落实意见；听取区委书记马文龙传达学习全省易地扶贫搬迁推进工作会议主要精神，研究我区贯彻落实意见。

6月12日，受区委书记马文龙委托，区委副书记、区长王志华主持召开区委常委（扩大）会议，会议议题：传达学习省委主要领导赴玉调研座谈会精神及四届市委第145次常委（扩大）会议精神。

会议听取区委书记马文龙传达学习省委主要领导赴玉调研座谈会精神及四届市委第145次常委（扩大）会议精神，研究我区贯彻落实意见。

6月17日，区委书记王远主持召开区委常委会议，会议共3项议题：研究中共玉溪市江川区第二届委员会和中共玉溪市江川区第二届纪律检查委员会成员候选人及出席市第五次党代会代表候选人初步人选建议名单；传达学习全省县乡两级人大换届选举会议精神；研究庆祝中国共产党成立95周年区委拟表扬优秀共产党员、优秀党务工作者、先进基层党组织建议名单及走访慰问困难党员事项。

会议听取并原则同意区委常委、组织部部长张祖权关于中共玉溪市江川区第二届委员会和中共玉溪市江川区第二届纪律检查委员会成员候选人及出席市第五次党代会代表候选人初步人选建议名单情况汇报；听取区人大常委会主任龚桂存传达学习全省县乡两级人大换届选举会议精神；听取并原则同意区委常委、组织部部长张祖权关于庆祝中国共产党成立95周年区委拟表扬优秀共产党员、优秀党务工作者、先进基层党组织建议名单及走访慰问困难党员事项情况汇报。

6月17日，区委书记王远主持召开区委常委会议，会议共2项议题：听取中共玉溪市江川区委员会换届筹备工作情况和中共玉溪市江川区第二次代表大会工作机构及任务、职责，负责人建议名单的说明；研究需提交中共玉溪市江川区第二次代表大会各次会议通过的有关文件及召开中共玉溪市江川区第一届委员会全委会的相关事宜。

会议听取并原则同意区委副书记、党校校长张燕华关于中共玉溪市江川区委员会换届筹备工作情况汇报，听取并原则同意区委常委、区委办主任邓春元关于中共玉溪市江川区第二次代表大会工作机构及任务、职责，负责人建议名单情况汇报；听取并原则同意区委副书记、区委党校校长张燕华和区委常委、组织部部长张祖权关于需提交中共玉溪市江川区第二次代表大会各次会议通过的有关文件及召开中共玉溪市江川区第一届委员会全委会的相关事宜情况汇报，听取张祖权部长宣读市委《关于中共玉溪市江川区委、区纪委换届候选人预备人选的批复》和《关于江川区出席中国共产党玉溪市第五次代表大会代表候选人预备人选的批复》文件。

7月8日，区委书记徐贤主持召开区委常委会议，会议议题：听取关于需提交区第二次党代会预备会议通过的有关文件及召开中共玉溪市江川区第一届委员会全委会的相关事宜的汇报，听取《关于中共玉溪市江川区委、区纪委换届候选人预备人选的批复》。

会议听取并原则同意区委副书记、区委党校校长张燕华和区委常委、组织部部长张祖权关于需提交区第二次党代会预备会议通过的有关文件及召开中共玉溪市江川区第一届委员会全委会的相关事宜情况汇报，听取张祖权部长宣读市委《关于中共玉溪市江川区委、区纪委换届候选人预备人选的批复》。

7月20日，区委书记徐贤主持召开区委常委会议，会议共21项议题：研究干部工作；学习《中国共产党地方委员会工作条例》；研究常委工作分工；研究区乡两级人大换届选举相关工作；研究《玉溪市江川区干部尽职减责免责暂行办法（送审稿）》；研究《关于加强和改进机关党的建设的实施意见（送审稿）》；研究中共江川县国土资源局党组调整为中共玉溪市国土资源局江川分局党组有关问题；研究《江川区公务用车改革方案（送审稿）》及相关配套文件；研究《江川区国家卫生城市创建达标实施方案（送审稿）》及经费有关问题；研究星云湖底泥疏挖、环湖截污及水资源循环利用2个PPP项目实施方案有关问题；研究《江川区生态功能区转移支付项目实施管理暂行办法（送审稿）》《江川区国家重点生态功能区生态文明建设部门考核办法（试行）（送审稿）》《江川区国家重点生态功能区生态文明建设乡镇（街道）考核办法（试行）（送审稿）》；研究《玉溪市江川区旅游产业转型升级三年（2016年—2018年）行动计划（送审稿）》；通报航空产业项目推进情况；通报区委推荐新一届市纪委委员人选的情况；通报《中共玉溪市江川区委　玉溪市江川区人民政府关于刘雪等278名同志予以奖励的决定》；通报云南宏程物流集团有限公司现代物流配送及综合加工项目入驻龙泉园区有关情况；通报项目前期工作经费等资金拨付情况；通报江川区2016年金融考核办法；传达学习全市党校工作会议精神，研究我区贯彻落实意见；传达学习全市党委系统办公室主任会议精神；传达学习全市保密工作会议精神，研究我区保密工作。

会议听取区委书记徐贤同志领学《中国共产党地方委员会工作条例》，研究我区贯彻落实意见；听取并原则同意区委常委、区委办主任邓春元同志关于区委书记、副书记和区委常委工作分工情况汇报；听取并原则同意区人大常委会主任龚桂存关于区乡两级人大换届选举相关工作情况汇报；听取并原则同意区纪委副书记胡莎关于《玉溪市江川区干部尽职减责免责暂行办法（送审稿）》情况汇报；听取并原则同意区委组织部副部长、区“两类”组织党工委书记陈宝林关于《关于加强和改进机关党的建设的实施意见（送审稿）》情况汇报；听取并原则同意区委组织部部长、区“两类”组织党工委书记陈宝林关于中共江川县国土资源局党组调整为中共玉溪市国土资源局江川分局党组情况汇报；听取并原则同意区发改局局长胡正鸿关于《江川区公务用车改革方案（送审稿）》及相关配套文件情况汇报；听取并原则同意区卫计局局长罗玉华关于《江川区国家卫生城市创建达标实施方案（送审稿）》及有关工作情况汇报；听取并原则同意区环保局局长李华同关于星云湖底泥疏挖项目和环湖截污治污项目PPP实施方案情况汇报；听取并原则同意区环保局局长李华同关于生态功能区转移支付项目实施管理暂行办法及国家重点生态功能区生态文明建设部门和乡镇（街道）考核办法情况汇报；听取并原则同意区旅游发展局局长李红庭关于《玉溪市江川区旅游产业转型升级三年（2016年—2018年）行动计划（送审稿）》情况汇报；听取区政协副主席、江川区云南合美通用航空产业项目工作领导小组组长曲绍庭关于航空产业项目推进情况的通报；听取区委常委、区委办主任邓春元关于推荐新一届市纪委委员人选情况的通报；听取区委正科级组织员、组织部副部长唐光华关于《中共玉溪市江川区委玉溪市江川区人民政府关于刘雪等278名同志予以奖励的决定》的通报；听取江川工业园区管委会主任杨兴华关于云南宏程物流集团有限公司现代物流配送及综合加工项目入驻龙泉园区有关情况通报；听取区财政局局长李保平关于项目前期工作经费等资金拨付情况通报；听取人行江川支行副行长张景会关于江川区2016年金融考核办法通报；听取区委党校常务副校长李卫东传达学习全市党校工作会议精神，研究我区贯彻落实意见；听取区委常委、区委办主任邓春元传达学习全市党委系统办公室主任会议精神；听取区委常委、区委保密委主任、区委办主任邓春元传达学习全市保密工作会议精神，研究我区保密工作。会议对区委常委会议召开的相关事宜进行安排。

8月10日，区委书记徐贤主持区委常委会议，会议共14项议题：研究干部工作；通报江川区2016年二季度公务员职级晋升情况；研究玉溪市江川区出席省第十次党代会代表选举相关工作；学习《玉溪市江川区区管干部选拔任用动议办法》；研究区直部分党委换届相关工作；研究《关于进一步加强和改进离退休干部工作的意见（送审稿）》及有关工作；研究《玉溪市江川区贯彻落实〈玉溪市创建全国“长安杯”工作方案〉的实施方案（送审稿）》及有关工作；研究《中共玉溪市江川区委玉溪市江川区人民政府关于进一步加强反邪教基层基础工作的实施意见（送审稿）》及有关工作；研究《玉溪市江川区2016年依法治区工作要点（送审稿）》及有关工作；研究《党（工）委（党组）意识形态工作责任制实施细则（送审稿）》和《贯彻落实党（工）委（党组）意识形态工作责任制考核办法（送审稿）》及有关工作；研究召开区委人大、政协工作会相关工作；研究江川区第四轮禁毒和防治艾滋病人民战争相关工作；研究水利改革有关工作；研究表扬2016年优秀教师和先进教育工作者有关工作。

会议听取区委正科级组织员、组织部副部长唐光华关于江川区2016年二季度公务员职级晋升工作情况汇报；听取并原则同意区委常委、组织部部长张祖权关于玉溪市江川区出席省第十次党代会代表提名推荐相关工作情况汇报；听取并原则同意区委常委、组织部部长张祖权关于《玉溪市江川区区管干部选拔任用动议办法》情况汇报；听取并原则同意区委组织部组织股负责人关于区直部分党委换届相关工作情况汇报；听取并原则同意区委组织部副部长、区委老干部局局长范江应关于《关于进一步加强和改进离退休干部工作的意见（送审稿）》情况汇报；听取并原则同意区委常委、政法委书记蒋文关于《玉溪市江川区贯彻落实〈玉溪市创建全国“长安杯”工作方案〉的实施方案（送审稿）》及有关事项情况汇报；听取并原则同意区委常委、政法委书记蒋文关于《玉溪市江川区2016年依法治区工作要点实施方案（送审稿）》及有关事项情况汇报；听取并原则同意区人大常委会办公室主任周瑜、区政协办公室主任王春华关于区委人大、政协工作会议筹备工作情况汇报；听取并原则同意区政府副区长、市公安局江川分局局长牛旺林关于江川区第四轮禁毒和防治艾滋病人民战争有关工作情况汇报；听取并原则同意区水利局副局长李江华关于玉溪市江川区农业高效节水减排项目实施有关工作情况汇报；听取并原则同意区教育局党委书记李梅琼关于表扬2016年优秀教师和先进教育工作者有关问题情况汇报。会议对区委工作规则修订和区委常委会召开有关工作进行安排。

8月12日，区委书记徐贤主持召开区委常委会议。会议共3项议题：研究玉溪市江川区江城古镇棚户区改造项目及相关工作；研究《玉溪市江川区旅游产业转型升级三年（2016年—2018年）行动计划（送审稿）》及有关工作；研究《玉溪市江川区污水处理厂PPP项目方案》。

会议听取并原则同意区住建局局长李菊、江城镇党委书记郭峰关于玉溪市江川区江城古镇棚户区改造项目情况汇报；听取并原则同意区旅发局局长李红庭关于《玉溪市江川区旅游产业转型升级三年（2016年—2018年）行动计划（送审稿）》及有关工作情况汇报；听取并原则同意云南云岭工程造价咨询事务所有限公司总经理助理、PPP中心主任蒋勇关于《玉溪市江川区污水处理厂PPP项目方案》情况汇报和区财政局局长李保平、区住建局局长李菊的补充汇报。

9月12日，区委书记徐贤区委常委会议。会议共7项议题：研究干部工作；研究江川一中、江川二中、江川职中党总支换届人事安排事宜；研究赴浙江大学开展区域经济发展与城镇化建设专题研修班相关事宜；通报江川区第一期青干班筹备情况，研究相关事宜；研究《中共玉溪市江川区委主要领导约谈区委常委班子成员及其他区领导制度（试行）（送审稿）》；研究《玉溪市江川区重点工作重大项目落实情况责任追究办法（试行）（送审稿）》；研究《关于落实全面从严治党主体责任实践运用“四种形态”的实施意见（送审稿）》。

会议听取并原则同意区委组织部副部长、区“两类”组织党工委书记陈宝林关于江川一中、江川二中、江川职中党总支换届人事安排情况汇报；听取并原则同意区委组织部副部长、区“两类”组织党工委书记陈宝林关于组织科级领导干部赴浙江大学开展区域经济发展与城镇化建设专题研修班相关事宜情况汇报；听取并原则同意区委组织部副部长、区“两类”组织党工委书记陈宝林关于江川区第一期青干班筹备情况汇报；听取并原则同意区纪委副书记胡莎关于《中共玉溪市江川区委主要领导约谈区委常委班子成员及其他区领导制度（试行）（送审稿）》情况汇报；听取并原则同意区纪委副书记胡莎关于《玉溪市江川区重点工作重大项目落实情况责任追究办法（试行）（送审稿）》情况汇报；听取并原则同意区纪委副书记龚雪刚《关于落实全面从严治党主体责任实践运用“四种形态”的实施意见（送审稿）》情况汇报。

9月26日，区委书记徐贤主持召开区委常委会议。会议共11项议题：传达学习中央纪委《关于七起落实全面从严治党主体责任不力被问责典型问题的通报》；传达学习中央和省市“两学一做”学习教育和基层党建重点工作相关会议精神，通报我区“两学一做”学习教育和基层党建重点工作进展情况；研究《中共玉溪市江川区委关于加强和改进新形势下党校工作的实施意见》及有关工作；研究《玉溪市江川区2016年综合考评奖励方案》及有关工作；研究《江川区2016年新增地方债务限额及财政专项预算调整方案（草案）》及有关工作；研究收购农行江川支行不良资产有关事宜；听取全区扶贫工作汇报；研究《玉溪市江川区人民政府关于加快内外贸易发展实施方案》及有关工作；研究《中共玉溪市江川区委玉溪市江川区人民政府关于推进简政放权放管结合优化服务改革的实施意见》及有关工作；研究江川区仔猪批发市场搬迁经费有关问题；研究《玉溪市江川区2016年义务植树及绿化造林实施方案》及有关工作。

会议听取区委常委、区纪委书记李学祥传达学习中央纪委《关于七起落实全面从严治党主体责任不力被问责典型问题的通报》；听取并原则同意区委组织部副部长、区“两类”组织党工委书记陈宝林传达学习中央和省市“两学一做”学习教育和基层党建重点工作相关会议精神和我区“两学一做”学习教育和基层党建重点工作进展情况通报；听取并原则同意区委党校常务副校长李卫东关于《中共玉溪市江川区委关于加强和改进新形势下党校工作的实施意见》及有关工作情况汇报；听取并原则同意区财政局局长李保平关于《玉溪市江川区2016年综合考评奖励方案》及有关工作情况汇报；听取并原则同意区财政局局长李保平关于《江川区2016年新增地方债务限额及财政专项预算调整方案（草案）》及有关工作情况汇报；听取并原则同意区财政局局长李保平关于收购农行江川支行不良资产有关事宜情况汇报；听取区发改局局长胡正鸿关于全区扶贫工作情况汇报，研究我区扶贫工作；听取并原则同意区工信局局长钟镙关于《玉溪市江川区人民政府关于加快内外贸易发展实施方案》及有关工作情况汇报；听取并原则同意区委编办主任张荣华关于《中共玉溪市江川区委玉溪市江川区人民政府关于推进简政放权放管结合优化服务改革的实施意见》及有关工作情况汇报；听取并原则同意区农业局局长杨志伟关于江川区仔猪批发市场搬迁经费有关问题情况汇报；听取并原则同意区林业局局长杨涛关于《玉溪市江川区2016年义务植树及绿化造林实施方案》及有关工作情况汇报。

10月20日，区委书记徐贤主持召开区委常委会议。会议共12项议题：传达学习市委书记罗应光在“三湖”保护治理暨生态经济带建设调研会议上的讲话；研究区乡两级人大换届选举相关事宜；通报1-3季度经济运行情况；研究2015年市对县目标任务考核奖金分配方案有关问题；传达全省宗教工作会议精神，研究我区贯彻意见；研究《中共玉溪市江川区委　玉溪市江川区人民政府〈关于加快建设民族团结进步示范区的实施意见〉的实施方案（送审稿）》；研究“七五”普法规划有关问题；研究《玉溪市江川区2016年党风廉政建设责任制检查考核实施办法（送审稿）》及有关工作；通报关于部分单位机构设置和领导职数的问题；研究《玉溪市江川区2016年乡镇（街道）目标任务综合考评办法（送审稿）》和《玉溪市江川区2016年区直单位目标任务综合考评办法（送审稿）》；研究涉及扶贫攻坚相关农村公路建设工程有关问题；研究《玉溪市江川区进一步提升城乡人居环境五年行动计划（2016—2020）（送审稿）》及三个配套行动方案有关问题。

会议听取区委书记徐贤传达学习市委书记罗应光在“三湖”保护治理暨生态经济带建设调研会议上的讲话，研究我区贯彻落实意见；听取并原则同意区人大常委会主任龚桂存关于区乡两级人大换届选举相关事宜情况汇报；听取区委常委、区政府常务副区长张文彬关于1-3季度经济运行情况通报；听取并原则同意区委常委、区政府常务副区长张文彬关于2015年市对县目标任务考核奖金分配方案有关问题情况汇报；听取区委常委、统战部部长李志刚关于传达全省宗教工作会议精神，研究我区贯彻意见；听取并原则同意区委统战部副部长、区民宗局局长李忠良关于《中共玉溪市江川区委　玉溪市江川区人民政府〈关于加快建设民族团结进步示范区的实施意见〉的实施方案（送审稿）》情况汇报；听取并原则同意区司法局局长王奇志《关于在全区公民中开展法治宣传教育的第七个五年规划（2016—2020年）（送审稿）》及有关工作情况汇报；听取并原则同意区纪委副书记胡莎关于《玉溪市江川区2016年党风廉政建设责任制检查考核实施办法（送审稿）》及有关工作情况汇报；听取并原则同意区委编办主任张荣华关于部分单位机构设置和领导职数的通报；听取并原则同意区委督查室主任赵雄伟关于《玉溪市江川区2016年乡镇（街道）目标任务综合考评办法（送审稿）》和《玉溪市江川区2016年区直单位目标任务综合考评办法（送审稿）》情况汇报；听取并原则同意区交通运输局局长胡禄金关于涉及扶贫攻坚相关农村公路建设工程有关问题情况汇报；听取并原则同意区住建局局长李菊关于《玉溪市江川区进一步提升城乡人居环境五年行动计划（2016-2020）（送审稿）》及三个配套行动方案有关问题情况汇报。

11月11日，区委书记徐贤主持召开区委常委会议。会议共20项议题：研究干部工作；通报《玉溪市2016年度县区委书记抓基层党建工作责任清单》落实情况；研究玉溪市江川区二届区委第三次全体会议工作报告提纲；研究《关于进一步规范请示报告会议文件有关工作事项的实施意见（送审稿）》；通报区委全面深化改革工作情况；通报《玉溪市2016年度县区目标任务综合考评办法》及江川各项目标任务完成情况；研究《关于加强和改进互联网宣传及管理工作的实施意见（送审稿）》；研究《玉溪市江川区政务新媒体发布营运管理（暂行）办法（送审稿）》；研究《关于江川区贯彻落实〈中国共产党问责条例〉实施办法（送审稿）》；研究区纪委二届二次全会述廉述责人员名单的有关事项；研究2016年度党建暨党风廉政建设责任制检查考核的有关事项；研究《中共玉溪市江川区巡察工作办法（送审稿）》；研究《中共玉溪市江川区委巡察工作规划（2016—2020）（送审稿）》；研究烤烟生产工作考核奖励有关工作；研究航空教育集团合作有关工作；研究4A级景区有关工作；研究调整增加区级储备稻谷轮换差价有关工作；研究2017年预算编制方案有关工作；研究中国云南江川第十二届开渔节暨高原湖泊水产品交易会活动方案有关工作；研究腾达机械有限公司厂房收购有关工作。

会议听取区委组织部副部长陈宝林关于《玉溪市2016年度县区委书记抓基层党建工作责任清单》落实情况通报；听取并原则同意区委办副主任洪彦正关于玉溪市江川区二届区委第三次全体会议工作报告提纲情况汇报；听取并原则同意区委办副主任洪彦正《关于进一步规范请示报告会议文件有关工作事项的实施意见（送审稿）》情况汇报；书面通报区委全面深化改革工作情况；听取区委督查室主任赵雄伟关于《玉溪市2016年度县区目标任务综合考评办法》及江川各项目标任务完成情况通报；听取并原则同意区委宣传部副部长李红有《关于加强和改进互联网宣传及管理工作的实施意见（送审稿）》情况汇报；听取并原则同意区委宣传部副部长李红有关于《玉溪市江川区政务新媒体发布营运管理（暂行）办法（送审稿）》情况汇报；听取并原则同意区纪委副书记胡莎《关于江川区贯彻落实〈中国共产党问责条例〉实施办法（送审稿）》情况汇报；听取并原则同意区纪委副书记胡莎关于区纪委二届二次全会述廉述责人员名单有关事项情况汇报；听取并原则同意区纪委副书记胡莎关于2016年度党建暨党风廉政建设责任制检查考核有关事项情况汇报；听取并原则同意区纪委副书记胡莎关于《中共玉溪市江川区委巡察工作实施办法（送审稿）》情况汇报；听取并原则同意区纪委副书记胡莎关于《中共玉溪市江川区委巡察工作规划（2016—2020）（送审稿）》情况汇报；听取并原则同意区政府副区长王波关于烤烟生产工作考核奖励有关工作情况汇报；听取并原则同意区政协副主席曲绍庭关于航空教育集团合作有关工作情况通报；听取并原则同意区土地储备中心主任李江润关于JTC—2012—4号国有建设闲置用地（原4A级景区）处置有关工作情况汇报；听取原则同意区发改局副局长王文忠关于调整增加区级储备稻谷轮换差价有关工作情况汇报；听取并原则同意区财政局局长李保平关于2017年预算编制方案有关工作情况汇报；听取并原则同意区文广体局局长何俊关于中国云南江川第十二届开渔节暨高原湖泊水产品交易会活动方案有关工作情况汇报；听取并原则同意江川工业园区管委会主任杨兴华关于腾达机械有限

业联动发展，优化产业结构；三是强化基础设施建设，破解发展瓶颈；四是加快推进新型城镇化，统筹城乡一体化发展；构建“两型”社会，建设生态文明；六是保障改善民生，共享改革发展成果；七是全面改革开放，增强发展活力；八是加强党的领导，保障规划实施。

1月29日，县委办、县政府办下发《关于印发〈江川县关于进一步健全完善重大决策事项社会稳定风险评估机制的指导意见〉的通知》，明确了重大决策事项社会稳定风险评估的总体目标、基本原则、范围、内容、责任、程序和结果运用等相关事项，进一步健全完善科学有效的重大决策事项社会稳定风险评估机制，进一步落实社会稳定风险评估主体责任和决策责任追究制度，提高社会稳定风险评估科学性、规范性，切实从源头上预防和减少社会矛盾。

2月4日，县委办、县政府办下发《关于印发〈江川县社会稳定风险评估问责办法（试行）〉的通知》，决定按照“谁主管谁负责、谁评估谁负责、谁决策谁负责”和“属地管理、分级负责”的原则，对开展社会稳定风险评估工作实行问责，并明确了社会风险评估问责的范围、方式、程序和适用范围。

2月26日，区委、区政府下发《关于江川撤县设区机构更名及启用新的行政区划代码的通知》，要求各乡镇党委、政府，大街街道党工委、办事处，区委和区级国家机关各部、委、办、局，各人民团体和企事业单位，中央、省、市驻江单位更改新的机构名称，启用新的行政区划代码。

3月8日，区委下发《关于印发〈认真做好乡镇党委换届选举工作的意见〉的通知》，就做好乡镇党委换届选举工作进行安排部署，提出乡镇党委换届选举工作的指导思想、工作任务、方法步骤、纪律要求、组织领导和工作要求，明确乡镇党委换届工作分三个步骤进行：第一步，选举出席乡镇党代会代表（2月22日—3月31日前）；第二步，产生乡镇党委班子候选人预备人选（3月25日—3月31日前）；第三步，召开乡镇党代会（4月中旬前）。

3月10日，区委下发《关于印发〈关于全面贯彻好干部标准和“三严三实”要求进一步加强和改进干部选拔任用工作的实施意见〉的通知》，指出要贯彻好干部标准和“三严三实”要求，鲜明树立正确用人导向；要严把选人用人重要关口，着力保证“用人立得起”；要规范选人用人重点环节，改进干部选拔任用工作；要拓宽识人知人渠道，建立健全日常了解干部机制；要落实干部选拔任用工作责任，营造良好选人用人环境。

3月18日，区委办下发《关于印发〈玉溪市江川区党建工作责任追究实施办法（试行）〉的通知》，决定按照党组织隶属关系及干部管理权限对党（工）委（党组）领导班子及党员领导干部实行党建工作责任追究，明确了各党（工）委（党组）是抓党建工作的责任主体，党（工）委（党组）书记是抓党建工作的第一责任人，领导班子其他成员根据分工履行党建工作职责，细化了责任追究的情形。

3月22日，区委下发《关于中国共产党玉溪市江川区第二次代表大会代表选举工作的通知》，明确了选举工作的指导思想、代表名额及分配、代表条件及代表构成、代表的产生和时间要求等相关事项，为统筹做好区第二次代表大会代表选举工作提供遵循。

3月24日，区委、区政府下发《关于印发〈公立医院改革国家联系试点城市玉溪市江川区综合改革实施方案〉的通知》，提出我区公立医院综合改革的指导思想，明确区人民医院和中医医院纳入此次改革范围，确立综合改革到2017年基本目标，细化改革工作措施和责任部门。

4月1日，区委办、区政府办下发《关于印发〈“玉溪市江川区‘争先创优跨越发展’大讨论、大行动”配套文件〉的通知》。配套文件包括《玉溪市江川区“争先创优跨越发展”大讨论、大行动工作领导小组》《玉溪市江川区固定资产投资争先创优两年行动计划》《玉溪市江川区产业提质增效争先创优两年行动计划》《玉溪市江川区供给侧结构性改革争先创优两年行动计划》《玉溪市江川区财政增收争先创优两年行动计划》《玉溪市江川区统筹城乡发展争先创优两年行动计划》《玉溪市江川区创新驱动发展争先创优两年行动计划》《玉溪市江川区金融服务实体经济发展争先创优两年行动计划》《玉溪市江川区关于进一步强化稳增长工作的实施意见》《玉溪市江川区五大基础设施网络建设行动计划（2016—2020年）》《关于牢固树立“干在实处、走在全市前列”意识的实施方案》《关于“努力工作、依法统计”工作方案》《关于开展“作风转变年”的实施意见》《关于开展“工作落实年”的实施意见》《关于开展“创新发展年”的实施意见》。

4月27日，区委办下发《关于印发〈中国共产党玉溪市江川区第二次代表大会筹备工作方案〉的通知》，确定了会议主要任务、拟召开时间、地点、参会人员及会议议程等重要事项；成立了中国共产党玉溪市江川区第二次代表大会筹备工作领导小组，下设秘书组、组织组、会务及后勤保障组、宣传组、信访及安全保卫组、会风监督组，要求各组根据职责，制定工作方案，开展会议筹备工作。

5月5日，区委办下发《关于印发〈关于在全区党员中开展“学党章党规、学系列讲话，做合格党员”学习教育实施方案〉的通知》。要求各党（工）委（党组）结合实施“基层党建推进年”，按照党组织隶属关系，结合实际加强具体指导，督促所属党组织开展好“两学一做”学习教育，激励基层党组织和广大党员干部干事创业、开拓进取。要求全区各级党组织要根据中央和省、市、区委部署要求，结合实际制定实施方案，扎实开展“两学一做”学习教育，将开展“两学一做”学习教育的情况及时报告区委。

5月26日，区委办、区政府办下发《关于印发〈玉溪市江川区坚决纠正和防止“不作为乱作为”问题集中整治工作实施方案〉的通知》，成立以区委书记为组长的集中整治工作领导小组，围绕“不作为”“乱作为”两方面问题，对各乡镇（街道）、各部门、各人民团体和企事业单位党员干部开展集中整治。

6月2日，区委办下发《关于印发〈玉溪市江川区加强和创新农村基层党建工作实施意见〉的通知》，要求全区深入贯彻国家、省市组织工作会议及全省基层党建工作会精神，全面落实省委、市委和区委工作部署和具体措施，以开展“美丽玉溪服务先锋”行动、创建基层服务型党组织为统领，完善大抓基层的推动机制，深化实施“三个行动计划”，扩大农村党的组织和工作覆盖，加强农村基层党员干部队伍建设，探索深化农村基层党组织服务载体，强化农村基层基础保障，切实加强和创新全区农村基层党建工作。

同日，区委办下发《关于印发〈玉溪市江川区实施“基层党建推进年”的总体方案〉的通知》，落实中央、省委和市委从严治党、大抓基层要求，明确实施“基层党建推进年”的各项重点任务，细化各有关单位的任务分工。要求各牵头单位切实担负起协调责任，主动协调相关责任单位，努力推动各项任务高效开展；相关责任单位要积极配合，各尽其责，形成合力，确保各项工作任务落到实处，为我区打赢扶贫攻坚战，推动争先创优、跨越发展提供重要保证。

6月21日，区委办、区政府办下发《关于印发〈玉溪市江川区2013—2017年控编减编工作方案〉的通知》，明确“控制总量、盘活存量、有减有增、分级负责”的思路，加强和规范机构编制管理，严格控制人员编制，盘活用好现有机构编制资源，建立控编减编长效机制，以市级确定的江川的编制总量为基数实行总量控制，确保到2017年底只减不增。《方案》制定了控编减编工作主要措施，并提出相关工作要求。

7月15日，区委印发《关于中共玉溪市江川区第二次代表大会和第二届委员会第一次全体会议、纪律检查委员会第一次全体会议选举结果的报告》，中国共产党玉溪市江川区第二届委员会、区纪律检查委员会第一次全体会议，选举产生了中国共产党玉溪市江川区第二届委员会常务委员会委员和区纪律检查委员会常务委员会委员；采取等额选举的办法，选举产生了中国共产党玉溪市江川区第二届委员会书记徐贤、副书记王志华、张燕华，区纪律检查委员会书记李学祥、副书记郭华、胡莎、龚雪刚。

7月20日，区委下发《关于印发〈加强和改进机关党的建设的实施意见〉的通知》，提出加强和改进机关党的建设的重要意义和总体要求，要求全区各级党政机关要注重理论武装，突出思想建党，扎实推进机关思想政治建设；注重责任落实，突出从严治党，全面加强机关党的基层组织建设；注重问题导向，突出正风肃纪，持续深入改进机关作风；注重惩防并举，突出政治治党，着力推进机关党风廉政建设。提出要进一步加强对机关党建工作的领导和保障，全面加强和改进机关党的建设。

8月1日，区委办下发《关于

印发〈玉溪市江川区干部尽职减责免责暂行办法〉的通知》，明确对单位或公职人员按照本职岗位的职责要求，敢于担当、勇于创新、大胆履职，竭尽全力做好区委、区政府安排部署的各项工作，因客观原因导致工作出现失误或过错，或未达到预期的工作目标，符合减责免责申请条件的，可通过启动减责免责程序，依纪依法对其从轻、减轻或免予责任追究。

8月5日，区委办下发《关于印发〈加强基层党风廉政建设的意见〉的通知》，强化乡镇（街道）、村（社区）党组织全面落实从严治党主体责任，进一步推动全面从严治党向基层延伸。《意见》要求全区各级党组织根据省市委关于全面从严治党和加强基层党风廉政建设的部署要求，深刻认识新形势下加强基层党风廉政建设的重要性和紧迫性，准确把握新形势下基层党风廉政建设的总体要求，着力抓好基层党风廉政建设重点工作，强化基层党风廉政建设的组织领导和机制保障，认真解决基层党风廉政建设中出现的新情况新问题。

8月12日，区委办、区政府办下发《关于成立玉溪市江川区国家卫生城市创建达标工作指挥部的通知》，成立以区委书记徐贤为总指挥，区委副书记、区人民政府区长王志华为常务副总指挥，区委副书记、区委党校校长张燕华等区级领导为副总指挥的国家卫生城市创建达标工作指挥部。指挥部负责研究国家卫生城市创建达标工作中的重大问题，决定重大事项，部署重点工作，并进行监督、指导和考核。指挥部下设办公室（简称“区国卫达标办”），负责国家卫生城市创建达标的日常工作，指挥部下设十四个专项工作组，分别由各组组长负责牵头统筹协调推进工作。

8月14日，区委、区政府下发《关于印发〈玉溪市江川区国家卫生城市创建达标工作实施方案〉的通知》，提出国家卫生城市创建达标工作的指导思想，要求突出抓好三项专项整治，扎实推进八项重点工作，确保我区2018年顺利通过国家卫生城市复审。

8月23日，区委下发《关于印发〈关于加强和改进人大工作的意见〉的通知》，提出要加强和改进人大工作，深化对坚持和完善人民代表大会制度的认识，牢牢把握人大工作正确政治方向；建立健全制度机制，进一步加强和改善党对人大工作的领导；支持和保障人大及其常委会依法行使职权，充分发挥地方国家权力机关作用；加强和改进人大代表工作，充分发挥代表主体作用；适应新形势新任务要求，切实加强人大及其常委会自身建设。

8月23日，区委下发《关于印发〈关于加强人民政协协商民主建设的实施意见〉的通知》，提出加强人民政协协商民主建设的重要意义、指导思想和重要原则，明确政协协商的内容，规范政协协商的形式，严格规定政协协商程序，要求要加强人民政协制度建设，推进政协协商能力建设，加强党对政协协商的领导。

8月25日，区委办、区政府办下发《关于印发〈玉溪市江川区公务用车制度改革实施方案〉的通知》，提出按“创新制度、保障公务，统筹兼顾、政策配套，统一部署、分步实施”原则进行公务用车制度改革，明确了公务用车制度改革参改范围、补贴发放和保障范围，对涉改公务用车保留、平台建设及管理、司勤人员安置、取消的公务用车处置等工作作了具体安排部署。要求力争在2016年8月完成全区公务用车制度改革。实现全区公务用车数量大幅压减，行政成本明显降低，努力构建公务出行便捷可靠、交通费用节约可控、车辆管理规范透明、公务交通补贴适度合理、监督制约切实有力、监管问责严格有效、符合江川区实际的新型公务用车制度。

8月29日，区委、区政府下发《关于印发〈玉溪市江川区旅游产业转型升级三年（2016—2018年）行动计划〉的通知》，提出江川区旅游产业转型升级三年（2016—2018年）行动计划总体思路，围绕“十三五”期间的目标，把文化旅游产业建设成为江川产业实力强、发展贡献大的重要支柱产业，把江川建设成为全省重要的休闲旅游度假区，明确了大力建设旅游强区、滚动推进9个文化旅游项目建设、加快旅游精品线路和旅游基础设施建设、建设精品乡村休闲基地、做好抚仙湖径流区统一托管相关衔接工作、实施4项市场培育措施等重点工作任务的牵头单位和配合单位，并提出保障措施。

9月7日，区委办、区政府办下发《关于印发〈全面推进全区政务公开工作的实施方案〉的通知》，提出到2020年，要依法积极稳妥实行政务公开负面清单制度，公开内容覆盖权力运行全流程、政务服务全过程，公开制度化、标准化、信息化水平显著提升，公众参与度高的工作目标，明确了政务公开的主要任务和重点内容，提出强化政务公开保障措施。

9月22日，区委办、区政府办下发《关于印发〈玉溪市江川区重点工作重大项目落实情况责任追究办法（试行）〉的通知》，规定了责任追究的情形，要求按照公开公正、权责一致、失责必究、惩教结合的原则，着力整治各乡镇（街道）、区委和区级国家机关各部、委、办、局和各人民团体、企事业单位领导班子、班子成员及其他国家公职人员不作为、乱作为、慢作为行为。

9月22日，区委办下发《关于印发〈关于落实全面从严治党主体责任实践运用"四种形态"的实施意见〉的通知》，要求实践运用"四种形态"要坚持党要管党、从严治党；坚持纪严于法、纪在法前；坚持抓早抓小、动辄则咎；坚持有腐必反、有贪必肃；坚持惩前毖后、治病救人。要求强化各级党组织责任落实，强化纪（工）委责任落实，强化组织人事部门责任落实，通过实践运用好"四种形态"，营造良好的干事创业从政环境。

9月23日，区委下发《关于印发〈中共玉溪市江川区区委主要领导约谈区委常委班子成员及其他区领导制度（试行）〉的通知》，明确了约谈原则、对象、情形、程序和整改要求等内容，切实加强区委书记或受区委书记委托的其他区领导对区委常委班子成员及其他区领导的监督管理，深入推动区委常委班子成员及其他区领导贯彻落实好中央、国务院以及省市区党委、政府各项重大决策部署，推进党风廉政建设"两个责任"及"一岗双责"相关要求落到实处。

10月9日，区委下发《关于印发〈加强和改进新形势下党校工作的实施意见〉的通知》，指出新形势下加强和改进党校工作的重要意义，并对党校提出"坚持党校姓党，增强政治意识、看齐意识；突出党的理论教育和党性教育的主课地位，提高教学培训质量；提升党校科研水平，更好发挥参谋咨政作用；实施名师工程，建设精干师资队伍和干部队伍；加强和改善党委对党校工作的领导"的工作要求，进一步加强和改进新形势下江川的党校工作。

10月18日，区委、区政府下发《关于印发〈关于推进简政放权放管结合优化服务改革工作的实施意见〉的通知》，提出推进简政放权、放管结合、优化服务改革工作的指导思想、工作目标和主要任务，明确每一项具体任务的责任单位和时间进度，加快政府职能转变，充分发挥市场在资源配置中的决定性作用，推动新常态下江川经济社会跨越发展。

10月19日，区委、区政府下发《关于印发〈玉溪市江川区进一步提升城乡人居环境五年行动计划（2016—2020年）〉的通知》，提出"到2020年，实现城区提质扩容，建强中心城；乡镇提升完善，建好特色镇；农村提标整治，建美新农村"的总体要求，提出具体工作任务和保障措施，明确了牵头单位和责任单位，促进江川城乡面貌根本改观。

11月4日，区委办、区政府办下发《关于印发〈玉溪市江川区2016年乡镇（街道）目标任务综合考评办法〉和〈玉溪市江川区2016年区直单位目标任务综合考评办法〉的通知》，明确综合考评工作的考评内容、考评办法和结果运用，细化综合考评量化打分表，明确具体考评指标的责任单位，充分发挥综合考评的导向和激励约束作用，推动各乡镇（街道）、各区直单位不断提升工作绩效，促进全区经济社会发展再上新台阶。

11月14日，区委办、区政府办下发《关于印发〈玉溪市江川区扶贫攻坚脱贫摘帽退出考核实施办法〉的通知》，提出在2016年底前，达到全区贫困人口脱贫；全区5个贫困行政村、9个贫困自然村脱贫出列；安化彝族贫困乡脱贫摘帽；全区实现脱贫的目标任务。明确贫困人口、贫困自然村、贫困行政村、贫困乡、全区脱贫的退出标准、退出程序和时限要求。

11月17日，区委办下发《关于印发〈中共玉溪市江川区委巡察工作规划（2016—2020年）〉的通知》，要求在第二届区委任期内，实现区委管理的乡镇（街道）、部门党组织及其领导班子成员巡察全覆盖。此外，还明确了巡查的对象、内容和具体工作安排，对巡查工作提出要求。

11月20日，区委下发《关于印发〈中共玉溪市江川区委巡察工作实施办法〉的通知》，对巡查工作的原则、巡察机构和人员组成、巡察对象和内容、巡察方式和工作程序、工作机制等作出规定，落实全面从严治党要求，强化管党治党政治责任，推动巡视监督向基层延伸。

11月24日，区委下发《关于印发玉溪市江川区贯彻落实〈中国共产党问责条例〉实施办法的通知》，明确了对全区各级党组织、党的工作部门及其领导成员，各级纪检组织及其领导成员，重点是主要负责人予以问责的情形、方式和程序，落实全面从严治党要求，规范和强化党的问责工作。

12月9日，区委办、区政府办下发《关于印发〈玉溪市江川区政务新媒体发布运营管理（暂行）办法〉的通知》，要求按照遵循统筹规划、统一管理、分级负责、相互协作、整体联动的原则进行政务新媒体管理及信息发布，明确了政务新媒体发布运营管理的组织机构和工作职责，并对政务新媒体的规范管理、推广运营、舆情收集与应对、工作评估等作出具体规定。

（申　雪）

【文秘工作】　2016年，区委办文秘工作以认真贯彻中央、省、市《机关公文处理条例》为重点，进一步规范程序，严格落实行文审批制度，严把内容关、文字关、格式关、校对关。确保公文格式规范、用词准确、逻辑严谨，提高办公室公文的规范性、权威性。同时，按照严谨、准确、精炼的方针，牢牢把握全区经济社会发展和改革大局，深刻领会领导意图，紧密结合实际，认真做好办文工作（特别是区委重要文件、重要会议材料起草）始终坚持班子集体讨论，广泛征求各方面意见建议，力求使文稿成为领导和各级各部门认可的精品力作。2016年，共下发（县）区委、（县）区委办公室文件及会议纪要等各类文件300余份，共起草各类文稿200余篇，编发玉（江）情通报20余期，进一步规范公文传阅，保证公文运转安全、高效。

（张陈俊达）

【信息工作】　2016年，区委办信息工作围绕“站岗放哨”和“参谋助手”两大职责，着力在“快、准、全、深、广”上下功夫，努力当好区委的千里眼、顺风耳、烽火台、瞭望哨。一是更加注重信息工作规范化建设。认真做好“党委信息报送系统”的推广运用和日常维护；建立健全定期和随机相结合、统筹和超前相结合的信息约稿制度，增强信息收集广泛性、针对性和有效性；制定下发《关于进一步加强值班值守和紧急信息报送工作的通知》，确保及时、准确、全面、规范报送紧急信息。二是更加注重能力建设和业务培训。认真贯彻落实省市委对信息工作的重要指示，在二届区委第1次常委会议上，区委常委、区委办主任邓春元传达学习了全市党委系统办公室主任会议精神，会议对做好党委信息工作提出“要围绕区委中心工作反映情况、报送信息，当好‘千里眼、顺风耳’，强化应急值守和各类突发重大事件紧急信息报送，确保‘第一手情况’‘第一时间报送’，提高信息报送的实效性和准确性”的要求；召开区机关“五办”主任联席会议和党委信息工作业务培训会，传达学习上级对信息工作的安排部署，强化信息业务培训，进一步提高信息咨政水平。三是更加注重问题导向。全体信息工作人员紧紧围绕区委重难点工作、决策动向及社会倾向性问题，不断拓展延伸信息触角，加强信息调研，拓宽信息服务广度，既注重聚焦省市和区委领导的关注点，也注重贯彻落实中央和省市区委重大决策部署过程中遇到的新情况、新问题、新困难的反映，既注重经验做法类信息的归纳总结，也注重全区重点工作进展情况信息的报送。一年来，各单位上报信息3400余条，编辑整理上报360条，被《玉溪信息》《玉溪重要信息》《信息专报》合计采用77条，为领导决策提供了优质高效的服务。

（刘蓉芳）

政　研

【概　述】　2016年，区委政研室围绕省市农村工作会议的精神和要求，按照省市委农办的相关要求，紧紧围绕区委、区政府的中心工作，切实履行调查研究、新农村建设及改革办等工作职责，较好地完成各项工作任务。

【专题调研】　区委政研室切实履行工作职责，以推进县域经济发展为目标，紧紧围绕区委中心工作和工作部署，就区委关注的产业结构调整、经济发展等方面的重大问题，通过集合型调研、专题调研或协同相关部门开展调查研究工作，为区委决策提供可靠的依据和有参考价值的意见和建议，其中部分调研成果引起区委领导的重视，促进和推动了工作。2016年按照区委相关领导的要求，对农村土地承包经营权确权工作、乡镇工作存在问题、农业农村经济发展等方面的工作进行了调研，形成的专题调研报告报送县委领导及相关部门，有效发挥了参谋助手的作用。同时，配合省市做好农业产业化调整、农业庄园经济等方面的调研工作。

【新农村建设工作】 区新农办（区委政研室）严格按照省、市的相关要求，以省级重点村、"百村示范、千村整治"工程项目建设为载体，统筹规划，强化工程项目管理，注重督促检查落实，实行项目资金专户管理，将资金转化为实实在在的项目，农村基础设施、村容村貌得到有效改善。2015年5个省级重点村项目中的3个（因抚仙湖径流区统一托管，江城镇孤山村委会秦家山村、海门村委会隔河村随之托管到澄江县，项目及资金已移交到路居镇建设管理）完成投资632.76万元（省级财政投入135万元），硬化道路6条3216平方米；配套建设环卫设施，建公厕2个180平方米；美化村庄环境，绿化60平方米；新建公共活动场地2个1295.2方米、农村文化活动室1个133平方米，安装太阳能灯68盏。2016年3个省级重点村完成项目投资820万元（省级财政投入135万元），硬化道路5条5324平方米；配套建设环卫设施，建公厕2个180平方米；美化村庄环境，绿化1250平方米；新建公共活动场地2个2745方米，安装太阳能灯64盏。通过实施新农村省级重点村建设，各项目村基础设施明显改善，村容村貌较大改观，让广大群众得到了实惠。

配合区住建局组织实施"百村示范、千村整治"工程项目建设，将百千工程实施与旧村改造、农村危房改造扶贫攻坚项目结合起来，审报确定2016—2017年7个示范村（包含4个省级示范村），71个整治村，参与村庄规划及项目实施方案的评审，核拨下达资金8015万元，协调推进工程项目建设，配套完善农村基础设施，提升改善农村生产生活环境，建设美丽宜居江川。

【区委改革办工作】 发挥区委改革办综合协调协调的作用，形成了领导小组统筹抓总，各专项小组各司其职、各负其责，上下联动、左右协调的工作机制。紧紧抓住江川撤县设区的机遇，破解发展瓶颈，补齐发展短板，认真谋划和研究制定改革要点，始终把重点领域和关键环节改革任务抓在手上，把各专项小组的改革主体责任抓在手上，把改革工作督查考核抓在手上，进一步压实改革任务，优化改革实施方案，把改革作为"一把手"工程，发挥"关键少数"和改革骨干的推动作用，统筹改革方案出台和改革措施落地，通过改革破除一切阻碍发展的藩篱和桎梏，通过改革调动一切有利于发展的积极因素，推进全区深化改革工作迈上新台阶。

及时研究制定《区委全面深化改革领导小组2016年工作要点》、《玉溪市江川区全面深化改革事项提请审议办法（试行）》、《玉溪市江川区全面深化改革重要情况报告办法（试行）》、《玉溪市江川区全面深化改革工作督查办法（试行）》、《玉溪市江川区全面深化改革工作考评办法（试行）》等文件，进一步规范各专项小组制定的改革文件的报审（备案）和改革信息的报送工作，推进改革工作规范化、程序化。注重科学统筹，谋划改革任务。筹备召开5次区委深化改革工作会，贯彻学习中央、省、市委全面深化改革领导小组会议精神，研究部署改革工作，讨论决定重大改革事项，制定改革举措，协调推进各领域改革工作。强化督查考核，对改革任务推进落实情况适时开展督查和指导。建立工作任务挂号台账，及时对中央、省委和市委出台的重大改革方案落实情况进行督办，定期或不定期对各责任单位开展改革情况进行督查跟踪，完成一项销号一项。全年对各专项小组改革工作开展督查4次，及时报送江川县深化改革试点经验总结、工作总结等材料，编发改革简报15期，被市级采用5期，宣传推介江川改革工作。

（徐顺生）

督　查

【概　述】 2016年，督查工作紧紧围绕区委、区政府中心工作，求真务实，真督实查，开拓创新，狠抓自身建设，不断提升督查工作服务水平，全力促进区委、区政府各项决策的落实，全区督查工作得到全面加强。年末，区委督查室设决策督查股、专项查办股、综合考评股三个股室，有督查专职人员4人，设主任1名。

【健全领导机构】 2016年5月，中共玉溪市江川区委办　江川区人民政府办公室联合发文，及时调整成立中共玉溪市江川区委督查工作领导小组，调整后，由区委副书记担任领导小组组长，区委组织部部长、区纪委书记、区政府常务副区长、区委办公室主任担任副组长，各相关部门负责人担任小组成员，领导小组下设办公室在区委督查室，负责对全区督导工作的统筹协调、综合考核、材料收集整理、督查通报拟制、下发等工作，研究提出年度督查工作计划和阶段性督查任务，组织开展经常性的督促检查活动，推动决策落实。另设重点工作督导组、重大项目督导组、“两湖”保护治理及生态建设督导组3个督导组，将区委办、区人大办、区政府办、区政协办、区纪委监察局相关督查人员充实到各个督导组中，明确各督导组工作职责，为全区督查工作的扎实开展奠定了坚实的组织基础。区人大、区政府、区纪委监察局等单位配备了专职督查人员；部分重点单位和乡镇（街道）成立了督查办公室，配备了专（兼）职督查人员。

【完善督查机制】 一是实行督查工作与绩效考核相结合机制。注重专项督查与平时督查共同推进，在围绕中心工作抓好重点工作、重大项目推进情况督查的同时，将督查结果融入全区的综合目标考评中。二是实行督查工作与纪委监察、组织工作联动机制。在督查中发现的问题相关单位未按要求及时整改的，由区委督查室建议纪委监察部门追究相关领导责任；在督查中发现在组织开展工作中措施有力、成效明显的干部，由区委督查室建议组织部门作为干部考察后备人选。三是实行督查室主任列席重要会议机制。明确规定区委督查室主任列席区委常委会、全委会、区委专题会、五办主任联席会等重要会议，确保督查重点工作不遗漏、不脱节，顺利推进工作落实。

【综合考核】 着力构建科学的目标任务综合考评办法和考评结果运用机制，充分发挥综合考评的导向和激励约束作用，推动各级不断提升工作绩效，促进全区经济社会发展再上新台阶。2016年11月，因江川区人事变动，区委、区政府再次调整了玉溪市江川区综合考评领导小组，并以玉江办通〔2016〕45号文件形式正式下发。调整后的领导小组组长由区委副书记担任，副组长由区委常委、区政府常务副区长，区委常委、区委办公室主任担任。成员由人大、政府、政协、人社局、财政局等相关部门领导组成。领导小组下设办公室在区委督查室，办公室负责起草年度目标任务综合考评办法，牵头组织全区目标任务年度综合考评工作，负责做好考评的日常工作及年度考评结果通报相关工作。年内，多次召开综合考评领导小组工作会及其他相关会议，专题研究全区综合考评工作。2016年，在《江川县2015年乡镇（街道）目标任务综合考评办法》和《江川县2015年县属单位目标任务综合考评办法》的基础上，结合市县年度目标任务相关要求修改完善拟定《玉溪市江川区2016年乡镇（街道）目标任务综合考评办法》和《玉溪市江川区2016年区直单位目标任务综合考评办法》，按要求严格做好全区综合考评相关工作。同时，将综合考评结果作为“敬业有功、怠业必惩”的依据之一，按《“敬业有功、怠业必惩”实施方案》的要求执行。并作为区委组织部、区财政局、区人社局领导干部考核、干部选拔任用、区财政公共预算支出的重要参考。

【决策督查】 为全面实现江川区2016年度经济社会发展目标，年初，区委督查工作领导小组办公室分别对市委、区委全会主要精神及时进行分解立项，及时下发《中共江川区委办公室关于对区委十二届七次全会主要精神进行立项督查的通知》，明确了各级各部门2016年度的主要工作目标任务。并按通知要求，对全年各责任单位的重点工作开展定期督促检查，同时结合工作实际不定期开展专项督查，力促市区各项目标工作落实。在督查中，督查人员真督实查，注重发现典型，总结经验，及时向区委领导反馈存在的问题和困难。

【专项督查】 2016年以来，充分发挥大督查优势，整合区委督查室、区政府督查室、区纪委监察局及区委政法委、区环保局、区交通局、区国土局、区林业局、区水利局、区民政局、区烟草公司等部门督查力量，采取明察暗访、书面督查与实地督查相结合等形式，共同对人居环境整治、护林防火、烤烟生产、招商引资、经济指标完成情况等重点工作及区内117个重大项目进行了多次专项督查。专项督查后，及时下发督查通报，将督查结果作为对各责任单位的年度综合目标考核重要依据。区纪委监察局多次联合区委督查室、社会特邀监察员对各单位作风建设进行了专项督查，多次联合区委督查室、区政府督查室对会风建设进行了督查。年内，区委督查工作领导小组办公室共拟发《督促检查事项办理通知单》31期，同时，针对专项督查中存在问题和工作建议拟发督查通报18期，有力促进了区委区政府各项工作落实。

【督查结果利用】 一是及时总结，进行区内通报。在专项督查结束后，及时进行了区内通报，反馈各乡镇（街道）、区级各部门贯彻落实上级党委重大决策和重要工作部署中存在的问题、实践探索并提出对策建议。2016年，共向全区各单位下发督查通报18期，有力促进了全区各级各部门贯彻落实各项工作。二是把督查工作与区委中心工作相结合，督查结果融入区级各乡镇（街道）、区级各部门目标任务综合考评中。按照区对各乡镇（街道）、区级各部门目标任务综合考评的要求，真督实查，并把督查结果作为区级各乡镇（街道）、各部门单位年度目标任务平时考核的重要评分依据。

【批示督办】 高度重视所涉督查件、批示件办理工作，在接到上级批示件后，认真落实，第一时间办理，做到事事有着落，件件有回音，有批必查，有查必办，有办必果。做到态度明确，事实清楚，措施具体，确保反映的问题切实得到解决。在材料的梳理汇报中，严把事实关、文字关，确保报送质量。一是严格登记制度。做好督查批示件的编号、来文单位、文件名称、批示内容、批示时间、承办单位、签收人、签收日期、督办情况、督办日期、办理结果等登记。二是明确交办责任。在充分准确地领会领导批示的内容和精神上，根据文件内容和批示精神，对照部门职能和领导分工，准确地交办有关部门和领导，批示件及时复印并交办具体承办单位和承办人，同时原件存档备查。三是及时催办、督办。批示件交办后，及时或定期催办督办；对紧急和重要的批示件，随时检查办理进度，催促加快办理，保证领导批示得到切实贯彻落实。四是认真汇总办理结果。按期对领导批示件的办理情况进行汇总，并报作出批示的领导审阅。同时将批示的办理结果或落实情况汇总后呈报领导阅知，为领导部署下一步工作提供参考。年内，共办理市、区领导批示、批办件及各类督办件81件，办结81件，办结率达100%。

【信息调研】 提质保量，做好信息和调研工作。在做好日常督查工作的同时，注重对各项重点工作和重大项目进行督查调研，在全区各单位贯彻落实上级党委重大决策和重要工作部署中，对一些特点突出、措施有力、成效明显、经验典型的工作，区委督查室及时撰写编发《督查专报》上报市委督查室，撰写编发《督查工作信息》在区内进行交流，以确保信息畅通，推广典型。一是围绕中央、省市委重大决策和重点工作在江川的贯彻落实，积极开展督查调研。年内，共上报《督查专报》20期，其中2期被市委督查室采用。二是围绕全市的中心工作，结合江川实际，就城乡统筹发展、农业综合开发、非遗保护积极开展督查调研，并将工作进展情况、存在问题、工作建议上报区委和市委督查室。年内，共上报《专项调研报告》5期。三是在开展各项督查工作结束后，及时编发《督查工作信息》在区内进行交流，部分信息同时上报市委督查室。年内，共撰写编发《督查工作信息》13期在区内进行交流。

（盛文芬）

保 密

【概 述】 2016年，江川区保密工作按照“抓教育强素质、抓制度强体制、抓科技强管理、抓组织强队伍”思路，以贯彻落实中央5号文件为主线，以落实领导干部保密工作责任制为重点，以强化责任促进工作落实为目的，深化宣传教育，持续推进保密“三大管理”工作，提高依法治密能力，着力构建保密综合防线，确保党和国家秘密安全，积极发挥保密工作“保安全、保发展、保稳定、促和谐”的职能作用，为创建平安、和谐、发展的新江川作出积极贡献。

【宣传教育工作】 积极开展保密教育。利用广播、网络、微信等传媒手段，在全区组织开展保密法及其实施条例的学习贯彻。各级各单位利用干部职工会、党员大会、周会等组织对保密法律法规及保密知识开展学习，对保密政策进行解读，同时开展保密警示教育。特别是以强化涉密人员保密素质、规范涉密人员保密行为、增强涉密人员保密能力为目标，组织开展多种宣传教育活动，认真学习《保密法》等法律法规。

推进保密宣传月工作。2016年11月9日江川区组织召开保密“三项”教育暨党课专题教育培训会，各单位分管保密工作的领导及涉密人员180余人参加培训会。各单位开展保密法制宣讲教育培训40余次，区保密局到相关单位开展专题宣讲教育5次。在区电视台连续一个星期滚动播放保密宣传标语2条，向全区各单位发放宣传册400余套，向全区17家重点保密单位发放宣传挂画。

开展保密专题讲座。10月12日下午，区保密局以“强化意识　依法保密”为主题对49名青干班学员进行保密知识教育。

启动“七五”保密法制宣传教育的规划工作。10月，区委保密委研究制定并下发《玉溪市江川区“七五”保密法制宣传教育规划》，为进一步推进保密法制宣传教育工作，深入学习宣传、贯彻实施保密法、推动保密事业深入发展奠定基础。

【管理工作】　以保密“三大管理”为重点，扎实推进好各项工作的落实。

严格保密保密台账常态化管理。区保密局建立保密台账数据库，对全区保密工作做好实时掌握，动态管理。进一步加强计算机及其网络保密管理工作。在全区范围内着重抓好计算机及其网络的自检自查工作，并建立检查台帐和按季上报制度，切实加强对计算机及其网络的保密管理，区保密局重点对涉密信息系统及涉密单机进行督察，确保上网不涉密，涉密不上网。

规范学业水平考试，切实履行好保密责任。按照《云南省各类统一考试保密管理办法》和《玉溪市各类统一考试保密管理办法》，江川区保密局切实履行好保密责任。2016年高考，全区共2个考点，64考场，2049人参加考试；中考九年级共5考点，125考场，3702人参加考试；八年级共12考点，135考场，3870人参加考试。另外，江川区保密局还参与江川区事业单位及大学生村官招考工作，都未发生失泄密事件和重大突发事件。

做好涉密人员分类核查审查工作。按照中央、省、市保密相关文件精神，2016年1～4月，江川区重点对各单位涉密人员进行分类确定和集中审查工作，按照特定岗位和量化定岗的要求，按照涉密等级确定标准；对新录用和调整涉密岗位的人进行先审后用，定期复审，严格把关。

加强涉密人员及保密要害部门、部位保密管理。完成新任涉密人员的岗前保密审查和在岗、离岗责任书补签、续签工作，进一步强化涉密人员在岗、离岗和脱密期管理工作，规范开展好涉密人员重大事项报告工作、涉密人员人员出国（境）保密管理工作。

依法开展定密工作，规范全区定密管理。按照《国家秘密定密管理暂行规定》、《云南省定密授权机关名录的通知》和定密“精准化”的要求，区保密局领导到重点涉密单位检查定密工作的开展情况，指导定密授权单位准确开展定密工作，为保密管理和防止窃密泄密案件发生打下基础。

抓好涉密纸质载体的印制及其管理工作。2016年7月4～19日江川区保密局分两阶段在全区全面开展涉密载体印制及保密管理的检查和抽查工作，对全区16个重点、要害单位、部位进行重点检查抽查。对检查中发现的管理意识不强、收发登记管理不规范等行为及时纠正；对部分载体登记不详、不全等隐患及时排除；针对各单位存在的各类问题，切实“对症下药”，分门别类，指导改正。

抓好各单位确定的涉密计算机保密技术设备的安装配备工作。积极督促各单位使用猎鹰保密检查工具开展工作。全区共配置、使用猎鹰保密检查工作共38套，2017年将全面推开使用保密检查该工具。切实加强对党政机关、涉密单位涉密计算机及其网络的保密检查，排查泄密隐患和漏洞，有针对性地加强保密技术防范措施。

【督查工作】　积极开展保密工作调研。为认真贯彻落实中央、省、市领导对保密工作的重要指示，切实转变作风，增强基层各级做好保密工作的责任感，发挥担当精神。2016年，江川区国家保密局、江川区保密委领导先后7次分别深入单位企业开展保密专题调研，充分了解当前我区保密工作面临的形式及困难，针对性的给予指导。同时，始终把保密工作“围绕中心、服务大局”的切入点放在为企业健康发展上，把保密工作落实到为企业优质发展服务上，分别于11月11日至28日前后深入到5家企业开展商业秘密保护培训及调研工作，参加培训人数共120人，发出调查问卷110份。

开展自查自评督查工作。督促机关、单位履行好保密工作主体责任，按要求部署并指导其内设部门及下属单位开展保密自查自评。区保密局重点督查各单位程序是否规范、内容是否全面，检查是否到位，记录是否完成，报送是否及时等方面的情况。严格标准，以查促改，完善保密工作各环节，江川区自七月份开展自查自评工作以来，基本实现全覆盖的专项督查。针对督查中存在的问题和薄弱环节，现场提出整改办法，进一步落实责任，建立健全长效自查自评督查机制。

【队伍建设】 围绕以建设一支高素质的保密法治人才队伍，不断提高保密干部队伍素质和法制化水平为目标，按照“用好内力、借用外力、发挥合力”的原则，切实加强保密人才队伍的建设，每年不断调整充实江川区委保密委员会人员，并向上争取编制配强保密局工作人员。指导全区各基层保密组织进行调整充实。调整后的江川区基层保密领导小组共80个、653人组成，其中：设兼职保密员88人。同时，进一步强化保密工作队伍的政治思想建设，不断提高政治纪律、廉政纪律和保密纪律意识，进一步强化业务建设，提升保密工作队伍综合素质，努力建设一支适应新形势、新任务要求的保密干部队伍。

（褚　获）

档　案

【概　述】 江川区2016年的档案工作，继续立足江川全面深化改革和经济社会发展的实际，深化对加强和改进新形势下档案工作重要性的认识，增强做好档案工作的责任感和使命感，健全完善档案工作体制机制，全面提升全区档案工作水平。

【国际档案日】 在纪念6月9日国际档案日期间，江川区档案局紧紧围绕2016年国际档案日的主题“档案与民生”开展宣传活动。与江川区气象局协商，使用气象信息电子屏滚动宣传国际档案日活动信息。编制“守护档案，传承文明，资政育人，服务社会”、“人人执行档案法，处处盛开档案花”等信息向社会宣传，以增强公民保护档案的社会意识。

【领导调研档案工作】 2016年4月13日下午，市档案局副局长杨长利一行4人到江川区调研农村土地确权文件材料形成情况。在听取江川区土地确权办公室人员及中介公司负责人汇报后，要求区确权办注意土地确权文件材料的收集工作，对土地确权过程中形成的所有文件材料必须一式两份；注意音像材料的收集；中介公司服务土地确权工作中使用的硬盘及其它存储介质在任务完成后必须移交，不得带走；照像设备在确权工作结束后须经保密部门审查。

2016年10月11日下午，云南省档案局局长黄凤平一行在玉溪市档案局局长马增福陪同下到江川区综合档案馆调研。到库房查看馆藏民国档案状况，了解民国档案目录采集工作，点击目录查看录入质量，并对民国档案目录采集工作口出现的问题提出修改意见和要求。区委副书记张燕华，区委常委、区委办主任邓春元，副区长王柄樟陪同。在调研会上，黄凤平局长要求管好用活档案，提升档案管理水平，保存好有价值的记忆，丰富馆藏，展示成绩，发挥档案在管理公共事务中的作用，为民存档，为国守史，推动依法治档，依法管档，落实档案管理经费，提高档案人员的政治素质。

2016年10月17日下午，中共玉溪市委书记罗应光一行，在中共江川区委副书记张燕华、副区长普朝鹏陪同下到江川区档案馆调研。了解工作人员情况、馆藏档案情况和档案建设情况，参观爱国主义教育基地展览。罗应光希望江川区档案馆利用自身优势，把散存在民间的一些好的有价值的历史资料收集到档案馆保存、展览，并要求区委、区政府关心重视支持档案工作。

【机关档案工作】 2016年，江川区档案局加强对机关、企、事业单位、乡镇（街道）、村（社区）及撤并单位、托管路居镇进行业务指导，共指导28家单位归档整理文件材料和历年来遗留的档案资料整理工作，共整理档案共1791盒，其中文书档案1523盒，会计档案268卷。

【企事业单位档案工作】 2016年，江川区档案局围绕民生领域改革，做好民生档案工作，到医保中心、烟草公司、大街街道财政所等17家企事业单位，指导医保档案、企业管理档案、会计档案等业务档案的归档整理工作，归档214盒。

【农业农村档案工作】 2016年，江川区档案局为进一步推进档案工作向基层延伸、向群众延伸，抓好及民生档案资源建设工作，到6个乡镇开展农业农村档案工作，归档365盒。

【档案工作认定】 2016年，江川区档案局继续贯彻落实国家档案局的“三个体系”建设要求，进一步提高全区档案工作规范化管理水平，持续推进全区档案事业健康发展，继续在全区开展档案工作规范化管理示范单位认定工作。

贯彻落实国家档案局的“三个体系”建设要求，进一步提高全区档案工作规范化管理水平，持续推进我区档案事业健康发展。截至年底，共完成5家单位进行档案规范化认定。

【档案接收】 2016年，江川区档案馆为丰富馆藏，接收5个单位的档案1052卷14702件156511页，收集整理图书资料74册。

【档案抢救与保护】 2016年，江川区档案局为做好抢救国家重点档案前期准备工作，录入民国档案目录，完成30000条。

【档案数字化建设】 2016年，江川区档案局在全区继续开展数字化档案建设，扫描原件14702件156511页150G，光盘34张。

【档案利用】 2016年，以保稳定促和谐为工作基调，增强档案服务意识，提高服务质量，为领导决策、公民和社会组织提供服务，为相关部门的各项惠民政策的落实发挥基础性的重要保障作用。截至12月底，接待查阅利用者1378人次，提供利用档案3818卷，复制档案679页。

【爱国主义教育基地】 2016年，江川区档案局围绕历史文化、建设成就、重要工作等举办展览，并适时把展览推向社会，扩大宣传和影响。接待参观爱国主义教育基地人员1664人次。

江川区档案馆充分运用档案及档案文化特有的元素和魅力，主动走出去，搞合作，引智借脑，吸引、借助社会资源。

江川文联和区档案局积极响应共创楹联文化区的号召，以向全国征集的歌咏江川历史文化、自然山水的楹联为题材，诚邀全市书界精英开展书法创作，从中选择百余幅楹联书法精品，精心装裱、布置，在江川区档案馆举办楹联书法展。2016年5月1日起向社会公众开放展览，并将展览作品摹制刻木，布点悬挂，旨在让书家们发挥特长优势，营造楹联文化氛围，倾力支持江川创建楹联文化区。

2016年6月30日上午，为纪念建党95周年，扎实推进江川区“两学一做”学习教育，引导广大党员坚定理想信念、提高党性觉悟、强化宗旨意识，抒发对党忠诚，勇于担当的思想情怀，由江川区委组织部、宣传部主办，区文联、区书法家协会承办，区档案局协办，以书法艺术为载体，在江川区档案馆举行“两学一做”学习教育书法作品展开展仪式，为建党95周年献礼。邀请了市书协专家对征集到的作品进行认真评审，共有60余幅作品入展，其中21幅作品获奖。

2016年12月25日下午3时，在江川举办星云湖开渔节之际，中国当代实力派书画家李红周先生书画展暨收藏江川名人书画作品捐赠展在江川区档案馆开展。区委书记徐贤、区长王志华、副书记张燕华、副区长杨军萍、常委区委办主任邓春元、常委宣传部部长赵琦，以及已故名人普文治、刘永富、李建帮的家人，书画爱好者到现场参加开展和捐赠仪式。开展仪式由区委常委宣传部部长赵琦主持，区委副书记张燕华致贺辞，副区长杨军萍代表区委、区政府签字接受李红周先生的捐赠，区委书记徐贤宣布开展。

（郑文明）

史　志

【概　述】 2016年，区史志办公室继续坚持“广征、博采、精编、严审”和“求实、创新、协作、奉献”工作方针，发挥史志工作“存史、资政、教化、育人”功能，争取领导支持，克服人少事多等重重困难，党史研究专项工作与地方志编修工作均取得新成绩。年内，按时按质完成《江川年鉴（2016）》《中共江川县委执政纪要（2015）》的稿件征集及编纂出版发行工作。

【《江川年鉴（2016）》编辑出版】 2016年11月，《江川年鉴（2016）》一书由德宏民族出版社公开出版发行。《江川年鉴（2016）》由中共玉溪市江川区委、玉溪市江川区人民政府主办，玉溪市江川区人民政府区志编纂委员会承编。年鉴主要反映江川县2015年各方面的信息，全书分特载、大事记、概况、政治、军事、法制、经济管理、建设·环保、工商企业、农林·水利、交通·邮电、财政·税务、金融·保险、教育·气象·防震减灾、文化·旅游·广电·体育·卫生、社会、人物、统计资料及附录19个部类，各部类下设分目，分目下设条目记述，全书约100万字。有彩版32页，分为重要会议、领导关怀、人民武装、教书育人、殡葬改革、工业发展、文化建设、新农村建设、环境整治、第十一届开渔节暨高原湖泊水产品交易会、重要活动11个板块。资料翔实准确，内容丰富，图文并茂，为各级领导、各机关部门及企事业单位制订政策和工作计划的重要依据、外界认识江川的重要窗口。

【《中共江川县委执政纪要（2015）》编纂出书】 2016年12月，经云南省新闻出版局批准，《中共江川县委执政纪要（2015）》付印出书。全书分领导关注（国家、省、市领导到江川县视察调研）、重要活动（县委领导重要活动）、重要决策（重要讲话、重要会议、重要文件）、执政大事、执政综述、执政论坛、纪委工作、县委部门工作、群团工作、党委（党组）工作、乡镇党委（街道党工委）工作、县局党总支工作、先进典型、附录14个部类，各部类下设具体篇目记述，全书约76万字。有彩版30页，内容包括省市领导调研、检查，县委重要会议、县委常委执政活动等。

【年鉴、执政纪要业务培训】

2016年1月22日上午，江川县在县委党校召开《2015中共江川县委执政纪要》暨2016年版《江川年鉴》撰稿人员业务培训会。各乡镇（街道），县直有关单位编撰人员80余人参加培训，由市委党史研究室副主任段利星、市地方志办公室副主任刘仕荣主讲。培训围绕执政纪要和年鉴编写的要求，从执政纪要和年鉴的涵义、明确报送内容、拟定编写提纲、认真撰写稿件、规范稿件格式、执政纪要和年鉴稿件的区别等方面就如何撰写《中共江川县委执政纪要》和《江川年鉴》稿件进行讲解。并针对江川近年编撰中存在的问题，结合编辑实例深入剖析，指出问题所在，提出修改意见。

【革命遗址修缮保护】 认真开展革命遗址保护和利用工作。积极向上协调争取革命遗迹遗址修缮经费11.2万元，完成了江城镇原江川县人民政府旧址、雄关乡第一个党支部旧址的升级改造，完成了展板制作、展室布置等相关工作。

【部门志指导】 指导全县各级各部门、乡镇、村依法修志，对县内编修志书的各部门、单位进行业务指导，严把政治观、史实观、文字观，确保出版志书质量。年内，指导县总工会搜集、编纂《江川县工会志》一书，已出书。

【机构调整和增加人员编制】

根据《玉溪市江川区机构编制委员会关于调整玉溪市江川区史志办公室机构规格和人员编制的批复》（玉江机编〔2016〕12号），玉溪市江川区史志办公室（中国共产党玉溪市江川区委员会党史研究室与玉溪市江川区人民政府区志编纂委员会办公室合署的简称）为中共玉溪市江川区委办公室所属财政全额拨款事业单位，机构规格为正科级。核定事业编制7名；核定单位领导职数2名，设主任1名、副主任1名。

【材料撰写报送】 年内，按照省、市地方志部门要求按时按质完成2016年版《云南年鉴》《云南小康年鉴》《玉溪年鉴》江川部分资料的撰写报送工作。同时，按照市委党史研究室要求按时按质完成《中共玉溪市委执政纪要》（2015）江川资料的撰写上报。

（徐凡清）

纪检监察

【县纪委、县监察局负责人名录】

纪委常委　李学祥（2016.2离任）
　　　　　郭　华（2016.2离任）
　　　　　胡　莎（2016.2离任）
　　　　　龚雪刚（2016.2离任）
　　　　　李文平（2016.2离任）
　　　　　韩丽华（2016.2离任）
　　　　　王　亮（2016.2离任）
　　　　　张丽梅（2016.2离任）
　　　　　徐志伟（2016.2离任）
纪委书记　李学祥（2016.2离任）

副书记 郭 华（2016.2离任）
胡 莎（2016.2离任）
龚雪刚（2016.2离任）
监察局局长 郭 华（2016.2离任）
副局长 陶文红（2016.2离任）
韩丽华（2016.2离任）
办公室主任 徐志伟（2016.2离任）
党风政风监督室主任
郭飞波（2016.2离任）
案件监督管理室主任
陈小艳（2016.2离任）
信访室主任 施永芬（2016.2离任）
案审室主任 王 亮（2016.2离任）
干部室主任 刘 雪（2016.2离任）
宣教室主任 张丽梅（2016.2离任）
第一纪检监察室主任
李文平（2016.2离任）
第二纪检监察室主任
杨军奎（2016.2离任）

【各派出机构负责人名录】

派出第一纪工委
书 记 张竹会（2016.2离任）
派出第二纪工委
书 记 付兴瑞（2016.2离任）
副书记、监察分局局长
周 丽（2016.2离任）
派出第三纪工委
书 记 范文慧（2016.2离任）
副书记、监察分局局长
杨宏蕾（2016.2离任）
派出第四纪工委
书 记 王书艳（2016.2离任）
副书记、监察分局局长
向俊臣（2016.2离任）
派出第五纪工委
书 记 华忠楷（2016.2离任）
副书记、监察分局局长
张燕琳（2016.2离任）

【区纪委、区监察局负责人名录】

纪委常委 李学祥（2016.2任）
郭 华（2016.2任）
胡 莎（2016.2任）
龚雪刚（2016.2任）
李文平（2016.2任）
韩丽华（2016.2任）
王 亮（2016.2任）
张丽梅（2016.2任）
赵 鹏（2016.7任）
纪委书记 李学祥（2016.2任）
副书记 郭 华（2016.2任）
胡 莎（2016.2任）
龚雪刚（2016.2任）
监察局局长 郭 华（2016.2任）
副局长 陶文红（2016.2任）
韩丽华（2016.2任）

【各委部室负责人】

办公室主任 徐志伟（2016.3离任）
赵 鹏（2016.7任）
组织宣传部部长
张丽梅（2016.7任）
党风政风监督室主任
郭飞波（2016.7离任）
高 超（2016.8任）
案件监督管理室主任 陈小艳
信访室主任 施永芬
案审室主任 王 亮
干部室主任 刘 雪（2016.7离任）
宣教室主任 张丽梅（2016.7离任）
第一纪检监察室主任
李文平（2016.3任）
第二纪检监察室主任
杨军奎（2016.3任）
第三纪检监察室主任
杨智然（2016.7任）

【各派出机构负责人名录】

派出第一纪工委
书 记 张竹会（2016.3离任）
张 鑫（2016.3任）
派出第二纪工委
书 记 付兴瑞（2016.3离任）
徐志伟（2016.3任）
副书记、监察分局局长
周 丽（2016.3任）
派出第三纪工委
书 记 范文慧（2016.3任）
副书记、监察分局局长
杨宏蕾（2016.3任）
派出第四纪工委
书 记 王书艳（2016.3任）
副书记、监察分局局长
向俊臣（2016.3离任）
派出第五纪工委
书 记 华忠楷（2016.3离任）
龚美伶（2016.3任）
副书记、监察分局局长
张燕琳（2016.3任）

【概 述】 2016年，中国共产党玉溪市江川区纪律检查委员会在市纪委和区委的领导下，聚焦中心任务，坚持把纪律和规矩挺在前面，强化监督执纪问责，持续发力正风肃纪，“四风”问题和腐败蔓延势头得到有效遏制，党风政风明显好转，政治生态呈现新气象，广大人民群众有了更多获得感。

【区二届纪委换届选举】 按照市委、市纪委和区委统一安排部署，经区第二次党代会选举产生23名中国共产党玉溪市江川区第二届纪律检查委员会委员，并于2016年7月14日召开中国共产党玉溪市江川区第二届纪律检查委员会第一次全体会议，选举产生中国共产党玉溪市江川区第二届纪律检查委员会常务委员会委员和书记、副书记，选举结果提请中国共产党玉溪市江川区第二届委员会第一次全体会议通过。

【纪律监察体制改革】 根据2015年市纪委监察局内设机构调整方案及云纪发〔2016〕7号“《关于印发〈关于开展县级纪检监察机关内设机构调整的工作方案〉的通知》”要求，深化“转职能、转作风、转方式”，将党风室、法纪监察室整合为党风政风监督室，将干部室、宣教室整合为组织宣传部，新设第二纪检监察室、第三纪检监察室，将案件检查室更名为第一纪检监察室，挂牌单设案件监督管理室，把更多的机构和力量集中到监督执纪问责主业上。

【制度建设】 始终坚持以问题为导向，紧扣各项党规党纪的贯彻落实和监督执纪问责主业，抓住建章立制和提高执行力两个关键，制定出台《江川区委党风廉政建设和反腐败工作制度》《江川区加强基层党风廉政建设的意见》《江川区贯彻落实〈中国共产党问责条例〉实施办法》《江川区委主要领导约谈区委常委班子成员及其他区领导制度》《江川区关于落实全面从严治党主体责任实践运用“四种形态”的实施意见》等制度，层层传导管党治党责任压力，确保管得住纪律、看得住权力，“笼子”越织越密、越扎越紧，进一步规范和强化党风廉政建设和党的问责工作。

【监督检查】 始终坚持围绕党的路线方针政策和区委区政府重大决策部署的贯彻落实开展监督检查。组织开展学习贯彻十八届六中全会精神、脱贫攻坚、防汛减灾、缉枪治爆、澄川高速建设等重点工作专项纪律检查，工作性约谈6人。出台《江川区重点工作重大项目落实情况责任追究办法》《江川区纪律监督平台管理使用实施办法》，对全区117项重点工作重大项目进行全程动态督查、适时研判，共预警项目34个，线下督查5轮，发出通报3期，约谈乡镇（街道）党政主要负责人12人、其他班子成员10人。制定《江川区委巡察工作实施办法》《江川区委巡察工作规划（2016—2020年）》，组建区委巡察办、巡察人才库，完成对区发改局等5家单位的巡察，发现问题50个，提出处理意见45条。

【正风肃纪】 突出关键时间节点和重点场所，围绕工作纪律、会风会纪、公车私用、公款送礼、公款吃喝等问题持续加大监督检查力度，开展工作纪律督查4次、会风会纪督查14次，查纠问题84个，现场纠正67人次，通报干部15人、约谈8人。把加强纪律监督贯穿于换届全过程，对换届纪律进行巡回督查，确保区乡（镇）党委、人大、政府和区政协及村级组织换届选举顺利进行，严肃查处江城镇大地村拉票贿选案。加强对扶贫、征地拆迁、社会保障、集体资金等领域的监督管理，推进从严治党向农村基层延伸。受理和办结群众信访件120件、诉求5342件，满意率达99.9%；立案审查村组干部违纪案件12件13人。严惩不作为、慢作为、乱作为行为，通报干部4人，提醒谈话135人次，问责9人。

【纪律审查】 始终坚持有案必查、有腐必惩、有贪必肃，积极实践运用监督执纪“四种形态”，充分发挥区委反腐败协调小组作用，保持惩治腐败的高压态势，严肃查处赵官村村组干部贪污等案件，共处置问题线索57件78人，立案26件35人，为国家和集体挽回直接经济损失48.95万元，其中：科级干部1件1人；给予党政纪处分34人。准确实践运用监督执纪“四种形态”，谈话函询66人次，党纪轻处分和组织措施46人次，党纪重处分和重大职务调整23人次，严重违纪涉嫌违法立案审查1人，第一、二、三、四种形态占比分别为48.53%、33.82%、16.91%、0.74%，持续释放越往后执纪越严强烈信号。

【廉政教育】 始终坚持正确的政治方向和宣传导向，深入开展党的十八大和十八届三中、四中、五中、六中全会精神、习近平总书记系列重要讲话精神以及中央、省市区纪委全会精神和《中国共产党章程》《中国共产党问责条例》等大政方针、党规党纪知识竞赛、网络测试等学习宣传活动，组织开展集中学习、交流468场次，参与人数21538人次。组织1100余名党员干部集中观看《忠诚与背叛》《永远在路上》《打铁还需自身硬》等系列警示教育片。加强换届纪律宣传教育，深入实施“基层党风廉政建设年”。开展任前廉政谈话121人次，对74名拟提拔干部进行廉政知识测试，其中补考16人。上报舆情716条、及时处置舆情2条，发送廉政提醒短信10142条。

【自身建设】 始终坚持做遵守纪律的标杆，监督别人先管好自己，以优良的作风和过硬的本领履行好党章赋予的职责。深入开展“两学一做”学习教育，圆满完成区纪委换届和区纪委监察局内设机构调整改革工作，班子队伍结构不断优化。切实转变监督执纪问责方式，出台《江川区纪委监察局监督执纪问责总承包工作办法》，全面压实纪检监察工作职责。出台《江川区纪律检查机关实践监督执纪“四种形态”实施办法》，确保“四种形态”实践运用精准到位。出台《江川区纪检监察干部约谈实施办法》，明确14类约谈情形，加强对纪检监察干部队伍的管理，诫勉约谈1人，严防“灯下黑”。按照要求完成机关公务用车改革，执法执勤车辆管理不断规范。完善《江川区纪委监察局学习制度》，纪检监察干部的政治理论素养和业务水平不断提高。

【荣誉表彰】 市委、市政府于2016年6月24日下发《中共玉溪市委关于表扬优秀共产党员、优秀党务工作者、先进基层党组织的决定》（玉发〔2016〕16号），区纪委监察局党支部被评为全市先进基层党组织。

（赵　鹏）

组　织

【概　述】 2016年，中共玉溪市江川区委组织部按照全省、全市组织工作会议的部署，紧紧围绕区委中心工作，深入学习党的十八届三中、四中、五中、六中全会和习近平总书记重要讲话精神，突出抓好“两学一做”学习教育、区乡党委领导班子换届、村级组织换届、基层党建工作、全面从严治党责任落实四项重点工作，统筹推进干部队伍、人才队伍、党的基层组织和党员队伍建设，为实现“十三五”规划开好局起好步提供坚强的政治和组织保证。

【“两学一做”学习教育】 认真总结党的群众路线教育实践活动和“三严三实”专题教育成功经验。抓好“两学一做”学习教育，坚持在“学”上下真功，在“做”上严要求，在“改”上动真格，在“干”上见实效，全区762个党组织、13087名党员积极参与，落细落小，真学实做、真改实干。成立区委书记任组长的学习教育领导小组，组建6个协调小组。举办2期“两学一做”学习教育业务骨干培训班，共培训基层业务干部240余人。以建党95周年为契机，对优秀共产党员、优秀党务工作者和先进基层党组织予以表扬。下发督查通报，提出60余条整改意见，由各党（工）委书记一对一认领“问题清单”，针对问题，限期整改。利用手机短信、微信易信、QQ群、江川先锋、江川组织以及“道德讲堂”、“微讲堂”和“微党课”等平台，深入开展学习教育主题宣讲活动100余场，推动“党的好声音进万家”，覆盖党员群众3.2万余人次，学习教育取得明显成效。

【村级组织换届工作】 严格规范职数设置和人选条件，依法依规做好村级组织换届选举工作。成功选举产生村（社区）“两委”班子成员、村（居）务监督委员会成员和村（居）民小组干部共1864人，探索实施村组干部岗位补贴增长机制，提高村组干部岗位补贴，村党组织书记、主任月补贴2200元，社区党组织书记、主任月补助2400元。建立村组干部岗位养老保险激励机制和意外伤害保险机制，为全区733名村级干部购买意外伤害保险。并将不少于1/3的基础补贴和全额绩效补贴纳入年度考核。健全村组干部激励保障机制，换届后发放离任补偿160万余元。

【区乡党委换届选举】 坚持依法依规、发扬民主、严肃换届纪律三项基本原则，做好乡镇党代会代表、区党代表及市党代表的提名、推荐和选举工作，完成区乡党委换届工作。新一届区委常委平均年龄41岁，研究生学历2名、大学学历9名，妇女干部1名。全区5个乡镇共选举产生党委委员45名、纪委委员25名。新当选的乡镇党委委员在年龄结构、学历经历、综合素质等方面更加优化，平均年龄为38.9岁，少数民族干部4名，每个班子均配备有1名妇女干部，在乡镇一线工作满2年以上的干部占3/4。

【培养选拔干部】 坚持党管干部原则，深入学习贯彻《条例》《准则》，坚持好干部标准，树立正确的选人用人导向，注重在重点工作、重大项目、急难险重任务中培养和发现干部，注重在基层一线磨练和使用干部，切实把信念坚定、为民服务、勤政务实、敢于担当、清正廉洁的干部选拔到领导岗位上。一年来，共调整干部6批次272人，其中正科级领导干部19人，副科级领导干部57人，轮岗交流96人，乡镇换届继续提名24人，机构更名及兼职12人，免职保留待遇54人，撤职1人，其它9人。职级晋升105人，其中晋升副处级职级的45人，晋升正科级职级的35人，晋升副科级职级的25人。全区干部队伍总体保持稳定，干部配备和调整情况均符合《条例》及中央、省委和市委的有关规定。

【干部教育培训】 掀起学党章党规、学习近平总书记系列重要讲话精神热潮，积极行动组织全区开展“两学一做”网络知识测试活动，全区共有5000余名党员参加在线测试。大力推进学习型领导班子和干部队伍建设，举办“江川区青年干部培训班”，全区共有49名青年干部参加培训。选派17名处级、70名正科、72名副科、80名其他干部参加中央、省、市举办的各类培训班。组织300余名村（社区）干部参加新任村组干部培训，40名领导干部到浙大开展区域经济发展与城镇化建设专题研修班，增强各级干部的履职能力。组织开展党员冬春训工作。抓好干部在线学习管理，对未达到要求的干部进行督学提醒，全年在线学习通过率达到100%。

【基层党建工作】 按照省委“基层党建推进年”的部署要求，实施“三级联述联评联考”制度，严格落实《江川县乡镇部门实绩综合考核办法》，稳步推进“三个行动计划”，实行“区领导+联络员+主体责任人”的工作推进机制，投入配套资金400余万元。开展村级组织活动场所星级化管理，开展67个村（居）民小组党员活动室规范化建设，2016年立项三个项目，主体工程已全部建设完成。全区40个“空壳村”、“薄弱村”全部实现收益。“仙湖卫士”行动计划深、细、实，评选流动红旗65面，明确副河段长34人，片长97人，签订生态文明责任书1180份，建立党员中心户7434户，组建仙湖卫士共产党员先锋队64支，开展保护星云湖活动102次。大力整顿软弱涣散党组织，建立整顿软弱涣散基层党组织长效机制，2016年度，江川区52个软弱涣散基层党组织已全部整顿提升。深化党员积分制管理。结合“两学一做”专题学习教育，开展“双亮”活动，全区在8000余户农村党员户进行挂牌，在40余个窗口单位进行党员示范岗评比，设立党员先锋岗251个。大力实施党建扶贫“双推进”，深入推进“挂包帮、转走访”工作，精准选派10支驻村扶贫工作队。

【干部监督管理】 认真落实领导干部个人有关事项报告、干部实绩登记、经济责任审计、离任移交、外出报备、因私出国（境）审批等日常监督管理制度。按照不低于10%的比例开展个人有关事项报告抽查核实，2016年共查核174人次，并加强查核结果运用；委托审计部门对7名科级领导干部进行经济责任审计；153名科级领导进行离任交接工作；650名领导干部向组织报告外出事项，其中11名办理因私出国（境）审批手续。坚持干部监督联席会议制度，收集并建立干部正面、负面清单。出台《关于对区管干部进行提醒、函询和诫勉的操作规程》，对干部苗头性、倾向性问题，及早及时进行提醒纠正，2016年共函询10人、诫勉1人。扎实开展专项整治工作，338名超职数配备干部全部消化整改完毕；审核500余卷干部人事档案，严肃处理档案造假问题；清理整顿国家工作人员配偶子女移居国（境）外和领导干部在社会组织、企业兼职（任职）等问题。认真做好信访工作，2016年共受理12380平台信访件5件，干部群众来信来访63件102人次，均按相关政策进行答复和办理。

【完善人才工作机制】 落实中长期人才发展规划和《关于创新体制机制加强人才工作的实施意见》，实行人才工作目标责任制。建立人才考核评价、激励保障、创业扶持等机制，完善政策措施，鼓励各类人才在各自岗位上发挥作用。充分发挥人才领导小组各成员单位的职能作用和用人单位的主体作用，围绕重点产业、特定领域，加大产业人才、专业技术人才的引进力度。深入推进中央、省、市育才工程项目实施，以滇中产业一体化、“互联网+”和“342”产业结构调整为契机，加快引进医疗卫生等急需紧缺人才，重点加快推进自主人才培养工程，抓好铜锅技艺人才、青铜工艺人才、雕刻类人才的培养。实施好市区乡三级人才对口培养计划，选派一批基层人才到市级对口单位进修。充分发挥孙宝国院士工作站的作用。加大各类人才创新创业典型事迹宣传力度，积极营造良好氛围。

【部门自身建设】 坚持从严治部，从严从实管理组工干部队伍，带头践行“三严三实”，带头开展“两学一做”学习教育。抓实立规执纪工作，抓好部内规章制度的执行，强化制度和纪律约束。加强组织部门党风廉政建设，强化党纪党规教育。抓好全体干部职工日常学习管理，坚持“一日一读、一周一学、一月一讲”的学习制度，开展好“组工讲坛”、微型党课、《组织工作“ABC”丛书》学习等活动。加大工作督促力度，坚持实行工作小结和计划通报机制。深化随机调研工作，做好部门包村、“挂包帮、转走访”工作，通过党员积分制管理、主题服务月、党员先锋岗、到社区报到等活动，推动机关作风持续深入转变。

（张　琪）

老干部工作

【概　述】 2016年，江川的老干部工作以“发挥正能量、展示阳光心态，强化参与、体验美好生活，讲好中国故事，畅谈发展变化，学党章党规、学系列讲话、做合格党员”为主题，围绕落实老干部政治和生活待遇的任务，服务好离退休干部。

2016年，区委老干部局在册管理的老干部共计1819人。其中离休干部28人，实职副处以上老干部21人，享受副处以上待遇的老干部78人，实职正科的89人，主任科员231人，实职副科56人，副主任科员64人，其他退休干部54人，教师652人，医生130人，事业单位专业技术人员、管理人员207人，企业退休干部129人，管理退休职工80人。

【春节慰问】 2016年1月11日，江川县委老干部局制发《关于开展2016年春节走访慰问生活困难党员、老党员、老干部工作的通知》。对居住相对集中的老干部分10个片区召开情况通报会、座谈会进行慰问；县委、人大、政府、政协主要领导分七个组入户走访慰问担任过副县级以上领导职务老干部；配合市委组织部、市委老干局慰问担任过正县级以上领导职务的离退休老干部和特困老干部。

【老干部托管工作】 按照2016年2月25日抚仙湖径流区统一托管工作领导小组会议要求，结合区老干部情况，3月8日江川、澄江老干局协调全区划归托管1个大组（路居）6个小组（路居上坝、下坝、江城明星、牛摩、孤山、海门）5个支部（明星、牛摩、海门、上坝、下坝）共103人。其中老干局管理的老干部93人，含离休1人，享受副处1人，未进入老干局管理的10人。

【省委老干部局领导调研江川区老干部局“两块阵地”建设工作】 3月31日，中共玉溪市委组织部副部长、老干部局局长周俊，区委常委、组织部部长林清，副区长、玉溪市公安局江川分局局长牛旺林陪同省委老干部局副局长王从文一行对江川区老干部工作“两块阵地”建设情况进行调研指导。实地考察老年大学、老干部活动中心的多媒体电脑室、图书阅览室、健身器材室、多功能教室、棋牌室、麻将室、乒乓球室和办公室的软硬件设施建设情况，了解老年大学经费投入、办学规模、师资配备、分校建设、招生和学员情况及活动中心老干部参与程度。

【组织老干部参观考察重大工程、重点项目】 5月25日，区委老干部局组织全区担任过实职副处以上老领导和各乡镇（街道）老干部学习大组长、局党委老干党支部书记（学习小组长）等老干部工作骨干70余人参观考察区内重大项目和重点工作推进情况。共参观考察龙泉山工业园区、星云湖环境治理工程、保障性住房建设、江川一中校园建设4个项目，每个项目的主管部门领导均全程陪同老干部参观考察，并就项目建设推进情况作介绍。

【举办老干部读书班】 6月24日，江川区老干部读书班第一期开班授课，参加本次读书班学员有离退休支部书记、部分老党员60余人。邀请到区委党校教师冯孝忠就“如何做一名合格共产党员”做专题演讲，同时为迎接建党95周年华诞表彰先进老干党组织6个，优秀共产党员15人。

【召开九·九敬老节经济形势通报会】 10月9日，江川区委、区政府召开“九九”敬老节经济形势通报会。市委组织部副部长、老干局局长，江川区委常委、区人大、区政协主要领导到会，区老干工作领导小组成员单位负责人，各乡镇（街道）分管老干工作领导，实职副处以上和享受副处以上待遇的离退休老领导，各老干部学习大组长和小组长（支部书记）共200余人参与会议。常务副区长张文彬向老干部通报1至9月份经济社会发展情况，区委书记徐贤向老干部介绍自江川撤县设区以来正在实施或正在洽谈的几个重大项目以及今后一段时期江川发展经济的打算。

【举办红歌颂党恩文艺晚会】 10月21日，中共玉溪市委老干部局和中共江川区委老干部局在玉溪聂耳文化广场联合举办“红歌颂党恩——纪念红军长征胜利80周年文艺晚会”。市委老干部局副局长何永贤、江川区委老干部局副局长龚绍辉等领导出席。江川区老年大学共96名师生参加歌、舞、乐三类形式的6个节目表演。

【举办老干部防艾宣传教育专题讲座】 11月15日，中共玉溪市江川区委老干部局举办老干部防治艾滋病知识宣传教育专题讲座，各学习大组长、老干党支部书记（学习小组长）、支部委员共160余人参加会议。江川区疾控中心党支部书记、主治医师郭正雄就如何防止艾滋病作专题演讲。

【江川区出台加强新形势下老干部工作的意见】 为贯彻落实中央、省市《关于进一步加强和改进离退休干部工作的意见》，做好离退休干部管理服务工作，中共玉溪市江川区委办公室、玉溪市江川区人民政府办公室出台《关于进一步加强和改进离退休干部工作的意见》。《意见》就新形势下如何做好老干部工作作了具体的规定要求，进一步明确从2017年月1日起，提高离退休干部党支部书记、委员及学习大组长的工作补贴，并列入财政预算。

【老干局党委换届选举工作】 2016年，老干局党委及其所属的35个党支部已任期满届，老干局通过召开党代表大会和党员大会进行换届选举工作，选举产生新一届党支部班子，支部委员和支部书记初原则上年龄控制在75周岁以内。

【老年大学、活动中心情况】 2016年老年大学共开设12个专业，16个班，共计680余名学员；活动中心设乒乓球室、麻将室、棋牌室、健身室，每天接待离退休干部及老年人80余人次。

（瞿　月）

宣　传

【概　述】 中共玉溪市江川区委宣传部内设区精神文明建设指导委员会办公室、区对外宣传办公室、区文化产业发展领导小组办公室、综合办公室、理论教育（宣传）股5个内设机构和1个下设事业机构区媒体管理中心。2016年，玉溪市江川区宣传思想文化工作围绕中心、服务大局，突出重点，求真务实，创新载体，突出理论学习，加大对外宣传力度，加强精神文明建设，为江川经济社会发展提供了强有力的舆论支持、思想保证和文化支撑。

【思想理论工作】 抓好中心组理论学习。把中心组理论学习与“两学一做”学习教育、“争先创优跨越发展”大讨论大行动有机结合，推荐学习参考资料42份，编印学习资料2份240册，组织集中学习6次。提升学习型党组织建设。把学习型党组织建设、干部理论教育、“读党报、强素质”活动有机结合，继续深化习近平总书记系列重要讲话精神等8个专题学习，推荐学习资料54份，组织征订学习书目15000多册；举办领导干部学习讲坛8期，受训干部3200人次；向科级以上领导干部赠送“两学一做”学习书籍2600册。强化宣讲针对性。开展“两学一做”、习近平总书记“七一”讲话、市第五次代会等重大主题宣讲活动284场，受众5.74万人次。承办云岭大讲堂·玉溪讲堂2期，受众740多人。扎实推进理论调研。推出一批有深度、有价值、有影响的理论成果，向市委宣传部推荐上报理论文章16篇；围绕推进“文化兴区和旅游活区主题”形成调研报告2篇；组织社科联委员参加社科基金项目重点规划课题的调研攻关工作，报送2个课题。

【宣传舆论引导】 主题新闻宣传见实效。玉溪日报江川版刊稿700条，系列电视专题报道《江川新变化》在《亮见》栏目播出2期；江川电视台制播新闻节目111期900余条，江川人民广播电台制播新闻节目4500余条，播出专题550余个；江川新闻网发布信息2300余条，乡镇直通车发布信息4500余条，编发江川手机报88期。外宣活动稳步开展。召开媒体协调会3次，对接市级媒体“记者下基层，精品上版面”活动；做好央视经济频道《生财有道》栏目拍摄江川美食《江川三道菜》，云南电视台《吃遍云南》到拍摄全鱼宴专题节目的协调、配合与服务工作。完成美丽玉溪全国名博行对青铜文化、工艺的宣传推介。政务新媒体宣传和管理规范运行。完善新闻播出流程和重要新闻稿件审核制度，落实《江川新闻网和玉溪日报江川专版工作规范》《玉溪市江川区政务新媒体发布运营管理（暂行）办法》。开通微信公众号“江川发布”，维护好新浪微博“云南江川”，目前有粉丝8900余人；政务新媒体“云南通·江川区”运行正常，播发稿件300余条。舆论引导措施有力。认真落实媒体系列管理制度，组织新闻发布4次，召开网络舆情监测联席会议10次；宣传部长为青干班49名学员就《突发事件中媒体运用与舆论应对》专题授课；编报省市舆情信息155期，编发《每周舆情》30期，《网情快报》10期。共监测到网络舆情125例，主要涉及工程项目、城市管理、生态环境保护和民生问题等，在相关部门的配合下，均得到有效处理。

【精神文明建设】 社会主义核心价值观载体建设有效推进。投入资金648.5万元，积极创建环湖文明走廊工程。投入85.68万元，建成1420平方米文化墙。建立“善行义举榜”14个，上榜45人。征集践行社会主义核心价值观故事23个，推荐上报云南好人6名。制作价值观宣传牌1167块、宣传标语1828条。制作节俭养德宣传标语211条，开展宣传教育253次。开办道德讲堂35期，受众2180人次。在23个村（社区）开展农村青年教育培训25期，受众2000多人。文明创建持续开展。有5个村被评为“文明示范村”和“文化示范村”，10村（学校）被评为典型示范村（学校）。未成年人思想道德建设得到强化。积极开展家风教育试点活动，在全区选取12户家庭进行宣传学习教育。在全区24所中小学开展“中华魂”（遵纪守法从我做起）主题教育实践活动。继续开展“红歌进校园、童心永向党”歌咏活动24场。“我们的节日”系列活动丰富多彩。重点抓好春节、元宵、清明节等传统节日活动，把优秀文化、科技知识和医疗卫生送到老百姓的家门口。志愿服务不断延伸。组织开展“青春情暖行动”、3·5学雷锋志愿者服务行动、爱国卫生月清洁家园行动、服务烤烟生产和护林防火宣传活动等志愿服务活动，参与人员达1.56万人次。

【文化产业建设】 促进文化繁荣发展。投资200万元，启动九溪中营广播电视高山台站基础设施建设项目；推进江川区“户户通”置换“村村通”工作，对200台设备置换。组织惠民下乡演出8场次、节庆演出4场，演出文艺节目216个，受益群众3.2万人；完成69个村委会的农村电影放映计划，共放映414场，观众达4.8万人；李家山青铜器博物馆举办展览 9 次，接待参观人员12.8万人次；图书馆举办7次活动，接待读者2.4万人次；举办文艺培训8期，创作文艺节目25个。文化产业长足发展。积极推进项目建设，云南龙华铜雕有限公司展厅竣工投入使用，云南鑫有铜器有限公司与玉溪高新技术开发区江川龙泉工业园区签订入园协议，九溪镇大营老窑建成一座台式新窑，江川区新河咀铜工艺特色旅游村规划设计中期成果评审已通过。工艺人才培养初见成效，开展铜器工艺培训，70多人参训；职中青铜文化特色班教育成果初显，学生能独立制作铜器；申报玉溪市第四批民族民间工艺师3人。展出活动显特色，组织开展“玉溪市特色文化产品一条街”、第十二届开渔节非物质文化遗产展评等活动，参加“云南周末文博会·玉溪专场”和2016第十届昆明国际民族民间工艺品博览会。

（吴侣 刘鸿）

统 战

【概 述】 2016年，全区统一战线工作（民族宗教工作）把握“大团结、大联合”主题，贯彻落实《中国共产党统一战线工作条例（试行）》和习近平总书记系列重要讲话精神以及中央、省、市统战部长会议精神，紧贴中心，发挥优势，主动作为，为促进江川区经济发展和社会稳定做出了积极贡献。

【统一战线代表人士意见征求座谈会】 2016年1月4日，受县委委托，县委统战部召开统一战线代表人士意见征求座谈会，对《中共江川县委关于制定〈江川县国民经济和社会发展第十三个五年规划〉的建议（草案）》和《中共江川县委十二届七次全会工作报告》听取统一战线代表人士意见建议。来自农业、水利、教育、卫生、建筑、食品、餐饮等行业的党外代表人士和非公经济人士等共21人参加会议。参会人员结合本行业实际，对“十三五”规划（征求意见稿）中的学前教育、农业发展、生态建设、工业转型升级发展、水利设施建设及管理、城镇化体系建设、城市综合治理、医疗特殊人才培养及医疗纠纷处理、政府职能转变等方面提出意见建议。

【开展“关爱民生，寒冬送暖”走访慰问活动】 为推进“挂包帮、转走访”工作，帮助困难群众温暖过冬，2016年1月13日，县委统战部领导带头，组织全体干部职工捐款，到部门精准扶贫帮扶联系点（前卫镇石河阿豆村）和部门包村点（早街社区）开展“关爱民生，寒冬送暖”走访慰问活动。共走访慰问帮扶联系户13户、包村点困难户7户，发放慰问金5300元、毛毯（保暖被）20床、大米13袋。

【宗教活动场所综合检查】 按照市民宗局关于做好岁末年初宗教活动场所安全工作的通知精神以及县政府关于做好“两节”、“两会”期间社会维稳工作相关要求，县委统战部（民宗局）积极牵头，组织消防、安监、相关乡镇（街道）于2015年12月26日至2016年1月10日，对全县宗教活动场所进行安全综合检查。共检查宗教活动场所8个，参加检查41人次，查出存在的问题隐患8个，现场整改6个，限期整改2个，提出管理意见建议3条。

【宗教界代表人士座谈会】 1月23日，县委统战部（民宗局）召开宗教界代表人士座谈会，全县各宗教活动场所主要负责人和宗教团体副秘书长以上负责人参加会议，通报上年工作，安排部署2016年宗教工作重点任务，进一步明确宗教团体副秘书长以上负责人和宗教活动场所主要负责人工作职责。会议要求全体参会人员要爱国爱教，遵纪守法，认真履职尽责，做好自己的事，管好自己的人，讲团结、讲奉献，发挥宗教正能量，促进宗教和顺，社会稳定。

【普建荣到江川开展春节走访慰问】 2017年1月27日，中共玉溪市委统战部副部长、工商联党组书记普建蓉，副调研员杨汝萍等到江川开展春节走访慰问。此次共走访慰问定居台胞1人、黄埔同学会员及遗孀5人、宗教界代表人士人2人、归侨1户，发放慰问金3900元。

【牛旺林到北山寺开展安全检查】 2月4日，县政府副县长、公安局局长牛旺林到北山寺检查安全工作，并对寺院教职人员进行慰问。牛旺林对北山寺施工安全、消防安全、饮食安全、活动安全等进行全面检查，并对加强宗教活动场所管理提出要求：进一步加强安全检查，全力消除安全隐患，保证寺院平安和谐过春节；进一步加强对外来传教人员的登记上报工作，严防敌对势力渗透；做好内部事务和人员管理，安排好生活和工作，过一个平安祥和年。

【举办基督教圣经知识培训班】 为提高信教人员宗教学识，2月20日～25日，江川县基督教两会举办圣经知识培训班。本次培训聘请云南神学院何约瑟、余丽以圣经知识为基础，结合现实社会的法律法规、道德规范，开展《箴言书》、“渴慕神”两个专题培训，教育宗教信教人员正直、仁义、明智、遵纪守法，远离恶事，并积极引导他们学有所得，学以致用，发挥宗教正能量，为构建和谐社会贡献力量。

【江川区基督教第一次代表大会】 3月31日，玉溪市江川区基督教第一次代表会在江川宾馆召开。区委常委、区委办主任邓春元，副区长、区公安分局局长牛旺林，市基督教“两会”会长（主席）白约翰，市委统战部宗教科科长付鹏飞出席会议。会议听取和审议《玉溪市江川区基督教“两会”委员会（理事会）工作报告》，通过新修订的《玉溪市江川区基督教“三自”爱国运动委员会章程》和《玉溪市江川区基督教协会章程》，选举产生玉溪市江川区基督教“两会”第一届委员会主席（会长）1人、副主席（副会长）2人、秘书长（总干事）1人。

【全区统战、民族宗教工作会议】 4月15日，江川区召开全区统战、民族宗教工作会议，深入贯彻落实省、市统战部长会议精神和全市民族宗教工作会议精神，总结2015年统战、民族宗教工作取得的成效、经验和存在的不足、安排部署2016年工作任务，统一思想、振奋精神，全面推动全区统战、民族宗教工作创新发展。区委常委、区委办主任邓春元出席会议并作讲话。会上，邓春元代表区委、区政府与六乡镇（街道）签订《玉溪市江川区2016年统战、民宗工作目标管理责任书》。

【成立玉溪市江川区统一战线工作领导小组】 为全面贯彻落实中央、省市统战工作会议精神和《中国共产党统一战线工作条例（试行）》，切实加强对全区统一战线工作的领导，3月31日，中共玉溪市江川区委办公室印发《中共玉溪市江川区委办公室关于成立区委统一战线工作领导小组的通知》，标志着江川区委统一战线工作领导小组成立。领导小组组长由区委书记担任，区委办、区委组织部、区委统战部（民宗局）、区委宣传部、区委政法委等13个区属部门和人民团体主要负责人为成员。

【张燕华专题调研统战民族宗教工作】 5月3日，区委副书记张燕华，区委常委、区委办主任邓春元到区委统战部开展统战、民族宗教工作专题调研，听取统战、民族宗教、侨务对台工作开展情况汇报，并详细了解工作中存在的困难和问题。张燕华指出：民族团结示范区建设是习近平总书记考察云南时提出的战略目标定位，要整合全区力量，把民族团结示范区建设与扶贫攻坚工作同步考虑，同步推进；要加大党外干部和统战、民族宗教干部的培养力度，统战部要加强与组织部门的沟通协调，并做好摸底调研和人才储备，为推动全区乃至全市经济社会发展提供人才支撑；要与工商联等部门进行统筹，做好非公有制经济人士思想教育，引导非公经济人士树立社会主义核心价值观，增强社会责任感，做合格中国特色社会主义建设者；民宗局要依托文化等部门，把民族文化传承保护工作与非物质文化遗产保护工作有机结合，促进我区民族文化繁荣；民族宗教无小事，要做好民族宗教方针政策以及法律法规的宣传，做好民族宗教界代表人士的培养和教育，促进我区民族团结，宗教和谐。

【举办非公经济人士培训班】 8月5日，江川区举办非公经济人士《新常态与民营经济发展机遇》培训班，云南财经大学教授、博士生导师朱启才围绕中国经济从“高增长”到“新常态”的发展脉络，从产业结构变迁、新常态对民营经济的影响等方面阐述了民营经济在新常态下面临的困难和机遇，引导非公有制经济人士正确认识和把握经济发展新常态，自觉践行创新、协调、绿色、开放、共享的发展理念，主动适应供给侧结构性改革的新要求，坚定发展信心，增强攻坚克难勇气，以新状态实现新发展。各行业商会、乡镇商会会长、秘书长，规模以上民营企业负责人等80余人参加培训。

【李志刚调研昆明江川商会】 9月22日，区委常委、统战部部长李志刚到昆明江川商会开展座谈调研，与商会会长、副会长、秘书长等人座谈交流，了解商会工作开展情况及会员企业生产发展情况。李志刚对商会建设取得的成效给予肯定。他指出，昆明江川商会是一个“有规模、有特色、有影响”的商会，在规范行业自律、维护社会秩序、搭建政企交流平台、维护会员合法权益、参与公益慈善活动等方面做了大量工作，为构建和谐社会、促进经济社会发展作出了积极贡献。李志刚强调，商会要以当前开展的非公经济人士理想信念教育实践活动为契机，守法诚信、坚定信心、致力发展；要加强商会会员间的团结协作，树立抱团发展理念，把商会做大做强；要积极引导会员企业主动融入国家“一带一路”等国家战略和区域合作战略，不断提高商会的凝聚力、向心力；要进一步完善商会各项管理制度，积极探索新形势下服务会员的方式和途径，真正把商会建设成会员之家。

【开展统战民族宗教政策法规宣传活动】 9月23日，区委统战部（民宗局）以全国科普日活动为契机，联合科协等部门，在怡心园广场开展统战民族宗教政策法规宣传活动，发放《民族宗教政策常识》、《中华人民共和国公民民族成分登记管理办法》、《统一战线基本常识》、《中华人民共和国归侨侨眷权益保护法》等宣传资料610余份。

【徐贤专题调研统一战线工作】 10月9日，区委书记徐贤到区委统战部对全区统一战线工作情况开展专题调研。徐贤在听取区委统战部工作情况汇报后，肯定江川区统一战线工作取得的成效。徐贤指出，统一战线是我们党凝聚人心、汇聚力量的政治优势和战略方针，是夺取革命、建设、改革事业胜利的重要法宝，随着改革的不断深入，统一战线作用发挥越来越重要，面对新形势新任务，必须毫不动摇地巩固好、发展好爱国统一战线。徐贤强调，统战部在目前缺人缺编的情况下，要与工商联进行人员整合，理顺内部机构，对现有人员进行灵活调整，做到事有人干，让业务饱和起来。徐贤要求，全体统战干部要进一步增强责任感和使命感，切实抓好中央、省委、市委统战工作会议精神的贯彻落实；要牢牢把握“大团结、大联合”这个主题要求，切实加强非公经济人士、民族宗教人士、党外代表人士的引导、团结和教育，充分发挥他们的优势作用，更好更多地汇民意、集众智、增共识、聚合力，为推动全区改革发展稳定凝聚人心，汇聚力量；要用“严、实”的标准加强统战干部队伍建设，使统一战线传播更大更多正能量。

【举办民族宗教工作培训班】 11月11日，区委统战部（民宗局）在区委党校举办《云南民族史》、《云南民族团结进步示范区建设的理论与实践》专题培训，进一步提高全区民族宗教宗干部的工作能力和水平，加快推进民族团结进步示范区建设。本次培训聘请云南大学教授王文光、云南社科院研究员郭家骥从国家民族团结进步的战略高度着眼，讲授了云南多民族发展的历史进程，以及民族团结与宗教和谐的重大意义，阐述了建设民族团结进步示范区的历史背景、内容要求、实践探索、问题与建议。全区民族团结进步示范区建设领导小组成员单位、乡镇（街道）分管领导和统战委员，8个民族村（居）委会书记、主任，统战部全体干部共90余人参加培训。

【慰问困难侨眷、台属】 11月17日至18日，区委统战部开展寒冬送温暖走访慰问活动，共走访慰问全区困难侨眷、台属7户，发放慰问金5100元。

【开展非公经济人士综合评价】 为进一步规范非公经济代表人士推荐使用和重要评选表彰工作，区委统战部按照“思想政治强、行业代表性强、参政议政能力强和社会信誉好”的标准，对全区59名非公经济代表人士开展综合评价，评价等级分别为：A级18人、B级26人、C级15人。评价内容包括：思想状况和政治表现、社会公益事业、企业经营、劳动保障、环境信用、企业信用、纳税信用、安全生产、个人守法等九个方面。

【政协换届工作】 2017年1月，政协玉溪市江川区第一届委员会届满，区委统战部积极做好换届相关各项工作。一是根据市委统战部、市委组织部规模设置、界别设置、委员条件等相关要求，向区委报请批准《关于政协江川区第二届委员会换届相关问题的意见》以及《关于政协玉溪市江川区第二届委员会委员、常委提名情况的请示》。二是做好委员协商及常委提名推荐工作。本次共协商政协委员167名，设置界别12个，其中：中共界21人、人民团体界8人、工商联界12人、经济界36人、科技界6人、农业界18人、教育界13人、文化艺术界8人、医药卫生界9人、三胞眷属界4人、民族宗教界12人、特邀界20人。提名推荐政协玉溪市江川区第二届常委29名，其中：中共党员10名，占常委总数的34.8%；非中共党员19名，占常委总数的65.52%。

【建立健全党外代表人士基础信息库】 通过走访调研，建立健全49名新的社会阶层人士、456名党外知识分子、9名宗教界代表人士、229名少数民族干部、63名实职副科级以上党外干部基础信息库。

【开展党外干部举荐走访调研】 为进一步推进我区党外干部队伍建设，拓宽选人视野，广泛举荐人才，江川区委统战部成立以部长为组长的调研小组，在全区14个部门（乡镇）开展党外后备干部举荐专题走访调研，从德、能、勤、绩、廉等方面听取单位主要领导、科室负责人、同事的评价意见，涉及人员26人，其中：副科级干部8人、科员18人，向组织部门举荐17人，提拔使用4人，其中：副科提拔为正科1人、科员提拔为副科3人。

【民族团结示范区建设】 制定出台《中共玉溪市江川区委 玉溪市江川区人民政府关于加快建设民族团结进步示范区的实施方案》，加强对石河村委会阿豆村2016年民族团结进步示范村规划方案编制指导，组织并完成《项目建设规划》的评审，示范村建设项目整合了百千工程、扶贫工程等，建设规划总投资462万元，建设内容包括产业培植、民族文化广场、群众综合用房、村内道路、美化亮化等。

【民族文化传承保护】 完成2016年彝族地区“刺绣”项目申报工作；在少数民族村组支持下，完成安化、白龙潭、矣文、石河少数民族文化保护项目《跳乐》影像资料的编导、整理、拍摄制作，全部共拍摄制作《彝家山定》《上上街来扭草团》等跳乐影像曲目56首。

【加强民族团结教育】 一是以开展民族团结教育“六进”活动为抓手，抓好“法律进民族聚居区”以及“法律进宗教活动场所”活动；二是抓青少年民族团结教育，与教育局共同制定下发《转发〈省教育厅、省民族事务委员会关于进一步做好学校民族团结教育工作的通知〉的通知》（江教联发〔2016〕1号），完成民族团结教育教材征订工作，民族团结教育按照“三有五落实”的要求在全区中小学学校有序开展。

【宗教事务管理】 一是认真开展经常性的矛盾纠纷排查调处工作，及时发现、调处各种隐患。不断健全和完善处置突发事件的工作预案，健全研判机制并定期分析研判民族宗教领域存在的热点、难点问题及不稳定因素，确保民族团结、宗教稳定。二是继续在宗教活动场所开展爱国主义、法制宣传和创建和谐宗教活动场所活动。制定下发了活动实施方案，并根据宗教活动的特点，主要利用基督教教牧人员培训、宗教节日活动等，到各场所开展有针对性的法制宣传教育，积极引导宗教为构建和谐江川、建设社会主义新农村发挥积极作用。三是多形式开展宗教政策法规学习月活动。按照国家宗教事务局的要求，制定活动实施方案，细化了活动考核制度，编印下发《云南省宗教事务管理规定》、《反间谍法》等政策法规学习资料。四是大胆创新宗教活动场所财务监督管理模式，进一步规范宗教活动场所财务管理。根据我区基督教活动场所账务管理不规范、支出审批制度落实不到位、坐收坐支现象较为突出等问题，通过认真开展调研，广泛征求意见，于2016年5月聘请专业会计、出纳，在财产所有权、管理权、审批权、收益权“四权”不变的基础上，把基督教2个宗教团体和4个宗教活动场所的财务实行统一会计代管。五是认真开展民间信仰活动场所调研，完成284个民间信仰场所基本情况调查上报，并根据实际提出分类管理的意见建议。开展违规违法设立功德箱、基督教私设聚会点等专项治理。通过安排部署、摸底调查、政策宣传等，取缔私设聚会点1个，把2个家庭聚会点纳入规范化管理。六是强化服务，积极为宗教活动场所排忧解难。通过开展调研，上报2个宗教活动场所修缮计划，安排下拨宗教活动场所修缮补助3万元，对北山寺、早街基督教活动场所给予修缮补助。

【非公经济人士理想信念教育实践活动】 根据中央统战部、全国工商联和省委、市委统战部、省市工商联的部署要求，2016年继续在全区非公有制经济人士中开展以“守法诚信、坚定信心”为重点的理想信念教育实践活动。制定下发实践教育活动实施方案，重点从“信心稳企、依法治企、诚信兴企、服务强企、责任荣企、党建领企”六个方面，围绕培训、法治宣传、诚信签约、银企政企沟通、鼓励参与精准扶贫、光彩事业等方面开展教育实践活动。

【光彩事业爱心助学】 以非公经济人士理想信念教育实践活动为契机，组织丰茂纸业有限公司、小煤窑新墙材有限公司、名师酒店等12家企业捐资5.6万元，资助13名家庭贫困大学生圆大学梦。

【侨务和对台工作】 一是开展侨资企业、台胞台属、起义投诚人员基本情况调查，建立完善基础信息库。二是以“团结、教育、维权”为工作原则，认真做好重点归侨侨眷、台胞台属联系工作，制定完善《江川区重点台胞台属、归侨侨眷联系制度》，加强联系服务，开展走访慰问，帮助困难台属及侨眷解决实际困难和问题。三是认真开展侨务扶贫工作，与大街街道大街居委会2户困难侨眷签订侨务扶贫资金借款合同，分别给予7000元、3000元侨务扶贫资金扶持，帮助他们解决生产发展、家庭经营中的困难和问题，有效帮助他们脱贫致富。四是开展春节慰问活动，对全区10户归侨侨眷、8名宗教届代表人士、4名黄埔同学会员及遗孀、1名定居台胞开展走访慰问，每户发给慰问金500元。

【信息调研工作】 一是加强信息报送工作。全年共上报省委统战部、市委统战部、市民宗局、区委办、区政府办等相关部门各类信息81条，其中：省委统战部采用2条、市委统战部采用18条、市民宗局采用20条。二是加大调研工作力度，认真完成了上级部门下达的调研工作任务。全年开展民间信仰场所情况、基督教非政府开放聚会点情况调研等，形成《江川区民间信仰活动场所情况的调研报告》《关于玉溪市江川区涉及十个信仰伊斯兰教民族的其他配偶实行土葬的调查报告》《江川区基督教非政府开放聚会点情况调查报告》《当前基层民族宗教工作网络现状、问题及对策》《对民间信仰依法管理的思考》等调研报告上报市委统战部、市民宗局。

【民族成份变更】 江川区委统战部（民宗局）认真落实新颁布实施的《中国公民民族成份登记管理办法》，全年依法办理民族成份更改7人，其中：汉族变更为彝族4人、汉族变更为布依族2人、汉族变更为哈尼族1人。

（矣树芬）

区直机关工委

【概 述】 2016年，机关工委贯彻落实省、市、区委党代会议精神，以开展“两学一做”专题教育为契机，围绕“服务中心、建设队伍”两大任务，全力推进思想、组织、作风和制度建设，为建设和谐美丽新江川提供组织保证。

【从严从实抓好党组织民主生活会】 机关工委高度重视“三严三实”专题民主生活会，安排人员到各单位党组织对专题民主生活会的召开进行全程的跟踪指导、督促、点评，从严从实抓好专题民主生活会。一是严把严审民主生活会各个环节。根据县纪委和组织部联发《关于开展“三严三实”专题民主生活会的通知》（江组联发〔2015〕9号文件）和市县委的要求。机关工委认真研究，精心组织，完善各环节工作，进一步明确会议主题、开会时间、纪律等要求，并按照各单位党组织上报的准备情况进行把关审核，从学习认识、征求意见、谈心交心、批评意见清单、对照检查材料内容格式规范、领导干部不严不实问题找得准不准、剖析问题对不对应和深不深入，整改措施明不明确等各个环节进行审核把关。审核后，由各单位党组织上报专题民主生活会的请示，机关工委作出审批意见方可召开。二是从严督促指导民主生活会。机关工委紧紧围绕专题民主生活会关键环节，重点工作，安排参加督促指导人员提前介入，了解联系单位党组织领导班子情况，会议准备工作，确保各单位党组织认真做好会前准备，落实好规定动作，开出有质量、有份量的专题民主生活会。三是抓好整改落实确保取得实效。切实加强整改落实工作，对专题民主生活会上查摆出来的问题纳入议整改内容，研究制定整改落实方案，建立长效机制，做到整改目标、内容、标准、时限“四明确”，确保整改进程、整改效果可查、可监督，逐项抓好整改落实，确保整改不折不扣、取得实效。

【深入基层党组织督促指导】 按照区委党建工作重点，机关工委研究制定党建工作年度计划，理清思路，明确任务，结合区直机关各单位的行业特点，认真分解细化目标责任，2016年4月21日，机关工委召开2016年党建工作会议，会上与46个基层党组织书记签订《党建工作责任书》。并于8月26日至30日分3个组深入各基层党组织开展督查，通过听汇报、查资料，访党员干部，在督促检查党建工作落实情况的同时，督促做好查缺补漏工作。

【举办信息暨网评工作培训】 2016年3月10日，机关工委在区委党校举办信息暨网评工作培训。区直属机关各党（总）支部组织委员或信息员或网评联络员50余人参加培训。培训邀请江川区纪委副书记、监察局局长郭华为学员授课。他主要以“处处留心皆素材，笔耕不辍撰网评”为题，从处处留心、及时撰写、反复修改、借鉴学习和强化责任五个方面系统讲解撰写网评的方式和技巧。

【举办党务干部培训班】 2016年5月23～24日，在机关党组织负责人变动较大的情况下，机关工委举办为期一天半的党务干部培训班，培训主要结合江川区的重点工作，学习机关党建工作的认识和体会为内容进行培训，共培训党务干部100名。

【举办入党积极分子和发展对象培训】 机关工委于2016年5月25～27日在区委党校举办第26期入党积极分子暨第2期党员发展对象培训班，共培训学员34名（其中：入党积极分子13名，党员发展对象21名）。培训采取专题授课、分组讨论、学习交流和集中考试相结合的方式进行。主要进行《党章》专题辅导、加强纪律修养是党员的必修课、如何做一名合格的党员和重温党史坚定信仰等四个专题的学习；分入党积极分子小组和党员发展对象小组进行了学习讨论，分别撰写学习心得体会，6名学员进行集中交流发言；安排统一集中考试。

【加强党组织班子建设】 机关工委对人事变动和任期届满的党组织适时进行指导改选和换届选举。2016年来共对4个党总支、6个党支部进行了改选、补选，撤销党支部支7个，新建党支部4个，新成立"社会组织"和"小个专"两个党委，对12个党总支、42个党支部进行集中换届选举，共选举产生190名党总支、支部班子成员。

【推选提名各级党代表工作】 2016年是省、市、区委换届之年，机关党工委按照区委组织部的安排部署，按照有关程序，保证代表结构，采取自上而下，自下而上，反复酝酿，多次反复协商的方式，提名推荐省委第十次代表大会代表候选人初步人选提名4名，市委第五次代表大会代表候选人初步人选40名，组织选举产生区委第二次代表大会代表80名。

【开展"七一"纪念活动】 区直属机关党组织以实际行动向党的生日献礼，开展系列活动。一是开展一次集中学习。7月1日上午，区直属机关各单位党组织，组织党员干部1117名收听收看庆祝中国共产党成立95周年大会实况，认真学习习总书记的重要讲话，鼓励全体党员面向未来，不忘初心，继续前进。二是开展讲党课活动。"七一"前后，各单位党组织结合开展纪念建党95周年活动，以开展"两学一做"学习教育为党课内容，单位党组织书记和主要领导给全体党员干部讲述"两学一做"学习教育的重大意义，学什么，怎样学以及如何做"四讲四有"合格党员。三是开展调研走访慰问活动。"七一"前夕，组织党员干部带头深入包村联系点、社区、单位开展走访慰问和随机调研，了解经济社会发展情况，指导基层开展党建工作，共走访慰问困难党员、老党员93名，慰问资金总计25800元。四是吸收发展一批新党员。"七一"前后，机关工委新发展预备党员14名，审批11名预备党员转正。五是开展歌唱活动和歌咏比赛。在纪念建党95周年和开展"两学一做"学习教育，各单位党组织按照区委的统一安排布署，抽调部分党员参加中共玉溪市江川区纪念中国共产党成立95周年合唱歌咏比赛活动，用歌声表达对党的热爱与忠诚。六是开展"七一"表彰活动。机关工委推荐上报区委表彰优秀共产党员13名、优秀党务工作者8名、先进基层党组织8个进行了表彰；机关工委表彰2014-2015年度优秀共产党员46名、优秀党务工作者8名、先进基层党组织8个。

【发展党员工作】 机关工委贯彻落实《中国共产党发展党员工作细则》，按照"控制总量、优化结构、提高质量、发挥作用"总要求，严格履行入党手续，研究分析发展党员的现状，规范入党程序，贯彻落实发展党员公示制、预审制、票决制、责任追究制等制度，严把质量关，做好党员发展工作。2016年共发展新党员18名，其中：女性党员7名，占38.89%；少数民族2名，占11.11%；35岁以下的13名，占72.22%；大专以上文化的18名，占100%。审批预备党员转正19名。

【创建服务型党组织】 机关工委按照创建服务型党组织的要求，组织开展美丽玉溪服务先锋行动，推进"挂包帮、转走访"扶贫攻坚工作，开展民情调查，研究制定帮扶措施，切实抓好党建与扶贫双推进；开展"争当仙湖卫士，保护母亲湖"主题实践活动，710名党员参加，开展活动138次，清扫捡拾垃圾183.2顿，清理河道沟道39123米，帮助解决项目资金367.92万元；开展云岭先锋党员志愿者服务，组建46个志愿服务队，829名党员参加，开展"送温暖、献爱心"慰问活动88次，慰问党员群众1583人次，发放慰问金236070元，发放物品798件，单位筹资208059元个人捐资82840元；开展在职党员到社区报到为群众服务活动，认领服务岗位，加强党员服务群众工作力度，所属46个党组织1117名在职党员到社区报到，为群众办实事好事197件，协调项目31个，落实项目资金20932.73万元；慰问困难党员群众1504人，慰问金171135元；收集意见建议229条，提出改进意见129条，以服务赢得群众好评；在各党组织开展党员先锋岗评比，创建了党员先锋岗11个，示范窗口13个，承诺践诺，激发党员服务热情。

【完善党员积分制管理工作】 按照区委组织部的要求，机关工委在往年党员积分制管理工作的基础上，下发玉江直发〔2016〕16号《关于进一步深化党员积分制管理工作的通知》，对党员积分制管理工作进行调整和完善，将党组织对党员的要求用分数进行量化和细化，以累计积分的形式把党员履职情况和党性状况体现出来，使党员积分制管理工作更加精细化和科学化，充分激发党员先锋模范作用的发挥。

【强化晋位升级工作】 机关工委从组织设置是否合理、领导班子是否健全、工作制度是否完善、阵地建设是否合理、保障措施是否到位、党组织作用发挥是否充分、党员群众是否满意等七个方面进行调查摸底，掌握存在的主要问题，深刻剖析主要问题存在的原因。采取自查自评、党员群众评议、上级党组织评定等程序，在区直属机关92个党组织中，定为先进的32个，占34.78%，定为一般的58个，占63.04%，定为后进的2个，占2.17%。根据后进支部存在的不足和问题，指导他们制定整改措施，并按规定时限真正抓好整改落实工作，确保整改提高，晋位升级工作落到了实处。

【申报党建创新项目】 按照县委组织部对党建工作创新项目选题的要求，紧密联系机关开展党建工作的实际做好选题、立项、申报和实施工作，突出“加强‘两类’党组织管理”的主题，适应全面从严治党的新常态，进一步打造思想过硬、纪律过硬的机关党员队伍。

【机关党建工作】 机关工委于8月11日至16日成立三个专项督查组，对各单位党组织进行专项督查，通过“三举措”力推机关党建全面过硬。

围绕目标抓督查。针对“两学一做”学习教育和基层党建等重点内容，细化督查内容，各督查组通过听取汇报、现场提问、查阅台账资料等方式，找准各单位在落实目标责任制和重点工作开展过程中存在的问题。

结合党建强交流。通过实地查看党员活动阵地建设、示范点创建和积分制管理等工作，督查组成员与各单位党组织负责人座谈交流，对如何抓好学习教育、党员管理等工作相互学习借鉴、沟通交流、取长补短，达到促进提升、推进工作的目的。

针对问题促整改。结合专项督查的情况，党工委及时召开督查工作汇报会，各督查组认真梳理存在问题，及时反馈督查情况。按照要求，督促指导各单位结合反馈情况及时制定整改落实方案、明确整改时限、落实责任人，针对问题集中整改。

【党员固定活动日】 机关工委积极探索和实践“党员固定活动日”，结合正在开展的“两学一做”学习教育，把从严治党从基层党的组织生活抓起，以每月10日作为固定日开展党的活动，开展传达上级精神、通报重大事项、听取党员意见、上党课、安排部署工作、召开组织生活会、开展志愿服务等，与各项实际工作融为一体，让基层党的组织生活内容上接“天线”含指导性，下接“地气”具实效性，真正发挥起党组织的战斗堡垒和党员的先锋模范作用。其主要做法是：

一是坚持“五个一”。区直机关党工委牢牢把握“规范、常态、有效”的主旨，重点创建“五个一”工程：

一家一阵地。按照党建示范点创建的原则，按要求统一规范各党（总）支部党员活动室建设。2016年重点抓好11个单位的党建示范点建设，以点带面，其它单位党组织逐步推进，为“党员固定活动日”搭建平台。

一月一主题。每个党员固定活动日，围绕单位实际工作、党员实际需求和所联系村（社区）内的热点、难点问题，根据各单位党组织上报党工委活动计划确定的1个主题，开展活动，一月一个主题，做到不走过场、不搞形式，有效推进“党员固定活动日”的开展。

一月一活动。每月各单位党组织要紧紧围绕坚定信念、增强党性、提高素质、严肃党纪、服务群众、促进发展、维护和谐，结合各自工作实际、行业特点和党员群众需求，科学设定活动内容，重点围绕学习培训、组织生活、民主议事、服务群众等方面开展活动，有效丰富了“党员固定活动日”内涵与外延。

一月一评星。要求严格对照党员“带头学习提高、带头争创业绩、带头服务群众、带头遵纪守法、带头弘扬正气”的标准，各支部每月开展一次党员评星活动，做到好中选优，优中定星，并将每月一星党员在党务公开栏中亮相，激发广大党员争先创优促跨越的工作热情。

一月一材料。每月“党员固定活动日”结束后，党工委要求各党（总）支部要认真总结经验，每月15日前，撰写党员固定活动日典型材料，上报党工委，达到相互学习、相互促进的目的。

二是注重“六个结合”。区直机关党工委为使党员固定活动日活动经常化、实施规范化、内容多样化、措施具体化，重点推进“六个结合”项目：

结合“两学一做”学习教育工作。党员固定日活动与当前开展的“两学一做”学习教育工作相结合，重点落实好“三会一课”、组织生活会作为党员固定活动日的首要任务，扎实推进，严肃党内生活、规范党员活动，争当“四讲四有”党员，确保党内政治生活正常有序开展，确保“两学一做”学习教育有成效。

结合“党员先锋岗和党员示范窗口”创建工作。党员固定活动日通过创建以“争当先锋、作出示范”为主题的11个党员先锋岗和13个党员示范窗口，不断提升党员服务能力、明确党员宗旨意识，促进党员发挥先锋模范作用，承诺践诺，创新载体，作出表率。

结合“在职党员到社区报到为群众服务”活动。党员固定活动日以突出建设队伍、服务基层、转变作风为要求，结合单位实际组织机关党员进社区、下基层、访民情、解民忧，丰富机关党员组织生活，创新服务载体，提升服务效能。

结合“云岭先锋党员志愿服务”活动。党员固定活动日以各单位党组织组建的46个党员志愿服务队为载体，确定服务主题、服务内容，定期开展义务植树、争当“仙湖卫士”、环境美化、扶贫助残、法制维权等志愿服务活动，以服务型基层党组织建设促进服务型社会创建。

结合“挂包帮、转走访”扶贫攻坚工作。党员固定活动日通过组建驻村扶贫工作队，进村入户开展调查，宣传扶贫相关政策，研究制定帮扶措施，按照统规联建的指导思想，切实抓好扶贫项目的落实，实现党建与扶贫双推进。

结合“党员积分制管理”工作。党员参加固定活动日情况纳入积分考核重要内容，积极参加固定日活动的加分，不参加或参加活动不积极的扣分，并在党员积分制公示栏内公示，接受党员群众的监督。

【四项措施培育党员志愿服务品牌】 机关工委通过组队伍、认岗位、飘旗帜、建台账激发区直机关“云岭先锋”党员志愿服务队的模范性、引领性和服务性。

一是建队伍。下发《关于印发〈江川县直机关党工委关于开展“云岭先锋”党员志愿服务实施方案〉的通知》文件，要求区直机关各单位党组织的在职党员分别组建1支“云岭先锋”服务队，融入到各单位挂钩联系村或者在职党员报到社区，与村（社区）党员志愿服务队共同开展服务工作。区直属机关工委基层党组织已组建40支“云岭先锋党员志愿服务”队伍。

二是认岗位。机关“云岭先锋”志愿服务队在组建后，迅速到联系的村或社区认领“云岭先锋”党员志愿服务岗，在认领岗位时，注重结合群众需求、特长发挥和职业技能，做到人岗相宜。

三是飘旗帜。统一制作“云岭先锋”党员志愿服务旗帜下发到机关各党组织，要求在开展志愿服务活动的时候，要佩戴党徽、飘扬旗帜、亮明身份。组织部、妇联、总工会和文广体局举办仙湖卫士“爱湖护湖·美丽家园·巾帼建功”三八节徒步活动，组织全区机关事业单位的党员志愿服务队及广大青年、妇女，共计1080人，到星云湖沿岸开展徒步活动，全程总计6千米。

四是建台账。要求各单位将志愿服务队志愿者登记造册报党工委备案，并于每季度末上报“云岭先锋”党员志愿服务活动开展登记表，确保党员每年至少参加2次志愿活动，科级党员领导干部每年至少参加4次志愿活动，推动干部直接联系服务群众落到实处。统一制作机关志愿服务工作台账样式，下发至各单位党组织，要求他们3月31日前上报《江川县直机关党工委2016年度“云岭先锋”党员志愿服务队志愿者登记表》，并于每季度末上报《江川县直机关党工委2016年度“云岭先锋”党员志愿服务活动开展登记表》。区机关工委将“云岭先锋”党员个人志愿服务列入区直机关工委2016年度日常督查内容，并作为年终党建考核的重要内容，防止活动流于形式。

【全面推进从严治党】 机关党工委借“两学一做”学习教育之机，补齐制度这块短板，以制度建设为抓手，建立健全各项党内制度。通过规范日常党务工作、党员的学习教育、党工委内部制度等，用制度管人、管事，不断加强自身建设，提升机关党建科学化水平，使区直机关党建工作走上制度化、规范化轨道。

建立健全党内组织生活制度。一是严格落实党员领导干部参加双重组织生活会制度。党员领导干部不但要参加领导班子专题民主生活会，还要以普通党员的身份带头参加党内组织生活会，实行党员领导干部签名制度，推进党员领导干部作风转变，真正使党的组织生活、党员教育管理严起来、实起来。二是健全“三会一课”制度。定期召开党员大会、支委会和党小组会，并在各党支部推行“微型党课”，取得了明显成效。

严格执行民主集中制。区直机关党工委于4月18日召开党工委会学习重温了毛泽东《党委会的工作方法》，学习十二条工作法，做到科学决策。按照“三重一大”的要求，坚持重大问题集体讨论决定，做到班子内部团结协调，在审批发展新党员、预备党员转正、党员处理、党（总）支部班子调整、选举、表彰等重大问题上，严格执行民主集中制。

建立随机调研制度。区直机关党工委按照工委委员联系点的要求，加大基层党建调研力度，紧紧围绕党建工作中的重点、难点、热点问题开展“随机调研”，了解真实情况，及时发现问题，督促限时整改。采取不打招呼，随机选点，采取实地查看、座谈等方式，直接向基层党组织和党员、干部了解情况；到包村点开展调研，切实抓好“挂包帮、转走访”工作，促进党建+扶贫双推进。

建立党建联系点制度。区直机关党工委建立基层党建联系点48个，明确了工委委员所联系的党组织，要求每年到联系点指导工作不少于6次，每年对联系点的党建工作开展一次专题调研活动，及时总结和宣传推广联系点好的做法和取得的成功经验，以点上的经验推动面上的工作。

建立督查工作制度。区直机关党工委成立由党工委副书记为组长的督查工作领导小组，每季度对党工委推进的重点工作、制度执行情况和作风建设等方面的情况进行督查，并发督查通报，对存在的问题要求基层党组织按要求按时限进行整改。

【机关关工委工作】 机关工委下发《关于转发〈江川县直属机关关工委2016年工作意见〉的通知》对关工委工作进行安排布置，机关关心下一代工作抓得扎实有效。一是抓好学习教育。在区直机关中组织开展党的十八届五中全会精神和践行社会主义核心价值观宣讲教育活动45场，参加人员1305人次。二是组织开展暑假夏令营活动。2016年，县直机关8多个单位组织了2776人开展活动，共开支经费25900元，使学生们开阔了视野，增强了集体主义观念。三是积极开展助学兴教活动。县直机关各单位向全县学校、大中专、中小学生投入助学兴教资金共计604011元（含捐物原值折算）。共资助学生306人，补助残疾52人家庭人子女考取大中专学生、特困学生213人。

（赵连江）

“两新”组织党工委

【概　述】 2016年，江川区“两新”组织党工委紧紧围绕“基层党建推进年”的部署要求，以“两学一做”学习教育为契机，以扩大“两新”组织党组织覆盖面为重点，以提高党建工作科学化水平为主线，着力在抓实责任、打牢基础、补齐短板、突出示范上用力，实现了党的建设与企业发展“双赢”的良好局面。

【“两新”组织机构】 2016年5月13日在区直机关党工委成立社会组织党委和“小个专”党委。制定下发《江川区非公有制经济组织和社会组织党工委工作规则（试行）》《江川区非公经济组织和社会组织党建工作联席会议制度》，坚持“两新”组织党建工作例会和联席会议制度，加强成员单位间的沟通协调，凝聚工作合力，研究、部署、推进“两新”组织党建工作。制定下发《关于开展非公经济组织和社会组织党组织覆盖提升行动的通知》，对全区1200余户“两新”组织进行了一次“地毯式”摸排，详细掌握运行状况、员工数量、党员底数、组织设置、管理关系等基本情况，通过“百日攻坚”行动，采取单独组建、联合组建、派员补建等方式，做到应建尽建，全区“两新”组织党组织覆盖率实现了跨越式提升。在列入党建基数的384家非公企业中有党组织68个，覆盖241家非公企业，覆盖率由原来的12.06%提高到62.76%；在列入党建基数的48家社会组织中有党组织29个，覆盖30个社会组织，覆盖率由原来的2.24%提高到62.50%。按照“控制总量、优化结构、提高质量、发挥作用”的要求，以生产经营骨干、技术骨干和一线优秀职工为重点，发展党员15名。将“两新”组织党组织的党建经费列入预算，按照区级财政不低于1∶1的比例配套“两新”组织党建工作经费要求，整合市、区两级财政资金，给予党总支4000元的党建经费补助，党支部2000元党建经费补助，党员每人每年100元党员教育培训经费补助，党组织书记每人每月200元岗位补贴。同时，加大监督检查力度，对专项资金的支出情况进行监督检查，进一步规范支出，确保专款专用，推动“两新”组织党建业务开展。

【“两新”组织党建指导员】 进一步深化工作责任落实，结合党建工作要求和“两新”组织需求，选派32名党建指导员，通过实行区级领导+党（工）委委员+党建指导员“三责一体”的联系指导机制，由党建指导员定期与联系领导和党（工）委委员联系沟通，汇报派驻党组织工作开展情况，及时帮助分析、解决困难和问题，提升党建工作实效。

【管理工作】 一是确保标准统一。结合“两新”组织实际，对标对表制定《关于在全区非公经济组织和社会组织党员中进一步深化“学党章党规、学系列讲话，做合格党员”学习教育的通知》。二是确保教育对象全覆盖。开展“党员找组织、组织找党员、组织找组织、党员找党员”“四找”工作，摸清党员底数，努力做到全体党员都参与到学习教育中。三是确保教育进一步经常化。按照“一月一学习，一季一研讨、一季一党课”的要求，结合“三会一课”、“党员固定活动日”，把学习教育融入日常、抓在经常。四是确保学用结合。坚持把学的要求和做的实践紧密结合，把学习教育与推动企业发展紧密结合，实现了企业发展与党组织建设的“双赢”局面。

【“两新”组织作用发挥】 充分发挥非公企业党组织党员直接参与生产经营活动的优势，不断推动非公企业党建工作与生产经营深度融合，引导党员在一线岗位上争先锋、当模范、争先进、创业绩，确保党的建设与企业快速发展同步推进。一是“亮身份”、树形象。云南联塑有限公司在生产一线设立“党员先锋岗”；乾景商业中心在商户设立“党员诚信岗”；吉宏汽车运输有限公司党支部设立“党员示范岗”，党员通过佩戴党徽、亮明身份，真正把党员的先锋模范作用显出来，把党员的模范形象树起来。二是明奖惩、做表率。乾景商业中心结合实际，为党员经营户量身制定奖惩措施，引导党员经营户带头学法守法用法，诚信经营，积极发挥党员商户带头致富作用。三是建言献策、做主人。开展“我为企业献一策”活动，让广大党员和员工关注企业，参与发展，出谋献策。四是回馈社会、讲奉献。组建志愿服务队积极参与“脱贫攻坚”、“清洁家园”等活动，组织开展看望麻风病人、无偿献血、看望孤寡老人等系列志愿活动10余次。

（金武恒）

区委党校

【概　述】 2016年，中共玉溪市江川区委党校、玉溪市江川区行政学校、玉溪市江川区社会主义学校深入贯彻全国、全省、全市和我区党校工作会议精神，突出理论教育和党性锻炼主业，充分发挥“三个阵地”和“一个熔炉”作用，努力提高全区党员干部的理论素养和知识水平，助力江川跨越发展。2016年5月12日，区委党校被江川区精神文明指导委员会授予“江川区第八届文明单位”、2016年6月27日，在庆祝中国共产党成立95周年之际，区委党校支部被区委评为“先进基层党组织”。

【召开江川区2016年干部教育联席会议】 4月29日，江川区2016年干部教育联席会议在区委党校召开，传达学习新颁布的《干部教育培训工作条例》和《中共云南省委关于加强和改进新形势下党校工作的实施意见》，研究部署2016年全区党员、干部教育培训工作。

【召开全区党校工作会】 2016年10月10日，玉溪市江川区党校工作会在区委党校召开。区委常委、区人大常委会主任、区政协主席及相关领导60人参加会议。会议听取区委书记徐贤同志所作的《高举旗帜　突出主业　努力开创江川党校新局面》的讲话，讨论通过《中共玉溪市江川区委关于加强和改进新形势下党校工作的实施意见》。

【综合教育培训服务工作】 2016年区委党校主动协作，积极配合相关部门举办各类培训班。一是与区直属机关工委配合，于2016年3月10日举办“直属机关党工委党建工作信息、网评工作培训班”对直属机关工委下属支部50名党务工作者就党建工作信息撰写和网评材料撰写进行培训，并对直属机关工委2016年党建信息、网评文章撰写与报送工作进行安排布置。5月25至27日，举办“江川区直属机关党工委第26期入党积极分子和第2期重点发展对象培训班”。利用3天时间，对56名入党积极分子和发展对象进行培训。区委党校教师业居敏、李拥军、龚正英分别于“党史讲座”、“党章辅导”、“如何做一名合格的共产党员”为培训班学员进行授课。培训班采取集中辅导、自学、分组讨论、撰写学习心得、考试的方式进行，56名学员都通过考试取得合格证书。二是与区总工会配合，利用5月11日至13日的时间举办“2016年江川区工会干部素质培训班”，对全区215名基层工会的主要负责人和工会劳动法律监督员进行培训，培训涉及工会业务知识、党的十八届五中全会精神、艾滋病防治知识、平安江川创建、劳动法律监督等内容。区委常委、组织部部长林清出席开班动员，区委常委、政法委书记陈琎寿以“心系过与家　依法保平安”进行专题辅导，区委党校常务副校长李卫东以“党的十八届五中全会精神解读”为题进行授课。三是与组织部共同协作，举办2016年村级干部培训班。培训班自2016年7月3日开始至7月9日止，全区新当选的村（社区）总支书记、主任、监督委主任和各乡镇（街道）党（工）委副书记、组织委员共190人参加培训。培训采取集中学习、交流发言、撰写心得、观看专题片等方式进行。内容涉及“‘两学一做’学习教育”“村民监督委员会如何履行监督职责、怎样监督”“区情、江川区十三五规划刚要解读”“撤县设区后如何加快江川区建设”“学习贯彻《中国共产党纪律处分条例》《中国共产党廉洁自律准则》”“如何加强农村基层党风廉政建设”“村庄规划和美丽乡村建设”“牢固树立新理念　全面推进新发展”“矛盾纠纷排查化解”“党史”“农村产业发展”“农村三资管理”等。

【举办江川区第一期青年干部培训班】 培训班于2016年9月17日至2016年10月21日在区委党校举办，培训时间共33天。培训班围绕“入学教育、基础理论、江川经济建设与社会发展、党性教育与警示教育、能力培养与综合素质教育”五个专题进行。主要采取理论与实际相结合、学与用相结合的方式进行，区级领导到校与学员座谈17场，举办专题讲座24场，视频教学4场，学员论坛4次；开展社会实践和专题调研3次；进行现场教学1次（三天）；组织文体活动4次。每位学员上交调研报告2篇，心得体会8篇，带来案例2个，发言提纲3篇，信息3篇。区委书记徐贤同志出席开班式和毕业典礼，并与学员进行座谈，其他区委常委参与授课或与学员进行座谈。区长和每一位副区长分别为培训班学员进行授课或与学员进行座谈。49名学员都取得毕业证书，9名优秀学员受到表彰。

【开展党课教育】 2016年，区委党校选派教师分别到九溪阳山庄村委会、江川区信用联社党委、安监局党支部、老干部局党支部、招商局党支部、江川人民银行、工商银行、商业银行、九溪镇党组织开展“两学一做”专题党课讲授9场，到大街街道下营社区开展《党章》学习辅导1场。

【开办道德讲堂】 2016年，区委党校与区委宣传部配合，开办“道德讲堂”。一年中，区委党校共组织教师到全区行政事业单位、乡镇（街道）、村委会（办事处）、企业开办道德讲堂11场，参与听众1000多人次。

【党的十八届六中全会精神宣讲】 2016年主要由区委党校教师和领导组成的江川区委党的十八届六中全会精神宣讲团，到区属单位和乡镇（街道）开展宣讲，共举办宣讲报告会14场，参与听众800多人次。

（李拥军）

玉溪市江川区人大常委会

【江川县第十五届人大常委会主任、副主任、委员名录】（2016.1–2016.2）

主　任　龚桂存（2016.1当选）

副主任　杨本忠　刘跃宁

　　　　史云德　陆富仙

委　员　史云峰　坝有贵

　　　　李双全　李玉荣

　　　　杨学敏　吴绍良

　　　　张江瑞　周红艳

　　　　周绍荣　洪　芬

　　　　徐丽华　龚贵生

　　　　潘兴发　张江景

　　　　雷永彪　李江辉

【江川县人大常委会各委、室负责人名录】（2016.1–2016.2）

办公室

主　任　潘兴发

副主任　杨花润

法制和民族外事华侨工作委员会

主　任　周绍荣

副主任　张吉福

财政经济工作委员会

主　任　张江景

副主任　李绍德

教科文卫工作委员会

主　任　杨学敏

副主任　郑　霄

选举联络工作委员会

主　任　张江瑞

副主任　雷启明

农业工作委员会

主　任　李双全

副主任　施文光

城建环保资源工作委员会

主　任　坝有贵

副主任　陆春光

【江川区第一届人大常委会主任、副主任、委员名录】（2016.2–2016.12）

主　任　龚桂存

副主任　杨本忠　刘跃宁

　　　　史云德　陆富仙

委　员　史云峰　坝有贵

　　　　李双全　李玉荣

　　　　杨学敏　吴绍良

　　　　张江瑞　周红艳

　　　　周绍荣　洪　芬

　　　　徐丽华　龚贵生

　　　　潘兴发　张江景

　　　　雷永彪

　　　　李江辉（2016年3月辞职）

【江川区人大常委会各委、室负责人名录】（2016.2–2016.12）

办公室

主　任　潘兴发（2016.3离任）

　　　　周　瑜（2016.3任）

副主任　杨花润

法制和民族外事华侨工作委员会

主　任　周绍荣（2016.11离任）

　　　　侯小青（2016.11任）

副主任　张吉福（2016.9离任）

　　　　李任民（2016.3任）

财政经济工作委员会（2016年12月撤销）

主　任　张江景（2016.9离任）

　　　　雷吉林（2016.11任、2016.12任）

副主任　李绍德（2016.7离任）

　　　　刘清华（2016.7任、2016.12离任）

教科文卫工作委员会

主　任　杨学敏（2016.9离任）

　　　　罗玉华（2016.9到任）

副主任　郑　霄

选举联络工作委员会

主　任　张江瑞（2016.9离任）

　　　　雷永彪（2016.9任）

副主任　雷启明（2016.9离任）

　　　　王忠明（2016.3任）

　　　　马宇飞（2016.9任）

农业工作委员会

主　任　李双全（2016.9离任）

　　　　坝有贵（2016.9任）

副主任　施文光（2016.9离任）

　　　　普绍有（2016.3任）

城建环保资源工作委员会

主　任　坝有贵（2016.9离任）

　　　　李双全（2016.9任、2016.11离任）

　　　　何　眉（2016.11任）

副主任　陆春光（2016.9离任）

　　　　龚艳美（2016.9任）

【概　述】 2016年，区人大常委会认真落实区委的决策部署和人大四次会议的要求，依法履职，服务发展大局，推进依法治区进程，为江川的经济社会发展和民主法治建设作出积极贡献。一年来，共召开人大常委会会议13次，听取、审议审查“一府两院”专项工作报告22项，作出决议决定6个、审议意见7个，依法任免国家机关工作人员70人次；接受2名区人大代表辞职，确认许可对1名区人大代表进行刑事审判，确认许可对1名区人大代表采取强制措施，补选2名市人大代表，审议区乡两级人大换届选举事宜5项，作出决定2个；组织视察调研10次，形成调研视察报告9个。

【县第十五届人民代表大会第四次会议】 江川县第十五届人民代表大会第四次会议于2016年1月18日至21日在江川影剧院召开。169名县第十五届人民代表大会代表出席会议，县属各部委办局负责人，县人民法院、县人民检察院相关领导，乡镇、街道有关领导，市直单位负责人，部分退休老领导等191人列席大会。

大会听取和审议县人民政府代理县长王志华所作的《政府工作报告》；审查批准江川县2015年国民经济和社会发展计划执行情况及2016年国民经济和社会发展计划；审查批准江川县2015年地方财政预算执行情况和2016年地方财政预算；审查批准江川县国民经济和社会发展第十三个五年规划纲要草案；听取和审议县人大常委会副主任杨本忠所作的《江川县人大常委会工作报告》；听取和审议县人民法院院长郑子云所作的《江川县人民法院工作报告》；听取和审议县人民检察院检察长资云坤所作的《江川县人民检察院工作报告》，并作出六个报告的决议。大会补选龚桂存为江川县人大常委会主任、王志华为江川县人民政府县长。

【县第十五届人大常委会第二十七次会议】 2016年1月7日，县十五届人大常委会举行第二十七次会议，会议决定确认许可对江川县第十五届人民代表大会代表杨建明采取强制措施。会议决定批准《县人大常委会代表资格审查委员会关于代表变动和补选代表的代表资格审查报告》。会议审议决定，2016年1月18日至21日召开江川县第十五届人民代表大会第四次会议。会议审议与江川县第十五届人民代表大会第四次会议有关的议程草案、日程草案、各代表团团长名单草案、主席台就坐人员名单草案、主席团和秘书长名单草案、财政经济审查委员会名单草案、议案审查委员会名单草案、列席人员名单草案、人大常委会工作报告及报告人等事项。

【区第一届人大常委会各次会议】

2016年2月25日，区人大常委会举行第一次会议，根据中国共产党玉溪市委员会玉复〔2016〕1号《中共玉溪市委员会关于〈中共江川县委关于江川县撤县设区的请示〉的批复》和玉溪市人民代表大会常务委员会玉人发〔2016〕7号《玉溪市人民代表大会常务委员会关于江川县撤县设区有关问题的批复》，会议审议通过《关于县十五届人大常委会组成人员职务变更的议案》《关于县人大常委会工作人员职务变更的议案》《关于县人民政府县长王志华职务变更的议案》《关于县人民法院院长郑子云职务变更的议案》《关于县人民检察院检察长资云坤职务变更的议案》《关于县人民政府副县长职务变更的议案》《关于提请审议牛旺林等23位同志职务变更的议案》《关于提请审议毕金彪等134位同志职务变更的议案》和《关于提请审议郑翔等41位同志职务变更的议案》，各项议案中所涉及的本级国家权力机关、行政机关、审判机关、检察机关的工作人员，一并转为玉溪市江川区相应的职务，不再另行选举和任命。会议根据表决结果，任命刘宝金为玉溪市江川区人民法院审判员、审判委员会委员、副院长，吴仟为玉溪市江川区人民法院审判员，会议决定免去李新的玉溪市江川区人民检察院副检察长、检查委员会委员、检查员职务，曹萍、官有良的玉溪市江川区人民法院审判员职务。会议审议作出批准《江川区人民政府关于江川区2015年政府债务限额核定情况的报告》决定。

2016年3月29日，区人大常委会举行第二次会议，会议审议同意接受李江辉辞去玉溪市江川区人大常委会委员职务，任命周瑜为玉溪市江川区人大常委会办公室主任、李任民为玉溪市江川区人大常委会法制和民族外事华侨工作委员会副主任、王忠明为玉溪市江川区人大常委会选举联络工作委员会副主任、普绍有为玉溪市江川区人大常委会农业工作委员会副主任、郭伟为玉溪市江川区人大常委会大街街道工作委员会主任、李光耀为玉溪市江川区人大常委会财政经济工作委员会兼职委员、胡正鸿为玉溪市江川区发展和改革局局长、何俊为玉溪市江川区文化广电和体育局局长、李江辉为玉溪市江川区安全生产监督管理局局长，免去潘兴发玉溪市江川区人大常委会办公室主任职务、张培龙和杨朝兴玉溪市江川区人大常委会财政经济工作委员会兼职委员职务、曲绍庭玉溪市江川区发展和改革局局长职务、周瑜玉溪市江川区文化广电和体育局局长职务、马常有玉溪市江川区安全生产监督管理局局长职务。会议审议通过《玉溪市江川区人大常委会2016年工作要点（草案）》。会议听取区人民政府副区长杨军苹作的《玉溪市江川区2016年重点工作重大项目安排情况的报告》。

2016年4月18日，区人大常委会举行第三次会议，会议审议决定，撤销杨杰的玉溪市江川区水利局局长职务，作出《关于确认许可对玉溪市江川区第一届人大代表叶仕刚采取强制措施的决定》和《确认许可对玉溪市江川区第一届人大代表杨建明进行刑事审判的决定》。

2016年5月27日，区人大常委会举行第四次会议，会议审议区人民政府《江川区土地利用总体规划调整完善工作进展情况的报告》，作出《关于江川区土地利用总体规划调整完善工作情况的审议意见》。审议《玉溪市江川区人民政府关于江川区乡村医疗卫生工作情况的报告》，作出《关于江川区医疗卫生工作情况的审议意见》。会议听取《区人民政府关于江川区中小型水库管理工作情况的报告》。

2016年6月8日，区人大常委会举行第五次会议，会议决定任命王柄璋为玉溪市江川区人民政府副区长，免去李志刚玉溪市江川区人民政府副区长职务，同意杨杰辞去玉溪市江川区第一届人民代表大会代表职务。

2016年7月29日，区人大常委会举行第六次会议，会议审议决定，任命刘清华为玉溪市江川区人大常委会财政经济工作委员会副主任、赵亮为玉溪市江川区人民检察院副检察长、检察委员会委员、检察员，免去李绍德玉溪市江川区人大常委会财政经济工作委员会副主任职务、洪彦正玉溪市江川区人民检察院检察委员会委员、检察员职务，李庆和龚汝粪的玉溪市江川区人民检察院检察员职务。会议决定接受叶仕刚辞去玉溪市江川区第一届人民代表大会代表职务；会议听取《2015年度县本级财政预算执行和其他财政收支的审计工作报告》并审查批准江川县2015年财政决算；会议听取和审议区人民政府《关于玉溪市江川区2016年上半年国民经济和社会发展计划执行情况的报告》《关于玉溪市江川区2016年上半年财政预算执行情况的报告》，分别作出玉溪市江川区人大常委会《关于江川区2016年上半年国民经济和社会发展计划执行情况的审议意见》《关于江川区2016年上半年财政预算执行情况的审议意见》；会议审议决定，江川区区、乡人大换届选举工作从2016年7月开始至2017年2月底结束，2016年12月31日以前选举产生区、乡人大代表，2017年1月底以前召开乡镇新一届人民代表大会第一次会议，2017年2月底以前召开区第二届人民代表大会第一次会议。

2016年9月29日，区人大常委会举行第七次会议，会议听取区人民政府关于玉溪市江川区贯彻实施《云南省全民健身条例》情况的报告、关于星云湖水葫芦打捞工作情况的报告、关于玉溪市江川区市场监管工作情况的报告；会议听取和审议区人民政府关于玉溪市江川区第四个五年依法治区规划实施情况的报告和玉溪市江川区殡葬改革工作情况的报告，分别作出区人大常委会关于江川区第四个五年依法治区规划实施情况的审议意见、关于江川区殡葬改革工作情况的审议意见；会议审查批准区人民政府关于玉溪市江川区2016年地方债务限额及区本级财政专项预算调整方案；会议决定，任命罗玉华为玉溪市江川区人大常委会教科文卫工作委员会主任、雷永彪为玉溪市江川区人大常委会选举联络工作委员会主任、马宇飞为玉溪市江川区人大常委会选举联络工作委员会副主任、李双全为玉溪市江川区人大常委会城建环境资源工作委员会主任、龚艳美为玉溪市江川区人大常委会城建环境资源工作委员会副主任、坝有贵为玉溪市江川区人大常委会农业工作委员会主任、李忠良为玉溪市江川区民族宗教事务局局长、唐光华为玉溪市江川区人力资源和社会保障局局长、吴正顶为玉溪市江川区水利局局长、杨春文为玉溪市江川区卫生和计划生育局局长，免去张江景玉溪市江川区人大常委会财政经济工作委员会主任职务、张吉福玉溪市江川区人大常委会法制和民族外事华侨工作委员会副主任职务、杨学敏玉溪市江川区人大常委会教科文卫工作委员会主任职务、张江瑞玉溪市江川区人大常委会选举联络工作委员会主任职务、雷启明玉溪市江川区人大常委会选举联络工作委员会副主任职务、坝有贵玉溪市江川区人大常委会城建环境资源工作委员会主任职务、陆春光玉溪市江川区人大常委会城建环境资源工作委员会副主任职务、李双全玉溪市江川区人大常委会农业工作委员会主任职务、施文光玉溪市江川区人大常委会农业工作委员会副主任职务、罗汉江玉溪市江川区民族宗教事务局局长职务、吴正顶玉溪市江川区人力资源和社会保障局局长职务、罗玉华玉溪市江川区卫生和计划生育局局长职务；会议审议通过玉溪市江川区人大换届选举委员会名单、玉溪市江川区乡镇人大换届选举委员会名单和玉溪市江川区选举委员会关于区、乡两级人民代表大会换届选举实施方案；会议确定乡镇人大代表名额378名，其中，江城镇89名、前卫镇74名、九溪镇59名、路居镇60名、雄关乡48名、安化彝族乡48名。

2016年10月21日，区人大常委会举行第八次会议，根据玉溪市人大常委会的提名，会议审议决定，补选徐贤为玉溪市第四届人民代表大会代表，补选结果报玉溪市人大常委会代表资格审查委员会。

2016年11月29日，区人大常委会举行第九次会议，会议听取区人民政府关于办理人大代表建议情况的报告、玉溪市江川区社会治安综合治理工作情况的报告、玉溪市江川区2016年重点工作重大项目完成情况的报告。会议听取和审议区人民政府关于玉溪市江川区农村危房工程建设情况的报告、关于在全区公民中开展法制宣传教育的第七个五年规划（2016–2020年）草案，分别作出《关于江川区农村危房改造工作情况的审议意见》《关于开展第七个五年法制宣传教育的决议》。会议表决决定，任命雷吉林为玉溪市江川区人大常委会财政经济工作委员会主任、侯小青为玉溪市江川区人大常委会法制和民族外事华侨工作委员会主任、何眉为玉溪市江川区人大常委会城建环保资源工作委员会主任、钟镖为玉溪市江川区人民政府办公室主任、李华同为玉溪市江川区工业商贸和科技信息局局长、龚子程为玉溪市江川区人民法院环境资源审判庭庭长，免去李双全玉溪市江川区人大常委会城建环保资源工作委员会主任职务、周绍荣玉溪市江川区人大常委会法制和民族外事华侨工作委员会主任职务、钟镖玉溪市江川区工业商贸和科技信息局局长职务、龚子程玉溪市江川区人民法院环境保护审判庭庭长职务、龚彦龙玉溪市江川区人民法院民事审判一庭庭长、审判委员会委员、审判员职务。

2016年12月7日，区人大常委会举行第十次会议，会议审议决定，任命王建文为玉溪市江川区人民法院副院长、审判委员会委员、审判员；免去王波玉溪市江川区人民政府副区长职务；接受郑子云辞去玉溪市江川区人民法院院长职务。

2016年12月22日，区人大常委会举行第十一次会议，会议审议决定，批准区人大常委会代表资格审查委员会《关于玉溪市江川区第二届人民代表大会代表资格审查的报告》，确认当选的174名区二届人大代表的代表资格有效。会议审查批准区人民政府关于2016年财政预算调整方案，同意区人民政府提出的地方新增债券和置换债券转贷资金使用意见。会议审议决定，补选龚桂存为玉溪市第四届人民代表大会代表，补选结果报玉溪市人大常委会代表资格审查委员会。会议决定，2017年1月4日至8日召开玉溪市江川区第二届人民代表大会第一次会议。会议审议玉溪市江川区第二届人民代表大会第一次会议的议程草案、日程草案、各代表团团长名单草案、主席台就坐人员名单草案、主席团和秘书长名单草案、议案审查委员会名单草案、人大常委会工作报告及报告人、列席人员名单草案等事项。

2016年12月30日，区人大常委会举行第十二次会议，会议决定，任命王川为玉溪市江川区环境保护局局长，免去李华同玉溪市江川区环境保护局局长职务、雷吉林玉溪市江川区人大常委会财政经济工作委员会主任职务、刘清华玉溪市江川区人大常委会财政经济工作委员会副主任职务。

【区乡人大换届选举】 按照宪法、选举法和地方组织法的有关规定和省人大常委会关于全省县乡两级人民代表大会代表选举时间的决定，江川区区、乡两级人大换届选举工作于2016年7月启动，分宣传发动、选区划分，选民登记、公布选民名单，提名推荐、确定正式代表候选人，投票选举，代表资格审查等四个阶段进行，全区共划分选区78个、选举单位1个，选民204042人参加投票选举，于2016年12月20日选出新一届区人大代表174名、新一届乡镇人大代表377名。

【人大代表建议办理】 2016年在人民代表大会期间和闭会期间共收到区人大代表建议79件。经过各承办单位共同努力，79件人大代表建议已经按规定办理答复完毕，办复率为100%。代表对办理结果满意73件，占建议总数92.4%；代表对办理结果基本满意3件，占建议总数3.8%；代表对办理结果不满意3件，占建议总数3.8%。

【人大代表活动室建设】 为改善人大代表的履职条件，投资50万元在大街街道和各乡镇建设7个人大代表联络活动室，已全部投入使用。

【人事任免】 区人大常委会始终坚持党管干部原则与依法任免相统一，确保区委推荐的人选成为国家机关领导人员，为江川发展提供有力组织保证。2016年，任免国家机关工作人员70人次，保证区委人事安排意图实现。

【监督经济运行情况】 在调查研究的基础上，听取和审议区人民政府关于2016年上半年国民经济和社会发展计划执行情况的报告、2016年上半年财政预算执行情况的报告。专题听取区人民政府2015年度本级财政预算执行情况和其他财政收支的审计工作报告、2016年重点工作重大项目完成情况的报告。依法审查批准2015年的江川财政决算、江川区2015年政府债务限额、江川区2016年政府债务限额及新增债券的安排预算、江川区地方财政预算调整方案。组织人大代表视察重点工作重大项目推进情况，及时了解江川经济发展情况。

【促进民生改善工作】 听取和审议区人民政府关于乡村医疗卫生、土地利用总体规划调整完善、殡葬改革工作情况、农村危房改造工作情况等工作报告，并根据不同的情况，提出相应意见建议。听取区人民政府关于2016年重点工作重大项目安排、市场监管、办理区人大代表建议等工作情况的报告、中小型水库管理工作情况的报告。组织开展专题调研视察我区民族宗教、农村土地承包经营权确权、农村义务教育学生营养改善计划实施暨学校食堂管理、城镇规划工作和旅游事业、农业庄园经济、畜牧业及核桃产业发展等工作进行专题调研视察。参与中小学教师招考面试、事业单位招考笔试、年度中高考巡视、星云湖鱼苗投放、水库坝塘防洪蓄水等工作，切实做到在参与中监督，在监督中支持。

【监督生态文明建设】 紧扣环境保护加强监督，促进生态文明建设，听取区人民政府关于星云湖水葫芦打捞工作情况的报告。组织专题调研星云湖河道治理工作。关注星云湖生态建设和环湖治理项目，着力推动“两湖”保护战略措施的落实。

【开展法律监督】 依法开展法律监督，推进依法治区进程。听取区人民政府贯彻实施《云南省全民健身条例》工作情况的报告，配合市人大常委会对《道路交通安全法》、《云南省道路交通安全条例》和《安全生产法》实施情况进行执法检查，有力的促进了法律法规在本行政区域的贯彻执行。听取和审议区人民政府关于《第四个五年依法治区规划实施情况的报告》，提出加强领导、深入普法教育、强化监督检查、加强队伍建设等意见；听取和审议区人民政府《关于在全区公民中开展法制宣传教育的第七个五年规划送审稿起草情况的报告》，批准区人民政府《关于在全区公民中开展法制宣传教育的第七个五年规划（2016-2020年）》草案；提请区人民政府关于社会治安综合治理工作情况的报告。组织视察区人民法院审判工作及区人民检察院检察监督工作。

【依法决定重大事项】 依法行使重大事项决定权，推动科学民主决策。人大常委会就2015年度本级财政决算、撤县设区、撤镇设街道、政府债务限额及债务预算等相关重大事项作出决议、决定，对促进江川经济社会发展起到重要作用。

（杨花润）

玉溪市江川区人民政府

【县人民政府县长、副县长名录】

县　长　王志华（2016.2离任）

副县长　张文彬（2016.2离任）

李志刚（2016.2离任）

牛旺林（2016.2离任）

王　波（2016.2离任）

杨军苹（2016.2离任）

普朝鹏（2016.2离任）

周福荣（挂职.2016.2离任）

【区人民政府区长、副区长名录】

区　长　王志华（2016.2任）

张文彬（2016.2任）

李志刚（2016.2任，2016.5离任）

牛旺林（2016.2任）

王　波（2016.2任，2016.11离任）

杨军苹（2016.2任）

普朝鹏（2016.2任）

周福荣（挂职，2016.7离任）

王柄璋（2016.6任）

【区人民政府各局、办，各事业单位正副职名录】

政府办公室

主　任　赵　琦（2016.8离任）
　　　　钟　镙（2016.12任）

副主任　赵　华
　　　　龚　钲
　　　　周　新
　　　　晏　春

政府督查室

主　任　张　曦（2016.3离任）
　　　　马常有（2016.3任）

法制办

主　任　邢长伟

副主任　侯小青（2016.12离任）
　　　　龚彦龙（2016.12任）

人防办

主　任　李　菊

信访局

局　长　赵　华

副局长　侯丽梅
　　　　宋华安

烟　办　廖永富（2016.12离任）
　　　　李江华（2016.12任）

发展和改革局

局　长　曲绍庭（2016.3离任）
　　　　胡正鸿（2016.3任）

副局长　孙国华（2016.9离任）
　　　　王九生（2016.9离任）
　　　　张丽琼
　　　　王文忠
　　　　王志伟（2016.9任）
　　　　杨家乙（2016.9任）

工业商贸和科技信息局

局　长　钟　镙（2016.12离任）
　　　　李华同（2016.12任）

副局长　杨有平（2016.12离任）
　　　　张亚民（2016.3离任）
　　　　付　瑞（2016.3任）
　　　　李　能（2016.12任）

人力资源和社会保障局

局　长　吴正顶（2016.9离任）
　　　　唐光华（2016.9任）

副局长　朱艳林
　　　　杨梅芳（2016.12离任）
　　　　黄赛成

财政局

局　长　李保平

副局长　李亚定（2016.9离任）
　　　　伏荣宽
　　　　李光耀
　　　　张　波（2016.12任）

监察局

局　长　郭　华

副局长　陶文红
　　　　韩丽华

审计局

局　长　张　宁

副局长　吴绍金
　　　　杨家祥

统计局

局　长　胡宇翔

副局长　雷吉林（2016.12离任）
　　　　陶有贵

住房和城乡建设局

局　长　李　菊

副局长　李自平
　　　　杨仕鸿
　　　　刘　勇
　　　　周宏斌（2016.3任）

交通运输局

局　长　胡禄金

副局长　李汝林
　　　　李亚定（2016.9任）
　　　　胡建华（2016.9离任）

环境保护局

局　长　李华同（2016.12离任）
　　　　王　川（2016.12任）

副局长　王　川（2016.12离任）
　　　　张春丽

市国土资源局江川分局

局　长　顾绍勇（2016.9离任）
　　　　李江润（2016.9任）
　　　　杨国华
　　　　张原萁
　　　　普云平（2016.12离任）

土地储备中心

主　任　李江润（2016.9离任）

副主任　戴燕芬

政务服务管理局

局　长　张存美（2016.3离任）
　　　　顾　秋（2016.3任）

副局长　陆　叶（2016.12离任）
　　　　李彦华（2016.3离任）
　　　　安明喜（2016.3任）
　　　　汤江平（2016.12任）

扶贫办

主　任　王志伟

防震减灾局

局　长　普秀英（2016.3离任）
　　　　付　纲（2016.3任）

副局长　郑忠党

文化广电和体育局

局　长　周　瑜（2016.3离任）
　　　　何　俊（2016.3任）

副局长　何　俊（2016.3离任）
　　　　廖增华
　　　　王熙虹（2016.12任）

旅游发展局

局　长　李红庭（2016.3离任）
　　　　刘世培（2016.3任）

副局长　徐　慧（2016.3离任）
　　　　万立俊
　　　　孟　斌（2016.3任）

市场监督管理局

局　长　李江华

副局长　蔡小明
　　　　张才顺（2016.3离任）
　　　　张绍林
　　　　李艳华
　　　　李彦华（2016.3任）

农业局

局　长　杨志伟

副局长　曹春艳（2016.9离任）
　　　　罗　磊（2016.3离任）
　　　　李彦坤
　　　　刘来华

林业局
局　长　杨　涛
副局长　郑光辉
　　　　邓树芬
　　　　周元明
森林公安局
局　长　白志德（2016.9离任）
　　　　朱彦华（2016.9任）
副局长　赵存贵
　　　　赵唯钢（2016.9任）
水利局
局　长　杨　杰（2016.4撤职）
　　　　吴正顶（2016.9任）
副局长　李江华（2016.12离任）
　　　　普绍有（2016.3离任）
　　　　金　辉（2016.12任）
　　　　陈文东（2016.3任）
抚仙湖管理局
局　长　杨　岗
副局长　雷红杰
星云湖管理局
局　长　业东华（2016.3离任）
　　　　李竹贵（2016.3任）
副局长　陈文东（2016.3离任）
　　　　花尚荣
　　　　杨绍波（2016.3任）
安全生产监督管理局
局　长　马常有（2016.3离任）
　　　　李江辉（2016.3任）
副局长　赵雄伟（2016.9离任）
　　　　宋平华
　　　　邢子彪（2016.9任）
教育局
局　长　郭自壮
副局长　钱鸿润
　　　　张　伟（2016.3任）
卫生和计划生育局
局　长　罗玉华（2016.9离任）
　　　　杨春文（2016.9任）
副局长　龚有颖
　　　　杨智然（2016.8离任）
　　　　宋良艳
　　　　李绍江
　　　　朱弘如（2016.9任）
　　　　戚　东（2016.2任）
公安局
局　长　牛旺林
政　委　张文红
副政委　业富贵
副局长　黄　良
　　　　李正春
　　　　侯　冬
　　　　胡尚辰
　　　　陈国华
司法局
局　长　王奇志
副局长　刘清华（2016.8离任）
　　　　陈继文
　　　　李　佳（2016.9任）
民政局
局　长　李佳强
副局长　李思源（2016.9离任）
　　　　谭　波
老龄委
副主任　杨霜梅
残疾人联合会
理 事 长　马宇飞（2016.9离任）
副理事长　杨小国
供销社
主　任　普万云（2016.9离任）
　　　　张润斌（2016.9任）
副主任　顾吉顺（2016.2离任）
　　　　张良昌（2016.9离任）
　　　　李必忠（2016.9任）
工业园区管委会
主　任　杨兴华
副主任　万　超
　　　　李万雄（2016.3任）
招商合作局
局　长　顾　秋（2016.3离任）
　　　　马江艳（2016.3任）
副局长　李　坤（2016.12离任）
　　　　李必忠（2016.9离任）
　　　　普云平（2016.12任）
　　　　陈玉雯（2016.9任）
城市管理综合行政执法局
局　长　周宏斌（2016.12离任）
副局长　陈　涛（2016.12离任）
　　　　陈仁贵（2016.12离任）
区人民医院
院　长　李有宏
副院长　王金聪
　　　　洪美英
　　　　付林华

（杨梓林）

【区政府重要文件】

关于对云南江川河咀金龙烟花火炮厂安全生产重大隐患摘牌的请示

关于上报《江川区人民政府党组班子“三严三实”专题民主生活会方案》的请示

关于第一次政府网站普查自查整改情况的报告

关于2016年至2018年星云湖保护治理相关问题的请示

关于调整江城镇江城社区棚户区改造及配套基础设施用地的请示

关于城乡人居环境综合整治道路绿化工程建设补助资金的请示

关于表彰驻江77216部队的决定

关于切实抓好2016年烤烟生产工作的通知

关于切实抓好2016年大春生产的意见

关于设立江川区江城镇隔河社区居民委员会的请示

关于江川区农村公益性公墓建设补助资金的请示

关于给予江川区文庙整体修缮资金补助的请示

关于通用航空产业发展有关情况的报告

关于撤销江城等4个镇建制设立街道办事处的请示

关于江川区2015年度实行最严格水资源管理制度相关的报告

关于申请药王阁修缮经费的请示

关于提请批准撤销江城等4个镇设立街道办的报告

关于江川区财政局未履行合同清缴欠税等问题的报告

关于申报2016年村级四位一体建设试点项目的请示

关于星云湖水污染防治总体方案（2016–2018年）的请示

关于2016年城市建设资金的请示

关于国道213（江川段）公路改造征地拆迁资金借款的请示

关于提请撤销杨杰玉溪市江川区水利局局长职务的报告

关于表彰江川区2015年度安全生产先进集体和先进个人的决定

关于星云湖流域水污染综合防治十二五规划项目市级补助资金的请示

关于美中投资基金有限公司通用航空项目前期工作经费借款的请示

关于为江川区城市市级基础设施建设项目PPP模式实施的请示

关于2016年星云湖保护治理重点项目实施相关问题的请示

关于江川区至红塔区客运班线公交化改造的请示

关于撤销江城等4年镇设立街道社会稳定风险评估的报告

关于2015年保障性安居工程跟踪审计整改情况的报告

关于支持江川区城市市政基础设施建设的请示

关于星云湖国家湿地公园土地权属及相关利益主体情况的报告

关于调整大街街道江城镇前卫镇和路居镇土地利用总体规划（2010–2020年）指标的通知

关于报请审批江川区路居镇土地利用总体规划（2010–2020年）修改方案的请示

关于报请审批江川区九溪镇土地利用总体规划（2010–2020年）修改方案的请示

关于报请审批江川区江城镇土地利用总体规划（2010–2020年）修改方案的请示

关于澄川高速公路海门桥桥型设计方案的意见

关于撤销江城等4个镇建制设立街道的请示

关于江川区普忠富“工疗站”存在隐患整改方案的请示

关于江川区殡仪馆建设项目补助资金的请示

关于《云南江川星云湖国家湿地公园建设总体规划》的审核意见

关于调整变更抚仙湖大鲫鱼河流域环境综合治理工程部分设计的请示

关于批准丁绍荣同志为革命烈士的请示

关于批准张小明同志为革命烈士的请示

关于江川区城市（镇）周边永久基本农田划定核实举证成果审查意见

关于明确区长副区长安全生产责任的通知

关于2016年上半年工作总结和下半年工作安排情况的报告

关于调整政府班子及有关领导工作分工的通知

关于深入推进依法行政加快建设法治政府的实施意见

关于承接取消和调整部分区级行政审批事项的决定

关于“十三五”期间星云湖保护治理相关问题的报告

关于下达2016年贫困村整村推进项目配套资金的通知

关于印发义务教育基本均衡发展省政府督导评估反馈问题整改方案的通知

关于2016年中央水污染防治专项资金使用承诺的函

关于申报罗合白村委会命名民族特色的请示

关于澄川高速公路江川东互通施工图设计方案的意见

关于限期整改江川区垃圾临时中转点的通知

关于给予云南腾达机械制造有限公司贷款置换资金的请示

关于江城镇云岩村委会云岩寺第三村民小组因地质灾害搬迁避让项目立项的请示

关于江城镇陈家湾村委会陈家湾小组因地质灾害搬迁避让项目立项的请示

关于江川区公务用车制度改革实施方案的请示

关于新建江川区体育馆项目经费补助的请示

关于江川体育馆维修经费的请示

关于澄川高速公路江川段托管区内征地拆迁相关问题的请示

关于调整大街街道、前卫镇和雄关乡土地利用总体规划（2010–2020年）指标的通知

关于报请审批江川区（原江川区）大街街道土地利用总体规划（2010–2020年）修改方案的请示

关于江川区城市市政基础设施建设项目相关事项的请示

关于九溪镇大村村委会第二村民小组因地质灾害搬迁立项的

请示

关于创建新一轮国家级计划生育优质服务先进单位的请示

关于云南江川翠峰水泥有限公司环保违规建设项目2000吨/日新型干法水泥熟料技改扩建生产线整改工作的请示

关于印发玉溪市江川区城乡违法违规建筑治理行动方案的通知

关于印发玉溪市江川区农村生活垃圾治理及公厕建设行动方案的通知

关于印发玉溪市江川区农村污水治理及乡镇供水设施建设行动方案的通知

关于整改江川区星云湖湖水污染的通知

关于整改江川区江城镇东门小区内煤炭销售点的通知

关于整改云南省江川铜器工艺制品厂的通知

关于2016年工作总结及2017年工作计划的报告

关于加快内外贸易发展的实施意见

关于玉溪市江川区2016年第一批次城镇建设农用地转用及土地征收的请示

关于帮助解决云南江川天湖化工有限公司清水沟磷矿采矿许可证延期有关问题的请示

关于申报云南省2017年扶持村集体经济发展试点县的请示

关于申报2017年村级“四位一体”建设试点项目的请示

关于玉溪市江川区2016年第二批次城镇建设农用地转用及土地征收的请示

关于国道213改造工程（江川段）征地拆迁费借款的请示

关于澄川高速（江川段）征地拆迁费借款的请示

关于江通高速（紫红坝至大寨段）征地拆迁费借款的请示

关于星云湖规划项目缺口资金的请示

关于邀请省级专家指导江川区国家卫生城市创建达标工作的请示

关于2016年度法治政府建设情况的报告

关于省级环保违规建设项目整改意见的报告

关于加强农村留守儿童关爱保护工作的实施意见

关于审查江川区土地利用总体规划（2010-2020年）调整完善方案的请示

关于给予集贸市场提档升级改造项目补助资金的请示

关于玉溪市国土资源局江川分局退休人员上划的请示

【区政府办重要文件】

关于印发2016年政府工作报告主要任务分解方案的通知

关于印发江川县2015年度土地矿产卫片执法监督检查工作实施方案的通知

关于成立江川县2016年中央财政支持现代农业生产发展蔬菜产业项目建设领导小组的通知

关于预下达2016年烤烟生产收购计划的通知

江川县人民政府办公室关于印发江川县加强城乡医疗救助和优抚对象医疗保障一站式服务工作实施方案的通知

关于印发江川县加强安全生产监管执法实施意见的通知

关于调整江川县烤烟生产领导小组的通知

关于成立江川县县域生态环境质量考核工作领导小组的通知

关于印发江川县县域生态环境质量考核工作实施方案的通知

关于开展投资类公司清理整顿工作的通知

关于补助业务工作经费的请示

关于成立星云湖外流域补水工程协调领导小组的通知

关于给予撤县设区工作经费补助的请示

关于主任、副主任和督查室主任、法制办主任、副主任工作分工调整的通知

关于印发玉溪市江川区社会保险全民参保登记计划实施方案的通知

关于印发全国精神卫生综合管理（江川区）试点工作实施方案的通知

关于鲁熊等同志任免职务的通知

关于申请使用编制计划的请示

关于调整江川区节能降耗工作领导小组成员的通知

关于成立江川县绮丽园林石材装饰厂“3.04”一般物体打击事故联合调查组的通知

关于成立江川区遗留烟花爆竹原材料半成品销毁处置工作领导小组的通知

关于印发玉溪市江川区2016年保障性住房分配工作方案的通知

关于全面启动农村危房改造和抗震安居工程建设工作的通知

关于成立江川区重大固定资产投资交通项目社会稳定风险评估领导小组的通知

关于表彰2015年度民政（老龄）工作目标考核先进乡镇（街道）的决定

关于推荐鲁熊同志为副科级领导干部考察人选的请示

关于鲁熊同志拟任职务的请示

关于请予核准玉溪市烟草产业办公室岗位设置方案的请示

关于玉溪市江川区人民政府烟草产业办公室开展职称评聘工作的申请

关于玉溪市江川区信息中心开展职称评聘工作的申请

关于请予核准玉溪市江川区信息中心岗位设置方案的请示

关于调整江川区全面推进依法行政工作领导小组的通知

关于下拨2015年江川区主要入湖（库）河道管理护经费的通知

关于印发玉溪市江川区人民政府常务会议议题呈批审批审议流程的通知

关于成立星云湖申报国家湿地公园工作领导小组的通知

关于印发玉溪市江川区森林防火应急预案的通知

关于印发《玉溪市江川区城市（乡镇）周边永久基本农田划定工作方案》的通知

关于印发玉溪市江川区2016年政府集中采购目录及限额标准的通知

关于加强2016年度地质灾害防治工作的通知

关于杨军苹同志赴港澳交流学习的通知

关于成立玉溪市江川区招生考试委员会的通知

关于印发玉溪市江川区环境安全隐患排查问题整改方案的通知

关于印发玉溪市创建国家环境保护模范城市江川区2016年度工作方案的通知

关于完善应急值班系统配套设施建设资金补助的请示

关于印发玉溪市江川区2016年烤烟生产收购责任状考核奖励办法的通知

关于印发玉溪市江川区2016年度金融考核办法的通知

关于调整江川区微型企业创业扶持会审委员会的通知

关于印发玉溪市江川区2016年规模以上固定资产投资责任目标任务和奖励方案的通知

关于印发江川区2016年度地质灾害防治方案的通知

关于印发江川区2016年重点行业部门火灾隐患整治工作方案的通知

关于做好汛期安全生产工作来防自然灾害引发安全生产事故的紧急通知

关于进一步加强应急值守和突发公共事件预防处置的工作的通知

关于调整江川区消防安全委员会成员的通知

关于成立云南省江川县水泥厂“3.08”一般车辆伤害事故联合调查组的通知

关于印发玉溪市江川区突发重大动物疫情应急预案的通知

关于印发江川区林木权属登记发证工作方案的通知

关于印发江川区2016年夏季消防安全工作实施方案的通知

关于成立江川区打击传销工作领导小组的通知

关于成立江川区反走私综合治理工作领导小组的通知

关于调整江川区征兵工作领导小组成员的通知

关于江川玉泉小额贷款股份有限责任公司更名的请示

关于印发玉溪市江川区环境保护违规建设项目整改方案的通知

关于加强星云湖湿地湖滨带和裸露湖滩管理的通知

关于成立江川区病媒生物防制工作领导小组的通知

关于印发玉溪市江川区农村公路养护管理办法的通知

关于印发玉溪市江川区非煤矿山转型升级实施方案的通知

关于开展用人单位遵守劳动用工和社会保险法律法规情况专项检查的通知

关于组织开展落实对下专项转移支付改革工作的通知

关于成立星云湖保护治理PPP项目推进领导小组的通知

关于成立玉溪市江川区油气输送管道安全隐患整治工作领导小组的通知

关于开展社会视频资源接入有关工作的通知

关于印发玉溪市江川区军粮供应站改革实施方案的通知

关于成立玉溪市江川区粮食安全行政首长责任制工作领导小组的通知

关于印发玉溪市江川区完善行政规范性文件合法性审查机制工作实施方案的通知

关于印发2016年政务公开工作要点的通知

关于成立江川机场建设项目指挥的通知

关于印发玉溪市江川区创建省级慢性病综合防控示范区实施方案的通知

关于印发玉溪市江川区2016年保障性住房分配摇号配租实施方案的通知

关于成立四好农村路建设领导小组的通知

关于开展造纸企业环保问题专项整治的通知

关于配合做好中央环境保护督查相关工作的方案

关于组织开展原酱菜厂垃圾临时中转点环境问题专项整治工作的通知

关于配合做好中央环境保护督查相关工作的方案

关于开展反家庭暴力法宣传教育工作的通知

关于成立玉溪市江川区电子商务办公室的通知

关于印发江川区2016年打击破坏林地资源违法犯罪专项整治行动实施方案的通知

关于推荐杨鑫磊同志为副科级领导干部考察人选的请示

关于杨鑫磊同志拟任职务的请示

关于成立江川大头鱼地理标志产品保护申报工作领导小组的通知

关于调整充实江川区食品安全委员会成员单位及工作职责的通知

关于加快推进江川区环保违规建设项目整改工作的通知

关于王志华同志赴英国、冰岛、法国进行城市建设与城市文化融合交流学习的请示

关于印发玉溪市江川区打击非法经营成品油专项整治工作实施方案的通知

关于印发玉溪市江川区看守所迁建工作方案的通知

关于印发玉溪市江川区非法集资风险综合整治工作实施方案的通知

关于成立玉溪市江川区推进简政放权放管结合优化服务改革工作领导小组的通知

关于推荐青年干部培训班学习的请示

关于成立玉溪市江川区市政基础设施建设项目协调推进工作指挥部的通知

关于印发江川区2016年烟叶收购专卖管理工作方案的通知

关于开展农民工工资支付情况专项检查的通知

关于推荐龚钲同志为正科级领导干部考察人选的请示

关于龚钲同志拟任职务的请示

关于成立玉溪市江川工业园区龙泉园区征地拆迁工作协调领导小组的通知

关于印发九溪润特仓储中心项目被征地农民养老保险实施方案的通知

关于成立江川区打击破坏森林资源专项行动领导小组的通知

关于印发江川区集中打击破坏森林资源违法犯罪行为专项行动方案和江川区进一步规范集体林权流转工作实施方案的通知

关于印发江川区深化出租汽车改革工作实施的通知

关于印发玉溪市江川区申报中国人居环境奖暨联合国人居环境奖工作实施方案的通知

关于成立高危孕产妇管理领导小组的通知

关于成立江川区“十三五”土地整治规划编制工作领导小组的通知

关于上报《玉溪市江川区人民政府办公室公务用车制度改革实施方案》的请示

关于重点工作重大项目督查信息发布系统经费的请示

关于印发玉溪市江川区国家重点生态功能区生态文明建设部门和乡镇街道考核办法（试行）的通知

关于玉溪市江川区生态功能区转移支付资金实施管理暂行办法（试行）的通知

关于切实做好冬春火灾防控工作的通知

关于印发玉溪市江川区2016年第一批次城镇建设用地项目被征地农民养老保险工作实施方案的通知

关于杨宏伟同志任职的通知

关于成立玉溪市江川区防范和处置非法集资工作领导小组的通知

关于印发玉溪市江川区党政机关公务用车制度改革车辆处置工作方案的通知

关于推荐侯小青同志为正科级领导干部考察人选的请示

关于推荐张江明同志为副科级领导干部考察人选的请示

关于印发玉溪市江川区2016年第二批次城镇建设用地项目被征地农民养老保险工作实施方案的通知

关于印发玉溪市江川区“平安小区”创建活动方案的通知

关于贯彻落实云南省人民政府办公厅全面治理拖欠农民工工资问题实施意见的通知

关于印发玉溪市江川区2017年部门预算编制办法的通知

关于印发玉溪市江川区2016年关爱妇女儿童健康行动实施方案的通知

关于印发玉溪市江川区推进双随机一公开监管工作实施办法的通知

关于候小青等同志拟任职务的请示

关于开展农村贫困监测抽样调查的通知

关于印发玉溪市江川区集中整治矿产资源开发违法行为加强矿山生态环境保护专项行动实施方案的通知

关于建立玉溪市江川区村庄土地规划建设专管员制度的通知

关于印发玉溪市江川区防控粮食安全风险种植区规划应急预案的通知

关于调整充实玉溪市江川区农民工工作联席会议成员的通知

关于调整充实仲裁玉溪市江川区劳动人事争议仲裁委员会成员的通知

关于成立玉溪市江川区“十三五”土地整治规划编制工作领导小组的通知

关于成立玉溪市江川区病险小坝除险加固工程建设管理局的通知

关于兑现2016年度烤烟生产收购休组织奖励及责任状考核奖励经费的通知

关于成立江川区信访事项复查委员会的通知

关于成立江川区重点优抚对象和退役军人解困帮扶领导小组的通知

关于印发玉溪市江川区农村留守儿童关爱保护工作联席会议制度的通知

关于印发玉溪市江川区2016年新型农村合作医疗健康扶贫工作实施方案的通知

关于印发精准救助与精准扶贫有效衔接工作实施方案的通知

关于印发玉溪市江川区困难残疾人生活补贴和重度残疾人护理补贴制度实施方案的通知

（张文丽　夏雁丽）

【区政府重要会议】

玉溪市江川区第一届人民政府第一次全体会议暨廉政工作会议

玉溪市江川区通用机场项目洽谈会

玉溪市江川区2016年农村危房改造和抗震安居工程暨保障性住房建设分配工作会议

玉溪市江川区2016年人大代表建议和政协委员提案交办会议

玉溪市江川区2016年民政暨老龄工作会议

玉溪市江川区2016年信访工作会议

玉溪市江川区2016年安全生产工作会议

玉溪市江川区2016年环境保护暨湖泊保护治理工作会议

玉溪市江川区2016年防汛抗旱工作会议暨动物及动物产品产地准出和市场准入工作会议

玉溪市江川区市政基础设施及棚户区改造项目推进会议

玉溪市江川区环境保护违规建设项目整改工作会议

玉溪市江川区义务教育基本均衡省级督导评估汇报会和反馈会议

玉溪市江川区第一届人民政府第二次全体会议

大街街道棚户区改造三调工作动员会议

玉溪市江川区国家卫生城市创建达标工作培训会议

玉溪市江川区安全生产工作会议

玉溪市江川区第三次全国农业普查工作会议

玉溪市江川区简政放权放管结合优化服务改革工作推进大会议

玉溪市江川区2016年财政结算工作会议

（邓　珂）

【政府主要工作情况】　全年完成地方生产总值81.09亿元，完成计划数的101%，增长12%；一般公共预算收入5.82亿元，完成计划数的104.7%，增长7.9%；规模以上固定资产投资54.1亿元，完成计划数的113.4%，增长35%；社会消费品零售总额22亿元，完成计划数的101.5%，增长11.5%；城镇居民人均可支配收入31694元，完成计划数的100%，增长10%；农村居民人均可支配收入11428元，完成计划数的100%，增长11%。

工　业　实施工业项目41个，完成工业增加值22.1亿元，增长16.1%。园区发展速度加快，完成910亩土地平整，核心区电力、供排水工程开工建设，龙腾路、江义街建成通车，新天力农机制造、天虹彩印项目竣工投产，福胤钢构、欣宇机械项目主体工程完工，成功签约宏程物流、星云航空教育学院等7个项目。园区实现总产值10亿元、税收5039万元，分别增长35.3%和168.9%。传统产业转型升级步伐加快，惠茂纸业年产5000吨纸制品生产线、江磷集团黄磷深加工等10个技改项目完工投产。培育“两个10万元”微型企业170户，新增规上企业13户。

第三产业　完成第三产业增加值38.68亿元，增长11.6%。旅游发展水平稳步提升，“江川旅游”微信公众号正式发布，“玉溪号”旅游文化列车江川推介活动圆满完成，以青铜制品为主的文化旅游产品市场逐步拓展，李家山古墓群考古遗址公园申报工作有序推进，成功举办第十二届开渔节和首届安化新春斗牛文化节。全年接待游客350万人次，实现旅游总收入17.3亿元。房地产业有序发展，完成投资5.9亿元，销售商品房11.8万平方米。九溪润特物流仓储中心开工建设。商贸流通持续发展，拥有进出口自营权企业增加到23户，实现进出口总额6100万美元。

农　业　完成农业总产值26.5亿元，增长5.2%。投资2.4亿元建成各类水利工程2634件，中央小农水重点县和1.5万亩农业高效节水减排项目全面启动，完成6座小（二）型病险水库除险加固，大街庙湾片区抗旱应急工程基本完工，改造中低产田4700亩，新增改善灌溉面积3.94万亩。兑付各类涉农补贴4944万元，完成烟叶收购987万公斤、烟农总收入3.31亿元，均价和上等烟比例居全市第一，实现烤烟生产减量不减收。蔬菜、花卉、畜牧、渔业巩固提升，新增核桃种植2.5万亩。农业产业化步伐逐步加快，新增市级以上农业龙头企业2户、现代农业庄园6个。

环境保护　完成星云湖水污染综合防治“十三五”规划编制和一级保护区界桩设置，依托“三湖”生态保护水资源配置应急工程置换星云湖水体1000万立方米，环湖截污治污、底泥疏挖处置和106个村落环境综合治理工程完成前期工作。“两污”治理能力不断提升。建成北片区污水处理厂配套管网5.7公里，完成城区老污水处理厂提标改造主体工程建设和垃圾转运站提升改造，启动建子山垃圾填埋场渗滤液处理工程建设。节能减排扎实开展。江磷集团年产5000吨五氧化二磷节能减排技改项目建成投产，淘汰5万吨过磷酸钙落后产能，关闭退出3座非煤矿山，万元生产总值能耗下降3.2%。“森林江川”建设深入实施。新增造林面积1.06万亩，治理水土流失18平方公里，完成南方航空护林总站江川直升机场主体工程建设。生态创建取得实效。顺利通过国家重点生态功能区考核，前卫镇、安化乡成功申报为省级生态文明乡镇。

城乡建设　江通、澄川高速公路完成投资14亿元，国道213线改造顺利推进，30条农村公路建设全面完工。通用机场项目获省发改委批准开展前期工作，城际铁路江川段线形初步确定。铺设天然气管道32公里。改造升级农村电网41公里。行政村实现光纤宽带有线网络和4G无线网络全覆盖。市政基础设施PPP项目完成可研编制，中心城区棚户区改造前期工作有序开展，城市体育综合体项目稳步推进，完成江通路、五岔路口至紫红坝段景观提升，启动药王阁修缮，改造星云湖南岸湿地景观170亩。城区综合整治深入开展，实施星云路、明珠路、振兴街户外广告牌清理整治，完成宁海路中段和老戏台、王字街片区临时摊点搬迁，新建改造城市公厕13座，城区公厕免费开放。江城棚户区改造全面启动，淮源广场完成主体工程建设。美丽乡村建设取得成效，78个“百村示范、千村整治”工程稳步推进，18个易地搬迁项目全面开工，完成大街水箐沟村、江城清水沟农场搬迁安置，实施3543户农村危房改造。启动提升城乡人居环境综合整治五年行动计划，建立村庄土地规划建设专管员制度，完成城乡违法违规建筑摸底排查。

社会事业　支出民生资金13.55亿元，占一般公共预算支出的79.4%。扶贫攻坚成效显著，整合投入各类财政资金9945万元，实施整乡整村推进项目15个，完成易地扶贫搬迁126户，贫困乡、贫困村和贫困人口按计划脱贫摘帽出列。就业再就业工作深入开展，发放“贷免扶补”和小额担保贷款1.12亿元，新增城镇就业2270人，实现再就业1252人，城镇登记失业率控制在3.32%以内。社会保障体系不断完善，发放各类社会保障资金2.88亿元，报销新农合资金1.12亿元，分配入住保障性住房1320套。教育、文化、卫生等社会事业健康发展，完成江川一中、二中排危新建工程，美丽100校园暨校安工程圆满收官，义务教育基本均衡通过国家评估。成功创建“中国楹联文化县”，甘棠箐遗址考古项目入选2015年度全国十大考古新发现，江川文庙二期修缮即将完工，建成村级体育文化广场16个。公立医院综合改革深入实施，中医院改扩建项目顺利推进，妇计中心业务用房完成主体工程建设，江城卫生院综合业务楼投入使用。养老服务体系不断完善，建成九溪中心敬老院和雄关下营、大街河咀居家养老服务中心。

“四五”依法治区和“七五”普法有序开展，社会治安综合治理持续深入，视频监控信息实现共享，禁毒防艾工作成效显著，各类社会矛盾有效化解，安全生产形势总体稳定。统计、气象、人防、供销、民宗、残联、红十字、工青妇、老体协、防震减灾、关心下一代等工作健康发展。

（杨智强）

【建议和提案办理】　人大代表建议办理　2016年，共收到人大代表建议79件，均严格按规定办理答复完毕，办复率100%。从办理情况看：A类建议20件，占25.3%；B类建议40件，占50.6%；C类建议19件，占24.1%。从办理结果看：满意73件，占92.4%；基本满意3件，占3.8%；不满意3件，占3.8%。

政协委员提案办理　2016年，共收到政协委员提案106件（委员提案69件，占65.1%，集体提案37件，占34.9%），其中：经济建设类78件，占73.6%；教科文卫体类16件，占15.1%；政法社会保障类12件，占11.3%。106件政协委员提案均按规定办理答复完毕，办复率达100%。从办理情况看：A类提案有56件，占52.8%；B类提案有37件，占34.9%；C类提案有13件，占12.3%。从办理结果看：满意的105件，满意率达99.1%，比上年提高12.9个百分点，基本满意的1件，基本满意率达0.9%，综合满意率达100%。

（杨智强　许竞旗）

行政效能建设

【自身建设】　进一步规范机构设置，扎实开展控编减编，行政效能明显提升。“放管服”改革不断深化，推行“双随机、一公开”监管工作，行政执法行为进一步规范；公开28个政府部门权力清单和责任清单，推进了政府职能法定化和事权规范化。重大行政决策程序不断健全，组织开展重大决策听证4项，重大风险评估9项。审计监督继续强化，审计80项工程核减投资4000万元。不断规范公共资源交易行为，节约财政资金3376万元。坚决执行中央“八项规定”，严格预算编制、执行和调整，制定《玉溪市江川区党政机关公务用车制度改革车辆处置工作方案》，完成机关公务用车制度改革，“三公”经费下降24.21%。全面落实增资政策，提高综合考核奖励标准，全体干部职工工作积极性得以充分调动。切实加强作风建设，深入开展“两学一做”学习教育，坚决治理为官不为、懒政怠政，警示约谈36人，问责9人。深入推进党风廉政建设和反腐败斗争，给予党纪政纪处分34人。

【督查工作】　一是紧紧围绕重点工作、重大项目进行督查督办。将省人民政府2016年重点督办。将省人民政府2016年重点督查的20个重大项目和20项重要工作、市人民政府2016年重点督查的20项重要工作及十件惠民实事完成情况、区人民政府工作报告主要任务分解和全区117项重点工作、重大项目纳入重点督查督办范围，并逐一进行跟踪问效。二是以产业发展、民生建设等重大决策部署为重点，全力做好专项督查工作。采取书面督查、电话督查、现场督查等方式，重点对全区经济指标、烤烟生产、森林防火、城乡人居环境综合整治、安全生产等18项重要决策部署进行专项督查，全年共印发《江川督查专报》3期，对督查发现的问题及时责令相关单位进行整改，推进各项工作落实。三是继续强化省、市领导批示件督查督办。全年共接收省、市政府主要领导批示件9件，办结9件，办结率100%。

（许竞旗　龙之泉　杨梓林　龚永达）

法制工作

【法制机构和制度建设】　为加强全区依法行政工作的组织领导，江川区成立全面推进依法行政工作领导小组，并根据人事变动情况，印发《玉溪市江川区人民政府办公室关于调整江川区全面推进依法行政工作领导小组的通知》，对领导小组成员进行调整，各乡镇（街道）和各部门都成立相应的行政执法领导机构，形成全区机构健全、职责明确的行政执法工作格局。

【行政执法案卷评查】　2016年9月14日，区政府法制办印发《关于认真组织开展2016年行政执法案卷评查工作的通知》，及时召开区行政执法案卷评查工作领导小组会议，组织开展全区案件评查工作。从13个行政执法部门2015年已结案案件中抽查行政处罚案件25件，行政许可案件11件，并从中抽取3件行政处罚案件和1件行政许可案件送市级评审（送市级评审的4件行政执法案卷被评为优秀案卷，评查结果在全市范围通报并纳入市委市政府对县区综合目标考评），其余32卷作为江川区此次抽查案件进行集中评查。经评查，优秀案件22卷，合格案件10卷。同时结合评查情况，下发案卷评查通报，对存在的问题督促整改。

【规范性文件及制定主体清理】

2016年，区政府制定下发《玉溪市江川区人民政府关于公布第一批区级行政机关规范性文件制定主体的通知》，公布确认除区政府办外的第一批规范性文件制定主体资格。全年组织清理规范性文件33件，认定继续有效的规范性文件25件，废止8件。2016年被省政府法制办确定为规范性文件合法性审查机制试点县区。

【行政执法职权职责清理】 2016年，认真做好全面清理行政执法职权职责工作，对40个行政执法部门的行政执法依据、职权职责进行全面清理并公布。

【重大决策听证】 2016年，开展城乡困难群众重特大疾病医疗救助实施方案等重大决策听证4项，组织开展并完成妇幼保健院业务用房及辅助设施建设、九溪润特仓储中心建设和非煤矿山转型升级等社会稳定风险评估9次，确保区政府重大决策的科学化、民主化、规范化。

【行政复议规范化建设】 按照《玉溪市人民政府关于开展行政复议委员会试点工作的指导意见》文件精神，江川区实行相对集中行政复议权，组织开展行政复议委员会工作。制定《玉溪市江川区人民政府行政复议委员会工作方案》，成立玉溪市江川区行政复议委员会，设主任委员一名，由区政府区长担任；设副主任委员一名，由区政府分管副区长担任；设委员13名，由区政府法制办主任、政府相关部门法制机构负责人、专家学者和专业人士组成；由法制办主任兼任办公室主任。2016年，江川区共收到1件行政复议申请，受理1件，维持行政机关处理决定；按照《玉溪市人民政府办公室关于开展行政复议工作规范化建设考核验收的通知》文件精神，区政府法制办主动作为，顺利通过了规范化建设考核验收。

【建立健全行政调解机制】 2016年，玉溪市江川区认真贯彻落实中央、省、市和区委关于行政调解工作的部署和要求，稳步推进行政调解工作的开展，及时化解矛盾纠纷，维护社会和谐稳定，总体成效明显。全年受理调解案件3124件，调解成功2815件，调解成功率达90.11%。

（龚永达）

信　访

【概　况】 2016年，江川区信访工作紧密围绕进一步畅通信访渠道，引导群众依法合理反映诉求，及时反映社情民意，进一步层层压实信访事项办理责任，规范工作程序，稳步推行视频接访，强化矛盾纠纷排查化解，认真开展积案化解攻坚，妥善解决群众合理诉求，为密切党和政府与人民群众的联系，发挥了积极的作用。

【受理来信来访】 受理和办结信访件情况。共受理群众来信51件，受理接待来访242件493人次，其中集体访25批206人次，个人访217批287人次；全年办结率96%；处理市领导批示的重要案件7件，办结7件，办结率100%。书记区长接待日共接待来访群众144件356人次，集体访37件207人次，交办41件，转办103件，办结率100%。

信访类别统计情况。信访总量按来信件次与来访件次计算是429件次，其中：求决类275件，申诉类4件，揭发控告类13件，反映意见建议类3件。

集体访规模统计情况。全年共受理集体访25批206人次。

赴省进京上访情况。江川区到京上访4件4人次，赴省上访24件46人次，到市上访48件次，呈现出高峰形势。

【“一节两会”及重点敏感期间的信访工作】 根据中央、省、市的文件要求，为做好中央、省市两会、南博会、十八届五中全会和国庆、春节期间重点敏感时期的信访工作，确保我区不发生赴省，进京上访滋事，不发生影响社会稳定的群体性事件，区委、区政府高度重视，采取有力措施，周密部署、精心安排，明确要求把做好重点敏感期间和节假日的信访工作作为一项重要的政治任务，工作有部署，落实有方案，确保重要时段内赴省、进京“零上访”工作目标。

【矛盾纠纷排查工作】 一是矛盾纠纷排查到位。把矛盾纠纷排查作为维稳的基础性工作来抓，定期排查与专项排查相结合，多次对全区可能影响社会稳定的各种矛盾纠纷和问题进行深入排查。区级每半月一排查，乡镇每周一排查，村级每天一排查，区属各部门也对辖区内的矛盾纠纷进行深入细致的排查，做到矛盾纠纷排查“横向到边、纵向到底、不留死角”，确保矛盾纠纷底数清、情况明。对排查出的矛盾纠纷和信访问题进行分类梳理，建立村、镇、区三级台账，实行动态管理。2016年，共排查出重大矛盾纠纷24件，化解21件。二是问题解决到位。按照“属地管理、分级负责、谁主管、谁负责”的原则，严格落实领导包案责任制，将化解责任逐级分解到区级领导、责任单位和责任人，逐一研究化解。对可能引发群体性事件的矛盾纠纷或信访案件，按照一个问题、一名领导、一个班子、一套方案的要求限期调处，严防事态扩大，维护全区社会和谐稳定。三是稳控措施落实到位。对暂时不能化解的矛盾纠纷，按照“一对一”、“五包一”的要求，由包案领导和责任单位、责任人负责，认真做好思想疏导工作，切实落实稳控措施，确保小事不出村、大事不出镇、矛盾不上交。

【推进信访积案化解工作】 紧紧围绕“案结事了、息诉息访”工作目标，办结一批信访积案，信访秩序进一步规范和好转。为切实化解信访积案，减少信访存量，全力推动领导包案制，加大督办力度，因案施策化解积案，做到不留尾巴。

【及时就地解决信访问题】 信访局把开展领导干部“挂包帮转走访”活动作为桥梁，实行干部直接联系群众制度，作为解决信访问题最直接、最有效的途径，与做好信访工作有机结合起来，畅通信访渠道，及时就地解决信访问题。一是做好教育疏导工作。深入走访、了解群众真实想法，对可能出现的上访人员及时做好思想疏导工作，确保把矛盾和问题解决在萌芽状态。二是及时化解矛盾纠纷。对可能引发上访的矛盾和问题，按照点对点、人帮人的要求，落实责任人，认真研究、及时解决好上访人员反映的问题，避免引发上访。三是及时做好到市、赴省、进京非正常上访的劝返接回工作。

【督办和督查工作】 一是在信访案件查办过程中，始终坚持定包案领导、定责任单位、定办案负责人的“三定”原则，对已转交办信访案件实行跟踪督办，对疑难信访案件和非正常上访案件，组织召开联席会议，逐案进行研究，由责任单位最终形成处理意见，告知信访人并不定期对信访人进行回访。二是严格按照“属地管理”和“谁主管、谁负责”的工作原则，及时把信访件交由有权处理信访问题的行政机关办理。2016年上级交办信件42件，市长热线交办33件，领导批示件9件，办结率100%，都严格按照办理时限回复信访人，做到件件有落实，事事有回音。三是加大督查工作力度。由“两办”牵头，信访局参与组成三个督查工作组，对各乡镇、街道和各部门的信访维稳工作进行专项督查，确保工作落实到位。

【视频接访系统建成运行】 按照省、市关于在市、区区、乡镇（街道）三级开展视频接访系统建设的安排部署，江川区、乡镇（街道）两级视频接访系统建成运行，7月30日市、区、乡镇（街道）三级视频接访系统正式建成并投入使用，市、区领导可通过视频听取来自乡镇（街道）的群众的诉求，并及时有效的回应，群众不用长途跋涉就可以反映问题正逐步成为我区信访工作的新常态。

【完善工作机制】 一是建立季度分析机制，研判信访工作规律，上报各类分析报告31期，为领导决策提供较好的服务。二是建立书记区长接待日接访分析专报制度，上报专报17期，信访信息55件，预警信息39件，及时反映信访突出问题。三是规范专访接待制度，对群体性、规模性的信访案件实行专门的接待制度，及时开展情绪疏导和稳控。四是针对问题突出的项目，从小事做起，建立起“零距离接待”制度。五是做好信息的收集、研判，对重点人群、重点人员强化沟通交流，增进感情和友谊，切实掌握动态，注意信息收集分析运用，有效维护信访秩序。

（高　洁）

政协玉溪市江川区委员会

【县政协主席、副主席、常委名录】

主　席：罗跃岗（2016.2离任）

副主席：杨吉英（女，2016.2离任）
李绍华（2016.2离任）
曲绍庭（2016.2离任）
李忠海（2016.2离任）

常　委：（按姓氏笔画排列）
王　秀（女，2016.2离任）
王忠明（2016.2离任）
王春华（2016.2离任）
石宝富（2016.2离任）
平雪刚（2016.2离任）
伏荣宽（2016.2离任）
刘云虹（女，2016.2离任）
刘长生（2016.2离任）

李仙凤（女，2016.2离任）
李红章（2016.2离任）
李佳强（2016.2离任）
李彦林（2016.2离任）
李程鹏（2016.2离任）
杨生明（2016.2离任）
杨晓春（2016.2离任）
张春茂（2016.2离任）
陈林柱（2016.2离任）
赵金会（女，2016.2离任）
郭开明（2016.2离任）
顾　秋（2016.2离任）
钱鸿润（2016.2离任）
徐丽萍（女，2016.2离任）
曹春艳（女，2016.2离任）
释慧莲（女，2016.2离任）
戴朝红（2016.2离任）

【区政协主席、副主席、常委名录】

主　席：罗跃岗（2016.2任）
副主席：杨吉英（女，2016.2任）
李绍华（2016.2任）
曲绍庭（2016.2任）
李忠海（2016.2任）
常　委：（按姓氏笔画排列）
王　秀（女，2016.2任）
王忠明（2016.2任）
王春华（2016.2任）
石宝富（2016.2任）
平雪刚（2016.2任）
伏荣宽（2016.2任）
刘云虹（女，2016.2任）
刘长生（2016.2任）
李仙凤（女，2016.2任）
李红章（2016.2任）
李佳强（2016.2任）
李彦林（2016.2任）
李程鹏（2016.2任）
杨生明（2016.2任）
杨晓春（2016.2任）
张春茂（2016.2任）
陈林柱（2016.2任）
赵金会（女，2016.2任）
郭开明（2016.2任）
顾　秋（2016.2任）
钱鸿润（2016.2任）
徐丽萍（女，2016.2任）
曹春艳（女，2016.2任）
释慧莲（女，2016.2任）
戴朝红（2016.2任）

【县政协各委室机构负责人名录】

办公室
主　任　王春华（2016.2离任）
副主任　张晓春（2016.2离任）
侯国芬（2016.2离任）

提案联络委员会
主　任　陈林柱（2016.2离任）
副主任　潘兴江（2016.2离任）

经济委员会
主　任　白云波（2016.2离任）
副主任　李彦林（正科，2016.2离任）

科教文卫体委员会
主　任　杨明顺（2016.2离任）
副主任　彭春云（2016.2离任）

人口资源环境委员会
主　任　马树良（2016.2离任）
副主任　付兴德（2016.2离任）
周丽娟（2016.2离任）

民族宗教法制委员会
主　任　李忠兴（2016.2离任）
副主任　潘兴建（2016.2离任）
范宝福（2016.2离任）

文史委员会
主　任　张德厚（2016.2离任）
副主任　郭小平（2016.2离任）

【区政协各委室机构负责人名录】

办公室
主　任　王春华（2016.2任，2016.8离任）
侯国芬（2016.8任）
副主任　张晓春（2016.2任，2016.8离任）
侯国芬（2016.2任，2016.8离任）
魏　伟（2016.8任）

提案联络委员会
主　任　陈林柱（2016.2任）
副主任　潘兴江（2016.2任，2016.11离任）
陆　叶（2016.11任）

经济委员会
主　任　白云波（2016.2任）
副主任　李彦林（2016.2任）

科教文卫体委员会
主　任　杨明顺（2016.2任，2016.9离任）
李文鹏（2016.9任）
副主任　彭春云（2016.2任）

人口资源环境委员会
主　任　马树良（2016.2任，2016.8离任）
王春华（2016.2任）
副主任　付兴德（2016.2任）
周丽娟（2016.2任，2016.8离任）

民族宗教法制委员会
主　任　李忠兴（2016.2任）
副主任　潘兴建（2016.2任）
范宝福（2016.2任，2016.8离任）

文史委员会
主　任　张德厚（2016.2任，2016.3离任）
徐　惠（2016.3任）
副主任　郭小平（2016.2任）

【概　述】　2016年，区政协常委会坚持团结和民主两大主题，深入贯彻落实中共十八大和十八届三中四中五中六中全会精神，认真学习习近平总书记系列重要讲话精神，紧紧围绕区委发展战略和部署，团结带领全体政协委员围绕中心、服务大局，认真履行政治协商、民主监督、参政议政职能，为实现全面建成小康社会目标作出应有贡献。

【政协江川县第八届委员会第四次会议】 政协江川县第八届委员会第四次会议于2016年1月14日至17日在县城举行。会议审议通过主席罗跃岗所作的《政协江川县第八届委员会常务委员会工作报告》和副主席杨吉英所作的《政协江川县第八届委员会常务委员会关于八届三次会议以来提案工作情况的报告》；听取代理县长王志华所作的《政府工作报告》说明，听取常务副县长张文彬所作的《江川县国民经济和社会发展第十三个五年规划纲要（草案）》说明；书面协商《政府工作报告》《江川县2015年国民经济和社会发展计划执行情况与2016年国民经济和社会发展计划的报告（草案）》《江川县2015年地方财政预算执行情况和2016年地方财政预算的报告（草案）》；书面协商《江川县人民法院工作报告》《江川县人民检察院工作报告》；补选政协江川县第八届委员会副主席2名。

【常委会议】 2016年，政协江川县第八届委员会常务委员会举行第十七次至二十次常委会议；政协玉溪市江川区第一届委员会常务委员会举行第一次至七次常委会议。

1月7日，召开政协江川县八届十七次常委会议。会议审议八届四次全会召开事宜；审议通过《县政协常务委员会工作报告（草案）》《县政协常务委员会关于八届三次会议以来提案工作情况的报告（草案）》；协商增补委员6名，撤销委员4名；会议还进行人事任免。

1月15日，召开政协江川县八届十八次常委会议。会议听取县委常委、组织部部长林清就政协江川县第八届委员会副主席候选人名单（草案）所作说明；审议通过《补选政协江川县第八届委员会副主席候选人名单（草案）》《选举办法（草案）》《大会选举总监票人、监票人名单（草案）》。

1月16日，召开政协江川县八届十九次常委会议。会议听取县政协八届四次全会各讨论组第一召集人汇报政协常务委员会工作报告、提案工作报告的审议情况，“一府两院”工作报告的协商讨论情况，《补选政协江川县第八届委员会副主席候选人名单（草案）》《选举办法（草案）》《大会选举总监票人、监票人名单（草案）》的讨论情况；审议通过补选政协江川县第八届委员会副主席正式候选人名单（草案）、《大会选举总监票人、监票人名单（草案）》；审议通过《政协江川县第八届委员会第四次会议决议（草案）》《政协江川县第八届委员会提案联络委员会关于提案审查情况的报告（草案）》，并决定提交大会审议通过。

2月25日，召开政协江川县八届二十次常委会议。会议审议江川撤县设区涉及政协有关事项；审议通过《关于江川撤县设区涉及政协江川区委员会及内设机构名称变更的通知》《关于江川撤县设区涉及政协江川区委员会第一届委员会委员、常务委员会组成人员变更的通知》《关于江川撤县设区涉及政协江川区委员会领导干部职务变更的通知》。

3月31日，召开政协玉溪市江川区一届一次常委会议。会议听取区政协办公室《政协2016年工作要点》通报；专题学习全国政协十二届四次会议精神，进行人事任免。

7月28日，召开政协玉溪市江川区一届二次常委会议。会议协商增补委员1名，撤销委员1名；审议通过《关于安化彝族乡整乡扶贫推进工作情况的调研报告》《关于招商引资工作情况的调研报告》；专题学习市委书记罗应光关于县区政协换届工作的讲话精神、区委书记徐贤调研政协工作时的讲话精神。

8月24日，召开政协玉溪市江川区一届三次常委会议。会议听取区政府关于江川区上半年经济社会发展情况的通报；审议通过《关于星云湖沿湖环境综合整治工作情况的视察报告》；进行人事任免。

9月22日，召开政协玉溪市江川区一届四次常委会议。会议审议通过《关于节水农业发展情况的调研报告》《关于职业教育发展情况的视察报告》；进行人事任免。

11月22日，召开政协玉溪市江川区一届五次常委会议。会议听取区政府副区长王柄璋代表区政府所作的提案办理情况通报；审议通过《关于星云湖面山绿化工作情况的调研报告》《关于环星云湖旅游开发情况的调研报告》《关于重点提案办理落实情况的视察报告》《关于江川区人民调解工作情况的视察报告》《关于江川区城市建设情况的视察报告》；修订《政协全体会议工作规则》《政协常务委员会工作规则》《委员管理办法》《调研视察工作规则》；传达学习十八届六中全会精神，进行人事任免。

12月16日，召开政协玉溪市江川区一届六次常委会议。会议审议通过政协玉溪市江川区第二届委员会委员名单、政协玉溪市江川区第二届委员会第一次会议议程（草案）及日程。

12月22日，召开政协玉溪市江川区一届七次常委会议。会议审议通过政协玉溪市江川区第二届委员会第一次会议有关事项、《政协玉溪市江川区第一届委员会常务委员会工作报告（草案）》和《政协玉溪市江川区第一届委员会常务委员会提案工作情况的报告（草案）》。

【政治协商】 常委会坚持政治协商的总体要求，有序开展协商，助推区委、区政府科学民主决策。

规范开展全会协商，推进成果转化。全会期间，组织委员和列席会议的党政领导、职能部门负责人、退休老领导、非公经济代表人士，对“一府两院”工作报告、“十三五”规划进行协商讨论，共提出意见建议198条。会后，向“一府两院”原味反馈委员意见建议125条，得到重视和采纳，并收到办理结果回函。

切实做好专题协商，助推改革发展。围绕事关江川长远发展、涉及群众根本利益的重大决策，召开2次专题协商会议，就区政府提交的撤县设区、星云湖底泥疏挖工程等重大事项进行专题协商，提出9条协商意见，为区委、区政府科学决策提供参考。召开3次常委会议，邀请政府职能部门专题协商城市建设管理、节水农业、招商引资等10个方面的调研视察报告，邀请政府职能部门共同协商审议，客观分析困难问题，共同寻求解决良策。

强化提案办理协商，推动问题解决。重视提案征集、交办、督办工作，引导委员关注经济发展、关心民生改善，组织委员开展调研视察，征集委员提案119件、立案交办106件。坚持主席、副主席领衔督办重点提案，委室对口督办重要提案制度，发挥好城区管理、药王阁修缮2件重点提案及其他12件重要提案督办的带动作用，106件提案全部办理完毕。积极向市政协争取经费30万元，支持北山寺旅游景点打造、药王阁修缮，在督办重点提案办理落实上进行有益探索。

深化委室对口协商，促进工作落实。坚持和完善委室联系党政职能部门制度，各委室对口参与区委、区政府职能部门的相关会议及活动，积极与对口部门交流互动，就调研视察课题的确定、重要提案的督办、重点工作的推进开展协商。

积极参与决策协商，共谋发展良方。主席会议成员参加区委全会工作报告、政府工作报告、“十三五”规划征求意见会，围绕事关江川经济社会发展的重大问题进行协商讨论。列席区委常委会议、区政府常务会议及其他重要会议，在重点工作、重大项目、重要事项的决策中，充分发挥政协建诤言、献良策的职能作用。

【民主监督】 常委会坚持民主监督的有效做法，突出三条监督途径，认真开展监督，助推区委、区政府决策部署落实到位。

常委会听取工作通报，及时掌握重要区情政情。召开常委会议听取区政府关于经济社会发展和提案办理的情况通报各1次，听取政府部门专项工作情况通报10次。

专委会参与党政督查，助推重点工作重大项目。坚持民主监督的有效做法，安排专委会参与区委、政府重点工作、重大项目的督查，发挥了政协民主监督的有效作用。

委员开展经常性监督，促使民权民生保障到位。组织界别委员到法院旁听并评议检察院对假药销售案件的出庭公诉工作，列席乡镇人代会，参加领导班子民主测评、党政干部述职述责评议、城镇建设规划意见征询、农村义务教育学生营养改善计划检查，参加职业教育改革、公租房摇号等工作的监督，强化职能部门服务意识，确保惠民利民政策落实。

【参政议政】 常委会坚持参政议政工作制度，突出两个着力点，主动参与全区重点工作、重大项目，助推工作开展和项目落成。

着力加强调研视察，不断提高议政建言水平。围绕事关江川改革发展大局、涉及群众根本利益的方方面面，开展了10个专题调研视察，并按程序报送区委政府调研视察报告10篇，提出意见建议43余条，得到区委、政府的重视和采纳；政协活动组的调研视察成果，也及时转化为工作信息22期、123篇、社情民意4期、4件转交相关部门作参考。

积极配合区委政府，助推精准扶贫项目实施。区政协领导积极参与通用航空产业项目、小马沟—冯家湾退房还湖旧村改造项目、雄关乡光伏农业科技大棚项目、江城棚户区改造等重大项目，为重点工作开展和重大项目推进献智尽力。高度重视扶贫攻坚工作，包村联系安化乡新庄村，结对帮扶25户贫困户，深入联系户4次，随机调研10余次，协调保障项目建设用地等18条建议，协助安化乡制定整乡推进扶贫方案，助推精准脱贫项目实施；配合市政协做好挂点联系安化乡扶贫攻坚工作，为安化乡争取扶贫工作资金380余万元；挤出办公经费8万元支持新庄村扶贫工作。

【统一战线】 常委会坚持统一战线工作条例，突出三项重点工作，筑牢爱国统一战线根基，促进和谐平安江川建设。

持续征编文史资料，汇集资政育人箴言。征编出版《江川文史资料》第二十九辑，应各界人士的热情呼吁，借鉴往届政协编合辑经验，再度编辑出版《第二十六至二十九辑合集》；配合市政协完成《玉溪历史名建筑》组稿工作。

多办惠民利民实事，彰显政协为民情怀。发挥政协协调各方的优势，配合市政协做好贫困家庭大学生圆梦资助行动、山区优秀中小学教师表彰推荐工作，共资助新入学贫困大学生12人、3.6万元，表彰山区优秀中小学教师4名。

加强内外联络联谊，构建平安和谐江川。参与接访工作，支持宗教界委员依法依规开展活动，召开社情民意恳谈会，促进社会和谐稳定。

【自身建设】 常委会坚持提高协商能力，突出五个层面，不断提高履职制度化、程序化、规范化的水平。

重视专题教育，提升党组领导能力。按照中央和省、市、区委要求，政协党组扎实开展好“两学一做”学习教育，抓好党章党规、《准则》《条例》、系列讲话的学习，发挥好党组从严治党主体作用，发挥好支部党建阵地作用，切实转变政协机关干部作风，确保政协工作沿着正确的政治方向前进。

重视理论武装，勤于履职实践探索。搭建政协常委会议专题学习、委员活动日学习、机关政治学习和专题研讨平台，以党的十八大以来历次全会精神、中国特色社会主义理论体系、人民政协理论等为主要学习内容，认真抓好政协常委、政协委员、政协工作者的教育培训，学习型政协建设取得了明显成效。

重视制度建设，规范履职工作程序。坚持推进政协履职“三化”建设，突出常委会、专委会、委员活动组、机关工作机制的探索实践，完善制度10项，新建制度9项。重点健全《常务委员会工作规则》，确保每次常委会做到学习有专题、审议有通报、协商有建议；制定了《关于进一步加强与政协委员联系的意见》，加强了主席会议成员、专委会主任与活动组、委员的联系；制定了《信息宣传和反映社情民意工作考核奖励办法》，加强信息工作，2016年被市政协表彰为信息工作先进集体。

重视委员管理，发挥委员主体作用。加强与区委组织部、统战部沟通联系，及时递补各界别委员的出缺名额7名，保证了委员的代表性和工作连续性。召开政协活动组长会议，交流工作经验，研讨工作创新，提升活动组工作水平。坚持年终走访慰问委员活动，关心委员生活和工作，鼓励委员既要做好政协工作，也要做好本职工作。

重视队伍建设，强化人才智力保障。按照党管干部原则，在区委的关心和重视下，加强政协干部队伍建设。一年来，补选副主席2名，调入机关干部3名，提拔政协干部2名、交流3名，政协干部队伍结构得到不断优化，工作活力逐渐增强。

【县政协委员视察龙泉工业园区】 1月17日上午，出席县政协八届四次会议的162名委员集体视察龙泉工业园区的云南腾达机械制造有限公司、云南联塑科技发展有限公司。

【县政协专题协商星云湖污染底泥疏挖及处置工程】 1月25日，江川县政协召开“星云湖污染底泥疏挖及处置工程”专题协商会议。会议听取县人民政府关于星云湖污染底泥疏挖及处置工程的相关说明，与会人员围绕该工程的可行性研究报告进行协商讨论，一致赞同工程实施，并提出4条协商建议。

【市政协到江川调研玉溪中心城区饮用水源地保护及其水资源配置情况】 3月24日，市政协副主席郭亚钢带队，实地察看玉溪中心城区主要水源地及其径流区涉及河流的保护和利用情况。

【市政协调研江川基层治保调解工作情况】 4月7日，市政协副主席马良昌带队，到江川区开展基层治保、调解工作情况调研。调研组先后深入大街街道上头营社区、大街社区，调查了解基层治保、调解工作现状及存在问题等情况。

【政协委员连年呼吁助推“玉江路”收费站取消】 2016年在市政协四届四次全会期间，驻江川区的市政协委员以集体提案形式提交“关于取消玉江路收费站的提案”。建议市委、市政府取消玉江公路的收费站，并将该路纳入市政道路管理范围，在全线安装太阳能路灯。16名委员还利用分组讨论或政府工作报告协商会发言，取得了多数委员的共识和市委、市政府的重视，进一步助推该提案尽早得到落实。3月9日玉溪市正式获省政府批复“同意取消玉江高速公路车辆通行费”，玉江高速从“暂停收费”变为“取消收费”。

【市政协调研江磷集团企业发展情况】 6月14日，市政协秘书长张卫一行到江磷集团调研企业发展情况，调研组实地查看了江磷集团建设生产情况，听取关于企业2016年上半年生产、经营及下一步发展计划等情况的汇报。

【江川区政协承办全市政协系统第十四届职工运动会】 9月26日至30日，全市政协系统第十四届职工运动会在江川举行，市、七县两区政协10个代表团290人，参加中国象棋、羽毛球、乒乓球、篮球、扑克双扣等5个项目的比赛。

【市政协领导视察抚仙湖径流区统一托管工作】 7月12日，由市政协副主席郭亚钢带队，市政协人资环委牵头，组织部分市政协委员、民主党派及市直有关单位负责人到江川区视察抚仙湖径流区统一托管工作情况。

【市政协领导调研江川药王阁恢复修缮工作】 8月11日，市政协副主席李平赴江川调研《关于对江川药王阁进行恢复修缮的建议》提案的办理情况。

（张　潇）

人民团体

工　会

【概　述】 2016年，玉溪市江川区总工会坚定不移走中国特色社会主义工会发展道路，围绕改革发展中心，把握中国工人运动的时代主题，把握和谐稳定大局，主动作为、开拓创新，努力为建设富裕和谐美丽新江川作出贡献。

【组织建设】 2016年，区总工会设主席1人，副主席1人，在编工作人员4人，聘用职工5人。全区现有工会组织248个，涵盖单位531个，其中：机关事业单位工会106个，涵盖单位139个；企业工会142个，涵盖企业392个，职工14759人，会员14488人。按照“三同时”原则，成立经审组织248个，女工组织136个，组建率达到应建工会经审组织和女工组织的100%。

【召开区总工会一届一次全委（扩大）会议】 3月11日，玉溪市江川区总工会一届一次全委（扩大）会议召开。区总工会一届委员会“三委”委员及各乡镇（街道）、系统、区直基层工会主席、副主席共90余人参加会议。区委常委、组织部部长林清，区人大副主任、总工会主席陆富仙，区人民政府副区长普朝鹏，区纪委第一纪工委书记张竹会出席会议。

陆富仙作题为《凝心聚力　争先创优　团结动员广大职工为实现江川“十三五”经济社会良好开局而努力奋斗》工作报告，回顾总结2015年工会工作取得的成效，并对2016年工会工作的总体要求和目标任务进行安排部署。区总工会副主席李春伟作题为《夯实经审工作基础　提升审查审计质量　奋力推进全区经审工作迈入规范化轨道》经审报告，区总工会副主席李芬书面提交《扬女工拼搏精神　展巾帼建功风采　为推进江川区女职工工作努力奋斗》女职工工作报告。

会议表彰2015年度工会重点工作目标考核先进单位36个、命名“生态文明之家”单位11个、命名县级“职工书屋”单位5个，与36家基层工会签订《2016年江川县工会重点工作目标责任书》。分组讨论工作报告，现场回复讨论提出的21条意见建议。对玉溪市江川区总工会一届委员会7位委员进行替补，选举产生常务委员3名。

【召开区总工会一届二次全委会】 9月30日，总工会召开一届二次全体委员会议，替补第一届工会委员会委员4名，选举产生常务委员1名、副主席1名。召开一届二次经费审查委员会议，替补经审委员1名。召开一届二次女职工委员会议，替补女工委员4名，选举产生女工主任1名。

【举办工会干部综合素质培训班】 5月11日至13日，区总工会举办为期二天半的工会干部综合素质培训班，全区各乡镇（街道）、机关、企事业单位的302名工会干部参加培训。培训包含十八届五中全会精神解读、工会业务基础知识、社管综治及法律保护等6个专题内容。区委常委、组织部长林清出席开班仪式并提出工作希望：始终坚持密切联系职工群众；始终坚持求真务实的作风；始终坚持锤炼过硬的本领；始终坚持做好做实服务工作。

【创建“一活动一工程”示范点】 2016年，区总工会围绕江川工作实际，制定工作方案，指导基层工会围绕“四争四促”，深入开展建功立业活动。新选树7个“一活动一工程”区级示范点，扩大示范辐射带动范围，增强以点带面力量，推动活动深入开展。截至2016年底共选树示范点24个，其中，市级示范点12个，区级示范点12个。提前部署，在全区基层工会中谋划培育“四争四促”先进集体和标兵个人，为2017年省市总结表彰工作奠定基础。通过对先进的表彰宣传，弘扬社会正能量，进一步推动全区工会工作创新发展。深入开展职工素质建设工程，完成市总下达的350人素质提升任务。依托社会培训机构，采取联合办班，定点办班，知识竞赛、引导性培训等形式，开展好各类培训，着力提高职工队伍综合素质。依托社会培训机构开办家政、育婴员2个培训班，培训121人，118人取得了从业资格证书；联合区人社局举办中式烹调、电工维修、电焊、美容4个培训班，232人取得从业资格证书；联合文广体局举办三级社会体育指导员及健身项目培训班，培训77人，取得三级社会体育指导员资格证书。组织基层工会开展农民工引导性培训2000人。

【开展劳动竞赛技能竞赛活动】 2016年，全区4家企业单位投入1.33万元竞赛经费，在14个班组的203名职工开展8个项目劳动竞赛。区总工会组织46家企事业单位开展技术技能竞赛，竞赛的内容81项，参赛职工人数达2736人，取证人数704人，投入竞赛工作经费70.51万元。开展规模较大技术技能竞赛包括以下：一是组织云南红塔包装实业有限责任公司工会开展纸箱粘贴竞赛活动，共35名职工参加。二是组织江川区江城镇凯迪龙气体产品有限公司工会，开展第二届职工技能暨文体竞赛活动，开展称瓶、挂瓶、滚瓶、背靠背运气球、篮球等文体活动。三是开展电工技术技能选拔竞赛，组织全区各乡镇（街道）、各企业的9个代表队45名选手参加竞赛，选树参加市级竞赛的选手。四是组织9个企业15名一线技术员工参加市总工会组织的维修电工、工具钳工、焊工三个项目技能大赛，一名工具钳工获得三等奖。五是组织10人参加第三届滇中城市经济圈职工技能大赛，三人分别获得玉溪市选拔赛一等奖、二等奖和三等奖。选拔出两人代表玉溪市参加省级竞赛，一人获得省级二等奖。六是组织42名选手，开展基层卫生岗位练兵和技能竞赛，将优胜者选送参加市级竞赛，江川区两人获得三等奖。七是教育系统工会组织800多名教师，开展教师优质讲课竞赛、课件制作技能竞赛、教师教学技能竞赛、职业中学开展电工、餐饮等方面的技术技能竞赛。八是江川公安分局工会组织24人，开展警察服务实战技术技能竞赛。

【走访慰问】 2月7日，县人大副主任、总工会主席陆富仙一行5人，深入江通高速施工工地、云南联塑科技发展有限公司等4家企业，对101名在岗一线职工进行现场慰问，并为每位职工送去300元的节日慰问金。

【扶贫帮困】 2016年，区总工会积极开展困难职工帮扶工作，努力为职工办实事、做好事，共帮扶慰问1591人次困难职工，发放帮扶资金77.42万元。

【职工医疗互助】 2016年，第十二期职工医疗互助参加单位156家，参互人数10787人，补助生病住院职工1739人次，发放互助金119.62万元，单次补助互助金最高5.47万元，本年度受助职工获得最高补助9.84万元。第十三期职工医疗互助活动，参加单位150家，参互人数10737人，收取互助金87.15万元。

【“生态文明之家”创建】 1月13日，江川县“生态文明之家”创建领导小组召开2015年建家评比工作会议，对2015年申报“生态文明之家”创建的19家单位进行评比，在听取工作组的验收情况并查阅工作台账、记录后，评定县委党校工会、县公安局工会等11个单位创建达标。

12月19日至21日，江川区“生态文明之家”创建领导小组召开2016年建家评比工作会议，对2016年申报“生态文明之家”创建的14家单位进行评比，14家单位均创建达标。

【非公企业工会规范化示范点培育工作】 2016年，区总工会学习厦门泉州鲤城区总工会培育“非公企业工会规范化建设示范点”工作经验，借鉴非公企业党组织建设的经验，结合江川非公企业工会工作实际，草拟《关于培育‘非公企业工会规范化建设示范点’的工作方案》，争取在下一步工作中实施，激发非公企业工会干部的工作积极性，推动非公企业工会作用的发挥。

【工会劳动法律监督工作】 5月13日，区总工会邀请云南省总工会法律保障部副部长陈欣韬，为机关、企事业单位工会劳动法律监督委员会和监督员、工会干部136人专项培训《云南省工会劳动法律监督条例》，为监督工作的开展打牢基础。目前，已建立劳动法律监督委员会25个，聘请136名劳动法律监督员，促进开展工会法律监督工作。

【创办厂务公开民主管理示范单位】 2016年，区总工会建立健全组织领导机构，成立厂务公开民主管理工作领导小组，建立完善各项民主管理制度，确定建立江磷集团、景湖酒店、大街阳光食品公司、大街红塔包装公司、前卫卓一食品公司等10家市级厂务公开民主管理示范单位，为推动全区厂务公开民主管理工作起到示范性作用。

【开展企业工资集体协商工作】

2016年，区总工会继续做好第四轮工资集体协商及协商合同签订工作任务，共签订企业工资集体协商合同68份，覆盖企业249个，覆盖职工5766个，已建立工会组织的企业，签订工资集体协商合同覆盖率达100%。全区现有工资集体协商指导员11人，其中，省、市级工资集体协商专职指导员2人，区级工资集体协商兼职指导员9人。确定选树云南宏斌绿色食品有限公司、云南联塑科技发展有限公司、云南阳光食品有限公司、江川天一包装有限公司、江川吉利汽车运输有限公司、翠峰鸿湖有色塑料包装有限公司、云南卓一食品有限公司、云南腾达机械有限公司、九溪丫眯食品有限公司、江川瑞星化工有限公司、江川景湖酒店11个企业为2016年江川区企业工资集体协商示范单位，在全区起到示范带动作用。

【安全生产】 2016年，区总工会协助抓好安全生产工作，举办安全生产工作座谈会2次，督促企业负责人组织职工学习安全生产知识，开展上岗前安全培训。以“五一劳动节”、“六月安全产生月”和国庆节为契机，大力宣传《安全生产法》、《道路交通安全法》等国家安全生产法律法规，悬挂宣传标语43条，农民入会手册750余份，知识宣传资料若干。主动参与全区性安全大检查2次，参与全区性重大安全事故调查处理3起，参与建设工程项目“三同时”的审查验收，提高群众性监督检查的能力和效果。

【法律援助及劳动仲裁工作】

2016年，区总工会聘用法律顾问，提升工会工作法治化建设水平，联合川和律师事务所，开展工会法律援助工作。法律咨询总人数46人次，其中开展法律援助案件1件，涉及职工数占1人，涉及金额1.4364万元；开展案件代理3件，涉及职工10人，其中农民工数占2人，涉及金额143.2465万元。直接参与劳动仲裁案件2起，为职工维权，助推和谐劳动关系建设。

【职工疗（休）养工作】 2016年，区总工会分别于5、6、9、10月组织完成河北北戴河、宁夏银川、福建厦门、广西桂林、昆明白鱼口五个批次247名干部职工的疗休养工作，在保护劳动生产力，调动干部职工工作积极性，保障干部职工的休息、休养和疗养的权利方面有了新突破。

【劳模管理】 截止2016年底，江川区已共有各级劳模48名，其中全国劳模3名，省部级劳模17名，市级劳模28名。

2016年，云南省总工会为江川区李承根、徐宝祥、罗汉斗三位全国劳模发放“三金”（春节慰问金、生活困难补助金、特殊困难帮扶金）共25000元。

1月7日，市、县总工会联合走访慰问江川区8名市级劳模，给他们送去党和政府及工会组织的温暖，发放慰问金4000元。

4月29日，在“五一”国际劳动节来临之际，区委、区政府、区人大、区政协主要领导与全区26名各级劳模欢聚一堂，开展庆“五一”劳模座谈会，进行“争先创优跨越发展大讨论大行动”劳模座谈，听取各级劳模对江川撤县设区后江川发展的建议和意见。会议由区委常委、组织部长林清主持，区委副书记，区长王志华通报全区经济社会发展情况及今后工作重点，区人大副主任、总工会主席陆富仙通报2014–2015年劳模管理和服务工作，区委书记马文龙作了重要讲话并向全区工会组织和劳动者提出要求。区委副书记张燕华、区人大常委会主任龚桂存、区政协主席罗跃岗、区委常委、区委办主任邓春元出席会议。

4月29日，玉溪市委、市政府召开玉溪市第五届劳动模范评选表彰大会，由江川区委组织部、区工信局、区总工会评选推荐，江城镇侯家沟村委会书记李毅、江磷集团董事长万荣惠、雄关乡党委书记戴吉国、江川一中高级教师金文荣、云南卓一食品有限公司一线职工杨文捷被玉溪市人民政府命名为“玉溪市劳动模范”。

10月15日，区总工会组织省部级劳模顾绍林、市级劳模杨汉金到哈尔滨疗养院疗休养。

【举办劳动者之歌文艺专场晚会】 4月28日，由区总工会主办的“中国梦·劳动美·江川情——劳动者之歌”主题文艺晚会在江川影剧院举行，全区各基层工会职工、劳模代表及市、区相关领导共300余人观看了演出。此次晚会紧扣“劳动铸就中国梦”主线，分4个篇章，由来自各条战线上一线职工参演，以歌舞、小品、朗诵等表演形式，向大家展现了各行业职工在投身美丽家乡建设中艰苦奋斗、乐于奉献、爱岗敬业的良好精神风貌，生动诠释了劳动最美、劳动光荣的深刻内涵。

【开办职工心理健康大讲堂】 2016年，区总工会培养心理健康师资队伍，举办心理咨询师培训班，开展职工心理健康大讲堂活动，为职工普及心理健康知识，推进全区职工心理健康工作。区、乡（镇）基层工会共组织10余场次心理健康讲座，参加职工达4480人。

5月9日，区总工会组织75个基层工会600名职工，开展职工心理健康服务大讲堂活动，邀请云南师范大学心理学教授赵建新授课，引导职工正确对待工作中的各种压力和自身的烦恼与困惑，学会适当调控自己的情绪，保持乐观积极健康的心态，处理好工作和生活中的各种困难和问题。并向职工推广省、市总工会开通的职工心理服务微信平台和心理健康服务热线，拓宽职工心理咨询渠道，更好的为寻求心理帮助的职工提供及时周到的服务。

7月23日至8月1日，区总工会联合教育局在大街小学举办心理咨询师培训班，推选17名教师和3名工会干部参加培训，培养兼职心理咨询师，培养组建心理健康师资队伍，承担今后职工服务中心的职工心理咨询工作，同时促进中学生心理健康教育工作。

【开办职工道德讲堂】 2016年，区总工会深入开展道德讲堂“进学校、进企业、进家庭、进社区、进机关”活动，以“身边人讲身边事、身边人讲自己事、身边人教身边人”的方式，营造社会积极向上、向善、向前的文明风尚，推动社会主义核心价值体系建设。共举办“道德讲堂”18场次，参加活动职工达3600余人。

【开展“书香家庭”征文活动】 8月16日，区总工会组织开展的以“晒家庭美德、讲家庭和谐、展家人技艺、秀家庭梦想”为主题的“书香家庭”征文活动圆满结束。活动共征集文章88篇，评选优秀作品19篇。此次征文活动围绕促进家庭稳定、社会和谐为主线，以议论、随笔、散文等体裁形式，通过撰写阅读后的所思、所感、所悟，传承社会文明、弘扬家庭美德，打造“书香家庭”，让爱读书、会读书、读好书成为家风。

【“职工书屋”建设】 2016年，区总工会成功创建云南联塑科技发展有限公司工会和云南腾达机械制造有限公司工会为市级“职工书屋”示范点，成功创建前卫镇渔村蓓蕾幼儿园工会和玉溪丫眯绿色休闲食品有限公司工会为区级“职工书屋”示范点。目前，共创建全国“职工书屋”1个、省级“职工书屋”2个、市级“职工书屋”8个、区级“职工书屋”6个。

【组织开展志愿服务活动】 2016年，区总工会以“重阳节”为契机，组织全区459名职工志愿者开展敬老爱老志愿服务活动，通过家政服务、心理抚慰、医疗义诊、文娱表演等方式，服务机关、企事业单位离退休困难职工和无劳动能力、无生活来源、无赡养人的老年人，服务人次达1220余人。同时，在“三八”维权周、综治维稳月、安全生产月、国际禁毒日等活动日期间，组织志愿者走街头，开展宣传教育服务活动，营造学法、懂法、守法，健康文明的社会氛围。

【“互联网+工会”】 2016年，区总工会到易门县总工会、元江县总工会学习“互联网+工会”工作经验，在区委组织部的指导下开展“互联网+工会”工作，促进形成网上网下深度融合、互联互动的工会工作格局。

【工会托管工作】 为贯彻落实中央、省市区委关于加快生态文明建设的各项工作部署，协助加快推进抚仙湖流域生态文明建设，构建抚仙湖全流域集中统一管理体制机制。江川区工会组织托管工作按实地管理原则跟党政走的要求，将江川区抚仙湖径流区工会工作移交至澄江县总工会。托管至澄江县的工会组织共20个，职工数680人，会员数674人，在档困难职工16人，职工医疗互助人数282人。

【女工工作】 2016年，区总工会结合女职工“94352”提升素质建功立业工程相关要求，组织动员广大女职工开展建功立业活动。开展女职工特殊权益保护专项集体合同的签订工作，全年共签订女职工特殊权益保护专项集体合同58份，涵盖单位58家，覆盖女职工1274人。

【开展“仙湖卫士·群团行动”】 2016年，区总工会积极响应区委开展争当“仙湖卫士”行动计划，号召全县机关、企事业单位工会组织，结合工会的工作实际，开展主题鲜明的春、秋季护湖行动、绿化美化环境、节能降耗与清洁安全生产，环保监督劝导队建设等工作，为建设“河畅、湖清、水净、岸绿、景美”的生态文明建设贡献职工力量。共发动全区职工5438人次参与到“仙湖卫士·群团行动”中来，开展相关培训30期，进行四德教育18期，覆盖职工1330人次，发放宣传资料32490份，提出节能节约建议54条，节约水1945方，节约电1410度，节约汽油695升，绿化美化3275平方米，植林造林1572株。

【表彰奖励】 2016年1月13日，云南宏斌绿色食品集团有限公司被玉溪市总工会评为“2015年度玉溪市‘安康杯’竞赛优胜单位”。云南联塑科技发展有限公司配件车间A班、云南腾达机械制造有限公司生产组被玉溪市总工会评为“2015年度玉溪市‘安康杯’竞赛优胜班组”。江川县江城镇总工会杨虎梅、玉溪丫眯绿色休闲食品有限公司王刚、云南江磷集团股份有限公司侯润生、江川县总工会黄曦被玉溪市总工会评为“2015年度玉溪市‘安康杯’竞赛先进个人”。

1月23日，云南江磷集团股份有限公司、黄磷尾气环境整治、综合利用项目——500t/d黄磷石灰生产装置，获玉溪市第二届职工创新成果三等奖。云南宏斌绿色食品有限公司、戊糖乳杆菌在云南高原特色蔬菜发酵中的应用，获玉溪市第二届职工创新成果三等奖。云南阳光食品有限公司、小米辣快速打孔机，获玉溪市第二届职工创新成果优秀奖。云南宏斌绿色食品有限公司、云南高原特色风味泡菜生产工艺规范，获玉溪市第二届职工优秀操作法奖。云南阳光食品有限公司、发酵桶微生物腌制技术，获玉溪市第二届职工优秀合理化建议奖。

2016年2月，江川县总工会在2015年度工会重点工作目标责任考核中，被玉溪市总工会评为一等奖。

3月10日，中共江川县委党校工会、江川县公安局工会、大街街道总工会、九溪镇机关工会、龙街中心小学工会、翠峰中心小学工会、江城镇童话幼儿园工会、前卫1+1幼儿园工会、路居镇财政所工会小组、雄关乡财政所工会小组、张营小学工会小组被区总工会评为“生态文明之家”。

2016年4月，江川区江城镇江城中心小学工会职工李燕被云南省总工会评为“云南省五一巾帼标兵”。

2016年7月，中共玉溪市江川区总工会支部委员会在2014—2015年度党建工作考核中，被江川区直属机关工作委员会评为“先进基层党组织”。李芬被评为“优秀党务工作者”。

7月27日，在玉溪市农民工《劳动合同法》《社会保险法》知识竞赛（复赛）中，区总工会职工龚瑞获得一等奖，区总工会职工李瑶获得二等奖，景湖酒店职工刘春芬获得三等奖，区总工会职工张芬获得鼓励奖。

11月9日，云南联塑科技发展有限公司工会委员会、江川翠峰鸿湖有色塑料包装有限公司工会委员会、玉溪景湖酒店管理有限公司工会委员会、云南红塔包装实业有限责任公司工会委员会、云南卓一食品有限公司工会委员会被玉溪市总工会评为“一活动一工程”市级示范点。

11月17日，江川区前卫镇渔村蓓蕾工会、玉溪丫眯绿色休闲食品有限公司工会委员会被玉溪市江川区总工会评为“2016年职工书屋区级示范点”。

12月9日，江川翠峰鸿湖有色塑料包装有限公司工会委员会、云南卓一食品有限公司工会委员会、大街街道办事处工会被玉溪市总工会评为“玉溪市2016年度基层工会发挥作用先进典型单位”。

12月13日，江川区大街街道大庄中学被玉溪市总工会评为“2016年度玉溪市‘安康杯’竞赛优胜单位”。玉溪丫眯绿色休闲食品有限公司外包车间、云南红塔包装实业有限责任公司瓦线车间被玉溪市总工会评为“2016年度玉溪市‘安康杯’竞赛优胜班组”，玉溪市江川区九溪镇人民政府杨艳、云南红塔包装实业有限责任公司张正东、大街街道办事处李艳萍、江川区总工会李树祥被玉溪市总工会评为“2016年度玉溪市‘安康杯’竞赛先进个人”。

12月16日，玉溪丫眯绿色休闲食品有限公司工会委员会、云南联塑科技发展有限公司工会委员会、玉溪市公安局江川分局工会委员会被玉溪市总工会评为“玉溪市2016年度基层工会先进职工之家”，玉溪市江川区大街街道河咀小学委员会被评为“玉溪市2016年度基层工会先进职工小家”。

12月19日，云南宏斌绿色食品集团有限公司工会、云南省李家山青铜器工艺制品厂工会、江城镇童话幼儿园工会、江川县九溪镇六十亩村工会、江川县瑞星化工有限公司工会、江川县地方税务局工会、玉溪市江川区人民检察院工会被玉溪市江川区总工会评为“一活动一工程”区级示范点。

12月27日，云南联塑科技发展有限公司工会委员会、云南腾达机械制造有限公司工会委员会被玉溪市总工会评为“2016年职工书屋市级示范点”。

（申　雪）

共青团

【工作会议】 2016年1月25日，共青团江川县委召开2016年春节期间党风廉政建设专题会议，传达县委、县政府印发的《关于做好2016年元旦春节期间有关工作的通知》文件精神，学习《中国共产党廉洁自律准则》和《中国共产党纪律处分条例》。

4月12日，共青团江川区委召开常委会，安排部署青年创业就业“贷免扶补”工作、团员发展等近期重点工作。

8月31日，共青团玉溪市江川区全委扩大会议召开，讨论并通过卸职增补团区委委员方案、民主选举屈瑞任团区委副书记、宣布撤销个私团工委和江磷集团团委的决定和共青团工作交流。

9月13日，共青团玉溪市江川区第一届一次全委会暨少工委工作会议召开，总结2015年以来的工作，研究部署今后一段时期江川区共青团和少先队工作任务，区委副书记张燕华参加会议并讲话。

12月16日，共青团玉溪市江川区委组织召开2016年度共青团工作考核会议。

【志愿服务工作】 3月5日，共青团江川区委组织志愿者20余名，开展护林防火宣传志愿服务活动，向群众发放宣传册2000余本，接受群众咨询20余人次。

3月5日，江川团区委联合雄关乡团委开展卫生下乡学雷锋志愿活动。

3月7日，共青团江川区委组织志愿者服务队开展三八维权周暨《反家庭暴力法》宣传活动，共计发放“预防艾滋关爱病人”宣传单300份，“艾滋病知识”手册200份，接受群众咨询20余人次。江川团区委联合前卫镇团委开展城乡环境卫生综合整治志愿服务活动，共清理河道3千米，拾捡河道及道路两旁各类垃圾100多千克。联合区卫生局组织志愿者10余名，开展防艾宣传志愿服务活动。共发放避孕套10000只，艾滋病宣传扑克牌100副，各类宣传手册500余份。

3月8日，江川团区委联合玉溪市公安局江川分局交通警察大队开展文明交通志愿服务活动，组织青年志愿者深入辖区江川宏斌食品厂，为该企业200名职工开展一次道路交通安全宣传活动，共发放各类宣传资料400余份。

3月8日，江川团区委联合雄关乡团委、农科站在雄关乡开展农村青年科技培训会，45户青年种植户参加培训。

在3月“学雷锋志愿服务行动月”活动中，江川区各级团组织紧紧围绕活动主题，组织青年团员深入开展系列学雷锋志愿服务活动。开展一次城乡环境卫生综合整治志愿服务活动，组织青年志愿者540余名，清洁路面30千米，清理沟渠2100米，清理垃圾36吨；开展一次禁毒防艾宣传志愿服务活动，发放禁毒知识、防艾知识宣传资料500余份；开展一次护林防火宣传志愿服务活动，发放宣传册2000余本；开展一次“邻里守望”志愿服务活动，联合县医院到朱家庄社区和九溪镇开展义务就诊活动；开展一次帮困扶弱志愿服务活动，慰问老年人30余名，留守儿童8名；开展一次便民利民志愿服务活动，联合区电信团支部在地税营业厅向群众宣传通信网络以及通信产品的相关知识；开展一次文明交通志愿服务活动，联合交警大队深入辖区内企业，为200名企业职工开展一次道路交通安全宣传活动，发放各类宣传资料400余份；开展一次中小学志愿服务主题团队日活动，以“学雷锋，树新风”为主题组织召开主题班会、出黑板报，开展“学雷锋，献爱心”活动。

5月23日，共青团江川区委组织开展以“创新引领　共享发展”为主题的科技活动周活动，组织青年志愿者70余人，发放相关科技宣传资料500余份；组织学校出黑板报26块，进行广播40余次，摆放宣传展板34块。

5月31日，共青团江川区委组织开展以“无烟城市，让生活更美好”为主题的禁烟控烟宣传活动，组织青年志愿者70余人，发放相关科技宣传资料500余份。

6月3日，共青团江川区委深入挂钩联系村土官田村，联合组织村组干部、党员、团员青年20余人，开展“四清”活动，清扫村内环境2村，清扫路面1600米，清理沟渠440米，清运垃圾4.6吨。同时利用微博、微信、qq等新媒体发出倡议书160余份。

6月13～20日，共青团江川区委开展主题为“节能领跑　绿色发展”、“绿色发展低碳创新”的节能宣传周和低碳日活动。组织青年志愿者30余人，悬挂横幅12条，发放宣传资料400余份；组织学校出黑板报50块，进行广播60余次，摆放宣传展板26块。

6月16日，共青团江川区委联合区总工会、江川幸福家园公共保洁家政服务有限公司在江城镇温泉村委会举办青年技能培训会，80多名有意愿从事家政服务工作的青年参加培训。

10月，共青团玉溪市江川区委组织开展了保密法制“宣传月”活动。组织全体干部职工学习《中华人民共和国保守国家秘密法》《中华人民共和国保守国家秘密法实施条例》《云南省2015年度违反保密法律法规案件情况通报》

11月4日，共青团玉溪市江川区委组织全体干部职工开展地震应急演练活动。

12月1日，共青团玉溪市江川区委组织全区各级团组织开展以“携手抗艾，重在预防”为主题的志愿服务活动。发放禁毒防艾宣传资料7080余份、环保宣传袋100个、计生用品50余盒，接受群众咨询270余人次，粘贴《中华人民共和国禁毒法》宣传挂图22余份，受教育群众1万余人。

【文体活动】 5月“五四”青年节系列活动中，组织青年团员深入开展系列活动。一是组织开展系列主题团队日活动，500余名团员在团旗下庄重的宣读着入团誓词；二是组织开展系列志愿服务活动，发放烤烟政策宣传材料200余份，张贴宣传文件26份，为困难群众移栽烤烟3亩，发放禁毒宣传手册800余份、防艾手册200本；三是组织开展系列青年创业就业活动，举办“青春无悔，激情创业”主题活动，宣传创业贷款优惠政策；四是组织开展系列青年文化活动，举办“五四”青年节文艺晚会。

9月13日，共青团玉溪市江川区委联合区文明办、区教育局主办的玉溪市江川区第四届乡村学校少年宫才艺大赛，小选手们通过舞蹈、乐器表演、童话剧、跆拳道等向观众们展示自己在乡村少年宫的所学所得。经过角逐，共评出一等奖1名，二等奖2名，三等奖3名，优秀奖3名。同时，此次比赛的前3名代表江川区参加玉溪市第四届“聂耳杯”乡村学校少年宫才艺大赛。

7月至8月，组织开展2016年暑期少先队活动。一是深入开展“红领巾心向党”学习实践活动，组织少先队员和青年团员观看红色影视剧《焦裕禄》；二是组织开展暑期游园活动，招募来自各村（社区）的8名青年大学生志愿者到九溪镇喜乐庄村参与游园活动；三是对农村留守儿童开展“大手拉小手”互助活动；四是组织开展暑期班乡村少年宫培训活动，开设钢琴、古筝、绘画、英语、篮球、手工等九个科目，组织少先队员200余名参加；五是组织开展慰问关心留守儿童活动，向留守儿童送去书包、课外书、钢笔、笔记本等学习生活用品。

【“青春情暖”行动】 1月25日，共青团江川县委到包村点土官田村开展“寒冬送暖”走访慰问活动，为3户困难老党员、老干部、1户困难大学生家庭每人送去300元慰问金。

6月1日，共青团江川区委副书记沐旭一行深入雄关小学开展“六一”儿童节慰问活动，为10名留守儿童送上2000元慰问金。

8月26日，共青团玉溪市江川区委举行2016年“善行圆梦”资助贫困大学生捐资仪式。江川区政协委员会副主席杨吉英、区总工会副主席李芬、区关工委常务副主任郭家义、区政府教育督导办主任闻雁川，爱心组织江川巡山团汽摩俱乐部、江川鸿湖有色塑料包装有限公司、玉溪丫眯食品有限公司等7家参与本次资助的爱心企业代表和组织，16位受资助的学生及其家长出席仪式，共筹集78611元资金帮助16名困难大学生；同时，选取3名特别贫困的大学生由江川巡山团汽摩俱乐部实行一对一长期帮扶。

11月20日，共青团玉溪市江川区委举办“青年之声”圆梦“微心愿”暨为盲胞打开一扇“声音之窗”线下活动。“微心愿”认领人和许愿的小朋友等50余人参加。活动分两部分，第一个部分是录制公益歌曲。第二个部分是开展“青年之声”圆梦“微心愿”线下互动活动。同时，结合“青年之声”圆梦“微心愿”系列活动，组织为留守儿童张缘小朋友过了一个特别而有意义的生日。

10月14日至11月7日，团区委共收集到来自全区6乡镇（街道）的157条“微心愿”，其中，团区委通过微信公众平台和“青年之声”平台，向社会公开发布44个“微心愿”，已全部帮助完成。

【预防青少年违法犯罪工作】
3月，共青团江川区委联合大街派出所、大街街道综治办、司法所在辖区内开展“全民禁毒宣传月”活动，以“不让毒品进校园”“社区青少年远离毒品”“不让毒品进我家”为禁毒宣传主题，组织青年志愿者深入开展禁毒宣传“六进”（进学校、进单位、进社区、进农村、进家庭、进场所）活动，积极营造“携手抵制毒品、全民参与禁毒”良好氛围。

4月13日，江川团区委联合大街中学开展以“感恩思进，禁毒防艾”为主题禁毒宣传活动。通过广播讲解、观看展板、看宣传资料、观看禁毒防艾影片、开主题班会等形式宣传，共展出展板20多块，发放宣传资料600多份。

5月4日，江川团区委开展“五四”青年节志愿服务活动，组织青年志愿者5名到前卫中学开展禁毒防艾宣传培训，以主题班会、宣传PPT、小册子，以文字、图片、视频的形式向学生团员们宣传毒品的危害，预防艾滋病的常识。

6月1日以来，江川团区委联合江城派出所分别到江城镇明星、龙街、白家营、孤山等小学为1000余名在校师生开展法制讲座。

6月20日，共青团江川区委联合教育局、政法委、云南省第三强制隔离戒毒所、职业中学等多家单位，在江川区职业中学组织开展“无毒青春，健康生活”毒品预防教育活动，共计600余名师生参加。

6月24日，共青团江川区委联合公安局团委走进前卫镇小学，开展以“禁毒防艾”宣传进校园的专题展览教育活动，挂出禁毒防艾宣传图片45幅，毒品实物21种，发放中小学生安全手册1000千多册，宣传资料3000多份，2062名师生观看展览。

6月26日，共青团江川区委组织10名青年志愿者在区怡心园广场开展禁毒宣传活动，摆放展板11块、发放宣传材料200余份、接受咨询30余人次，受教育群众达500余人次。

12月23日，共青团玉溪市江川区委在党校二楼会议室组织开展2016年艾滋病防治工作培训班，各基层团（工）委书记、各村（社区）团总支书记共计73人参加培训，邀请区疾控中心党总支书记郭正雄作专题讲座。

12月23日，共青团玉溪市江川区委在党校二楼会议室组织开展2016年禁毒工作培训班，各基层团（工）委书记、各村（社区）团总支书记共计70余人参加培训，邀请区禁毒大队副大队长杨仕祥作专题讲座。

【思想引领】 在4月“践行核心价值观·争做向上向善好青年”活动中，江川区各级团组织围绕主题，组织青年团员深入开展系列活动。一是开展核心价值观主题教育活动，新增30余块文化墙，图文并茂地将禁毒防艾、社会主义核心价值观等内容展现给青年团员；二是开展青年创业就业帮扶活动，开展一次以“奋斗的青春最美丽”等为主题的事迹分享交流活动；三是开展城乡环境卫生综合整治服务活动，组织青年400余人，出动挖机、装载机6辆，出动垃圾运输车17辆，共清理道路19条，清理街道55千米，清理河道20.6千米，清理公厕67座，清理卫生死角44处，清运生活垃圾164吨；四是开展青少年禁毒防艾宣传活动，展出展板418块，悬挂标语12条，播放禁毒教育宣传片200余次，发放宣传资料1万余份，展出毒品实物33次。

5月24日，江川团区委联合九溪镇团委、九溪中学围绕“弘扬五四精神　凝聚青春力量”的主题，组织开展“入团积极分子培训”团队活动，重点介绍入团的条件和流程。

按照《关于转发省少工委〈关于开展“一张图解读少先队组织纪念建党95周年和长征胜利80周年活动”的通知〉的知》（玉少发〔2016〕8号）要求，共青团玉溪市江川区委组织青年团员开展“一张图解读少先队组织纪念建党95周年和长征胜利80周年”系列活动。

12月23日，共青团玉溪市江川区委在党校二楼会议室组织开展2016年青年马克思主义者培育工程培训班，各基层团（工）委书记、各村（社区）团总支书记共计73人参加培训，邀请区委党校常务副校长李卫东作专题讲座，主要进行习近平总书记七一重要讲话精神宣讲。

（靳红艳）

妇　联

【概　述】 2016年，江川区妇联围绕全区经济社会发展大局，以“服务大局、服务妇女、服务基层”为工作出发点，积极发挥组织妇女、引导妇女、服务妇女和维护妇女儿童合法权益的作用，组织动员广大妇女在建设“三区一中心”的伟大实践中建功立业，全区妇女儿童工作实现新发展。

【妇女实用技术培训】 推荐1名养殖带头人（黄秀芬）参加云南省种养殖女能手骨干培训班；推荐1名小微企业带头人参加省妇联组织的巾帼创新业培训班；组织5名巾帼创新业示范基地负责人、优秀创业女性参加市妇联举办的第一期“巾帼创新业带头人”培训班学习。组织开展2016年小额担保贷款、贷免扶补及微型企业培育扶持工程项目业务培训会，共50余人参加；在安化乡旱谷田村举办为期一天的种养殖培训班，向100余名群众普及烤烟育苗、烤烟栽培、如何选肥与施肥、山地核桃种植与管理、林下鸡养殖技术等；大街街道妇联组织开展家政服务等技能培训，帮助60名妇女群众提升就业技能。各乡镇（街道）妇联立足服务职能，结合本地实际，整合资源，纷纷开展各项技能、礼仪培训，提高了妇女素质。一年来，全区各级妇联组织共举办教育培训达25余期，培训妇女群众2800余人次。

【扶持妇女创业就业】 实施“贷免扶补”、小额担保贷款、“两个10万元”微型企业培育扶持工程项目。全年完成小额担保贷款120户，共发放贷款1200万元，促进120人就业；发放“贷免扶补”贷款1443万元，惠及创业人员170人，带动就业408人；开展“两个10万元”微型企业培育扶持工程项目15户，发放扶持资金45万元。

【开展争先创优岗位建功活动】 联合区总工会在云南红塔包装实业有限责任公司开展女职工岗位技能竞赛活动，35名女职工踊跃参加，活动围绕“赛技能　增才干　建功业”开展，激励女职工在岗位上建功；推荐申报市级“巾帼建功标兵”3名，巾帼文明岗1家，“巾帼创新业示范基地”3个；对2005年至2015年的省、市巾帼文明岗开展复查，进一步规范巾帼文明岗的岗组管理、机构人员构成、在经济社会效益中的先进示范作用；各乡镇（街道）妇联组织辖区内巾帼标兵召开联谊会共6次，构建交流平台、促进资源共享，带动更多优秀妇女创业。

【开展巾帼脱贫行动】 发挥妇女半边天作用，围绕区委区政府中心工作，开展“巾帼脱贫行动”，制定《江川区妇联“巾帼脱贫行动”方案》，协调相关部门对全区贫困妇女进行入户调查、建档立卡，并针对贫困妇女制定了具体帮扶计划。联合就业局开展春风行动，举办招聘会为妇女提供就业岗位1451余个，解决190多名妇女就业；联合姝彤家政服务有限公司在九溪六十亩村免费举办家政服务员、育婴师等技能培训班1期，60名妇女群众获得职业资格证书；在全区范围内打造妇女灵活就业试点示范1个，通过发展仔猪产业，带动贫困妇女脱贫；申报“巾帼脱贫示范基地”2个，结对帮扶妇女16名。目前我区共有建档立卡贫困妇女2699人，计划通过发展产业脱贫1747人、异地搬迁194人、生态补偿37人、发展教育及转移培训就业236人、社会保障兜底485人。

【村级妇联组织换届选举工作】 指导6个乡镇顺利完成村级妇联组织换届选举工作，选齐配强村级妇联组织班子。此次村级妇联组织换届选举共产生村妇代会主任2人，村（社区）妇联主席61人，妇代会委员、妇联执委共444人，妇代会（妇联）小组长402人。

村级妇代会主任（妇联主席）连选连任49人，新进班子14人，其中年龄分布结构为：35岁以下的7人，占11.1%；36岁至45岁的21人，占33.3%；46岁至55岁的32人，占50.8%；56岁以上的3人，占4.8%。学历：高中以上文化程度的23人，占36.5%，初中文化程度的40人，占63.5%。女党员58人，占92.1%，彝族8人。新一届村妇代会主任，村（社区）妇联主席从文化程度、政治面貌等方面都比上一届明显优化。同时积极探索村妇代会改村妇联，推进妇联组织改革，46个村妇代会有44个顺利改为村妇联。

【平安家庭创建】 继续推进“平安家庭”创建活动，全区平安家庭创建活动知晓率达99%以上，平安家庭创建率达98%以上。发挥妇联职能作用，制定平安家庭创建责任书层层签订到户，开展以“六防六无”为重点的“平安家庭”创建工作。深入全区6个乡镇（街道）开展“禁毒防艾反邪教”工作，对安化乡的6名吸毒人员开展帮教，并对家庭成员进行慰问；组织妇联干部收看反邪教电视剧《忏悔之门》；组织农村党员干部观看《禁毒法讲解》《珍爱生命、拒绝毒品》《致命红豆》和《防范新型毒品的危害》等宣传教育碟片20场次，并通过召开村组干部会的形式发放“珍爱生命·远离毒品”、“与法同行·守护生命”禁毒宣传资料10000张，由村组干部入户宣传，发放到户；联合区禁毒委开展“相信自己·携手同行”关爱活动。在省第三强制隔离戒毒所的协同和市图书馆、玉溪师院的支持下，邀请玉溪师院吴正荣教授对13位接受心理疏导的江川区社区戒毒女性作《重造美好人生的可能性—戒除瘾证依赖后的心理养生保健》心理疏导讲座；开展艾滋病防治知识宣传工作。在全区范围内开展艾滋病防治知识面对面宣传和农户问卷调查活动，共发放《艾滋病防治知识政策入户宣传单》1550份，1550人接受《江川区全国艾滋病综合防治示范区艾滋病知识问卷调查》。举办“禁毒防艾反邪教”系列知识讲座。一年来，区乡妇联共组织“平安家庭”创建相关培训14期，参加培训群众、中小学生达8000余人，同时展出展板418块，播放禁毒教育宣传片200余次，发放各类禁毒防艾宣传资料1万余份，展出毒品实物（白粉、鸦片、冰毒片剂）33次，开展学生禁毒问卷调查1000余份。

【开展妇女儿童维权活动】 充分用好用活妇联系统现有的信访接待室、12338妇女维权热线、信访维权站、维权信箱，明确各级职责分工，有专人负责接待来访人员、受理信访案件。组织妇女干部参加省妇联组织的维权专题培训，进一步提高妇女干部的维权能力；积极参与土地确权颁证工作，认真采集数据上报《云南省妇联系统土地承包经营权确权登记颁证工作报表》，与区信访局对接信访案件1件。充分发挥妇女儿童调解委员会、人民陪审员作用，加强与公安、检察院、法院、司法局的联系，有效地帮助妇女儿童维权。一年来，区妇联参与陪审案件4件，共接待来信来访案件28件，其中：家庭暴力案件13件；婚姻关系案件11件（包括外遇、离婚骚扰、分居等）；其它案件4件（家庭贫困等），案件处理率达100%。

【普法宣传教育】 以“七五”普法开局之年，全面贯彻落实区委区政府关于依法治区的重大部署，联合区司法局、区卫计局、区610办、区总工会、玉溪市公安局江川分局等多家单位，以“三八”、“六一”、反邪教宣传日、禁毒宣传月等为契机，开展以“建设法治江川·巾帼在行动—维权服务进社区、进家庭、到身边”“崇尚科学珍惜生命关爱家庭反对邪教”“反家庭暴力法”等为主题的法制宣传活动，重点宣传男女平等基本国策、《反家庭暴力法》等妇女相关法律法规及禁毒防艾反邪教内容。各乡镇（街道）妇联采用张贴标语、出黑板报、宣传栏、广播、开展文艺演出、知识竞答等方式大力宣传保护未成年的法律法规，禁毒防艾、提升群众安全感等知识，为妇女儿童发展营造良好的法治环境。一年来，各级妇联组织共开展法制宣传活动11次，发放各类宣传资料13000余份、宣传布袋子6000余个，接待法律咨询7人次，张贴宣传标语406条，出黑板报112期，广播宣传保护未成年人法律法规99次。

【举办反家庭暴力知识培训】 以《反家庭暴力法》实施第一年为契机，积极开展反家庭暴力法宣传培训工作。制作《反家庭暴力法知识问答》宣传资料1万份，联合区司法局拍摄《反家暴微电影》1部。邀请区司法局法制宣传科付云玲老师在全区6个乡镇（街道）举办《反家庭暴力法》专题知识讲座，通过讲解什么是家庭暴力、哪些适用本法、遇到家庭暴力该怎么解决等知识，并列举生活中具体例子，向与会妇女群众宣传普及《反家暴法》，同时提高家庭成员的依法维权能力。讲座共涉及妇女群众680余人，发放《反家庭暴力法》宣传单700余份。

【开展生态文明家庭创建活动】 继续深化“生态文明家庭”创建活动，积极组织妇女开展“百村妇女争创秀美庭院”、“仙湖卫士·群团行动”、人居环境综合整治行动。2016年3月，区妇联组织召开人居环境综合整治动员大会，传达贯彻市委、市政府主要领导对江川区人居环境综合整治工作的指示精神，认真分析江川区当前城乡人居环境存在的主要问题，广泛宣传动员全区妇女积极参与城乡人居环境综合整治行动；争取市级资金4000元，下拨九溪镇六十亩村、前卫镇张家边村，开展“百村妇女争创秀美庭院”示范点工作，同时积极组织申报新示范点7个；春节期间在九溪镇开展家庭卫生评比工作，发挥“生态文明劝导队”、“生态文明巾帼志愿者”作用，对5000余户农户门前环境卫生开展评比和贴标签工作。各乡镇（街道）妇联纷纷于“三八”、“六五”期间开展环境卫生整治宣传活动，一年来，共发放宣传环保布袋子2000余个、宣传单2500余份。

【家庭文明建设】 继续开展寻找“最美家庭”活动，推进家风建设。于1月29日，组织全区妇女群众共1233人收看以“让爱住我家”为主题的2016年全国寻找“最美家庭”活动启动仪式，将活动层层宣传、部署到全区广大家庭中，推动形成家家争当“最美家庭”的良好社会风尚；开展五好文明家庭评选活动。以培育和践行社会主义核心价值观为主题，在全区范围内开展五好文明家庭评选活动，评选出7户市级五好文明家庭，3户市级五好文明家庭暨2015年最美家庭；配合区文明办开展中华传统美德教育实践示范基地建设工作，整合妇联志愿者队伍，建立一支202人的弘扬传统美德志愿者服务队，并推荐上报2户家庭文明户。

【家庭教育工作】 履行好牵头家庭教育工作的职责，巩固和拓展各类家教阵地，广泛开展形式多样的家庭教育实践活动。充分利用家长学校平台，壮大家庭教育讲师团队伍，在全区24所学校中开展好家长的教育教学工作，推荐2名教师为市级家庭教育讲师团成员；推荐1名教师参加省家庭教育骨干培训班学习，提升江川区教师开展家庭教育工作水平。用好用活云南省网上家长学校平台，依托家校讲师团队伍，在大街小学开展“我与孩子共成长”家校共育公益讲座，为一年级两个班的学生家长及学校老师共200人讲授“培养真正的人”课程，帮助家长掌握家庭教育知识、提高家庭教育能力。

【庆祝“三八”国际劳动妇女节系列活动】 召开玉溪市江川区一届一次执委（扩大）会议。区妇联第一届执委、乡镇（街道）妇联主席、部分机关企事业单位妇委会主任、村（社区）妇代会主任（妇联主席）共113人参加会议。会议总结2015年工作，安排部署2016年妇联工作。举办仙湖卫士“爱湖护湖·美丽家园·巾帼建功”徒步活动。联合区总工会、区文广体局在城区开渔节文化广场组织各乡镇（街道）和区直机关企事业单位共66家单位1200余人参加活动。举办庆“三八”老年人运动会。区妇联、区老体协联合在老体协活动中心举办“江川区庆‘三·八’妇女节老年人运动会”。运动会设门球、地掷球、乒乓球、羽毛球、气排球、桥牌和文体展演7个项目。来自全区各乡镇和区直机关81支队伍共计862人参加运动会。“三八”节期间，各级妇联组织还大力宣传表彰优秀妇女典型，并推荐评选市级三八红旗手5人、三八红旗集体3个，挖掘出刺绣带头人李存花、致富带头人龚树兰等优秀妇女进行宣传报道。

【“六一”儿童节庆祝活动】 区妇儿工委办、团区委、区教育局、区关工委、区红十字会等多家单位到雄关小学与孩子们欢度节日，为孩子们带来“小小少年庆六一”公益展演活动。组织动员开展六一庆祝活动。6月1日至3日，龙街中心小学、大街小学、区幼儿园等全区各学校开展“红领巾相约中国梦”文艺展演、“孝悌、友善、感恩、国学礼赞”主题活动、游园活动、“体操比赛”、“三字经操比赛”等；举办青少年儿童书法绘画诗词楹联朗诵比赛。全区共有22个学校66名青少年儿童参加，比赛共评出一等奖6人，二等奖12人，三等奖48人。开展“书香飘万家”活动。区关工委与区信达书店为安化中心小学赠送价值4100元的图书244册，并组织孩子们开展阅读课外书活动；前卫镇开展主题为“秀习惯秀快乐秀梦想”课文朗诵比赛1场。

【关心关爱妇女儿童】 深入矣文学前班开展慰问活动。为矣文学前班124名孩子送去价值1800余元的儿童隔热饭盒、糖果等慰问品；区妇联、团区委为雄关小学10名贫困留守儿童每人送上200元的慰问金；发动区委党校、玉溪市公安局江川分局、玉溪市烟草公司江川分公司为江川区贫困儿童捐赠爱心包143个，总价值18018元；微信接力献爱心，联合大街街道妇联号召社会爱心人士为身患尿毒症的14岁女孩方昕怡捐款44101.4元；关心“两癌”贫困母亲，争取“贫困母亲两癌救助”方正健康发展基金、中华慈善总会“两癌”贫困母亲救助金及云南省“贫困母亲两癌救助”项目金共5.83万元发放到江川区6个乡镇（街道）的25户“两癌”贫困母亲手中；发放省级贫困三八红旗手生活补助金1000元；救助贫困信访妇女5人，救助金额2200元；发放15000元给15户建档立卡贫困户。各级妇联组织、各部门抓住“三八”、“六一”等节日契机纷纷开展形式多样的慰问活动。据不完全统计，一年来，我区共协调单位、部门及爱心人士为少年儿童、困境妇女送去慰问金、书包、学习用品等物资合计14.24万元。

【关注妇女儿童难点工作】 “妇女健康提升工程”不断深化，5月9日～6月2日，区妇联依托区妇幼保健院对全区范围内35-64岁部分农村妇女开展为期25天的宫颈癌免费筛查工作，共计筛查2002例，检查出异常/可疑76人；配合区镇卫生部门对九溪镇的9个村（社区）的1200余名妇女开展妇女乳腺红外线扫描检查工作；开展“贝因美与爱同行公益项目”奶粉发放活动，发放项目奶粉58箱，共357盒、162罐，惠及全区6个乡镇（街道）120余名贫困婴幼儿；积极推进女童保护工作，邀请女童保护志愿者市级讲师黄梅为安化彝族中心小学、江城镇翠峰中心小学、雄关乡下营小学、雄关麦冲小学共222名同学讲解“爱护我们的身体”课程，并发放“女童保护手册”222本；履行妇儿工委办公室职责，开展妇女儿童发展规划中期评估工作，通过采取性别分析、比较评价、定量分析与定性分析相结合等方法，对相关数据和信息资料进行收集、整理和分析研究，为制定和完善相关政策措施、修订行动计划提供可靠依据，促进妇女儿童工作发展。

【妇联意识形态工作】 一年来，区妇联高度重视宣传思想及意识形态工作，围绕社会核心价值观体系建设，宣传优秀妇女典型，展示巾帼风采，积极与区文广体局合作，选取2户“平安家庭”和3户妇女巾帼创新业示范基地进行拍摄，并在区电视台进行多次播放，在全区深入宣传新时期女性风采，宣传好家风、好家训、孝老爱亲等家庭美德，进一步营造弘扬中华民族家庭美德、树立良好家风的氛围。开展党的十八届六中全会的专题传达学习会，及时制定《江川区妇联学习贯彻党的十八届六中全会精神宣传计划表》，对单位组织集体学习和干部个人自学做安排。同时分别于11月8日、14日、21日，利用周一例会组织干部进行集中学习。认真落实《江川县妇联新闻宣传工作稿酬支付及奖励办法》，鼓励单位干部和基层妇联主席上报开展活动简讯及政治学习情况。全年我单位共发布各类宣传信息90余期，被市级和相关媒体采用达40期以上；上报党建网评12期、支部信息16期；上报市妇联妇女思想动态4期；坚持每周上报政治学习情况，上报52期；每月上报党员学习活动情况，上报12期。

【举办基层妇联干部培训班】 于11月23～25日在区委党校举办基层妇联干部培训班。来自全区各乡镇（街道）、村（社区）、机关企事业单位的84名妇联干部参加了培训。区妇联围绕基层妇联干部如何做好新时期的妇联工作、如何在脱贫攻坚中发挥作用、如何调节妇女儿童权益纠纷等安排课程，并引导妇联干部结合自身实际，寻找各地工作开展中的亮点和创新工作进行交流发言。

【母亲水窖项目】 在安化整乡脱贫工作中，找准妇联切入点，积极向中国妇女发展基金会为安化乡新庄村委会争取母亲水窖公益项目，通过整合安化乡双坝水库人畜饮水工程项目，为新庄村委会648户1780人解决饮水难问题。

【荣誉表彰】 2016年3月，区妇联王学梅获中共玉溪市江川区委表彰的“仙湖卫士”荣誉称号；2016年7月区妇联获中共玉溪市委、玉溪市人民政府表彰的第三轮禁毒和防治艾滋病人民战争“先进集体”荣誉；2016年8月，区妇联获中共玉溪市江川区委玉溪市江川区人民政府表彰的第三轮禁毒和防治艾滋病人民战争“先进集体”荣誉；2016年8月，区妇联谢粉玲获中共玉溪市江川区委玉溪市江川区人民政府表彰的第三轮禁毒和防治艾滋病人民战争禁毒“先进工作者”荣誉称号，区妇联杨美艳获中共玉溪市江川区委玉溪市江川区人民政府表彰的第三轮禁毒和防治艾滋病人民战争防治艾滋病“先进工作者”荣誉称号；2016年6月，区妇联获中共玉溪市江川区委表彰的“先进基层党组织”荣誉；2016年7月，区妇联谢粉玲获中共玉溪市江川区直属机关工委表彰的“优秀共产党员”荣誉称号；2016年12月，区妇联谢粉玲获中共玉溪市江川区委、玉溪市江川区人民政府表彰的“六五”普法“优秀个人”荣誉称号；2016年8月，区妇联王学梅获中共玉溪市江川区委表彰的“优秀政协委员”荣誉称号；2016年4月，区供电公司朱长春家庭、江城镇左卫村委会汪存焕家庭、大街街道石岩哨大凹组张永富家庭获市妇联表彰的“最美家庭”荣誉；2016年4月，前卫镇杨家咀村委会付兆莲家庭、大街街道大庄社区侯冬家庭、九溪镇大营社区王亚玲家庭、大街街道旱街社区罗志英家庭、区第二中学褚正权家庭、大街街道大营社区张美琼家庭、九溪镇喜乐庄村委会蒋双焕家庭获市妇联表彰的“五好文明家庭”荣誉；2016年4月，安化社区李存花、雄关乡雄关社区张菊、江城镇江城社区吴娟、大街街道办事处李瑞芳、区妇联谢粉玲获市妇联表彰的“三八红旗手”荣誉；2016年4月，区政务服务中心市场监督管理局窗口、农村信用合作联社营业部获市妇联表彰的“巾帼文明岗”荣誉；2016年4月，中国邮政储蓄银行股份有限公司江川支行营业部杨峰、区人力资源和社会保障局杨梅芳、区电信分公司主营业厅林春虹获市妇联表彰的“巾帼建功标兵”荣誉；2016年4月，区中营花卉产销专业合作社、区江城镇童话幼儿园、江川幸福家园公共保洁家政服务有限公司获市妇联表彰的“巾帼创新业示范基地”荣誉；2016年10月，玉溪正欣农牧有限公司、玉溪市江川区姝彤家政有限责任公司获市妇联表彰的“玉溪市巾帼脱贫示范基地”荣誉。

（杨美艳）

关心下一代工作

【概　述】 2016年，区关工委紧紧围绕中心工作，坚持抓住青少年社会主义核心价值观教育、法制教育和养成教育等活动，关爱事业尽职尽责，贡献力量，有效推动了全区关心下一代工作创新发展，开创全年工作良好局面。

【市关工委领导到江川慰问留守儿童】 1月7日，市关工委执行主任刘邦元、办公室主任李雪梅到江川三街、伏家营旧州村慰问贺楠等7名留守儿童，给每个留守儿童300元慰问金。

【慰问贫困学生家庭】 1月13日，区关工委办公室3人到石岩哨村挂靠帮，转走访联系点，慰问贫困学生家庭9户，给每户慰问金500元。

【救助特困生】 1月25日，区关工委筹集资金3400元，对全区12名特困生按400元、300元、200元三个档次救助，其中大学生2名，高中生3名，初中生3名，小学生4名。

【牛旺林到关工委调研工作】 3月1日，江川区副区长牛旺林到关工委调研工作，他对区关工委工作给予肯定和支持，主动与有关方面协调1万元经费给关工委开展青少年禁毒教育工作。

【未成年人司法项目工作会】 3月18日，区关工委与政法委一道召开45人参加的2016年江川区未成年人司法项目工作会，安排做好未成年人司法项目宣教活动工作。

【开展“综治维稳宣传月”系列活动】 3月28日，区关工委制定下发2016年综治维稳宣传月活动方案，组织开展“综治维稳宣传月”、“6·26”禁毒防艾等系列活动。全区有法制宣传员203人，宣传129场次，受教育中小学生41562人，发放宣传材料29756份，投入经费11.8万元。

【留守儿童调研】 3月31日，区关工委组织老同志到11所中心小学调查，基本查清全区共有留守儿童1282人（含外来务工子女），占学生总数18.7%，其中男生662人，女生620人。

【开展“中华魂”读书活动】 4月19日，区关工委召开乡镇、街道驻会老同志、区文明办、文广体育局、教育局领导和各中小学德育主任等共36人参加的“中华魂”（遵纪守法，从我做起）读书活动推进会，发放读本2600册。全区高中、职中、幼儿园，乡镇中学、中心小学及村完小等共67所学校参加“中华魂”读书活动，参加师生44318人，写出征文22800篇。区关工委、文明办、文体广电局共同筹集经费8800元，已购书表彰优秀征文120篇，其中上报市征文40篇。

【举行读书活动启动仪式】 4月26日，区关工委在前卫镇后卫中心小学举行“中华魂”主题教育读书活动启动仪式，发放读本180册，推动全区各学校拉开读书活动序幕。

【市关工委领导到安化乡调研工作】 4月29日，市关工委副主任白爱民、社会组副组长杨凤荣到江川区安化彝族乡董炳村在校残疾儿童安润家中进行“生产自救”跟踪调查研究工作。

【召开创“五好”现场会会】 5月17日，区关工委在前卫镇渔村召开6乡镇（街道）和龙街、柏池古、光山等13个村社共38人参加的创建“五好”工作会议，主要由渔村关工委交流创建“五好”工作经验。

【六一儿童节捐赠书籍】 6月1日，在国际儿童节之际，区关工委和信达书店老板徐会美一行4人，到安化彝族乡中心小学给张晶姜等60名留守儿童，捐赠价值4100元的《小学生必背古诗70首》《三字经 百家姓》《生命之光》等书籍300本，平均每人5本。

【爱心助学捐赠活动】 6月7日，市、区关工委、教育局与深圳市迪特教育科技有限公司在大街伏家营中心小学，举行“情系边疆民族教育，爱心助学捐赠”活动，区属11所中心小学德育主任及师生80与人参加捐赠式，该公司捐赠部分格瑞特点读机和护眼仪。

【市关工委领导到江川验收乡镇“五好”关工委】 7月5日，市关工委副主任白爱明、杨凤荣一行3人，到安化彝族乡和前卫镇验收2016年乡镇创建“五好”关工委，充分肯定江川乡镇创建“五好”工作认真扎实。区关工委汤江平、顾宝富参加验收工作。

【指导基层创建“五好”工作】 7月12至15日，区关工委抽3人组成检查小组，到雄关社区、前卫镇柏池古村、大街上头营社区、江城镇温泉村、龙街村等关工委检查指导创建“五好”关工委工作。相关乡镇、街道驻会老同志参加检查。

【举办夏令营活动】 8月8日，区关工委、未成年人司法项目办、司法局、大街街道关工委联合牵头，与大街、上营、下营三个社区共同举办“遵纪守法，从

商联在内部管理、作用发挥以及外部发展环境（如党委政府及相关部门支持情况）等方面遇到的问题和困难，为进一步加强基层工商联工作，更好的发挥工商联服务“两个健康”发展梳理了思路。六是开展民营企业自主创新与对策研究课题调研，深入挖掘民营企业自主创新的难点和瓶颈。

【捐资助学】 开展“金秋助学”活动，帮助家庭困难大学生顺利入学是江川开展非公经济人士理想信念教育实践活动的一项重要内容，也是开展“光彩事业”活动的主要载体，2016年，资助困难学生13名，资金56000元，参与企业12家。

【万企帮万村】 召开专项工作会，及时启动“万企帮万村”活动，下发精准扶贫实施方案，安排相关工作，积极与区扶贫办联合确定以商贸扶贫、就业扶贫方式，推进江川区精准扶贫工作，并于2016年底召开“万企帮万村”结对帮扶动员会，促进江川区9家企业与6个贫困村签订帮扶协议，结成帮扶对子，引导各企业充分发挥作用以各种方式帮扶贫困村。

【扶持政策】 继续落实“贷免扶补”，2016年工商联的“贷免扶补”创业贷款的任务为200户，联合信用联社对6个乡镇（街道）的申请人情况进行实地调查，从源头上确保资金安全，同时加大与金融部门的协调，将贷款额度从原来的5万元提高到5–10万元，2016年共发放贷款1585万元。

“两个十万元”小微企业培育工程扶持企业40户，每户扶持资金3万元，单位初审后报市场监督管理局审核通过，最后由工信局组织汇审委员会汇审，公示后将扶持资金拨到企业对公账户，2016年共拨付120万元。

“劳动密集型”小企业贷款2016年完成12户，每户贷款200万元，共计发放贷款2400万元，财政贴息187.5万元。

【“五好”工商联建设】 以全面提高江川区工商联履行职责、发挥作用能力为目标，按照领导班子好、会员发展好、商会建设好、作用发挥好、工作保障好的“五好”标准要求，以商会建设好为工作重点，全面开展“五好”县级工商联创建工作，不断提升江川区工商联的执行力、凝聚力，将“五好”工商联的各项要求向乡镇（街道）商会、行业商会延伸，注重基层商会组织建设的均衡化发展，加强对乡镇（街道）商会、行业商会的指导与服务，推动基层商会进一步健全组织机构，夯实基础工作，开展创新实践，提升服务能力。

【会员服务】 深化理想信念教育。深入开展以守法诚信、坚定信心为重点的理想信念教育实践活动，一是开展动员部署。召开以守法诚信为重点的理想信念教育实践活动动员会，并联合区委统战部下发《关于开展以“守法诚信、坚定信心”为重点的非公有制经济人士理想信念教育实践活动实施方案》，重点从“信心稳企、依法治企、诚信兴企、服务强企、责任荣企、党建领企”六个方面，围绕培训、法治宣传、诚信签约、银企政企沟通、鼓励参与精准扶贫、光彩事业等方面开展教育实践活动。二是注重整体推进。加强对全区6个乡镇（街道）商会开展理想信念教育实践活动的动员部署，督促大家充分发挥基层商会的作用，按照实施方案要求，配合区工商联扎实有序地推进理想信念教育实践活动开展。

强化企业家能力建设。一是区工商联民营企业家副主席、副会长等人参加省工商联组织的政策解读培训会，学习贯彻党的十八大，十八届三、四、五中、六中全会精神，全国两会精神；学习贯彻中央经济工作会议精神，省委九届十二次全会精神、省委经济工作会议精神和全国工商联经济服务工作会议精神，《云南省人民政府关于稳增长开好局若干政策措施的意见》政策解读，让企业家们用最短的时间理解政策精髓，提高了企业家们的政策理论精髓。二是组织非公企业负责人向耿家盛同志学习。通过培训学习，及时更新知识，提振信心，促进非公经济转型升级。

主动对上争取支持。主要领导多次到市工商联汇报工作，促成市工商联主席、党组书记等人先后3次到江川区指导民营企业“走出去”工作；争取云南电视台《吃在云南》栏目组对江川餐饮文化进行宣传报道，在餐饮商会配合下，系统向外推荐江川的特色美食，并将江川美食与传统文化相结合，对外展现不一样的江川新形象。

主动向下服务基层。积极鼓励企业参加各类展会展销，并主动与主办方联系，为会员企业争取更多的利益：成立江川区民营企业投诉中心，并印发《江川区民营企业投诉处理办法》，引导企业树立常态化的自我保护机制，努力为会员企业分忧解难、维护会员合法权益；组织会员企业参与云南省非公企业100强及“行业龙头榜”申报，符合条件申报100强的企业有江磷集团、宏斌绿色食品有限公司、联塑科技有限公司；符合条件申报“行业龙头榜”的企业有江磷集团宏斌绿色食品有限公司、江川铜器工艺制品厂、云南腾达机械制造有限公司。

（王青青）

文 联

【概 述】 玉溪市江川区文学艺术界联合会（简称区文联）是在中共江川区委领导下的一个群团组织，下辖9个协会14个艺术门类〔作家协会（含民间文学协会），戏剧曲艺家协会，音乐家协会，舞蹈家协会，书法家协会，美术家协会，摄影家协会，诗词楹联协会，演讲朗诵协会〕。2016年，区文联履行“联络、协调、服务、指导”工作职能，团结带领全区广大业余文艺工作者，坚持“为社会主义服务、为人民服务”方向，贯彻“百花齐放、百家争鸣”方针，深入实际，深入基层，深入群众，坚持先进文化的前进方向，积极投身于“以优秀的作品鼓舞人”创作实践中。各文艺家协会以文艺创作为中心，围绕出作品、出人才积极开展文艺创作、展演活动，取得可喜成绩。

截至年底，共编辑出版《星云》文艺季刊4期，发表各类文艺作品331篇（幅、首），计约651600余字；编辑出版《星云墨韵》《江川诗联集》；江川荣获“中国楹联文化县”称号；2016年全区文学创作成绩喜人，据不完全统计，截至12月底，区作家协会会员共在市级以上报刊发表各类文学作品71篇（首）。

【《星云》季刊】 编辑出版《星云》文艺季刊4期，发表小说、散文、诗歌、戏剧、书法、美术、摄影等各类文艺作品331篇（首、幅），约651600字。

【《星云墨韵》《江川楹联集》出版】 编辑出版了江川书画集《星云墨韵》，共收录74位江川籍古人和今人的书画作品169件；以创建中国楹联文化县为契机，组织人员对江川已刊挂的和新创作的楹联进行普查、收集、筛选、整理，从中精心挑选佳作编印出版《江川楹联集》。

【为民书赠春联】 为营造节日气氛，2016年春节前夕，文联组织15名书法家参加文化、科技、卫生“三下乡”活动，分别在安化、大街两乡镇共为民现场书赠春联2000多副。

【星云铭城和孤山景区楹联文化景观工程通过验收】 1月26日，江川县创联办组织楹联询价小组成员对星云铭城和孤山景区楹联文化景观工程进行验收。

星云铭城和孤山景区楹联文化景观工程于2015年11月5日开始至2016年1月10日完工。在整个工程实施期间，县创联办根据项目的进展情况进行不定期跟踪检查，对发现存在有影响质量安全隐患的，及时向承包方提出整改要求。承包方也适时向县创联办通报楹联备料、烘干定型、刊刻、刷漆、悬挂安装等关键环节，自觉接受创联办监督。

在验收报告会上，询价小组认真听取承包方对整个工程完成情况报告，并到星云铭城和孤山景区两地实地查看楹联的木材处理、加工、刊刻制作、悬挂安装等情况。经过讨论，一致认为，星云铭城和孤山景区楹联文化景观工程已完成刊刻任务，刊刻规范，质量合格，同意通过验收。

【玉溪市创联办领导到江川指导创建工作】 3月1日，为进一步加强推进江川创联工作，玉溪市创建中国楹联文化城市办公室主任、玉溪市诗联学会会长、市新闻出版局局长岳川，云南省楹联学会顾问文元有等四位领导到江川指导创联工作。

下午，在江川区副区长周福荣，区文联主席、区创建领导小组组长叶自林陪同下，市创联办领导首先检查江川楹联文化小区楹联悬挂工作，随后在区创联办公室召开工作会议。叶自林向岳川等领导汇报江川创联工作的进展状况和取得的成绩，副区长周福荣听取江川创联工作的汇报后也做了补充，并要求市创联办领导对江川创联工作存在的问题给予指导和提出宝贵意见。岳川对江川创联工作给予肯定，建议：进一步落实好收尾工作，查缺补漏做好全方位的汇报材料；在楹联文化进校园的活动中要加入到教育教学的计划中，在资料的收集归档中要与PPT相结合，要在社会上加强对内对外的宣传报道，以优异的成绩准备迎接国家对创建楹联文化先进区域的检查验收。

【召开“创建中国楹联文化县”推进会】 3月18日，区召开创建中国楹联文化县推进会，会议传达了玉溪市创建楹联文化城市推进会会议精神，对江川创建“中国楹联文化县”进展情况进行通报，并对下一步的工作进行安排部署。区创建中国楹联文化县领导小组组长、区人大常委会主任龚桂存对创联工作提出具体明确的要求，副区长周福荣主持会议，并要求各相关部门和成员单位要进一步统一思想，提高对创建“中国楹联文化县”重要意义的认识，明确各部门职责，精心部署，扎实做好创建工作，确保创建工作验收的目标完成。

【作协参与江川县第三轮全国艾滋病综合防治示范区工作】 4月29下午，在区疾病预防控制中心的指导下，区作家协会召开有21位骨干作者参加的“江川县第三轮全国艾滋病综合防治示范区工作”启动会，研究布置相关宣传工作。会上，一是通过了“作协实施方案”；二是组建了“江川县作家协会艾滋病防治工作项目管理小组”，并制订相关制度；三是所有参会的会员与区疾控中心签订了“保密承诺书”，为下一步采访工作做准备。5月19日下午，协会组织罗连辉、廖会芹、汤秀琼、李国琴、李跃翔、张粉棠、杨兰秀、郑兰芬8人到区疾控中心，采访了5位艾滋病患者，与患者零距离接触，获取了大量的第一手资料，最终创作出以防艾为题材的小说、散文作品72000多字，现代诗300行。

【作家协会成立联合党支部】 5月11日，根据江川区委组织部、区机关党委和区民政局的安排，江川区作家协会与区诗联协会成立“江川区作家协会联合党支部”，摄影家协会成立“摄影家协会党支部”，分别召开协会党员大会，选举产生两个支部的班子成员。其中，作家协会联合党支部选举产生罗连辉、马艳丽、郑宝富为党支部委员，党支部召开第一次支委会，选举罗连辉为党支部书记；摄影家协会党支部选举产生业保华、侯新华、蔡怡玲为党支部委员，党支部召开第一次支委会，选举业保华为党支部书记；两个协会党支部召开党员大会，分别选举王忠平、罗连辉、郑宝富、蔡怡玲4名党代表，于5月13日出席玉溪市江川区社会组织委员会成立大会。

【江川荣获“中国楹联文化县”称号】 5月28日，江川被中国楹联学会授予“中国楹联文化县”称号。中国楹联学会副会长胡春奎、孙本胜，中共江川区委副书记、区长王志华，区人大常委会主任龚桂存，区委常委、区委办公室主任邓春元，副区长周福荣等领导出席授牌仪式。

【组织开展“两学一做”书法展】 6月30日，为迎接建党95周年，由江川区委宣传部、区文联主办，区书法家协会承办的“两学一做”书法展在江川区档案馆开展。此次书法展览，是为扎实推进“两学一做”学习教育，抒发对党忠诚、勇于担当的思想情怀，内容突出“党章”及“习近平总书记系列讲话”，共入展作品60余幅，其中21幅获奖，作品囊括真草篆隶行等书体，涵盖老中青书家。

【13名中小学生在“第二届中国语文朗读比赛”云南赛区中取得好成绩】 7月2日，区大街小学、大街中学13名中小学生在“中国语文朗读比赛”云南赛区复赛中取得好成绩，区演讲朗诵协会荣奖优秀组织奖，孔川波荣获优秀指导奖。

大街小学二年级学生李奇纹、李凌素、邓源获得小A组复赛个人一等奖；三年级学生孔星羽、张婧雯获得小B组复赛个人一等奖，普子瑞、宋宇菲获得小B组复赛个人二等奖；五年级学生施佳辰获得小C组复赛个人一等奖，赵书雪媛、闻启宵、李念尔获得小C组复赛个人二等奖；七年级学生吴骐羽、李灵获得中A组复赛个人一等奖；孔星羽、普子瑞、施佳辰、赵书雪媛集体朗诵《中华少年》，李奇纹、李凌素、张婧雯、宋宇菲集体朗诵《微笑》均获集体一等奖。

【作协和诗联协会开展“新平之旅”采风活动】 8月12～14日，区作家协会和诗词楹联协会联合开展“新平之旅”采风活动。在3天的行程中，两个协会的19名会员在当地文友的陪同下，参观游览磨盘山、南恩瀑布、褚橙庄园、石门峡等自然风光，考察戛洒花腰傣风情等民俗文化。此次“新平之旅”采风活动，开拓作者视野，激发创作热情，创作出各类文学作品共计108篇（首）。其中，短篇小说2篇，散文7篇，现代诗45首，古风、近体诗54首。

【组织8名会员参加“2016年抚仙湖文学联谊会”】 10月17～19日，玉溪市2016年抚仙湖文学联谊会在红塔区召开。玉溪市五县区（红塔区、江川区、澄江县、通海县、华宁县）60余名文学作者及相关领导出席笔会。江川区文联组织8名作家协会会员参加。

【组织6名会员参加市文联2016年文学创作年会】 11月4～7日，作协组织罗连辉、廖会芹、汤秀琼、孙曼、刘晓露6名骨干会员至红塔区龙马酒店参加由市文联组织的“玉溪市文联2016年文学创作笔会”。笔会期间，《青年文学》杂志主编张箐，《中国作家》杂志编辑俞胜，云南省作家协会副主席、秘书长胡性能先后讲课。

【2016年江川文学创作成绩喜人】 2016年，江川文学创作成绩喜人，据不完全统计，截至12月底，江川区作家协会会员共在市级以上报刊发表各类文学作品71篇（首）。

据不完全统计，截至12月底，会员郭家义、汤秀琼、廖会芹、李国琴、张粉棠等人的作品曾在市级以上报刊发表71篇（首）。其中，郭家义的《可爱的小溪》等30首歌词分别发表于《词刊》等省级以上报刊，汤秀琼分别在《诗刊》《空城》等现代诗、散文诗、散文35篇（首），诗歌《致H·信》入选玉溪文学丛书《中国梦·散文、诗歌作品集》一书（云南人民出版社出版），诗歌《蝴蝶从记忆深处起飞》获澳门中华文化发展促进会“仲春抒怀”诗歌比赛优秀，散文诗《安龙行》获安龙荷花杯文学作品大赛优秀奖，《诗歌一组》获第三届《玉溪日报》文学奖诗歌入围奖。廖会芹、李国琴、张粉棠等会员分别在《玉溪》文学双月刊、《玉溪日报》和《今日玉溪》等报刊上发表小说《张润海的爱情》《为了自杀》，散文《生命是一袭华美的袍》《又到一年拾菌季》《春登磨豆山》《仲夏重登梁王山》等。

【施佳辰《爸爸的路》获省民族团结教育读书活动演讲比赛一等奖】 12月20日，大街小学五年级学生施佳辰的《爸爸的路》获云南省民族团结教育读书活动演讲比赛一等奖。

（罗连辉）

科　协

【生物多样性科普教育巡回展览】 江川区科协、教委、江川一中于3月21日至4月1日在全区13所中学举办生物多样性科普教育巡回展览。展出江川区境内野生真菌200多种、野生蕨类植物100多种、野生中草药106种、野生花卉植物110种、野生湿地植物30种、昆虫141种、鸟类84种共55块展板。本次活动有15000有名中学生接受教育，发放生物多样性科普教育宣传读本8000本。

【科技、卫生、文化三下乡科普活动】 1月25日，“三下乡”送温暖活动走进安化，给当地群众送去科技、文化、卫生等方面的图书2500余册，发放各种资料3000余份、价值5000元的药品，书写春联860余付。

【“全国科普日”科普活动】 江川区2016年全国科普日活动精彩纷呈。2016年9月23日，江川区在怡心园广场举行江川区2016年全国科普日启动仪式暨“创新放飞梦想，科技引领未来”主题活动。区《全民科学素质行动纲要》办成员单位、各乡镇（街道）、区职业中学、江绿园众创空间平台等47个部门（单位）200余人参加启动仪式。一是科普活动极具影响力。共展出展板97块，发放资料52种5400份。二是前沿科普知识网络竞赛引起较大反响。组织开展“玉溪市江川区前沿科普知识竞赛”。采取网络竞赛和微信竞赛的方式进行。一等奖10名，奖励价值约100元左右的奖品；二等奖30名，奖励价值约50元左右的奖品；三等奖80名，奖励价值约30元左右的奖品。现场手机扫描关注“科普江川”微信公众号200多人次，发放纪念品200多份。三是创客工作室呈现亮点。江绿园众创空间平台是江川首家电子商务创业基地，为创业者搭建平台，该平台集金融、信息、培训、服务为一体。让广大创业者体验了解创客工作室，为想创业者提供帮助和相关服务。四是航模表演别具特色。由西安航空职业学院学生演示的航拍无人机、固定翼航模飞行表演激发了广大青少年和公众的好奇心，让公众特别是青少年感受前沿科技魅力。参加人数达到

1506人，“科普江川”微信公众号关注人数新增532人。

【科技活动周】 举办以“减少灾害风险、建设安全城市”为主题的“防灾减灾日”宣传活动。共展出宣传展板53块，发放宣传小册子3800本，各类宣传资料3300份。举办各类专题科普活动。区农业局出动车辆10辆次，人员34人，悬挂横幅4条次，展出展板25块，发放《怎样识别假种子》《如何鉴别真假化肥》《无公害油菜生产技术操作规程》等科技资料30多种11640份，接待群众咨询260多人次，展示推介各类肥料、种子25个品种，免费发放种子、肥料400千克；江川电视台播出科技创新新闻18条，江川人民广播电台播出科技创新新闻16条，云南李家山青铜器博物馆展出《李家山古滇国文物图片展》展板20块，展出《低碳家庭》《地质灾害及防灾减灾基本知识》展板20块；发放5.18博物馆日、文物工作、博物馆参观指导等宣传资料共计1000余份，向在校同学捐赠学习用品400余份；区共青团组织青年志愿者70余人，发放相关科技宣传资料500余份。开展科普知识进学校活动，共计出黑板报26块，进行广播40余次，摆放宣传展板34块；区气象局通过气象通过预警平台，向全区1700余个手机短信用户发送防灾减灾、环境保护等信息。

【“四送一创”活动】 7月28日，江川区科协及反邪教协会到江城镇黄营村开展“四送一创”活动，采取两种精准方式开展。一是在邪教问题突出的村开展反邪教知识宣传，以发放科普书籍、义诊（药品）、印有反邪宣传的生活用品（手袋、围裙）等形式进行，提高广大村民崇尚科学，抵制邪教的意识；二是在村组干部带领下走访涉邪人员家庭，与他们交谈，针对家庭具体情况，送去健康知识和实用种植养殖技术，从生产生活方面引导他们回归正常，热爱生活。

【专题讲座】 6月22日，江川区利用云南省科协“百名专家科技下乡”进玉溪讲学活动的契机，举办“垃圾分类与绿色发展”为专题的领导干部学习讲坛。全区实职副科以上领导干部，村委会（社区）主要负责人，农业、林业、水利、工信、环保等部门股室以上领导，区科协全体干部职工共550多人参加讲座。

【技术培训】 围绕全区中心工作，大力开展以农函大为重点的农业科技推广和技术培训，科协系统举办培训班67个5810人，其中农函大招生1718人。

【青少年科普教育】 充分整合校内外资源，开展多种形式的科技教育活动，提高青少年科学素质。组织实施“江川区生物多样性调查成果科普展示”科普项目。分门别类地调查江川区的物种多样性、生态环境多样性，建立江川区生物多样性保护科普教育数码资源库；建立生物多样性保护科普教育展板库；利用展板在江川区中小学及山区村庄进行生物多样性保护科普教育巡回展览，举办生物多样性保护教育专题讲座，编撰《江川生物多样性保护科普知识读本》8000册并发放到各中小学校。

【项目监督】 深入雄关乡上营村委会、茂晟美椒产销协会、江川一中等单位，对2015年科普项目进行督导调研。配合玉溪市科协对2013-2014年度科普类项目资金使用情况进行专项检查。对检查组反馈的意见逐条进行整改落实。

【项目验收】 江川区科协组织纪委、财政局、教育局等专家领导组成验收组，于5月11日，对“江川区生物多样性调查成果科普展示”项目进行验收。5月19日，对江川区雄关乡上营村委会承担的《云南省科普惠农兴村计划》项目进行验收。10月10日，由玉溪市科协主持，邀请市纪委、市财政局、会计师事务所等专家领导组成验收组，对江川茂晟美椒产销技术协会“基层科普行动计划”项目进行验收。

【项目申报】 按照《云南省科普专项资金转移支付管理暂行办法》的规定和市科协安排，上报“野生石蚌的人工驯养繁殖”等各类科普项目5个，申请资金33万元。立足江川实际开展农村环境综合整治和垃圾分类减量工作，申报农村环境综合整治和垃圾项目1个，争取资金10万元。上报2016年市级科普项目2个，科协组织建设项目54个。本年累计争取资金37万元。

【江川区科普大学】 2016年10月19日，江川区下营社区科普大学教学点举行开班仪式，区委副书记张燕华到会祝贺并为下营社区教学点进行授牌。下营社区居委会主任刘云寿作社区科普工作介绍及社区科普大学教学安排、管理思路。大街街道办事处党工委书记靳永春宣布玉溪市社区科普大学江川区分校下营社区教学点正式开班。江川区科协、大街街道办事处、各乡镇科协专干、下营社区居民80余人参加开班仪式。

（张树良）

红十字会

【概　述】 2016年，玉溪市江川区红十字会深入贯彻落实《国务院关于促进红十字事业发展的意见》等文件精神，大力弘扬“人道、博爱、奉献”红十字精神，以救灾、救助、救护工作为主线，努力推进依法建会，广泛宣传红十字精神，扎实做好备灾救灾、大病特困群众救助、公益救护培训、红十字志愿服务、青少年活动等工作，充分发挥红十字会在政府服务民生方面的助手作用。

【举行微公益博爱图书角捐赠挂牌仪式】 2016年1月6日，区红十字会到雄关窑房小学举行云南省红十字会微公益博爱图书角捐赠挂牌仪式，为窑房小学捐赠图书765册，价值17688元。捐赠仪式上，区红十字会常务副会长曾春向孩子们介绍“博爱图书角”来历，鼓励孩子们努力学习，读好书、多读书，并为该校的11名贫困学生分别发放一张价值60余元的购书卡。

经过县红十字会的积极申请，已经帮助前卫石河小学和雄关窑房小学争取到两个博家图书角项目，共计价值3.4万元的图书1500册。

【开展筹资募捐活动】 江川区红十字会将募捐筹资作为红十字会能力建设的重要内容，作为提高红十字会救灾救助能力的重要措施来推动，积极主动，以健全的制度做保障，开展形式多样、内容丰富的募捐筹资活动。2016年募集捐款资金15.68万元。

5月7日至8日，区红十字会举行“红十字：处处为人人”主题纪念世界红十字日爱心义卖暨沿街宣传募捐活动。组织志愿者在财富广场开展爱心义卖暨沿街宣传募捐活动。由爱心商家（星云大药房、江川康捷卫生应急救护咨询有限公司、金秋商店等）捐出义卖产品开展义卖，当天义卖所得3650.5元善款，全部捐于区红十字会。区红十字会志愿者们还组成2支宣传募捐志愿小分队，抱着募捐箱沿县城主要街道募捐。活动两天来，区红十字会共收到义卖和募捐捐款12815.5元。

区红十字会自5月6日以来，通过公文交换及江川新闻网下发《玉溪市江川区红十字会关于举行纪念“五·八”世界红十字日爱心义卖暨宣传募捐活动的通知》在全区各乡（镇）、街道，区属各部、委、办、局，各人民团体，企事业单位及全区群众中为我区先天性心脏病、白血病儿童和患重大疾病、突发意外灾难等贫困人群进行募捐，经过近两月的募集共到30家爱心单位及企业、10个爱心人士的捐款共计12万余元。

【重大疾病贫困家庭人道救助】 区红十字会将“大病特困群众救助”作为红十字会赈济的品牌项目，抓实抓好。2016年，区红十字会共向43名患重大疾病贫困家庭发放人道救助金58500元；积极做好中国红十字基金会“天使阳光基金”“小天使基金”申报工作，努力让先天性心脏病和白血病患儿得到救助。帮助白血病儿童周若涵、覃继冉分别争取到3万元国家红十字基金会的救助，帮助先心病儿童彭彦彩获得2.3万元的手术费。

【“博爱送万家”活动】 2016年春节期间，江川区红十字会携手团体会员单位筹资4.2万元资金，购买350床毛毯陆续到大街、江城、安化等6个乡镇贫困户中走访慰问，着力保障困难群众度过严冬，过一个温暖的节日。同时区红十字会及时将省市下发的家庭包、棉衣等价值2.8万元的物资发往安化彝族贫困乡380户贫困群众手中。

【关爱救助老年群众】 进一步弘扬红十字会人道主义精神，做好老年群体关爱救助工作。在敬老节，江川区红十字会组织志愿者对前卫、江城、大街三个乡镇的8个小组456位60岁以上老人开展送温暖活动，为老人送上崭新的保暖床单。在春节组织志愿者看望慰问前卫敬老院13名老人及工作人员，并给他们带去营养品、糕点、糖果等慰问品和新春祝福。2016年，江川区红十字会深入到前卫镇中街村、上街村，九溪鸡窝、马家庄4个小组开展公益性急救知识培训，为1000余名

60岁以上老人讲解高血压、心脑血病等老年常见病急救法、止血包扎的简易处理和心肺复苏等知识，帮助老人掌握急救技能，提高自救互救意识。同时还为每位参加学习的老年群众，发放毛巾等作为学习鼓励品。

【开展“与爱同行、幸福六一”爱心主题系列活动】 在“六一”儿童节来临之际，为进一步发挥红十字在青少年工作中的作用，使“人道、博爱、奉献”的红十字精神在青少年中得以弘扬，6月2日至6月3日，江川区红十字会深入雄关麦冲小学、前卫杨家咀小学、大街小白坡小学开展“与爱同行、幸福六一”爱心主题系列活动。一是圆梦贫困学生“微心愿”。为关爱贫困儿童健康成长，解决生活学习困难，江川区红十字会通过社会捐赠和志愿者认领等方式，集资2560元，购买学习用具、衣服等，帮助25名贫困学生实现渴望实现的“微心愿”。二是表彰红十字“文明好少年”。为帮助青少年培养“乐于奉献、关心他人、博爱仁义”的品质，江川区红十字会对33名（经学校评选推荐：积极弘扬“人道、博爱、奉献”红十字精神，关爱他人、乐于助人、向上向善、尊老爱幼、热心公益、文明有礼）好少年进行表彰奖励，发放价值2062元的购书卡，鼓励他们多读书、读好书，努力学习，成为有益于社会的人。三是捐助山区住校生。江川区红十字会向大街小白坡小学的全体住校生捐赠价值6000余元的62套床上用品，帮助改善山区小学学生的生活条件。四是游园活动庆六一。为让小朋友们度过一个愉快的儿童节，江川区红十字会组织20名志愿者与雄关麦冲小学的师生一起联欢，开展“共庆六一”游园活动。参与游园活动游戏过关的小朋友可领取到“江川区红十字会游园活动奖票”，凭着奖票到志愿者处领取钢笔、自动笔、水彩笔、文具盒等小礼品。江川县红十字会还为雄关麦冲小学和前卫杨家咀小学送去价值4000余元的文体用具和学习用品。

【开展造血干细胞捐献宣传动员】 为大大提高群众对无偿献血、造血干细胞和人体器官捐献工作的认识度和参与度，动员更多公民参与此项工作，促进此项工作在江川区的有序开展，2016年2月至10月，区红十字会借助卫生应急救护平台，开展“三献”宣传动员会9期，通过设立宣传展板，发放宣传单等形式，宣传造血干细胞捐献知识，动员消防官兵、年轻驾驶员等社会爱心人士115人进行首次造血干细胞血样采集工作。

【实施驾驶员艾滋病防治宣传干预模式探讨创新项目】 江川区红十字会借助开展新学驾驶员和驾驶营运资格人员的“卫生应急培训”平台，组建由26名志愿者组成的防艾宣传志愿服务队，并从中精心挑选3名口头表达能力好、致力于防艾宣传的志愿者，作为驾驶员同伴教育员，参加同伴教育师资培训。2016年，江川区红十字会开展驾驶员同伴教育艾滋病知识宣传活动38期，累计向6500余驾驶人宣传防艾相关知识，发放驾驶员防艾倡导书6500余份，发放防艾相关知识宣传资料6500余份，发放《江川区全国艾滋病综合防治示范区艾滋病知识问卷调查》6500余份，收回问卷调查5932份，达到参训驾驶员艾滋病知识知晓率100%以上目标。区红十字会还积极创新宣传的方法，丰富宣传载体，印制《防艾倡议书》10000份和防艾知识宣传环保袋10000个，扩大防艾知识这宣传面。同时自2016年1月，区红十字会开始试行健康筛查与红会推动造血干细胞捐献和无偿献血工作结合起来，在动员造血干细胞捐献和无偿献血工作的同时，积极动员群众自愿进行HIV检测，共开展动员驾驶员HIV检测13期，2276名驾驶员自愿参加HIV检测，检测率达62%。

【表彰优秀志愿者】 为充分发挥先进典型示范带动作用，江川区红十字会依据《玉溪市江川区红十字会志愿者管理办法》及《玉溪市江川区红十字会志愿者服活动累计登记时间表》综合考评结果，对2012年至2015年度红十字志愿服务工作中表现优异的6名志愿者（李红樱、李红斌、杨兰秀、伏兴文、陶梅、史梁）进行表彰奖励。

【志愿者服务活动】 2016年，区红十字会新发展团体会员单位2家，志愿者53人，造血干细胞志愿者115人。为进一步发挥志愿服务工作和广大志愿者在服务民生建设中的独特作用，提高志愿服务质量，2月2日，江川县红十字会召开志愿者年终座谈会。会议总结了2015年度红十字志愿服务工作，研究制定2016年度及今后一个时期的志愿服务工作目标任务，通报志愿者2015年度及累计参加志愿服务活动时间。江川区红十字会还结合本地志愿服务特点，组建人道关怀、宣传募捐、乡村服务、防艾宣传、捐干宣传、应急救援6支红十字志愿服务队。各志愿服务队各司其职，各尽其责，组织开展“纪念世界红十字日爱心义卖暨沿街宣传募捐活动”“与爱同行、幸福六一爱心主题系列活动”“看望慰问敬老院失能老人”等一系列红十字志愿服务活动，发挥红十字志愿服者在服务民生建设中的独特作用，成为推动全区红十字事业蓬勃发展的一支重要力量。

【开展地震应急处置演练】 在第六个“11.6”云南省防震减灾宣传日到来之际，11月4日，江川区红十字会组织应急救援服务队12名队员参加区政府举办的地震应急综合演练。演练模拟江川区某乡镇（街道）某村发生5.8级地震，造成部分道路坍塌，供电、通讯等设施受损，部分老旧房屋倒塌并有人员伤亡，江川区红十字会应急救援服务队模拟心脏骤停、头部大出血、左前臂大出血、左小腿中断闭合性骨折等6种地震受伤的场景，进行红十字应急救护技能演练。通过演练，全面提升区红十字会应急救援志愿服务队地震应急处置能力。

【荣誉表彰】 2016年6月，江川区红十字会常务副会长曾春获市委“优秀共产党员”称号；2016年9月，区红十字会吴冬丽获省红十字备灾救灾中心授予“优秀个人称号”；2016年9月区红十字会志愿者李红斌获省红十字备灾救灾中心授予“优秀志愿者称号”；2016年12月区红十字会志愿者李红斌获省红十字备灾救灾中心授予铜蒲公英奖章一枚。

（吴冬丽）

军　事

编辑　余立言

人民武装

【概　述】　2016年，区人武部党委深入贯彻习主席系列重要讲话，扎实做好古田政工会“下篇文章”，紧紧围绕改革强军目标，扎实打基础，创新抓落实，努力探索国防后备力量建设新路子，在确保安全稳定的基础上，稳步推进全区国防后备力量建设上台阶，人武部全面建设呈现出良好的发展态势。

【召开党委全体（扩大）会议】　3月25日，召开部党委全体（扩大）会议，各乡镇（街道）党工委书记、基层武装部部长、人武部全体干部职工参加会议。会议总结2015年工作，明确2016年要以“高举旗帜铸军魂、围绕改革抓统筹、紧贴主业谋打赢、着眼大局保稳定”的工作思路，抓好各项工作落实，努力开创江川区国防后备力量建设新局面。紧紧围绕政治工作时代主题，扎实抓好思想政治建设；紧紧新形势下军事战略方针，切实提高战备训练水平；紧紧围绕贯彻整风整改基调，进一步抓好党委班子和干部队伍建设；紧紧围绕依法治军从严治军，下大力做好安全稳定工作；紧紧围绕提升综合保障水平，加大后勤和装备管理力度；紧紧围绕军民融合式发展路子，不断推进国防后备力量建设。

【专题教育活动】　全年，按照军分区统一部署，“两学一做”专题教育活动贯穿全年，以党支部为基本单位，以七项组织生活制度为基本形式，以落实党员教育管理制度为基本依托，采取团级党委统筹部署、党支部具体实施、党员人人参与的形式，划分4个专题压茬推进。通过学习和召开民主生活会，努力推进“四个全面”战略布局特别是推动全面从严治党向基层延伸，以领导带头、人人参与的形式，切实把抓党员队伍建设的意识树起来、责任扛起来，增强各级党组织和党员队伍创造力凝聚力战斗力。

【军事主题教育活动】　人武部按照军委国防动员部、省军区政治部要求，结合军分区实际，组织干部、职工参加主题教育四个专题集中辅导授课，开展“新体制、新职能、新使命”大讨论和“坚定改革强军意志、投身改革强军实践”主题实践活动，引导全体干部职工认清改革强军的重大意义，进一步增强拥护支持改革、担当强军重任的使命感和责任感，不折不扣执行党中央、中央军委改革强军战略部署。

【思想政治建设】　人武部党委始终贯彻政治建军原则，突出政治工作的“生命线”地位，大力加强思想政治建设，确保人武部高度集中统一和纯洁巩固。认真学习贯彻党的十八届六中全会精神。党委班子先学一步，研究制定本部学习宣传贯彻全会精神的实施方案，按计划组织干部、职工、民兵分队原文传达学习全会《公报》、《关于新形势下党内政治生活的若干准则》和《中国共产党党内监督条例》，区分层次开展学习讨论，领会深刻内涵和精神实质，切实让全会精神进入思想、指导实践、推动发展。认真学习贯彻习主席系列重要讲话精神。采取集中学习和个人自学相结合的方式，以习主席系列重要讲话精神特别是“军事篇”“改革篇”和“国防动员篇”为重点内容，跟进学习习主席“七一”重要讲话、在纪念红军长征胜利80周年大会上的讲话、在军队规模结构和力量编成改革工作会议上的重要讲话等新篇章，着力引导干部、职工、民兵学用结合、知行合一，自觉将学习成果转化为工作实绩。抓好“两学一做”学习教育。按照计划在全体党员中开展“学党章党规、学系列讲话、做合格党员”学习教育，严格落实学习教育、党课辅导、承诺践诺、收缴党费等规定内容，组织全体党员到觅池冲滇中地委旧址参观见学、到省第三强制戒毒所开展警示教育。结合活动，督促每名党员查找自身存在问题和不足，并结合自身实际，制定整改措施加以落实，广大党员政治意识、大局意识、核心意识、看齐意识不断增强。强军文化建设成效显著。大力实施“红色基因代代传”工程，对荣誉室、文体活动室进行了改建，及时更新强军文化宣传橱窗、板报、标语，不断浓厚营区强军文化氛围。9月，人武部创作的“微广播”作品《榜样·丰碑》荣获国防动员系统“改革强军”优秀军营微课三等奖。2016年以来，人武部累计在中央级媒体上稿4篇，省级媒体上稿17篇，市级媒体上稿2篇，省军区要讯上稿3篇，新闻宣传报道成果丰硕。进一步规范营区政治文化环境建设，推进政治工作战备库建设，参加清明祭奠和烈士公祭日活动，用先进军事文化熏陶人、教育人。

【民兵军事训练】 5月24日至6月7日，组织民兵通信保障排25人，依托民兵训练基地进行了军事训练，设置政治教育、法规知识、队列、实弹射击、等科目，进行为期15天的分阶段军事训练。第一阶段共同科目训练，5月24日至5月28日，第二阶段专业科目训练，5月29日至6月7日，由玉溪市江川区工业商贸和科技信息局负责，依托电信、移动、联通、广电网络公司岗位和专业器材、设施设备开展专业科目训练。

【营区建设】 人武部按照年初党委全会工作规划和决议，大力开展创建“军队特色健康营院”活动，着力美化人武部营区绿化环境，努力提升干部职工工作、生活基础设施条件，本着严格科学统筹、精打细算开支、强化内外监督的原则，投资9万余元，进行营区绿化重新翻新、树木新栽修剪、混播草皮新种、盆景苗木新置等绿化建设。投资9万余元对人武部荣誉室主体构造进行重新设计翻修，新增橱窗橱柜、展板图片、参观留念存储设备等。投资8万余元，新建民兵、干部职工文体活动中心，该活动中心集运动健身、图书阅览功能为一体，极大丰富人武部人员军营文化生活。

【安全管理】 人武部坚持经常警示性法制教育并常态观看警示教育片，3月至6月，按照军委国防动员部通知要求，开展“学法规、用法规、守法规”活动，完成令条例学习4个步骤12项内容，完成省军区“三法”学习安排5项14个规定动作，认真学习国防动员部6个规范性文件，不定期组织防暴恐袭击训练演练，结合春节、五一、中秋、元旦等重大节日，加强督促战备值班制度落实，先后5次对武器弹药仓库、营门及周边进行安全隐患排查，维修民兵武器库安防系统，严格落实习主席、军委总部关于安全工作一系列指示要求和国防动员部安全工作电视会议精神，根据军分区统一安排部署，按照筹划部署、组织实施、整改提高、总结讲评四个步骤，22个规定动作，坚持与日常工作密切联系，与大项任务保持衔接，充分利用经常性思想政治教育、党团日、训练间隙和其他机动时间，于9月23日至12月31日广泛开展“百日安全活动”，先后接受上级安全工作组检查3次，本部自检7次，分别接受对武器弹药仓库、干部值班情况、后勤工作、酒精测试、安全保密等6个方面的检查，累积整改问题5个，确保人武部“百日安全竞赛”活动安全无事故和全年秩序正规、安全、稳定。

【信息保密】 坚持每季度开展保密教育，年初对涉密岗位人员进行政治考核，有计划的进行保密检查，每年第一季度清理清退各类涉密文件，定期清理办公室计算机内的涉密电子文档，落实移动存储介质实行集中管理和出入柜登记，强化家庭接入国际互联网的管理，杜绝个人电脑办公、互联网传送工作文件等，保证涉军信息、载体的安全。

【国防教育】 组织国动委成员单位，在全区范围深入开展“全民国防教育暨征兵工作宣传月”活动，滚动播放征兵宣传标语电子屏70余个，30余天，覆盖全区所有村委会，在公共场所张贴悬挂国防教育和征兵宣传标语300余幅，出动流动宣传车一辆，发放宣传单10000余份，现场咨询征兵政策群众100余人次。结合下乡调研、征兵、民兵训练等时机，先后人武部政委曾宪涛和全国民兵模范徐保祥在民兵训练基地多次开展献身国防教育，讲授军兵种知识，组织军事训练，增强广大应征青年和民兵队伍的国防意识和爱国主义精神。8月21日26日，利用共7天组织民兵对江川区第一高级中学1800余人展开军事训练，增强了青年国防意识。9月30日，江川区人武部50名干部职工、民兵分队成员参加烈士公祭日活动，向烈士敬献鲜花。

【八一军事日】 7月28日，江川人武部依托玉溪市军分区国防教育训练基地，组织江川驻地党政军领导和国防动员委员会成员单位领导，以观看民兵分队军事训练汇报表演、实弹射击、国防教育等形式，开展庆祝中国人民解放军建军89周年暨军事日活动，区委书记、区人武部党委第一书记徐贤作重要讲话。

【民兵整组】 4月，2016年民兵整组工作，以党的十八大和各全会精神为指导，深入贯彻落实习主席关于国防和军队建设系列重要论述，以《兵役法》《民兵工作条例》和上级的指示要求为依据，重点突出抓实区应急连，乡镇（街道）应急排，军区统筹建设的陆航飞行保障分队。按“应急队伍、作战支援队伍、储备队伍”占比分别为33%、65%、2%进行编组圆满完成1120人基干民兵整组任务，编组应急队伍363人、支援队伍732人、储备队伍25人。

【兵役工作】 全年，坚决贯彻落实中央军委、国务院关于抓好征兵工作的系列指示要求，以网上兵役登记为平台，以全民国防教育为抓手，以全方位、多手段征兵宣传发动为切入点，以确保兵员质量为核心，按《成都军区征兵工作流程规范》要求，全年组织征兵宣传发动，完成网上兵役登记10797人，新登5864人，年满18周岁适龄青年100%兵役登记，并依法区分应征、缓征和不征，对509名适龄青年进行初审初检，确定区站体检444人（男兵），其中大学生111人，高中（职高）257人，初中生75人。输送男兵109名，女兵5名，直招士官2人，大专以上文化62名，普通高中文化10名，中专39名；有专业技术特长的96名，新兵综合素质较往年有显著提高，大学生比例达53.4%，比上年提高36.5个百分点。

【参建参治】 4月4日，动用民兵400余人，执行扑灭大街街道办三街社区附近山火任务；8月29日，大街街道办动用民兵30人，执行大街街道辖区内朱家庄社区路段进行施工秩序维护任务；12月23日至12月25日九溪镇动用民兵60人，执行开渔节龚河头65棵树桩设置和岸边渔船看管任务。

【双拥共建】 广泛开展双拥宣传和拥政爱民活动，充分发挥人武部的桥梁纽带作用，协调驻江部队，扎实抓好扶贫帮困、助学兴教、生态保护、文化下乡等工作，军政军民团结局面持续巩固发展。2016年8月27日至9月26日，江川区人武部民兵分队30余人参与江川区烟叶堵卡工作，挽回经济损失40余万元；8月15日，江川区人武部20余名干部职工、民兵分队成员为江川一中2000余名学生展开为期20日的军训工作。

（李　端）

法　　制

编辑　余立言

政　法

【概　述】　2016年全区政法各部门贯彻落实中央、省、市政法工作会议精神，认真执行区委《关于进一步加强政法工作的决定》，认真贯彻执行党的十八大、十八届三中、四中、五中、六中全会精神，突出反恐、法治江川平安建设主线，深化重点工作，切实开展政法干警核心价值教育实践活动，进一步加强和改进政法工作，为推进新型工业化、城镇化和农业现代化，开创全区经济社会科学发展的新局面创造了更加和谐稳定的社会环境。

【平安法治江川建设】　根据江川区2016年平安建设工作会议和区委政法工作会议的要求，区社管综治委相关成员单位密切协作，齐心协力推进平安江川建设。区综治委结合实际制定并印发《江川区2016年综治（平安建设）工作要点》，统筹推进全区基层和行业平安创建活动；召开行业平安创建工作会议，切实推进平安林区和平安边界创建活动；其他相关部门和各乡镇（街道）也分别结合各自实际认真组织开展行业和基层平安创建活动。

为更高起点、更高层次的全面推进平安、法治江川建设，提出了以巩固先进平安县（区），争创全市“长安杯”为工作目标，坚持系统治理、依法治理、综合治理、源头治理，全面深化平安江川建设，努力实现“居所更加安宁、生活更加安康、环境更加安全、群众更加安心、社会更加安宁”。在工作推进中，进一步完善党委统一领导、政法委组织推动、部门协作配合、社会广泛参与的平安法治江川建设体制。以机制创新为动力，积极推进平安建设网络化、信息化、社会化，完善社会治安综合治理机制，广泛组织动员人民群众投身平安建设，着力提高人民群众安全感和满意度。

【维护国家安全和政治稳定工作】　区委政法委组织推动政法各部门全力维护国家安全和政治稳定，区反恐领导小组同39家成员单位签定《反恐怖工作领导小组成员单位责任书》，开展不间断的流动式梳理排查，收集上报涉恐、涉爆信息。围绕敏感节点和敏感问题，强化信息情报搜集，坚持每周对社会形势进行分析研判，牢牢掌握工作主动权，加强对我区涉军群体、民师群体以及下岗困难职工群体的防范管控，坚决防止发生规模性非法聚集活动。深入推进社会稳定风险评估工作全覆盖，继续做好情报信息收集研判工作。各部门充分发挥情报信息会商研判机制作用，进一步整合公安、安监、信访、交通管理、民政等部门力量，坚持做到“平时每周研判、重要节点每日研判”，提高情报质量和研判水平，确保对本地影响社会稳定的情况做到底数清、情况明、对可能发生或已经发生影响社会稳定的矛盾纠纷和不稳定隐患及时发布预警，牢牢掌握了对敌斗争和维护社会稳定的工作主动权。坚持末端处理与前端治理相结合，有效提升预防化解社会矛盾的水平。继续深入开展各行业、各领域社会矛盾和不稳定因素的日常排查和定期排查，完善多元化纠纷解决机制，提高源头治理能力。对重点矛盾纠纷、重点群体、重点上访人员实行领导包案及维稳责任任务分解，层层落实责任。深入推进社会稳定风险评估工作全覆盖，着力解决制约工作开展的突出问题，完善社会稳定风险评估指导意见。加大对涉及人民群众切身利益的重大决策、重大政策、重大项目、重大改革和重大活动的风险评估力度，真正使各级党委、政府和各部门把社会稳定风险评估作为重大决策前的必经程序，做到应评尽评，不评估不决策，不审批，不实施，努力从源头上预防和减少社会矛盾，推动形成社会稳定风险评估长效机制。根据市有关文件精神，制定下发了《江川区关于进一步健全完善重大决策事项社会稳定风险评估机制的指导意见》和《江川区社会稳定风险评估问责办法（试行）》等文件，成立以多部门组成的风险稳评专家库，认真推动风险评估工作。

【矛盾纠纷排查调处工作】 为切实抓好社会矛盾纠纷排查化解工作，区社管综治办、区信访局分别印发《关于进一步抓好矛盾纠纷排查调处工作的紧急通知》《关于在全县开展矛盾纠纷大排查大化解专项工作的通知》，全区各乡镇（街道）和相关部门认真贯彻落实矛盾纠纷排查调处月报告制度，努力把矛盾纠纷化解在基层，把稳定除患削除在萌芽状态。在信访维稳工作中始终坚持来访必接、有信必办，认真落实“书记、区长接待日”接访和约访、下访工作制度，做到件件有落实，事事有回音。2016年来至今未出现因工作不到位、推诿塞责、处置不当而影响社会稳定情况发生。2016年，全区共排查调处矛盾纠纷423件，调解成功378件，涉及当事人803人，调解成功率为89%。其中：各级基层调解组织共调解成功223件，公安系统及各专业调解组织调解200件。全区共排查调解矛盾纠纷4196件，调解成功4002件，涉及当事人803人，调解成功率为95%。

【整治突出问题】 大力整治社会治安突出问题和治安重点地区。区社管综治委牵头、相关成员单位结合自身实际制定专项排查整治方案，对两湖周边、城乡接合部、城中村、边界地区和治安复杂场所、部位等认真组织暗访督查，取得初步整治效果。深入推进第三轮“禁毒防艾人民战争”。在节假日、赶集天加强禁毒宣传，重拳打击毒品违法犯罪，加大吸毒人员查处及收戒工作。政法各部门认真履职确保社会和谐稳定。协助相关部门，抓好安全生产领域排查整治、食品药品安全监管、防灾减灾应急管理等工作。

【“6995”平台建设】 为贯彻落实市社管综治办关于加强“6995”语音公众服务平台建设工作的要求，结合江川“县”改“区”工作的开展，为进一步推进“6995”组网工作进度，区政法委、综治委改变工作思路，优化奖补措施，结合实际在江城镇黄营村委会开始推行“6995”组网试点工作。2016年1月，在黄营村试点示范工作取得一定经验成绩的基础上，区政法委与区联通公司通过反复调研，又确定江城镇翠峰、龙街、西河、候家沟，大街街道海浒、朱家庄、大庄，九溪镇六十亩等9个村（社区）作为试点示范村。全区“6995”语音公众服务平台建设取得快速发展，2016年，共完成移动用户组网88330户，联通、电信用户组网629组5763户，群众拨打“6995”电话238次，网格化系统内各项基础信息数据大幅提升。

【防控体系建设】 紧紧围绕建设平安江川总体要求，牢牢把握打防结合、预防为主，专群结合、依靠群众方针，坚持系统治理、依法治理、综合治理、源头治理原则，积极构建“六张网”，“三级防控圈”，形成城区与农村互联、网上与网下互通、虚拟与现实互补的立体化社会治安防控体系。加大资金投入，在全市范围内率先建成平安城市视频监控系统，安装600路高清监控点位，基本覆盖城区重要部位。在52处单位场所安装视频监控探头520余支，结合实际建立街面巡逻防控网、社区防控网、单位行业场所防控网、视频监控网、区域协作网、虚拟社会防控网、区级防控圈、村级防控圈，全面排查、预防、整治各类违法犯罪活动。区、乡镇（街道）、村（社区）三级进一步建立健全治安巡防队，全区共建立治保会73个、治保人员660人，巡逻组织75支，巡逻队员1161人。认真组织巡防人员开展24小时街面巡逻及村内巡查，及时处置各类事件。2016年，通过视频监控系统发现并指令民警出警制止打架斗殴36次、发现交通事故25起，为办案部门调阅视频监控录相90余次（辅助破案31起）。全区盗窃“两车”案件发案数明显减少，无重（特）大刑事案件发生，全区社会治安持续保持稳定。

【专项工作】 实有人口专项组积极开展基础数据录入，将基本公共服务纳入网格化社会服务管理工作，深入持久开展“建机制、强服务、重管理、抓基层、广宣传、创特色”六项工作；加大流动人口服务管理均等化工作。5月17日召开全区2016年流动人口服务管理和均等化工作会议，全面总结2015年全区流动人口服务管理均等化工作取得的成绩和存在的问题，并对2016年全区流动人口服务管理均等化工作进行全面安排部署，层层签订责任书，落实工作责任，扎实推进全区流动人口服务管理和均等化工作纵深开展。特殊人群专项组在认真落实特殊人群工作制度，全面推进特殊人群社区矫正、社区康复等基础工作的同时，全面深入贯彻落实中央、省、市综治办关于加强严重精神障碍患者服务管理相关精神，立足自身实际，重点抓好抓实严重精神障碍患者服务管理工作。认真落实《关于加强肇事肇祸等严重精神防碍患者救治救助工作实施方案的通知》《关于加强有肇事肇祸精神病人防控工作的通知》等文件精神，将严重精神障碍患者服务管理工作形成长效机制，狠抓各项工作落实，2016年以来，多次召开精神病服务管理工作联席会议，认真深入分析了江川区残联精神病工疗站去留问题，全面抓实全国精神卫生综合管理（江川区）试点工作开展。3月24日，省市精神病综合防治示范区督导组在江川区检查时指出，江川区残联精神病工疗站存在性质不清，基础设施薄弱、管理不到位和安全隐患较大等问题，建议重新建设或直接取缔。区政府对此予以高度重视，多次召开联席会议，全面深入分析论证区工疗站是加强规范管理还是直接取缔，并将形成的意见和建议向市政府及上级相关部门进行请示汇报，该项工作正在积极进行中。预防青少年违法犯罪专项组、医疗和校园及周边社会治安专项组积极向全区广大青少年开展自身安全、禁毒防艾、心理健康等各项宣传活动。“两新组织”专项组切实抓好对新经济组织和新社会组织的服务管理工作，进一步健全“两新”组织单位内部社会管理综合治理长效工作机制，不断促进各行业协会商会的规范稳步发展。

【反邪教工作】 反邪教工作成效明显，区防范办组织实施教育转化“三年决战”，精准打击防控，推进教育转化，加强宣传教育，强化基层基础，拓展涉外斗争，构建防范和处理邪教工作的新常态。一是以“预防为先、进攻为主、敌动能控、打则能胜”为要求，围绕全区经济社会发展目标的实现和各项工作任务的完成，突出反邪教工作在“先进平安县（区）”创建中的重要作用，完善机制，夯实基础，提升能力，努力开创全区防范和处理邪教工作新局面；二是认真抓好2016年反邪教警示教育宣传工作。通过多种形式的宣传、展板、挂图、开展法制教育培训、观看警示教育片等活动，加强警示教育宣传工作；三是加强情报信息研判，做好防控工作；四是扎实抓好信教人员的转化教育工作，集中力量、集中时间完成市里交给的转化任务；五是继续扎实抓好“无邪教”创建巩固工作。

【司法体制改革工作】 抓好法院、检察院人财物统一管理制度改革。一是区法院完善预算保障机制，推进院经费管理与保障的长效机制建设。严格“收支两条线”管理，收取的诉讼费、罚金、没收的财物，以及追缴的赃款赃物等，统一上缴省级国库。争取发挥经费保障杠杆作用，实现下拨经费的科学配置。二是根据省财政局和省检察院检察资产清理要求，区检察院正积极组织财务人员清理核实国有固定资产，全面了解、掌握检察资产情况，为充分利用国有资产，加强资产使用效率，提高管理水平，最终实现资产上划做好准备。

【规范公正司法行为】 一是全力推进省委政法委重要措施的落实。区委政法委及时将《中共云南省委政法委员会关于确保司法权不受非法干预的意见》《关于党委政法委员会案件评查工作规定》《关于在执法监督中实行责任查究的工作办法》等文件转发到政法各部门学习贯彻落实，认真贯彻执行《关于确保司法权不受非法干预的意见》，坚持依纪依法查处非法干预原则，建立完善过问案件全程留痕机制、非法干预司法行为登记报告制度，坚决排除权力、金钱、人情、关系等一切法外因素的干扰，适时开展涉法涉诉信访问题专项检查，切实保障涉法涉诉信访人的合法正当权益。二是严格执法、公正司法。政法各部门按照上级业务部门的安排部署及要求，建立健全严格执法、公正司法的相关制度。三是认真抓好司法救助和法律援助工作。政法各部门根据法律的规定，对需要援助的当事人及时给予援助，使困难群众得到司法部门救助、援助。

【依法治区工作】 发挥党委核心领导作用，高位推动狠抓落实，为确保依法治区工作干在实处、走在前列，江川区充分发挥党委的核心领导作用，将依法治区工作纳入区委中心工作进行谋划、部署、落实。强化组织保障，明确目标压实责任。提升法治素养，增强法治江川建设软实力，按照《2013-2017年江川县干部教育培训规划》《2014-2018年江川县党员教育培训规划》，强化教育培训的宏观管理，抓好全区各单位的主体班次培训。2016年来，先后7次组织执法检查、调查组，对江川区宗教事务管理、农村土地承包经营权确权登记、中小学食堂经营管理、农村医疗卫生发展、殡葬改革等相关法律法规、条例实施情况进行执法检查、调查。先后17次成立调研、视察组对江川区2016年重点工作重大项目进展情况、年度财政预结算、依法治区、法院审判、检察院检察监督，“两院”司法体制改革工作情况等开展专项调研、视察。严格实施《江川县人民代表大会常务委员会规范性文件备案审查实施办法（试行）》，加强规范性文件备案审查工作。加强载体建设，丰富法治文化宣传。由区委政法委策划投资6万余元、九溪镇投资4万余元完善九溪镇六十亩村法治文化广场功能建设，安装近6平方的LED电子显示屏、打造由21块42面宣传画版组成的法治文化长廊。提档升级后的法治文化广场具备：一法治文化墙、一法治文化长廊、一法治文化宣传栏、一舞台、一电子屏“五个一”功能，成为全镇乃至全区第一个规范的村级法治文化建设示范点。同时，在江川新闻网开设“法治”一级栏目，2016年该栏目共刊载法治建设新闻稿件101篇；组织开展惠民下乡演出16场次、节庆演出8场次，参演人员2800余人次，受益群众6.8万。加大法治宣传，推动全民守法。拟定“七五”普法规划、印发《2016年江川区普法工作要点》，明确普法各项目标任务及工作重点。开展缉枪治暴、法律进宗教场所、烤烟收购法、国家安全法、反恐怖主义法、村级组织换届选举法等法律法规宣传，增强群众遵法、守法、用法、护法意识。积极申报青少年法治教育基地，与区教育局及“玉溪市江川区青少年学生校外活动中心”负责人协商，确定“玉溪市江川区青少年法治宣传教育基地”在该活动中心。

【政法宣传】 加强综治宣传，提高群众意识。2016年以来，全区各成员单位高度重视平安法治江川的宣传工作。一是认真开展综治维稳宣传月、秋季法制宣传活动。二是认真抓好经常性法制宣传教育活动。三是认真组织开展“三八”维权周法治宣传活动。四是认真组织开展禁毒宣传活动，结合“法律十进”专项活动，开展了禁毒知识进机关、进乡村、进社区、进学校、进企业、进单位、进家庭、进景区、进民族聚居区域、进宗教活动场所等系列活动。

（王汐羽）

司法行政

【概　述】 玉溪市江川区司法局牢固树立和践行“创新、协调、绿色、开放、共享”的发展理念，进一步“改观念、转作风、增活力、树形象”，全力推进司法行政各项工作全面开展，为“平安江川”“法治江川”建设作出新的贡献。

【“七五”普法启动工作】 一是全面总结“六五”普法工作，进一步梳理和提炼“六五”普法工作中的亮点和经验，在“七五”普法规划的实施过程中加以应用和推广，对存在的问题进行分析和研究，并逐步进行整改。二是起草“七五”普法规划。2016年6月，与区委宣传部共同编制草拟玉溪市江川区“七五”普法规划（初稿），在全区司法行政系统内征求意见，形成“七五”普法规划（征求意见稿），2016年9月，将征求意见稿发送各乡镇（街道）和区级20余家法治宣传教育专项组成员单位征求意见，并修改完善，形成“七五”普法规划（送审稿）。三是做好“七五”普法规划启动前期准备工作。2016年10月19日，江川区第一届人民政府第11次政府常务会议通过送审稿；10月20日，中共玉溪市江川区第二届委员会第10次常委会审议通过了送审稿；11月29日，玉溪市江川区第一届人大常委会第九次会议审议通过送审稿。四是2016年12月6日，召开玉溪市江川区第八次法治宣传工作会议，正式启动江川区“七五”普法工作。

【领导干部法治讲座暨普法骨干培训】 2016年12月6日，邀请昆明理工大学法学院院长、教授、博士生导师曾粤兴作《依法行政与法治思维》法治讲座，全区副科级以上领导、普法骨干参加。

【人居环境综合整治法治宣传工作】 区司法局紧紧围绕“改善环境质量 推动绿色发展”活动主题，在城区财富广场组织开展以《环境保护法》、《大气污染防治法》及相关法律法规为主要内容的宣传活动。活动中共发宣传单2000份，宣传环保袋1000个，展出宣传展版5块，接受群众咨询35人次，出动宣传车宣传3次12人。

【国防后备力量建设法治宣传活动】 2016年6月6～8日，区司法局与区人武部、宣传部等多部门在人员较为集中的大街、江城、大营、中坝、渔村、安化等村（社区）开展国防教育法治宣传活动。期间，共发放宣传单3000份，接受群众咨询310人次，出动宣传车3天24人次，受教育群众10000余人。

【烤烟育苗种植收购法制宣传工作】 区司法局以加强烟草种子管理、确保烟苗品种纯度为重点，以营造稳定有序的收购环境为目标，切实开展《烟草专卖法》《烟草种子管理办法》《合同法》《水法》《治安处罚法》《刑法》等法律法规的宣传。同时认真抓好涉烟矛盾纠纷排查调处工作，要求调解人员深入基层，深入烤烟生产第一线，及时排查调解各类涉烟矛盾纠纷。期间共出动宣传车63天278人次，开展广播宣传658次，黑板宣传372期，标语宣传420条，解答法律咨询554人次，印发材料21990份，调解烟农纠纷42件105人，防止群体性事件3件50人。

【禁毒防艾法治宣传工作】 为进一步提高全民抵御毒品的能力和禁毒斗争的意识，营造全社会关心、支持、参与禁毒工作的浓厚氛围，区司法局紧紧围绕“依法禁毒，构建和谐”的主题，把“合成毒品的危害”作为宣传重点，通过广播、黑板、专栏、发宣材料、设咨询台、出动宣传车宣传等形式开展禁毒防艾知识宣传。期间，共开展禁毒宣传“流动课堂”活动20余场次，发放《中华人民共和国禁毒法》《云南省举报毒品违法犯罪奖励暂行办法》等各类禁毒知识宣传资料（画册）3500份，解答群众咨询125人次，展出展板20余块，悬挂宣传标语30余条，发禁毒宣传扇子150把，环保袋100只。

【打击传销创建无传销城市法治宣传工作】 区司法局围绕全区乡镇（街道）、社区（村）创建无传销创建率达到100%的目标，切实发挥法制宣传和社会矛盾化解等工作职能，推进创建无传销城市工作的深入开展。一是在校园周边散发《禁止传销条例》等宣传资料，在学生中宣传传销的诈骗性。二是组织全区村（社区）调解人员利用黑板、广播进行宣传。三是在老街兴农贸市场、江城农贸市场、渔村市场、福万家购物中心等开展打击传销法律法规集中宣传活动。四是组织开展社会矛盾纠纷排查化解工作。期间共出动宣传车宣传4天12人，黑板宣传64期72块，广播宣传38次，发放宣传资料1000余份，组织纠纷排查1期6次。

【开展流动人口服务均等化工作】 一是做好流动人口法治宣传教育工作。2016年6月6日，区司法局组织人员开展以《劳动法》《合同法》《民法》《国家流动人口计划生育工作条例》《云南省流动人口服务管理条例》《国务院关于解决农民工问题的若干意见》为主要内容的法治宣传活动。活动面向外来务工人群，通过发放宣传单、播放录音、开展咨询等方式，帮助他们提高依法维权的意识。期间，共发放法治宣传资料500余份，接受咨38人次。同时制作流动人口法治宣传MP3音频材料及法治宣传资料发至各司法所，要求6个司法所结合街道、村（社区）实际，通过广播、黑板、标语等形式开展宣传活动，尤其要把流动人口聚居区作为宣传重点区域，通过开展宣传，不断提高流动人口遵纪守法及自我维权意识。二是加强流动人口聚居区的社会矛盾纠纷排查化解工作。2016年，区司法局共组织排查流动人口矛盾纠纷期12次，排查化解纠纷5件，为流动人口提供诉讼代理7，代书16件，法律咨询22人次。三是做好流动人口法律援助工作。2016年区法律援助专项共办理流动人口法律援助案件21件，涉及流动人口21人。

【开展“6·5”世界环境日系列宣传活动】 2016年6月3日，在第45个“6·5”世界环境日即将到来之际，区司法局围绕“改善环境质量、推动绿色发展”活动主题，在城区财富广场组织开展以《环境保护法》《大气污染防治法》及相关法律法规为主要内容的宣传活动。期间共发宣传单2000份，宣传环保袋1000个，展出宣传展版5块，组织法律工作者接受过往群众咨询35人次。

【开展首个“全民国家安全教育日”法治宣传】 为进一步提升全民安全意识，增强全民国家安全责任，区司法局围绕“三个一”开展“全民国家安全教育日”系列法治宣传活动。期间开展活动13场次，受教育人数8000余人，发放资料1500份，接受群众咨询50余人次。

【围绕村级换届选举开展法治宣传】 2016年3～6月，区司法局围绕村级换届选举工作开展，将《选举法》《村民委员会组织法》《城市居民委员会组织法》等法律法规制作成pm3音频材料和宣传材料下发各司法所，通过黑板、广播、会议及出动宣传车宣传等形式，把涉及村级组织换届选举的法律法规送到千家万户。并组织基层调解人员开展纠纷排查化解，为村级换届选举创造稳定和谐的社会环境。期间，共出动宣传车7天35人次；广播宣传36次；会议宣传132次；黑板宣传132期；发宣传材料3500份，开展法律咨询112人次。

【开展“12·4”国家宪法日宣传活动】 12月4日，区委宣传部、司法局组织区公安局、检察院、法院、民政局、国税局、地税局、安监局、统战部、农业局、旅游局、环保局、消防大队、住建局等15家单位60余人在城区财富广场开展以“大力弘扬法治精神，协调推进‘四个全面’战略布局”为主题的国家宪法日暨全国法制宣传日系列活动。期间共发放法律知识宣传材料59种13050份（册），发宣传环保袋2000余只，展出展版49块，解答群众法律咨询29人次。

【开展经常性法制宣传教育】 2016年，全区共进行法治宣讲41次3371人；广播宣传1598次，听众654050人次；学校上课13次，受教育师1374人次；培训骨干26期821人次；专业法宣传103天1007人次；帮教青少年83次104人；开展法律咨询760次1023人；演出节目1场20个，法制影视6部6场；展出图片44期541幅；黑板宣传64块732期；印发材料106期29445份；张贴悬挂普法标语3578条。

【“大调解”体系建设】 一是抓好行政接边地区7个联防联调组织建设，构建联调网络，有效减少接边地区的矛盾纠纷；二是巩固行业性专业性人民调解组织，化解涉及医疗卫生、交通等领域的矛盾纠纷，使我区的“大调解”工作格局得到不断拓展；三是进一步加强6个乡镇（街道）、63个村级人民调解委员会的组织建设和网格化建设，将全区人民调解组织队伍、调解案件、工作信息等全部录入网格，纳入网格化管理，确保人民调解工作专业化、信息化、规范化、制度化；四是健全“三调”对接机制，化解矛盾纠纷。2016年，各司法所与派出所联合化解公调对接重大矛盾纠纷12件。

【民间纠纷调解】 2016年全区共组织矛盾纠纷排98次，预防纠纷发生60件；调解各类矛盾纠纷1209件，调解成功1191件，成功率为98.5%；防止民转刑9件52人；防止群体性上访9件96人；防止群体性械斗1件10人；矛盾纠纷涉及当事人2605人，涉及金额262.7万元。

【以案定补工作】 2016年全区以案定补案件1067件（其中简易纠纷452件、一般纠纷541件、重大纠纷74件），应兑现金额97260元。

【安置帮教工作】 区司法局通过不断健全完善各项制度和措施和实施信息数字化管理，切实做好预放人员的信息核实和释放人员的衔接工作。2016年，区司法局与家属到监所接领释放人员129人。并对区五年内接收在册的刑释解教人员937人和2016年接收的211人，在规定时限内均进行有效帮教。

【远程探视工作】 2016年区司法局共接受服刑人员亲属远程探视申请19次，组织落实服刑人员家属进行远程探视63人。

【社区矫正工作】 2016年，全区共接收矫正人员994人，累计解除787人，现在册矫正207人。在做好矫正人员日常管控工作同时，全区共组织开社区矫正人员展集中教育培训2期参训人员445人，走访社区矫正人员家庭638次，矫正人员参加社区公益劳动1520人次，组织公益劳动2次240人，单独教育学习1656人，审批外出请假人员27人次。与县公安局、法院、检察院召开社区矫正公证联席会议2次，开展工作联合检查5次，对1名严重违反矫正规定人员进行收监执行，对10名违规人员给予警告处分。并做好拟假释、缓刑人员和暂予监外执行人员的调查评估工作。区司法局对拟宣告缓刑、裁定假释和继续暂予监外执行的社区服刑人员进行调查评估，为监狱、看守所、法院作出刑事决定、裁定、判决提供客观的意见。2016年，共开展调查评估85人，被采纳74人。

【基层法律服务】 2016年，全区3个法律服务所共办理非诉讼代理6件，代写法律文书36件，解答法律咨询1123人次。代理诉讼33件，调解纠纷105件，为社会弱势群体提供法律援助76件，担任法律顾问2家。

【公证工作】 2016年，区公证处共办理各类民事经济公证292件，其中民事公证269件，经济公证23件，涉案标的达14040万元，解答群众公证法律咨询295次907人，代书、草拟修改各类合同协议及有关公证法律文书252份，提出口头司法建议30条，其中被采纳30条。并为驻江川部队官兵提供公证法律服务5件。

【律师工作】 2016年，区川和律师事务所办理各类法律事务127件（其中刑事37件、民事和经济81件、行政代理1件、非诉讼代理8件），办理法律援助案件25件，提供法律咨询678人次，涉及经济标的170万元，挽回经济损失152万元。

【法律援助工作】 2016年，区法律援助中心共办理各类法律援助案件200件，其中刑事案件107件，民事案件93件，为5名农民工、68名老年人、87名未成年人、6名残疾人、54名妇女、22名可能判处死刑人员、15名少数民族、17名一般贫困者提供及时高效的法律援助服务。

（廖江平）

公　安

【概　述】 2016年，玉溪市公安局江川分局围绕深化公安改革，推进“四项建设”的总体部署，进一步深化、完善和落实分局党委提出的“123456”工作（即：一个中心，两个提升，三级防控圈，四项建设，五个机制，六张网建设），紧扣“依法治国”主线，全力维护国家安全和社会稳定；积极构建县、乡、村“三级防控圈”，完善“六张网”建设，奋力推进公安工作跨越发展；强化大局意识和责任担当，卓有成效开展各项公安工作，人民安全感、满意度得到提升，在江川改革发展稳定中发挥保驾护航作用。

【组织机构】 2016年，江川分局行政编制数253人（含社区民警控制数18人、工勤1人，2016年12月21日中共玉溪市机构编制办公室新下达5名政法专项编给路居派出所、3名政法专项编给孤山派出所后的政法专项编234人），实有235人（含路居派出所孤山派出所抚仙湖径流区托管的10人，男民警211人、女民警23人、男工勤人员1人），年内减少5人（调入1人、退休1人、调出5人）。机构编制数28个实有28个：指挥中心、政治工作办公室、警务保障室、纪检监察室、信访室、刑事侦查大队、治安管理大队、经济犯罪侦查大队、禁毒大队、国内安全保卫大队、出入境管理大队、网络安全保卫大队、警务督察大队、法制大队、交通警察大队、巡特警大队、消防大队、看守所、拘留所、行政审批股（2016年11月16日新增）、大街派出所、江城派出所、前卫派出所、九溪派出所、雄关派出所、安化派出所、路居派出所（2016年3月29日，委托移交澄江县公安局管理）、孤山派出所（2016年3月29日，委托移交澄江县公安局管理，恢复独立运行）。

【主要数据】 **接处警数** 2016年，江川分局接处警14266起，处置14067起，出动警力36487人次。

刑事案件 2016年，江川分局立各类刑事案件1844起（其中刑侦类1573起、治安类13起、经济类20起、毒品类案件97起、交通类44起），破853起，破案率为48.8%，其中危害公共安全案件立51起破49起、命案立9起破9起、侵财类案件立1497起破606起。全局破年前案件399起，破案绝对数1252起。通过破案抓获各类犯罪嫌疑人345人，移送起诉286人。抓获逃犯64人。

经济案件 2016年，经侦部门受理各类经济案件24起，立案20起，破获16起，破案率80%。补立年前案件5起破5起，破案绝对数21起。涉案总价值1927.23万元，挽回经济损失1389.6万元。

毒品案件 2016年，分局破获毒品案件97起，缴获毒品15243克（其中海洛因3381克、冰毒11862克），抓获嫌疑人63人（其中刑事拘留45人）。查处吸毒人员166人，强制隔离戒毒人员71人，收戒吸毒人员215人。

行政案件 2016年，江川分局受理行政（治安）案件2826起，查处1913起，其中受理治安案件2648起查处1740起。查处违法人员1159人，其中拘留229人、罚款127人、警告143人、其他处理660人。收缴罚没款和赃款赃物折合人民币632.47万元，其中罚款518.46万元。

交通事故 2016年，全区发生交通事故1977起，死亡26人，受伤419人，损失279.81万元。

交通违法案件 2016年，交警部门受理违反道路交通管理法律法规的行政案件56441起，查56441起。

车辆驾驶人数 2016年，江川区机动车拥有量69171辆、电动自行车拥有量13914辆、机动车驾驶人76468名。

火灾事故 2016年，全区发生各类火灾事故20起，死亡0人，受伤0人，烧毁房屋25间1491.8平方米，直接经济损失33.09万元。

拘押人员数 2016年，区看守所羁押各类犯罪嫌疑人370人，其中上年转107人、新收263人；出所256人，其中送监狱166人、送少管所14人、刑满释放12人、其他处理64人。区拘留所收拘286人，其中男性249人、女性37人，日均在拘7.9人。

【网络安全管理工作】 2016年，网安部门开展网络舆情监控工作，收集各类有害信息3215条。开展打击网络违法犯罪行为，受理线索200余条，查证部督办线索4条，配合办结案件45起（其中省厅督办“微信赌博案”1起），抓获逃犯99人（其中全国网上逃犯8人）。加强网吧实名制管理，查处网吧违法经营案2起并依法给予处罚。

【公安信访工作】 2016年，公安信访部门认真做好群众来信来访接待办理工作，依法、依规答复来访群众，群众来信来访件件有回应，事事有答复。推进信访积案排查化解专项活动，开展司法救助，解决群众生活困难，有效化解社会矛盾。接待群众来信来访72件81人次，其中来访59件61人次，来信13件（含上级转来）。初信访31件、重复访41件。受理为信访事项办理2件，办结2件，导入办案部门按法定程序办理16件，不再受理2件，当场答复52件，办结率100%。梳理排查信访积案3起，发放救助金15.5万元。

【出入境管理工作】 2016年，受理普通护照3148人次、护照加注126人次、遗失补发护照58人次；受理往来港澳通行证1737人次、往来港澳签注3711人次；受理大陆居民往来台湾通行证212人次、加注205人次。江川区常住境外人8人，其中越南籍2人、缅甸籍4人、老挝籍2人。办理非法居留案件1起。

【案件审核工作】 2016年，分局法制部门提请批准逮捕106件201人（其中批准逮捕102件192人、不批准逮捕4件9人），审核移送起诉案件141件286人，审核治安案件192件464人。无复议被变更、撤销、诉讼败诉案件。

【主要专项行动】 **“防命案打盗抢反暴恐保民安”专项行动** 2016年1月至3月，为严厉打击各类刑事犯罪活动，提升人民群众安全感和满意度，按照全国公安机关元旦、春节期间打击刑事犯罪工作电视电话会议精神及省厅、市局工作部署，公安分局组织开展“防命案、打盗抢、反暴恐、保民安”专项行动。1月1日至3月31日，全区共立刑事案件384起，破现案102起，破年前积案264起，共完成破案绝对数366起（市局下达的任务数为313起），专项行动任务完成率为116.9%。

打击整治“两车”犯罪专项行动 2015年12月至2016年3月，针对全区盗窃摩托车、电动自行车（简称“两车”）案件高发的实际，江川分局自行组织开展整治盗窃“两车”犯罪专项整治行动，侦破“两车”案件179起，其中盗窃摩托车案件96起、盗窃电动自行车案件83起，超额完成150起的行动总体任务。2016年8月15日至11月20日，在市公安局统一部署下，江川分局再次组织开展为期3个月的防范和打击盗窃“两车”犯罪专项行动，制作1000份《玉溪市公安局江川分局关于严厉打击盗窃摩托车、电动自行车犯罪的通告》、20000份《玉溪市公安局江川分局告广大车主朋友的公开信》，大街派出所在城区协调、建设22套自行车、电动车防盗地笼设施，侦破两车案件166起，打掉犯罪团伙4个，抓获犯罪嫌疑人35人，开展两次集中统一发还被盗“两车”大会，缴获、发还车辆43辆。

“缉枪治爆”专项行动 2016年2月至12月，在全区开展“缉枪治爆”专项行动，通过全面排查、收缴追缴、整体联控、综合整治等措施，严厉打击涉枪涉爆违法犯罪行为，取得显著成效。行动中，收缴小口径步枪1支、手枪1支、火药枪15支、射钉枪27支、气枪22支、仿真枪5支、炮弹3枚、手榴弹7枚、各类子弹4559发、炸药5.3kg、黑火药3.65kg、雷管220枚、钢珠320颗、铁砂0.2kg、弩2把、管制刀具384把、烟花爆竹等危爆物品，消除大批社会安全隐患。

“扫黄禁赌”专项行动 2016年6月至12月，为严厉打击涉黄涉赌违法犯罪行为，分局在全区开展“扫黄禁赌”专项行动。通过制定工作方案，召开专题会议，线索摸排，清查网吧、歌舞厅、旅店业（宾馆）、美容美发厅、按摩洗足房行业场所，整治重点区域，“打团伙、端窝点”，重大案件挂牌督办等方法措施开展工作，铲除黄赌社会丑恶现象，净化社会空气。行动中，破获涉黄刑事案件1起、治安案件30起，移送起诉1人、行政拘留23人、罚款8人，捣毁涉黄窝点2个、涉黄场所1处；查处涉赌案件42起，其中刑事案件2起、治安案件40起，移送起诉9人、行政拘留128人、罚款43人，缴获赌资31.7万元，收缴扑克、麻将、麻将桌等大批赌具。

“利剑行动” 2016年4月至12月，江川分局开展打击食品药品违法犯罪“利剑行动”，治安部门通过深化食品、药品等领域，查找、发现问题，接受举报违法犯罪线索，破获销售假药案件4起，取保候审2人，捣毁销售假药窝点3个，扣押药品400余瓶，涉案金额2万余元。

110减负专项治理行动 2016年1月至4月，按照公安部“关于开展减轻基层公安机关110接处警工作负担专项治理”工作要求，分局“专项办”对全区在此期间拨打110报警的19664起案件，开展排查和梳理，对恶意报警扰警的行为，组织治安、法制、派出所等部门民警及时依法打击处理。开展制约110接处警工作发展的调查研究，提出改进和加强110接处警工作的意见建议，争取区委区政府的支持，进一步规范完善联动工作机制，确保非警务类警情及时科学合理分流。

【完善治安防控体系建设】 紧紧围绕“365”工程建设，以治安复杂地区为重点，积极构建“三级防控圈”，完善“五个机制”和“六张网”建设。建立公安、武警、巡特警联合武装巡逻机制，设置2个武装处突单元，建成治安岗亭5个、标准化警务室3个，巡特警和各派出所车巡、步巡、蹲点巡、便衣巡成为常态。激励群防群治工作，研究制定《群防群治组织一事一案一奖实施办法》，对举报案件线索、抓获扭送违法犯罪嫌疑人、矛盾纠纷化解等进行50元至50000元的奖励。全区“空中有监控、地面有巡逻、路上有卡点、社区有联防、重点部位有技防”的治安防控新格局，点、线、面相结合的防控体系进一步完善。

【破获侯某非法持有枪支弹药案】 2016年7月21日凌晨，大街派出所、巡特警大队组织民警在工业园区大道万利包装厂路段设卡查缉过程中，现场查获侯某（男，41岁，江川区九溪镇人）驾驶的猎豹越野车内的气枪、军用子弹、管制刀具等物品，将侯某移交刑侦大队审查处置。刑侦大队对犯罪嫌疑人侯某开展审查、依法搜查工作。共查获气枪2支、仿真枪2支、改装射钉枪2支、气枪弹2717发、杂牌手枪1支、56式自动步枪弹夹1个、“56”子弹28发、“53”子弹9发、“小口径”子弹10发、“64”子弹25发、射钉弹97发、自制散弹2发、砍刀3把、老虎钳1个等。破获侯某服兵役期间，利用工作便利将部队的军用弹夹及子弹带回家中，退役后，又购买气枪、管制刀具等非法持有案。

【建立打击治理电信网络新型违法犯罪机制】 2016年9月2日，为加强全区相关部门在打击治理电信网络诈骗犯罪的协作配合，提高侦办案件效率，遏制案件高发势头，维护公民合法权益，江川分局组织全区金融、通信、工商、保险、保安等行业、单位召开防范治理电信网络新型违法犯罪工作联席会，研究具体协作事项及部门工作职责等。9月18日，再次组织会议，对协作事项、部门职责等细节再次讨论、研究，形成、制订《江川区打击治理电信网络新型违法犯罪工作协作机制》，明确各部门职责任务、操作流程、联络员，建立微信群，形成工作协作和信息交流常态化。

【江城镇建成治安视频监控系统】 2016年4月11日，江城镇治安视频监控系统系统建成投入使用，标志着江川区首个乡（镇）级治安视频监控系统建成。江城镇政府重视城市治安视频监控系统建设工作，投资200万余元，经过近一年的筹备、勘查、设计和建设，建成江城镇治安视频监控系统。系统前端设置54个监控探头，主要覆盖集镇地的道路进出口、街巷、居民小区、学校、公共场所、治安复杂地段等。终端建在派出所，可通过终端实时巡查探头的监控范围，调阅存取视频监控录像资料。

【销毁危爆物品】 2016年3月中下旬，玉溪市公安局江川分局联合安监、消防、交通、卫生等部门，在龙泉工业园区的空旷地带及野外一石料场，集中销毁收缴的危爆物品200余吨，其中炸药2.78吨、导火索8千余米、爆竹52吨、引线94.5吨、礼花弹19.1吨、“烟花亮珠”19.5吨等，消除一批安全隐患。销毁物品主要来源：“缉枪治爆”专项行动收缴；江川火炮行业重组整合期间，各厂长期储存且有较大安全隐患的原材料清理。销毁方式采取焚烧、深坑爆破法分多次实施，聘请昆明理工大学专家2人现场指导，历时半个月，共出动警力100余人次。

【托管路居孤山派出所】 2016年3月29日上午，玉溪市公安局为认真贯彻落实市委、市政府关于抚仙湖径流区统一托管的有关精神和要求，在江川分局孤山派出所举行“抚仙湖径流区统一托管路居孤山海镜派出所移交仪式”，市公安局政治部主任苏少明主持仪式。市公安局副局长刘绍华，江川分局局长牛旺林，华宁县公安局局长王卫林，澄江县公安局局长周斌，市局、江川、华宁、澄江三县局（分局）分管治安、派出所工作的局领导，路居、孤山、海镜派出所所长及民警代表等40余人参加仪式。三县（区）公安局长分别签署交接协议，路居、孤山和华宁的海镜派出所现有人员、固定资产、装备、债权债务、正在申报审批项目正式委托移交澄江县公安局管理。孤山派出所当日重新挂牌运行。2016年9月29日上午，“抚仙湖径流区托管路居孤山海境派出所业务工作交接仪式”在江川分局孤山派出所举行，市公安局副局长刘绍华出席会议并作讲话，市公安局警令部主任谢俊东主持仪式。江川分局局长牛旺林、华宁县公安局局长殷智才、澄江县公安局局长刘荣及市公安局警令部、政治部、纪委、警务保障处、法制支队、科信支队、治安支队、刑侦支队、禁毒支队、出入境管理支队、水务治安分局等部门负责人参加交接仪式。江川、澄江、华宁三县（区）公安局局长分别签署了《托管移交协议书》，于2016年10月1日起，抚仙湖径流区江川分局路居、孤山派出所和华宁县公安局海镜派出所的公安业务工作正式移交澄江县公安局托管。

【设置螺蛳铺警务室】 2016年10月1日，经过七个多月的选点、筹备、建设，大街派出所螺蛳铺警务室正式投入使用。这是分局根据市委市政府关于抚仙湖径流区统一托管的精神和要求，将托管路居镇后的兰田、螺蛳铺和石岩哨三个社区的公安业务并入大街派出所管理的警务前移和便民举措。警务室配有民警2名、协警3名，负责兰田、螺蛳铺、石岩哨三个社区的治安防范、警情处置、案件受理、社区管理等工作，落实24小时值班备勤制度。当日，举行首运仪式。

【分局信访室获荣誉称号】 按照公安部《深入开展公安信访“抓源头、打基础、强机制、促规范”活动方案》，分局通过抓好公安信访“三项基础”工作，经过三年的努力，实现信访工作过程标准化、工作场所规范化、工作制度系统化、工作流程信息化，工作取得优异成绩。2016年1月，被云南省公安厅命名为省级公安信访示范窗口单位。2016年2

月29日，分局信访室被公安部命名为“全国公安信访窗口示范单位”荣誉称号。

【重大安保工作】 安化彝乡斗牛文化节安保 2016年2月8日至10日，江川县安化彝族乡在安化乡安化社区举办民间斗牛暨民族文化节活动。县公安局在安保工作中，民警放弃春节休息，把防暴恐、防拥挤踩塌、防交通事故作为工作重点，制定方案，做到定时、定人、定岗、定责，着装规范、文明执勤。三天来，投入警力500余人次，每天工作连续10小时以上，确保整个活动秩序好，安全无事故。

江川撤县设区安保 2016年2月26日，江川县在江川影剧院举行撤县设区大会、在龙泉工业园区举行现场调研会。江川县公安局制定安保方案，成立安保工作领导小组，以防爆恐、防盗抢、防毒、防火、防拥挤、防交通事故、防治安灾害事故、防聚众闹事和安全事故为工作重点，采取“定时间、定人员、定岗位、定任务、定责任”原则，落实责任，完善安保措施，全力做好各项安保工作。400余名参战民警、武警、消防官兵及协警人员，认真履职，圆满完成安保任务，确保活动顺利进行。

国际自行车赛安保 2016年11月7日，2016第三届“七彩云南格兰芬多国际自行车节”玉溪站开赛，来自国内外运动员、骑行爱好者、裁判、工作人员、志愿者、媒体记者等1200余人参加。赛区涉及区内的九溪、大街、前卫、江城等多个片区，点多线长，路况复杂，安保任务艰巨。玉溪市公安局江川分局精心组织，周密部署，制定方案，出动警力320余人、车辆40余辆，圆满完成安保任务。

“开渔节”安保 2016年，江川第十二届“开渔节”暨高原湖泊水产品交易会安保工作，公安分局领导高度重视，周密部署，认真组织，全警参与，共出动警力2700余人次、车辆720余台次，确保了“开渔节”期间无重大安全事故（案件）发生。此届“开渔节”，赛事（活动）点多、面广、时间长，治安情况复杂，安保任务重。节日前，公安分局组织人员对自行车挑战赛、拿鱼赛、羽毛球赛；鲜鱼展、铜器展、汽车展；美食宴、长街宴；群众文艺、开幕式、开渔仪式现场及自驾游线路进行实地察勘、召开专门会议、制订安保方案、成立领导小组，设置8个工作组，采取定岗、定人、定时、定责，安保措施到位。参战的民警、武警、消防官兵、协勤人员认真履职，文明执勤执法，完成各项安保工作，充分展示江川警方的良好形象。

【领导调研】 朱家伟到江川调研工作 2016年1月20日，玉溪市副市长、市公安局局长朱家伟，市委副秘书长、市信访局局长师文一行十五人到江川县公安局江城派出所调研指导抚仙湖径流区托管工作。朱家伟要求：各县公安机关要统一思想，提高认识，全力研究开展托管工作。正式托管移交前各县公安机关仍按原管辖范围管理，只能加强不能削弱；托管区域的发生矛盾纠纷及日常事务管理工作，涉及县区部门应主动配合排查化解，坚决防止发生群体性事件。市县各级公安机关加强走访调研，完善工作方案，形成工作合力。做好基层和群众工作，平稳有序推进托管工作。副县长、公安局局长牛旺林汇报江川托管工作开展情况，提出下步工作建议。6月15日下午，副市长、市公安局局长朱家伟，市局警令部副主任谢军一行到分局调研指导工作，分局长牛旺林汇报分局上半年队伍建设、信访维稳、扫黄禁赌、“缉枪治爆”等工作及“南博会”安保措施落实情况。

徐贤到公安分局调研工作 2016年10月24日，区委书记徐贤到玉溪市公安局江川分局调研工作。徐贤分别到公安分局指挥中心大厅、刑侦大队和刑事办案区、行政办案区实地调研，详细了解公安信息化建设、执法规范化建设、“110”接处警、治安防控、处突反恐、城市交通管理等情况；询问城市监控建设及作用发挥情况。慰问一线辛勤工作的民警，对公安民警所取得的成绩给予肯定。徐贤强调：公安部门担负依法治国依法治县重任，是江川改革发展稳定的坚强保证，要进一步增强责任意识，担当作为，为地方经济社会发展做出新贡献。区委常委、区委办主任邓春元和副区长、公安分局局长牛旺林、分局政委张文红陪同调研。12月24日上午，区委书记徐贤率区委副书记区长王志华、区委副书记张燕华、人大主任龚桂存、政协主席罗跃岗等领导到玉溪市公安局江川分局调研第十二届开渔节安保工作，副区长公安分局局长牛旺林、政委张文红、

治维稳宣传月”、“举报宣传周”、“宪法宣传日”等活动为平台，深入社区、村组、学校及企业开展法治宣传，受教育人数5000余人，切实增强群众知法、守法意识。深入开展社区矫正工作，通过对宣告缓刑、假释、暂予监外执行罪犯的监督回访、考察，发现刑罚执行活动违法向社区矫正办书面发出检察建议书19份、建议收监执行检察建议书2份，成功启动对2名脱管漏管或违规违法社区矫正对象进行收监执行程序。开展羁押必要审查，对7名患病或其他身体不宜关押的人员提出变更强制措施建议，均获采纳。

【案件管理】 2016年，玉溪市江川区人民检察院案管办，充分履行案件管理职能，利用检察机关统一业务应用系统，强化对案件办理全程管理、动态监督。受理案件281件，接收纸质卷宗494卷；监管涉案款物入库1759件，出库1610件，涉案款入库176.042万元，出库249.3921万元；接待辩护律师241人次；制作电子卷宗183件315册；发出书面《流程监控通知书》4份，公开案件程序性信息168条，公开法律文书115条。

【检务公开】 深化检务公开，推进阳光检察，自觉接受社会监督。利用互联网，依托统一业务应用系统，以案件信息公开系统为平台，向社会发布重要案件信息6条，公开案件程序性信息、法律文书2340条，以公开促公正。建立网上查询、电话查询、触摸屏自助查询和案管岗位查询相结合的多元化信息查询机制。通过利用“两微一端”，发布检察信息350条。

【司法改革】 2016年区检察院成立司法改革领导小组，出台《玉溪市江川区人民检察院司法体制改革试点工作实施方案》《江川区人民检察院首批入额检察官初选工作实施细则》《玉溪市江川区人民检察院司法责任制改革实施意见（试行）》《玉溪市江川区人民检察院检察官权力清单（试行）》等多个文件。区检察院全面推进司法体制改革，推行检察人员分类管理，司法责任制等制度，完成人财物统一上划省级管理，入额检察官套改、大部制改革及相关配套改革工作。共遴选出15名入额检察官，配置司法辅助人员18名，配置司法行政人员7人，司法警察3人。

【检察队伍建设】 坚持“人才”兴检战略，加强检察人员培训工作，按照检察人员类别、岗位要求，积极组织干警参加省院、市院和各级党委政府组织的各种培训234人次，有力提升检察人员业务素能。加强思想政治教育，制定了《江川区人民检察院开展“两学一做”学习教育实施方案》，积极开展“两学一做”教育活动，认真贯彻落实组织生活会和民主生活会制度，认真履行党风廉政建设“两个责任”，按照从严治党、从严治检要求，严格主体责任和监督责任落实，实行检察长负总责，副检长、班子成员分工负责，各业务部门各负其责，纪检部门负治党管党监督责任。加强纪律作风建设，持之以恒地落实中央八项规定，防止“四风”问题反弹。严格执行检察人员八小时外行为禁令，以零容忍态度正风肃纪。坚持检察人员重大事项报告制度，从严推进队伍作风建设，促进廉洁自律。

【检察文化建设】 加强检察宣传和理论调研，编发检察信息及简报84篇20期；1篇调研文章获玉溪市检察院重点调研课题三等奖；2016年，区检察院持续深入贯彻落实《公民道德建设实施纲要》文件要求，紧密结合检察工作主题，繁荣检察文化，继续保持第十四批省级文明单位荣誉称号；完成并发行《江川检察丛书（第三辑）》，该书全面记录区检察院干警在各类活动及工作中的心得感悟，记录检察实务经验及检察理论成果。

【荣誉表彰】 2016年6月区检察院党总支被区委表彰“先进基层党组织”、郑翔荣获“优秀共产党员”、付云秀荣获“优秀党务工作者”称号；2016年7月区检察院反贪局被云南省人民检察院授予集体二等功；2016年1月区人民检察院被区委表彰为2015年度“党风廉政建设责任制考核先进单位”；2016年12月区人民检察院被区委表彰为“六五普法先进单位”；2016年7月区检察院干警郑翔获云南省人民检察院个人二等功荣誉；2016年5月区检察院干警赵俊雯获玉溪市人民检察院个人三等功荣誉；2016年8月区检察院干警钱瑜被区委表彰为“禁毒防艾先进个人”；2016年12月区检察院干警林辛被区委表彰为“六五普法先进个人”。

【区人大专题视察】 10月26日，区人大常委会主任龚桂存、副主任杨本忠率领区人大常委会组成人员及部分区人大代表视察区检察院检察工作。区检察院党组书记、检察长资云坤向与会人员及相关领导汇报区检察院2016年检察工作情况。区人大常委会主任龚桂存指出：区检察院2016年的各项工作成效明显，为江川经济社会发展做出了积极的贡献，希望检察机关在今后的工作中要切实履行好工作职责，进一步强化自身监督、强化法律监督、强化专项监督。

（林　辛）

审　判

【领导名录】

院　　长　郑子云（2016.12离任）

代理院长　王建文（2016.12任）

副 院 长　毕金彪

潘文保

张秋红

刘宝金（2016.2挂职）

【概　述】 2016年，江川区人民法院以“努力让人民群众在每一个司法案件中感受到公平正义”为工作目标，围绕美丽江川、法治江川、平安江川建设，忠实履行宪法和法律职责，各项工作取得新成效。共受理各类案件2689件（含旧存1040件），审执结2198件，结案率为81.7%，结案标的金额18300万元。

【组织机构】 2016年区法院共有各类工作人员59人。其中男38人，女21人；党员34人，团员9人；法官44人（入额法官20人），法警8人，其他人员7人；正、副院长4人、专职审判委员会委员2人，部门机构领导16人。内设机构16个，包括民事审判一庭、民事审判二庭、刑事审判一庭、刑事审判二庭、行政审判庭、审判监督庭、立案庭、环境资源审判庭和执行局9个审判业务机构及政治处、监察室（纪检组合署）、办公室、研究室、审判管理办公室、司法警察大队、执行指挥中心7个综合管理机构，有江城法庭1个派出法庭。

【刑事审判】 共受理刑事案件192件360人（含旧存35件72人），审结165件295人，其中审结公诉案件149件268人，自诉案件16件27人。判处罪犯209人，其中判处5年以上有期徒刑33人，5年以下有期徒刑、拘役169人，单处罚金7人，并处罚金、没收财产130人。依法惩处严重侵犯人身的暴力性犯罪，审结故意杀人、故意伤害、强奸、非法拘禁等犯罪案件29件，判处罪犯49人；依法惩处侵犯公民财产权益的多发性犯罪，审结抢劫、盗窃、诈骗、抢夺等犯罪案件50件102人；促进反腐败斗争深入开展，审结贪污、贿赂等职务犯罪案件16件19人；保持对毒品犯罪的高压态势，审结贩卖、运输毒品案件35件88人。正确适用宽严相济刑事政策，对立功、自首、罪行较轻、确有悔罪表现的未成年犯、初犯、偶犯，依法从轻、减轻或免予处罚，宣告缓刑71人；重视和加强未成年人犯罪案件的审判工作，全面贯彻“教育、感化、挽救”方针，积极参与社区矫正，审结未成年人犯罪案件18件26人。自诉案件、附带民事诉讼案件坚持在合法、自愿前提下加强调解，引导被告人认罪悔改，促成12件案件达成调解协议，赔偿被害人经济损失101万元。

【民商事审判】 共受理民商事案件2015件（含旧存961件），审结1638件，调撤案件1165件，占结案总数的71%。关注身份利益、财产利益、人格利益、安全利益和情感利益，引导当事人正确处理家庭关系，审结婚姻家庭、继承案件268件，调撤结案180件，调撤率67%；维护物的归属，发挥物的效用，保护权利人的物权，审结财产权属、财产损害、相邻纠纷等涉及物权案件19件；保护人身安全，维护受害人合法权益，依法审结生命权、健康权、身体权等案件83件；平等保护市场主体合法权益，规范市场秩序、保障交易安全，审结买卖、租赁、建设工程等合同纠纷案件964件；以司法手段防控金融风险，促进民间资本的市场化有序流动，规范民间借贷行为，审结金融借款、民间借贷纠纷案件135件；加强与交警、保险等部门的沟通协调，探索交通事故损害赔偿案件专业化、集中化审判工作机制，审结机动车交通事故责任纠纷案件73件，促使责任人主动履行赔偿义务，努力做到案结事了。

【行政审判】 保护行政相对人合法权益，监督、支持行政机关依法行政，促进法治政府建设。

建立“诉前沟通、诉中协调、诉外疏导”的工作模式，通过走访座谈、司法建议等多种形式，规范行政行为，促进司法与行政良性互动。受理行政案件4件，审结3件；审查计生、林业、市场监督等行政非诉案件5件。

【执行工作】 受理执行案件478件（含旧存44件），执结391件，执结标的金额1761万元。依法突出执行工作强制性，大力加强执行工作规范化，着力破解执行难题。全力推进执行工作信息化，建成与全国互联的执行网络查控系统，通过执行指挥中心、执行网络查控室、省高院布控平台和信用惩戒平台，共查询被执行人银行存款121批次2397人，涉案562件，其中46件案件的60余万元执行款得以强制执行到位。促进社会信用体系建设，加强信用惩戒，让失信被执行人寸步难行，447名被执行人被纳入“黑名单”，被限制出境、乘坐飞机、贷款置业等。严厉惩治拒不执行司法裁判的被执行人，对5名有能力履行而拒不履行义务的被执行人实施司法拘留。开展为期5个月的清理执行案款专项活动，向当事人发放兑付资金127笔154.1万元，上交财政资金288笔248.8万元。

【司法为民】 配置完善诉讼服务设备，提供诉讼服务指南和诉讼文书样式，完善诉讼信息触摸查询系统，提升诉讼服务质量，彰显人性关怀。建立健全首问负责、服务承诺、文明接待等制度。落实立案登记制，保障当事人诉权，切实解决“立案难”，自2015年5月1日实施登记立案制度以来，立案3525件，当场登记立案3516件，当场登记立案率99.7%。健全多元化纠纷解决机制，加大调解力度，降低当事人诉讼成本。加强立案调解，快捷处理纠纷，在立案阶段调解结案75件。积极推进涉诉信访法治化改革，完善终结退出机制，共接待处理群众来信来访1467件（人）次。对经济确有困难的46件案件的当事人依法缓、减、免诉讼费6.8万元，对符合司法援助条件的刑事被告人指定辩护人24人次。在区委政法委支持下，大力开展司法救助，对19名生活困难的执行申请人给予司法救助20.5万元。设立网上服务平台，方便快捷解决当事人诉讼法律问题。积极开展电话预约立案、网上沟通立案服务，对行动不便的当事人实施上门立案，上门立案4件；加大巡回审判力度，深入社区乡村、田间地头，及时就地化解矛盾，巡回审理案件5件，让群众切实感受到司法服务就在身边。

【司法公开】 进一步强化审判流程公开、裁判文书公开和执行信息公开“三大公开”平台，不断拓展司法公开渠道。持续开展“阳光司法”工程活动，邀请人大代表、政协委员、普通群众等旁听案件庭审；实现庭审案件同步录音录像，电子卷宗制作率达100%；开通区法院官方微博、微信公众号、门户网站，建成户内户外LED显示屏，定期发布法院工作动态和审判信息；落实检察长列席审判委员会制度，邀请检察长列席审委会讨论案件4件；加强人民陪审工作，扩大司法民主，共1497人次人民陪审员参审案件939件。实现裁判文书上网常态化，网上公布裁判文书606篇。

【司法体制改革】 认真落实人民法院改革举措，坚持问题导向，着力破解难题，提升案件质效，优化司法资源配置，激发司法内生动力。按照“让审理者裁判，由裁判者负责”的司法体制改革目标，稳步推进人员分类管理、法官员额制、司法责任制等改革。科学实施员额法官考试考核，严格遴选程序，选出员额法官20人。构建审判团队，严格执行“员额法官必须在一线办案”要求，入额的院长、副院长、庭长编入审判团队办理案件。明确权责清单和院领导、主审法官、审判团队的权责界限，真正做到“有权、有责、有效”。取消案件层层审批，将原先由院、庭长行使的案件审批权、文书签发权下放给主审法官，保障主审法官、合议庭依法独立办案。认真实施修改后的刑事诉讼法等法律制度，充分发挥庭审功能，促进庭审实质化。推进以审判为中心的刑事诉讼制度改革，健全落实罪刑法定、疑罪从无、非法证据排除等制度，切实加强刑事司法领域的人权保障，不断提升刑事审判工作的质量、效率和效果，对不构成犯罪的13名自诉案件被告人依法宣告无罪。推进案件繁简分流，优化司法资源配置，对案件事实清楚、证据充分的轻微刑事案件，或者被告人自愿认罪认罚的案件，适用简易程序或者普通程序简化审理。实施量刑规范化工作，规范和制约法官自由裁量权，对盗窃、抢劫等15种犯罪进行规范化量刑，统一裁判尺度。

【信息化建设】 建成连接电子政务、互联网的百兆局域网、连接法院专网的千兆局域网；建成核心机房、数字审委会、6个高清数字法庭、安装108个高清探头视频监控系统、2块公告彩屏；建成执行指挥中心、查控室、远程视频讯问室、远程视频接访室；启用OA办公和文书批注系统，实现开庭案件“每庭必录”，裁判文书录入率、电子卷宗制作率、电子签章使用率、文书批注率均达到100%。创新完善来访导诉平台、触摸查询系统、归档目录查询系统、审判运行态势分析平台，打造“内网+审判”的综合信息平台；以“一网三平台”、微信、微博为基础，打造“互联网+当事人”的诉讼服务模式，实现网上办公、办案。

【法院物质文化建设】 在审判综合大楼及周边打造高质量、高品位的法院文化宣传阵地，按照审判场所、办公场所等不同区域的功能定位，根据法官、当事人、社会群众等不同的文化受众，分别以“法官”文化、“廉”文化、“德”文化和“诉讼”文化为主题，布设审判综合大楼五个楼层的法院文化走廊，建设“法正风清”主题墙，完成院史荣誉室、党建党风廉政室的土建工程，建设审判大楼外围法治小广场，实现法院文化建设物化于形。

【办案“提速保质增效”专项活动】 为有效缓解办案压力，把未结案件控制在合理范围，避免案件积压影响案件质量的负面因素产生，根据市中院《关于开展办案“提速保质增效”专项活动的实施意见》的要求，2016年3月至9月，区法院开展了为期6个月的办案“提速保质增效”专项活动，活动取得了预期效果。1至9月，区法院刑事、民事、行政及执行案件收案数分别为140件、1646件、4件和370件，四类案件收案数总计2160件。截至2016年9月30日，区法院四类案件结案数总计1836件，刑事、民事及执行案件分别结案125件、1465件和243件，结案率分别达到了89.3%、89%和65.7%。对比2015年同期各类案件的收结案件数量，区法院收案数升幅明显，但通过开专项活动，刑事、民事及执行案件的结案率均已达到专项活动的工作目标，在审判执行任务加重和办案难度压力加大的情况下较好地完成了审判执行任务，尤其是各类案件的结案率能够达到85%，有效地缓解了办案压力。并获得“全市法院办案‘提速保质增效’二等奖”。

【信息化考核顺利通过】 根据《玉溪中院关于做好2015年度信息化工作考核的通知》要求，区法院认真对照责任书要求，全面加强硬件建设及软件应用工作，经2016年2月玉溪中级人民法院的严格考核，区法院获得“全市法院信息化工作先进单位”“全市法院信息化系统建设先进法院”荣誉。

【首批入额法官集体宣誓】 11月12日上午，区法院20名首批入额法官面向国旗举行庄严的宣誓活动。上午9时，区法院全体党组成员及首批入额法官在区法院分会场参加全省法院入额法官电视电话会，聆听云南高院党组书记、院长张学群对入额法官讲话。会议结束后，20名首批入额法官在区法院审判大法庭与全省三级法院同步举行入额法官宣誓仪式。院长郑子云对入额法官提出希望和要求：要牢记使命和誓言，珍惜荣誉，公正司法；坚持学习、善于思考、不断积累实践经验；要规范言行举止，勤勉敬业、廉洁自律。

按照中央《关于司法体制改革试点若干问题的框架意见》《最高人民法院关于完善司法责任制的若干意见》《云南法院健全审判权运行机制完善司法责任制改革试点意见》和《云南试点法院审判权清单》要求，至11月10日，区法院完成人员分类管理、审判团队搭建等工作，从11月11日起全面实施新的司法责任制，新收案件全部由入额法官办理，审判工作全部按照新的审判权力运行机制运行。真正实现“让审理者裁判，由裁判者负责”要求。

【涉民生案件集中执行活动】 为维护好未成年人、老年人的合法权益，按照最高人民法院《关于在2017年元旦、春节期间开展涉民生案件集中执行行动的通知》的要求，12月19日至23日，玉溪市江川区人民法院开展针对抚养、赡养案件的执行专项活动。在为期一周的专项执行活动中，执行局完成活动任务：一是执行力量强大、执行行动迅速。执行局副局长带领执行局、法警队干警，充分借鉴往年活动的经验，针对不同案件制定出具体的执行方案，并专门为执行活动配备了车辆、设备。全体执行人员凝心聚力，在第一时间内火速出击，不让被执行人有片刻迂回逃避的机会。二是执行手段到位、刚柔结合互用。执行工作人员先用最朴实的、最根本的社会善良风俗、传统美德对被执行人加以引导、劝解，继而旁征博引法律法规、现实案例，对顽固不化的被执行人及时采取拘传、拘留等强制措施继续教育。三是执行态度热情、服务保障到位。对年事已高、路途遥远等不方便到法院领取执行款项的老年人，执行人员亲自送款上门、送米入厨，并同他们聊家常，为他们送上新年的祝福。四是执行成效显著、活动圆满完成。此次专项活动部署的7件抚养、赡养案件全部在规定时间内执行完毕，实现执行款1.5万余元、大米300千克，并有序地向案件涉及的13名申请执行人发放相关执行款项。

（王玲芬）

经济管理

编辑　余立言

发展和改革

【国民经济和社会发展计划执行情况】　2016年，主要经济指标完成情况：全区现价生产总值完成81.1亿元，增长12.1%；地方一般公共预算收入完成5.82亿元，增长7.9%；规模以上固定资产投资完成57.7亿元，增长43.9%；社会消费品零售总额完成22亿元，增长11.2%；城镇居民人均可支配收入31191元，增长9.4%；农村居民人均可支配收入11167元，增长9.3%。物价水平、就业形势基本稳定，居民消费价格指数、城镇登记失业率控制在目标范围内。

【农业经济暨新农村建设】　农田水利基础设施不断完善，投资2.4亿元，建成各类水利工程2634件，中央小农水重点县和1.5万亩农业高效节水减排项目全面启动，完成小（二）型水库除险加固工程6项、抗旱应急工程1项，改造中低产田4700亩，新增改善灌溉面积3.94万亩。烤烟生产实现减产增效，收购烟叶987万千克，均价33.55元/千克，比上年增1.25元/千克，收购金额33110万元，均价和上等烟比例居全市第一。蔬菜、花卉、畜牧、渔业等特色优势产业继续保持较强增长态势，特色经济林产业加快发展，种植核桃2.5万亩。农业产业化发展积极推进，新增市级以上农业龙头企业2户，新认定市级现代农业庄园6个。全年农业总产值完成26.6亿元，增长5.7%；第一产业增加值完成16亿元，增长6.0%。

【工业经济】　龙泉工业园区集聚效应初步显现，核心区电力、供排水工程开工建设，龙腾路、江义街建成通车，新天力农机制造、天虹彩印项目竣工投产，福胤钢构、欣宇机械项目完成主体工程建设，成功签约宏程物流、捷克轻型固定翼飞机组装生产等7个项目。传统产业转型升级步伐加快。惠茂纸业5000吨/年纸制品加工及包装生产线、江磷集团黄磷深加工等10个技改项目完工投产，万利包装、恒盛新型墙材等8户工业企业顺利纳规等，确保了全年工业经济的平稳健康运行。全年规模以上工业总产值完成53亿元，增长17.8%；工业增加值完成22.4亿元，增长16.0%，其中：规模以上工业增加值完成14.7亿元，增长20.2%；第二产业增加值完成26.4亿元，增长16.6%。

【第三产业发展情况】　全年第三产业增加值完成38.7亿元，增长11.6%。以青铜制品为主的文化旅游产品市场逐步拓展，李家山古墓群考古遗址公园建设项目申报工作有序推进，改造星云湖南岸湿地景观170亩，成功举办第十二届开渔节和首届安化新春斗牛文化节。全年接待游客350万人次，增长14.5%，实现旅游总收入17.3亿元，增长16%；现代服务业平稳起步，商贸流通持续健康发展，九溪润特仓储物流、宏程物流项目开工建设，星云航空教育学院项目成功签约。全年社会消费品零售总额完成22亿元，增长11.2%；房地产业有序发展，完成房地产投资5.7亿元，销售商品房面积99244平方米。

【固定资产投资管理】　针对计划内项目开工不足的严峻形势，

为切实做好江川区规模以上固定资产投资管理工作，区政府及时组织各乡镇（街道）、区属有关部门认真梳理投资项目、深入分析、加强投资项目管理和跟踪督促，在年初已分解117个项目建设主体责任的基础上，下半年，对年度投资过亿元的25个重大项目进行再次任务分解，并明确相关区级领导为主要责任领导，做到“挂路线图、排时间表、追责任人、销任务号”，不断加大项目监管力度，有力推动项目建设，确保投资较快增长。

全年完成规模以上固定资产投资57.7亿元，增长43.9%。江通高速、澄川高速、国道213线改造、天然气管道、农村电网升级改造等一批关系江川长远发展大局的“五网”基础设施建设项目扎实推进，带动江川区规模以上固定资产投资较快增长。

【新型城镇化建设】 抓住“撤县设区”机遇，围绕玉溪“一核双心”新型城镇化空间布局，主动融入玉溪中心城区、“三湖”生态城市群及滇中城市经济圈一体化建设，加快主城区提质扩容。完成五岔路口环岛改造和玉江大道江通路景观提升工程，启动标准化体育场建设。中心城区棚户区改造前期工作有序开展，启动药王阁修缮工程。城区综合整治深入开展，实施星云路、明珠路、振兴街户外广告牌清理整治，完成宁海路中段和老戏台、王字街片区临时摊点搬迁，城市经营管理水平不断提升。江城镇棚户区改造全面启动、淮源广场完成主体工程建设，美丽宜居乡村建设取得新成效，78个“百村示范、千村整治”工程稳步推进，旧村改造迈出坚实步伐，城乡建设的速度和品质进一步提升。

【财政金融】 2016年财政总收入87629万元，增长11.8%；地方财政收入80335万元，增长26.7%；一般公共预算收入58242万元，增长7.9%；地方财政支出193542万元，增长14.8%；一般公共预算支出174170万元，增长9.0%；金融机构贷款余额713001万元，增长13.2%；金融机构存款余额1107834万元，增长11.8%。

【生态环境建设】 坚持生态优先发展战略，不断加大环境保护和治理力度。星云湖保护治理提档升级，完成星云湖水污染综合防治“十三五”规划编制工作，依托“三湖”生态保护水资源配置应急工程置换星云湖水体1000万立方米，计划投资15亿元。采用PPP模式推进环湖截污及水资源循环利用、污染底泥疏挖及处置2项重大环保工程，已完成社会资本方招标采购等前期工作。“两污”治理能力进一步提升，建成星云湖北片区污水收集管网5.7千米，完成城区老污水处理厂提标改造主体工程建设和垃圾转运站提升改造，启动建子山垃圾填埋场渗滤液处置工程建设，江城镇垃圾填埋场封场工作进展顺利。“森林江川”建设深入开展，新增造林面积1.06万亩，治理水土流失18平方千米。全区顺利通过国家重点生态功能区考核，前卫镇和安化乡成功申报为省级生态文明乡镇，生态建设成效明显。

严格执行建设项目节能审批制度和环保“三同时”制度，节能减排工作取得实效，江磷集团5000吨/年五氧化二磷节能减排技改项目建成投产，淘汰5万吨过磷酸钙落后产能，关闭退出非煤矿山3座。

【社会事业】 教育事业稳步发展，完成江川一中、二中排危新建工程，美丽100校园暨校安工程圆满收官，义务教育均衡发展通过国家级评估；卫生事业健康发展，中医院改扩建项目顺利推进，妇计中心业务用房主体工程完工，江城卫生院综合业务楼竣工投入使用；基层文化活动设施不断完善，江川文庙二期修缮工程基本完成；大中型水库移民开发工作扎实开展，全年投入资金783万元，实施道路硬化、公房建设、人畜饮水工程等移民后扶项目16个；养老服务体系不断完善，建成1所中心敬老院、2个居家养老服务中心；新增城镇就业岗位2270个，实现再就业1252人，城镇登记失业率预计控制在3.32%以内；新农合参合率、新农保参保率巩固提高，社会保障水平不断提升。全年累计民生支出13.55亿元。

【价格收费管理】 积极稳妥地推进价格改革，保持价格总水平基本稳定。认真贯彻执行各项价格政策措施，综合运用多种手段调控价格，促进经济结构调整，注重对市场价格的引导和规范。积极配合做好江川区公立医院价格综合改革工作，认真贯彻执行国家、省市关于加强药品价格管理的要求，改善了药品价格虚高的现象，进一步夯实公立医院价格综合改革基础。严把申报、核发、公示关口，认真做好2016年行政事业性收费统计工作，从源头整治乱收费。结合江川区收费管理现实，在有效时间内对全区51个行政事业性进行全面统计工作。经认真核实，审查并录入2016年度全国服务动态监管系统51个单位，统计审核率达100%。全区收费项目61大项，其中涉企收费27个，涉农及涉企收费2个，其他收费32个。年度统计收费金额24476.90万元。为进一步加强和规范涉农价格与收费管理，根据江川区涉农价格和收费管理实际，对江川区主要涉农价格和收费进行重点检查和抽查。认真贯彻执行省、市关于规范中小学服务性收费和代收费管理的政策规定。进一步明确农村地区义务教育阶段除按规定的标准向学生收取作业本费、向自愿入伙的学生收取伙食费外，严禁收取其他任何费用。进一步规范和完善非营利性医疗服务价格管理，认真贯彻执行省市发改委关于基层医疗机构的收费政策。

【价格监督检查】 积极开展价格监督检查、价格监测和预警工作。2016年，开展了“元旦、春节”、“中秋、十一”两节期间商品价格、旅游交通价格、农村电价、商品房价格明码标价、能源价格、药品价格、涉企收费等专项检查。根据12358价格举报系统举报线索，依法查处价格违法案件1件，罚款金额5000元（已收缴入库）。定期不定期地对江川区的主要集市市场的物价开展检查、巡查和价格政策宣传，规范经营者价格行为；按时上报《玉溪市重要商品价格监测周报表》《玉溪市部分药品价格监测季报表》和《云南省建材价格专项监测月报表》，准确反映江川区价格变动情况。

【价格认证工作】 依法做好价格认证工作。根据《云南省涉案财物价格鉴证管理条例》有关规定，遵循客观、公正、科学原则，2016年，依法对公安等部门委托的73件案件的涉案物品进行价格认定，标的金额533831.00元。认定无复核案件。配合公安、财政、纪委等部门对部分涉案物品进行处置（销毁）。

【大中型水库移民后期扶持工作】 2016年批准实施项目16件，投资783万元，移民专项资金760万元，自筹23万元。其中：大中型水库道路硬化、车行桥等项目4件，投资429万元，移民专项资金760万元，自筹19万元。小型水库道路硬化，建设文化中心等项目9件，投资354万元，移民专项资金350万元，自筹4万元。

2016年，验收上年在建项目8件，总投资389.012万元，移民专项资金380.012万元，自筹9万元。竣工完成初验收3件，总投资150万元，其中移民专项资金147万元，自筹3万元，受益人数322人。续建九溪镇河口村移民新村、牛摩村委会大摆村文化活动中心。

2016年核减16人，实有直补移民1788人。后期扶持资金按每人每年600元的标准，按季发放。补助移民贷款贴息第一批（2014年22户200万元3-2年期贷款）贴息211292.84元，补助移民贷款贴息第二批（2015年60户400万元3-2年期贷款）贴息166680元。

【扶贫攻坚】 整村推进。2016年7月按照精准脱贫要求，对白石岩、矣文、石河、桐关、祁家岩5个贫困行政村围绕“六个到村到户”进行规划实施行政村整村推进项目。项目总投资2575.52万元。项目建设主要完成发展种植菜豌豆、邹叶芹等蔬菜2790亩，核桃2018亩，发展养殖猪、羊、鸡等27148头（只）；道路硬化7390米，修建田间道路12650米，场地硬化3349平方米，修建沟渠4729米，修建水池10个，铺设水管6850米，清理加固小坝塘4个，建看管房100平方米，建设文化活动场地1处，实施安居房改造36户，安装太阳能灯30盏，建设公厕6座，垃圾池5个，完成农业科技培训380次，养殖等培训1850次。

重点实施完成江川区贫困人口发生率在35.6%以上的吗咱、白龙潭、唐家山、大龙潭、松园、大梨园、大红山、烂泥箐、蔡家庄9个较贫困的自然村整村推进扶贫项目建设。投入资金585.6万元。实施发展种植蔬菜2333亩，种植烤烟油菜454亩，建设3个水池，建设硬化村内道路3150米，田间道路改造4800米，修建沟渠328米，铺设管路2480米，修建挡墙1339立方米，场地建设1860平方米，建设公厕4座，科技培训288人次，建设村内美化环境乡村文化彩绘1处。

安居房工程。江川区2016年度省级扶贫安居工程项目建设在3个乡镇，5个村（居）委会16个村民小组，有贫困农户43户173人，全部为建档立卡贫困人口；新建安居房43户6731平方米，总投资538.48万元；群众积极投工投劳1160个。

金融扶贫。2016年5月4日市下达江川区到户贷款计划3000万元，执行利率6.15%，财政全额贴息，根据中央和省“四到县”的原则，中央及省级财政扶贫资金承担4.35%，贴息资金130.5万元，市级财政扶贫资金承担1.8%。贴息资金54万元；自5月启动到户贷款至2016年12月，经过全区、各乡镇（街道）及信用社共同努力，2016年到户贷款任务完成。覆盖6个乡镇（街道），49个村（居）委会，惠及建档立卡贫困户654户2335人。其中：安化乡5个村（居）委会到户贷款金额567.5万元，扶持惠及建档立卡户118户463人；江城镇11个村（居）委会贷款金额551万元，扶持惠及建档立卡户135户415人；大街街道11个村（居）委会贷款金额415.5万元，扶持惠及建档立卡户88户323人；雄关乡5个村（居）委会贷款金额374万元，扶持惠及建档立卡户75户275人；九溪镇7个村（居）委会贷款金额346万元，扶持惠及建档立卡户77户261人；前卫镇10个村（居）委会贷款金额746万元，扶持惠及建档立卡户161户598人。精准扶贫小额到户贴息贷款解决了建档立卡贫困户发展生产、增收脱贫、创业致富过程中资金不足问题，切实帮助贫困人口在种植、养殖、农副产品加工、商贸流通等行业，早日实现脱贫致富。

雨露计划。江川区2016年实施劳动力转移培训360人，其中：引导性培训300人由安化乡承担培训。技能培训由区发改局于2016年11月组织建档立卡贫困户60人进行，为期30天，财政专项扶贫资金每人补助1000元，补助6万元，建档立卡农村劳动力转移培训工作在前卫镇举办，培训专业为农用照明线路安装职业技能培训，委托玉溪市工业财贸学校抽调教员进行教学，学员培训结束，测试合格并取得相关职业资格证书后，由就业部门推荐就业。

社会帮扶。2016年2月为广泛动员社会各方面力量参与扶贫开发精准脱贫攻坚工作，全区对10个贫困村，其中：建档立卡贫困村6个，贫困乡中非建档立卡贫困村4个；派驻55名驻村扶贫工作队员，市级选派13人，其中：科级7人、一般工作人员6人，区级选派21人其中：区级1人、科级4人、一般工作人员16人，乡镇选派21人，其中：一般工作人员15人、大学生村官5人。任命10名驻村扶贫工作队队长，工作队队长任第一书记，与所帮扶村进行对接，深入扶贫村组调研，与乡村共同研究、制定帮扶规划，落实帮扶项目。

2016年全区有市级5名厅级领导、12个联系部门466名干部职工；区级25名处级领导、77个单位部门、6个乡镇（街道）共计2434名干部职工积极参与“挂包帮、转走访”工作。实现贫困乡、贫困行政村、建档立卡贫困户“三个”全覆盖。全区各级各部门始终将“改善民生”作为“挂包帮”“转走访”工作的着力点和落脚点。帮扶干部帮助协调项目投资514.7万元，单位和个人帮助现金38.4万元，帮助物资折款32万元。

建档立卡贫困人口动态管理。认真开展精准锁定贫困户和贫困人口，通过认真组织开展省、市安排的建档立卡回头看工作，进一步识别、剔除不符合建档立卡标准的贫困户200户714人，将符合建档立卡标准的152户519人新录入系统，全区2016年的贫困人口锁定为2622户8790人。

【粮食事务】 粮油收购。2016年，国有粮食企业收购粮油1049万千克，同比增29万千克，其中：小麦29万千克，同比减108万千克，大米247万千克，同比增22万千克，稻谷146万千克，同比减8万千克，玉米587万千克，同比增120万千克；收购兑换油菜籽23万千克，同比增2万千克。小麦收购均价为2.1元/千克，同比下降了0.3元/千克，玉米收购为2元/千克，同比下降了0.3元/千克，油菜籽收购价为4.6–4.8元/千克，同比下降了0.6元/千克。

粮油销售。国有粮食企业销售粮食986万千克，同比增2万千克，其中：销售大米326万千克，同比增51万千克，销售稻谷132万千克，同比增41万千克，销售玉米419万千克，同比减79万千克，销售小麦110万千克，同比减4万千克；销售菜油36万千克，同比减1万千克。销售价格情况：全区销售价格平稳，粳米最低销价4.4元/千克，中等大米销价4.8–5.4元/千克，优质大米保持在6.2–6.5元/千克。玉米销价2.3元/千克，同比下降0.15元/千克。本地菜油16.5元/千克，与上年持平。

国有粮食企业经济效益。2016年国有粮食企业共销售1039万千克，比上年增加55万千克，增5.6%；实现销售总收入4061万元，比上年增加375万元，增6%；实现利润91万元，比上年增加18万元，增长25%。

加强粮油市场检查，保障粮油供应安全。春节、五一节、中秋假期间，组织开展专项检查三次，深入江城、大街粮油集贸市场，对两户国有企业和个体粮油经营户（19户）进行实地检查。检查库存大米592吨、面条9.7吨、食用油脂36.5吨。经检查，未发现不合国家标准的粮油流入口粮市场。

开展2016年度粮食收购许可证年检工作。按照便民、优质高效原则，采用电话预约、上门服务方式，对全区6户从事粮食收购业务的粮食经营户进行检查。年检合格率为100%。

组织开展2016年粮食库存检查工作。由区发改局牵头、区财政局、农发行江川支行参与，对全区储备粮和企业的商品粮库存进行全面检查。按照“有仓必到，有粮必查，有账必核，查必彻底”要求，检查人员深入企业，共检查企业2户，储粮点11个，储粮仓库50个、粮油门市5个。检查情况表明，企业各类库存粮食数量真实，品质良好，账实相符，账账（统计、会计、保管）相符。

加强储备粮粮食质量检查。开展库存粮食质量检查四次，抽取小麦样品一份，粳稻样品7份、玉米样品1份，代表粮食库存数量分别为50万千克、277万千克、100万千克，送检结果表明，库存粮食均为宜存粮。

认真做好全区社会粮食统计调查工作。一是做好全区国有粮食企业及非公重点粮食经营户（46户）的粮食购销情况进行统计，按月上报各种统计报表；二是开展2015年度全区粮食供应平衡调查，摸清全区粮食产供需情况，为粮食宏观决策提供数字依据。

继续加强国有粮食企业的管理。深入企业，指导督促企业搞好经营管理。制定下发2016年国有粮食企业经营管理目标责任书，明确全年主要经济指标任书，强化绩效考核，把企业职工收入与企业取得的经济效益挂钩，不断深化企业内部改革，促进企业改革发展。

【“十三五”规划编制工作】 鉴于江川2月26日撤县设区，区发改局在广泛征求方方面面意见的基础上，进一步修改“十三五”规划纲要（草案）和2016年计划报告，提请区人代会审议通过，并在人代会期间认真听取各位代表意见和建议，将各位代表意见和建议充实到“十三五”规划中来，圆满完成区“十三五”规划的编制工作及出书、发布等工作。“十三五”期间，共谋划项目192项，总投资358亿元。

【公务用车制度改革】 改革前公务用车制度状况。公务用车改革前，全区涉及参改部门54个，编制数为1660名，工勤编制为100名，参改人员实有1373人。参改车辆314辆（一般公务用车196辆、特种业务用车17辆、执法执勤车辆100辆）。

改革后公务用车公务用车制度状况。江川区参改车辆共314辆，其中，保留车辆171辆，取消车辆143辆，公务用车缩减45.5%。及时成立玉溪市江川区机关公务用车服务中心，平台留用72辆、乡镇（街道）留用18辆、执法执勤用车65辆、特种业务用车16辆。妥善安置在职在编司勤人员68人，其中：转岗安置到江川区机关公务用车服务中心61人，转岗安置到乡镇平台7人。公务出行保障正常，严格按照处级每人每月1200元，科级及以下每人每月750元，机关工勤人员每人每月650元的标准组织发放公务交通补贴。

（施函成）

统　计

【概　述】 2016年，区统计局围绕区委、区政府的中心工作，履行统计信息、咨询、监督职能，以提高统计数据质量为核心，加大统计监测力度，不断提升对全区经济预警和统计服务能力，完成各项统计工作。

【机构设置】 区统计局是全区统计和国民经济核算工作的政府职能部门。2016年，玉溪市江川区统计局共有行政编制12名，机关工勤人员编制1名，其中，设局长1名，副局长2名。内设机构6个：办公室、综合统计股、工业能源投资股、服务业统计股、县域经济发展统计监测股、统计执法队。玉溪市江川区地方统计调查队为玉溪市江川区统计局所属财政全额拨款的事业单位，共有事业编制5名，设队长1名，由区统计局1名副局长兼任。2016年末，玉溪市江川区统计局实有工作人员11人，其中：公务员10人，机关工勤人员1人；玉溪市江

政府关于进一步加强和改进统计调查基层基础工作意见的通知》（玉政发〔2012〕178号），抓好乡镇（街道）统计站建设工作，确保统计源头数据质量。加强对基层统计业务的指导、考评，强化统计基层基础建设工作检查，推进基层统计工作标准化、规范化建设。

部门统计。切实加强与部门统计工作的合作，落实部门统计职责，强化协调配合，有效保证统计目标任务的完成。加强与经济、社会主管部门的协调与配合。指导推动部门加强内部统计机构建设，健全统计基础工作，规范使用统计标准，畅通统计资料报送渠道，进一步整合统计资源，增强工作合力，提高统计整体效率。

规范企业统计工作。建立部门和企业统计人员备案制，确保基层统计队伍的稳定性和连续性。指导、督促、帮助企业办理统计登记，设置统计人员，健全原始记录、统计台账和各项统计管理制度，规范统计资料填报、报送程序，确保源头数据质量。

企业纳规和纳限。切实抓好企业纳规和纳限工作。全区企业符合纳规和纳限条件的，全部纳入规模和限上统计。2016年全区纳规和纳限16户，其中：纳规13户，纳限3户。

管理和培训。深入部门、企业和调查户加强业务指导，抓实业务培训工作、统计从业资格、统计职称考试考评等工作，不断提高基层统计人员的知识水平和工作能力，适应新常态统计形势发展的需要，2016年全区报名参加统计专业技术职称考试的人员有12人。

【第三次全国农业普查】 根据《第三次全国农业普查方案》要求，第三次全国农业普查是全面了解“三农”发展变化情况的重大国情国力调查。组织开展第三次全国农业普查，查清我国农业、农村、农民基本情况，掌握农村土地流转、农业生产、新型农业经营主体、农业规模化和产业化等新情况，反映农村发展新面貌和农民生活新变化，对科学制定“三农”政策、促进我国实现农业现代化、全面建成小康社会，具有十分重要的意义。

普查对象。江川区第三次全国农业普查的登记对象是江川区境内的农业经营户、农业经营单位、居住在农村且有确权（承包）土地的住户；填报对象是列入农业普查范围的村（居）民委员会、乡镇（街道）；遥感测量对象以农作物种植地块为主，并包括其他与之相关的普查区土地覆盖要素。

普查内容和时间。第三次全国农业普查的主要内容包括：农业从业者基本情况；农业土地利用与流转情况；农业生产与结构情况；新型农业经营主体与农业规模化、产业化发展情况；新农村建设情况；农村人居环境与农民生活方式变化情况。

普查的标准时点为2016年12月31日，时期资料为2016年度资料。

农业普查宣传月启动仪式。为切实开展第三次全国农业普查宣传工作，在全省范围营造一个浓厚的舆论氛围和良好的普查环境。云南省第三次全国农业普查宣传月启动仪式2016年12月21日在江川启动。出席启动仪式的领导有云南省统计局党组成员、副局长赵卫军、玉溪市人民政府副市长蔡四宏、玉溪市江川区人民政府区长王志华等。

（赵维新）

审　计

【机构设置】 江川区审计局2016年底，编制核定：编制总数22名，其中行政编制15名、事业编制6名、工勤编制1名。领导职数为局长1名，副局长2名。年末实有20人，其中：行政编制（公务员编制18人、工勤编制1人、事业编制1人）。内设四股一室一中心：经济责任审计股、固定资产投资审计股、财政金融审计股、综合审计股、办公室、江川区投资审计中心。

【概　述】 2016年，区审计局围绕“十三五”开局之年审计机关全面规划格局，认真贯彻落实省市审计工作会议精神，紧扣县委政府经济工作重心，以服务江川经济科学发展和谐发展跨越发展为审计工作第一要务，有效履行审计职能，充分发挥审计“免疫系统功能”和建设性作用，认真履行审计监督职责，突出对重点领域、重点部门、重点资金的审计监督力度，更加注重从体制、机制、制度以及政策的层面揭示、分析和研究问题，努力实现审计工作的主动性、时效性、建设性，重点开展区本级预算执行审计、经济责任审计、工程投资审计。2016年全年组织实施审计项目89项，其中：固定资产投资审计78项、经济责任审计6项、预算审计3项、专项资金2项。查出问题金额42167万元，处理处罚金额5332万元，其中：核减工程投资4009万元、收缴财政121万元、归还原资金渠道和调账处理1203万元。移送检察机关、有关主管部门案件线索3件，涉案金额51万元。撰写计算机审计方法、信息系统审计案例、地税联网审计模块11篇，入选市局10篇。

【财政预算执行审计】 2016年的预算执行审计，从三个方面把握好审计工作的切入点：注重财政资金审计的完整性。把全部政府性资金纳入审计监督视野，摸清全部政府性资金的总量和结构，分析各种财政资金关联度，揭示公共财政体系中存在的问题，促进提高公共资源配置使用效率。注重预算执行审计的真实性。从源头上把握财政资金分配、管理和使用情况，增加绩效评价分量，分析全部政府性资金的主要支出情况，推动优化财政支出结构；全面掌握政府性债务、土地出让金、政策性资金收支情况，及时揭示存在的问题和风险；关注国库资金管理使用中存在的问题，摸清影响资金使用的效益原因，提出改进建议；督促财政部门进一步细化部门预算，为本级政府加强财务管理和区人大常委会加强对本级财政预算执行情况监督服务。注重相关项目审计的科学性。严格执行中央“八项规定”，加强对“三公”经费审计，进一步压缩非生产性开支；抓好非税收入资金收支审计，全力维护财政资金安全。坚持以财政收支真实性为基础，以资金、资产、资源、项目为主线，不断深化财政预算执行审计内涵，从审计预算编制、批复、执行的程序和结果入手，加大对各预算单位的审计力度，加强对部门承担的重大投资项目、重点专项资金管理、分配、使用及效益情况的审计监督。全年完成江川区2015年度区本级预算执行情况及效益审计、区地税局2015年度税收征管及计划执行情况审计及全省统一组织项目江川区民政局2015年预算执行情况审计。审计后，责成区民政局缴入财政专户20万元，并针对“十二五”社会养老服务体系建设方面存在的部分建设程序不规范，居家养老服务中心所建非所用等问题提出意见及建议。责成县区地税局征对未严格执行小微企业税收优惠政策的问题进行整改和落实。

【固定资产投资审计】 抓好审计时间、进度、质量三个节点，以“跟踪审计、跟进服务”为途径，以预结算审计为切入点，密切关注政府投资项目建设情况，加大对固定资产投资建设项目的审计力度。注重审查项目决策立项的依法性，前期认证的充分性，注重审查图纸、合同、项目变更、取费标准，关注费用发生、材料质量、资金流向、隐蔽工程、资金效益、结算发票、工程税收征缴和材料单价成本等，防止违反决策程序擅自立项，工程结算高估冒算、跑冒滴漏，确保政府投资项目收益最大化；及时跟进政府重点工作、继续扩大投资审计覆盖面，对区委政府安排的重点工作和项目及时做好事前、事中、事后的审计监督，全力推进基础设施建设项目前置审计、跟踪审计、竣工决算审计的能力和水平。全年完成投资建设项目78项，其中：决算审计43项、前置审计35项、审计核减工程投资4009万元。

工程决算审计。完成43项。累计核减工程投资3179万元。存在的主要问题是：一是工程量不实，重复计价、部分主材价格偏高，定额子目套用错误等。江川区2011年保障性住房建设项目，送审投资13112.9万元、审定投资12605.4万元、审计核减507.5万元；江川区2012年保障性住房主体工程，送审投资11816.4万元、审定投资11420.7万元、审计核减395.7万元；公安局业务技术用房和办公用房及附属工程，送审投资4012.4万元、审定投资3699.9万元、审计核减312.5万元；抚仙湖玉带河清水产流机制修复工程，送审投资3508.5万元、审定投资3351.6万元、审计核减156.9万元；牛摩河流域环境综合治理工程，送审投资2799.8万元、审定投资2683.6万元、审计核减116.2万元；江川区公路路域环境项目建设工程，送审投资1225.5万元、审定投资1124.7万元、审计核减100.8万元。二是超批复、超概算投资5101.4万元。如：江川区2011年保障性住房建设项目，超批复投资5002.8万元，超批复总投资11644.4万元的42.9%；前卫镇后卫中学教海军楼建设项目，超批复投资98.6万元，超批复总投资373万元的26.5%。

前置审计。完成35项，核减投资829万元。中央财政小型农田水利2016年建设项目，送审招标控制价1984.1万元、审定招标控制价1758.2万元、核减225.9万元；云南省江川区2015年岩溶地区石漠化综合治理工程，送审招标控制价620.7万元、审定招标控制价567.6万元、核减53.1万元。

【政策资金跟踪审计】 围绕市县两级政府2016年20项重点工程建设项目和10件惠民实事的开工建设及有关专项资金管理使用情况，适时跟进审计工作。及时跟进新农合基金及相关资金债权债务审计、江川区城镇居民医保基金及相关资金结余和债权债务审计、全国社会基本医疗保险基金和医疗救助资金审计、江川区烤烟扶持专项资金审计。加大对农村新型合作医疗资金筹集、管理和使用情况审计。抽调审计人员9人次，配合省市审计机关开展云南省2016年水污染防治资金、全市截至2016年3月财政存量资金、2015年度地方债务、精准扶贫资金等稳增长政策措施跟踪审计。

【领导干部经济责任审计】 贯彻执行中办、国办颁发《党政主要领导干部和国有企业领导人员经济责任审计规定》，着力权力制约和责任落实，开展领导干部经济责任审计。全年完成7项，即：前卫镇原镇长莽嘉慧、九溪镇镇长何眉、司法局局长王奇志、教育局局长郭自壮、环保局局长李华同、工业园区管委会原主任李天贵、三街社区居民委员会原主任陈棋森6个部门领导的任期经济责任审计。审计查出问题金额5123万元、处理处罚75.6万元，其中：收缴财政71万元、归还原资金渠道4.6万元。存在的主要问题是挪用专项资金、扩大开支范围、项目资金长期结余、应缴未缴非税收入、违规收费等。

【践行八项规定　严控三公经费】 以“三严三实”、“两学一做”专题教育实践活动为契机，深入落实中央“八项规定”，严格执行审计纪律，严格公务接待、出差、外勤等经费管理，严控“三公经费”支出，全年“三公经费”累计支出5.67万元，与上年同期7.65万元减1.98万元，减幅25.88%。

（李华英）

市场监督管理

【概　述】 2016年，玉溪市江川区市场监督管理局加强队伍建设，强化监管手段，深化商事制度改革，全力保障食品药品、特种设备安全，维护市场秩序，有序推进各项工作任务，为江川经济社会发展做出积极贡献。

【企业注册】 全区共有国有集体、私营企业1601户，其中国有集体企业224户、注册资本金102665万元（法人企业65户、营业性企业及分支机构159户）。私营企业1377户，从业人员24427人、注册资本金396951万元（其中有限公司788户、合伙企业16户、个人独资企业559户、股份有限公司分公司14户）。全区共有个体工商户11970户、从业人员31091人、资金数额106359万元。有农民专业合作社148户、成员总数1815人、出资总额16512万元。全区共有外商投资企业7户，其中企业法人有6户，分支机构1户。到10月31日止，新办私营企业310户、注册资金42155万元、从业人员2408人。新办国有集体企业9户、注册资金700万元、从业人员70人；新办个体工商户2274户、资金数额28108万元、从业人员6307人。新办农民专业合作社15户、出资额4210万元、成员总数214人。

【企业监督管理】 一是认真配合做好《餐饮服务许可证》《药品经营许可证》受理发证工作。2016年受理和发放《药品经营许可证》111户，受理和发放第二类医疗器械经营备案凭证6户，《食品流通许可证》和《餐饮服务许可证》两证合一为《食品经营许可证》后，对全区各市场管理所进行业务指导和帮助12次。

二是切实加强事中事后监管。抓好“双随机、一公开”抽查工作，建立检查对象名录库和执法人员名录库，全面推行“双随机”抽查，及时公布抽查结果。做好全区“僵尸企业”强制退出工作。根通过对被列入异常名录的27户企业、15户农民专业合作社进行清理工作，共唤醒和规范12户企业、2户农民专业合作社补办年报信息和注销登记手续。

三是认真组织开展企业、农专社、个体工商户信息公示和抽查工作。开展2015年度企业、农专社、个体工商户年报信息公示工作，企业应参加年报公示1321户、已年报公示1182户、年报率为89.5%；农专社应参加年报公示135户、已年报公示101户、年报率为75%；个体工商户应参加年报公示10337户、已年报公示8196户、年报率为79.3%；开展2013

和2014年度个体工商户、农民专业合作社年报信息抽查工作，对省局随机抽取的425户个体工商户、3户农民专业合作社年报公示信息情况进行抽查，未发现问题；开展2015年度企业、个体工商户、农民专业合作社年报信息抽查工作，对省工商局随机抽取的35户企业、193户个体工商户、3户农民专业合作社年报信息进行抽查，检查结果记录在公示信息中，并建立核查档案资料。

四是加强企业信用信息归集共享和联合惩戒工作，认真做好工商登记后置审批事项“双告知”工作，共向企业发放告知书和鉴定承诺书670份、向个体工商户发放告知书和鉴定承诺书3500份；建立健全协同监管与联合惩戒机制，加快与相关部门的信息归集，进一步强化联合惩戒。

五是继续深化商事制度改革，实行“三证合一”“五证合一”登记制度，进一步推进简政放权、优化服务，提升市场主体准入的便利化水平。全县共发放“三证合一”营业执照633份，“五证合一”营业执照120份，实行“先照后证”，放松市场主体准入管制“紧箍咒”，促进登记便利化。

六是认真做好扶持小微企业发展和非公经济转型升级。围绕“大众创业、万众创新”，着力推进“两个10万元”微型企业培育工程，正式启用云南省微型企业培育扶持工作信息平台，为创业者提供“一站式”服务，共办理个体户转型升级150户，共发放小微企业宣传资料400余份，接待咨询700多人次，收回扶持申请书78户，并按照要求移交区工信局78户，会审通过65户，向小微企业兑付扶持资金195元，同时为县人社、团委、工商联、妇联审查主体资格通过户数105户。

七是认真落实“三个工商”合作协议。积极与区工商联、工商银行、信用合作社配合协作沟通，探索建立银政企合作长效机制，努力帮助企业解决融资难题；积极搭建企业融资平台，帮扶小微企业开展股权出质、动产抵押等融资服务。共办理股权出质登记19件，出质股权数额22685万元，企业融资总额10164万元。

【行政执法工作】 一是规范执法行为，加大行政执法力度。2016年，认真贯彻落实《行政处罚法》和《行政处罚程序规定》，建立健全行政处罚立案、调查、审核、行政执法公示、实施重大行政处罚集体讨论制度。印发《玉溪市江川区市场监督管理局行政执法办案细则》等六个有关依法行政的制度，编印《市场监督管理法律法规选编》。把业务学习同“七五”普法工作、“四五”依法治区工作结合起来，同工商、食药、质监“三合一”改革结合起来，认真开展市场监督管理局的普法和依法治区工作，完成“六五”普法检查验收和总结工作，被评为“六五”普法先进单位。今年全局共办理一般程序案件23起，简易程序案件59起，罚没金额达30余万元。并对2015年以来办理的行政处罚案卷37起及行政许可案卷2500余件的案卷进行评查，区政府法法制办、市食药监局评查结果均为合格以上，其中区法制办评查的3起案件，被评为优秀；同时，筛选4起典型食药案件，进行分析和解剖报送到市食药局，作为编印典型案例的候选作品。

二是打防结合，不断提升反走私综合治理水平。2016年，共组织开展专项行动38次，出动执法人员180人次、车辆60台次、检查集贸市场101个，卷烟经营户1806户次，宾馆、酒店150个次，娱乐场所6个次、旅游风景区18个次、运输经营户162户次。查获石油液化气违法案件1件，罚款3000元；检查中对证照不齐全、非渠道进货香烟等56户经营户作限期整改，责令停止经营卷烟业务，涉案金额32100元，对非法销售香烟案件56件作行政处罚，罚款4454元。

三是打击传销创建无传销城市工作。认真安排部署打击传销创建无传销城市工作，加强与有关部门协作配合，开展联合执法，摸排宾馆、旅店、出租房等场所146户次。认真组织开展打击传销集中清理排查和打击整治专项执法行动。共发放宣传资料150000余份，宣传展板100块，现场接受群众咨询4百余人次，粘贴宣传标语40余条，发放联系卡2000张。加强村（社区）创建无传销村（社区）创建工作。配合派出所加强对流动人口和出租房屋的监管，对外来人员实行严格的登记备案制度。认真落实日常巡查制与基层执法责任制。

四是扫黄打非，净化市场环境。加大扫黄打非工作力度，开展打击非法出版、网络淫秽色情信息传播等违法行为。对政治性非法出版物、淫秽色情等有害出版物保持高压态势，在强化日常监管的基础上，集中力量，坚决封堵和查缴非法出版物。在今年的扫黄打非工作中，检查出版物市场、店档摊点22次，图书经销经营户112户，印刷企业11户，学校13所，集贸市场1个，车站1个，音像制品经营户29户。

【个私协会工作】 认真做好时代赋于个体私营经济协会的各项工作。一是认真做好“贷免扶补”工作，5户申请审核并报人事部门和信用社全部合格通过，扶持自主创业人员5人（10万元无息贷款），其中下岗失业人员5人，带动就业人员11人。二是认真做好非公党建工作。发挥市场监管职能优势，不断推进非公党建工作常态化、规范化。三是认真做好“小个专”工作，全区共排查出个体工商户党员563名，私营企业党员138名，成立“小个专”党委，下辖2个党总支，6个党支部，有小个专经营户13393户，党组织覆盖率为95%。充分发挥“小个专”党组织的基层战斗堡垒作用，发挥“小个专”党员先锋模范作用，带头诚信，守法经营，促进社会和谐。

【食品安全监管工作】 全区有食品生产单位23家；食品加工小作坊327家（主要涉及白酒、米线、卷粉、豆腐、菜籽油、酱菜、糕点等产品）；流通环节食品经营户1526户，其中大型超市7个，有食用农产品农贸市场开办者7户、农村集贸市场84个（其中有市场主体的7个）、农民专业合作社18户；餐饮服务单位865家、单位食堂137家。

一是严格许可，把好食品准入关。市场监督管理局采取“统一、提高、公平、公正”原则开展食品药品经营许可工作，更加注重对经营现场严格把关，对达不到许可条件的一律整改到位后再审批。全年许可审查《食品经营许可证》755户（其中食品销售635户，餐饮服务85户，学校食堂35户）。

二是加强宣传、做好培训。认真做好岗前培训，2016年以来组织培训会8期，参会人员403人次，认真开展食品药品安全法宣传活动，利用“3．15”、食品安全宣传周、药品安全用药月等活动，对食品药品安全法律法规进行广泛宣传，共发放宣传材料5800份，悬挂宣传标语6条，宣传展版20块，咨询人员达320人。

三是强化日常监管，规范食品经营行为和市场秩序。

四是突出监管重点，着力实施最严格的监管。强化食品生产监管，围绕引导企业强化自律意识，提升质量管理水平；强化食品经营监管；坚持专项整治和专项检查相结合；继续深化餐饮服务量化分级管理，大力推进“明厨亮灶”工作；抓好食品安全抽样检测工作；针对舆情热点、突发事件等组织专项抽检，实现品种、业态和获证生产企业全覆盖，突出安全性指标、高风险品种的抽检。加大违法行为的查处力度，提高食品生产经营者违法成本。

五是开展创建农村自办宴席示范点工作。在全区各乡镇（街道）开展农村自办宴席规范化示范创建工作，及时拨付农村自办宴席示范创建补助资金29.85万元，至年底，示范点有食品安全管理制度、食品安全宣传版画及必须的设备设施，经验收，基本合格。

【药械保化监管】 不断加大药品、医疗器械、保健食品、化妆品市场监管力度，全区共有药品经营单位109家、药品“两网”经营单位45家，药品生产单位3家、医疗器械经营单位70家、医疗机构170家；保健食品经营单位81家、化妆品经营单位226家、使用化妆品单位86家（美容美发40家、酒店宾馆46家）。2016年立案查处药械保化违法案件5起，目前结案5起，罚没款共计10102元，10月28日移交公安机关2起涉嫌销售假药案。

一是开展各类专项整治。组织开展“元旦、春节”、“中秋、国庆”期间药品、医疗器械、保健食品、化妆品专项检查，认真落实节日期间24小时值班制度，针对群众反映的焦点、热点及监管薄弱环节开展检查，严厉打击非法销售行为，确保节日期间全区人民用药安全。

二是开展各类专项检查。针对国家局通告的不合格化妆品的监督检查和药品抽验工作，全局共出动执法人员316人次，执法车辆95台次，开展专项检查17项，药品检查114户，77批次；医疗器械51户，3批次；化妆品51户次，39批次；保健食品226户。

三是开展行政许可及GSP认证工作。2016年新筹建药品经营企业5家。

四是开展药械抽验工作。完成56批药品监督性抽验任务，完成3批次医疗器械抽检任务，完成4批次保健食品、1批次化妆品抽检任务。

五是开展药品不良反应监测工作。2016年以来，共上报药品不良反应216例，医疗器械不良事件74例，化妆品不良反应4例。

六是开展药械保化安全宣传培训工作。积极开展药品安全宣传活动。充分利用政府门户网站、本局网站、广播、电视、媒体和现代化信息手段，借助“3·15“消费者权益保护日、过期药品回收活动、药品安全宣传月等宣传活动平台进行安全用药、合理用药知识宣传，现场共接待群众咨询近105人次，发放宣传资料5000余份。

【特种设备安全监管工作】 积极消除隐患，预防事故，实现全区全年特种设备零事故。

一是落实特种设备安全责任制。区政府、区市场监管局与各所、与辖区内特种设备使用单位签订特种设备安全生产目标责任书，形成“局所户”三级层层签订特种设备安全生产目标责任书模式；落实领导干部特种设备安全“党政同责、一岗双责”，签订局长-分管副局长-股所长—监察员之间的特种设备安全生产目标责任书。

二是开展特种设备安全隐患排查和专项整治。2016年以来，我局陆续开展了“两节”、“两会”、“五一”、“十一”等特殊时段及专项整治工作。共检查特种设备使用单位107家次，检查特种设备700余台次，下达特种设备安全监察指令书10份，排查安全隐患10起；办理开工告知23件；办理登记注册设备72台，清理录入特种设备数据300余台次。

三是加强特种设备业务培训。加强业务培训，提高监察技能，4月份组织75人参加特种设备安全监察员培训。

四是强化特种设备安全应急管理和应急演练。制定印发《江川区市场监督管理局特种设备事故应急预案》；指导特种设备使用单位制定特种设备安全事故应急救援预案；与江磷集团联合开展了特种设备事故应急演练。

【市场规范管理工作】 一是大力促进社会信用体系建设。继续深入开展平安市场创建工作，认定江川宝泰购物广场为2016年度区级平安市场，创建6户县区级农资经营示范户；继续开展守合同重信用企业评审公示，评定玉溪市“星级”“守合同、重信用”企业23户，云南省“星级”“守合同、重信用”企业12户。

二是促进市场公平竞争，维护市场经济秩序。深入开展2016年红盾护农行动，加大对农资市场监管，建立“红盾护农”长效机制，开展农资市场专项检查，查处打击制售假冒伪劣农资产品的违法行为，联合多家部门组成联合检查组开展红盾护农执法检查，共出动执法人员16人次，执法车辆12车次，对11家农资经营户进行了检查；开展农资抽检工作，集中挑选云南滇鑫农资有限公司等3家农资公司的10个样品，共出动执法人员及工作人员9人次，出动车辆2车次，抽检了8个商标类型、10个批次的复合肥料送检；开展旅游购物市场的日常检查和节假日专项检查整治；开展易燃易爆物品物流寄递行业安全专项整治工作，专项共出动执法人员78人次，车辆36车次，检查市场主体52户（其中：炸药仓库1户、采石场4户、烟花爆竹生产销售经营户20户、化工厂1户、物流寄递企业20户、超市6户）；开展烟花爆竹市场监督检查，出动执法人员8人次，车辆2台次，对烟花爆竹销售门店及临时摊点进行监督检查，对无照经营户进行清理取缔；开展“打击非法经营成品油”专项行动，积极配合市局及检测机构组织开展流通领域成品油抽检工作，抽检涉及民营加油站、中国石油、中国石化等12个加油站，现场共抽取“0”#柴油、93#、97#汽油等4个样品，经检测机构检测，所抽样品全部合格，共出动执法人员28人次，执法车辆8车次，检查江川辖区汽车修理厂及停车场23户。

三是切实加强合同行政监管。组织开展合同格式条款整治，推进动产抵押登记服务工作，认真做好动产抵押登记，保障债权实现，支持相关部门拓宽企业、个体户、农业生产经营者信贷融资渠道，搭建动产抵押融资平台，促进中小微企业融资发展，2016年共完成动产抵押登记17起，抵押物价值1.7亿元，抵押贷款10200万元，延期8起，延期贷款金额2940万元，注销8起。

四是加大网络市场监管。清理整治网络交易平台，网站数由原来的52个减为20个，除已申请审核通过的2户外，其余18个网站全部加挂电子标识；开展2016年网络监管专项行动，清理不用的空白网站28个，其中，一个注册号经多个网站而合并的空白网站11个，沿抚仙湖划归澄江县托管的网站4个。

五是加强商场、市场、超市

消防安全工作。加强日常消防安全工作，组织全区商场、市场、超市相关消防人员进行消防安全知识和业务技能竞赛活动，抓实辖区冬春火灾防控督查工作。

【质量监督管理工作】 一是开展“质量强区”活动，切实加强产品质量监管。召开江川区“质量强区”总结大会，成立“质量强区”工作领导小组，制定实施方案。为我区的质量的提升提供了保障；继续实施名牌战略，2016年我区新申报云南名牌2个企业（丫眯绿色食品有限公司、联塑集团）；不断深入推进质量强区工作，开展产品质量和品牌提升活动及消费品质量提升攻坚战，引导企业开展“质量月”活动。

二是大力实施标准化发展战略，普及标准化知识。利用各种机会宣传、普及标准化知识，对大头鱼地理产品保护标准化建设工作进行了安排部署，正按标准组织实施，确保通过验收；做好九溪鲜花农业标准化的建设工作的相关工作。

三是加强计量工作。春节前到集贸市场开展宣活动，共组织人员48人，免费检定电子台秤156台，发放宣传资料254份，接受计量咨询人员45人；在3.15消费日，成立执法组到大街市场、老街心市场进行计量专项执法检查，共检查台秤34台、电子秤63台、案秤45台，检查过程中对计量器具使用、维护常识进行宣传，要求各经营商户公平计量，创造一个公平竞争环境；围绕第17个世界计量日主题“转型升级新动能”，组织人员到10家企业、张贴宣传画三份；加强江川区医疗单位计量器具的周期检定管理工作；对全县7家企业进行能源计量检查，促进全县节能减排任务的完成；加强烤烟收购工作，对烟叶收购站在用的计量器具进行2次检查。

四是加强对通过计量认证和资质认定的各类的监督管理工作。加强检验检测机构台账管理，经查，不存在伪造、冒用、超期、超范围使用有机产品、绿色食品和无公害农产品认证标志、认证证书的行为；对江川区环境监测站资质进行复评审和扩项工作，对江川区的四个实验室和二个机动车检测进行定期巡查，做到资质合法有效。

五是重开展要工业产品监督管理工作。强化工业产品巡查制度的落实，夯实质量监管工作基础，出动执法人员90余人次，检查企业30余家次；对获取工业产品生产许可证的16家企业进行重点巡查；开展监督抽查，完成产品质量抽检任务，重点对辖区内的农资、建材、危化品、烟花爆竹等产品进行监督抽查，共抽取工业产品样品39个送检，其中烟花爆竹样品16个（合格13个）、化肥7个（合格5个）、危化品2个（合格2个）、水管5个（合格5个），产品合格率比去年同期均有提高；对辖区全部纳入工业产品生产许可证目录管理的产品生产企业16家进行检查，引导和督促企业全面落实产品质量安全主体责任，共出动执法检查人员32人次。

【商标广告监督管理工作】 一是积极指导辖区商标注册申请。全区共有申请注册有效商标834件，2016年，共指导办理商标注册申请13件。

二是完成著名商标的申报及到期续展工作。全区共推进申报认定云南省著名商标商标24件。2016年完成对云南秋庆种业有限公司的“秋庆”、李家山青铜器厂的“牛虎铜案”以及云南宏斌绿色食品有限公司的“宏斌”等3家商标申报云南省著名商标的实地考察和初审上报工作，并对云南宏斌绿色食品集团有限公司的“调鼎斋及图”及云南阳光食品有限公司的“环阳”2件商标进行到期续展申报工作。

三是积极推进玉溪市知名商标培育申报及到期续展工作。2016年全区共培育申报认定玉溪市知名商标38件。完成知名商标培育3件（云南龙恩制药有限公司的“双精”、云南阳光食品有限公司的“环阳”、云南特固电气有限公司的“TGDQ及图”3件商标）；到期续展申报商标5件（云南阳光食品有限公司的“环阳”、云南卓一食品有限公司的“奇子香”、云南红塔包装实业有限责任公司的“云红包及图”、玉溪天丽食品有限公司“Skybeauty及图”、云南宏斌绿色食品集团有限公司的“调鼎斋及图”）。

四是开展指导申请注册地理标志商标工作。2016年我局开展申报大头鱼地理标志产品保护工作，并在2014年度申请注册“江川萝卜丝”地理标志证明商标的基础上，进一步做好跟踪督办工作，力争成功注册，打造“江川萝卜丝”品牌。

五是开展保护商标专用权专

项行动工作。对辖区内每一家著名、知名商标和地理标志商标、驰名商标所有人进行了走访调查，共出动人员50人次，走访“三道菜”、“宏斌”、“牛虎铜案”等知、著名企业商标30多件，填写走访调查表30多份，在走访中帮助企业解决商标使用、管理等问题，经过走访，全区有正常使用知名、著名商标企业50余户，其中著名商标22户，知名商标37户。

六是继续深入开展“双打”专项执法行动工作，查处侵犯注册商标专用权和制售伪劣商品行为。开展2016年知识产权宣传周活动；集中力量查办案件，共出动执法人员50次，出动执法车辆25台次，发现商标侵权案件1件（去年未结案），商标权人维权诉求0件。

七是认真做好对各类广告发布的受理审核登记。受理审核发放户外广告登记证51户、广告备案登记67户。开展整治虚假违法广告专项行动，检查广告364条次，在全区范围内30家投资公司及34家广告经营单位，开展涉嫌非法集资广告资讯信息排查清理活动。

【消协、消费者权益保护工作】一是开展“消费满意在云南”行动。开展“2016年度寻找最美消费维权人物活动”活动；积极推进消费维权宣传教育活动，开展3·15消费者权益保护宣传活动，发放法律法规材料10000余份，现场接受咨询300余人次，销毁假冒伪劣手机及各种食品、药品、保健品、药品、医疗器械，案值9万元；开展质量月活动，增强广大经营者、消费者的质量意识。

二是开展“消费满意示范店”和“消费维权服务站”创建工作。创建6户农资店为“消费者满意示范店”，正在创建2户食品消费者满意示范店；建立“一会两站66个”，12315“消费维权服务站”10个，老街心市场和乾景商业中心正在创建消费维权服务站，区、乡集贸市场12个，均取得市场登记证；开展2016年“珠宝消费满意示范店”的创建工作。

三是投诉举报工作。共受理各类消费者投诉举报信息86余件，电话咨询210件，办结率100%，为消费者挽回经济损失3万余元。

四是积极推进流通领域商品质量监管。开展基础教育装备产品质量专项检查工作；开展流通领域汽车座垫座套商品质量抽查检验工作；完成流通环节商品质量抽检工作，其中：汽车导航5组，成品油4组，电热水壶5组，复（混）合肥5组；过磷酸钙5组，共计24组，共出动执法人员120人次，执法车辆40辆次，集贸市内开展宣传6次，检查家用电器商户30户、服装商户108户、装饰装修材料商户255户、交通工具商（摩托车、电动车）户8户、燃气灶具商户6户。

（张　浩）

安全生产监督管理

【概　述】2016年，江川区安全生产工作，以习近平总书记、李克强总理关于安全生产的重要指示批示精神为指引，坚持人民利益至上，牢固树立安全发展观念和红线意识，坚持标本兼治、综合治理、源头管控，以防范遏制安全生产事故为重点，切实落实企业主体责任、部门监管责任、党委政府领导责任，狠抓依法治理、基础建设、专项整治和安全宣传教育，着力提升社会整体安全水平，努力实现事故总量继续下降、死亡人数继续减少、促进全区安全生产形势持续稳定向好，确保“十三五”安全生产工作开好局、起好步。

【安全生产指标控制情况】2016年，全区安全生产考核控制指标类别事故共发生11起（其中10起生产经营性道路交通事故，1起建筑施工企业事故），9人死亡，8人受伤，直接经济损失82.2万元。与前3年平均数相比事故起数减少5起，下降31.25%；死亡人数减少6人，下降40%；受伤人数减少6人，下降42.86%；直接经济损失减少23.21万元，下降22.02%。全区安全生产控制指标控制较好，安全生产形势持续稳定。

【责任体系建设】年初，及时召开全区年度安全生产工作会议，安全生产总结回顾2015年工作、表彰先进树立典型、安排部署2016年安全生产工作。与13个部门、6个乡镇（街道）、9户企业签订安全生产责任书，政府主要领导与分管领导签订目标责任书7份。从政府领导到部门、乡镇（街道）、工业园区、企业，“党政同责、一岗双责、齐抓共管”的安全生产责任体系得到落实。

【安全生产大检查长效机制管理系统建设】 为主动适应经济发展新趋势下对安全生产工作的新要求、主动适应公车改革等制度实施的新形势。按照省、市安监部门的要求，江川区积极开展安全生产大检查长效机制管理系统建设工作，利用“互联网+安全监管”，转变监管方式，通过“1+3+5”工作模式，拧紧企业自检自查、政府综合督查、部门专项检查各个关键环节，确保政府、部门、企业安全责任层层落实。江川区纳入系统的企业共计94户，94户企业按照“一企业一标准”的要求，制订安全检查标准，做到100%备案。企业自查隐患共1645条、整改1462条，整改率88.87%。共录入部门专项检查情况46次，检查企业188户次，整治隐患465条。录入专家检查情况8次，检查15户企业，整治安全隐患233条。录入政府综合督查4次，检查企业8户，整治安全隐患24条。

【联合执法】 始终保持高压态势，坚持把“打非治违”、安全大检查贯穿于全年安全生产工作之中，强化政府监管责任，完善联合执法、跟踪查处机制。共深入企业1586户次，整治安全隐患3643条；治理纠正违规违章行为80起，责令停产整顿12起，罚款26起，共处罚款38.55万元，临时查封4起，其余能当场整改的当场教育整改并停止非法违法行为；整治道路交通违规违章行为55280起。对5项重大安全隐患分别上报了市、区政府挂牌督办，并按照“五落实”的要求，督促企业抓好整改工作，有效消除事故隐患，确保安全生产。

【安全生产专项整治】 继续推进非煤矿山转型升级工作，出台了《非煤矿山转型升级实施方案》，排查整治问题及隐患353条，打击整治越界开采、盗采矿产资源非法违法行为10起，共罚款15.6万元，完成关闭任务3座；改造升级8座，其余2座因水资源保护和抚仙湖径流区等政策因素，未办理相关手续。深入开展烟花爆竹生产企业分包转包专项整治，严厉打击企业“三超一改”、“三违”行为；严厉整治“三库四防”基础设施，立案处罚5起非法违法行为，罚款2.35万元；整治安全隐患595条，销毁处置原材料、半成品（折合药量）135.493吨。组织实施交叉路口“五小工程”治理项目，投入资金270万元，建成减速带4588.5米、警示牌310块、爆闪灯57套、警示桩2734棵、凹面镜47面、完成281处路口隐患治理。“两站两员”建设实现行政村级以上覆盖双百率。继续深入开展工贸行业粉尘涉爆专项整治及较大危险因素辨识管控能力提升，整治安全隐患331条，整治非法违法行为3起，罚款2.5万元。在建筑施工、危险化学品、特种设备、民爆物品、旅游、“三合一”、“多合一”场所及学校等行业领域开展安全排查整治安全隐患2564条，停产整顿5起，临时查封4户，罚款18.1万元，专项整治取得明显成效。

【开展安全生产应急救援演练活动】 成功举办7期应急救援演练，演练结合江川区特点，有针对性的突出烟花爆竹、纸制品、汛期地质灾害、工矿商贸、危货运输等重点行业领域，共500余人参加，投入20余万元。并配合市安委办成功举办全市烟花爆竹事故应急救援综合演练。通过演练充分检验我区应急救援体系建设能力，锻炼应急救援队伍。

【安全生产宣传教育】 开展以“强化安全发展观念、提升全民安全素质”为主题的安全生产月宣传活动，相关部门、单位、企业悬挂宣传标语，开展宣传活动，营造浓烈的宣传活动氛围。共发放安全生产宣传彩页、宣传册1万余份，展出宣传展板32块，出动宣传车2辆。深入企业、基层开展安全知识讲座2期。并积极选派优秀人才参加了省、市安监局举办的第二届安全发展论坛，“安全发展、忠诚卫士”演讲比赛，获得较好成绩。依托市劳动保护科学技术学会培训“三项岗位”人员522人，培训烟花爆竹经营人员78人。

【安全生产经济政策落实】 进一步推进安全生产“三项经济政策”，督促全区非煤矿山、危险化学品、烟花爆竹等企业共缴纳风险抵押金508.9万元，23家企业购买人身意外伤害险29.7万元。

【安全生产许可】 认真贯彻落实《安全生产许可证条例》等法律法规和规章，依照法定程序和条件，严格许可证核发工作，把好安全许可准入关。2016年，农药零售安全许可新办证20户、延期换证22户、注销16户；加油站新办证1户；气体经营延期换证2

户、注销0户。非煤矿山安全生产许可证注销2户、延期换证2户。烟花爆竹经营（零售）许可证核发64户。

【销毁烟花爆竹原材料、半成品】 自我区烟花爆竹产业开展“整合重组，改造提升”工作以来，烟花爆竹生产企业由18户压缩至现在的8户。退出企业现存有的原材料、半成品由于储存时间过长、看守不到位等多方面因素，已构成重大公共安全隐患。为有效消除安全隐患，确保全区社会环境安全稳定，区政府多次召开会议进行研究，决定对遗留的原材料、半成品由政府统一组织进行销毁处置。为确保原材料、半成品销毁处置工作安全有效实施，制定《2016年玉溪市江川区烟花爆竹生产企业遗留原材料半成品销毁处置方案》《玉溪市江川区烟花爆竹原材料半成品销毁专项应急救援预案》，并邀请省级专家3人进行可行性论证，成立江川区遗留烟花爆竹原材料半成品销毁处置工作领导小组，小组下设的6个专项工作组分别负责原材料半成品的清理、运输、销毁、环境监测、应急处置及后勤保障工作。销毁从2016年3月22日开始至4月1日结束共11天，共销毁处置原材料、半成品（折合药量）135.493吨。

【烟花爆竹质量检验】 全国乡镇企业烟花爆竹质量检测安全监督中心云南站，2016年抽查全省16个州（市）、县所属147家批发经销企业和生产企业的烟花爆竹产品357个批次，退回不在抽查范围内的B级产品3个批次，实际开展检验354批次，签发检验报告354份。本次共抽检烟花爆竹7个大类产品354批次，不合格产品82个批次，产品抽查不合格率为23.16%。

（储　晶）

国土资源

【概　述】 2016年，玉溪市国土资源局江川分局资源管理工作，按照2016年全县国土资源工作会议确定的各项工作目标，按照中央、省、市国土资源管理新论述、新要求，科学分析，因地制宜，突出特色，紧扣区委、区政府的经济社会发展目标，不断创新国土资源管理工作，努力做到保护资源更加尽职尽责，利用资源更加节约集约，维护群众权益更加尽心尽力，为促进江川区经济社会发展提供坚实保障，江川跨越发展作出新的贡献。

【机构更名及人员编制上划】 2016年5月16日，根据《玉溪市人民政府关于调整设置江川区国土和公安管理体制的通知》文件，将原江川县国十资源局调整设置为玉溪市国土资源局江川分局，为玉溪市国土资源局派出机构，列入江川区人民政府工作部门系列，不计入政府机构个数。玉溪市国土资源局江川分局及其下属国土资源管理所、事业单位的机构编制上收到市级管理。玉溪市国土资源局对江川分局、乡镇（街道）国土资源管理所及所属事业单位实行人财物统一管理。玉溪市国土资源局江川分局对乡镇（街道）国土资源管理所及所属事业单位实行业务管理。

2016年5月30日，根据《中共玉溪市委机构编制办公室关于玉溪市国土资源局江川分局所属机构更名的通知》文件，将江川县不动产登记管理局更名为江川区不动产登记管理局，仍在玉溪市国土资源局江川分局加挂牌子。将江川县国土资源局大街分局、江川县国土资源局江城分局、江川县国土资源局前卫分局、江川县国土资源局九溪管理所、江川县国土资源局雄关管理所、江川县国土资源局安化管理所、江川县国土资源局路居管理所更名为玉溪市国土资源局江川分局大街中心所、玉溪市国土资源局江川分局江城中心所、玉溪市国土资源局江川分局前卫中心所、玉溪市国土资源局江川分局九溪管理所、玉溪市国土资源局江川分局雄关管理所、玉溪市国土资源局江川分局安化管理所、玉溪市国土资源局江川分局路居管理所。将江川县国土资源局执法监察大队、江川县土地开发整理中心、江川县土地储备中心、江川县不动产登记中心更名为玉溪市国土资源局江川分局执法监察大队、江川区土地开发整理中心、江川区土地储备中心、江川区不动产登记中心。

2016年5月30日，《中共玉溪市委机构编制办公室关于调整上划江川区人员编制的通知》文件，将玉溪市国土资源局江川分局13名行政编制、2名工勤编制调整上划中共玉溪市委机构编制办公室管理。将玉溪市国土资源局江川分局大街中心所8名事业编制、江城中心所6名事业编制、前卫中心所5名事业编制、九溪管理所3名事业编制、雄关管理所2名事业编制、安化管理所2名事业编制、路居管理所3名事业编制调整上划中共玉溪市委机构编制办公室管理。将玉溪市国土资源局江川分局执法监察大队5名事业编制、江川区土地开发整理中心4名事业编制、江川区土地储备中心7名事业编制、江川区不动产登记中心16名事业编制调整上划中共玉溪市委机构编制办公室管理。

【耕地保护和建设】 严守耕地红线，落实耕地保护制度。积极推进低丘缓坡开发试点工作，优化布局提高土地集约高效利用，引导工业向工业园区集中、人口向城镇集中、住宅向社区集中，推动农村人口向中心村、中心镇集聚，产业向功能区集中，耕地向适度规模经营集中，鼓励线性基础设施并线规划，集约布局。严格执行保护坝区耕地各项规定，依据《江川区土地利用总体规划（2010-2020年）》和基本农田划定成果，江川区划入坝区的基本农田为8319.57公顷，占坝区现有耕地的81.62%，达到规划要求。目前，基本农田面积为15122.46公顷。耕地保有量及基本农田保护面积均没有突破下达的指标，很好的保护了耕地和基本农田。

【土地供应】 2016年供地9宗，面积27.1054公顷，总价款20936.8万元，其中划拨用地4宗，面积3.4382公顷，价款0（无偿划拨），拍卖出让2宗，面积12.2118公顷，价款15500万元，挂牌出让3宗，面积11.4554公顷，价款5436.8万元。完成江川工业园区龙泉山工业园区江义街、龙滨路、龙腾路、江滇路4条道路的供地手续报批，面积18.5473公顷，划拨方案已经区政府批复，待园区缴纳相关费用后即可办理划拨手续。

【土地征转】 进一步加强土地储备工作，推进储备土地前期开发整理。上报云南省国土资源厅批准农用地转用征收报件2件，面积85.4336公顷，其中：耕地17.3049公顷、其他农用地35.4159公顷、建设用地32.1735公顷、未利用地0.5393公顷。

征收土地150.1841公顷，支付征地费7423.1818万元，附着物补偿费2368.5259万元，征地费作价入股6391.1090万元。主要项目为：云南九溪润特仓储中心项目征地面积37.7177公顷，支付征地费3166.6511万元，附着物补偿费297.3190万元；龙泉大道（南段）道路工程项目征地面积7.9077公顷，支付征地费用1821.7483万元，附着物补偿费995.0216万元；翠峰小微创业项目征地面积7.2320公顷，支付征地费1249.2956万元，附着物补偿费52.2590万元；大街民房用地征地面积4.8409公顷，支付征地费用1185.4868万元，附着物补偿费用15.1410万元；江通高速公路项目（紫红坝至大寨段）征地面积65.3519公顷，作价入股征地费4872.7190万元，支付附着物补偿费784.5785万元；G213公路项目征地面积27.1339公顷，作价入股征地费1518.3900万元，支付附着物补偿费224.2068万元。

认真做好2016年第一、二批次城镇建设用地报件组件报批工作，转用征收面积为77.7903公顷，其中农用地72.0941公顷（耕地29.1545公顷），建设用地5.6057公顷，未利用地0.0905公顷。

【土地收购储备】 2016年已收购五宗地块，收购面积27782.77平方米，支付金额1612.41万元。分别为：江川仔猪交易市场旁西侧上大河村民小组酒厂，收购面积2200平方米，收购金额：229.737万元；原江川县畜禽改良站（大街变电站西南侧），收购面积3070.67平方米，收购金额450万元；玉溪卉源园林绿化有限公司苗圃（仔猪交易市场旁），收购金额92.0436万元；供排水公城区司分水闸，收购面积47.99平方米，收购金额：7.3129万元；江川仔猪批发市场，收购面积22630平方米，收购金额：833.3165万元。

【设施农用地备案工作】 2016年，设施农用地共备案11宗，面积0.7924公顷。主要为雄关上营村委会雷居头村民小组烤房、窑房村委会大坝塘组烤房、雄关社区一组烤房，前卫镇赵官组烤房、周官村委会一组烤房、柏池古村委会的烤房以及九溪镇矣文村委会扯纳苴组烤房、矣文村委会矣文小组烤房、九溪镇大营社区老尖山组烤房、中营村委会鸡窝坪蔬菜种植基地、王丽蔬菜种植基地的看管房及水池。

【土地利用管理】 严格执行《建设项目用地预审管理办法》，做好建设项目用地的预审工作。2016年完成用地预审项目4个，初审2个，涉及1个国家级重点建设项目用地预审初审，即：

国高网G8012弥勒至楚雄高速公路弥勒至玉溪段建设项目，按时按质完成建设项目用地预审初审工作。

【规划修编】 积极开展土地利用总体规划评估修改工作，2016年我区共开展了大街、江城、九溪、路居共4个乡镇的土地利用总体规划评估修改工作，并经市政府批复，省国土资源厅备案实施。组织开展江川区土地利用总体规划调整完善工作。调整方案已上报省国土资源厅，待审查备案后即可实施。

【土地开发整理】 推进土地整治工作，编制完成土地整治专项规划。完成相关资料的收集，开展前期工作的分析研究。做好土地整治项目和补充耕地项目建设，2016年江川区开展的土地整治项目共1个，即九溪等（2）个乡镇鸡窝等（6）个村土地整治（补充耕地）项目，该项目于2016年7月28日由市级组织验收，2016年11月23日取得验收意见。

【耕地占补平衡】 严格执行耕地数量和质量占卜平衡。截至2016年12月份，已批准项目2个，上报省厅在审批中项目2个，共计4个项目。用地总面积163.2239公顷，占用耕地46.4594公顷，其中：水田38.2307公顷、旱地8.2287公顷。为贯彻落实“占优补优、占水田补水田”数质量相当的精神，在用地报批前，江川区组织了项目建设用地实地踏勘，对项目进行了充分论证和优化选址，尽量避免占用耕地，尤其是水田和坝区耕地。但因项目规划等原因，江川区2016年无法避让占用耕地46.4594公顷，平均耕地质量等别为6.99等。均已报省级国土资源主管部门核实合格，并挂钩相应耕地质量等别的补充耕地项目，挂钩项目补充耕地数量和质量均能满足江川区2016年申报建设用地占用耕地的占补平衡要求。

【基本农田划定和高标准基本农田建设】 全面完成城市（镇）周边永久基本农田划定。按照部、省、市国土和农业部门的部署安排，在区委、区政府的领导下，在相关部门的配合下，于3月份开展了城市（镇）周边永久基本农田划定工作，6月份按时、按质完成了此项工作。根据上级下发的初步任务，我区划入基本农田的耕地面积为127.97公顷（1919.55亩），加上已有基本农田积274.85公顷（4122.75亩），划定后江川区在卜发任务范围内基本农田面积占总耕地面积的60.14%。目前划定工作的各项成果通过了市国土局和市农业局的审查，且报省国土厅和省农业厅备案。

按照部、省、市国土和农业部门的部署安排，江川区积极开展全域永久基本农田划定工作。根据《玉溪市土地利用总体规划（2006-2020年）调整方案》，玉溪市人民政府下达江川区全域基本农田保护目标为14016公顷，江川区根据上级下达的初步任务，完成江川区全域永久基本农田划定的任务落实，对涉及原有基本农田调出的耕地按照相关规定，开展举证工作。玉溪市国土资源局江川分局、玉溪市江川区农业局经充分协调审核后，形成《玉溪市江川区全域永久基本农田划定方案》，并通过江川区永久基本农田划定领导小组审核通过。经过区政府常务会议审议通过后于2016年12月23日上报玉溪市国土资源局审批。2016年12月29日，划定方案通过州市论证审核。

【矿政管理】 进一步提高矿政管理水平，按时完成采矿权年度检查扩网上报备工作，按要求开展非煤矿山转型升级各项工作。建立健全矿业权市场体系和准入制度，完善矿业权市场交易规则和制度化，落实矿业权有偿取得、计划投放制度，严格执行矿产资源规划和矿业权设置方案，出让计划报经政府批准，矿业权出让进入公共资源交易中心。2016年未办理过矿业权出让、转让、变更、延续手续。积极推进和谐矿区和绿色矿山建设，督促每个矿山编制完成矿山地质环境恢复治理方案和土地复垦方案。深入推进矿山储量动态测量工作。对区域内所属全部矿山按规定开展动态测量工作，完成2016年矿山储量动态测量工作计划编制，完成16家矿山开采利用现状实地测量和矿山储量动态测量工作。征收矿产资源补偿费173.08万元，采矿权使用费1.3万元，做到应收尽收。收缴矿山地质环境恢复治理保证金215.82万元。严格规范采矿权转让市场，并对临时申请开采普通建设用白云岩和粘土进行临时审批，共办理临时开采审批手续7件。积极做好江川区非煤矿山转型升级工作，开展好矿山开采利用监督检查工作。

【地质灾害防治】 全力做好地质灾害防治工作。编制完成2016年地质灾害防治方案、应急预案。健全和完善了江川县地质灾害汛期值班制度、地质灾害巡查制度、地质灾害应急调查制度、地质灾害险情通报及月报制度和地质灾害“三查”、“两卡”发放制度和监测人员管理制度，落实监测人员，建立手机短信平台，及时了解气象信息，牢牢把握地质灾害预防的主动权。建立地质灾害防治群测群防体系，“三表两卡一通知”全部发放到位，认真做好汛期前的巡查排查、监测工作。加强地质灾害防治宣传培训，发放宣传画300余份，发放宣传纸杯29060个。发放的宣传画张贴得当，在地质灾害危险区域设立警示牌25块，确定撤离路线和避险场所。开展了地质灾害应急演练工作，增强村民避灾实战能力，提高广大群众的防灾避灾意识，各乡镇（街道）共组织开展地质灾害应急演练6次986人参与了实地演练。认真开展地质灾害汛前、汛期核查、排查及巡查工作。汛期以来我县共发生4起地质灾害，直接经济损失3万元，无人员伤亡。积极开展地质灾害治理与搬迁避让工作。共投资44.7万元对8个小型地质灾害点进行治理。重点对路居东大河特大型泥石流地质灾害治理项目前期工作、九溪镇六十亩地质灾害治理项目进行督促监管。大街水箐沟搬迁避让项目、蔡家庄搬迁避让项目、九溪小营搬迁项目、米汤水村因地质灾害搬迁避让项目进行监管，积极配合乡镇做好江城镇云岩小组、陈家湾小组、九溪大村二组因地质灾害搬迁项目因地质灾害搬迁避让项目。

【执法监察】 全年共指导和协助各乡镇国土所（分局）开展常态化巡查350余次，及时发现制止了各种土地、矿产违法违规行为100余起。及时制止和依法查处各类国土资源违法行为，全年立案查处土地违法案件8件，结案7件；立案查处矿产资源违法开采案件5件，共罚款6.5万元；联合市场监管局查处非法盗采矿产资源案件5件，共罚款11.5万。开展多部门联合执法，依法查处矿产资源违法行为。依法对辖区对非法盗采矿产资源违法行为进行查处与制止。共计收缴罚没款项8.5万元，依法责令停产关停矿山1个。认真做好土地批前踏勘与批后监管。严格落实土地审批前踏勘制度。先后对11个建设项目进行了现场踏勘。扎实开展2016年度土地矿产卫片执法检查工作。江川区2016年度土地变更调查监测图斑共计81个，监测面积1113.68亩，耕地面积468.19亩。

【矿山安全生产】 大力加强矿山安全生产与专项整治活动。一年来，市局总局管理局认真贯彻落实市局、区政府关于安全生产大检查、大排查的一系列指示和文件精神，建立健全矿山安全生产定期检查、巡查和登记制度，签订江川县国土资源局安全生产目标责任书，先后5次组织对全区28个（含托管给澄江的5个）矿山进行综合整治和专项检查，共查处一般隐患40起，整改项目40项，主管部门抽查125次，常态化巡查481人次。

【地籍测绘管理】 至2016年6月23日，共颁发国有土地使用证427本（初始登记130宗、变更登记297宗），集体土地使用证54本，他项权利证161本。完成全区67580宗农村集体土地使用权地籍测量，各乡镇（街道）正在对调查宗地进行确权，该项工作目前尚未通过市级验收。

【土地变更调查】 国家分二次共下发江川区2016年遥感监测图斑145个，覆盖率达100%，监测面积2581亩（其中占用耕地1650.5亩，占用基本农田522.1亩）。图斑分布于各乡镇，自收到遥感监测图斑后，市国土局高度重视印发《关于切实做好江川区2016年度全国土地变更调查与遥感监测工作的通知》（玉国土资江〔2016〕126号），成立土地变更查与遥感监测工作领导小组，负责土地变更调查的日常工作。选择昆明云金地科技有限公司作为技术配合单位，于2016年12月6日开始，组织人员利用4天时间完成了第一批129个图斑外业调查，并对遥感监测图斑逐一审核，形成初步定性，随后进行收集材料和论证。2017年1月9日和1月22日参与省国土资源厅对接工作，形成最终上报成果。

【依法行政】 做好本局行政执法、行政处罚、规范性文件等法律文书的审核工作。全面做好行政审批事项承接、清理和取消工作。2016年，新增行政许可类3项（其中1项为市级下放的行政审批事项）、行政处罚类52项、行政检查类8项、其他行政职权类11项，根据相关文件要求，对非行政审批事项进行全面清理和取消，优化和规范行政审批流程。

【不动产登记工作】 完成全区67580宗地地籍测量，农村集体土地所有权部分已通过了市级验收。截至目前，各乡镇（街道）正在对再调查宗地信息进行确权，江川区还未开展农村宅基地和集体建设用地使用权确权登记。于2016年6月23日举行江川区不动产统一登记首发证仪式，启用不动产权证书正式进行不动产统一登记工作。自2016年6月23日启动登记以来。共办理房地一体集体建设用地登记1宗，土地使用面积6767.25平方米，建筑面积1723.06平方米；办理宅基地房地一体登记颁证6宗，土地使用面积520平方米，建设面积1527.7平方米。截止2016年12月4日，江川区不动产登记中心共发放《不动产权证》469本，《不动产登记证明》471份，注销《他项权利证》460本，提供不动产登记查询、出具查询证明514份。采取各种方式推进数据整合。共完成房地数据整合4144宗，其中试点小区完成2387宗，零星整合772宗，补测补录城镇地籍电子库985宗。开展不动产统一登记专项业务工作。根据玉溪市国土资源局2016年7月8日《关于分解下达不动产统一登记专项业务工作任务的通知》安排，市局下达县区的专项工作任务为采用新证新章的方式开展林地合一登记发证。2016年11月23日，玉溪市江川区人民政府办公室下发《玉溪市人民政府办公室关于印发玉溪市江川区林地合一发证工作方案（试行）的通知》（玉江政办发〔2016〕117号），制定出台江川区实施林地合一发证工作方案（试行）。明确了林地合一发证专项工作的目标任务、工作重点、部门职责和工作要求。为启动林地合一发证做好准备。

（李　霞）

建设·环保

编辑　徐凡清

住房和城乡建设

【概　述】　2016年，玉溪市江川区住房和城乡建设局紧紧围绕“生态玉溪、美丽幸福的魅力之城”，以撤区设区为契机，以基础设施建设为重点，大力开展农危房改造、百千工程、棚户区改造等工作，为全区经济社会发展提供良好服务和有力保障。至2016年底江川区建成区面积5.5平方千米，城镇化率39.3%，城市主要街道27条，总长44.3千米，道路硬化率达98%，日清扫面积86.8万平方米，城区绿化覆盖面积144.16公顷，绿化覆盖率30.5%，日供水能力1.8万立方米，日处理污水能力2万吨，污水收集率85%，生活垃圾无害化处理率100%。

【城乡规划】　2016年，完成4个省级示范村、7个市级示范村、67个整治村的规划编制并通过专家评审；实施18个易地扶贫搬迁新村，完成规划编制工作并通过市级联合技术审查；城区地下管线探测工作年初签订合同，年底提交地下管线普查的成果。完成江川区提质扩容规划方案动画视频制作，完成江川区城市市政基础设施建设项目可行性研究报告的编制，城区外围道路建设7个，城区市政道路建设9个，市政配套公用设施8个，项目总投资57.62亿元。提请上报区规委会通过23个规划建设方案，全年办理建设用地规划控制指标7件，选址意见书7件，用地规划许可证8件，工程规划许可证18件，规划项目验收51件。

【供排水情况】　2016年实现安全供水517.53万立方米，水质达标率100%。处理污水519.80吨，化学需氧量873.71吨，五日生化需氧量384吨，总磷21.74吨，总氮161.85吨，氨氮116.55吨。用水户19767户，新装水表232户，完成新建5.7千米配套管网工程建设目标任务。

【保障性安居工程】　完成2012～2014年建设的保障性住房1912套的申请、审核、摇号配租及档案管理工作。指导与配合江城古镇棚户区改造项目，完成“三调”工作、可行性研究报告编制、初步规划设计、房屋征收补偿方案编制及社会稳定风险评估。2015年市级下达江川县121户棚户区改造任务，50户安排在上营社区，工程基本完工，其余71户为改造拆迁户，已签订货币补偿协议。由玉溪市家园投资有限公司作为承贷体，并与国家开发银行、农业发展银行开展棚户区改造资金申贷，各项工作有序推进。

【农村危房改造】　2016年，农村危房改造和抗震安居工程建设目标任务3543户完工。建设开工率、信息录入率均为100%，竣工率76%，全市排名第一。

【房地产业】　2016年，完成商品房备案登记667件，面积14万平方米，销售总价6.69亿元，均价4783元/平方米。二手房成交面积4.57万平方米，二手房成交金额1.02亿元。房地产开发有仙湖岛项目，商品房累计可售面积3.5万平方米，住宅1494套。商品房去库存数6.9万平方米，住宅去库存套数602套。房屋所有权初始登31

件，转移登记366件。缮发房屋所有权证书680户。2016年1月1日至2016年6月24日，完成国有土地抵押登记面积16.01万平方米，完成集体土地抵押登记8.66万平方米，2016年6月24日之后抵押登记及房屋所有权证书业务由不动产登记中心受理。办理预售许可证1件，预售面积27.4万平方米。共有15个维修资金专户，维修资金专户定期存款金额数3300万元，2016年8月，实现存量房（二手房）网签网备。

【燃气管理】 开展燃气安全检查4次，发放安全整改通知书5份，燃气安全现场检查记录55份，提出安全整改意见和措施35条。对辖区内19家燃气经营企业完成换证工作。

【建筑业】 2016年，完成资质以上建筑业总产值4.98亿元。与17家建筑施工企业、3家监理企业签订安全生产目标管理责任书20份，层层落实制定安全生产目标管理责任制。全年开展建筑安全检查8次，检查在建工地420次，发放质量安全隐患整改通知书11份，停工整改通知书3份，提出整改意见和措施225条。办理建设工程项目建筑施工许可证30份，建筑面积14.83万平方米，总投资3.68亿万元。受理建设领域拖欠工程款案件3起，涉案金额1300余万元。全年质量安全报监工程26项，房屋建筑工程22项，建筑面积17.6万平方米，总投资2.8亿元；工程竣工验收57项，建筑面积29万平方米；办理工程竣工验收备案22个单位工程，建筑面积11万平方米；办理施工机械使用登记39台、物料提升机25台、塔式起重机14台次。全年有形建筑市场进行招投标的工程建设项目48个项目（52个标段），项目估算总投资1.52亿元，招标限价（拦标价）1.50亿元，中标合同价1.37亿元，浮动率-8.73%。

【稽查执法】 组织住建系统执法人员培训及换（发）证工作。组织完成云南秋庆种业有限公司、大街社区、星云铭城建设、玉溪Y咪绿色休闲食品有限公司项目违法查处工作，参与林大福违规建设项目调查、风险评估及建筑物拆除工作。全年住建系统行政立案226件，结案226件，罚款259.95万元。组织完成建设系统（包括综合执法局）开展行政执法队伍专项整治活动1次。完成行政执法职权职责清理工作。行政许可29项，行政处罚520项，行政强制2项，行政征收1项，行政检查10项，行政确认3项，其他执法行为27项。

【环境卫生管理】 2016年，改造城市公厕8座，面积576.65平方米；拆除重建公厕4座，面积708.21平方米；新建公厕1座，面积102.9平方米。按照《道路清扫保洁质量考核标准》，进行量化考核，做到日检月评。全年机械化洒水降尘率稳定在85%以上，机械化清扫率达到50%，全年共清运生活垃圾28050吨，区城垃圾无害化处理率100%。

【园林绿化管理】 2016年，建成区内园林绿地总面积131.07万平方米，绿地率24.73%。公园广场绿地13个26.72公顷，人均公园绿地面积10.52平方米。管护区内共有乔木22188株，灌木113772.5平方米，草坪25574.88平方米。管护区域内的行道树、绿篱、灌树、草坪等实行有偿管护承包，依据《江川县城市绿化承包管护检查考核实施细则》，坚持“日监”“日巡”常态考核，强化督导，促进提升。形成每月15、30号定期考核制度，根据检查、考核情况对发现的突出问题及时进行反馈，限时整改，2016年在检查过程中发现问题300个，整改率100%，有效维护绿地景观效果，全面提高园林绿化养护管理水平。

【人民防空】 开展人防工程清理整改、警报试鸣、人防地下室建设行政审批和易地建设费收缴等各项工作，包括组织人员对全区所辖的防空警报器线路进行检查和维修并于2016年9月18日成功试鸣防空警报。对全区按布局设置的警报器和车载台进行档案、图片资料完善，与相关单位签订目标管理维护安全责任书，使管护使用更加规范化。实现财富广场、江磷文苑、景华苑、龙旺湖城项目防空地下室建设面积大的突破，完成江磷文苑、财富广场地下室项目建设竣工验收备案，对不适宜修建防空地下室的项目进行易地建设行政审批12件，2016年减免项目3件，收取易地建设费全额缴入财政专户。

【城乡人居环境综合整治】 制定下发《江川区城乡人居环境综合整治五年行动方案》，投入资金1.1亿元全面开展城乡人居环境综合整治。各乡镇（街道）落实

“门前三包”和垃圾分类处理制度；完成翠大线、玉江路、江通路、江华路高等级公路绿化；实施玉江大道紫红坝到牛虎铜案五岔路口的景观提升工程；启动江通路、澄川路沿线环境卫生综合整治及房屋外立面改造工程；实施兴江路、明珠路、星云路、振兴街街区整治工程；对部分道路进行绿化亮化，重要路口安装红绿灯；清理和拆除违规建筑1183宗81000平方米。下拨资金8646.7万元开展“百村示范、千村整治”工程，完成4个省级示范村、7个市级示范村、67个整治村的规划编制并通过专家评审，部分条件成熟的村庄已完成招投标并开工建设。

（郑文红）

住房公积金

【概　述】 江川区住房公积金管理部是隶属于玉溪市住房公积金管理中心的派出机构。2016年，江川管理部围绕国家、省、市房地产去库存稳增长工作决策部署，不断完善住房公积金政策，各项工作扎实有效、稳步推进，促进江川区住房公积金各项工作的健康发展。

【主要经济指标完成情况】 住房公积金增点扩面情况。全区新增缴存单位14户、缴存职工77人，全区缴存单位217家，7455名职工建立住房公积金制度。江川区涉及抚仙湖径流区实行统一托管机关事业单位人员286人住房公积金移交澄江县。

住房公积金归集情况。全区2016年归集住房公积金1.47亿元，同期增41.95%，全区累计归集总额10.16亿元、归集余额3.6亿元。

住房公积金使用情况。全区住房公积金通过提取和贷款为职工购房、建房等提供资金3.87亿元，其中：提取住房公积金1.12亿元，同期增65.75%，发放个人住房公积金贷款2.75亿元，同期增295.79%。累计发放贷款总额7.5亿元，贷款余额4.6亿元。存贷比128.42%，无不良贷款和逾期贷款。

【增点扩面工作】 强化措施，加大住房公积金政策宣传力度，围绕“非公经济组织建制推进年”活动，管理部推进以非公企业（规模以上工业企业、资质等级建筑业企业、限额以上服务业企业）为重点的住房公积金制度建设。按市中心通知，与财政、人社部门协调沟通，举办住房公积金调整变更培训会，2016年3月和9月两次顺利完成年度审核审批工作，对职工住房公积金年审和缴存基数、比例核定工作，管理部在公积金的归集上始终严格遵守《住房公积金管理条例》，并根据《玉溪市住房公积金管理委员会关于调整住房公积金政策的通知》及市住房公积金管理委员会的《两个办法》的有关规定，完善公积金年审原则。按照玉溪市统计部门和劳动保障部门公布的月平均工资上下限标准执行。

【政策惠民】 根据玉溪市住房公积金管理中心文件关于《玉溪市住房公积金管理委员会关于调整住房公积金政策的通知》作出规定：“严格执行公积金新政策”。以江川区职工改善居住条件为己任，加大住房公积金贷款力度，缩短住房公积金贷款审批周期至10个工作日，惠及广大缴存职工。为满足异地缴存职工购房贷款需求，根据《关于开展玉溪市住房公积金异地贷款的通知》文件，开展异地贷款业务，有效的支持江川区库存商品房去库存化，促进江川区社会经济发展。

（杨红明）

环境保护

【概　述】 2016年，江川区环保工作在区委、区政府的正确领导和省市环保部门的指导下，坚定不移地实施生态立区战略，以星云湖水污染综合防治和区域生态环境质量考核为核心，围绕中央环保督察及大气、水、土壤污染防治三大行动计划，突出总量减排、环境污染治理、生态文明体制改革及生态创建、农村环境整治、环境执法监管等重点，全面推动各项环保工作持续深入开展，“十三五”环境保护工作开局良好，环境质量总体呈现改善态势。

【星云湖保护治理工作】 始终坚持把星云湖水污染治理作为环境保护的重中之重，采取工程及非工程措施开展星云湖水污染综合防治，星云湖水质恶化势头得到明显遏制，2016年9月以来星云湖水质已有3月达到Ⅴ类标准，入湖河流水质也得到大幅改善。这是自2009年4月以来7年零5个月星云湖水质首次出现明显好转的迹象，为实现“十三五”水污染防治工作目标增强信心。

区委、区政府倍加重视星云

湖保护治理，召开常委会、常务会、全区环境保护暨湖泊保护治理工作会等会议，研究部署星云湖保护治理工作，层层签订2016年目标责任书，制定考核办法，强化督查和跟踪问效。

抓好“十二五”规划项目扫尾，完成星云湖流域水污染综合防治规划项目17项、规划外项目2项，累计完成投资4.64亿元。

完成《星云湖流域水环境保护治理“十三五”规划》编制，着力推进星云湖规划项目的实施，多个项目已陆续完成可行性研究、初步设计。目前，星云湖流域“十三五”水环境保护治理规划项目共15项，已开工建设9项、开展前期工作1项，开工率已达60%。已完成投资8024万元。

采取PPP模式实施星云湖环湖截污治污、星云湖污染底泥疏挖及处置工程。星云湖环湖截污治污工程项目估算投资67948万元，主要对23个村委会106个村落实施综合整治，建设生活污水收集处理、生活垃圾收集清运处置、人畜粪便处置、村庄道路硬化工程，对62452.86亩农田建设调蓄分配功能生态化农灌支渠69472米，在星云湖西岸南段、西岸北段、北岸、东岸北端和东岸南端五个片区建设19.2千米的生态截污调蓄带，已签署PPP合同并完成SPV项目公司组建工作，环湖截污干渠已开工建设；星云湖污染底泥疏挖及处置工程项目估算投资85481万元，主要对8.98平方千米污染层厚度超过50厘米的重污染区实施疏挖和处置，清除星云湖污染底泥729万立方米，配套建设污泥脱水厂、纳泥场，已签署PPP合同，污泥脱水厂已完成选址，即将开工建设。标志着2个PPP项目全面进入实施阶段。

争取到星云湖治理资金8515.335万元。其中，中央水污染综合防治行动计划专项资金2200万元、云南省环保专项资金2900万元，省级PPP项目奖补资金29万元、省级债券资金2789.255万元，其他省市补助资金597.08万元。为全面星云湖治理提供资金支持。

探索星云湖蓝藻治理新模式。引进蓝藻聚集区NAC清理技术，在清理蓝藻的同时使藻细胞失活，从而避免蓝藻毒素向水体的释放，同时去除水体中的氮、磷等营养物质，降低水体富营养化指数。引进澳大利亚贝林国际（集团）的自清洗过滤/分离设备——“贝林非特”微滤设备在玉带河船闸处进行蓝藻和湖水污染物清除试验。标志着江川对星云湖蓝藻水华暴发的治理能力得到进一步的提高。

保障水生态环境安全。继续做好东风水库径流区环境综合整治工作；加强对星云湖湖泊水质及主要入湖河流水质、城区集中式饮用水源地水质监测工作，构建流域生态环境监测网络。

【项目管护】 做好东西大河、大街河、渔村河、螺蛳铺河环境综合治理工程运行管护工作；做好星云湖沿湖重点村落污水治理工程（包括大渔村、大石咀村、上西河村、大凹村、路居片区农村、星云湖北岸村落环境综合整治工程共30个村）的运行管护工作；做好“大型仿生式蓝藻去除设备”运行管理工作；做好主要入湖河口湿地、湖滨带管护工作。坚持定期不定期巡查，加强与管理主体各乡镇环建中心联系，发现问题及时处理。

【污染物减排】 高度重视污染减排工作，进一步强化工程、结构和管理减排。制定《江川区2017年度主要污染物总量减排工作实施方案》，将减排任务分解下达给相关部门和企业，并签订减排责任书，明确工作职责和任务；做到职能部门齐抓共管。加快污水管网建设，强化污水处理厂运行监管。加强督促检查，区政府定期组织人员进行督查，确保各项污染减排工作顺利推进。2016年度江川区全面完成化学需氧量、氨氮、二氧化硫、氮氧化物四项指标年度减排任务，10个污染减排重点项目按时按质圆满完成，减排监测体系全年正常运行。

【行政审批】 做好行政审批改革工作。制定行政审批和管理服务项目办理流程、承诺时限、申报条件规定等，编写办事指南和业务手册，对行政审批、管理服务项目均按照要求压缩审批时限到法定时限的三分之一；建立“一次性告知”制度。做好行政许可事项承接、监管、服务，做好市级下放给区环保局建设项目环评文件审批、建设项目竣工环境保护验收范围的工作，通过下放审批权限承接工作，方便企业环保手续的办理工作。全面清理整顿，化解历史遗留问题。制定《玉溪市江川区环境保护违规建设项目整改方案》，及时部署违规建设项目清理整治工作。在推进重点工作、重大项目中，对属于上级环保部门审批的，积极协调，提前介入，推进项目环评报告技术评审和审批。2016年，全区共审批建设项目环评56个，对127个项目办理竣工环保验收手续。

【大气污染防治】 制定江川区2016年大气污染防治行动工作计划，实施“绿色江川行动计划”，开展蓝天江川工程，以城区为重点，加强施工、道路扬尘监管，全面实施大气污染防治行动，着力改善环境空气质量；融大气污染治理工作于日常各项管理工作中，加强对企业废气污染物治理工作，确保达标排放；环境空气自动监测站建成投入使用，实现全区空气质量实时监测，监测数据每月分上旬、中旬、下旬三次在玉溪日报、政府信息公开网上向社会公开发布。2016年，城区环境空气质量达到《环境空气质量标准》（GB3095—2012）一级标准178天，二级75天，环境空气优良率100%。

【中央环境保护督察】 2016年7月15日至8月15日，中央第七环境保护督察组对云南省开展为期一个月的环境保护督察工作，7月26日至8月4日，对玉溪市进行下沉督察。在此期间，全区各级各部门高度重视、周密部署、密切配合，完成中央督察组转办件的办理工作。

做好中央环保督察迎检准备工作。从上年4月开始，全区各级各部门按照市区委、政府的安排部署，认真查漏补缺，补齐短板。区委、区政府适时调整成立由主要负责人为组长的江川区迎接中央环境保护督察工作领导小组及工作机构，负责组织领导、统筹协调，配合中央环境保护督察组下沉江川区开展工作。区政府及时召开迎接中央环保督察工作准备安排会，对迎接工作进行安排部署。区环保局成立工作机构，抽调人员，专门负责做好中央督察材料准备、统筹环保督察相关工作。梳理和完善基础数据资料，并对存在的各类热点、难点、敏感环境问题进行认真清理，及时整治，全面完成中央环境保护督察组下沉督察的各项准备工作；周密部署，密切配合，抓实抓好中央环境保护督察组下沉江川督察的各项工作。办结中央环保督察组交办投诉举报件6件。

【环境监察】 2016年，以贯彻落实新环境保护法为重点，以污染隐患排查整治为抓手，以环境执法大练兵为契机，全力推进环境监察，累计出动执法人员634余人次，开展308余场次现场环境监察。一是加强现场执法检查，及时查处污染隐患问题，严防发生重特大环境污染事件。以环境安全隐患排查整治为重点，扎实开展“污染源日常检查”、“减排专项检查”、“建设项目‘三同时’检查、“玉溪市‘三湖’专项检查”、“排污许可证专项检查”“县城饮用水源”等环境执法检查活动。通过检查，有效遏制环境污染频发势头，未出现重特大环境污染事件。二是加大环保执法力度，坚决查处环境违法行为。认真贯彻执行新环境保护法，查处环境违法案件10件，结案9件，1件正在执行中，收缴罚款33.25万元。三是认真调查处理污染投诉，切实解决群众身边的环境问题。受理各类投诉30件，处理率为100%，结案率为100%。做到件件有落实，事事有回音，及时化解矛盾，消除不稳定因素，维护和保障群众的环境合法权益。四是认真开展排污费征收工作，2016年，共征收排污费114.85万元。五是开展辐射安全专项监管，严防辐射事故。六是开展高考考点及考生住宿场所环境整治，营造安静、空气清新的考试环境。

【环境监测】 通过实验室计量认证复查评审，共认证监测项目3大类66项，认证项目基本覆盖水（废水）、气（废气）、噪声3大类的基本项，基本满足江川区环境管理的需要。完成各项例行监测任务。完成集中饮用水源地水质监测（地下水）、13条主要入湖河流、城区环境空气质量监测、国控源及在线比对、国控源污水处理厂排污口监测、减排监测及环境统计等，共出具监测报告71份。完成2016年国家重点生态功能区县域生态环境质量考核工作。按照国家重点生态功能区县域生态环境质量监测、评价与考核培训会的精神和要求，制定工作计划，培训技术人员，抓住考核新变化，严把数据、材料质量关，合理组织资料，填报数据，完成2016年国家重点生态功能区县域生态环境质量考核工作。

【生态创建工作】 加大生态环保力度，生态文明建设成效显著。认真落实国家、省市生态文明建设的相关政策，积极推进生态文明体制改革。做好国家重点生态功能区质量考核工作，按照国家重点生态功能区县域生态环境质量考核工作要求，结合江川区实际，制定出台《玉溪市江川区国家重点生态功能区生态文明建设部门考核办法（试行）》、《玉溪市江川区生态功能区转移支付项目实施管理暂行办法》、《玉溪市江川区国家重点生态功能区生态文明建设部门乡镇考核办法》。开展国家级、省级生态乡镇创建工作，前卫镇、九溪镇、安化乡已被省政府命名为第十批省级生态文明乡镇；路居镇、雄关乡省级生态文明乡镇创建资料已经专家审查修改后上报省环保厅；江城镇、大街街道申报国家级生态文明乡镇已通过省级考核，待上报环保部复核命名。推进绿色创建工作，2016年，前卫镇前卫社区已获得第五批玉溪市绿色社区命名；雄关乡中学、江城镇龙街中心小学已获得第七批玉溪市绿色学校命名。继续稳步推进“创模”工作，落实各项任务措施，抓好安化乡董炳河流域大营村环境综合整治项目的实施。大力推进农村环境综合整治工作，村落“两污”得到妥善收集处置、环境整体质量大为改观、人居环境显著改善。

【环境宣教】　认真落实《全国环境宣传教育行动纲要》，大力开展环境宣传教育工作。以节能宣传周、低碳日、全国科普日、宪法宣传周、“六五”世界环境日等活动为契机，开展新《环保法》、新《大气污染防治法》等环保法律法规、环保知识的宣传。组织辖区内的书法、绘画、摄影爱好者积极参加以践行“生态文明·畅想绿色生活”为主题的2016年“六·五”环境日环保公益书画摄影展活动和云南省绿色学校环境绘画及电子手抄报比赛。在省、市环保网站、江川新闻网等网站上宣传江川区各项生态环保工作取得的经验和成绩，营造全民参与环境保护，建设美丽江川的良好氛围。

【扶贫攻坚】　扎实开展扶贫攻坚工作，制定扶贫工作计划，深入扶贫联系点安化乡旱谷田村开展走访，与联系户进行面对面交流，认真填写扶贫联系手册，解群众的生产、生活情况，与村干部进行多次交谈，制定扶贫措施，确保年度扶贫任务按时完成。筹资为联系的贫困户每家赠送化肥4袋；筹资8万元为旱谷田村旱谷田小组解决农村环境整治基础设施；投资3万元，为白沙地小组解决进村照明问题；为住房困难户协调建房资金。党员干部开展红十字会爱心捐款共计1700元。

（李昊阳）

星云湖管理

【概　述】　2016年，江川区星云湖管理局加强星云湖渔业资源综合管理，巩固和提升江川渔产品、渔文化的品牌效应，贯彻落实《云南省星云湖保护条例》，以加快转变经济发展方式为主线，以生态文明建设为引领，以改善民生为根本，以奋力跨越为关键，按照区政府的工作思路和部署，结合工作实际，履行工作职责，做好星云湖渔政管理和环境保护“两大”重点工作。

【机构编制】　因江川县撤县设区，设立玉溪市江川区，江川县星云湖管理局于2016年2月更名为玉溪市江川区星云湖管理局。江川区星云湖管理局为江川区人民政府管理的财政全额拨款事业单位，机构规格相当于正科级。核定事业编制11名，其中，管理人员编制11名；核定单位领导职数3名，其中，设局长1名（相当于正科级），副局长2名（相当于副科级），2016年实有在编在岗人员7名。江川区渔政管理站，为区星云湖管理局所属财政全额拨款事业单位。核定事业编制40名，其中，管理人员编制28名，专业技术人员编制8名，工勤人员编制4名，设站长1名，副站长2名。2016年年底实有在编在岗人员40名。

【主要经济指标】　2015年12月25日至2016年1月23日星云湖开湖捕鱼30天，共办理捕捞许可证648本，共征收渔业资源增殖保护费292.896万元（4520元/证），2015年星云湖鱼产量2258吨，产值约3839万元；2016年度开湖，拟按6%的增长率计算，预计鱼产量约2393吨，按均价17元/千克计算，预计产值4068万元。2016年办理垂钓证69人，收取证费37490元。

【星云湖鱼苗投放】　完成星云湖2016年鱼苗投放工作。2016年共投放鱼苗115338.2千克，金额：1322799.85元，其中：鲢、鳙鱼90578.5千克（占投放总量的79%），鲤鱼22618.2千克，滇池高背鲫鱼2141.5千克。整个投放工作在区有关部门及部分渔民代表的共同参与监督下，星云湖管理局精心组织，统一指挥，严把投放鱼苗质量关，确保符合规格要求、体质健壮、无鱼病的鱼苗投放湖中。

【法律法规宣传教育】 为严厉打击电鱼、下网等非法捕捞行为，有效保护星云湖渔业资源，实现渔业资源的可持续发展，确保江川区广大渔民的合法权益，星云湖管理局立足工作实际，突出工作重点，坚决打击一切违法偷捕行为。做到进村入户摸底调查，做好渔民群众思想教育引导工作，采取多种形式宣传《渔业法》《云南省星云湖保护条例》等相关法律法规，发放宣传材料396份，提高沿湖群众的遵纪守法意识。宣传发动期间，各乡镇（街道）共召开村组干部、渔民代表大会42次，参会人员992人，为星云湖渔政管理专项整治行动工作的开展提供良好的社会环境。

【星云湖渔业资源管理】 完善制度，抓好制度建设和内部管理。建立完善规章制度是抓好渔政管理工作的关键环节，制定《江川区星云湖管理局综合目标管理考核办法》，完善《江川区星云湖管理局内务管理规定》，通过各种规章制度的实施，渔政站进一步树立队伍形象，规范职工行为，增强责任心、工作积极性、主动性和创造性。领导重视，深入基层指导工作。结合工作进展实际，以开展“两学一做”学习教育为载体，研究解决渔政管理中存在的各种问题，以身作则出湖巡逻，了解掌握一线工作情况；分别对不同时期、不同地点的工作，进行安排部署，如政策宣传、鱼苗投放、湖面清理、市场监管、日常执法等做到深入细致分析研究，措施得当的安排落实，促进渔政管理工作的正常开展。重点时期，及时清理排草。为保护好星云湖渔业资源，确保2016年渔民增收，星云湖管理局于2016年5月11～12日组织清理整治星云湖周边排草，排草是偷捕者为诱导鱼群产卵放置，便于实施偷捕，此次清理工作，共出动人员300余人次，渔政执法船10只，渔船40只，清理排草面积6000余平方米。

【渔政执法】 根据工作实际，调整常规、注重灵活、主动出击、点面结合，加强对重点偷捕地段，流动偷捕团伙的监控，并对一些偷捕者进行事前教育，有效遏制偷捕案件的发生。针对2016年一些不法分子为牟取利益，在星云湖水域进行电鱼、下网捕鱼等非法捕捞活动，星云湖管理局在区政府和相关部门的支持配合下，开展星云湖渔政管理专项整治行动，采取措施，抓住“三个重点”，做到“三个结合”，即抓住重点对象（历年偷鱼的惯犯）、重点地段（偷鱼者经常实施偷捕的地段，主要以星云湖十里长堤、麻地咀一带为打击的重点地段）、重点时期（鱼汛期），做到集中整治与长效管理相结合，惩治和教育相结合，自查和督查相结合，开展打击非法偷捕行为，并对偷捕者进行严厉惩处，将整治工作有关情况作总结并向区政府分管领导汇报，通过宣传震慑违法人员，教育广大群众。2016年底，共出动执法车检查220次，执法人员1100人次，执法船3442次，执法人员6884人次，共查处偷捕星云湖渔业资源案件86起，涉案人员86人，收缴各类网具18879张，地笼2117个，收取渔业资源损失赔偿费13.81万元。

【生态修复工作】 完成星云湖水葫芦打捞工作，制定2016年星云湖水葫芦打捞长效机制实施方案上报区政府。

加强对星云湖一级保护区禁止事项的巡查和监管。对在星云湖一级保护区内新建、改建、扩建的建设项目进行教育、制止；对在湖边禁止的洗菜、洗动物等进行教育宣传；对在湖边畜禽养殖及简易房的进行清理整治。完成星云湖一级保护区划定的测绘工作，并完成界桩设置。

加大鲢鳙鱼投放力度。合理搭配放湖鱼苗，增加投放量，消耗蓝藻有明显作用的滤食性鲢鳙鱼投放91吨。

以“六五”世界环境日，党员活动日开展星云湖沿湖周边环境卫生清理。为把星云湖环境卫生常态化，星云湖管理局把每月的15日定为星云湖环境卫生清理日，主要做星云湖边、湖面塑料垃圾、废弃物等的清理。

【渔业安全生产】 为全面营造和谐健康的社会生活环境，确保全局干部职工生产、生活安全，一年来，星云湖管理局健全制度，与渔政站签订《江川区星云湖管理局2016年度创建平安先进单位及综治维稳目标管理责任书》，搞好宣传，狠抓平安建设和综治维稳工作，开展安全生产教育，做好水上交通安全。本着预防为主，把安全隐患消灭在萌芽状态的工作要求，加强教育，让全体职工树立安全生产观念，增强安全意识，全年水上交通和燃油储存使用等方面，坚持按严格的操作规程，发现问题及时整改，做到无安全隐患，正常、有序、安全工作。

（李明利）

城市管理综合行政执法

【概　述】　2016年，区城市管理综合行政执法局围绕“改善人居环境、适应撤县设区新要求”的工作思路，不断加强城管执法队伍自身建设，全面提升城市治理能力和水平，营造优美市容环境和提升城市品位。

【队伍建设】　集中开展队伍整训工作，着力提升城管队伍执法和服务水平。通过整训，清理和辞退不合格协管员7名。加强执法执勤培训，不断提升行政执法能力。全年组织开展内部执法培训4期，参加培训310人次。参加执法证到期人员审验证培训3人、新参加工作人员行政执法资格培训9人。执法人员全部实现持证上岗、亮证执法。建章立制，夯实队伍管理基础。修改完善《玉溪市江川区城市管理综合行政执法局内务管理规章制度》，探索建立《玉溪市江川区城市管理网格化、精细化工作量化考核办法（试行）》。

【城市监察管理】　整治脏、乱、差现象。全年查处占道经营4291起，其中当场整改3493起，限期整改635起，罚款处理163起。加强户外广告管理。拆除星云路、明珠路、振兴街不符合规定户外广告牌28块；清理落地广告牌166起，规范门头店牌88起，清理整治小广告14500余条。加大“飘、撒、滴、漏”整治力度。全年查处违规散体物料运输行为222起，其中当场处罚31起，一般程序处理2起，教育改正189起。强化餐饮业油烟整治。为86户餐饮业商户办理环评审查手续，对不符合相关规定的6户给予责令整改。加强城市噪音管理。全年，查处噪音扰民行为39起，其中批评教育29起，处罚6起，证据先行登记保存音箱4个。

【防违控违工作】　2016年，区城管执法局加强违法违规建设行为的日常监管，全年查处违反规划建设案件31起，其中责令停工整改17起、立案调查4起、依法拆除10起，保障城市规划的严肃性、法定性、权威性。

【市场搬迁】　为进一步加强城市管理，改善人居环境，提升城市品位，区城管执法局对老戏台、档案馆、王字街3片区临时摊位摊点进行整体搬迁。2016年12月16日，对3片区临时摊位摊点开展搬迁工作，此次搬迁行动共出动执法人员80余人，执法车辆5辆，搬迁经营户78户，拆除钢架大棚831.4平方米，清运垃圾13吨。

【城区综合整治】　2016年5月4～31日，区城管执法局联合交警、巡特警、大街派出所等单位，对星云路、湖滨路、明珠路、宁海路、江通路、星象路、景新路、宝凤路等主要街道开展了城区秩序综合整治；对王字街、渔文化广场、大街小学、中学周边开展重点专项整治。清理占道经营374起，其中证据先行登记保存124起，处罚124起，批评教育250起；清理不规范户外广告牌116块，乱挂布标45条；清理乱堆乱放杂物144起，清理水泥伞坨60个。

【交通秩序管理】　为进一步做好城区静态交通秩序管理，区城管执法局根据玉溪市公安局江川分局交通警察大队的委托，全年，对2344起人行道上乱停放机动车的违法行为进行调查取证并移交交警大队处理，保障城区人行道的畅通安全。

【路灯和信号灯管护】　做好路灯管护。全年维修路灯382盏（其中：钠灯363盏，氙气灯19盏），维修、更换地埋电缆50米，处理地埋电缆故障点18处，处理白天亮灯事故5次，更换、维修路灯控制箱16台，处理被撞坏路灯杆9起，拆除怡心园广场投光灯71盏，确保路灯照明设施完好率95%以上，亮灯率96%以上。加强城区信号灯建设管护，确保城市道路交通安全。全年新建交通信号灯9套，维修交通信号灯9次。

【信访和建议提案办理】　2016年共办结信访件17件；承办政协江川县八届四次会议委员提案10件，县第十五届人民代表大会第四次会议人大代表建议3件。建议提案办理满意率100%。

（李伟宏）

工商企业

编辑 徐凡清

工业商贸和科技信息

【工业经济运行基本情况】 2016年，江川区规模以上工业实现增加值14.65亿元，同比增20.2%，增幅全市排名第四，绝对值完成市政府年初下达全年目标14.3亿元的102.4%；实现主营业务收入45.91亿元，同比增12.36%，完成市政府下达全年目标43亿元的106.7%；实现利税总额4.91亿元，同比负增长4.6%，完成市政府下达全年目标5.35亿元的91.8%；完成非电工业固定资产投资11.0139亿元，同比增56.37%，完成市下达指标任务11亿元的100.13%。

【纳入规模以上企业工作】 2016年，江川区新增规模以上企业10户，全区规模以上企业达到43户。

（张本发）

【规模以上工业固定资产投资完成情况】 2016年，全区完成规模以上工业固定资产投资118132万元，同比增55.46%；其中非电工业固定资产投资110139万元，同比增56.37%，占全区规模投资576253万元的20.5%，完成年度工作目标任务11亿元的100.13%。

【工业项目备案工作】 2016年，区工信局坚持“限时办结，免费服务”，办理项目备案22个，计划总投资86873万元，其中红塔集团复烤二车间计划投资3亿元。

【工业用电量】 2016年，工业用电量69653万千瓦时，同比增2%，占全社会总用电量86334万千瓦时的80.68%。

2016年，全区参与电力市场化交易的企业35家，全年累计申报成交电量71879.9万千瓦时，实际完成电量67468.71万千瓦时，退费优惠金额9817.25万元。

【争取工业企业上级财政扶持资金】 2016年，共争取工业企业上级财政扶持项目发展资金1541万元，其中市级重点工业新开工建设及竣工投产项目资金1235万元、市级民营经济暨中小企业发展专项扶持资金35万元、省级跨越发展及淘汰落后产能补助项目资金271万元。

【淘汰落后产能】 2016年9月1日，市区工信部门经听取汇报、实地检查，确认云南江川天云化肥有限公司5万吨过磷酸钙生产线已全部拆除废毁，江川区提前完成《玉溪市人民政府关于工业结构调整去产能去库存降低成本补短板的实施意见》文件下达的2017年淘汰落后产能任务。

【重点工业项目投资完成情况】 2016年重大工业项目固定资产投资工作完成情况如下：

序号	项目名称	计划投资	完成情况
1	江川惠茂纸业有限公司5000吨/年纸制品加工及包装生产线	3000万元	已完成投资计划的100%。5条自动化生产线完成安装、调试并且投入生产。
2	红塔集团复烤二车间技改项目	3.9622亿元	目前，项目已经办理备案，正在开展前期工作。
3	江川汇源日产4000吨新型干法水泥生产线项目	12亿元	完成“确定自备石灰石矿山、配套石灰石矿山、厂区面积，并进行出厂道路改造方案设计、厂区总平面布置、厂址物探、自备矿山勘探等工作，完成项目实施主体的变更”，正在进行产能置换。
4	玉溪翔云生物技术有限公司年产200吨天然植物提取物	3084万元	项目已备案。
5	江川昊源新型墙体材料有限公司4万立方米/年沙石项目		昊源公司决定放弃该项目。经区政府同意，昊源公司的相关补助资金已经退还财政国库。
6	云南腾达机械制造有限公司1000台/年数控中心项目	4000万元	已建成投入试生产，累计完成全部投资4000万元。
7	江川新天力现代农业装备制造有限公司年产4.5万台高原机械装备制造及农业产业工程项目	1.8亿元	一期工程（联合厂房、成品车间、涂装车间）工程于2016年3月完工，已完成场地的硬化、机械设备的安装，正在进行试生产。
8	云南福胤钢结构制造有限公司年产1万吨管桁架、H型钢结构件及10万平方米遥控车库门生产线项目	10200万元	已完成土地平整、厂房围墙的施工，正在进行主体厂房建设。
9	江川欣宇机械实业有限公司的光电子产品制造装配建设项目	11600万元	已完成土地平整、厂房围墙的施工，正在进行主体厂房建设。
10	江川县天虹彩印包装有限公司扩建项目	6000万元	已完成厂房主体工程建设、部分设备的安装，进行试生产。
11	江川县兰田琉璃瓦厂年产150平方米园林艺术瓦生产线	1800万元	已完成厂房建设，等待设备安装。
12	云南桥春农产品冷冻有限公司年加工6000吨蔬菜储藏冷库建设项目	2200万元	已完成冷库建设。

【云南省江川恒昌造纸有限责任公司被评为省级节水型企业】 2016年，经省工业和信息化委会同省水利厅、省节约用水办公室对各州（市）推荐上报的钢铁、造纸、纺织染整、石油炼制4个行业企业进行评审，云南省江川恒昌造纸有限责任公司是玉溪市被评定为省级节水型企业的二户企业之一。

【玉溪万利包装材料有限公司项目入选省2016年智能制造示范项目】 2016年，省工信委组织实施智能制造示范项目建设，以推进《中国制造2025》全面实施。经区工信局组织申报，玉溪万利包装材料有限公司水印纸箱智能生产线示范项目作为玉溪市唯一一个智能车间示范项目，入选云南省24个智能制造示范项目。

（韩海萍）

【节能目标任务完成情况】 据统计部门数据，2016年江川区单位生产总值能耗下降5.01%，超额完成市政府下达的年度单位生产总值能耗降低3.0%的节能目标任务。

2016年，江川区规模以上工业企业综合能源消费量169122.75吨标准煤，同比降7.88%；产值530570.96万元，同比升17.82%；万元产值能耗0.3188吨标准煤，同比降21.81%。

（童学碧）

【民营经济运行基本情况】 2016年，全区非公经济实现现价生产总值810895万元，实现现价非公经济增加值458287万元，不变价非公经济增加值完成464184

万元，增幅13.0%；完成市政府下达增长9%的目标任务。

截至2016年底，全区私营企业、个体工商户总户数13477户，其中：私营企业1408户，个体工商户12069户；工商登记从业人员56245人，其中：私营企业24906人，个体工商户31339人，同比增4.7%。

【“两个10万元”微型企业培育工程】 2016年，全区共受理微型企业创业扶持资金申请214户，按程序会审通过170户，完成市政府下达的170户目标任务。其中：第一产业58户、占34.12%，第二产业33户、占19.41%，第三产业79户、占46.47%；企业累计总投资7172万元，带动就业人员976人。配套资金由省、市、区按5∶3∶2比例分两批全部全额拨付到企业。全区共计发放贷款480万元。其中：信用社40笔，金额400万元；邮储银行8笔，金额80万元。

【小微企业管理素质提升培训公益活动】 2016年8月31日至9月1日，江川区开展扶助小微企业专项行动之管理素质提升培训公益活动。全区45户企业、农经中心负责人及相关工作人员99人参加培训，培训主要内容为：阿米巴经营模式、融资项目推介、品牌营销；并组织专家团到4户企业开展现场诊断，对症指导。通过现场培训、实地调研、现场诊断的方式，找出企业经营管理中存在的问题40余项，提出改善方案，提升企业的经营管理水平和经营效益，受到企业好评。

【培育升级民营小巨人企业】 2016年，区工信局组织云南宏斌绿色食品有限公司、玉溪万利包装材料有限公司、云南龙华铜雕有限公司3户企业开展民营小巨人企业培育申报工作，其中：云南宏斌绿色食品有限公司与云南龙华铜雕有限公司两户企业通过认定，列入全省100户民营小巨人企业名单中。

（赵志鹏）

【频率占用费征收工作】 2016年，区工信局完成玉泉酒店、世文酒店、瑞文酒店等7家单位的频率占用费征收工作，实现频率占用费及时足额上缴国库，顺利完成江川区年度频率占用费征收工作。

【无线电宣传活动】 2016年，区工信局以无线电宣传月、新修订《中华人民共和国无线电管理条例》宣传活动为契机，联合文广体局、电信、移动、联通公司开展宣传活动两次，活动期间发放无线电管理宣传资料300余份，在江川电视台播放宣传标语，制作无线电宣传视屏在财富广场大电子显示屏滚动播放，运营商利用LED电子显示屏滚动播出标语。通过活动全面普及无线电频谱资源常识。

【无线电监测小站维护】 2016年，区工信局配合省、市无线电技术人员做好江川区无线电监测小站的维护工作，对无线电监测设备和监测技术参数进行一次检测，确保无线电监测小站的正常运转。

（罗海清）

【元旦、春节安全生产检查】 2016年，区工信局重视元旦、春节安全生产工作，成立元旦、春节两会安全领导小组，制定实施方案，明确检查目标和重点。检查组先后对江川供电局、江磷集团、江川天湖化工有限公司等进行安全生产大检查，通过此次安全大检查，确保元旦春节两会期间无任何安全事故发生。

【“打非治违”专项大检查】 2016年，为严厉打击各类非法违法生产经营建设行为，区工信局成立“打非治违”安全生产领导小组，制定实施方案，明确责任，检查组对江川供电局、江磷集团等企业进行“打非治违”专项大检查。

【纸制品行业专项大检查】 2016年，为贯彻落实江川区纸制品企业消防安全工作会议精神，区工信局与安监局、公安消防大队组成联合检查组对全区纸制品行业进行为期一周的消防安全专项检查。出动人员30人次，车8辆次，检查全区35家纸制品企业（含塑印包装）。

【汛期安全大检查】 2016年，为全力做好汛期灾害防范工作，确保工信系统企业汛期安全生产形势平稳。区工信局成立汛期领导小组，制定实施方案，明确责任及检查重点。检查组对江磷集团、江川天湖公司、江川供电局进行汛期安全大检查，共查出隐患11起，现场整改10起。

【“5·15”食盐安全宣传日活动】 2016年，全国“5·15”食盐安全宣传日期间，区工信局共出动宣传人员4人，发放消除碘缺乏危害健康手册1800余份，宣传画1900余份，宣传读物1800余份，张贴标语7条，受理群众咨询280人次。通过此次宣传活动，普及并提高人民群众食用安全放心盐的知识。

【食盐市场专项大检查】 2016年，区工信局出动执法人员38人次，车10辆次，检查食品企业6户，各类零售集贸市场9个，食盐零售经营户135户，学校食堂5个，企业食堂5个，宾馆（饭店）87家，查惩无碘盐、违规盐产品100千克。净化江川食盐市场，维护人民群众的生命健康。

（刘光启）

【对外贸易】 2016年，全区实现进出口总值6224万美元，同比降2.1%，完成市年度目标任务7630万美元的81.6%。

从进出口商品看，磷化工系列产品实现进出口1641万美元，同比增9.77%；以蔬菜为主的农产品实现进出口3947万美元，同比降6.05%；花卉实现进出口373万美元，同比降2.1%；机电产品实现进出口263万美元，同比降6.41%。

从进出口企业类别看，私营企业实现5851万美元，同比增1.79%；外资经营企业实现373万美元，同比降38.75%。

【内贸流通】 2016年实现社会消费品零售总额219346万元，同比增11.2%，完成。其中：批发业实现销售额49846.3万元，同比增21.1%；零售业实现销售额206144.8万元，同比增16.1%；住宿业实现营业额18818.2万元，同比增18.3%；餐饮业实现营业额80427.3万元，同比增20.5%。

【成品油管理】 2016年销售成品油37090吨，同比降5.33%。其中：93#汽油销售18819吨，同比增13.29%；97#汽油销售2165吨，同比增53.55%；柴油销售16106吨，同比降23.87%。

【市场建设】 2016年，全区完成省、市级市场建设项目各1个并通过验收。其中：大街街道早街农贸市场改造项目为省级项目，选址大街街道早街社区一组，占地面积4500平方米，基本满足1800人的日交易需求，项目于2016年10月已完工；雄关乡农贸市场为市级项目，项目占地3500平方米，建设摊位220个。项目于2016年2月开工，4月底竣工。该项目的完工，解决雄关乡5个村委会120余个剩余劳动力的就业，对稳定和发展地方经济起到促进作用。

【市级餐饮项目建设】 2016年，组织江川大头鱼酒店开展“餐饮合作交流，加强自主创新，推进餐饮名店建设”项目，项目概算投资700万元，已完工并通过验收。

（王牙明）

【科技项目申报管理】 2016年，江川区共申报省、市科技计划项目30个，其中：省级科技项目10个、市级科技项目20个；实际获得立项27个，其中：国省级8个，市级19个；争取市级以上项目资金共计324.39万元，其中：省级补助资金81.39万元、市级补助资金243万元。

新认定云南省高新技术企业4户、云南省科技型中小企业11户、云南省农产品深加工企业2户、云南省农业科技示范园1户、云南省优质种业基地1户、市级工程技术研究中心1户、市级企业技术中心1户。继续实施“科技下乡”“科技活动周”“科技示范园”“建设创新型玉溪行动计划”等惠农工程。

【科技成果与研发】 2016年，区工信局对玉溪市科学技术进步奖符合规定条件的科技项目进行筛选和申报。新获2016年度云南省科技进步奖2项、玉溪市科学技术奖2项，参加30届青少年科技创新大赛获省级奖励8项、参加31届青少年科技创新大赛获省级奖励2项。

组织企业参加由云南省科技厅、统战部、教育厅、财政厅、人力资源社会保障厅、工商局、工商联等单位联合举办的“第二届云南省创新创业大赛暨第五届中国创新创业大赛云南地区赛”，经初赛、复赛及决赛3个环节，江川区共有3家企业在企业成长组获奖，分别是：云南腾达机械制造有限公司获三等奖，江川县欣宇机械实业有限公司、玉溪云星生物科技有限公司获优胜奖。

【“知识产权宣传周”活动】 开展江川区2016年“知识产权宣传周”活动。开展知识产权进学校、企业活动。通过电子显示屏、悬挂宣传条幅、宣传栏、校园广播、主题班队会等活动向学生普及知识产权知识，深入企业交流专利申请经验及奖励政策。协调玉溪市知识产权援助中心有针对性的下企业，解决企业在专利申请方面的问题。联系文广体局和世文百货，在户外电子广告大屏上滚动播放知识产权宣传标语和知识产权宣传视频。与市场监督管理局联合制作宣传布标分别悬挂于区城投办公大楼及大街街道宁海路百信超市门口，营造“尊重知识、崇尚创新、诚信守法”氛围。走访重点企业采取座谈方式，虚心听取、征信企业对专利、商标监管服务、打击商标侵权、查办商标案件等方面的意见建议。利用周一例会时间，组织区工信局全体干部职工观看知识产权宣传视频。组织云南李家山青铜器博物馆免费向公众开放，并向入馆公众免费发放科技和知识产权相关资料。知识产权活动周共接待入馆公众1000余人次，发放各种科普宣传材料300余份。

【“科技活动周”活动】 江川区2016年“科技活动周”开展系列活动。

开展第八个全国防灾减灾日科普宣传活动。2016年5月12日，区民政局、区防震减灾局、区工信局、区水利局等12家单位在宁海路中段开展以“减少灾害风险、建设安全城市”为主题的“防灾减灾日”宣传活动。展出宣传展板53块，发放宣传小册子3800本，各类宣传资料3300份。

多部门发挥职责开展科普活动。区农业局组织农技人员和农资经销户到九溪镇开展放心农资下乡进村宣传及科技三下乡活动，出动车辆10辆次，人员34人，悬挂横幅4条次，展出展板25块，向群众发放科技资料30余种11640份，接待群众咨询260余人次，展示推介各类肥料、种子25个品种，免费发放种子、肥料400千克。区文广体局组织江川电视台播出科技创新新闻18条，江川人民广播电台播出科技创新新闻16条，组织云南李家山青铜器博物馆开展系列科普知识进校园活动，展出《李家山古滇国文物图片展》展板20块，展出《低碳家庭》及《地质灾害及防灾减灾基本知识》展板20块，发放文物类宣传资料共计1000余份，向在校同学捐赠学习用品400余份。区烟草分公司组织科技人员于2016年5月17～18日到前卫镇渔村、庄子、赵官3个村的早街市场上进行科普知识宣传活动，共计发放宣传册1800余份。区共青团开展科普知识进农村（社区）活动，组织青年志愿者深入集贸市场和学校开展科普志愿宣传活动，组织青年志愿者70余人，发放相关科技宣传资料500余份，出黑板报26块，广播宣传40余次，摆放宣传展板34块。区气象局通过预警平台，向全区1700余个手机短信用户发送防灾减灾、环境保护等信息，展出气象灾害及气候变化展板10块，发放气象知识宣传单和防雷避险手册，开通微信公众号为公众讲解气象常识。

乡镇街道开展科技服务社会主义新农村科普活动。大街街道组织科协、农科站、街道卫生院、新农合等部门于2016年5月18日在螺蛳铺街面上开展以“创新引领·共享发展”为主题的科技宣传活动，发放书籍300余本、宣传资料2000余份，服务群众600余人，组织街道相关部门进村入户科普宣传，农科部门发放《施肥通知单》20000余份、烟站技术人员到田间地头进行烤烟管理技术指导，街道妇联利用换届之机组织拒绝毒品、艾滋病预防知识的宣传。九溪镇2016年5月18日举办动物产地检疫相关知识培训班，为70余位养殖大户系统讲解养殖相关政策及产地检疫的工作步骤和实施的办法措施。

【全区科普统计工作】 2016年，区工信局对全区24个相关部门科普统计工作布置和业务指导，并及时进行审核、数据修正、数据录入。

据统计：2015年度，全区共有科普活动专职人员103人、兼职人员234人、注册科普志愿者2人；非场馆类科普基地7个，科普展览区面积6023平方米，参观人数140520人次；农村科普（技）活动场地160个，科普宣传专用车2辆，科普画廊3个，国家级科普（技）教育基地1个，参观人数140000人次；各相关部门内可专门用于开展科普工作管理、研究以及开展科普活动等的经费196.32万元；全年出版科普图书2种2700册，出版科普（技）音像制品5种，光盘发行总量1580张，电视台播出科普（技）节目时间156小时、电台播出科普（技）节目时间90小时，科普网站2个，发放科普读物和资料378476份，电子科普屏数量80块；全年共举办科普（技）讲座71次，参加人数19346人次，举办科普（技）展览38次，参观人数57225人次，举办科普（技）竞赛1次，参加人数500人次，成立青少年科技兴趣小组26个，参加人数530人次，科技活动周开展科普专题活动45次，29057人次参加，全区举办各类实用技术培训593次，参加人次257734人次，举行重大科普活动3次；举办创新创业培训17次，参加人数605人次。

【知识产权工作】 区工信局通过开展“4.26”知识产权宣传活动日、“知识产权宣传周”、“科技活动周”等系列活动，深入规模企业和学校开展知识产权宣传、咨询、调研活动，共商企业知识产权申请、利用和保护，以及知识产权服务和专利申请保护工作。2016年，江川区共申请专利50件，其中：发明11件，实用新型30件，外观设计9件；获得专利授权52件，其中发明2件，实用新型13件，外观设计37件，提升区域科技自主创新能力。帮助专利权人申请省、市各种专利资助、奖励36件，涉及金额3万余元。

【省科技厅副厅长赵志武调研江川科技创新工作】 2016年6月1日，省科技厅副厅长赵志武，省农科院院长李学林、副院长王海燕在区委副书记、区长王志华陪同下，到云南腾达机械制造有限公司、云南卓一食品有限公司调研江川科技创新工作。赵志武一行到企业技术中心和生产车间实地考察，听取企业负责人汇报，了解企业发展、产品研发、产品市场以及科技创新等具体情况。赵志武对2家企业通过科技创新增强企业实力、提升企业市场竞争力的做法给予肯定，鼓励他们继续加大科技投入，开展科技创新工作，加强企业的核心技术储备和研发团队建设，不断提升自主创新能力，科技管理部门将在科技计划项目申报、企业技术中心建立、技术研发队伍建设、科技成果引进转化等方面为企业提供优质服务。

【云南江磷集团股份有限公司院校合作工作】 2016年5月31日，云南省第二批专家基层科研工作站授牌仪式在市人社局举行，云南江磷集团股份有限公司建成的郜华萍工作站被遴选认定为云南省第二批专家基层科研工作站。

【云南江磷集团股份有限公司建成玉溪市磷化工工程技术研究中心】 2016年7月26日，由市科技局牵头，会同市财政局、市工信委及行业有关专家组成的专家组，对云南江磷集团股份有限公司承建的“玉溪市磷化工工程技术研究中心”进行认定。专家组根据《玉溪市重点实验室及行业技术中心认定与管理暂行办法》，对玉溪市磷化工工程技术研究中心进行量化评分。经听取汇报、查看现场、查阅资料、评审论证，一致同意认定为“玉溪市磷化工工程技术研究中心”。

【江川区4户企业创建成为高新技术企业】 2016年12月，据国家科技部高新技术企业认定办公室《关于云南省2016年第一批高新技术企业备案的复函》通报，江川区云南卓一食品有限公司、云南腾达机械制造有限公司、云南宏斌绿色食品集团有限公司、玉溪云星生物科技有限公司创建成为云南省2016年第一批高新技术企业。

（叶红梅）

招商合作

【总体运行情况】 2016年，玉溪市人民政府下达江川区招商引资引进市外国内资金考核目标任务65亿元，其中省外国内资金54亿元。

2016年1～12月，全区实施国内资金项目74项，其中结转项目24项，新增项目50项。引进市外国内资金68.9亿元（其中省外国内资金62.2亿元），同比增29%；完成全年目标任务的106%。

2016年市外资金中形成固定资产投资额42.6亿元；项目中，工业项目23项，工业项目年市外到位资金11亿元；生态项目27项，生态项目2016年市外到位资金17.8亿元；项目中，新增项目50项，2016年新增项目市外到位资金34.65亿元；项目累计到位资金总额154亿元；项目开发储备情况：新开发单体项目投资额不低于5亿元的项目15项；2016年通过市级重点评审项目4项；2016年列入省级重点招商项目1项；深度开发项目2项。

【到位资金按产业分布情况】 第一产业项目10个，市外到位资金17175万元，占2.49%；第二产业项目26个，市外到位资金172853万元，占25.09%；第三产业项目38个，市外到位资金498988万元，占72.42%。外来江川投资的行业分布情况：第一产业以果树、蔬菜、花卉种植、农业科技大棚为主；第二产业以烟草制品、电子机械设备制造及装配、铜制品加工、塑料制品、烟花爆竹产品、农副食品加工、纸制品加工及包装、建筑材料为主；第三产业以交通道路、城市群公共设施管理、房地产、环保治污、文化旅游、太阳能发电、燃气生产和供应业为主。

【实施项目投资来源地域情况】 投资来源分布于全国20个省、直辖市、自治区。其中北京、浙江、四川、山东、湖北分别以167300万元、85133万元、80260万元、66582万元、56826万元位居到位资金前5位，合计到位资金426959万元，占省外到位资金总额的73%。其他15个省合计到位资金165996万元，占省外到位资金总额的27%。从区域看，东部地区到位资金390324万元，占63%；中部地区到位资金123755万元，占20%；西部地区到位资金108018万元，占17%。省内到江川区投资共有4个州市合计到位资金66920万元。

【各乡镇（街道）、区直责任单位考核认定完成任务情况】 全区7个乡镇（街道）和区直18个责任单位1～12月上报引进市外国内资金689017万元，其中考核认定市外国内资金671779万元（分成后）。按考核认定到位资金从高到低排序：大街街道132981万元、交通局93489万元、龙泉园区管委会90180万元、江城镇89303万元、住建局43038万元、环保局29000万元、前卫镇28950万元、工信局26120万元、水利局21973万元、招商局20353万元、九溪镇20260万元、雄关乡10470万元、国土局10000万元、旅发局8117万元、发改局8000万元、农业局6865万元、财政局6000万元、教育局5000万元、文广体局5000万元、市场监管局3892万元、民政局3715万元、林业局3328万元、安化乡2290万元、卫计局2050万元、路居镇1405万元。

【储备项目开发、在谈、签约项目情况】 开发储备项目44个，其中评审上报省级重点招商项目5个江川区电动车产业园建设项目、江川区印刷包装机械制造项目、江川区星云湖生态湿地文化旅游区建设项目、江川区城棚户区改造开发项目、江川区环城路道路建设项目；市级重点招商项目25个，装备制造项目8个，新能源、新材料项目2个，生物制药项目2个，现代服务业项目12个，现代农业项目1个。在谈项目23个，同客商对接洽谈64次，涉及生物制药项目3个；城市建设项目2个；环保产业项目4个；光伏现代农业项目2个；电子商务平台建设项目3个；食品酿酒项目1个；加油站建设项目1个；机械设备制造项目3个；旅游文化项目2个；新能源电动车船项目1个；航空学校建设项目1个。签约项目10个：光电子产品制造、装配建设项目，润特仓储物流项目，古滇青铜文化制品中心项目，江川城建、交通、环保、加工等领域战略合作项目，安化光伏发电项目，龙浩空港新城项目，云南星云航空学院项目，江川区云湖山·怡养主题公园项目，云南宏程物流集团有限公司现代物流配送及综合加工项目，云南东陆航空服务有限公司小型飞机修造及航空俱乐部项目。

（黄　飞）

工业园区

【概　述】 2016年，江川工业园区管委会以撤县设区为契机，以基础设施配套建设为重点，以招商引资为核心，以服务企业、加快项目建设为突破口，围绕园区经济建设、文化建设、社会建设、生态建设和党的建设真抓实干，各项工作取得好成绩。

【经济指标】 2016年，园区实现工业总产值9.74亿元，同比增31.8%；实现主营业务收入8.93亿元，同比增32.9%；实现生产总值2.13亿元，同比增30.3%；园区企业从业人员850人；完成固定资产投资8.66亿元，同比增110.2%，其中：工业投资5.21亿元；基础设施建设投资3.46亿元；工业和基础设施投资8.66亿元；完成招商引资额10.28亿元，同比增92.2%，其中：省外国内资金9.21亿元，完成区责任目标8亿元的115.1%。

【招商引资】 打造园区平台，改善投资环境。加大园区宣传和推介力度，2016年5月园区建设成立园区网站（网址：www.jcgyyq.cn），提高园区吸引力，承载力和知名度。与航空产业园、双招饮片生物医药、中国联塑电商、昆明信从电气设备有限公司、中丹红制药、神州航天汽车、电动车、北京嘉寓门窗、北京申华电梯、四川禾邦实业集团、大禹节水高效特色农业制造示范项目11家进行洽谈；与云南宏程物流集团、江川鑫有铜器制造、龙泉彩印扩建、云南合美直升机组装4个项目成功签约。完成云南宏程物流集团、江川博能能源投资有限公司、江川巨鹏燃气经营开发有限公司、云南合美直升机组装4个项目开工建设。

【征地拆迁】 完成1002亩（赵官村委会265.38亩、三街社区居委会736.62亩）的征地工作，兑付征地资金8796万元。取得2015年江川县城镇第一批次用地省批复；取得核心区林地征用省批复；调整了317亩用地指标。完成宏程物流供地；完成博能燃气、巨鹏燃气、鑫有铜制品项目供地，江滇路、龙腾路、江源路等6条道路供地勘测定界报告。完成3个火炮厂、2个饭店、2个葡萄园、1个有机肥厂、1个红砖厂的场地平整工作。完成李世光农家乐、赵官龙泉红砖场拆迁工作，兑付资金121.12万元；配合三街6组完成6个果园合同的解除，兑付资金25万元；解决“6.16”事件遗留的赵官曲来顺果园，打通龙腾路。

【基础设施和项目建设】 园区全力推进基础设施和项目建设工程。完成龙泉大道、仙水大道、4号、5号、6号路绿化亮化工程规划设计。完成园区标准化厂房建设工程的可研、立项、环评、水保工作。2016年10月开始启动JTC-2016-6号地块土地平整工程，11月启动660亩土地平整工程。

完成核心区电力、给水、排水方案的制定，完成看守所搬迁的方案制定和选址；并于2016年12启动核心区排水工程，11月启动园区厕所工程。

2016年5月28日云南合美直升机项目开始投产组装，2016年3月25日博能燃气、巨鹏燃气两家企业实现开工建设；2016年11新天力农业机械有限公司建成投产；截至12月底完成福达钢构、欣宇机械、德兆环保厂房主体结构建设。

2016年10月龙腾路、2016年9月江义街、2016年12月园区6号路建成通车；其余5条在建道路：江滇路、江源路、龙滨路、江鼎街、龙尚路工程进展顺利。

【企业服务】 园区对企业实行“五个一”定向定责服务机制，即一个项目、一名领导、一班人马、一抓到底、一次考核，通过目标倒逼、限时办结和代理帮办等措施，建立全方位经常性服务体系，为企业排忧解难。全年共为企业解决各类问题43个，投入资金59.74万元。为联塑公司解决一期规划、环评、消防、安全、竣工验收和质检备案以及房产证办理，为福达钢构、欣宇机械、德兆环保解决水电路问题，让入园企业有归属感。企业服务得到企业和社会认可和好评。

【社会事务】 成立安全生产领导小组，制定《各项安全管控方案》、《日常安全检查制度》，把安全生产责任落实到企业、落实到个人。组织规模应急演练2次，检查10次，排查隐患78处，下发安全生产现场检查25份。及时排查和调处各类社会矛盾，对涉及群众切身利益的信访案件，查找问题症结，研究制定解决办法；完善《重大事项社会稳定风险评估工作方案》，对265.38亩大春栽插不稳定因素进行分析评估，对可能发生的群体事件和上访苗头提前介入，将矛盾纠纷化解在萌芽状态；争取资金213万元，切实为被征地村组解决实际问题。

（黄华平）

供 电

【概 述】 2016年，玉溪江川供电局以“深化改革新要求、创新发展新趋势、为创建省内先进级供电企业增添新动力”为主题，着力保安全、稳增长、促改革、抓管理、强党建，坚决打好提质增效攻坚战，各项工作成效良好，实现“十三五”良好开局。

截至2016年12月31日，玉溪江川供电局用工总人数313人，其中劳动合同制用工269人，劳务派遣制用工16人，非全日制用工28人。具有硕士研究生学历的员工占总人数0.36%，本科31.79%，专科28.21%，中专技校9.64%，高中8.93%，初中及以下21.07%。辖区内管理和运行维护4座110千伏变电站，2座35千伏变电站，总变电容量32.5万千伏安。运行110千伏输电线路2条，总长30.97千米；35千伏输电线路5条，总长70.403千米；10千伏配电线路48条，总长730.17千米；0.4千伏及以下线路1270千米。公变台区数612台，总容量7.37万千伏安。

【经济技术指标完成情况】 供电量8.83亿千瓦时，同比增4.87%；售电量8.63亿千瓦时，同比增3.85%；最高日电量347.518

万千瓦时，同比上升9.82%；最高负荷为170.803兆瓦，同比上升6.28%；客户平均停电时间7.82时/户；综合电压合格率98.215%；综合线损率2.266%。

【安全生产工作】 风险管控持续加强。坚持“安全第一，预防为主，综合治理”的方针，坚持党政同责、一岗双责，强化红线意识，完成安全生产责任制目标、指标控制措施的分解落实。稳步推进安风体系、安全生产规范化达标建设。扎实开展春季、迎峰度夏、秋冬季等安全检查，发现问题278项，整改完成率100%。修编完善应急预案及现场处置方案，开展应急演练38次。响应上级电网预警3次，发布本局电网预警1次。按照“3+1”专项方案，对电网建设、大修技改、营销服务三个专业开展66次督查，发现问题整改完成率100%。完成局微型消防站的建设，荣获2016年“江川区重点单位消防工作先进单位”荣誉称号。

生产管理不断优化。全面开展设备基准风险评估，推行主配网设备差异化运维，建立设备主人管控机制。组织开展设备隐患排查治理、建立山火风险数据库，明确线路特殊区段及重点设备管控要求。完成75处输配电线路跨越高速公路、一级公路、加油站等隐患排查治理。健全设备缺陷管理方法，发现并消除紧急及重大缺陷22项，消缺及时率100%。以供电可靠性为总抓手，在玉溪电网首家开展移动变电站转供电带电作业，全年开展带电作业120次，节约时户数21696时户。进一步提高生产作业计划的量化和细化程度，月平均生产作业计划执行率98.67%，加强临时作业和作业变化管控，逐步完善生产作业管理机制，全年临时停电0次。开展“两票”专项治理工作，提升“三种人”能力建设。按期完成玉溪备调、负荷开关加装、重过载台区整治等生产项目实施，配合江川区政府市政工程建设，完成了绿竹集团、江通高速、澄川高速等重点项目的电力线路迁改工作。立足提高电网防灾抗灾能力，成功应对冰雪凝冻、“4.19”、“4.21”极端天气对电网造成的影响，完成各类保供电工作24次。全年各项安全生产指标完成。

【服务能力建设】 增供扩销措施有力。对江通高速、澄川高速等省重点项目开展业扩提速办理。全年累计提前投产业扩项目45项，业扩办结时间较上年提前41天，增加售电量1789.9万千瓦时。邀请省局有关领导到江川为江磷集团等重要用户讲解新电价、市场化交易政策，客户提前生产增加售电量725.59万千瓦时。2016年参与市场化交易客户260户·次，优惠电费8192.47万元。

深化全方位服务体系。以提升满意度为总抓手，落实客户全方位服务“三项机制”。围绕7个重点工作，完成客户满意度提升措施36项。重视客户诉求，2016年受理投诉9起，同比降55%。开展热点旅游景区周围酒店、客栈、餐饮等客户专项用电检查42户次，完成客户侧隐患整改10项。2016年在云南电网范围内首家完成电费结零，非现金缴费比例高达99.73%。关注农业、居民用电情况，完成扶贫建设项目投资124万元。2016年第三方客户满意度79分，同比提高3分。

【规划建设】 优化配网发展规划。组织召开配网规划、自动化建设专题分析会，首次开展江川配电网网格化规划并完成内审工作，制定下发《江川配电网专项规划提升方案》，建立《江川配电网提升转供电能力项目库》，切实提升转供电能力。联合区政府组织召开新一轮农村电网改造启动会，与各街道、乡镇签订农村电网建设责任书。完成《新一轮农村电网升级改造方案》及《“一所一册”方案》的编制，计划投资1.356亿元。

电网建设规模创新高。配合开展220千伏雄关变、110千伏棋盘变及青龙变II回线路工程现场协调工作。完成龙旺湖城、广厦保障性住房两个小区配套工程。完成中低压稳增长项目及应急项目10个，总投资516.81万元；完成江川区小城镇、中心村农网改造升级工程项目投资1039万元；生产调度综合楼项目完成财务列账3580.4万元。全年累计新建10千伏线路6.14千米、0.4千伏线路4.6千米。有效整合区域配网资源，规范推进存量客户资产接收工作，接收客户资产总额355万元。加强物资管理，持续提升供应链业务规范化、标准化水平。抓好需求计划管理，准确率达100%。抓好清仓利库专项行动，提高物资供应综合效益，库存常规储备物资周转率1602.57%，同比提高914.92%。闲置物资利用完成率86.04%，优于年度目标值65%。

【经营管理工作】 按照网省公司玉溪供电局部署，落实10个专项行动要求，遗留问题整改完成率100%。开展“两金”清理，年末“两金”余额同比降25.29%。抓实增收节支，四项专控费用按照年度预算严格控制。开展财经纪律、资金安全、三重一大等专项检查，固化内外部检查成果应用。建立以资金计划、预算为基础的收、付款跟踪机制，有效防控大额现金风险。规范营销财务对账流程，建立电费资金安全管理自查自纠机制。制定专项监督工作计划，开展大修技改项目、电费抄核收专项监督工作。完成国资委通报共性问题、省公司党组巡视、资金安全专项检查、各类审计等发现问题的整改工作。建立法律风险提示预警机制，以诊促规、以案思管，不断提升依法治企能力。稳步推进职工持股企业改革工作。玉溪电网首家完成“子改分”工作。

【创新管理工作】 制定综合行动计划330项，持续完善内部责任传递机制、突出重点补短板等5项管控机制。率先实现四类终端低压集抄全覆盖。首创“日线损管理”，为网省公司贡献“九溪模式”，并得到南方电网公司董事长李庆奎的高度评价。“日线损管理”成功经验在全局推广。供电所规范化建设成效“千所千样到千所一样”获新华社采访报道。持续推进供电所规范化建设，5个供电所均荣获“标杆供电所”荣誉称号，九溪供电所被评为南方电网公司“最美供电所”、云南电网公司“五星供电所”。完成南网工作台V2.0的试点工作，并通过南网公司验收。全面推广应用CSGⅡ信息系统，深入开展数据质量治理，各业务域规则平均通过率99.75%，“站线变户”一致性、项目信息一致性通过率98.51%，优于网公司考核水平，全面实现实用化。信息化水平评价排名玉溪电网级供电企业第一名。完善职工技术、技能创新工作室、QC活动等全员创新平台，《提高调度主站与综自站信息对调效率》研究课题受到玉溪供电局QC展演邀请。

【队伍建设】 班子建设和干部管理不断加强。开展“四好”领导班子创建活动。加强干部日常管理，开展干部谈心谈话41人次。持续开展选人用人“一报告两评议”工作，自觉接受选人用人工作的监督检查。严格按照干部选拔任用程序，交流中层管理人员8人，提拔中层管理人员15人。

队伍建设能力稳步提升。开展结构性缺员治理工作，重点解决生产一线和关键经营岗位的缺员。开展130名规范用工人员的试用期满考核，考核合格率100%。充分发挥人才引领作用，2016年高技能人才占比44.8%，同比增4.1个百分点。两人获聘玉溪供电局助理级技能专家。加强兼职培训师队伍建设，5人获评玉溪供电局级兼职培训师。强化“人力资源部门+直线经理”管理模式成果应用，形成以岗位责任书为核心的绩效考核体系。持续推进“大培训、大练兵、大比武”，全年培训2811人次，全员培训覆盖率100%。充分激发员工创优创效潜能，举办供电所电工基础技能竞赛和江川区工矿企业电工基础技能竞赛。荣获玉溪电网调度系统“安康杯”劳动竞赛自动化专业“团体第一名”，营销管理线损普考“个人一等奖”、“团体第一名”。

（海　霞）

供销合作

【概　述】 玉溪市江川区供销合作社联合社为参照公务员法管理的事业单位，机关编制8人，年末实有在职干部职工8人，遗属11人，退休干部12人，下辖玉溪市江川区供销合作社联合社农业生产资料有限公司、玉溪市鼎兴资产管理有限公司2个全资公司和江城、路居、九溪、大街、前卫5个基层供销社。

【经济指标】 全年购进各种化肥82346吨，供应各种化肥80505吨；购进农药6658吨，销售6258吨；农膜销售372万元。化肥库存1841吨。全年商品购进总额完成56158万元，其中：收购各种农副产品9234万元，同比增27.07%。商品销售总额完成55822万元，同比增31.39%，实现经营总额56158万元。

【项目建设】 充分发挥供销社优势，参与农业产业化经营，累计成立农民专业合作社84个，入社社员3764户，其中农民社员占99%以上，带动农户26949户，帮助农民实现销售收入1.4亿元。

深入推进农村流通网络建设，完善乡村流通信息网络、建立乡村流通信息网络服务平台，为专业合作社发展提供政策、资金、项目和技术服务。全年争取到省级示范社补助资金4万元、省级联合社补助资金2万元，新发展专业合作社4个，发展农村各类协会9个。

争取上级补助资金3万元，成立玉溪市江川区农民专业合作社综合服务中心。

持续抓好野生菌人工促繁工作。以早谷田、塔冲野生菌产销专业合作社为依托，申报省级2016年度食用菌产业发展项目专项资金，获得市财政共补助食用菌产业发展专项资金16万元。

【扶贫攻坚】 深入前卫镇小街村、赵官村，扎实做好扶贫攻坚和包村工作，帮助村组和群众解决实际困难和问题。开展春节走访慰问贫困户、春耕送肥到贫困户等活动，指导和帮助村“三委”搞好产业发展规划，提升发展能力，增强集体经济实力。筹措资金3万元，解决小街村委会解决清洁乡村、综治维稳、扶贫等方面资金困难。深入做好脱贫攻坚挂包帮转走访工作，组织机关干部深入贫困户家中进行走访，摸清贫困户基本情况，帮助贫困户解决生活难题；发挥供销社农资服务、技术培训等优势，落实精准脱贫措施，组织贫困户开展技术培训，提高贫困户的生产经营能力。

【资产盘活】 贯彻落实区委、区政府要求，强化社有资产开发、经营、管理，实现社有资产保值增值。盛世商业中心、土产日杂公司综合楼、大街基层社三街门市改造提升等项目全面完成。坚决落实区委、区政府部署和要求，将大街供销社综合楼资产有偿划拨至区文管所，实施药王阁修缮项目。

（侯　芳）

城市建设投资

【概　况】 玉溪市江川区城市建设投资有限公司2009年11月成立，是政府出资设立的国有独资公司，注册资金4000万元。主要经营范围是城市建设投资项目及资金使用管理；建设工程项目管理；筹措城市建设资金，负责城建项目的市场化运作，对外招商和开发经营；统一运作国有城建资产及相关产业经营；统一经营城市规划区内国有土地；对贷款建设、收费还贷项目的管理；自有资产、资金的运作经营开发；房地产开发；房屋租赁；物业管理；区政府授权管理的其他工作。内设综合办公室、财务部、工程管理部、资产经营部。2012年4月江川区城投公司与江川区广厦保障性住房开发投资有限公司合署办公。2016年度共有工作人员20名。

【项目建设】 完成2012年保障性住房项目建设。项目于2012年9月16日开工，项目规划总用地面积74.70亩，总建筑面积55124.30平方米，共建住房856套，其中：廉租房240套，公租房616套，项目总投资12417万元，工程于2016年7月21日全部竣工，达到入住条件，780户保障对象已配租入住。

完成2013年保障性住房项目建设。江川区2013年保障性住房建设项目规划总用地面积44572平方米，总建筑面积29000平方米，共建住房464套，总投资8057万元。项目于2013年6月10日开工，按照两房并轨相关政策规定，江川区2013年保障性住房已建廉租房和公租房一并纳入保障性住房管理，其中：50平方米保障房288套，70平方米保障房176套。2016年12月19～23日根据摇号顺序对保障户进行配租工作，464户保障户已全部完成配租。

2014年保障性住房建设项目由玉溪市江川区广厦保障性住房开发投资有限公司负责统建，共592套，其中：廉租房320套，公租房272套。项目计划投资9799.89万元，于2014年3月21日正式开工，截至2016年底已完成主体验收。

完成2011、2012年保障性住房配套开发项目建设，江川区2011、2012年保障性住房配套开发项目由玉溪市江川区城市建设投资有限公司和玉溪市江川区广厦保障性住房开发投资有限公司联合开发建设负责建设，项目总用地面积42.05亩，总建筑面积约39564.5平方米，共建153户。于2016年5月26～27日向社会进行公开拍卖，决定销售的127套住宅已成功拍卖。

2013、2014年保障性住房配套开发项目，总用地面积16.33亩，总建筑面积约15335.70平方米，截至2016年10月总投资1958万元，资金公司自筹，2016年底完成主体验收。

【融资工作】 为保证项目的顺利实施，公司加强与各金融机构的沟通协调，多渠道、多方式筹措资金，力求保证项目建设所需资金。2016年共融资7700万元。

【资产经营管理工作】 完成2012年保障性住房分配工作，共收取租金276.9万元。完成2011、2012年保障性住房配套项目的销售工作。经区委、区政府同意，公司聘请拍卖公司对2011、2012年保障性住房配套项目127套住宅进行公开拍卖，127套住宅已全部销售，销售收入1.6亿元。完成2013年保障性住房分配工作，共收取租金156.2万元。

【其他工作】 截至2016年底，公司累计上缴税金1242.62万元，上缴财政收入683.23万元，上缴项目土地出让金716.5万元。

（靳嘉玲）

农林·水利

编辑　徐凡清

农　业

【概　述】　玉溪市江川区农业局加挂玉溪市江川区畜牧兽医局、玉溪市江川区乡镇企业局牌子。局机关现内设一室五股，即：办公室、生产综合股、发展计划财务股、法规股、行政审批股、畜牧兽医股；下属设置16个事业单位，即：玉溪市江川区农业技术推广站、玉溪市江川区植保植检站、玉溪市江川区土壤肥料工作站、玉溪市江川区种子管理站、云南省农业广播电视学校玉溪市江川区分校（加挂玉溪市江川区农民科技教育培训中心牌子）、玉溪市江川区经济作物工作站、玉溪市江川区经营管理站、玉溪市江川区农村环保能源工作站（加挂玉溪市江川区绿色食品管理办公室牌子）、玉溪市江川区农机监理站、玉溪市江川区农机化技术推广服务站、玉溪市江川区农业机械化技术学校、玉溪市江川区水产技术推广站（加挂玉溪市江川区水生动物防疫检疫站牌子）、玉溪市江川区动物卫生监督所、玉溪市江川区动物疫病预防控制中心、玉溪市江川区畜禽改良站（加挂玉溪市江川区草山饲料站牌子）和玉溪市江川区农产品质量安全检测站。年末实有在职人员122人，其中机关工作人员20人（行政人员18人，工勤人员2人），事业人员102人。大专以上学历103人，占干部职工总数的84.43%，事业人员中具有专业技术职称80人（其中高级职称34人、中级职称33人），占实有事业人员的78.43%。

2016年，区农业局按照“围绕增收调结构、依托特色建产业”的思路，以结构调整为主线，以项目建设为抓手，以助农增收为目标，充分发挥区位和自然资源优势，进一步夯实基础强后劲，优化布局调结构，强推科技抓示范，粮经并举促增收，全面提升现代农业发展水平，稳步提高农业综合生产能力，加快转变乡镇企业经济发展方式，确保全区农业和农村经济继续保持平稳较快增长。全年实现农牧渔业总产值261761万元，比上年增14104万元，增幅5.39%；实现农牧渔业增加值164597万元，比上年增9036万元，增幅5.49%；实现乡镇企业现价总产值94.84亿元，同比增4.35%。农村居民人均可支配收入11167元，同比增9.3%。

【种植业】　2016年，实现种植业总产值（不含烤烟）111513万元，比上年增3909万元，增幅3.5%；农民人均种植业收入（不含烤烟）5185.71元，比上年增181.5元，增幅3.63%。全区粮经种植比例23.81∶76.19，粮食作物比重呈下降趋势。

粮食：2016年，粮食总播种面积92169亩，比上年增2008亩；粮食单产481千克，比上年增5千克；粮食总产4434.16万千克（其中大春3588.67万千克，小春845.49万千克），比上年增138.76万千克；粮食总产值12886万元，比上年增36万元；农民人均粮食收入599.24元，比上年增1.64元。

油料：2016年，油料播种面积38939亩，比上年增1366亩；油料总产量797.26万千克，比上年增37.63万千克；油料总产值4270万元，比上年增3万元；农民人均油料收入198.57元，比上年增4.78元。

蔬菜：2016年，蔬菜种植面积160581（含复种）亩，比上年增6517亩；蔬菜总产量36021.8万千克，比上年增2450.8万千克；蔬菜总产值66141万元，比上年增738万元；农民人均蔬菜收入3075.77元，比上年增34.15元。

花卉：2016年，花卉种植面积6880亩，比上年增137亩；花卉总产值22660万元（含其他园艺作物产值1151万元），比上年减905万元；农民人均花卉收入1095.91元，比上年减42.15元。

其它农作物：2016年，其它农作物种植面积1736亩，比上年增244亩，总产值3199万元。

【畜牧业】 突出养猪优势产业，发展规模化、标准化生产，加快结构调整，转变生产方式，加强基础设施建设，强化疫病防控，努力巩固仔猪生产基地县创建成果，做大做强畜牧产业，使全区畜牧业生产保持健康稳定发展。2016年，全区完成肉蛋奶总产4897.2万千克，同比增7.2%。其中肉类总产量3071.6万千克，禽蛋产量1559.23万千克。出售仔猪70.02万头。实现畜牧业现价总产值91102万元，同比增4.82%。

畜禽存栏：年末大牲畜存栏6689头（匹），其中牛5373头、马482匹、驴407匹、骡427匹；生猪存栏222755头（其中能繁母猪存栏35400头），羊21790只，家禽1739423只，兔4904只。

畜禽出栏：全年完成大牲畜出栏3582头（匹），其中牛2815头、马424匹、驴235匹、骡108匹；生猪出栏300051头，羊14500只，家禽3120067只，兔4194只。

【渔　业】 发挥江川水产资源优势，立足水产提质增效和渔民增收，在保护水域环境的前提下，大力引导发展无公害水产养殖，推广底层增氧、光合细菌、芽孢杆菌等在水产养殖中的应用，确保全区水产养殖工作取得成效。全年全区渔业水面面积161708亩，其中捕捞面积103000亩（为抚仙湖面积），养殖面积58708亩（其中星云湖52000亩、水库4669亩、坝塘1574亩、池塘465亩）。全年累计生产水花鱼苗4600万尾，鱼种403吨，投放鱼种459吨。完成渔业产量4314吨，其中抚仙湖554吨，星云湖2288吨，水库725吨，坝塘495吨，池塘252吨。按产品类别分：青鱼产量7吨，草鱼704吨，鲢鱼380吨，鳙鱼1049吨，鲤鱼905吨，鲫鱼689吨，白鱼72吨，银鱼476吨，虾29吨，蛙3吨。全年实现渔业总产值10700万元。

【乡镇企业主要经济指标】 2016年，全区乡镇企业（含个体工商户）总户数10580户，比上年新增44户；从业人员47081人，比上年减659人。实现乡镇企业总产值94.84亿元，同比增5.56%；实现营业收入91.66亿元，同比增4.69%；实现利润总额5.64亿元，同比增7.43%；上交税金2.38亿元，同比减6.67%；劳动者报酬6.96亿元，同比增3.73%。

【水稻高产创建】 水稻是江川区大春主要粮食作物之一。2016年，通过实施水稻高产创建项目，集成多项技术及组织措施，稳定播种面积，提高单产，保证总产。2个示范片区九溪大街片区、前卫江城片区共完成示范面积23605亩，其中高产攻关1.15亩，百亩核心区212亩，千亩示范片2223亩，万亩示范区21170亩，涉及农户13219户。经技术人员测产实际产量，“百亩方核心区”加权平均亩产771.4千克，“千亩片示范区”加权平均亩产664.7千克，“万亩区示范区”加权平均亩产656.6千克。示范区加权平均亩产658.4千克，比非示范区加权平均亩产610.3千克增48.1千克，增7.86%。完成辐射带动亩增产2%～5%。

【农作物（粮食）间套种技术推广】 2016年，江川区利用自然气候条件较好、多种作物共生期长及作物种收的时空间隙，继续实施农作物（粮食）间套种技术推广项目，共完成农作物（粮食）间套种面积15.53万亩，其中小春季完成6.33万亩，大春季完成9.2万亩。经统计折算，大小春两季增加粮食产量779.6万千克，平均亩增粮食50.2千克，完成项目指标。平均亩新增产值115元，间套种新增总产值1785.9万元以上。

【晚秋作物种植】 2016年，江川区完成晚秋作物种植玉米0.9万亩（部分作鲜食用）；秋马铃薯0.52万亩；晚秋荞0.35万亩；晚秋杂豆类种植0.27万亩。晚秋粮食作物种植2.04万亩，晚秋鲜食豆类、蔬菜、辣椒等种植2.03万亩，共计4.07万亩。项目区折算成粮食亩单产324千克，实现粮食产量661.3万千克以上。

【病虫草鼠害防治】 2016年，区农业局组织人员在全区辖区内开展红火蚁、水稻细菌性条斑病、玉米退绿斑驳病调查工作，结果为全区均未发生红火蚁疫情和水稻细菌性条斑病、玉米退绿斑驳病。全年印发《江川植保信息》7期，共计128份；印发水稻病虫害综合防治措施明白卡1万份；开展农作物病虫草鼠害防治104.7万亩次，挽回粮食损失3701.5吨，粮食作物损失率控制在4%以下，经济作物损失率控制在7%以下。

【农村劳动力转移和绿色证书培训】 2016年，江川区组织农广校和农机校开展农村劳动力转移培训工作，根据农业技术需求和培训人员地域等具体情况，选择县级培训和进村培训，围绕粮食、蔬菜、花卉、烤烟、仔猪等方面的科技实用技术，全年共举办蔬菜种植、水产养殖、家政服务、农机服务等岗位培训班，开展农村劳动力培训2412人，转移1239人。以新型职业农民培育、农业综合开发科技培训为载体，组织开展农民科技培训暨“绿色证书”培训，共举办蔬菜栽培、水稻栽培、核桃栽培、农机操作、畜牧兽医、水产养殖等专业的12个培训班，培训农民653人、获证335人。

【新型职业农民培育】 2016年，江川区继续被农业部列为新型职业农民培育示范县。培育的总体目标是按照“科教兴农、人才强农、新型职业农民固农”的战略要求，根据高原特色农业和江川区优势产业发展的需求，以粮食、蔬菜、生猪等特色优势产业为重点，以种养大户、家庭农场、农民专业合作组织、农业庄园、农业社会化服务体系的骨干为培育对象，培养一批有文化、懂技术、会经营的新型职业农民，实行教育培训、认定管理和政策扶持“三位一体”培育，开展生产经营型、专业技能型、社会服务型“三类协同”发展的人才培养，建立初级、中级、高级“三级贯通”的证书等级制度。2016年，累计完成新型职业农民培育375人。其中：生产经营型职业农民培育专业大户244人，专业技能型职业农民培育农业工人91人、专业服务型农民培育农业专业合作社40人。

【农业综合开发项目培训】 围绕推广农业新技术、普遍提高项目区农民科技素质、推广农业新技术的工作思路，对项目区所涉及的江城镇温泉村委会、侯家沟村委会、云岩村委会，路居镇上坝村委会的规模种植情况，以村、组为单位开展培训，根据各村的生产特点选择培训内容，通过采取召开村组干部会、选聘优秀培训教师、制定培训计划、发放培训教材等多项措施，有效开展培训，共计培训农民2263人次，发放《高标准农田建设项目科技培训资料》2000册，《十字花科蔬菜病虫害防治》《葱姜蒜病虫害防治》等光碟200片。

【农业信息化建设】 坚持以“服务农村、服务农业、服务农民”为宗旨，组织信息源，利用江川农业信息网和新农村建设信息网及“三农通”手机平台向外传递江川区农产品市场供求信息，向用户传递农业生产最新科技信息，为农业增效、农民增收提供有效信息保障。全年在江川农业信息网发布信息6348条；在数字乡村网发布信息2005条；完成新农村建设信息网网页更新及基础数据报表更新364个；发布农产品供求类信息28条，农产品价格信息32期。利用手机平台向3万余农户发送农业科技、惠农政策、农产品供求、用工需求、群众生活等手机“三农通”信息422条。

【蔬菜生产信息监测】 根据农业部安排，2016年，区农业局继续在全区开展蔬菜生产信息监测工作，负责对全区的大白菜、花椰菜等30种蔬菜的种植面积、产量、地头批发价等各项指标分别按旬度、月度、年度进行定点、定时的连续监测上报。通过开展蔬菜信息监测，及时掌握蔬菜生产动态情况，科学研判发展趋势，适时发出预警预报，从而指导农民合理安排生产，引导产品有序流通，促进蔬菜生产稳定发展和市场平稳运行。全年选定10个监测点，监测总面积632亩，上报旬度表36份、月度表12份、年度表2份、采集点登记表1份、信息15条。项目申报书1份；蔬菜生产情况及形势分析1份；蔬菜生产信息监测工作总结1份。年末工作考核得分在全省24个监测县中位居第三名，在全国580个监测县中排名位列前100名。

【测土配方施肥】 2016年，江川区围绕“测土、配方、配肥、供肥、施肥指导”5个环节，坚持

"增产、经济、环保"的施肥理念，以推广使用配方肥为核心，创新资金使用新机制，采取对种粮大户等新型农业经营主体使用配方肥进行补贴的模式，引导企业、新型农业经营主体和社会化服务组织参与配方肥生产、供应和推广服务。全年举办培训班120期，培训技术骨干700人次，培训农民90000人次，发放培训资料90000份，印发各种作物施肥建议卡14.1万份，累计推广测土配方施肥面积22万亩，应用配方肥面积15万亩，推广配方肥1.05万吨，制定各种作物配方35个，其中水稻23个，马铃薯6个，萝卜2个，青蒜苗1个，花椰菜1个，油菜1个，玉米1个。

【农业投入品监管】 2016年，共出动农业执法人员1016人次，检查各类农产品生产企业和农资生产经营企业、单位、网点2858家次。立案查处各类农业违法案件16件；受理调处各类涉农质量纠纷8件，协议赔偿金额2000元；实施行政罚款17802元，没收违法所得4405.2元，没收非法财物价值3527元。

【农产品质量监测】 2016年，从基地、超市、农贸市场共抽取245个蔬菜品种2953个样品进行快速检测，合格率98.7%；累计开展市场监督检查生猪66258头，申报受理产地检疫生猪22954、家禽127841只，完成定点屠宰检疫生猪68829头，检出不合格猪肉产品46头，做到生猪屠宰检疫率、检出不合格产品无害化处理率100%。同时在全区全面推行二维码标识佩带工作，共进行戴标操作120162套，签订《食品安全责任书》486份，在51个畜禽规模养殖场建立定点联系制度。各项监管措施到位，确保全年未发生重大农产品质量安全事故。

【"三品一标"监管】 2016年，全区累计通过认证的有机食品1个，有机转换产品1个，绿色食品6个，无公害农产品6个。为依法规范无公害农产品、绿色食品、有机食品及地理标志产品"三品一标"标识使用行为，维护生产者和消费者合法权益，江川区突出源头监管，对取得"三品一标"认证的生产单位的产品、产地采取定期和不定期的方式进行监督检查，重点检查获证企业是否按质量控制措施和生产技术规程进行管理和生产，是否有出入库记录，生产加工是否符合相应认证加工技术规程要求等；加强对市场流通领域的检查，全年组织对县城内的百信、华联、天天乐等各大超市开展专项检查，累计检查用标产品104个，对不规范用标、过期用标以及疑似超范围和假冒"三品一标"标志的产品进行逐一登记上报。

【龙头企业】 截至2016年末，江川区获国家级重点龙头企业称号的有云南宏斌绿色食品有限公司1个企业；获省级重点龙头企业称号的有云南宏斌绿色食品有限公司、云南阳光食品有限公司、云南卓一食品有限公司、云南荣盛实业有限公司、云南江川雄鑫农产品商贸有限公司及云南江川隆宇农产品商贸有限公司6个企业；获市级龙头企业称号的有云南宏斌绿色食品有限公司、云南阳光食品有限公司、江川卓一食品有限公司、云南荣盛实业有限公司、云南江川雄鑫农产品商贸有限公司、江川同力橡胶有限公司、江川县九川食品有限公司、云南江川汇海农产品有限公司、云南茂晟食品有限公司、云南江川隆宇农产品贸易有限公司、玉溪天丽食品有限公司、江川皇壮牧业有限公司、玉溪丫眯绿色休闲食品有限公司、江川县古滇彝家酒业有限公司、云南滕鹏果蔬进出口有限公司15个企业。在龙头企业中，从事农副产品加工10个、调味品生产1个、橡胶加工1个、酿酒1个、畜牧业1个、制糖1个。全区龙头企业从业人数2107人，实现现价总产值211405万元，实现销售收入202528万元，利润总额7106万元，上缴税金1644万元，支付劳动者报酬6240万元，完成出口交货值34108万美元。带动农户数123910户，带动农户增收总额35471万元。

【农民专业合作社】 2016年，全区农民专业合作社累计47个。按从事行业划分：从事种植业37个，畜牧业6个，渔业1个，服务业3个。在农民专业合作社中，拥有注册商标1个，获得无公害农产品认证2个，创办加工实体2个，农业主管部门认定为示范社7个。全区加入农民专业合作社的成员2834户，带动非成员农户12325户。经营收入2169万元。

【农机推广和服务】 2016年，全区农机总动力269724.05千瓦特，拥有各型拖拉机5689台，其中大中型拖拉机800台，小型拖拉机4889台；拥有耕整地机械10594

台（套）、农用排灌机械4050台（套）、农产品初加工动力机械1421台、畜牧养殖机械2626台（套）、渔业机械45台、农用运输车1281台、农田基本建设机械124台，温室设施总面积605954平方米；全区乡村农机从业人员15806人，其中拖拉机驾驶从业人员6287人，农用运输车驾驶从业人员1694人；具有农机维修点88个，农机经销点11个。年内完成中央财政农机购置补贴资金110.485万元，补贴各类机具1199台，受益农户1159户；完成拖拉机驾驶员培训一期，培训学员61人。组织全区农机人员及农机具投入抗旱、春（秋）耕作业等生产环节，发挥农机在抢农时、抢节令、抵御农业自然灾害方面的作用。全年累计完成机耕机耙面积215845亩，农机深松作业面积5832亩，机电灌溉面积142305亩，机械植保面积365405亩，机收面积20000亩，农机运输作业量4131.54万吨·千米，全区主要农作物耕种收综合机械化水平49.01%。

【农机监理】 以农机“推丘”工作为契机，围绕源头管理、执法监控、宣传教育等主要环节，开展“农机安全三项行动”“农机安全生产月”及“拖拉机驾驶人交通安全集中教育”等活动，加大农机安全执法力度，加强农机安全隐患排查治理，从源头上确保农机安全生产管理。自2015年10月1日起，停止运输型拖拉机注册登记，全年共办理小型拖拉机注册登记14台、驾驶证到期审验换证104本，年度检验拖拉机1245台，与拖拉机机主签订农机安全责任书1245份；清理移交澄江管辖拖拉机档案471份，拖拉机驾驶员档案496份。查出拖拉机安全隐患75条，当场整改61条，限期整改14条；排查驾驶员236人次，排查农业机械359台次。全年全区无农机作业伤亡及特大农机道路交通安全事故发生。

【农村集体资金资产资源和财务管理】 继续稳定和完善村级会计委托代理服务，保证村级会计委托代理服务长期规范发展。截至年末，各乡镇（街道）农经中心共代管村组账目507套，资金43452万元。继续加强农村集体“三资”委托代理服务，对集体“三资”漏记、内容不全、登记错误等方面进行完善，督促各乡镇农经中心适时更新“三资”监管平台信息库资料，保证群众看到最新“三资”信息。抓好农村财务公开，确保群众知情权、参与权和监督权，督促各乡镇农经中心按照逐笔公开的要求，编制村组财务公开表，由负责的分会计督促各村组在财务公开专栏及时向群众公布，公布率100%。完成本届村组干部任期和离任经济责任审计工作，共组织审计人员18人，审计范围为2013年1月1日至2015年12月31日村组所有财务收支及有关经济活动、农村集体“三资”管理情况，审计单位534个（其中村委会72个，村民小组462个），已审干部2025人（其中村委会807人、村民小组1218人），审计金额264185万元，其中收入129651万元，支出134534万元。

【农民负担监督管理】 贯彻减轻农民负担政策，切实把减轻农民负担政策不折不扣的落到实处。全年完成中央农业支持保护补贴面积123138.93亩，补贴资金5350431.98元；完成农机购置补贴资金110.485万元；采取由财政部门按月审核、按月拨付再由供精站和配种服务站点在养殖户领用猪精液时直接折兑的补贴方式支付补贴资金112.222万元；能繁母猪保险参保17702头，受理保险责任范围内死亡母猪572头，支付保险赔偿资金57.2万元。严格农村集体“一事一议”筹资筹劳审核，防止面向群众乱收费、乱集资、乱摊派现象发生。全年共对21个村民小组的“一事一议”筹资筹劳进行审核备案。其中：筹资人数22213人，筹资金额67万元，筹劳14043人。在大街、江城、安化、前卫4个乡镇设置监测点，对25户农户实际收支情况进行动态跟踪监控，掌握农民负担动向。做好群众来信来访工作，配合有关部门做好涉农收费和价格的专项检查，按时上报各项调查资料。

【农村土地承包经营及管理】

2016年，全区家庭承包经营的耕地面积118070亩，家庭承包经营农户70191户，家庭承包合同65392份，颁发土地承包经营权证65392份，机动地面积341亩。全年家庭承包耕地流转总面积27564亩，其中转包20亩，转让342亩，互换280亩，出租25683亩，股份合作521亩，其他形式718亩。按流转去向分：流转入农户9767亩，流转入合作社1479亩，流转入企业8147亩，流入其它主体8171亩；按土地流转服务情况分：农户间自发流转9969亩，乡村组织提供信息流转10730亩，委托乡村组织流转6865亩。土地规模经营（50亩）以上的面积15549亩，其中50亩～100亩的3640亩，100亩～300亩的3379亩，300亩～500亩的2208亩，500亩以上的6322亩。全区拥有县级仲裁委员会1个，仲裁委员会人数25人，聘任仲裁员15人；拥有乡镇（街道）仲裁委员会7个，仲裁委员会人数93人。

【农村土地承包经营权确权登记颁证】 农村土地承包经营权确权登记颁证于2015年1月开始准备工作，正式作业为2015年7月。2016年，完成调查测绘工作，清理土地承包台账508册，调查发包方435个、承包方（有承包地农户）78610户，测量地块316243块，面积368012亩；按国家农业部的相关规范要求完成全区85%的调查成果表、图件等的制作。2016年拨付到账资金中央317万元、省级317万元、市级318.9万元、区级100万元，共计1052.9万元；2016年全区在土地确权工作已受理矛盾纠纷2507起，调解2491起，矛盾化解率99%。

【中央农业支持保护补贴】 中央农业支持保护补贴包括良种补贴、农资综合直贴、种粮补贴。江川区2016年度中央农业支持保护补贴总面积123138.93亩，补贴标准每亩43.45元，补贴资金5350431.98元。补贴范围涉及全区7个乡镇（街道），71899户农户。其中：大街街道补贴面积20966.66亩、补贴资金911006.99元，江城镇补贴面积35724.99亩、补贴资金1552266.1元，前卫镇补贴面积21058.24亩、补贴资金914985.71元，九溪镇补贴面积13764.48亩、补贴资金598074.46元，路居镇补贴面积15522.98亩、补贴资金674481.55元，安化乡补贴面积7620.46亩、补贴资金331110.78元，雄关乡补贴面积8481.11亩、补贴资金368506.39元。

【种植业保险】 2016年，江川区继续开展种植业保险工作，按照水稻每亩19.5元、玉米16.5元、油菜13.8元的保费进行投保，其中中央、省、市、区分别承担保费金额的40%、13%、25%、22%。全年完成油菜投保面积2万亩，水稻2万亩，玉米2万亩，累计完成投保金额99.6万元。

【动物防疫】 2016年，江川区畜牧兽医部门结合辖区内畜禽饲养状况、养殖密度、养殖规模及各病种疫情风险等实际，对规模养殖场（养殖小区）开展程序化免疫，对农村散养户开展春秋两季集中免疫和常年补针。全年重大动物疫病累计免疫猪瘟71.956万头（次），高致病性猪蓝耳病64.6万头（次），牲畜口蹄疫75.5万头（只、次），家禽禽流感434.9万只（次），重大动物疫病免疫密度达应免数的100%。常规动物疫病累计免疫仔猪副伤寒11.5万头，猪肺疫18.1万头，猪伪狂犬病10.42万头，鸡新城疫328.4万只，禽霍乱216.1万只，法氏囊259万只，鸭瘟7.69万只，羊小反刍兽疫2.1128万只（次），羊痘1.21万只，兔瘟0.37万只，狂犬病0.28万只。免疫工作的开展，避免动物疫病的传播流行，全区猪、大牲畜、羊、家禽疫病死亡率分别控制在3%、1.5%、2%、6%以内。

【动物疫病监测】 2016年，继续在全区推广应用动物疫病免疫抗体及动物疫病病原检测技术，对免疫质量和病原情况进行监测评估，及时作出预警预报，提高动物疫病防疫能力和水平。全年对6个乡镇（街道）的畜禽养殖场（户）、屠宰厂、农贸市场开展采样1370份，监测4633份次。其中：开展抗体监测3094份次（含国家定点监测），病原学监测1539份次（含国家定点监测）。

【畜禽规模养殖】 2016年，全区共有各类畜禽规模养殖场（户）460户。其中：能繁母猪存栏30头以上的72户，存栏能繁母猪5611头；肥猪出栏50头以上的87个，出栏肥猪19038头；蛋鸡存栏2000只以上的49户，存栏开产蛋鸡105.37万只；肉鸡存栏2000只以上的14个，存栏肉鸡9.03万只；肉羊存栏30只以上的209个，存栏肉羊15866只；肉牛存栏10头以上的29户，存栏肉牛597头。

【生猪良种补贴】 2016年，江川区继续实施生猪良种补贴项目，全区累计生产种猪常温精液121845份，销售112222份，开展猪人工授精56111窝，按照每份精液由国家补助10元，农户承担2元的方式，直接补贴农户资金112.222万元，受益农户累计41299人次。

【畜牧贴息贷款】 按照玉溪市人民政府办公室有关文件要求，2016年，江川区继续做好

2015～2017年度信贷扶持畜牧业发展项目的跟踪服务工作，2015～2017年度畜牧贴息贷款周期2年，按年息6.9%向养殖户发放贷款，其中：市级财政承担2.0%，区级财政承担1.0%，养殖户承担3.9%。全区2015-2017年度畜牧贴息贷款资金规模3000万元，其中：大街街道789万元、江城镇690万元、前卫镇509万元、九溪镇339万元、路居镇317万元、雄关乡237万元、安化乡119万元，共扶持规模养殖户184户，其中大街街道42户、江城镇42户、前卫镇30户、九溪镇25户、路居镇17户、雄关乡15户、安化乡13户。

【能繁母猪保险】 2016年度，江川区继续实施能繁母猪保险强农惠农政策，全县能繁母猪保险投保母猪17702头，每头能繁母猪保险金额1000元，每头保费60元，其中：中央财政每头补助30元、省级财政补助3.6元、市级财政补助6.4元、县级财政补助8元、养殖户承担12元。全年共受理保险责任范围内死亡母猪572头，死亡率3.23%，累计支付养殖户保险赔偿资金57.2万元。

【农村节能】 截至2016年末，全区农村户用沼气池保有量为22367口，全年组织开展沼气池巡查22367口，维护1782口，开展沼气安全使用知识培训865人次，发放宣传资料40000余份；新建沼气池服务网点13个，养殖小区100立方米联户沼气池6座。在安化乡及前卫镇推广太阳能热水器931户、节柴改灶800户。

【畜禽规模养殖场节能减排】 根据市政府与区政府签订的年度节能减排工作目标责任书，全区2016年列入减排对象的畜禽规模养殖场有江川县留源养殖场、江川牧业养殖有限公司、江川双仙养殖场、江川西明养殖场、江川县雄关乡鑫源养殖场、江川佳鑫杜洛克种猪场6个企业。按照节能减排相关要求，6个养殖场分别按照减排工程建设内容完成项目建设，累计开展建设尿液储存池1159立方米、粪便储存池421立方米，建成雨污分流污水管道、雨水管道及沟渠4661.8米，焚烧炉6座，安全填埋井6口。

【土著鱼保护及开发利用】 2016年，江川区不断加强土著鱼的保护与开发利用，开展濒危土著鱼类的人工驯养繁殖试验研究及推广养殖，推进江川渔业由数量型向质量型转变，打造以大头鲤、抗浪鱼、星云白鱼、云南倒刺鲃（青鱼）等为主的特色水产品品牌，组织申报“江川大头鱼”地理标志产品保护，提高特色水产品价值。调整渔业供给侧结构，发展高原特色渔业，全年共向星云湖放流大头鲤大规格鱼种3180千克，计8.2万尾，夏花鱼苗92万尾；推广水库、池坝塘大头鲤养殖2100亩，免费发放大头鲤苗种870千克；推广池坝塘、水库抗浪鱼养殖300亩，提供苗种3万尾。特有土著鱼类保护工作成果丰硕，《抚仙湖杞麓鲤人工驯养繁殖技术》分别获得2016度云南省科技进步三等奖，2015年度玉溪市科技进步二等奖、农业技术推广二等奖。

【提案和议案办理】 2016年承办区政协委员提案3件，承办区人大代表提议1件，办理答复均为满意。

（李学辉）

烟 草

【机构设置】 2016年5月19日，江川县烟草专卖局（分公司）更名为玉溪市江川区烟草专卖局、玉溪市烟草公司江川分公司［以下简称“江川区局（分公司）”］。江川区局（分公司）设综合办公室、人事劳资科、财务室、专卖监督管理室（稽查大队）、生产科技室、现代烟草农业基础设施建设办公室、督察考评室、监察科、安全保卫科、区域市场部、卷烟物流中转站11个职能部门，江城、安化、前卫、大街、九溪、雄关6个烟叶工作站，周官、光山2个烟点。在册在岗职工96人，年内调出10人、调入6人、除劳动合同3人。其中，男性70人，女性26人。

【概　述】 2016年江川区烟草专卖局（分公司）围绕“烤烟生产稳规模、卷烟销售稳市场、专卖管理强法制、内部建设强规范”的工作思路，实现税收14431.04万元，其中国税6541.3万元、地税7889.74万元；同比减少57.19万元。

【烤烟生产收购基本情况】 2016年，江川区烟草专卖局（分公司）在剔除抚仙湖径流区托管因素外，计划种植烤烟7.13万亩，计划收购烟叶19.74万担，其中指令性计划18.34万担，出口备货计划1.4万担。全年共计收购烟叶19.74万担，完成计划的100%，实现烟农烟叶交售收入3.31亿元，实现地方财政烟叶税7284万元，烟叶收购均价达33.55元/千克，比上年增加1.26元，比全市平均高1.59元；烟农户均烤烟交售收入2.5万元，比上年增0.3万元；上等烟比例72.21%，比全市平均高2.37个百分点，圆满完成收购计划。

【卷烟销售基本情况】 2016年，面对经济下行、消费疲软、零售客户积极性下降和严格落实“中央八项规定”的不利影响，全区累计销售卷烟7478.06箱，完成销售目标8371箱的89.33%，销售量同比减少1023.56箱，同比降幅为12.04%；累计销售收入2.156亿元，销售金额同比减少3180.91万元，同比降幅为12.86%；单箱销售金额为28825元/箱，同比减少271元/箱，同比降幅为0.93%。从卷烟销售结构分析：一类烟销量降幅达12.71%，销售收入降幅达12.54%；二类烟销量降幅达77.69%，销售收入降幅达77.03%；三类烟降幅达12.72%，销售收入降幅达9.21%；四类烟销量同比增长218.292箱，增幅为116.23%，销售收入同比增长152.25%；五类烟销量增幅为69.54%，销售收入同比增长70.01%。

【专卖管理基本情况】 2016年，江川区局（分公司）联合公安和市场监督管理等执法部门加大市场检查力度，共出动执法人员654人次，执法车辆142台次，检查工商经营户2835户次。查获各类涉烟违法案件96起，合计涉案金额114.1425万元。其中一般案件13起、烟叶案件8起，涉案烟叶40.17吨，案值92.3224万元；未在当地烟草批发企业进货的卷烟案件1起，涉案卷烟105条，案值1.533万元；无证运输卷烟案件1起，涉案卷烟872条，案值3.052万元，假烟案件3起，涉案卷烟1813条，案值12.719万元；简易案件22起，未在当地烟草专卖批发企业进货案件22起，涉案卷烟27条，案值5599元；无证经营案件61起，涉案卷烟318.2条，案值3.95625万元。卷烟市场净化率、占有率达到95%以上。

【烤烟种植轮作规划】 江川区局（分公司）制定烤烟种植规划实施方案，各烟叶站和乡镇、村组严格按计划认真做好烤烟种植面积的规划，突出规划轮作，做到规划定面积、定农户、订合同。2016年全区计划种植田烟面积32000亩，地烟面积39300亩，落实连片种植207片，比2015年减少6片，连片种植规模增加，所有连片面积均达到100亩以上，其中连片面积200亩以下的有51片，占10.56%；连片面积200-500亩的123片，占55.11%；连片面积500亩以上的33片，占34.33%。实现规模化种植，机械化作业。

【烟用物资调供】 2016年，江川区局（分公司）做好烟用物资调供，供应育苗类物资，其中：设置漂育苗点31个、大棚46个、小棚6804个，育成烟苗8556万株，可供移栽面积7.13万亩，专业化商品化育苗率100%；基质724立方米，小棚1600套；供应农药及微肥：保得生物肥1000千克、富万钾6000千克、钾霜锰锌8000千克、6%烯.羟.硫酸铜可湿性粉剂1000千克、20%吗胍乙酸铜可溶性粉1000千克、灭芽灵3500千克、3%阿维菌微胶囊剂2000千克。供应化肥：复混肥4460吨，硫酸钾1819.22吨。供应包装物：麻片260000套，麻线8吨，布标签270000张。烟用物资及时供应，确保烤烟生产顺利进行。

【烤烟抗旱移栽】 2016年，全区统一机械深耕15010.1亩，缩短烤烟移栽翻田、碎垡时间，移栽集中度高，同一片区1～3天完成移栽；加大适时抗旱集中早栽技术宣传和培训推广力度，为大田最佳节令集中移栽赢得充足的时间，5月11日烤烟移栽全面结束；同一田块、同一片区通线理墒，定点深栽，株行距合理。大力推广农家肥施用，全区共计堆捂农家肥3.05万吨，施用面积6.1万亩。

【膜下小苗移栽】 完善膜下小苗移栽技术，新盛合作社代购膜下小苗移栽用地膜52434件；经验收，全区所有地烟均实行膜下小苗移栽，并向田烟推广，全区膜下小苗移栽面积达5.3932万亩，占计划面积的75.64%。

【蚜茧蜂防治烟蚜】 2016年，江川区烟蚜茧蜂防治工作由烟株应用转向大农业推广应用。江川区公司设置7个夏季繁蜂点，设立大棚1638平方米、小棚540个；设置2个冬春季繁蜂点，小棚120个。全区防治烤烟种植面积7.13万亩，占烤烟计划种植面积的100%，将蚜株率降到3%以下，降低烟叶农药残留量，提高烟叶安全性；防治大春非烟作物9万亩、小春非烟作物9万亩。实现防治由单季向三季防治、由烟草走向大农业的转变。

【优化烟叶结构】2016年，江川区继续全面实施推行优化烟叶结构工作，清除田间不适用烟叶，下部叶清除面积7.13万亩，完成率100%；上部叶积极推行留叶毁型，完成面积7.13万亩，完成率100%。

【烟叶田间管理】2016年，江川区认真落实以揭膜培土为中心的中耕管理，培土后田烟墒高达到40c米以上，地烟墒高达到25—30c米，在没有作保补助的情况下完成0.15万亩的揭膜培土；切实落实测土配方施肥工作，全区共计开展测土配方施肥面积7.13万亩；引导烟农科学合理用药，严禁使用除草剂和推荐范围外农药；江川区科技员根据烟株的长势长相、土壤肥力、施肥量、气候、品种等因素来实地指导封顶打杈，全面推行高封顶、多留叶、彻底抹杈，田烟留叶数22片，地烟留叶数20片，全面推广化学抑芽技术。经过科技人员指导，烟田田间管理水平明显提高。

【上部叶一次性采烤】2016年，江川区认真落实以成熟采烤为中心的烟叶采收管理，要求上部4-6片叶成熟后一次性采烤。全区共计开展上部叶一次性采烤面积6.52万亩，占烤烟种植面积91.44%。

（刘　芳）

【烟水配套、机耕路项目】2016年，江川区烟水配套、机耕路项目共批复1513件工程（含新增2015年雄关乡水管项目区），其中水池5件，容积250立方米；管网1件，长度1019米；泵站1件；沟渠20件，长度13512米；机耕路2件，长度1710米；彩虹水窖1484件，容积22260立方米，批复烟草行业补贴投资898.9万元。2016年全区完成烟水配套、机耕路项目共1552件，其中水池5件，容量250立方米；管网1件，长1019.6米；泵站1件；沟渠29件，长度11610.75米；机耕路2件，长度1494米；彩虹水窖1484件，容量22260立方米，工程总造价1064.07万元，其中：烟草补贴金额856.07万元，政府整合投入9.72万元，建设主体投入198.29万元；受益面积10892亩，受益农户1745户。其中：2015年雄关乡水箐项目区于2016年2月开工，2016年4月完工，完成水池5件，250立方米；泵站1件；管网1件，长度1019.6米；沟渠1件，长度637.3米；机耕路1件，长度693.9米，工程总造价97.55万元，其中：烟草补贴金额91.97万元，政府整合投入5.59万元，受益面积808亩，受益农户56户。2016年大街捧寨水库项目区于2016年4月开工，2016年10月完工，完成沟渠28件，长度10973.45米；机耕路1件，长度800.1米；工程总造价323.03万元，其中：烟草行业补贴资金318.9万元，政府整合投入4.13万元，受益面积4519亩，受益农户862户。彩虹水窖项目完成1484件，工程总造价643.49万元，其中：烟草行业补贴资金445.2万元，建设主体投入198.29万元，受益面积5565亩，受益农户827户。

【烟叶调制设施项目】2016年，江川区新建密集式烤房项目共批复新建257座，项目于2016年3月开工，2016年7月完工，项目总造价1105.10万元，其中：烟草行业补贴资金771万元，政府整合投入77.10万元，项目建设主体投入257万元。烤房设备维修更换项目共批复364座，其中2015年项目在2016年实施的189座，项目于2016年1月开工，7月完工，完成189座，项目总造价221.13万元，其中：烟草行业补贴资金145.53万元，政府整合投入37.8万元，项目建设主体投入37.8万元；2016年的175座，项目于2016年9月开工，11月完工，完成175座，项目总造价202.74万元，其中：烟草行业补贴资金132.74万元，政府整合投入35万元，项目建设主体投入35万元。

【育苗设施项目】2016年江川区可移动式育苗小棚建设项目共批复5群（1600套），项目于2016年2月3日开工，于2016年2月4日完工。共完成长、宽、高分别为5.6米、1.4米、0.9米的全钢架结构可移动式育苗小棚4群（1600套），项目总造价54.15万元，全额为烟草行业补贴资金，项目受益面积7200亩。

（张　林）

【卷烟销售】2016年，卷烟零售户全年新办112户，歇业65户，注销133户，停业0户，延续142户，变更4户，截止2016年底，全区共有卷烟零售户984户，占总人口的3.51‰。在面对全国经济下行、深入推进“中央八项规定”、公共场所控烟等不利因素影响的情况下，卷烟销售工作严格按照“销售总量、单箱值、人均消费条数与全国、全省保持基本同步”的要求扎实推进，全年累计销售卷烟7478.9338箱，实现销售金额21558.5271万元，单箱销售金额达到28825.67元，其中销售一类烟1440.0056箱、二类烟90.936箱。

（官　磊）

【专卖零售许可证管理】　2016年，按照公开、公正、透明、高效、便民的原则，依据法定程序严格办理专卖零售许可证。根据《云南省玉溪市烟草专卖局关于印发玉溪市卷烟零售网点合理化布局实施指导意见的通知》的文件要求，结合《中华人民共和国行政许可证法》、《中华人民共和国专卖法实施条例》、《烟草专卖许可证管理办法》（国家发展和改革委员会令第51号）、《烟草专卖许可证申请与办理程序规定》等相关法律、行政法规、规章关于烟草制品零售点合理布局的规定，进一步完善《江川区卷烟零售点合理布局规定》，使其更符合江川实际，更具有可操作性。

【专卖法律法规宣传】　加强对烟草专卖法律法规的宣传，营造良好的共同遵守和维护烟草专卖执法环境。一是积极参与“3.15”、“6.29”、“12.4”等法制、法律宣传日活动，广泛宣传专卖法律法规。我局领导高度重视，积极组织参与宣传活动。共发放宣传资料1000余份，展示10多个品牌的真假卷烟，并对鉴别方法进行现场讲解。咨询群众达200余人。二是在烟叶收购期间，加大对《烟草专卖法》等相关法律法规的宣传力度。积极与区司法局沟通协调，在烟叶收购期间出动宣传，进一步增强群众守法意识，维护良好的烟叶收购秩序。

【烟叶生产经营监督管理】　烟叶生产监管严格按《云南省烟草行业商业企业内部专卖管理监督工作规范》要求，对烟叶生产经营的全过程，分环节进行事前、事中、事后的监管，监管中及时深入到烟叶生产各个环节及时发现问题及时处理，及时监督整改。收购期间全区设立烟叶堵卡点5个，其中区县级卡点4个，市级卡点1个，堵卡人员40人，应急车辆5台；并不断地加大对收购秩序的管理，投入大量人力、物力、财力。沉重打击不法分子的嚣张气焰。

【卷烟市场监督管理】　按照《云南省烟草专卖局卷烟市场网格化管理实施意见》和《云南省卷烟零售客户监管办法》相关要求，创新卷烟市场监管工作模式，推进卷烟市场网格化管理，根据全区卷烟市场状况及持证零售户分布，结合专卖稽查终端建设要求，初步确定全区卷烟市场二、三、四级网格，并制定《江川区烟草专卖局卷烟市场网格化管理方案》。通过网格化管理，建立“权责明确、流程规范、任务清晰、运转高效”的工作机制。做到市场监管工作“可视、可控、可评”。推行网格化管理，构建“打击严厉、管理到位、疏导及时、服务周到”的市场监管体系，规范市场秩序，提高市场净化率。

【烤烟种植收购合同管理】　充分发挥内部专卖管理监督的作用，深入各乡镇监督检查烤烟种植收购合同的签订情况，认真履行工作职责，严把合同签订关。各基层烟站均能认真执行上级要求，按照上级下达的烟叶种植面积、收购计划、核定单产和轮作要求与烟农签订合同。所签订责任户的合同在收购前全部发放到烟农手中，并且以村民小组为单位分别对签订合同的情况进行张榜公示，接受广大群众的监督。合同所约定的内容齐备、合法，除涉及调整的合同外，没有擅自涂改现象，无虚假合同、空合同、买卖合同的情况发生。

（张冲平）

林　业

【概　述】　玉溪市江川区林业局机关内设办公室、计划财务股、林政股、森林防火股（森林防火指挥部办公室）；局属设置玉溪市江川区森林公安局（正科级）及7个事业单位，即：玉溪市江川区森林病虫害防治检疫站（推公管理）、玉溪市江川区林木种苗站、玉溪市江川区经济果木林推广站、溪市江川区营林工作站、玉溪市江川区林业科学技术推广站、玉溪市江川区林政稽查大队、玉溪市江川区林权管理服务中心。2016年底实有在职干部职工64人，其中，行政人员22人（公务员8人，工勤人员2

人，森林公安局7人，推公管理5人），事业人员42人（专业技术人员18人，技术工人24人）。

2016年，牢固树立创新、协调、绿色、开放、共享的发展理念，坚持“生态建设产业化，产业发展生态化”和“保护优先”的思路，以建设生态文明为总目标，以发展生态林业、民生林业为总任务，以造林绿化为重点，以改革创新为动力，以科技兴林为支撑，以依法治林为保障，着力改善林业生态环境，构建绿色生态屏障，加快推进森林江川建设步伐。

【绿化造林】 以新一轮退耕还林项目、石漠化综合治理项目、2016年绿化造林及义务植树等重点建设项目为核心，加快生态建设步伐。投资824万元，完成新一轮退耕还林600亩核桃种植任务，陡坡地生态治理项目5000亩核桃种植，封山育林继封面积9.79万亩，配合路居镇对2015年度石漠化治理项目进行招标、实施；完成2002～2004年退耕还林工程完善政策补助兑现面积31512.84亩，资金372.99万元；完成义务植树66.12万株。

【林木种苗】 开展林木种苗生产经营许可证制度及育苗技术培训，审核种苗生产、经营情况，办理申请、换证等工作，规范林木种子市场。加大林木种苗的管理力度，强化苗木质量检验、检疫，落实苗木标签的使用。开展辖区内的种苗普查工作，全区育苗单位15个，其中育苗企业11个、个体户4个。育苗面积3313亩，从业人员233人，2015年苗木销售收入233万元，2016后在地苗木资产总值2.3亿元；拥有各种苗木159.48万株，其中乔木类苗木涉及87个树种、76.41万株；经济林类苗木涉及18个树种、70.35万株；灌木林类苗木涉及5个树种、2.02万株；人工造林类苗木涉及5个树种、10.69万株。完成小石洞苗圃完成70万元基础设施建设，修缮苗圃房屋、50亩苗地全面翻整、苗地换土、修筑苗地道路90米、电力设施修缮等。

【林政资源管理】 加强林地征占用管理，规范林木采伐、木材运输许可证的审核审批，木材经营许可证的审验，开展林地保护利用规划编制，加大林政执法力度。一是加强林木采伐管理。共审核发放《木材采伐许可证》41份，采伐面积188.11公顷，采伐蓄积2220.04立方米，出材量1279.6立方米。办理运输证12份，运输木材189.4立方米。二是严格林地管理。严格执行林地征占用定额指标管理制度，积极配合、服务并指导好各项目建设单位的林地征占用审核报批工作，完成临时占用林地审批8宗，面积50.3212公顷；永久征收6宗，面积51.8863公顷。三是对全区30家申办《木材经营加工许可证》的经营户开展检查工作，进一步规范全区木材经营加工秩序，提高木材经营加工户依法经营的意识。四是组织开展“江川县十三五期间森林采伐限额编制”、“林地年度变更调查”“森林资源二类调查”三项工作，进一步掌握全区目前的森林资源现状和林产业发展结构，为十三五期间省政府下达江川区的森林采伐限额提供准确的建议采伐指标，提高林业经营水平。

【森林防火】 坚持“预防为主，积极消灭”的方针，认真履行职能，强化领导负责制，深化宣传教育，严格火源管理，创新工作方法，协调调动一切积极因素，打好森林防火攻坚战，圆满完成省、市、县森林防火目标责任指标。共接到12119报警电话10起，出警处置森林火情3起，处置1起卫星热点，当日扑灭率为100%，火案查处率为100%，全区没有发生重、特大森林火灾和重大人员伤亡事故，森林防火工作取得显著成绩。一是强化组织领导，层层落实责任。层层签订各类责任书67215份，落实森林防火工作经费200万元。二是强化宣传培训，提高防火意识。下发《户主通知书》84450份，发放张贴戒严令2676份，设立警示牌178块，设置警示彩旗4645面，悬挂宣传标语2840条，印发宣传资料49074份，制作发放宣传伞799把、无纺布宣传袋6570个，设计制作宣传展板4块；切实落实“五个一”常规宣传教育活动，上森林防火课873节，出黑板报349期，写作文16947篇，致家长公开信35448封，标语345条，发放森林防火宣传单900份，宣传帽900顶。发布森林火险等级预报短信29万条。进行森林防火预防、扑救培训1532人。三是强化火源管理，减少火灾隐患。始终坚持“预防为主”和“防范胜于救灾”的方针，从重预防、抓源头、堵漏洞、严格落实五个百分之百等几方面加强野外火源管理。设置防火检查站150个，堵卡人员305人，入山登记122592人次，收缴火种（具）1695具。公益林（护林员）人员100人，加上村组自行调配护林员195名，主要入山路口有专人把守和登记。严格坚持野外用火审批制度，开展计划烧除行动，清除林缘周边可燃物2128亩，有效消除森林火灾隐患。加强“痴、呆、聋、哑、精神病人”的监护管理，落实监护671人。四是强化应急反应，加强专业队建设。及时修订完善应急预案，组建专业队1支、35人，6个乡镇（街道）也按要求组建应急扑火队7支、109人，组建民兵义务扑火队55支1654人。

【林业行政执法】 深入开展“无火清明”武装巡护、“滇绿行动”和打击破坏野生动物资源违法犯罪专项行动等一系列打击涉林违法犯罪的专项行动，严厉打击涉林违法犯罪活动，消除林区治安安全隐患，及时开展森林火灾、盗伐林木、移植野生植物、非法捕猎、违法占用林地等案件的专项执法行动，切实保护森林资源和野生动植物资源安全。2016年，共侦破查处各类涉林违法犯罪案件67起，共出动警力500余人次。立刑事案件17起，破获17起；林业行政案件立案50起，查处50起，行政处罚50人（次），救助野生动物79只（条）。通过严厉打击，取得良好效果，有效地遏制涉林违法犯罪案件频发、多发势头，森林资源得到有效保护，确保林区治安秩序的稳定。

【林业有害生物防治检疫】 全面完成全国第三次林业有害生物普查工作及春季松材线虫病普查工作，踏查主线路78条，里程达861.49千米，设立踏查点2343个，设置标准地139个，调查面积42.565万亩。统计发现发生危害的林业有害生物种类18种，虫害11种、病害6种、有害植物1种，危害面积31.3091万亩。开展病虫害防治，组织前卫镇及林权所有者，对业家山（七星塔）松树金龟子危害的1700亩云南松进行喷粉防治。动用防治器械6台，人员34人次，0.17%乙酰甲胺磷粉剂1.5吨，有效解除松树金龟子对该片区森林的危害。复检木材1396立方米；产地检疫苗圃16家，面积3907.7亩，涉及苗木1690776株。加强野生动植物保护工作，积极开展水鸟调查及全区野生动物驯养繁殖户5家的调查工作。积极开展水鸟调查，对江川区星云湖、抚仙湖周边湿地8个选点开展水鸟的同步调查工作。调查中发现江川水鸟17种，林鸟23种，计40种。

【林业科技】 结合国家、省、市造林及森林抚育管护项目的实施，深入基层开展林业科技服务培训工作。2016年度，开展区级林业科技培训4次，培训村组干部、技术人员及种植大户380多人；开展乡镇级培训7次，培训林农500多人次；发放4大类核桃种植宣传资料12300份；市、区电视、广播等多媒体宣传4期。全年组织开展核桃规范化种植管护面积47000亩，其中定干修剪5000亩、病虫害防治35000亩、防霜冻13500亩、施肥18000亩、浇水20000亩。规划建设江川区核桃产业发展县级样板示范种植基地3个，面积1500多亩，有巩固提高核桃产业发展所取得的阶段性成效。通过形式多样的培训，使林农的经营管理意识得到提升，经营管理水平得到加强。

【森林生态效益补偿】 实施重点公益林森林生态效益补偿面积34.56万亩，其中国家级重点公益林18.66万亩，省级公益林15.9万亩。申请江川区2016年度森林生态效益补偿资金531.2万元，其中国家级公益林补偿资金270.57万元，省级公益林补偿资金230.55万元，省级管护补助30万元（用于九溪镇公益林管护站建设）。与林权单位签订公益林限伐协议363份，公益林管护合同（A）111份，与管护人员签订管护合同（B）160份。加强江川区重点公益林管理，用好重点公益林森林生态效益补偿资金，最大限度地发挥公益林的综合效益。

【林权配套改革】 组织2015年的林权抵押贷款贴息发放工作，完成2015年的40户林权抵押贷款贴息发放工作，贷款面积合计6638.03亩，贷款金额652万元，发放财政贴息32.6万元。

【林业产业】 以“两湖一库”流域为核心区，规划造林小班251个，完成核桃种植2.5万亩，34.8万株，涉及全区4镇2乡1街道的38个村（居）委会104个村（居）民小组，2016年5月中旬通过市政府检查考核验收。做好林产企业管理服务工作，完成2家第十批省级林业产业龙头企业的复评认定工作；完成年度3家龙头企业及4家省级示范社的动态监测工作；组织申报云南省林业产业省级龙头企业1家及林农专业合作社省级示范社3家；组织辖区5家林业企业和合作组织加入玉溪市林业产业协会，为企业提供发展平台。目前，江川区共组织申报并获得省级评选认定的“云南省级林业产业龙头企业”3家、“云南省林农专业合作社省级示范社”6家，共获得发展奖补资金72万元，涉及特色种植、林下养殖、采集加工及绿化观赏苗木行业。根据2016年省、市动态监测结果，江川区9家林业龙头企业和示范社的总资产共1.36亿元，实现贷款融资0.3亿元，年度销售收入0.46亿元，基地建设规模0.69万亩，带动农户共3300户，对提升社会各界参与林产业经营发展的意识、促进农民增收和农村经济转型、推动江川区林业产业的持续发展、增强林业企业在产业发展和区域经济发展中的影响贡献起到积极的带动和示范作用。

【王长林被授予“全国绿化劳动模范”称号】 2016年8月，江城镇大地村委会王长林被全国绿化委员会、中华人民共和国人力资源和社会保障部、国家林业局授予“全国绿化劳动模范”称号。

（陈花艳）

水　利

【组织机构】 2016年末，玉溪市江川区水利局实有在职干部职工49人，其中：行政人员15人（公务员13人，工勤2人），事业人员34人（专业技术人员20人，工人12人，职员2人）。局机关设4个内设机构，即：办公室、江川区防汛抗旱指挥部办公室、水政水资源股（江川区水政监察大队）、行政审批股。设置下属事业单位5个，即玉溪市江川区水利工程建设质量安全监督站，玉溪市江川区防汛抗旱站（与“玉溪市江川区工程管理站”实行两块牌子一套工作机构），玉溪市江川区水土保持工作站，玉溪市江川区茶尔山水库管理所，玉溪市江川区大街抽水站。

【概　述】 2016年，江川区按照“节水优先，空间均衡，系统治理，两手发力”的治水方针，统筹做好水灾害防治、水资源节约、水生态保护修复、水环境综合治理等重点工作。围绕区委、区政府及市水利局的工作要求，坚持“依法治水、深化改革、突出民生、加快发展、行稳致远”的总体思路，主动适应新常态，积极抢抓新机遇，奋力开创新局面，为加快建设富裕和谐美丽新江川提供重要的水利保障。

有效灌溉面积。全区有效灌溉面积达99520亩（不含路居托管，下同），占总耕地面积的百分比达88.13%，比上年的87.49%上升0.64个百分点（因托管的耕地面积调整，水利化程度上升）。

节水和除涝灌溉面积。全区节水灌溉面积累计61487亩，占全区耕地有效灌溉面积99520亩的61.78%。全区除涝面积累计57138亩，占全区易涝耕地面积59380亩的96.22%。

水土保持治理。全区累计治理水土流失面积214.71平方千米，占全区水土流失面积380.83平方千米的56.4%（含托管区域）。

堤、闸建设。全区累计建成达标堤防42.09千米，占河堤总长199.24千米的23.72%；建成小型水闸143座。

农村饮水安全人口。全区农村饮水安全人口22.1506万人，占全区总人口的88.88%。

水利供水工程。全区累计建成水利供水工程35443件。蓄水工程。累计建成水库坝塘317座，其中：中型水库1座，小（一）型水库14座，小（二）型水库48座，小塘坝254座，总库容达6330.51万立方米，年设计供水能力4804.62万立方米。引水和其它水源工程。累计建成引水工程36处，年设计供水能力2009万立方米；累计建成小水窖24972件，年设计蓄水能力38万立方米；累计建成水池1404口，年设计蓄水能力11万立方米。机电井和泵站工程。累计建成机电井935眼，其中：规模以上浅层地下水机电井37眼，规模以下浅层地下水机电井898眼；累计建成泵站工程385处，其中：规模以上泵站83处，装机容量达10348千瓦；规模以下泵站302处，装机容量达6158.2千瓦，装机容量16506.2千瓦。

水利工程供水情况。全年水利工程为各行各业供水量5466.5万立方米，其中，水利工程为农业供水量4161.3万立方米，为城乡居民生活供水量912.2万立方米，为工业供水量287万立方米，为生态环境供水量106万立方米。

【农田水利基本建设】 2016年，全区共计完成各类水利工程2634件，完成水利建设投资23927万元，其中：水利基本建设投资4858万元，农水投资19069万元，完成工程量111.8万立方米；新增灌溉面积0.21万亩，改善灌溉面积3.73万亩，治理水土流失面积18.1平方千米，完成干支渠防渗8.39千米，完成库塘蓄水量4151万立方米，解决农村饮水安全巩固提升1.01万人。

【水库除险加固工程】 2016年，全区组织实施6座小（二）型病险水库除险加固工程，完成投资940万元，具体工程是江城大平地水库、明星小河坝水库，前卫杨家咀水库和人民坝水库、前卫老关坝水库，九溪凤山水库。主要建设内容：对上游坝坡整形护坡，下游坝坡培厚加固，坝体进行霹裂式灌浆；对输水涵洞进行改造加固，对溢洪道进行加固扩建。工程于2016年1月相继开工，于2016年8月完工，目前已全部下闸蓄水，正在进行工程扫尾和竣工资料整编。

【中央财政小型农田水利重点县项目】 2016年，全区实施的中央财政小型农田水利重点县项目分2个批次，总投资4619.5万元。截至2016年12月底，2015年项目完成渠系工程33件，水池工程33件，小坝塘整治1件，高效节水工程1件，小型排涝工程2件，泵站工程9件。根据批复建设内容，1件坝塘整治因施工道路不通还未实施，7件渠系工程因汛期延期施工，项目累计完成投资2065万元。2016年项目于6月开工建设，截至2016年12月底，完成水池浇筑15件，沟渠浇筑17件，长度7500米，累计完成投资1700万元，预计2017年8月全面竣工。

【九溪河山洪沟防洪治理工程】 九溪河山洪沟防洪治理工程批复投资1175.74万元，于2015年6月4日开工。施工单位：云南省水利水电建设工程有限公司、绵阳佳诚建设工程有限公司；监理单位：云南云润工程项目管理有限公司。截至2016年12月底，完成3145.3米河道治理，完成河槽淤泥土方开挖22427.31立方米，河堤土方开挖30554.06立方米，河堤土石方碾压回填19010.22立方米，M7.5浆砌石支砌10067.08立方米，C15预制六角空心块铺筑960.72立方米，C15混凝土路沿浇筑654立方米，完成工程直接费投资近591.85万元。该工程完成投资与批复投资相比，存在节余资金过大现象，现已申报变更相关设计和新增建设内容，设计变更工程批复总投资485.4万元，预计2017年4月底能够全面完工。

【抗旱应急水源工程】 该项目包括江城镇抗旱应急水源工程和江川县大街街道办庙湾片区提水应急工程，批复投资1633万元。江城镇抗旱应急水源工程批复投资485万元，目前已全部完工，并投入使用。江川县大街街道办庙湾片区提水抗旱应急水源工程批复投资1148万元，主要建设内容包括新建180千瓦光伏泵站1座、庙湾泵站1座，改造泵站进水渠299米，敷设输水管线3975米。工程于2016年3月开工建设，完成输水管道的铺设3975米，完成庙湾泵站的建设和进水渠的支砌，光伏泵站完成基础处理，整个工程累计完成投资1148万元。由于光伏大棚设计方案变更增加投资，所以延迟了建设工期，目前还处于在建状态。

【农业高效节水减排项目】 项目规划总面积9.5万亩，涉及全区6个乡镇街道，共计28个灌溉片区。2016年度项目建设规模1.52万亩，批复投资4368万元，项目涉及大街大寨水库片区、路居兰螺石片区、江城春晓合作社片区。2016年任务采用政府与社会资本合作模式实施，现PPP项目实施方案及采购社会投资人采购方案已通过政府常务会研究，进入到了选择社会投资人磋商阶段。

【新民坝水库除险加固工程竣工】 新民坝水库除险加固工程批复投资130.80万元。主要建设内容：大坝进行防渗处理，下游坝坡整形，对溢洪道进行改建，修理输水涵洞。工程于2013年7月开工，2014年2月主体工程完工。施工单位：云南浩翔建设工程有限公司；监理单位：云南云润工程项目管理有限公司。完成主要工程量：土石方开挖回填1873.3立方米，石方支砌8.92立方米，混凝土浇筑391.9立方米，钢筋制安3.646吨，坝土钻孔210.1米、灌浆114.1米，基岩钻孔93.7米、灌浆93.7米。完成工程直接投资58.64万元。

【抗旱工作】 2016年，全区农作物受旱面积17310亩，2957人和540头大牲畜的饮水因旱出现困难。因旱造成直接经济损失1367万元，其中：因旱粮食损失427吨，金额150万元；因旱经济作物损失957万元；水产养殖因旱减产200吨，经济损失260万元。面对严峻的旱情态势，全区各级各部门切实加强领导，精心安排，组织干部群众投入到抗旱救灾第一线，掀起抗大旱、保民生、促春耕、夺丰收的抗旱工作热潮。据统计，全区共计投入抗旱救灾资金220.82万元，抗旱用电58.2万度，抗旱用油139.5吨；抗旱共计浇灌面积1461亩，临时解决2957人和540头大牲畜的饮水困难问题。据初步估算，抗旱共计挽回直接经济损失339万元，其中：挽回粮食100吨，经济损失25万元；挽回经济作物损失314万元。

【防汛工作】 2016年汛期，全区严格按照“防大汛、抢大险、抗大灾”的要求，扎实组织做好防汛抢险救灾的各项具体工作。按照防汛抗洪工作行政首长责任制的要求，层层签订了江川区2016年防汛目标管理责任书，切实加强对防汛工作的组织领导，确保防汛工作顺利进行。防患于未然，扎实备汛，确保水利工程安全度汛。加强对防汛值班工作的管理，确保汛情的及时上报和上情的及时下达，保证防汛抗洪工作上下联系畅通。加强同气象等部门的联系，随时掌握天气状况，及时指导防汛抢险工作。加大对全区水库、坝塘的监控力度，确保水利工程安全度汛。突出重点，全力以赴做好防汛抢险救灾工作。2016年，全区受灾人口16870人，受灾面积10123亩，倒塌房屋9间，造成直接经济总损失达1267.27万元，因洪涝灾害减产粮食110.72吨。灾情发生后，全区各级组织高度重视，积极采取有效措施，充分发扬自力更生、生产自救的精神，多渠道多方面筹集资金和物资，全力以赴投入防汛抢险救灾工作，确保灾区人民群众的生命财产安全，促进全区经济发展、社会稳定。据不完全统计，整个汛期全区共计投入防汛抢险救灾人数7046人次，减淹耕地89亩，避免粮食减收16.6吨，减少受灾人口1315人，减灾经济效益161.2万元。

【水土保持工作】 2016年，全区共计完成水土流失综合治理面积18.1平方千米。在治理中坚持以小流域为单元，工程措施与生物措施相结合，并建立低、中、高层次的综合治理模式，改善水土流失区的生态环境和农业生产条件，进一步促进山区经济的可持续发展。在抓好治理工作的同时，推进水土保持监督执法工作，认真落实“三权、一案、三同时”制度，加大监督检查力度，严格查处水保违法案件，依法征收水土保持设施补偿费和审批开发建设项目水保方案。2016年，全区共计检查生产建设项目37个，审批开发建设项目水土保持方案6个，收取水土保持设施补偿费27.1万元。

【水行政管理工作】 继续以国家水资源管理三条“红线”指示精神为指导，加强对全区水资源的管理，逐步实现以水资源的可持续利用促进经济社会的可持续发展。围绕“落实五大发展理念，推进最严格水资源管理”主题，开展内容丰富，形式多样的“水日水周”水法律法规宣传教育活动，进一步提高广大干部群众的水法意识，扩大水行政执法的社会影响。据统计，全区共计悬挂布标横幅8幅，发放宣传小册子250多份，张贴宣传主题画22套。加大水行政执法检查力度，严肃查处各类水事违法案件，认真调处各类水事纠纷，督促指导全区水行政执法工作。继续加大水资源管理力度，严格落实最严格水资源管理制度，科学管理水资源。2016年，共计征收水资源费39.7万元，调处水事纠纷1起。认真做好普法依法治理工作，积极开展“七五”普法工作，进一步提高全局干部职工的执法水平、提高从业人员的法制观念、自律意识和群众知法维权的保护意识，营造良好的法治氛围。及时调整完善水行政审批项目。根据行政审批改革工作要求，区水利局对原有的行政审批事项进行调整完善，调整后列入区级行政审批事项公开目录的行政审批事项共计16项。

【规划计划工作】 2016年，区水利局共计完成储备项目6个。完成江川区级农田水利发展规划；完成江川区10万亩农业高效节水减排项目规划；组织开展77座小坝塘除险加固工程的招投标工作；做好江川区前卫镇石河水库、小井坝水库与星云湖抗旱应急连通工程初步设计；做好江川区3座小（一）型水库除险加固工程初步设计；组织做好江川区加快水利薄弱建设实施方案。

（罗留芝）

交通·邮电

编辑　徐凡清

交通运输

【概　述】　2016年底，江川区交通运输局及所属事业单位人员机构编制数43名，实有人数36名，其中，局机关编制15名，实有人员14名，局属事业单位编制28名，实有22名（其中，地方段编制15名，实有13名；路政大队编制6名，实有6名；隔河船闸所编制7名，实有3名），共缺编人员6名。区交通运输局围绕区委、区政府确定的交通发展目标，团结协作，不断开拓创新，抓好交通运输科学发展、和谐发展，完成各项工作任务。完成江通高速大部分征地拆迁工作、澄江高速部分征地拆迁工作、牛恋至温泉国防公路路面工程、全区农村公路建设，启动老玉江线大修工程建设工作、国道213线改造项目建设工作、大铁线改扩建项目建设工作，按照市交通部门的安排，加强江通收费站通行秩序管理，维护正常收费秩序。加大招商引资和向上争取资金力度，完成2016年的固定资产投资和招商引资任务。开展“两学一做”学习活动，全面落实党风廉政建设工作措施，不断推进效能政府建设。加强行业管理，全面履行部门职责，做好道路养护、路政管理、船闸管理、运政管理等交通运输工作。

【牛恋至六街至温泉国防战备路改造工程（江川段）】　牛恋至六街至温泉国防公路（江川段）起于江川区与晋宁区交界烂泥箐村，经蔡家庄、白家营、黄营、龙街，止于江川区龙街温泉村。项目全长16.863千米，公路等级为四级，设计速度20千米/时，路基宽K0+000～K12+11+000、K12+830～K15+072.858段6.5米，K11+000～K12+830段为7.0米，路面宽6.0米，圆曲线加宽值按Ⅰ类数值加宽，设计标准轴载：BZZ-100KN，桥涵设计荷载：公路-Ⅱ级。2015年7月开工建设，2016年7月完工。2016年完成投资2043万元。

【江通高速公路】　截至2016年12月底，江通高速江川段完成建安产值32776.46万元，征地拆迁费23587.82万元。紫红坝至大寨段计划用地1707.71亩，目前累计供地1402.16亩，完成勘界1484.59亩，移交完成1402.16亩，完成红线用地移交94.45%。

【澄川高速】　澄江～江川高速公路起于东南绕城高速K99+000山冲新村附近，设置两个单流向分离式“半互通”与之相衔接，经山冲新村、龙潭村、干冲、小冲（设置禄充互通）、大冲沿远离抚仙湖一侧向西南方向布设，于李官村附近进入禄充隧道，后经立昌（设置立昌互通）、利用隧道穿过莫洛山及碧云寺景区，于K15+300离开澄江县进入江川境内，经江城（设置张官营互通）、桃园、螺蛳铺（设置螺蛳铺互通）、止于江川区大寨（设置江川东互通），推荐方案全长46.3千米。估算总投资65.5亿元，平均每千米1.41亿元。

江川区境内里程为K15+300～K46+300，长约31千米，在澄江县与江川区交界处利用隧道穿过莫洛山及碧云寺景区，经秧田冲，至张官营接上晋江高速公路，张官营至大寨段24.1千米与晋江高速公路共用路线。该项目由市交通局统一规划，工程建设立项报批等各项前期工作由市交通局负责推进，澄江县、江川区负责各自境内征地拆迁工作。

2013年6月，江川区启动晋江高速公路征地工作，至2014年2月完成张官营至大寨24.1千米路线征地工作（本段与澄川高速路线共用），共计征地1834.37亩，土地补偿费采用作价入股方式，青苗补偿费、地上附着物等其他费用已直接兑付。该工程于2016年5月16日开工建设，截至2016年12月底累计完成产值45262.3716万元，征地拆迁完成4.3492亿元，完成总投资63714.282亿元，完成概算全线投资总额67亿元的13.2469%；计划红线内用地江川段2938.59亩，已征用2057.01亩，完成70%。

【国道213道路改造】 起于江川与玉溪交界的十三千米处，止于江川区九溪镇阳山庄村，全长49.46千米，经江川境内6.1千米。估算总投资94707.15万元。该项目由玉溪市规划建设，江川区负责征地拆迁作。2016年底，江川区完成全部征地拆迁工作。

【农村公路建设】 全年完成2015年开工建设的21条70.74千米农村公路工程；完成2016年开工新建的10条农村公路工程，即罗黄路、扯四路、毡毛村至老高坟公路、河上村至上龙潭村公路、红爬路、岳李路、大庄河至上海浒公路、胜利大沟路、大教路、小新路。总长18.425千米，总投资1429万元；完成扶贫攻坚22条农村公路的招投标工作。

【公路修复】 2016年投入资金175万元完成老晋思线（K39+800–K41+230、K44+445–K45+516）路面大修工程；投入资金201万余元完成晋思线、江孤线、麦雄线、环湖线安保工程。

全年小修保养工程共投入资金约305万元。即，大铁线K2+450左侧路基挡墙修复投入资金2.9万元；北前路K29+535–590段路基沉陷处治投入资金9.3万元；6月，麦雄线、环湖线、江孤路、九溪联络线、白金线、北前线、老晋线路面小修保养共投入资金50万余元；11～12月，麦雄线、大铁线、北前线路面小修保养投入资金205万余元；农村公路（县道）行道树（死树）砍伐4万元；农村公路千米桩、百米桩安装投入资金13万余元；周柏路、晋思线绿化树栽植投入资金20万元；8月、11月澄川二级路隔离带清洗投入资金2.3万元；6月石河道班房屋装修费30.6万元。

【公路养护资金】 全年县道日常养护投入资金30余万元，乡村道日常养护资金12万元。养护成绩名列全市第三名。

【道路宣传活动】 2016年5～6月份，交通路政深入开展“路政宣传月”“安全生产月”活动，出动宣传车15台次，执法人员70人次，开展爱路护安全生产宣传咨询活动，到公路沿线村庄厂矿企业进行宣传，并由执法人员负责解答过往群众关于路政管理方面的法律法规的咨询；在主要路段、沿线村庄进行流动宣传并发放宣传单700余份，接待咨询人数370人，在大提线、晋思线、北前路、翠大线不同地段悬挂宣传横幅8条。

【道路环境整治】 2016年，区交通局对全区道路进行4次道路环境专项整治活动，出动执法人员600人次，执法车辆30台次，挖掘机4台次，装载机4台次，运输车辆30台次，切割机械20台次，人工220个，协同相关部门开展玉江高速公路，江通江华一级公路，大铁线、麦雄线、环湖西路、北前路、老玉江路、环湖路路域环境专项整治工作，共清理垃圾380吨、清理违法占用公路用地的各种违法建构筑物180吨、清理非交通标志40块、清理违法平交道口7个、清理违法建（构）筑60平方米。同时出动执法人员300人次，执法车辆50台次，对全区公路“泼、洒、漏”违法行为进行整治。检查砂石材料运输车辆1100辆次，查处“泼、洒、漏”车辆200辆，通过整治，砂石材料运输车辆的覆盖率达98%以上。

【公路产权保护】 2016年，共出动路政执法人员4000人次，出动执法车辆600台次严格执法，坚决打击查处各种侵占路产路权的违法行为。截至12月底，共查处路政案件135件，案件立案率100%，查处率达99%，收回路产赔补（偿）1643项。收取路产赔（补）费90万元，索赔率99%，路产损失恢复率100%。制止各种侵占路产路权行为821起，公路两侧红线控制率达99%。投入60万元对全区高等级公路、农村公路的损坏路产进行全面恢复维修，维护公路路产、路权。

【治超工作】 2016年，年交通路政检测运输车辆232061辆，其中超限超载车辆7200辆，收取超限运输罚没款115万元，拒绝车货总重超过49吨的车辆上路行驶801台次。通过对超限运输车辆的检测治理，遏制超限车辆上路行驶，确保公路安全畅通。

【运政管理】 截至12月底，江川区共拥有普通货物运输经营业户10152户（新增458户），货运车辆8989辆（新增、转入692辆），客运车辆527辆（班线车134辆、公交车211辆、出租车182辆），道路危险货物运输车辆109辆，维修业户178户，道路运输从业人员14510人。

2016年春运期间，江川区共计投放客运车辆8226辆次（其中加班186辆、包车34辆），总客位数17.57万座，输送旅客13.61万人次，比上年同期下降3.2个百分点。未发生道路交通事故和人员伤亡。

【客货市场整治】 全年交通运政出动稽查人员1186人次，对全区非法营运的“黑车”和非法从事危险货物、普通货物运输等各类违法道路运输经营行为进行稽查治理，共查处违章车辆2337辆，其中“黑车”30辆，处理一般程序案件2182起，维护了道路运输市场正常发展。

【出租汽车深化改革】 为全面深化江川区出租汽车行业改革，交通运政所根据江川区实际情况，出台《玉溪市江川区深化出租汽车改革工作实施方案》《玉溪市江川区私人小客车合乘管理规定》。

【交通深化改革】 江川交通运输局按照上级交通部门的安排部署，做好燃油补贴发放工作，确保燃油补贴发放及时、到位。落实节假日7座以下小客车免费通行政策。通过积极争取，取消玉江高速收费站。积极做好红塔区至江川区公交化改革工作。

【托管区工作移交】 2016年5月，江川区交通运输局将抚仙湖径流区的路居、江城两镇10个村委会辖区内的省道嵩玉线32.629千米、县道4条23.585千米、乡道30条78.230千米、库外路47条56.690千米以及联络线1条3.4千米，顺利移交澄江县交通运输局管理。同时，在项目申报、建设及运输安全管理方面加强对接，确保托管区交通运输工作持续稳定发展。

【先进荣誉】 2016年3月，江川区交通运输局荣获江川区2015年度安全生产先进集体荣誉称号；2016年3月，江川区交通运输局荣获江川区2016年冬春火灾防控行业部门竞赛活动“第三名”证书；2016年3月，江川区交通运输局荣获江川区2015年度综治维稳行业平安创建先进单位。

【人大代表、政协提议、信访答复】 2016年度，办理和答复人大代表建议15项、政协提案13项、回复信访件8件，满意率100%。

（周　恳）

公　路

【概　述】 江川公路分局隶属玉溪公路局，原名江川公路管理段，2016年9月5日更名，是公益性一类事业单位。截至12月底有在职职工49名，拥有各种养护机械设备56台（辆），下设2个公路管理所（竹城公路管理所、侯家沟公路管理所），负责管养江川区境内干线公路44.449千米，桥梁4座（小桥）。其中，昆孟线：沥青路面9千米，水泥混凝土路面1.302千米；昆富线：沥青路面养护里程5千米，水泥混凝土二级公路29.147千米。2016年，江川公路分局获玉溪公路局“平安单位”荣誉称号；侯家沟公路管理所获玉溪公路局“文明先进站所”、“预防性养护先进站所”荣誉称号。

【公路养护工作】 2016年，江川公路分局全年共完成处理油包：1451.5平方米，洒翻油料50498平方米，罩面2676.26平方米，同步碎石封层50000平方米，封单条裂缝268223.7米，铣刨机铣刨路面2450平方米，沥青混合料处理破碎板15270.6平方米，沥青混合料处治坑塘3065.6平方米，刮油封裂缝5574.86平方米，软基换填964平方米，沥青贯入式处治坑塘14357平方米，级配料处治坑塘186平方米，沥青贯入式处治沉陷7202平方米，击碎水泥路面破碎板12963.9平方米，乳化沥青处治沉陷570.2平方米，沥青贯入式处治拥包357平方米，沥青贯入式封边搭接771平方米，稀浆封层7254平方米，橡胶沥青灌缝3390米，累计耗用砂石5681.5立方米，累计耗用沥青372.66吨。

重视路基养护。继续执行“养路面不如养水沟路肩”的理念，加大清挖水沟、清理桥涵的力度，保障排水系统畅通无阻。路基养护全面社会化，规避江川区内活动临时安排大量人员清扫路面的安全隐患，达到路面清扫的常态化。

全年完成清理水沟38.96千米，清理水沟路肩杂草196.6千米，清理涵洞243立方米/117道，清理桥梁河床6立方米，整修路肩19141平方米，清理路肩堆积物134.1立方米，横向开槽110米，安装交通标志11块，清理塌方250立方米，植树15株，清理挡墙外杂草50平方米，修树枝2吨，处治路基缺口212立方米，挖隔离带130米，路面除冰3000平方米，V型开槽1387.2米，修补涵洞口0.5立方米，浇灌落水洞2.0立方米，桥梁换填40.5平方米，填路肩60.1立方米，路基塌方填方126立方米，修补隔离带100米，清洗隔离带10000米，粉刷行道树12387棵，清扫路面3145883平方米。全年公路技术状况指数（MQI指标）97.75，路况优良路率95.57%。

【超限治理工作】 开展治超宣传工作，制作悬挂宣传标语12条，在治超点、相邻各县区、厂区发放宣传单1000余份。进一步加强对超限超载的治理，对超载超限车辆进行必要的卸载、遣返。依法行政，严格执法程序，加大对超限超载车辆的治理，坚持卸载与处罚相结合的原则，严格遵守车辆检测与处罚程序。截至2016年9月，共检测车辆数17259辆，遣返52辆，查处超限车辆数775辆，卸载7463吨。

【安全生产工作】 逐级签订《安全生产工作责任书》37份，继续深化“安全生产年”活动，抓好安全宣传教育工作，组织参加玉溪总段举办的“平安交通创建活动”“安全生产月活动”；召集全员参加云南省安全监管局关于组织开展云南省首届“中安华邦杯”守护生命全民安全知识网络大赛活动，参赛、学习面达95%以上；深化“打非治违”和危化品专项整治自检自查工作，查改各类隐患13项；以“平安工地”建设和安全班组建设为重点，抓好重要雨季期间、重要节日（国家法定假日）安全防范和检查工作。2016年，江川公路分局安全生产考核控制指标为零，隐患整改率100%，促进单位公路建设和养护生产安全发展。

【应急保通工作】 2016年1月，低温雨雪冰冻天气严重，昆孟线K91+809–K98+809部分路段积雪结冰，1月24～25日，组织生产车1辆，职工10名，在积雪严重和结冰路段采取人工清除积雪和泼洒亚硝酸盐的方法，路面除冰3000平方米。2016年8月7日下午6时许，接群众来电反映，翠大线K12+900M处有一重达9吨的巨石滚落，巨石冲段中间隔离带从上行线滚至下行线车道上，致使该路段交通中断。江川公路分局启动应急保通预案，半小时内，组织应急保通人员13人，吊车一辆、拖板车一辆，经过应急保通小组3个小时的奋力抢通，于晚上9时恢复该路段的正常通行，保证翠大线道路畅通。

（韩卓城）

电 信

【概 述】 为贯彻落实集团和省、市公司部署，推进“一去两化”战略转型，中国电信江川分公司。进一步深化机制体制创新，以经营维护管理工作为重心，着力提升公司收入和用户市场份额及规模，宽带转守为攻、移动加快反抢，以高效执行促经营结果，进一步推进“划小承包经营”工作，加快公众客户群的发展，加大政企项目转收及应用拉动力度，重视移动、宽带存量用户客保工作，全面实现量、收双跨越目标。

【2016年工作完成情况】 收入完成情况。业务收入完成2895万元，同比增2.5%，绝对值71万元。

重点产品发展情况。移动业务：净增发展4000户；宽带业务：净增发展3000户。

【网络建设工作】 2016年网络运维工作重点：扩大改造生产线，简化优化流水线。网络部落实网络工作“三个面向”，以CI2+S2为网络工作的主轴，网络“四个专项行动”为辅，聚焦客户感知，提升网络能力和服务水平。按“三个面向”的要求，按照“四个一片”需求，全力推进FTTH建设。不断提高网络安全保障、服务支撑和资源优化配置能力，全面保障优质综合信息服务提供能力，持续提升全业务网络竞争力，完成FTTH端口到达37196，XDSL端口到达9119，LAN端口到达4631，合计50946个。FTTH县城已覆盖及大多乡镇（村），以满足广大宽带市场发展；完成CDMA通信基站建设：对部分基站进行流量、话务量调优，新建县城和各乡镇4G基站6个，4G基站已到达56个，3G基站到达85个。

【获云南省“第十四批文明单位”荣誉称号】 2016年，江川分公司受到省委、省政府表彰，被授予第十四批“省级文明单位”荣誉称号。

【江川分公司2名员工喜获玉溪市政府组织的职工技能大赛状元、能手称号】 参加玉溪市总工会、市人力资源和社会保障局、市互联网信息办公室联合举办的“云南省第三届滇中城市经济圈职工技能大赛玉溪选拔赛”。2016年10月8日，中国电信江川分公司职工石建春、顾云斌分别荣获一等奖、二等奖，被授予“玉溪市局域网管理技术状元”“玉溪市局域网管理技术能手”称号，并晋级参加“第三届滇中城市经济圈职工技能大赛”，加入市参赛队伍。

（邓　琼）

移　动

【概　述】 2016年，中国移动云南公司江川分公司围绕市分公司提出的各项工作目标，高效、创造性地开展公司经营工作，公司的转型和发展取得成绩。

【市场发展】 截至2016年12月31日，在网客户规模16万户，其中4G用户超8万户；6995客户数7万余户，惠农网客户数9万余户。

【网络建设】 2016年加大建站力度，投资2000余万元新建2G、3G、4G基站100余个，并继续对4G弱覆盖区域进行深度补点，改善网络质量。在江川各类节日期间，对移动基站进行扩容，保证节日期间的通信畅通。

【扶贫攻坚】 2016年，江川移动高举信息化扶贫致富大旗，积极作为主动当担，全面助力信息化扶贫攻坚，统筹推进信息化扶贫攻坚工作。加快网络建设，为信息化扶贫提供基础保障。江川区7个乡镇（街道）和53个行政村、357个自然村均装有有线宽带，确保贫困行政村2G/4G基站建设一步到位，100%覆盖，有线宽带100%通达。

加大资源投入，让贫困区域群众搭上信息化快车。开展专项扶贫活动，免费发放4G致富信息手机10000余台，免费安装10M以上光宽带5000余条，确保农村贫困区域群众用得起、用得好。

【企业建设】 2016年，江川分公司重视企业文化建设工作，开展多种形式的业务活动，推进“以客户需求为中心”的服务文化建设。结合省、市公司对“客户化行为大讨论”“客户之声”平台应用推广，完善“客户化”行为手册，做到内容可执行、有成效。根据客户属性，针对性组织开展客户座谈会倾听客户心声。工会、党支部、团支部，利用业余时间组织各类活动20余次，通过开展爬山、徒步、沿湖捡拾垃圾等系列活动，职工的团队合作精神得以加强。通过开展省级“文明单位”“青年文明号”创建活动及“道德讲堂”活动、“幸福1+1”员工关爱活动等，把建设社会主义核心价值体系的根本任务落实到基层，强化员工的思想道德内涵，形成良好的文明风尚，提高全体干部职工参与创建活动的自觉性和责任感。

（金　琳）

财政·税务

编辑　徐凡清

财　政

【概　述】　2016年，区财政局按照县十五届人大第四次会议确定的目标，坚持稳中求进的工作基调，凝心聚力，攻坚克难，着力深化财税体制改革，加强财源建设，优化支出结构，持续改善民生，促进全区经济社会持续健康发展。全区财政总收入完成87629万元，比上年增5627万元，增6.9%，其中：地方一般公共预算收入完成58242万元，比上年增4265万元，增7.9%。地方一般公共预算支出完成174170万元，比上年增14381万元，增9%。

【非税收入】　2016年，按照“电子开票、银行代收、全程跟踪、源头控制”的征管程序，全面加强财政票据电子化和非税收入“收支两条线”管理，非税收入收缴管理信息系统实现全覆盖，确保应收尽收。非税收入完成25559万元，比上年增3824万元，增17.6%。

【争取上级资金】　2016年，共争取到中央、省级资金113180万元，比上年增10313万元，增10%。

【预决算信息公开】　2016年，继续加大预决算信息公开力度，政府预决算及全区62个部门的预决算和“三公”经费等信息全面公开。

【盘活存量资金】　2016年，累计盘活财政存量资金5792万元，缓解财政支出压力。

【教育投入】　2016年，全区完成教育投入33107万元，足额落实城乡义务教育保障、农村义务教育学生营养改善计划等政策资金，加快美丽校园100暨校安工程和农村薄弱学校改造工程建设，进一步改善义务教育办学条件。

【社会保障和就业支出】　2016年，全区完成社会保障和就业支出20593万元，比上年减16.4%。投入“两个低保”资金2226万元，实现生活困难群众应保尽保；发放抚恤及退役安置补助资金1769万元，确保3269名抚恤和安置对象的定期定量资金供给；安排城乡临时救助及自然灾害救助等资金283万元，缓解急难群众的生活困难；拨付殡仪馆和公墓建设及遗体火化补助资金1072万元，确保殡葬改革顺利推进；拨付八十岁老人保健补助资金370万元，惠及5857名高龄高寿老人；发放城乡居民社会养老保险财政补助4047万元，符合条件的14.97万名群众受益。

【医疗卫生事业支出】　2016年，全区医疗卫生支出完成24413万元，比上年增25.6%。安排机构支出6851万元，促进深化基本药物制度改革，减轻人民群众就医负担，确保区中医院住院大楼和妇幼保健院综合楼项目建设启动；筹措新农合资金10012万元，缓解农民“因病致贫、因病返贫”问题；安排资金5220万元，确保城镇职工基本医疗及公务员医疗补助待遇的落实；拨付资金1286万元，全面落实人均45元的公共卫生服务补助。

【经济发展投入】　2016年，筹

集资金52045万元，确保“五网”基础设施、市政设施、生态环境保护治理等重大项目和重点工作顺利推进。投入财政资金8731万元，支持龙泉工业园区完善电力、给排水、道路等基础设施建设。投入企业扶持发展资金4253万元，支持企业加快发展，切实做好财源培植。拨付“贷免扶补”、创业促就业小额贷款及劳动密集型企业贷款财政贴息1250万元，“两个10万元”微型企业培育工程资金510万元，为企业置换贷款1035万元，缓解制约企业发展的资金瓶颈问题，促进中小微企业健康发展。拨付支农资金22333万元，支持农田水利基础设施建设、农村生产生活条件改善。投入3974万元，支持整乡推进、整村推进、民族特色村寨等项目建设。完成星云湖环湖截污治污工程、星云湖污染底泥疏挖及处置工程、江川区污水处理厂（厂网一体化）3个政府和社会资本合作PPP项目的方案编制、政府采购等工作，引入社会资本投资176421万元，有效缓解项目建设资金不足的压力，江川区污水处理厂（厂网一体化）PPP项目被列为“财政部第三批政府和社会资本合作PPP示范项目”。

【文体事业投入】 2016年，全区文化体育与传媒投入2138万元，保障“三馆一站”免费开放，支持江川文庙修缮、公共文化服务体系等项目建设，丰富群众精神文化生活。

【保障性住房建设投入】 2016年，全区住房保障投入13230万元，支持农村危房改造、公租住房建设和江城古镇棚户区改造，改善群众住房条件。

【强农惠农补贴】 2016年，全区兑付农业支持保护、退耕还林、农机购置、畜牧良种补贴等资金1333万元，促进农民增产增收。

【公共安全投入】 2016年，全区完成公共安全投入8260万元，不断提高对政法机关的经费保障水平，改善执法办案条件。

【政府采购】 2016年，严格按照政府集中采购目录，把好采购审批关，规范委托代理协议管理，全区政府采购支出27692万元，节约资金3376万元，节约率11%。

【政府性债务】 2016年，严格执行政府性债务管理相关规定，努力降低政府性债务带来的财政风险。争取到地方新增债券资金3500万元、政府置换债券转贷资金71508万元。

【农业综合开发】 2016年，投入1222万元，完成2015年路居镇上坝片区、江城镇温泉片区高标准农田项目，建设高标准农田8700亩，促进农业提质增效。

【一事一议财政奖补及彩票公益金】 2016年，投入2562万元，实施一事一议财政奖补普惠制项目20个、美丽乡村项目1个、村级“四位一体”试点项目2个及彩票专项公益金扶持项目48个。

【会计管理】 2016年，完成1204人会计从业资格证书的继续教育登记，举办农村财会人员财政支农政策培训，开展行政事业单位内部控制基础性评价，加强对代理记账机构的监督管理。

【国有资产管理】 2016年，江川区加强国有资产管理，确保闲置国有资产保值增值，实现国有资源（资产）有偿使用收入6685万元；盘活国有存量资产，聚集财力支撑发展，实现特许经营权转让收入12000万元。

【财政监督】 2016年，进一步加大财政监督力度，开展盘活财政存量资金检查，提高财政资金的使用效益和安全性。开展财政资金安全检查及专户内控监督检查；严格机关事业单位账户开设，巩固“小金库”专项治理成果；配合审计部门完成财政预决算年度审计。开展预算信息公开检查，督促部门财政预决算向社会公开，主动接受社会公众的监督，进一步提高财政资金的透明度。

【队伍建设】 加强领导班子建设，不断提高领导班子依法理财、依法行政的能力。不断创新干部教育培训机制，加大对干部职工的教育培训力度。加强作风建设，以开展“两学一做”学习教育活动为契机，进一步转变工作作风，提高服务质量。推进反腐倡廉建设，开展理想信念、职业道德教育，提高干部拒腐防变的能力。加强制度建设，建立健全干部岗位职责履行、培训考核等制度，进一步规范管理。截至2016年底，有干部职工52名，其中：本科43人，占总人数83%；专科9人，占总人数17%。

（郭春乐　吕玉红）

国 税

【概 况】 2016年，江川区国家税务局在撤县设区、抚仙湖径流区划转、区局办公楼整体装修改造及回迁等特殊情况下，以组织收入为中心，以创先争优为动力，以落实便民办税春风行动为契机，以全面推开营业税改征增值税（以下简称营改增）试点为重点，开展“两学一做”学习教育活动，不断强化党风和作风建设，顺利完成各项重点工作。2016年末，区局内设8个部门（即办公室、政策法规科、税政科、收入核算税、征收管理科、人事教育科、监察室、信息中心）；1个派出部门（即大街税务分局）；在职干部职工71人（男39人，女32人），其中行政编制68人，事业编制3人；社会购买服务9人；离退休26人，其中离休2人，退休24人。

【税收收入】 2016年，区国家税务局组织税收收入30708万元，同比增收5944万元，增24%。完成市国税局下达任务24977万元的122.94%，超市局任务5730万元。五个税种（即增值税、企业所得税、消费税、个人利息所得税和车辆购置税）呈现“三增一平一减”的态势：增值税累计入库24281万元，同比增收5862万元，增31.83%；企业所得税入库6339万元，同比增收88万元，增1.40%；消费税入库30万元，同比增16万元，增幅116.38%；个人利息所得税入库0.64万元，同比持平；车辆购置税入库57万元，同比减收22万元，降27.54%。实现“营改增”行业税收5768万元，四大行业（即建筑业、房地产业、金融保险业和生活服务业）税收4619万元，其中建筑业2163万元，房地产业1978万元，金融保险业315万元，生活服务业163万元。

【营业税改征增值税试点】 2016年3月23日，成立营改增领导小组，制订工作方案和任务分解表，明确责任部门，按照市国税局营改增工作指令完成各项工作。与区地税局合作，完成1577户纳税人户籍接收。做好营改增政策业务培训，组织税务干部参加国家税务总局及省国税局组织的营改增政策及操作指引视频培训，组织纳税人做好各类营改增业务培训，培训纳税人1114人。5月3日，营改增后的首个工作日，当日代开发票43笔，其中，增值税专用发票2笔，普通发票36笔，办理税务登记28户、变更登记21户，发售发票54户，553份；6月1日，发售发票87户次，办理开业登记14户，接收外管证4户，代开发票51户次，申报176户次，网络申报124户次，上门申报52户次，其中营改增申报36户次，征收税款57笔84万元，其中营改增78万元，首个申报日各项工作平稳运行，顺利通过五月一日“开票关”，六月首个征期“申报关”。2016年末，已核实确认试点纳税人1735户，其中168户共管户。办理营改增一般纳税人登记120户，最高开票限额行政许可87户，指导营改增试点一般纳税人办理简易办法备案70户次，办理19户企业的营改增减免税备案。发售增值税普通发票103088份，发售增值税专用发票24881份，代开增值税普通发票5142份，代开增值税专用发票1499份。

【依法治税】 规范税收行政行为，推进依法行政工作，不自行设定税务行政审批事项；在“云南省人民政府重点工作通报网站”“江川区政府信息公开门户网络”全面公开本级税务行政审批事项目录；参与云南省行政审批网上服务大厅上线运行的各项工作。2016年，进行税务行政处罚72件，其中简易程序24件，一般程序48件。开展行政执法案卷自我评查工作，对2015年形成的132件行政执法案卷（其中行政许可26件，违法违章案卷106件）进行评查，结果全部为优秀案卷。建立完善“谁执法谁普法”责任制，强化局内各执法部门普法责任，落实普法任务。

【税收优惠】 2016年，受理减免税备案企业81户，增值税征前减免企业63户，享受备案类减免企业所得税纳税人18户。增值税征前减免874万元，企业所得税征前减免2991万元，其中西部大开发优惠政策减免企业所得税2233万元。办理出口退（免）税登记的纳税人22户，实际发生出口业务的企业11户，出口总额48559万元，其中：退税销售额4106万元，发生免抵退税额708万元（其中退税额342万元，免抵税额366万元）；出口免税核销35110万元；不予退免税出口货物销售申报收入9343万元，计提增值税销项税金1357万元。2016年，为61户小微企业减免企业所得税税额46.82万元，政策实际受惠面100%。

【纳税评估】 2016年，对16户企业进行纳税评估，有问题的企业15户，1户移交市局查处，补缴税款6498601.85元，其中：增值税67395.24元，企业所得税6124642.59元，滞纳金306564.02元；调减亏损额126088.42元；冲减留抵税额6051.85元。

【风险管理】 2016年，对市国税局下发的税收风险任务，组织人员调查核实，调查核实53户纳税户的税收风险数据，补缴税款176886.06元，其中：增值税155120.80元，企业所得税623.88元，滞纳金21141.38元；调减亏损额1702430.36元。

【药品行业约谈】 2016年，对8户药品零售业纳税人（其中门店69个，医保定点刷卡门店38个）开展集体约谈，要求其对2014年1月至2016年6月以来的纳税申报情况、从医保中心收取的收入占申报收入的比例、存货、出售的药品包装物收入情况等经营情况自查，自查补缴税款51824.06元，其中：增值税44707.63元，企业所得税375.02元，滞纳金6741.41元。

【税源管理】 2016年，完成“营改增”2600余户纳税人基础信息的审核、维护、修改工作，核实和调查新开业户信息1899户次，完成287户次外管证核实、13户次一般纳税人日常巡查和20户次一般纳税人调查巡查等工作，核定和调整个体双定户定额2000余户次，推广税源管理信息系统运用3800余条，开展纳税人大走访4000余户次。

【欠税追缴及注销清算】 2016年，对6户欠税纳税人发出《催缴税款通知书》，通过一对一开展税收法律法规宣传，采取必要措施，促使欠税户，缴清所欠税款2819607.15元，实现连续16年无新增欠税。2016年，受理51户企业提出的注销申请，按照税收法律法规的相关规定，经过逐项落实核查清算后，补缴增值税4703.47元。

【所得税管理】 区国税局按照市国税局的工作要求，有计划、分步骤地组织开展汇算清缴工作，至2016年6月30日，完成2015年度企业所得税汇算清缴工作。落实小型微利企业优惠政策及固定资产加速折旧所得税优惠政策，2015年第4季度至2016年第3季度，江川区已连续实现季度小微优惠受惠面100%的工作目标；固定资产加速折旧2016年前三季度有6户企业申报享受固定资产加速折旧优惠，累计资产原值104.7万元，选择税会处理一致企业5户，正常折旧额9.59万元，加速折旧优惠94.75万元；选择税会处理不一致1户，会计折旧额0.06万元，纳税调整额0.3万元。组织开展上年度所得税汇算清缴工作，对460余名所得税征管户的财会人员进行培训，发放宣传材料近500份。2016年企业所得税开业登记556户，累计组织入库企业所得税6336万元，与上年同期相比增85万元，增1.36%。

【税收稽查】 2016年，与地税局及区公安分局三方联手，在商业批发与零售待业，科学选取5户纳税人，对其发票使用情况进行检查，均存在未按规定开具发票的问题，查补税款210.64元（消费税131.65元，增值税78.99元），罚款3600元。大力整治虚假发票“买方市场”，严厉查处非法使用发票行为，对建筑安装、石油石化、商业批发与零售、营利性教育培训、中介机构、汽车修理修配等社会关注、违法问题高发的行业，开展发票使用情况的重点检查。联合区地税局对云南江川天锋彩印包装有限公司开展检查，查补增值税4358.97元，调增2014年企业所得税应纳税所得额81027.03元，加收滞纳金1150.77元。与市稽查局配合，对云南江川天湖化工有限公司开展检查，调增应纳税所得额27360.00元，补缴企业所得税6840.00元。

【抚仙湖泾流区纳税户移交】 区国税局按照市国税局的相关布署，即时启动泾流区纳税人的户籍排查工作，成立工作团队，对照已确定移交的户籍名单，及时收集、整理纳税人征管档案资料；并对名单涉及的相关事项，包括行政管理权、征税权、减免（退）税权、审批权等税收征收管理权开展清理，下户通知纳税人结清税款、行政处罚、稽查案件、发票验旧、空白发票收缴、税控设备注销等有关事宜；联合澄江县国税局组成工作小组，深入路居镇、江城镇明星、牛摩、孤山等村委会及胡家湾、隔河村小组等地，现场按户开展纳税人移交工作，2016年5月19日，正式对抚仙湖径流区划转纳税人户籍信息、征管档案和税收管理权进行交接，签字确认迁移户367户，完成抚仙湖泾流区纳税人全部移交澄江县国税局接管工作。

【纳税服务】 2016年，办税服务厅受理开业登记2327户，办理变更登记4825户次，办税注销登记379户，受理纳税申报51749户次，征收车辆购置税1257辆，税款620859.77元，发售发票471154份，领购发票户数11736户次，代开发票10030份，开具发票金额29194万元，征收发票预缴税款5945611.96元，开出外出经营证明101户次，接收外出经营活动证明301户次。增值税抄报税及增值税专用发票、增值税货运发票认证抵扣和发票发售验旧代开、发票超定额补税、车辆购置税征管等工作开展。

【税收宣传】 区国税局启动“国地税＋培训宣传平台＋微信宣传平台＋传统宣传平台”税收宣传模式，以集中培训为主，选定重点宣传内容，联合举办3期“企业所得税汇算清缴暨营改增业务培训”，发放4000余份纸质宣传资料，参加现场培训人数708人，推进第25个税收宣传月开局工作；以分步宣传培训为辅，围绕“聚焦营改增试点、助力供给侧改革”主题，采取点对点、入户传达方式，分别对“营改增”政策衔接注意事项、税务登记业务办理、发票使用规定及过渡期间注意事项、一般纳税人认定、增值税发票升级版系统发行操作等工作进行培训指导；联合搭建“江川税务”微信平台，为公众及纳税人提供政策解读查询、办税指引、阳光政务、掌上办税、网络咨询等服务；以区国税局、区地税局、区市场监督管理局窗口服务大厅为宣传主阵地，分别发放、张贴《致营改增纳税人的一封信》，方便纳税人掌握各项关键办税时点；以区电视平台为载体，于每晚黄金时段滚动播放营改增相关告知事项。

【实名制办税】 2015年11月15日，区国税局为纳税人提供更优质便捷的办税服务，进一步提升纳税服务质效，保护纳税人合法权益，降低纳税人及其办税人员在办税过程中的涉税风险，维护正常税收经济秩序，促进社会信用体系建设，推出实名制办税。至2016年底，核实涉税居民身份证信息330户次，均未发现虚假情，降低涉税风险。

【两证整合】 2016年11月28日，区国家税务局、区地方税务局和区市场监督管理局联合发布《江川区关于实施个体工商户营业执照和税务登记证“两证整合”改革的通告》，自2016年12月1日起，全区统一实施个体工商户营业执照和税务登记证“两证整合”，将个体工商户登记时依次申请，分别由工商行政管理或市场监督管理部门核发营业执照、税务部门核发税务登记证，改为一次申请、由市场监管管理部门核发一个加载法人和其它组织统一社会信用代码的营业执照。

【国地税合作】 江川区国家税务局、地方税务局建立十项合作机制：提速税务登记业务办理；联合开展税企对话和走访纳税人活动；共同明确宣传重点、宣传载体和宣传对象；联合开办纳税人学堂、开展分类专题培训以及共同进户辅导等；联合开展纳税信用评定工作；联合开展纳税人满意度调查；协同开展进户巡查、非正常户管理和定期定额户的定额核定工作；联合开展共管户以及重点行业税源调查、数据分析、企业所得税管理以及纳税评估等工作；联合开展风险评估和应对工作；定期交换传递共管户征管基础信息、稽查评估信息、进户执法情况、日常检查处理结果、风险识别情况、风险应对结果等涉税数据信息，有效提升国地税征管质效。2016年8月15日，正式启用联合办税服务厅，其设立16个国地税联合办税窗口，包含咨询辅导区、自助办税服务区、休息等候区等功能区，为纳税人提供国地税税务登记、纳税申报、发票办理、税务认定、优惠办理等涉税服务事项，真正实现纳税人“进一家门、办两家事”。2016年末，委托区地税局代征二手房交易20笔，代征增值税70万元；代征房屋出租128笔，代征增值税17万元。与区地税局及区市场监督管理局共同制定开展清理长期停业未经营企业实施方案，分别对未报年报的15户农民专业合作社和20户2014～2015年内外资企业进行清理。与地税部门联合开展税收稽查2户，其中1户移交公安部门进行查处；联合开展纳税评估19户；共同对304户企业进行评定，确定A级纳税人18户，B级纳税人117户，C级纳税人159户，D级纳税人10户。

【数字人事系统】 2016年11月1日正式上线数字人事系统，江川区国税局运行良好，全体干部职工严格执行数字人事相关要求。通过工作记实、自拟任务、工作自评、领导推送任务等方式完成工作任务、履行岗位职责，每位干部及时发现自身工作中存在的问题和不足，尽快予以纠正和改进，达到促进工作的目的。全局干部职工通过数字人事系统完成工作记实567条，完成率88%：其中局领导记实103条，完成率99%；部门正职记实157条，完成率86%；部门副职记实132条，完成率98%；一般干部记实175条，完成率80%，领导推送任务25条，干部职工自拟任务35条，工作自评10条。

【作风行风建设】 2016年，继续开展内部明察暗访工作，采取实地抽查和调用视频监控方式，不定期不定点开展内部检查工作，实行干部外出审批报备制，建立干部外出登记台账；以纳税人关注的问题为切入点，将“三个三”工作要求、中央八项规定及便民办税春风行动落实情况纳入检查重点，查服务作风，看是否存在“门难进、脸难看、事难办”、不依法行政以及“吃拿卡要报”等不良现象；查办事效率，看是否存在有令不行、办事拖拉、违反服务承诺制、限时办结制、让纳税人“多头跑、多次找”等不良行为；查仪容仪表，看是否着装规范、标志佩戴齐全、仪表整洁；认真贯彻落实中央八项规定及厉行节约、公务接待、公务用车等各项规定，三公经费支出13.26万元，同比降2.83万元，减幅17.59%；执行财务制度，强化基建项目预算和管理；围绕反“四风”、转作风，强化思想教育，完善作风建设长效机制，加大制度执行力度，推进作风建设向好。

【文明创建】 区国税局制定文明创建管理办法；举办以传承“好家风、好家训”为主题的道德讲堂活动；以“传承雷锋精神、开展志愿服务”为主题，组织妇女干部职工参与环境清理活动；继续完善“善行义举榜”工作，让典型上榜，为凡人立传。2016年7月，区国家税务局机关第二党支部被区直机关工委授予2014-2015年度党建工作“先进基层党组织”荣誉称号；2016年1月，计黎晖被省国税局授予全省国税系统精神文明建设先进工作者称号，薛永龙、计黎晖、张薇、靳家昀、李春艳、冯瑜和王峻被市局党组授予玉溪市国税系统2014-2015年度精神文明先进工作者称号；2016年7月，王峻和蔡怡玲分别被区直属机关工委授予“优秀共产党员”和“优秀党务工作者”。

（侯新华）

地　税

【概　述】 2016年，受经济下行压力增大、全面推开营改增试点、资源税政策调整以及其他结构性减税政策等多重因素影响，组织收入工作困难。江川区地税局不断转变税费征管思路，创新税费征管手段，紧抓组织收入，采取各种征收管理措施，全力以赴抓收入，想方设法谋增收，做到税费收入应收尽收。

【机构设置】 江川区地方税务局内设办公室、计划财务股、征收管理和纳税服务股、税政股、人事教育股、监察室、政策法规股、规费管理股、科技信息股9个股室，稽查局一个直属机构，下辖一分局、二分局、三分局、四分局4个派出机构。共有干部职工71人，大专以上学历69人，占职工人数97.2%；党员32人，占职工人数45.07%。2016年4月18日，江川区局举行揭牌仪式，江川县地方税务局正式更名为玉溪市江川区地方税务局。

【税费收入完成情况】 2016年，组织入库各项税收30959万元，同比降12.89%，减收4580万元，完成市局下达预期目标34500万的90%，其中区本级收入22244万元，同比降17.22%，减收4628万元，完成区政府下达目标任务数23700万元的94%。征收社会保险费17979.33万元，同比降25.85%，减收6，267.54万元；残疾人就业保障金141.61万元，同比降6.64%，减收10.07万元；工会经费509.31万元，同比降0.82%，减收4.2万元；代征抚仙湖资源保护费12.94万元。

【依法行政】 在省市地税局及区委、区政府的高位推动下，与财政、国税、工商、国土、公安等部门形成税收征管保障格局，加强部门之间涉税数据共享，加强重点税源、重点工程税收征管。通过主动公开行政许可事项和行政处罚决定、重大税务案件审理与惩戒措施，不断提高全社会的纳税遵从度，税务执法规范化、法制化，税务执法公平正义，营造征纳和谐的税收治税环境。2016年共受理2015年年所得12万元以上个人所得税自行申报纳税人342人（其中18人既涉及工资薪金所得又涉及股息、红利所得），比上年同期的186人增加156人，增幅83.87%；年所得额合计为9，850.44万元。应纳税所得额合计8330.69万元，同比增5376.28万元，增幅181.97%；应纳税额1332.36万元，同比增895.43万元，增幅204.94%，征缴率100%。

【全面推行“营改增”】 2016年3月，全国正式启动全面推开“营改增”试点，区地税局加强与国税部门的协同配合，制定工作方案和应急预案。与区国税联合，做好营改增前的营业税清理培训、辅导、自查、重点检查，完成对营业税纳税人的摸底调查，做好发票缴销管理、档案梳理、税款征退和欠税管理等事项的衔接和过渡工作；建立国地税联席会议制度，研究解决“营改增”相关问题，确保底数清楚、按时移交。2016年向国税部门移交“营改增”纳税户1677户。做好房屋租赁等增值税发票代开及增值税代征工作，全年共代开增值税专用发票143套，开票金额468.59万元；代开增值税普通发票124套，开票金额982.1万元；代征增值税税款64.49万元。

【国地税联合办税服务厅启用】 2016年8月15日，江川区国地税联合办税服务厅正式启用，地点设置在原国税局办税服务厅。联合办税服务厅共设置16个窗口，自动叫号机分设国税业务和地税业务。联合办税服务厅的启用，深化国地税合作，改善办税环境，让纳税人享受高效、优质、便捷的纳税服务，标志着国地税深化改革推进合作迈上新台阶。

【抚仙湖径流区托管】 开展抚仙湖径流区统一托管地方税收征管工作移交，抚仙湖径流区托管共涉及23个村（居）民小组，共迁出纳税户655户，其中：企业102户，个体工商户553户（其中：地税管户125户、国地税共管户431户）。利用办税服务厅及相关媒体做好迁出纳税人的宣传解释工作，配合澄江县地方税务局做好三方协议签订和其他地方税费征管工作。

【阳光稽查】 2016年，稽查局共实施检查、督导企业自查10户，累计查补入库税款483万元，查补率1.6%。继续加大与公安、国税等部门的协调配合，严厉打击制售假发票的行为。随着“营改增”的稳步推进，按照联合执法的要求，加强与国税的协调联系，进一步整合资源，联合下户检查，减少下户次数，减轻纳税人负担，逐步形成联合检查工作机制。

【落实税收优惠政策】 2016年，减免税款4355.57万元，其中减免营业税1065.29万元，减免增值税600.73万元，减免企业所得税1530.98万元，减免个人所得税667.66万元，减免城市维护建设税46.98万元，减免房产税53.74万元，减免印花税36.01万元，减免城镇土地使用税198.61万元，减免土地增值税206.49万元，减免契税508.74万元。

【资源税改革】 根据资源税从价计征改革工作要求，成立资源税改革领导小组，印发实施方案，与区财政局协调配合，密切分工，开展资源税改革实地调研，分别对《资源税改革主要征税品目表》中涉及江川区的应税矿产品磷矿石、石灰石、粘土以及矿泉水地下热水进行调研，确保2016年7月1日全面推进资源税改革。2016年8～12月全区共入库资源税203.93万元，资源税制改革平稳过渡和有序推进。

【规费征管】 坚持税费同步，完善“业务对接、管理融合、信息共享”的规费工作税费一体化管理体系，依托税收管理体系，把规费征缴工作融入到税收征收管理中，实现税费同征、同管、同评、同服务、同考核，多措施并举推进规费征缴各项工作，发挥地税部门的职能作用。强化与社保部门的信息交换工作，将税收征管的经验、方法运用到社保费征管工作中。加大社会保险费欠费清理力度，2016年共清缴以前年度欠费50.33万元。

【税收宣传】 围绕“聚焦营改增试点　助力供给侧改革”主题，与区国税局联合成立由国地税局长任组长的税收宣传领导小组。把握新时期税收宣传主流，结合“营改增”的工作实际，确定宣传内容、宣传方式，为第25个税收宣传月活动开展奠定基础。联合举办营改增业务培训，200余户纳税人参加培训；联合送税法到企业，发放建筑业、不动产行业、生活服务业、金融业营改增政策宣传材料500余份；联合创建“江川税务”微信公众平台；利用办税服务厅开展有效宣传。

【干部队伍建设】 以提升干部队伍素质为基点，以推进学习型机关建设为重点，加大干部的教育培训力度，建立健全培训的长效机制，围绕组织地方税费收入、深化国税地税征管体制改革、加强国地税合作、全面推开营改增等年度工作重点，制定2016年学习培训计划，采取分组培训与集中培训相结合的多种培训方式开展培训，全年组织参训1383人次，11910学时。通过定期或不定期的学习，集中对最新的税费政策、征管疑难及政治理论进行学习解读和研讨；每月组织全局中层以上干部开展党组中心组理论学习。

【荣誉表彰】 2016年，区地方税务局被市地方税务局评定为2015年度绩效管理考评二等奖；区地方税务局党支部被区直属机关工委评为先进基层党组织；刘存荣同志被区委评为优秀党务工作者；沈丽春同志被区直属机关工委评为优秀共产党员；张金艳同志题为“原来幸福那么简单”的征文作品在区总工会的“书香家庭”征文活动中获二等奖；徐瑞同志题为“阅读点亮智慧人生”的征文作品在区总工会的“书香家庭”征文活动中获二等奖；陈蓉同志题为“有一种成功叫坚持”的征文作品在区总工会的“书香家庭”征文活动中获三等奖；李梦然同志题为“以书会‘友’”的征文作品在区总工会的“书香家庭”征文活动中获三等奖。

【“岗位大练兵　业务大比武”活动】 围绕全国地税系统重点工作，分层次、分岗位、分年龄段和能力级别组织开展“岗位大练兵　业务大比武”活动，分设行政管理、纳税服务、征管评估、税务稽查、信息技术5个类别，做到全员参与、人人提高。在全国税务系统开展的“岗位大练兵、业务大比武”活动中，区地税局代继红同志在全省地税系统征管评估类考试中，以64.5分位居全省第五，张金艳同志在全省地税系统税务稽查类考试中，以76.5分位居全省第五，杨茜同志在全省地税系统纳税服务类考试中，以68.45分位居全省第十四。代继红同志在2016年度全省地税系统业务大比武中，被纳入征管评估类“素质提升‘115’工程——专业骨干项目”人员；张金艳同志在2016年度全省地税系统业务大比武中，被纳入税务稽查类“素质提升‘115’工程——专业骨干项目”人员；代继红同志在2016年度全市地税系统业务大比武中，被纳入征管评估类“素质提升‘115’工程——岗位能手项目”人员；张金艳同志在2016年度全市地税系统业务大比武中，被纳入税务稽查类“素质提升‘115’工程——岗位能手项目”人员；杨茜同志在2016年度全市地税系统业务大比武中，被纳入纳税服务类“素质提升‘115’工程——岗位能手项目”人员；江川区地方税务局在2016年度全市地税系统业务大比武活动中被评为集体二等奖。

（张艺云）

金融·保险

编辑　徐凡清

人民银行

【概　述】 2016年，江川区各银行业金融机构贯彻稳健的货币政策，支持地方经济发展。年末，全区各金融机构各项存款余额1107834万元，比年初增117226万元，增11.83%；各项贷款余额713001万元，比年初增83027万元，增13.18%。其中，小微企业贷款比年初增4.84亿元，增14.25%，超过全区贷款增速1个百分点。新增农村危房改造贷款3385万元，余额12482.5万元，创业促就业贷款等财政贴息贷款9060万元，余额38577万元。

【法人金融机构贷款规模管理】 做好地方法人金融机构贷款规模控制工作。引导辖内法人金融机构把握好信贷投放节奏，按日、周、月频度加强存贷款变化监测，按月下发贷款规模控制数，引导地方法人金融机构优化信贷结构，“盘活存量、用好增量”，加大对三农、中小企业及扶弱助困等领域的信贷支持。2016年，江川农村信用合作联贷款计划控制数21000万元，年末实际增长数22115万元，超控1115万元；江川兴福村镇银行计划控制数3400万元，实际增长数3397万元。

【支农再贷款管理及运用】 做好支农再贷款管理的日常工作。按月对再贷款管理系统进行日终处理，按月对账，提升处置金融稳定突发事件的能力，加强对辖区支农再贷款需求情况调查分析，每半年按要求上报支农再贷款业务情况报告和报表；及时将支小再贷款和支农再贷款管理的相关政策规定传达到辖内金融机构，增强三农及小微企业金融支持力度。2016年12月14日，江川支行对原农信社3600万元支农再贷款限额进行一年期的展期。

【新设金融机构管理工作】 做好兴福村镇银行加入人民银行各个系统的申请资料审核把关工作，及时上报玉溪中支。加强监督管理和沟通协调，传达人民银行对新设机构管理规定，对兴福村镇银行软硬件设施进行现场指导和监督。2016年8月19日取得中国人民银行玉溪市中心支行加入人民银行业务系统的批复。截至12月末，江川兴福村镇银行各项存款余额2762万元，各项贷款余额3397万元，其合规稳健运营，为江川区域经济发展作出应有的贡献。

【惠农支付服务工作】 加强农村支付环境建设，对之前成立的37个惠农支付服务点经营情况进行回访，对9个业务量小和没有发生业务的惠农支付服务点进行撤销，新增1个惠农支付服务点。做好烤烟非现金结算工作，全年共办理84569笔，金额32820万元。

【征信管理工作】 按要求做好企业及个人征信报告的查询工作。2016年，对江川区农信社增容扩面疑似异议查询的用户9名及8000余客户进行异议核查。做好征信管理宣传工作，建立征信宣传长效机制。2016年，江川区首家“诚信宣传教育基地”在云南江磷集团举行授牌仪式，成为云南省3家“诚信宣传教育基地”进驻企业之一。继续推进农村信用体系建设工作。做好云南省农户信用信息系统的运行工作，做好系统维护和数据更新工作。引导农村信用社加强对信用信息的应用，对信用户信用村信用乡镇在授信、利率、服务等方面给予优惠和便利，探索“信用区”创建途径。

【国库管理】 做好国库日常核算。准确及时地办理中央、地方共享收入按比例划分入库，以及税收返还等工作。全年办理预算收入51529笔，金额112869万元；拨款5892笔，金额243954万元；退库202笔，金额4885万元；更正94笔，金额8764万元；其他9127笔，金额15718万元。做好规费无纸化的上线工作，2016年3月，规费无纸化顺利上线。

【反洗钱及人民币反假工作】 建立并完善辖区内反洗工作联系机构，明确职责、细化分工。年内对中国人民财产保险股份有限公司江川支公司执行反洗钱相关法律、法规的情况进行监管走访。对江川兴福村镇银行9月份大额可疑交易报告为零的情况，约见两位高级管理人员进行谈话。加大人民币反假工作力度，引导辖内金融机构加强柜面堵截、假币收缴工作力度。全年柜面共收缴假币面额75190元，公安收缴1200元，假币调出700张，金额53000元。加大从业人员培训力度。组织江川区银行业金融机构假币实务操作考试，172人参加考试，合格率90.7%。

（徐　锴）

建设银行

【概　述】 2016年末，中国建设银行股份有限公司玉溪江川支行在职员工29名，内设办公室和客户部两部门，下设营业部和建川分理处两个对外营业网点；共有星云路、宁海路、乾景商业中心、湖滨路、阳光海岸5个自助银行服务区，为全区人民提供24小时不间断金融服务。

【业务经营概况】 2016年，建行江川支行各项工作继续保持良好发展态势。年末，一般性存款余额16.03亿元，较上年增0.72亿元，其中：对公存款余额8.19亿元，较上年增0.24亿元；个人存款余额7.81亿元，较上年新增0.49亿元。年末自营业贷款余额4.52亿元，全年投放自营性贷款1.69亿元，其中：对公贷款投放1.02亿元、个人贷款投放0.67亿元，主要支持地方的涉农重点龙头行业、个人住房等项目。公积金贷款投放2.6亿元。全行贷款不良率为零。全年实现拨备前利润0.3亿元。

【党建、精神文明创建】 2016年获建行系统内省市分行业务创先先进集体表彰16项，个人先进表彰7人；支行获省、市级“文明单位”称号。建川分理处被评为“内控管理先进单位”。

（杨留柱）

农业银行

【概　述】 中国农业银行股份有限公司玉溪江川支行坚持“稳中求进”的工作总基调，认真贯彻落实中央和上级行的各项决策部署，强化党建为统领，围绕“农村市场、城市市场突围”的战略目标，以提升市场竞争力、价值创造力、可持续发展能力为核心，立足“比学赶超”，突出“三个宣战”，积极应对、主动作为、扎实工作，各项业务平稳发展，为江川区社会经济的发展做出贡献。

【金融业务】 2016年末，人民币各项存款余额180813万元，较年初净增19101万元，增11.85%；贷款余额121190万元，较年初减8028万元；各项存款存量市场份额18.85%（四行一社比较），比年初提升0.46个百分点，增量市场份额24.66%，比年初下降9.88个百分点；各项贷款市场份额18.63%（四行一社比较），比年初下降4.37个百分点，增量市场份额-11.7%；实现中间业务收入772万元；拨备后利润3152万元。

【党建工作】 制定江川支行“两学一做”专题教育实施方案，全辖党组织按时按量完成学习研讨和专题党课等教育内容，取得初步学习成果；建立党支部4个，建立“党员示范岗”38个，“党员示范区”9个，“党员活动室”3个，评选“优秀共产党员”6名。

【服务三农工作】 2016年末，涉农贷款余额107040万元，较年初减10638万元；发放“农民安家贷”贷款696万元、农户贷款2200万元、农村生产性经营贷款2800万元；发放惠农卡666张，累计发卡31949张；累计铺设“惠农通”助农取款点15个；建立“惠农通”工程有效服务点479个；POS机228台，智付通224台；代付烤烟站点6个，电子代付烟款8800户，代付资金1.98亿元。

【三大宣战】 向风险宣战：法院债权执行结束的案件44件，胜诉案件判决标的金额662.73万元，胜诉债权案件受偿金额36.71万元。向成本宣战：落实玉溪分行党委“向成本宣战”工作部署，招待费、会议费、公杂费、车船使用费等费用总支出比2015年降11.6%；向案件宣战：加大案件、违规问题查办力度，处理违规责任人38人次；全年实现平安运营，无重大风险事件、重大违规问题发生。

【企业文化】 开展“榜样力量，农行精神”学习活动；组织“知法、守法、敬法”典型案例警示教育活动；组织开展“三亮四比三评”活动；组织员工开展形式多样的文娱活动和户外拓展活动。

【运营优化】 推进网点运营转型建设，对5个网点进行运营优化。5个营业网点12名柜员成功转岗；配备5台超级柜台，上线运行的现金类自助设备12台、自助服务终端7台，综合电子渠道交易量占比累计87.12%。

（白 啸）

农村信用合作联社

【概 述】 2016年，江川区农村信用合作联社以“稳中求进，提质增效”为发展总基调，以服务江川区域经济和“三农”发展为主线，着力于管好方向、带好队伍、精细管理、谋求发展、控好风险、树立形象，各项业务保持相对平稳发展态势。截至2016年末，各项存款余额52.49亿元，较上年末增4.09亿元，增8.45%，占全区金融机构各项存款市场份额的47.38%；各项贷款余额35.17亿元，较上年末增2.21亿元，增6.71%，占全区金融机构各项贷款市场份额的49.32%；全年累计发放贷款42.68亿元；实现财务总收入3.23亿元；实现净利润1054万元；成本收入比控制在36.35%。

【支农工作】 2016年，区联社抓支农支小微服务，全面恢复安化分社、鸡窝分社业务服务功能，对农户贷款进行增容扩面，全面铺开“小额农贷绿色通道”，最大限度地满足农户合理的贷款资金需求，支持江川社会经济发展。年末，涉农贷款余额26.96亿元，占各项贷款76.66%；中小微企业贷款余额13.94亿元，占各项贷款的39.63%；专项扶持类贷款余额4.64亿元，其中“贷免扶补”贷款922户5834万元，“劳动密集型小企业贷款”14户2800万元，“基层党员带领群众创业致富贷款”402户、贷款余额2776万元，“精准扶贫贴息贷款”783户3577万元，“微型企业培育贷款”56户544万元，林权抵押贷款18户、贷款余额850万元。

【增资扩股】 2016年，区联社向省联社请示同意并报经银监部门批准，采取溢价募股方式增资扩股5000万元，全部作为投资股，用于增加注册资本金，年末股本金总额20985.02万元，增加实收资本和资本公积，补充核心资本，增强资本实力和抗风险、稳健持续发展的能力。

【整合科技资源】 2016年，区联社抽调业务骨干，完成14.5万个农保存折和4.2万个其他存折账户的销户和整合工作；组织内外部技术力量，完成辖区范围内70台存取款一体机循环功能的开通工作，提升设备运行效率。

【创建党建示范点】 2016年，区联社根据创建党建示范点实施方案，着力抓好“三会一课”、党费交纳、党员日常教育管理、党员积分管理、党建活动室管理、发展新党员、党员服务创优活动、党员“一对一”帮扶活动、党员户外活动、建立党建工作台账等方面的工作，达到活动场所标准化、党建工作制度化、党建台账规范化、党建工作特色化的创建目标，成功创建党建示范点，并被区委列为党建工作观摩点。2016年8月17日，区委组织全区各乡镇（街道）党（工）委及区属各单位党组织书记、副书记、党务干部83人分两批到区联社进行现场观摩；8月26日，区直机关党工委组织21家单位党组织党务干部43人到区联社进行现场观摩。

【表彰奖励】 2016年3月，区联社被区委、区政府评为“2015年度综治维稳（平安建设）先进单位”；2016年5月，被市政府认定为“玉溪市2014至2015年度五星级守合同、重信用企业”；2016

年5月，被省公安厅、云南银监局评为“2015年银行业金融机构安全保卫工作先进集体”；2016年5月，荣获玉溪市银行业协会“员工气排球比赛三等奖”；2016年6月，荣获省联社玉溪办事处“职工业务技能竞赛一等奖”；2016年7月，荣获省联社玉溪办事处“纪念建党95周年知识竞赛三等奖”；2016年11月，荣获玉溪市银行业协会“信息宣传工作二等奖”；2016年11月，荣获玉溪市银行业协会“依法合规促发展”金融法律法规知识竞赛二等奖”。2016年6月，区联社党总支被区委评为“先进基层党组织”。

（李金玲　杨彦明）

邮政储蓄银行

【概　述】 2016年，邮储银行玉溪市江川区支行，按照“稳发展、强管理、防风险、提能力”的发展思路，迎难而上，调整业务结构，开拓业务市场，化解风险，围绕年初制定的工作目标和措施，各项业务均取得发展。

2016年，江川区支行共有员工29人，内设综合管理部、信贷营业部2个部门，下设星云路支行一个自营网点及5个邮政代理网点。截至2016年12月31日，全区邮储余额68190万元，完成业务收入1155万元，贷款结余16263.69万元。

【信贷业务】 截至2016年12月31日，个人贷款结余16263.69万元。其中小额贷款结余537.36万元，商务贷款结余3170.79万元，消费贷款结余3525.59万元，再就业贷款结余7862万元，畜牧贷款结余760万元，扶贫贷款结余8.95万，二手房贷款结余453.06万元，质押贷款结余9万元。2016年全区共发放贷款10203.5万元。

【个人金融业务】 2016年，个人储蓄余额59000万，较年初净增9805万元；销售理财产品16771万元；代办保险14万元；代卖国债840万；销售基金207万元；信用卡累计发放928张。

【公司业务】 2016年12月31日，公司业务余额9190万元，较年初净增2418万元。

（周　兰）

红塔银行

【概　述】 2016年，云南红塔银行江川支行，紧扣红塔银行“一年打基础、三年翻两番、五年争一流”的总体工作思路，真抓实干，各项业务得到发展，市场逐步做大、做强，效益得到提高，夯实经营基础，围绕总行下达的各项指标任务，理清工作思路，强化管理，合规经营，严控风险，统筹发展，抓资金组织和市场份额拓展，各项业务取得进展。截至2016年12月31日，江川支行各项存款余额43171万元，各项贷款余额23398万元。

【红塔银行正式挂牌】 经中国银行业监督管理委员会云南监管局批准，省市工商行政管理局核准，2016年4月，由玉溪市商业银行股份有限公司（简称：玉溪市商业银行）更名云南红塔银行股份有限公司（简称：云南红塔银行），英文名称变更为Yunnan Hongta Bank Co., Ltd.（简称：Yunnan Hongta Bank）。

2016年6月25日起，江川支行正式启用“云南红塔银行股份有限公司江川支行”新的行政公章、业务印章、凭证单据、合同文本。江川支行的借记卡卡面、公务卡卡面、门楣招牌等进行更新和统一。

江川支行名称的变更对所享有的权利和承担的义务均无影响。更名后，客户所持有的原玉溪市商业银行的账户、存折、存单、银行卡等继续有效，账号保持不变，已签署的合同继续有效，与原玉溪市商业银行的债权债务关系均由云南红塔银行继承。

（牛　潇）

工商银行

【概　述】 2016年，江川支行树立“提质增效，争先进位”的发展理念，围绕管理、效率、质量、安全“四个重点”，打好资产质量攻坚和竞争能力提升“两大战役”，把发展作为第一要务，牢固树立“发展才是硬道理”“以效益为中心”理念，抓住关键环节，突出工作重点，细分责任，强化执行力，深入开展联动营销、组合营销，稳控资产质量，保持资产、负债、中间业务的稳健发展。

2016年，全行在职员工33人，内设机构为：综合管理部、市场拓展部、营业室。截至2016年末，江川支行全部存款余额61535万元，比上年增281万元；各项贷款余额66470万元，比上年增21671万元；实现净利润668万元，较上年同期增516元。年末不良贷款余额169万元，不良贷款率0.25%，完成市分行下达的控制目标。

【信贷业务】 2016年末，各项贷款余额66470万元，比年初增21671万元，支持江川地方经济的发展。其中：公司贷款余额43706万元、比年初增22546万元；个人贷款余额22764万元，比年初减875万元。

【资产质量】 在拓展市场的同时，江川支行做好稳质量工作，严格把关，强化风险防范。2016年不良贷款余额169万元，不良贷款率0.25%，完成了市分行下达的控制目标。

【个人金融业务】 2016年末，储蓄存款余额34806万元，比年初减589万元；全年新增POS商户93户、商友卡497张、信用卡752张、借记卡5449张，代理保险销售1123万元。

（周占明）

农业发展银行

【概　述】 2016年，中国农业发展银行玉溪市江川区支行，加强工作的主动性和积极性，拓展新业务，夯实基础管理，防控经营风险，各项工作持续稳健的发展。截至2016年12月末，各项贷款余额19344.07万元。全年累计发放贷款4095.40万元，累计收回贷款9378.70万元。各项存款余额为23123.34万元，比年初增7791.85万元，增50.82%。实现账面利润486.96万元，比上年增354.73万元，增286.28%。

【政策性银行金融扶贫工作】 中国农业发展银行玉溪市江川区支行作为江川区唯一一家农业政策性银行，业务区域服务江川、通海、华宁、澄江4个区（县）。支行坚决落实精准扶贫、精准脱贫基本方略，将服务脱贫攻坚作为支行重大的政治任务，支持易地扶贫搬迁，开展农村基础设施贷款支持，落实区内扶贫攻坚挂钩联系点“挂包帮”“转走访”工作。易地扶贫搬迁项目情况：根据《关于下达云南省易地扶贫搬迁三年行动计划2016年年度计划任务的通知》，江川区易地扶贫搬迁三年任务数220户，752人（其中：建档立卡户170户，560人）。按照精准扶贫的要求，农发行总行发行的农发重点专项建设基金下划191.25万元，户均1.125万元，存入江川县惠江建设投资有限公司在江川支行开设的账户内，将用于易地扶贫搬迁安置区配套基础设施和公共服务设施等建设。由农发行云南省分行统贷的农村公路中长期贷款，下划江川区2016～2017年建制村通硬化路建设项目贷款765万元存入江川区交通局在江川支行开设的账户内，目前贷款资金已支付完毕，其中：渔村村委会通畅工程（牌星路，3千米）支付贷款资金135万元；朱家庄、小白坡村委会通畅工程（朱天路11.1千米、小水路2.9千米）支付贷款资金630万元。

【“职工之家”建设】 江川支行坚持以人为本，倡导“快乐工作，健康生活”的文化理念，不断强化支行硬件服务基础设施建设。支行配备党员活动室、小健身房、小食堂等工作生活设施，增加员工的幸福感、归属感和凝聚力。

（李依梵）

人寿保险

【概　况】 2016年，中国人寿保险股份有限公司江川区支公司（以下简称：中国人寿保险江川区支公司）共有在职职工11人，营销员114人，公司所辖中国人寿保险股份有限公司江城营销服务部、九溪营销服务部、前卫营销服务部、路居营销服务部。内设6个部室：经理室、办公室、个险销售部、团体业务部、银行保险部、客户服务部。围绕上级公司提出的“紧扣一个主题，把握两大重点，谋求三大目标，强化四项措施”的经营思想，在确保规模的基础上，朝着“业务转型，提升价值，强化队伍，文化建设”的发展目标，加强管理，拓展市场，取得很好的成绩。全年实现总保费收入4187万元，其中长期寿险全年保费收入3583万元，短期意外险全年保费收入604万元，赔付意外伤害、死亡、满期给付等各类案件2900余件，综合赔付率82%。

【依法合规经营】 2016年，江川支公司严格按照有关法律、法规、监管规定和上级公司管理要求，针对不同阶段的工作需要，组织公司员工开展培训与学习。对公司日常经营管理环节中可能存在的风险隐患，按条线要求自上而下进行全面排查和交叉检查，针对存在的问题立行立改、追踪落实，严守风险底线。通过合规宣传、培训和监督检查，排除风险萌芽隐患，帮助员工和营销员从思想上筑牢依法合规的经营意识。

“两个加强、两个遏制”“回头看”专项检查工作。

江川支公司按照《中国保监会关于开展保险机构“两个加强、两个遏制”（即“加强内部管控、加强外部监管、遏制违规经营、遏制违法犯罪”）专项检查的通知》和上级公司统一部署，开展以发现问题和揭示风险为目的专项检查活动。本着“没有问题或没有发现问题就是最大”的态度，对公司经营决策、印章管理、单证管理、客户投保、保全埋赔、保单借款客户信息真实性进行排查；对从业人员参与非法集资，非法吸收公众存款、非法销售第三方理财产品，销售误导等重大问题进行排查；对业务发展经营中虚假保费、虚假退保、虚挂保费、虚列费用和虚假理赔等“五假问题”进行排查；对外挂账消费等问题进行全面彻底排查。通过自查、整改、现场督导、现场抽查、签订承诺书、报送自查报告、并留下检查痕迹等方法，完成各个阶段“规定动作”。通过开展此项检查工作，对公司各项工作进行梳理，全面了解公司在经营管理中存在的风险点，并及时整改，避免经营风险的发生。

做好反洗钱工作。

公司履行反洗钱义务，根据《反洗钱工作管理办法》《洗钱和恐怖融资风险评估及客户分类管理办法》《客户身份识别和身份资料及交易记录保存反洗钱工作管理规定》，结合监管要求及公司实际进一步完善公司反洗钱内控制度；做好客户身份识别、客户身份资料和交易记录保存、客户洗钱风险等级划分、大额和可疑交易报告等工作，并借助微信等网络新型方式开展反洗钱宣传工作。经排查，全年公司无洗钱案件发生，向当地人民银行报送反洗钱报告。

【服务工作】 江川支公司秉持专业和真诚的客户服务理念，依托覆盖全区的服务网点和上级公司各项服务平台的支持，从2007年开始推出“国寿1+N”增值服务。2016年，在此基础上为不同层级客户新增不同内容、不同层次的增值服务。

健康好帮手：为高端客户提供健康体验，从7月开始，用近6个月时间组织500余客户，分批次到玉溪进行肿瘤标志物筛查。

国寿资讯通：通过手机短讯向客户群体发送各类健康关怀、生日祝福、节日祝福短信，以及各类保单服务短信，让客户时时刻刻掌握保单动态。

提高通知服务能力：运用“互联网+”，6月份推出中国人寿“我的e保账”，让客户利用智能手机登录中国人寿“我的e保账”，不用到公司柜面就能随时随地在手机上处理保单客户信息变更、保全、保单借款等业务，方便客户。

特色客户活动：面向广大客户提供各类特色服务活动“3·15”期间到街上摆摊设点开展维护保险消费者的合法权益宣传咨询活动3场，接待咨询近100人，发放宣传资料1000余份，悬挂布标8条。“6·16客户节”以“牵手国寿、孝善为先”为主题，开展系列客户服务活动。

【诚信展业】 自2008年启动以“诚信我为先”为主题的销售人员职业道德与诚信合规教育以来，公司一直注重销售人员诚信合规文化建设，利用销售人员早会培训学习时间，以一首诚信歌、一本《行为规范手册》、一面诚信墙、一个《营销员信用品质管理办法》、一年一考试为长效机制，加强营销员队伍信用品质建设。通过不断培训、教育，规范营销员诚信合规展业的行为。

【员工权益】 完善员工的福利计划，保证员工除享有国家规定的基本“五险一金”法定福利外，为职工办理企业年金和工会职工补充互助医疗保险。公司为营销员办理意外伤害、意外医疗和疾病住院医疗保险等。

重视对员工休息、休假权益的保障，公司创造条件，鼓励员工科学安排休息、休假。

公司经理室每年对公司困难职工，在两节期间进行一次“送温暖到家”的走访慰问活动，对于单亲职工、生病困难职工，上报申请给予一定经济补助，缓解暂时的经济压力。

【扶贫攻坚工作】 2016年，中国人寿保险江川县支公司响应江川区委、区政府的号召，开展为九溪镇喜乐庄村4户扶贫贫困户的帮扶工作，到帮扶家中进行送温暖献爱心活动，公司对帮扶对象的思想、生活、身体及家庭状况有更进一步了解，加强感情交流与双向理解，进一步提高公司的社会形象。

（邢榕玲）

人保财险

【概　述】 2016年，中国人民财产保险股份有限公司江川支公司（简称：人保财险江川支公司）有在职员工26人，公司经理室下辖办公室、理赔分部、出单分中心、农网部、直销部、个代部、客户服务部。个代部下辖江川支公司营销服务部、江城营销服务部、前卫营销服务、路居营销服务部。公司紧扣“推进以客户为中心的转型”工作主线，践行“对标市场，对标先进”两个对标。广开渠道、灵活考核机制、推动公司向效益型、稳健型公司发展。截至2016年12月31日，公司保费收入4281.9万元，直接赔款支付1922.24万元，费用率33.29%，承保利润589万元。

【荣誉表彰】 人保财险江川支公司在2016年被人保财险云南省分公司评比表彰为“金牌服务示范窗口”、“标杆县区支公司”，刘东梅同志被表彰为金牌服务明星，王晓萍同志被表彰为“全省先进个人”，张金芬同志被表彰为“客户服务先进个人”。人保财险江川支公司被人保财险玉溪分公司评为“综合综营管理三等奖”、“档案管理先进单位”、“综治维稳、信访工作先进单位”，奎娇同志被表彰为“工会工作先进个人”，刘东梅同志被表彰为“法律工作先进个人”，史春丽同志被表彰为“党风廉政建设先进个人”。

【精神文明建设】 人保财险江川支公司2016年携手中国电信江川分公司、中国建设银行江川支行分别于5月30日、9月29日、12月23日举办道德讲堂活动，提高员工道德修养，打造公司文明窗口形象。

【党支部改选】 人保财险江川支公司和人保财险澄江支公司于2016年3月4日召开支部党员大会，对公司党支部支委进行改选。因澄江公司党员不足3人，决定由江川公司和澄江公司成立联合党支部，名称定为“江川和澄江公司联合党支部”，产生新的支部委员会，由陈敏同志任党支部书记、计黎昆同志任宣传委员、陈丽春同志任组织委员。

【农村市场拓展】 为健全完善江川区农村道路交通安全防控体系，助力公司农网业务的发展，自2016年3月11日开始，公司与交警队工作人员分别到全区各乡镇开始面包车喷涂、车辆免费义诊工作。组织人员到全区各乡镇安装交通安全劝导站，宣传道路交通安全知识，收集客户信息，为江川公司在农村保险市场份额占有率的提升打下基础。

【农房统保】 为增强江川区广大农村抵御自然灾害和意外事故的能力，帮助农民群众防范和化解各种风险，促进农村和谐稳定。2016年8月3日，人保财险江川支公司在区政府会议室召开2016年农房统保工作暨地震保险启动会，安排部署2016年政策性农房统保及地震保险的收费工作。8月5日起，全区农房续保工作全面铺开，截至9月13日完成对全县87328户农房的新保、续保工作，为广大农民的住房安全解除后顾之忧。

【车险业务】 为提升公司车险市场竞争力，公司与玉溪鸿豪汽车贸易有限公司达成共识，通过汽车金融贷款项目更好地为客户服务，将金融项目作为日常性工作稳健推进，以增强客户粘性，提升公司车险竞争力。

【岗位竞聘】 为强化公司管理，进一步优化岗位设置，提高工作效率和服务水平。2016年12月28日，公司召开岗位竞聘大会，全体员工参加竞聘演讲。公司经理室根据公开、公平、公正及双向选择的原则，选拔出适合各岗位的员工。

（王晓萍）

教育·气象·防震减灾

编辑　徐凡清

教　育

【概　述】 2016年，江川区有公办学校74所，其中：中心小学12所，村完小44所，一贯制学校1所，教学点2个，乡镇中学11所，普通高中2所，职中1所，区幼儿园1所。有教学班1057个，其中：幼儿学前班190个，小学510个，初中235个，普通高中89个，职业高中33个。在校生40127人，其中：在园（班）幼儿数6800人，小学15880人，初中11092人，普通高中5073人，职业高中1282人。

小学毛入学率106.7%，小学学龄儿童入学率99.98%，辍学率0.05%，毕业率99.72%，小学毕业生升学率98.44%，年巩固率99.56%，新招一年级新生受过一年学前教育99.96%，学前幼儿毛入园（班）率87.16%，15周岁初等教育完成率99.86%。

初中毛入学率124.65%，初中毕业率99.86%，初中辍学率1.18%，年固率98.59%，17周岁初级中等教育完成率98.9%。

教职工2638人，其中正式教职工2305人、临时人员161人、保安172人。

学校占地面积840816.95平方米，校舍建筑面积404852.91平方米，小学生均校舍建筑面积10.55平方米，中学生均校舍建筑面积11.38平方米，其中初中10.88平方米；小学生均占地19.54平方米，中学生均占地27.01平方米，其中初中18.4平方米。

【三免一补】 贯彻落实农村义务教育经费保障机制改革相关政策，设立义务教育专户，执行《江川区农村义务教育经费管理暂行办法》，加强资金运行管理，实行“校财局管校用”。2016年，生均公用经费各级配套资金足额到位，已划拨21所义务教育阶段学校公用经费1770.48万元，其中：中央资金1390.52万元、市级资金175.6万元、区级资金204.36万元；特殊教育公用经费32.37万元；不足100人校点公用经费7.68万元；寄宿制学生公用经费113.3万元。家庭经济困难寄宿学生生活补助经费各级配套资金足额到位，已将6188名享受寄宿生生活补助资金718.75万元划拨学校，其中：中央资金349.84万元、市级资金174.92万元、区级资金193.99万元，已发放到学生。文具费50.46万元，其中市级资金26.05万元、区级资金24.41万元，已发给学生。发放免费教科书53465人次。

【营养改善计划】 自2012年实施农村义务教育学生营养改善计划以来，按照“政府主导、试点先行、因地制宜、突出重点”的原则，贯彻落实《国务院办公厅关于实施农村义务教育学生营养改善计划的意见》《云南省农村义务教育学生营养改善计划领导小组办公室关于印发〈云南省农村义务教育学生营养改善计划食品安全监管暂行办法〉等四个配套文件的通知》等上级文件精神，稳步推进农村义务教育学生营养改善计划，不断提高农村学生营养健康水平。根据江川区实际情况，所有义务教育学校统一供应早餐，采取“3+2”企业+食堂混合供餐模式实施学生营养改善计划，牛奶、面包区教育局统一招标，其它食品由中学、中心校组织招标，补助标准为生均每天4元，全年每生补助800元。2016年共计投入资金1872.71万元（其中：中央资金146.59万元，市、区资金各为863.06万元），惠及学生23027人。学生身高、体重明显改善，食品安全得到保障，从未发生过重大食品安全事故。

【校安工程】 2016年是江川区美丽100校园行动计划暨中小学校舍安全工程的收官之年，区政府继续把“美丽100”校园行动计划暨中小学校舍安全工程作为十件惠民工程之一。截至2016年底，江川区已排除所有D级危房，加固改造B级校舍29幢33118平方米、C级校舍128个105403平方米；拆除重建、新建项目127个101054平方米已全部建成并投入使用；“美丽100校园”行动计划11所已全部建成并投入使用；全面完成江川区三年规划目标任务。完成江川区义务教育阶段学校附属工程建设项目，工程共涉及50个项目学校，主要为运动场地建设、道路硬化、新建大门及门卫室、围墙挡墙、排水沟、厕所修缮、新建食堂、新建和修缮桥等。继续实施江川区全面改善贫困地区义务教育薄弱学校基本办学条件建设工程。完成省、市下达2014～2015年项目49个44704平方米和推进2016年下达10个项目9812平方米的前期工作。截至2016年底，2014～2015年下达项目49个44704平方米已全部建成并投入使用，2016年项目3个建成并投入使用，7个正在做招投标工作。全面改善高中阶段学校基本办学条件，实施江川区第一中学扩建二期建设工程和江川区第二中学排危新建工程。江川区第一中学征地71.26亩，新建校舍36964.19平方米；江川区第二中学新建校舍21783.06平方米。截至2016年底，工程建设已基本完成，正在进行附属工程施工。全面推进江川区学前教育二期（2015～2017）三年行动计划新建幼儿园建设项目，顺利完成2015年8所新建幼儿园7073.16平方米的续建工作；落实2016年新建幼儿园的建设用地，完成建设规划方案和推进项目的前期工作。顺利完成江川区2016～2020年学校布局及项目建设规划和江川区“十三五”高中及以下教育阶段学校基础设施建设规划。

【信息化建设】 推进江川教育现代化进程，实施农村薄弱学校改造计划，以教育信息化促进教育现代化，2016年，完成二、三期项目建设涉及义务教育阶段中小学71所，实现教育信息化全覆盖。投入设备资金3175.12万元，涉及融资租赁资金3943.14万元。具体建设项目包括：装备触控一体机84寸27套，75寸210套，其中3套移动支架，65寸296套，其中3套移动支架；配备教师用笔记本电脑483台；装备计算机教室61间，学生用电脑1910台；安装网络安全监控点830个；建成完善的校园网络，网络集成点3376个；远程互动教室2间、电子备课室1间、云借阅设备1套，设备已完成安装投入使用，并完成初验；完成“全面改薄”3D打印项目的安装调试和验收工作，涉及资金75.5万元。规划“全面改薄”设备项目（小学科学实验桌、中小学仪器柜等），涉及资金89.8万元。完成8所幼儿园玩教具和图书配备。

【队伍建设】 强化作风建设和师德师风建设，贯彻落实中央八项规定，提出“强化学校管理、规范办学行为，强化校长管理、提升管理效能，强化教师管理、树立良好形象，强化机关作风、发挥表率作用”要求，推行“四项制度”，落实《江川县教育系统加强作风建设工作要求》，学习教育法律法规，要求干部职工牢固树立“全心全意为人民服务、甘当人民公仆”意识，结合岗位实际，以政策为依据，以法律为准绳，认真履职，严守纪律，真抓实干，热情服务。在教师中开展师德师风教育活动，加大对违反师德行为的惩诫力度，努力使广大教职工做到教师职业道德基本规范“爱国守法，爱岗敬业，关爱学生，教书育人，为人师表，终身学习”的六条要求。加强中小学领导班子和师资队伍建设。通过人才引进和提前招聘方式，招聘高中阶段教师34人，公开招聘义务教育、学前教育教师35人，从外县江川籍教师中选聘8人，在职人员人才引进5人，共82人，为教育健康发展注入活力。加强对学校领导班子成员的选拔和任用。根据《江川县中小学校长管理办法（试行）》要求，2016年调整中学校长3人，提拔3人担任校长职务，同时一并调整学校中层领导70人。加强教师培训，全面提高实施素质教育的能力和水平。1～2月组织全区中小学、区幼儿园教师及教研员参加《中小学教师专业标准》培训考试，考试报名人数2319人，缺考22人，实考人数2297人，教育局组织人员对试卷进行严格、严密批阅，合格率100%，促进全区中小学教师的专业发展。3月29～31日对2015年参加工作的75名新教师进行“五项技能”考核，全员通过。组织2016年秋季中小学教师履职晋级培训考试报名工作，524名教师报名参加《课程设计与评价》的学习培训和考试并顺利通过，提高教师队伍的整体素质。继续抓好各级学科带头人和骨干教师管理，提出学理论、搞教改、出成果、成名师的要求，有计划地培养适应素质教育的骨干教师、学科带头人和名师队伍。抓好青年教师培养。通过开展新课程、新教材培训、新老教师拜师结对、青年教师课堂教学竞赛等活动，激发青年教师研究课堂教学的积极性。实行教师顶岗和支教制度，促进优质教育资源共建共享。全区专任教师中有正高级专业技术人员1人，副高级专业技术人员310人，中级专业技术人员1339人；有3人参加过国家级骨干教师培训，有省特级教师2人，省级学科带头人1人，省级骨干教师11人，市级学科带头人9人，市级骨干教师39人，区级学科带头人47人，区级骨干教师348人。专任教师合格率高中99.7%、初中100%、小学99.43%。

【学校管理】 以“美丽校园，活力学校，提升质量”为目标，提高学生审美和人文素养，提高师生的工作学习效率和生活质量，努力办高品位、高水平、高质量的学校。制定《玉溪市江川区学校综合目标管理考评方案》《玉溪市江川区教育局关于进一步规范小学阶段教学行为的通知》，狠抓工作落实，转变工作作风，强化工作督查，促进学校内涵发展，提升办学效益。要求学校既要依法治教，注重制度化、规范化管理，又要以人为本，以德治校，注重人性化、科学化管理；要求学校领导班子注重学习提高，成为师生表率，同时又要关注教师成长和学生发展，树立“管理育人，服务育人”意识，推动学校实现系统、科学、有序、高效的管理目标，整体提升全区各类学校教育教学质量和办学水平。江川区已有省级文明学校7所，市级文明学校11所，有省一级学校9所；区教科所成为云南省首批一级一等县级教研机构，区教师进修学校被认定为云南省示范性进修学校。随着学校管理的进一步规范和各级免补政策的落实，社会各级各界和广大人民群众对教育的认可度与满意度进一步提高。

【德育工作】 突出“德育为首”理念，重队伍建设，抓活动载体，已形成校内校外齐抓共管、覆盖全面、职责明晰的德育工作网络，建起师德好、业务精、责任心强的学校和社会德育工作队伍，形成德育工作合力。全区现有关工委组织78个，校外德育辅导站23个，共聘请法制副校长33人、校外德育辅导员130人，已开办家长学校23期。考评申报大街中学、大街小学、后卫小学为玉溪市法治教育示范学校；组织“诗联文化进校园”活动，投入资金210多万元，改善办学条件，悬挂诗词楹联作品，开展经典诵读、诗联创作、课题研究、讲座等活动，大街小学被认定为全国楹联文化教育示范基地；前卫中学、伏家营中学、安化中心小学、江城中心小学被考评认定为省级绿色学校。

【教研教改】 强化教育教学研究。建立健全全区教育科研的管理机制。出台《江川区“十三五”教育科研发展规划》《江川区“十三五”教育科研课题管理办法》《江川区教育科学研究项目申请、评审书》《江川区教育科学研究课题结题、鉴定申请评审书》《江川区教育科学研究课题计划书》等文件或材料，促进江川区教育科研的繁荣，进一步优化全区的教育科研生态。2016年，全区教研员独立承担2项国家级课题均已结题；学校和教师承担的32项区级课题研究进展顺利，4项通过区教育科学规划办的结题验收。加强主题式教研活动，开展“案例型教研”，组织教学常规大检查，举办学科竞赛，组织新教师“五项技能”考核，开展“送培到校”活动，推进学校“三组”文化建设，强化校本研训，引导教师充分利用代教育技术及现有教学设备，落实教研教改措施，优化教学管理，加强质量监控，注重过程性评价，推动学校教育教学工作有序运行。加强毕业班教学与管理，全力提高整体教学质量。落实《江川区2016届毕业班工作指导意见》，明确奖惩措施，强化教研员职责，同各学校签订教学质量目标管理责任书，切实加大调研、指导、督查的力度，有效地服务毕业班教学工作。加强过程管理，把竞争机制引进教学过程的管理，将统一考试实行统测与统评，注重每次考试的质量分析，发现失误，立即予以纠正。科研兴教，加大毕业班教学的科技含量。区教科所对各校的学科教研组提出教研课题，组织集体研究并拿出实施意见。召开全区性的初中学业水平考试复习研讨会，研究复习方法，确立“以学为本、滚动复习”的教学模式。狠抓课堂教学研究，制订各个课型教学规范，落实“有效学习”。重点深入薄弱学校和班级进行复习指导。在充分掌握教学现状的情况下，小学分校点，初中按9个学科分别进行复习和指导；对于高中毕业班，则协助市教科所进行指导和督促。抓微观、抓具体、抓落实，协调工作，整体推进，促进初中学业水平考试、高考质量的攀升。

【支教工作】 2016年，贯彻实施《江川县教育系统教职工调配交流办法（试行）》《江川县教育局关于城镇中小学骨干教师到农村定期支教的实施意见》《江川县中小学顶岗教师管理要求》，继续实施支教（顶岗任教）工作，共派出支教（顶岗任教）教师85人，校长交流3人，辖区村完小交流101人，聘用交流4人，重点引导骨干教师到边远、薄弱学校支教，边远、薄弱学校选派年青教师到城区学校、优质学校顶岗任教，促进教师资源合理配置，增强教师队伍整体活力，提升教育质量，缩小区域、城乡、校际之间差距。

【学校安全】 落实《江川县学校安全管理要求》《江川县中小学课间安全管理制度》等十二项制度，加强校园及周边治安综合整治，提高师生安全防范意识。抓安全常规管理，落实“一岗双责”制度，强化学校安全责任意识。制定下发《玉溪市江川区学校安全工作责任追究制度》，完善各类应急预案。组织开展校园安全大检查及校园周边治安综合治理。年内组织或联合公安、消防、卫生、文化、市场监管等部门开展了10次校园安全大检查及校园周边环境治理。开展安全教育和应急演练。全区各级各类学校开展防震减灾、反恐防暴、消防等应急演练612次。2016年，学校无安全责任事故发生。

【资助管理】 2016年12月学生资助管理中心正式进人，核定事业编制5人，用人计划4名，根据岗位需求及用人计划，中心4名工作人员入编到岗，切实把党和国家资助政策落到实处，“不让一名孩子因家庭贫困而失学”的目标。2016年江川学生资助工作惠及73所学校和51所幼儿园，资助学生（含幼儿及大学生）29500余名。资助全区学前教育家庭经济困难儿童649人，补助资金19.47万元，所有补助资金于2016年12月全部以现金方式兑现到家长手中。为全区53465人次义务教育学生免费提供教科书；为全区50574人次义务教育学生免费提供文具费，涉及资金50.574万元；为全区11780人次学生补助提供寄宿生生活补助，涉及资金703.2125万元。免补资金于12月20日前兑现至学生本人。落实普通高中国家助学金及免学杂费，国家助学金严格按照一等2500元/生·年，二等1500元/生·年的标准和公开、公平、公正的原则评审发放，2016年共评选发放国家助学金2701人次，发放资金240.675万元，受资助人数占在校学生总数的24.3%，区级配套资金足额到位；免学杂费政策自2016年秋季学期开始实施，江川区2所普通高中学校为207名普通高中困难学生免除学杂费（其中：建档立卡贫困学生85名，农村低保家庭学生113名，困难残疾学生6名，农村特困救助供养学生3名），江川一中补助标准为500元/人，江川二中补助标准为400元/人，发放免学杂费补助9.31万元。落实中等职业学校资助工作，按照专人负责，明确分工，细化管理要求，启动教育局网上审核程序，逐月审核上报国家助学金名单，规范档案资料，2016年，发放中职国家助学金57.98万元。稳步推进大学生生源地信用助学贷款工作，江川区根据省国开行下发的《2016年操作规程》执行，坚持应贷尽贷原则，圆贫寒学子大学梦。2016年共受理发放贷款1071份，发放贷款金额769.59万元，超额完成贷款任务，合同中一本、二本院校学生比例明显增加，2016年共回收合同476份，回收本金271.7万元，回收利息1.1万元，2016年应收本息全部收回，无一贷款学生违约，本息回收率100%。普通高校家庭经济困难新生入学资助项目效益不断显现，中央专项彩票公益金“润雨计划”专项资金设立的普通高校家庭经济困难新生入学资助项目，资助标准为省内院校录取的新生每人500元，省外院校录取的新生每人1000元，2016年共资助学生45人（其中省内高校25人，省外高校20人），实际发放资金3.25万元，无结余，无截留。云南省和玉溪市优秀贫困学子奖学金及时发放，2016年省、市优秀贫困学子奖励金共计资助市级优秀学子69人、省级优秀学子114人，发放金额77.7万元，结余2.3万元。

【高中教育】 抓好高中“龙头”，确保教学质量。在抓好“两基”巩固提高工作的同时，抓牢高中教育“龙头”不放松，通过人才引进和提前招聘方式，公开招考高中阶段教师39人，不断加大高中建设，改善办学条件，创设宽松用人环境，建立有效聘任、考核、分配等竞争激励机制，巩固教学质量。2016年高考成绩稳中有升，实考人数2027人，总上线人数1902人，上线率93.83%，比上年增6.22个百分点。上本科人数901人，上线率48.89%，比上年增6.64个百分点。其中：上一本人数44人，600分以上人数4人；江川一中600分以上人数、一本上线人数、本科上线人数列全市县区学校第一。近10年来，高考上线人数和一本人数位居全市县级（除红塔区以外）第一。

【职业教育】 拓宽就业渠道，推进职业教育发展。坚持以服务为宗旨，以就业为导向，按照“积极发展、深化改革、创新机制、激发活力”的思路，以“出口畅，进口旺”为目标，拓宽职业教育发展空间，加快推进职中扩建工程，理清发展思路，拓宽就业渠道，探索“2+1”培养模式，实现“订单式”培养。加强与经济发达地区企业的联系，提升学生就业质量，2016年，毕业生就业率97.71%，连续十年超96%，在校生人数1224人。在2016年省中等职业学校技能大赛，旅游教师组获三等奖，学生组7名同学获奖；会计学生组3名同学获奖；电子电工教师组获三等奖，学生组2名同学获二等奖。职业素养教师组获英语教学微课二等奖；学生何灿在2016年全国中等职业学校技能大赛中获得58名的好成绩。

【学前教育】 坚持发展、规范、提高并重的指导方针，办好公办园，鼓励和引导社会力量办园，初步形成以公办园为示范，社会力量办园为主体的发展格局。落实《江川县2015-2017年学前教育发展规划》，加大力度落实2016、2017年幼儿园建设项目9个，同各乡镇（街道）及相关部门配合，落实建设用地，做好前期规划、设计等工作，2016年4月19日，区政府召开学前教育项目建设推进会。制定下发《玉溪市江川区教育局学前教育管理暂行规定》，提出下步发展思路和要求，为江川区学前教育科学发展提供制度保障，并就幼儿园规范化管理提出明确要求。全区共有幼儿园、学前班60所（点），其中独立建制公办幼儿园1所，小学附中心幼儿园12所，小学附属幼儿园民办幼儿园（学前班）26所，其他学前教育点21个。

【招生考试】 严格执行省、市招生工作会议精神，坚持“以考生为本、为学校服务、为考生服务”的思想，落实高校招生“阳光工程”，坚持公平公正原则，加强管理，从严治考，在选拔培训监考教师、工作人员方面，在加强考点、考场建设方面制定严密规范的制度，圆满完成高考、高中学业水平考试和初中学业水平考试等各项招考任务，各类考试公平公正、透明规范，未出现考试舞弊事件，得到省、市巡视员好评。2016年受理普通高考报名人数1852人，“三校生”报名人数197人，初中九年级学业水平考试报名人数3702人，初中九年级体育考试报名人数3910人，初中八年级学业水平考试报名人数3869人，高中学业水平文化课考试报名16668科次、信息技术报名人数1601人，成人高考报名237人，自学考试报名64科次，教师资格认定非师范类报考“教育学、教育心理学”88科次。2016年全区普通高中招生1947人（其中：市属高中录取284人、区属高中录取1663人）。

【教育收费】 贯彻落实各级政府及有关部门关于治理教育乱收费要求，制定《关于成立江川区教育领域损害群众利益专项整治工作领导小组的通知》，进一步巩固江川区治理中小学乱收费成果，规范教育收费行为，加大治理力度，完善监督管理制度，健全教育收费公示制度，促进江川区教育行风建设，各学校严格执行“一费制”“三限制”等收费政策和各项免补政策，反复强调治理教育乱收费工作重要性，明确纪律，并组织学校进行收费自查。在自查基础上，每学期会同区纪委监察、物价和纠风办等相关部门进行收费检查。实行收费公示和“收支两条线”管理，做到亮证收费、按证收费、公示收费和透明收费，全年各级各类学校无教育乱收费现象。

【首届师生运动会】 2016年11月21日至12月30日，江川区教育局举办首届师生运动会，历时40天，宗旨为“参与、快乐、和谐、进取”，运动会项目由小学生篮球比赛、初中田径运动会、高中生篮球赛、高中生足球赛、教师健身操比赛等5块内容组成，期间还进行社团展评周评比活动。运动会参与人员为全区25所中小学（区幼儿园）教师和学生，参赛人员2345人，在区级教育系统运动会举办前，各学校自下而上开展班级、完小预选赛，开展社团活动，全区39306名在校学生大部分均参与比赛和活动。运动会闭幕式及颁奖仪式于12月30日在江川一中举行，小学篮球男队第一名安化小学、女队第一名江城小学；高中足球男队第一名江川一中、女队第一名江川一中；初中田径运动会团体第一名前卫中学；教职工健身操一等奖区幼儿园、江川一中、大街中学。

【义务教育基本均衡迎评工作】 2016年12月27～28日，国务院教育督导委员会办公室评估组国家督学廖秀梅、余兆辉、胡甫清、庞运彪，在省教育厅电教馆馆长罗文、教学仪器装备中心副主任米文波，市政府督学市教育局副局长陈挺、市政府督学潘亚川，区委书记徐贤、区长王志华、区人大常委会主任龚桂存、区政协主席罗跃岗，区教育局领导班子等领导的陪同下，对玉溪市江川区义务教育基本均衡开展督导检查和评估。评估组在江川区开展义务教育基本均衡督导检查陈述答辩会，查阅资料，召开人大代表、政协委员、校长代表、教师代表、家长代表5类座谈会，巡查前卫中学、大庄中学、雄关中学、大街小学、云岩小学、海浒学校、海门小学、张营小学、小街小学、九溪小学10所各级各类学校。按照义务教育基本均衡督导评估的要求，对学校办学条件、生均占地、常规管理、校园文化建设、教师队伍建设、功能室管理、未来发展规划等进行督查指导，翻阅查看区级和学校档案资料，调阅区财政对教育的投入资料档案，听取区政府的工作汇报。12月30日，在省教育厅的评估反馈会上，江川区以94分顺利通过评估。

【青少年学生校外活动中心】 江川区青少年学生校外活动中心以“坚持方针，面向学生，校外延伸，拓展兴趣，培养特长，全面发展”为办学思想，建立一套规范、实用、高效的管理运行和办学培训机制，建成一支业务精良、经验丰富的教师队伍，办学覆盖全面，专业设置齐全，培植跆拳道、拉丁舞等优势特色专业。2016年开办4期培训班，参加培训学员2500人次，办班培训人次和办班效益在全市前列，学员及家长满意度较高，初步实现创办全市一流活动中心目标。活动中心投入使用后，在拓展学生兴趣，培养学生特长，引导学生远离社会不良环境，促进学生全面发展方面发挥积极作用。2016年9月完成科技体验馆建设，11月完成楼道及功能室中心文化建设。12月，被云南省青少年校外教育工作联系会议办公室评为年度优秀单位。

（代志伟）

教育科研

【自身建设】 重业务、重德行、重引领、重服务，建构和谐教科所。教研员参加“两学一做”学习教育活动，以“三严三实”严格要求自己，进一步明确自己的职责，树立研究、指导、示范、服务的意识；重点提升四种能力：课堂教学的评价能力、有效教研活动的组织能力、命题及评价能力、课题研究能力。发挥研究、指导、服务管理职能，增强服务意识。为一线教学提供专业支撑，为教师的专业发展提供支持和帮助。教研员深入课堂，共同研究和解决教学中的疑难问题；主动为学校搜集整理有关学科资料和信息，听取学校领导和老师对教科研工作的意见和接受对有关问题的咨询。注重教研员业务素质的提高。组织教研员参加各级学科研修培训。学习新课程标准，探索新课程下的课堂教学。每一次区级和片区教研活动，都要求教研员精心准备，做到有的放矢。

【教学管理】 加强教学常态工作调研：推门听课、评课交流、引领提升。教研员深入课堂，深入科组，通过听课评课，参加科组活动，召开座谈会、专题研讨，查阅有关资料等途径，对教学工作进行检查和指导，总结、提炼和推广有益的教学经验。开展“案例型教研”。聚焦课堂，以“课例”为载体，对课堂教学进行微格分析，加大信息技术融入课堂的力度，优化课堂教学结构，谋求教学方式的多样化，提升日常教学工作的底线，促使常态教学面貌跳出陈旧教学模式的格局，向着更高层次发展，求得最佳的教学效率。教学常规的落实是教学管理的关键。2016年，区教科所围绕以下思路促常规的落实：推行小课时制（每节课40分钟），条件成熟的中小学通过试用效果明显。强化个案教学、集体备课制。要求学科组长按照集体备课流程，即：前瞻式学课→集智性备课→双向式说课→推磨式上课（上课、评课、反思、调整、再上、再评……）→沙龙式议课→反思性札记，精心组织，抓好落实。围绕“双主互动课堂教学模式”开展新教师5项技能考核、教科研论文评比等活动。要求各学校结合新教育理念以及本校教学实际，及时完善、修订教学常规，使“常规”常新。为确保全区义务教育学校教学常规的落实，教学秩序的正常化，教改教研的不断深化，教学质量的稳步提高，根据江川区教科所《关于开展2016年全区义务教育阶段学校教学常规检查的通知》精神，区教科所抽调部分学校的教务主任或副主任、中层干部，组成8个检查组，于2016年11月8～11日，对全区义务教育阶段学校教学常规工作进行检查。加强主题式教研活动，进一步推进课堂教学效率提升行动。各学科教研工作均以解决问题为出发点，围绕着有效备课，高效课堂2个工作重点，开展主题式探究活动。活动围绕课堂上教师行为和学生行为2方面，分别对其从“高效、有效、低效、无效”4个角度进行微格分析，解剖课堂教学的得与失，帮助教师从本质上真正落实新课程教学理念，改进教学方法，促进学生创造能力和实践能力的提高。加强中小学校教学用书管理。强化教学用书审定制度，明确规定只能选用教育部和云南省中小学教材审定委员会指定使用范围内的各类教材，进一步保证学校教学用书的质量。规范教学用书征订程序，所有教学用书要经区教材审定领导组的严格审核，符合要求后再由新华书店统一征订。为学生选订辅助用书，学生辅助用书必须在《云南省中小学教学用书通讯》辅助用书范围内选订，并按照“一套教材配一至二套辅助用书”的原则，严禁给学生强行征订或搭配各类学习辅助书籍。

【毕业班教学与管理】 教科所深入研究，制定《江川区2016届毕业班工作指导意见》，确立备考工作6个重心：加强过程管理，把竞争机制引进教学过程的管理，将统一考试实行统测与统评，注重每次考试的质量分析，发现失误，立即予以纠正。科研兴教，加大毕业班教学的科技含量。对各校的学科教研组提出教研课题，组织集体研究并拿出实施意见。召开3次全区性的初中学业水平考试复习研讨会，研究复习方法，确立了“以学为本、滚动复习”的教学模式。抓课堂教学研究，制订各个课型教学规范，落实“有效学习”。重点深入薄弱学校和班级进行复习指导。在掌握教学现状的情况下，小学分校点，初中按9个学科分别进行复习和指导；对于高中毕业班，协助市教科所进行指导和督促。以调研考试为突破口，针对问题抓教研，教科所各学科教研员在每次考试后，组织毕业班学科教师进行质量分析，结合初中学业水平考试各学科考查的知识点，修订落实复习计划、复习措施，研究讨论解题思路、解题方法，使教师的复习做到有的放矢。提高小学毕业班质量，确保初中生源优秀。小学教研员深入学校听毕业班复习课，针对具体问题讲评改进方法，督促教师研究学生思维水平、课标教材、改革方向；组织小学六年级模拟测试，做到统一安排考场、组织集体阅卷，保证成绩真实可信。试行以毕业年级组为主，各任课老师为参谋的教学管理。年级组根据学生的情况和学习过程中的不同阶段，广泛征求、听取毕业年级老师的建议，制定计划、措施和具体做法。并要求毕业年级的教师注意搜集考试的新信息、新材料，精心组织每节复习课，做到复习目标明确，重点突出，容量适当，例题典型，代表性强；重视课堂教学小结、题型分析，强调归纳梳理，形成知识网络结构。坚持“送教到校”制度。组织以教研员为核心，部分学科带头人、骨干教师、教坛新秀为主体的毕业班送教到校队伍，对边缘山区开展送教帮教活动。送教内容包括：上示范课、同上一节课、共同开展教研活动等。抓好“培优帮扶”工程。区教科所要求各校：进一步完善“方案”，从“源头”抓起，“滚动”发展，总结经验。继续完善“月考制度”。要求学校在实行“月考”中创新命题制卷环节，各校成立学科命题组，实行专人负责命题制，不能搞教师轮流命题；创新评讲试卷环节，改变教师在课堂上一讲到底，或者把参考答案贴在墙上完事的做法。逐步推行一张试卷“三改”。即：第一遍，教师批改；第二遍，学生自己更改错题；第三遍，教师评析共性问题，重点、难点问题。创新试卷的收集保存环节，各学校加强对试卷收集保存工作，通过修改完善，逐步建立起学校的试题库。

【教师队伍建设】 区教科所于2016年3月29～31日对2015年参加教育工作的75名新教师进行“五项技能”考核，要求“过五关”，即：教材关、备课关、上课关、常规关、命题关。加快“名师工程”的实施，发挥名师的辐射带动作用，促进全体教师业务水平的全面提高，每个教研员通过深入学校听课、教研活动和各项评选活动等多种渠道观察确定1～3名本学科的培养对象，明确每个培养对象的阶段性的不同层次的发展目标，在本校、本区拜师学艺，提供参加省、市级教学研究活动机会，提供展现自我的机会，发挥在学科教育教学、教研工作中的骨干带头作用。开展形式多样的教学研究活动，促进教师业务能力提高。进行教材分析，由教研员主持，对教材的知识结构、重点难点、规律方法进行剖析、概括和总结；进行教法、学法讲座，及时把搜集来的先进的教改信息反馈给教师，用先进的教学理论指导教学；开设示范课，探索课堂教学最优方式，倡导现代教学手段的使用，提高课堂教学效率，渗透以人为本的教育理念，培养学生的创新意识和实践能力；组织实施“玉溪市小学语文、数学名师同步好课录播计划”。

【开展校本研训】 区教科所提出“定类研讨”“定人研讨”“定伴研讨”3种教研模式，要求学校结合自身实际，选择适合自身发展要求的模式进行探究。加强引领作用，服务一线教师。要求各学科教研员要加强自身学习，真正成为本学科最新教学理念和教学方法的带头人，并努力改变教研工作的策略和视觉，多调研，勤思考，最大限度地调动学校领导和教师的课改积极性，做好各项服务工作。创新校本教研文化，敦促学校健全完善校本教研制度，推动校本教研走向普及，走向常态。建立理论学习制度，把学校打造成学习型的组织。建立教师培训制度。抓好教研组建设和集体备课运作模式的探讨。以提升广大教师日常教学的底线，提高课程实施能力，通过优化课堂教学，切实提高教育质量。建立课题研究制度，建立学科教学课题研究体系，促进研究能力的全面提高。建立教师评价制度，借对教师德、能、勤、绩、学、研的综合评价，拉动学习、研究、交流，促进教师的专业发展，使“塑师”工程学校评价每学期或每学年形成例规性运作。推进学校“三组”文化建设。年级组、教研组和备课组在推进学校教学改革，培养教师成长，提高教学质量等方面起着重要的作用。充分调动“三组”组长在不同岗位的不同功能，发挥在校本培训和校本教研中带头作用，开展组内文化建设，营造浓厚的学术气氛。加强组长责任意识，学科教研员配合学校“三组”建设活动。各校年级组、教研组和备课组凭借自身的独特优势，开展创造性劳动。将重点从“组织考试”“执行检查”等事务性工作转移到促进教师自我成长及研究教与学存在的问题上来。并通过批判性和反思性的对话活动，帮助青年教师快速成长，促进学校教学质量的提高。

【构建教育科研新格局】 建立健全全区教育科研的管理机制。出台《江川区“十三五”教育科研发展规划》《江川区“十三五”教育科研课题管理办法》《江川区教育科学研究项目申请、评审书》《江川区教育科学研究课题结题、鉴定申请评审书》《江川区教育科学研究课题计划书》等文件或材料，促进江川区教育科研的繁荣，进一步优化教育科研生态。从选题抓起，严把申报关。明确要求，所有学校（幼儿园）申报的课题选题须从教育教学工作实践中发现的问题中提升，必须考虑到可行性、可操作性，以及课题的实效性。截至2016年6月，区教育科学规划办共收到全区各级各类教育科研课题申报材料16项，依据《江川区教育科研课题管理办法》，对全部课题申报材料进行资格审查，组织专家进行论证，经江川区教育科学规划领导小组审定后，12项课题得到立项。加强过程监控，严把质量关。要求每个课题组制定阶段研究计划，分解研究任务，落实研究职责，建立研究档案。区规划办在课题结项工作上严格把关，组织评审组对申报的课题进行评审，全年共分4批次，集中时间对大街中学区级立项课题《初中思品学科学生自主学习能力培养的探究》《初中语文课前预习有效性探索与研究》，大街小学区级立项课题《利用“双主互动”关注数学学困生实验研究》《小学英语认读能力的培养与研究》，龙街云岩小学区级立项课题《农村小学寄宿生管理探索与研究》等5项课题进行结题鉴定。

【幼儿园老师教学技能竞赛暨研讨活动】 区教科所于2016年月9月19～23日，分别在上头营学校附属幼儿园（公立）、三街欣兴幼儿园（私立）举办第十一届“幼苗杯”幼儿园教师教学技能竞赛暨研讨活动。来自各乡镇幼儿园四十岁以下的20名年青幼儿教师参加比赛，其中公立幼儿园11名，私立幼儿园9名；艺术9节、健康6节、科学5节，观摩教师80余人，评出一等奖3名，二等奖6名，三等奖11名。

【义务教育阶段课堂教学竞赛】 为进一步深化课堂教学改革，引导教师利用现代信息技术教育手段及现有教学设备，整合课程资源，切实提高课堂教学技能和教学水平，促进学生全面发展，达到大面积提高教育教学质量的目的，江川区教育学会、江川区教科所于2016年10月19～28日分别在龙街中学、江城中学、前卫中学、九溪中学、伏家营中学、大庄中学、大庄中心校、前卫中心校、大街小学，举办江川区义务教育阶段相关学科课堂教学竞赛活动。参加本次教学竞赛活动的中小学教师共计110人，其中小学33人，初中77人。评委从构建有效课堂、教师自我反思的角度，分教学设计、教学课件、教学实施、师生互动、教学成效、教学板书、课文朗读、教学反思8个方面进行评价。评选出小学一等奖12人，二等奖15人，三等奖6人；中学一等奖25人，二等奖34人，三等奖18人。

【“起来·读书”征文比赛】 按照《玉溪市教育局关于举办首届中小学师生“起来·读书”系列活动暨征文、演讲比赛的通知》要求，江川区教育局于2016年4～8月在全区中小学师生中组织开展首届“起来·读书”征文比赛活动。共收到征文近300篇，经江川区教育局组织评委评选，共评出小学生组一等奖7名、二等奖18名、三等奖16名，初中生组一等奖11名、二等奖23名、三等奖20名，高中生组一等奖5名、二等奖8名、三等奖7名，小学教师组一等奖10名、二等奖19名、三等奖10名，初中教师组一等奖13名、二等奖20名、三等奖13名，高中教师组一等奖5名、二等奖5名。

【规范汉字书写大赛】 2016年7月，江川区教育系统启动规范汉字书写大赛。区教科所选拔学生书法作品23件和年青书法教师5位参加市级复赛及省级决赛。经专家评审，评出教师组省级三等奖1名；市级一等奖1名，优秀奖2名；学生组省级二等奖1名，三等奖2名，优秀奖5名。

【江川区参加省、市竞赛情况】 2016年9月，市教育局组织“玉溪市2016年教师优质课竞赛”，江川区选派13名教师参加相关学科的竞赛。雄关中学老师杨卓冀执教的《生活中的绳结》获初中综合实践一等奖，大街中学老师张涛执教的《汉字专题》获初中语文二等奖，大庄中学老师毕艳执教的《整式的加减》获初中数学二等奖，大街中学老师张青执教的《燃烧和灭火》获初中化学二等奖，前卫中学老师赵绍梅执教的《美国的独立》获初中历史二等奖，大街中学老师杨汉杰执教的《世界的海陆分布》获初中地理二等奖，江城中学老师李莲执教的《求和函数》获初中信息技术二等奖，江川一中老师阮丽英执教的《Olympic Games（Warming-up and Listening）》获高中英语二等奖，江川二中老师秦涛执教的《平等、团结、共同繁荣》获高中政治二等奖，江川一中老师王萍执教的《DNA分子的复制》获高中生物二等奖，江川一中陈艳老师执教的《耐久跑》荣获高中体育二等奖，江川二中老师黄艳红执教的《绘画大师梵高》获高中美术二等奖，江川二中老师瞿振江执教的《牛顿第一定律》获高中物理三等奖。2016年云南省初中语文优质课竞赛于11月7～10日在曲靖市马龙县通泉中学举行。经过前期各地（州）市选拔，来自全省各地的18名初中语文教师参与。玉溪市教科所选送的江川区大街中学老师张涛名列第六名、荣获二等奖。

【中小学生国学经典诵读比赛】 2016年11月3日，江川区教育学会、江川区青少年学生校外活动中心、江川区新华书店联合举办了全区中小学生国学经典诵读比赛。全区21所学校、21名学生参加比赛。共评出小学组一等奖3人、二等奖4人、三等奖4人；初中组一等奖3人、二等奖4人、三等奖3人；指导教师获相应级别的指导奖。

（黄　毅）

教师培训

【概　述】 2016年，江川区的教师培训工作，把工作重心放到基层，把工作重点放在基层教师上，把主要精力投入到提高教师的教育教学技能和业务素质的提高上，发挥县（区）级教师培训机构指导、服务的职能，开拓教师培训的新路子，整合区内外优秀培训资源，把实施中小学教师素质提升工程作为加强教师队伍建设的突破口，通过请进来、走出去的教师培训策略，围绕“课改”“质量”“创新”“提升”的工作思路，使江川区教师培训工作有效开展。培训工作做到“五个结合”：集中培训与校本培训相结合，本地培训与远程培训相结合，骨干培训与全员培训相结合，学历培训与教育教学技能培训相结合，自主培训与外出培训相结合。

2016年共开展各类培训5228人次，其中“国培”远程培训1103人，短期培训31人（省外11人）；市级短期培训58人（省外9人）；区内组织短期培训4036人次。

【学科教师培训】 贯彻党的教育方针，推进素质教育，加强教师队伍建设，探索和搞好中考改革的学科培训，确保江川区中考成绩高质量、上台阶。2016年3月对全区中考科目学科教师进行专题培训（共800人次）。培训内容：学科复习思路及方法；学科命题趋向、复习重难点透析；复习备考建议，学时30。

【学历教育工作】 为拓展自身发展空间，更好为江川区教育和经济建设服务，与省开放大学联合办学，向上“借智”、“借力”。开办汉语言文学、英语、教育管埋、学前教育等专业本科班；开办教育管理专业、学前教育专业、计算机专业、会计学专业等专科班，解决教师及其它行业人员学历提高问题（200人）。

【履职晋级培训】 完成2016年春季的中小学教师履职晋级培训（530人参加培训）、考核及学分认定等工作。学时60。

【新教师“五项技能”考核】 为使新教师进一步掌握教育教学常规，树立专业思想，提高教育教学水平，做一名合格的人民教师。对2015年参加工作的75名教师进行“五项技能”（上课、教案、说课、评课、论文）考核。

【新教师岗前培训】 根据国家、省市关于新教师培训的目标要求和当前新教师专业发展的具体需求，为参训教师量身定制8个培训专题。分别为《新课程下的课堂教学》《如何做好教育科研工作》《如何命制试卷》《教育教学常规》《教育政策法规》《班主任工作》《怎样说课》《怎样评课》等专题。通过培训，解决新教师刚步入教师生涯所遇到的困惑和问题，提高认识，强化训练角色意识，树立正确的教育理念，养成良好的职业道德，实施教学进一步明确方向，起到重要作用。共70人参加培训，学时60。

【落实“国培计划”】 中小学教师信息技术应用能力提升工程培训项目：组织11名教师参加省级骨干培训（省内）；遴选1103名中小学、幼儿园教师参加远程培训；推荐1名教研员参加全国中小学信息技术应用能力提升工程管理者高级研修班培训（省外），学时120。

推荐参加省内外短期培训（统计表）学时60。

项　目	级别	高中	初中	小学	幼儿园	合计
乡村骨干教师培训项目	省内		4人	3人		10人
	省外		1人	1人	1人	
教学点教师访名校项目	省外			2人		2人
校长（园长）能力提升项目	省外		2人	1人		3人
教学副校长（副园长）访名校项目	省内			1人	1人	2人
体育骨干教师教师培训项目	省外		1人			1人
一线优秀教师培训技能提升研修项目	省外	1人				1人
合　计						20人
省级项目：乡村骨干教师培训	省内			2人		2人
省级项目：中小学音乐教师“合唱指挥”培训	省内	1人	1人	1人		3人
市级项目：校长能力提升培训	省外	2人	3人	教育局1人		6人
市级项目：校级后备干部培训	省内		4人	2人		6人
市级项目：班主任培训	省内		10人	10人		20人
市级项目：信息技术能力提升培训	市内	2人	2人	教育局1人		5人
市级项目：教研员培训	省外		2人	1人		3人
市级项目：山区中学地理教师教学技能培训	省内	2人	3人			5人
市级项目：山区中小学语文、数学教师教学技能培训	市内		4人	4人		8人
合　计						58人

【中小学体育教师教学技能培训】　为进一步提升江川区体育教师的教学理论水平和课堂教学技能，规范初中学业水平体育考试项目的教学行为，不断提高初中九年级学生的考试成绩和身体素质。江川区教育局于9月28～30日在江川区第一中学举办“江川区2016中小学体育教师教学技能”培训班。共42名中小学体育教师参加培训，经考核合格率100%。为开展好此次培训，江川区教育局制定《2016年中小学体育教师教学技能培训指南》，区教科所、区招办主要负责人到江川一中多次协商，确保培训顺利安全进行，取得实效。培训涉及技能技术类（篮球、排球、足球）；身体肌能类；身体素质类。在培训过程中围绕中考体育考试科目项目展开，小组集中培训与专家引领相结合，学员先行自修，培训教师抠好得分动作要领，以技能突破提升专业水平。培训最后，以中考技能技术项目考试规格对参培人员进行考核，合格率100%。通过以考促学，确保培训取得实效，达到预期目的。

通过举办这次全区中小学体育教师教学技能培训，对于提升体育教师专业水平，科学合理的组织初中学生体育课堂教学，提高九年级学生体育考试成绩和身体综合素质产生积极作用。学时60。

【《中小学教师专业标准》培训及测试】　为促进全区中小学教师专业发展，建设高素质教师队伍，发挥《中小学教师专业标准》引领和导向作用，科学设置教师教育课程，建立科学的质量评价制度。江川区教育局组织全区中小学教师开展为期4个月的《中小学教师专业标准》学习培训活动。2016年2月28日组织考试。参加本次考试报名人数2319人，缺考22人，实考人数2297人。教育局组织人员对试卷进行严格、严密批阅，合格率100%。

《中小学教师专业标准》学习培训，旨在敦促广大教师开拓创新，爱岗敬业，加强自身师德修养，学习先进的教育理论，优化自己的知识结构，用教师职业道德严格要求自己。在教育教学工作中，尊重学生，关心爱护学生，充分凸现学生的主体地位，调动学生的积极性和发挥学生的主动性，不断探索学生成长规律，改进教育教学方法，努力提高自身的教育教学能力，学时120。

（张本林）

江川区第一中学

【概　况】 江川区第一中学始建于1934年，为云南省一级三等高级中学。截至2016年末，共有教职工234人，其中，硕士研究生10人，在读硕士研究生34人，学历合格率100%。有教学班54个，学生3000余人。

【2016年高考成绩】 2016年，江川一中2016年高考多项指标均有突破，呈现出四个亮点：600分以上4人，均为应届生；一本上线人数43人，居县区第二；本科总上线人数757人，居县区第一，本科上线率比上年提高5.52个百分点；上线总人数1224人，总上线率比上年提高4.63个百分点。

【推行年级考核奖惩制】 从2016年新学期开始，学校实行年级管理负责制，强化管理，提高教育、教学工作的针对性和实效性，促进学校工作全员化、全程化，全面提高学校教育、教学工作效率。实行年级管理负责制后，年级主任带领全年级教师开展各项教育、教学工作，按时按质完成学校的各项工作任务；同时学校行政领导做好服务和指导检查工作，提高管理效率。同时推行年级考核奖惩制，不断修改和完善规章制度，根据不同工作岗位，使学校管理育人、教书育人、教育科研、服务育人等方面考核效果明显。学校实行年级管理负责制以来，发挥年级主任和班主任的主观能力，使年级管理得到最佳切合，发挥最大管理效能。对高质量实施新课程改革和高效率管理学校产生促进作用。

【教育科研成果】 学校按照“以教学带动科研，以科研促进教学”的指导思想，以“低重心，求实效”为宗旨，开展教科研活动。在国家及省市级刊物或学术研讨会上获奖的论文37篇；参加省市级教学综合能力竞赛获奖的6人次。其中1人次获一等奖，5人次获二等奖；语文组的国家级课题《创新写作教学对策和学生创新写作能力培养的研究与实验》获优秀奖；已立项国家级专项课题《江川县生物多样性保护教育资源的开发与利用》完成，等待结题验收；省级科普项目《江川县生物多样性调查成果展》结题验收；学校3套校本教材《江川县生物多样性保护宣传读本》《高中物理解题方法》《课堂教学设计·英语必修一》先后编撰出版；学校教科研工作先后获“玉溪市科技创新先进单位”“江川县科技进步与创新先进单位”等称号。

【德育成果】 学校德育安全处开展第七届“铸民杯”班会课比赛、“凝心聚力、分享智慧、潜心育人”为主题的第二期班主任培训、第十五届艺术节、第三十八届校运会、大课间活动及各种社团活动。顺利完成“玉溪市师院附中牵头五校联谊会”并取得较好成绩。

【扩建工程建设项目】 江川区第一中学扩建工程建设项目，新征土地71.26亩。计划建设6幢学生宿舍（21086.1平方米）、1幢学生食堂（4363.5平方米）、1幢行政办公楼（2235.85平方米）、1幢科技楼（5264.44平方米）、1幢图书馆（3548.51平方米）、报告厅（411.97平方米）学生运动场及相关附属工程。建设规模36964.19平方米，计划总投资11370万元。

该项目采用BT模式进行，于2015年10月30日正式开工，计划工期180天，同时设计、监理、勘察方均通过正规招投标。到2016年底6栋学生宿舍、食堂装修已完成，行政楼装修完成80%、科技楼装修完成10%、图书馆装修完成70%、室外附属工程完成60%。预计2017年7月将可全面竣工投入使用。

（顾文熹）

江川区第二中学

【概　述】 截至2016年底，江川区第二中学共有35个教学班1900余名学生，其中高三年级11个班，高二年级12个班，高一年级12个班。在编教职工139人，岗位职工122人，其中高级教师31人，一级教师35人（含全科医学中级2人），初级教师54人，管理岗位1人，工勤岗位1人。国家级骨干教师1人，省级骨干教师2人，市级骨干教师2人，县级骨干教师16人。江川区第二中学校园（含文庙）占地面积110.6亩。

2016年高考，江川二中各类高考报考人数533人，文史类281人，理工类252人。其中一本1人，二本86人，三本52人，专科344人。总上线483人，综合上线率90.62%，比2015年高考上升7.44%；本科上线139人，本科上线率26.08%，比2015年高考上升10.32%。

2016年，学校启动排危新建工程，截至年底，完成钟秀书院、养正楼、立品楼、读书楼、图书馆的修缮，新建怡心楼、五味楼、文泽楼、新教工办公用房。文庙、老教工办公用房正在修缮。

【“同课异构”课赛】 钟秀杯“同课异构”讲课赛是学校培养新教师的阵地。2016年4月26日江川二中开展地理、生物、政治三门课的课赛。刘建坤、陈江，王耀辉、史佳茜、秦涛、蒋丽珠6位教师获一等奖，宋微俊、何孟、张浩芳、罗忠毅、赵路春、伏蓉玉等6位教师获二等奖。

【教师培训】 2016年6月15日，江川二中组织高三年级教师35人到四川自贡城关中学、富顺二中观摩学习。

2016年8月1～6日，江川二中2015年新进教师23人，到玉溪市委党校参加玉溪市新进事业单位人员培训。

2016年9月25日，江川二中2016年新进17名教师到江川区教育局，参加江川区2016年新进教师培训。

2016年11月11日，江川二中组织三年来没有外出学习的新教师55人，到曲靖市一中、宣威市一中、会泽县茚旺中学参观学习。

【演讲比赛】 2016年10月20日，高一年级全体学生在国勇运动场举行“做一个有教养的二中人”主题演讲比赛。王博文同学获一等奖，王欣兰、李林燚两位同学荣获二等奖，陈卉等6位同学获三等奖。

【开办钟秀讲坛】 2016年5月26日，由江川二中教务处牵头、团委承办的钟秀讲坛，邀请玉溪师范学院教师赵江云到江川二中作为钟秀讲坛第十二讲主讲嘉宾，主讲题目“普利策与新闻业”。

2016年10月23日，邀请玉溪师范学院汉语言文学专业学生徐代铅作为钟秀讲坛第十三讲主讲嘉宾，主讲题目：第七届茅盾文学奖获奖作品赏析。

2016年11月21日，邀请玉溪师范学院汉语言文学专业学生梅萧含、土秋作为钟秀讲坛第十四讲主讲嘉宾，主讲题目：第七届茅盾文学奖获奖作品作者评析。

【市纪委调研】 2016年10月11日，市委常委、市纪委书记赵基，区委书记徐贤，区委副书记、区长王志华和区委常委、区纪委书记李学祥一行4人到江川区第二中学检查指导工作。听取校长金星就江川二中的文庙、书院、教学楼、勤工俭学基地等的建设、使用、管理等情况的工作汇报，到文庙以及书院参观建设的情况。

【勤工俭学现场会议】 2016年10月13日，云南省中小学勤工俭学会议在江川区第二中学召开。省教育厅副厅长宋光兴、副市长黎晓英、市教育局局长罗江云、区委书记徐贤及各州、市、县教育副局长和勤工俭学专干260余人莅临江川区第二中学检查指导工作。参会领导在学校所安排的讲解员的介绍下就江川二中的文庙、书院、教学楼、勤工俭学基地等的建设、使用、管理等情况做具体了解，到文庙、书院以及勤工俭学基地参观建设情况。

【保明顺调研】 2016年12月5日，市委副书记保明顺、市人大常委会副主任叶本功、副市长杨洋一行20余人到江川区第二中学检查指导工作。领导在参观文庙书院的过程中，听取党总支副书记李晓东就江川二中的文庙和书院的修缮工程等情况的工作汇报。

【罗应光调研】 2016年12月13日，市委书记罗应光、区委书记徐贤等领导到学校进行调研，校长金星陪同各位领导参观学校书院、文庙、勤工俭学基地。

（陈　江）

江川区职业中学

【概　述】 江川区职业中学创建于1983年4月，在原江川第五初级中学基础上创办，是一所以初、中级技能人才培养为目标的财政全额拨款职业高中。至2016年年底，学校占地74.5亩，学校建筑面积24380.79平方米。学生1352人，教职工101人。教师中专业教师29人，县骨干教师9人，市学科带头人2人。教师学历达标率（本科）92.9%；教师中“双师型”教师13人，占教师总数16.8%。办学34年来，先后开办建筑、书画、会计、导游、计算机、农产品保鲜与加工、旅游服务与管理、电工电子等40余个专业或实用技术培训班，向社会输送1.1万余名初、中级技能型人才。举办各级各类技术技能短训、培训上百期，培训人员2.1万人次，为经济社会发展做出贡献。

【李红周参观指导校园文化建设】 2016年3月11日，洛阳古都书画院院长、国际书画研究会会员、中国书法家协会会员、韩国现代美术人协会理事、国家一级美术师李红周在区委宣传部、区文化局相关领导同志的陪同下，到江川区职业中学，参观指导校园文化建设情况。李红周一行在校长朱文学的陪同下参观了解学校尤其台山书院的概况，到学校茶艺实训室，与同学、老师一起分享交流创作心得体会，并现场为学校、师生作画、题字。向师生展示书法绘画的各种基本的技能技巧，为同学、老师们解答书法绘画中的各种问题，让师生直接感受到书画艺术的魅力，也将书法绘画艺术与传播正能量、传承中华传统文化紧密联系起来。

【参加省中等职业学校技能大赛】 2016年3月16～18日，江川区职业中学组队赴玉溪参加由云南省教育厅、玉溪市人民政府主办，玉溪市教育局、玉溪工业财贸学校等市级中职院校承办的2016年云南省中等职业学校技能大赛。全体参赛师生于赛前精心筹划、积极备赛，赛时精彩演绎、展示自我。最终旅游专业获教师组团体二等奖，学生组6名同学获二等奖；会计专业学生组3名同学获二等奖；电工电子专业教师组获团体三等奖，学生组2名学生获二等奖。职业素养技能大赛教师组赛项中，周梦丹老师获英语教学微课二等奖。

【举办生物多样性保护科普展览】 2016年3月24日，由区科协、区教育局牵头，在江川区职业中学教学楼小广场举办以展板和讲解形式相结合的江川区《生物多样性保护科普展览》。区科协老师运用大量翔实数据和事例，向全校教职工讲述什么是生物多样性、生物多样性保护对策与路径，并通过案例分析等内容，就推进生物多样性保护与发展路径提出建设性建议，呼吁全校师生乃至全社会保持自然界生物多样性环境，促进人与自然的和谐发展。

【文联书画进校园】 2016年4月22日，江川文联书画名家李正德、叶子林等一行20余人应邀到江川区职业中学，开展书画艺术进校园活动。各位艺术家现场挥毫献墨，即兴创作，为前来观摩学习的老师和学生进行现场展示。丰富学校的校园文化生活，让师生零距离接触书画名家，感受书画艺术的独特魅力。

【演讲比赛】 2016年4月21日，江川区职业中学在学校礼堂组织不同专业、不同班级共17名选手进行2016“感恩的心”演讲比赛。演讲围绕“感恩”主题展开，选手结合自己实际，从不同的角度，不同的层面诠释自己对感恩的理解，抒发对父母、老师、学校、社会的感恩之情，表达学会感恩、知恩报恩的决心。比赛分年级组评出一等奖2名、二等奖3名、三等奖7名。

【道德讲堂】 2016年5月19日，江川区职业中学邀请江川区关工委常务副主任郭家义到学校为新生班级班主任、科任教师及一年级新生600余人进行“友善”为主题的道德讲堂活动。活动由学校德育主任作动员讲话，以积极践行社会主义核心价值观为主，大力弘扬团结友善的传统美德，要求同学们认真听讲，反思自己的一言一行，做一个善良的人。郭家义选择社会主义核心价值观24字“富强、民主、文明、和谐、自由、平等、公正、法治、爱国、敬业、诚信、友善”中的“友善”为主讲内容。从友善的含义、如何做一个友善的人等方面进行宣讲，结合身边的真实事例，用教育叙事的方法，例举正、反面典型案例，分别作分析点评，让学生从故事中获得感动、从经典中汲取养分、从活动中领悟真谛。

【“中华魂”主题教育活动启动仪式】 2016年5月30日，江川区职业中学举行“中华魂”（遵纪守法　从我做起）主题教育活动启动仪式，全校师生1000余人参加活动，由德育主任为各班级颁发共91册主题教育青年读本。

【区政府领导调研】 2016年9

月29日，副区长普朝鹏在教育局局长郭自壮陪同下，到江川区职业中学，就学校十三五期间校园规划及学校亟待解决的实际困难问题进行现场调研。普朝鹏一行巡视校园及学校周边环境后在学校会议室举行座谈会，通过校长汇报进一步了解学校发展过程中遇到的困境与问题，为上级部门落实解决困难建设提供素材和依据。郭自壮从教育局层面向区政府作汇报。普朝鹏对学校的办学成果给予肯定，从不同角度，提出建设性的指导意见：一是班子问题；二是学生出口问题；三是学校常规管理问题；四是学校基础设施建设问题。

【爱国教育】 江川区职业中学为庆祝祖国67周年华诞，推动“两学一做”教育活动，开展系列爱国主义教育活动。10月10日，组织食品19班学生陶素林在国旗下进行题为《弘扬长征精神，续写祖国辉煌》的演讲；10月11日，组织全体党员学习《习近平关于实现中华民族伟大复兴的中国梦论述摘编》《习近平关于协调推进“四个全面”战略布局论述摘编》，学习后讨论，撰写心得；10月13日晚，组织全体党员及师生观看影片《建国大业》。

【班级歌咏比赛】 2016年10月20日，江川区职业中学在学校礼堂举行主题为“红歌嘹亮　青春飞扬”的红歌比赛。参赛歌曲包括《强军战歌》《地道战》《走向复兴》《没有共产党就没有新中国》《军民大生产》《中国人》《保卫黄河》等见证中国革命和社会主义建设历程的红色经典歌曲。本次比赛共评出一等奖2名，二等奖3名，三等奖6名。

【文体技能节】 江川区职业中学于2016年12月19～23日面向全校学生举办为期一周的“玉溪市职业学校第十二届职业技能比赛”暨江川区职业中学2016年“文体技能节”。内容包括开幕式、技能大赛、冬季运动会、元旦文艺晚会。其中技能竞赛及展评共设旅游服务与管理、计算机、电子电器、食品加工类、铜器制作与加工类共5个大类29个参赛项目，参赛选手435人。竞赛组委会公平公开审核评定，最终评定出市级一等奖70名、校级一等奖53名、校级二等奖80人、校级三等奖101人，共计获奖同学304名。冬季运动会设拔河、跳绳、8×50米3个集体项目，急行跳远、立定跳远等14个个人项目。全校23个班级代表队参赛。

（刘　丽）

气　象

【机构设置】 2016年，云南省江川县气象局更名为玉溪市江川区气象局，内设办公室、法规科、防灾减灾科3个管理机构，玉溪市江川区气象台（江川国家气象观测站）、玉溪市江川区气象服务中心2个直属业务单位。辖玉溪市江川区人工增雨防雹办公室、玉溪市江川区防雷装置安全检测中心。

【气候评价】 气象上将四季划分为：上年12月至当年2月为冬季，3～5月为春季，6～8月为夏季，9～11月为秋季。

2016年江川区气候特点：2016年江川区大部降水略偏多至偏多，气温高光照略少。年降水量865.3毫米，比历年偏多2%；平均气温17.0℃，比历年偏高1.1℃。年内冬季低温霜冻较重，冬春干旱和初夏干旱较历年偏轻，雨季开始期正常，汛期内大范围洪涝灾害不明显，但局部暴雨洪涝突出，秋季9～10月出现2次连续阴雨寡照天气过程，雨季结束期偏早。

2016年江川区热量条件和水分条件较好，光照条件稍差。年内冬季低温霜冻和秋季阴雨寡照天气对农业生产不利，冬春及初夏干旱和汛期洪涝灾害影响相对较轻，水稻抽扬期无夏季低温影响，蓄水条件较好。综合而言，2016年江川区气候条件对工农业生产属中等偏上年景。

【基本气候概况】 气温：1. 年平均气温。年平均气温17.0℃，比历年同期偏高1.1℃，比2015年同期偏低0.2℃，属偏高年份。年极端最高气温为32.8℃（8月18日）；年极端最低气温为-3.6℃（1月25日）。

2. 气温时空变化。气温的季节分布为冬季（2015年12月～2016年2月）正常；春季（3～5月）和秋季（9～11月）均偏高；夏季（6～8月）略偏高。各月平均气温与历年同期相比，1月和2月分别偏低0.4℃和0.5℃，属略偏低年份；3月和12月分别偏高2.1℃和2.5℃，属特高年份；4月、5月、8月、10月和11月分别偏高1.4℃、1.1℃、1.2℃、1.9℃和1.3℃，属偏高年份；其余各月偏高0.7～0.9℃，属略偏高年份。年内1月23～25日出现强寒潮天气，气温最低降至－7℃（雄关）；2月24～26日出现强降温和小到中雨天气，气温最低降至4.6℃；8月出现阶段性高温天气，8月极端最高气温32.8℃和平均最高气温28.0℃均突破历史极值，8月平均气温与历史最高值持平（历史最高值为2010年的8月平均气温21.6℃）；10月平均气温18.6℃创1961年以来次高记录；12月平均气温11.4℃创1961年以来最高记录。

降水：1．年度概况。2016年各乡镇（街道）年降水量：前卫1250.6毫米，安化1021.1毫米，路居898.2毫米，大街892.4毫米，其余乡镇803～879毫米之间。与历年同期相比，前卫偏多47%，安化偏多20%，路居、九溪、大街、雄关与历年同期接近，江城略偏少。日最大降水量38.3毫米（5月24日），最长连续降水日数为7日（8月10～16日，雨量合计74.1毫米）。

2．降水时空分布。2016年降水的季节分布为冬季（2015年12月～2016年2月）特多；春季（3～5月）偏少；夏季（6～8月）略少；秋季（9～11月）偏多。各月降水量与历年同期相比，1月、9月、11月特多，其中1月偏多261%，9月偏多53%，11月偏多136%；3月偏少71%，属特少年份；4月、5月、6月、10月和12月均偏少，4月偏少44%，5月偏少21%，6月偏少37%，10月偏少27%，12月偏少27%；8月偏多8%，属略多年份；其余各月偏少6%～7%，属略少年份。降水绝对量以9月和11偏多及6月偏少明显。年内冬春干旱和初夏干旱较历年偏轻；雨季开始期正常，雨季结束期偏早；汛期内大范围洪涝灾害不明显，但单点性强降水引发的局部洪涝灾害较多；9月上旬和10月下旬至11月上旬出现两次秋季连阴雨天气。

日照：1．年度概况。2016年日照时数1855.8小时，比历年同期偏少333.6小时（–15%），比2015年同期偏少275.0小时（–13%），属略偏少年份。创1961年以来年日照时数最少记录，历史次少记录是1961年的1897.6小时。

2.日照的时空分布。2016年日照时数季节分布为冬季（2015年12月～2016年2月）和夏季（6～8月）均偏少；春季（3～5月）和秋季（9～11月）均略偏少。日照时数与历年同期相比，11月略多，9月偏少5成和2月偏少3成多，3月、4月、5月和10月与历年同期接近，1月和12月偏少1成多，其余月份偏少2成左右。2016年2月上旬和下旬冷空气活动较多，以阴天和小雨天气为主，2月和9月日照比历年同期明显偏少；9月及10月出现2次连续阴雨寡照天气。

【主要气候事件】 2016年主要气候事件有冬季强寒潮、雨季开始期正常、夏季阶段性高温天气、秋季连阴雨等。

冬季强寒潮。2016年1月23～25日出现强寒潮天气，全区最低气温降至－3～－7℃，出现降雪天气和冰冻灾害，且零度以下气温持续37小时。此次雨雪、冰冻、寒潮天气过程降温幅度及持续时间是1999年以来最强的一年。

春季轻度干旱。2016年3月上中旬、4月（1～17日）和5月上中旬出现3个时段的持续高温少雨天气，局部地区出现轻度气象干旱现象。其中3月上中旬持续晴热无降水，平均气温比历年同期偏高3.2℃；4月1日至17日降水量比历年同期偏少近9成，气温偏高2.7℃；5月上中旬降水量比历年同期偏少9成，气温偏高1.4℃。

雨季开始期正常。2016年雨季开始期于5月24日最早进入雨季，与历年同期相比偏晚5天。

夏季阶段性高温天气。8月平均气温21.6℃，与历年同期月平均气温历史最高的2010年21.6℃并列，月初、中旬17～18日和下旬24～26日出现阶段性高温天气。8月极端最高气温32.8℃和平均最高气温28.0℃均突破历史极值，分别比历史极值偏高2.6℃和2.3℃。

秋季连阴雨。2016年秋季9月上旬和10月下旬至11月上旬出现两次连续阴雨寡照天气，其中9月上旬持续5～7天阴雨天气，10月下旬至11月上旬持续6～10天阴雨天气。其中以安化、前卫和九溪最为突出。持续阴雨寡照天气对2016年秋收、秋种工作带来一定不利影响。

阴雨寡照天气突出。全年仅11月日照时数偏多6.9小时，其余月份偏少9.0～80.0小时。日照均为持续偏少，在一定程度上，不利于作物的光合作用和干物质形成，特别是大春作物的成熟期，阴雨天数较多，光照少，对作物的产量和品质均构成威胁。对前期和后期的作物的收晒影响也较大。年日照时数创1961年以来年日照时数最少记录，历史次少记录是1961年的1897.6小时。

【主要气象灾害及影响】 2016年主要气象灾害有低温霜冻、暴雨洪涝、和风雹等灾害。

低温、雨雪、霜冻。2016年1月23～25日，受地面强冷空气南下和高空西南气流共同影响，遭受强寒潮灾害天气，最低气温降至-3～-7℃，且零度以下气温持续37小时，发生降雪天气和冰冻灾害。多数太阳能热水器和水管及附件受损，多数绿化带及景观树受冻受损或死亡，几十年至上百年的大树被冻死冻伤，部分开花期的蚕豆、油菜等小春作物和蔬菜受灾。此次灾害性天气过程9.559万亩作物受灾，成灾7.1344万亩，绝收3.169万亩。直接经济损失7084.28万元。

暴雨洪涝。2016年汛期（5～10月）降水基本正常。汛期内大范围洪涝灾害不明显，但单点暴雨、大暴雨引发的局部洪涝灾害时有发生。全区汛期内共出现大雨103站次（从全区20个区域自动站统计），暴雨13站次，各乡镇（街道）局部有不同程度洪涝灾害产生。

7月20日，受辐合区影响，江川区大部出现短时强降水，其中江城镇江城社区蔬菜受灾共计60亩。

8月9日19时20分，安化乡遭遇短时大暴雨，并伴有雷暴等，持续时间3小时左右，过程降雨量为71.9毫米。此次短时强天气过程，共造成烤烟受灾受毁2065亩，烘烤好的成品烟叶被水淹800千克；其他农作物受灾1086亩。另外，42所农房被水淹，10余处房屋倒塌；道路受损塌方15千米，旱谷田村委会的严重山体塌方造成旱烂路中断，群众出行受阻。

8月10日23时至11日1时，前卫镇柏池古村和安化乡小时雨量43.1毫米，为短时暴雨，期间伴有强雷暴。此次短时强对流天气过程，受灾2787亩，成灾2851亩。造成烤烟受灾受毁1887亩，成灾1250亩；蔬菜受灾900亩，成灾1373亩；辣椒成灾100亩；其他农作物成灾128亩。另房屋倒塌4间。经济损失1327.74万元。

风雹灾害。6月6日、15日和21日，局部遭遇大风冰雹灾害，部份农作物受灾，受灾面积为538亩。

7月10日、11日，受弱辐合区影响，全区遭遇大风冰雹灾害，受灾面积近万亩。

8月26日16时35分，大街街道遭遇强对流天气，致使大街街道烤烟遭受冰雹灾害，受灾面积605亩，预计经济损失107.5万元。

【气候对相关行业的影响】 气候与农业。2016年气温偏高，降水较历年略偏多，光照条件较历年稍偏差。年内冬季（2015年12月～2016年2月）低温霜冻较重，冬春干旱和初夏干旱偏轻，雨季开始期正常、5月雨量偏少，汛期无大范围洪涝灾害发生，但单点性强降水引发的局部洪涝灾害较多。

2016年小春作物生长期间水分、热量条件较好但光照条件稍差，无明显冬、春干旱发生，但1月下旬低温霜冻偏重导致部分作物受灾。气候条件总体对小春作物生长发育和产量、质量形成较有利；2016年雨季开始期正常，初夏干旱偏轻，5月中、下旬降雨日数较多，有利于大春作物及烤烟适时栽种；在烤烟及大春作物生长期间，大部气温正常略高且无夏季低温天气影响，降水略少但无干旱灾害出现，汛期内大范围洪涝灾害不明显。不足之处是5～9月光照条件不及历年，单点性暴雨、大暴雨引发的局部洪涝灾害较多，秋季9月上旬和10月下旬出现2次连续阴雨寡照天气，对大春作物收晒入库不利。综上所述，2016年气候条件对农业生产而言属中等偏上年景。

气候与水资源。2016年年降水量865.3毫米，比历年偏多2%，总体属正常略偏多年景。年内春季降水偏少，夏季略偏少，冬季和秋季降水偏多。2016年蓄水条件较好，特别是9月及10月出现两次秋季连续阴雨天气过程，降水偏多，对秋季蓄水较有利。

气候与林业。2015/2016年冬季和2016年秋季降水偏多，有效增加土壤和植被含水率，对森林防火工作较有利，但冬季（2015年16～18日和1月23～25日）低温霜冻较重，给林果业造成严重损失，樱桃、杏、梨、苹果、桃等大面积减产，甚至绝产。年内除3月上中旬、4月（1日至17日）和5月上中旬出现3个时段的持续高温少雨天气而对森林防火不利外，其余时段降水较多，空气湿度较大，冬春干旱和初夏干旱较历年偏轻，年内气候条件对森林防火工作总体有利。

气候与交通旅游。2016年降水略偏多，大面积洪涝灾害不明显，夏季和秋季除局地强降水引发山洪暴发造成部分道路堵塞、塌方外，基本没有大的影响，对交通、旅游有利。

【气象灾害防御体系及气象为农服务体系建设】 争取中国气象局2016年“三农”气象服务专项，争取中央专项资金45万元。完成全区7个乡镇气象信息服务站建设，进一步提升江川区公共气象服务能力和农村气象防灾减灾能力。召开气象信息员培训会及组织气象灾害应急演练。投资15万元，建成雄关盛果核桃高原特色农业自动气象观测站。

【加强气象灾害监测预报预警】 做好重大转折性、关键性、灾害性天气预报服务，加强暴雨、洪涝、大风等气象灾害及次生、衍生灾害的气象风险预警，强化和规范突发性、局地性强对流天气短临预警。实现面向党委政府决策者、相关部门行业责任人和基层气象信息员的气象灾害预警服务全覆盖，提高气象灾害预警信息进村入户覆盖率，气象预警信息固定手机用户达3000户。

【开通“江川气象”微信公众平台】 2016年3月，“江川气象”官方微信公众平台正式开通，拓展气象服务新领域，开启一条全新气象部门与公众互动的渠道。气象局利用微信即时性、便捷性、自主性、互动性的特点，为公众提供方便快捷的气象信息。

【人工影响天气工作成效显著】 继续推进人工影响天气工作。2016年，筹措江川区人工影响天气经费140.00万元（区财政投入105.00万元，占总投入的75.0%；争取市气象局资金35.0万元，占25.0%），布设10个人工影响天气固定作业点和2辆WR-1D型火箭流动作业车，共计12个人工影响天气作业点（其中10个人工影响天气固定作业点作业设备包含7门“三·七”双管高炮、4套JFJ-1A型火箭、6套BL-2型火箭、1套BL-1型火箭、1套WR-1D型火箭）。共申请人工影响天气作业238次，允许作业次数196次，实际作业次数185次，发射各类人工影响天气火箭、高炮弹2441发。经评估，人工防雹作业，减少烤烟直接经济损失1400万元，其它农作物260余万元，人工影响天气投入产出比1：42以上。

继续推进人工影响天气标准化作业点建设。根据《人工影响天气固定作业点建设》（DB53/T678-2015），向省人影中心申报人工影响天气固定作业点建设项目，雄关乡窑房人工影响天气作业点通过竣工验收。

【业务技术用房建设项目完成并投入使用】 2016年6月，江川区气象局业务技术用房建设项目竣工，经江川区审计局审计，结算金额408.48万元。2016年11月，新业务技术用房启用。

【气象管理法治化、科学化】 梳理相关权责事项，编制《玉溪市江川区气象局权利清单和责任清单》，在江川区编委办的网站上进行公示。

梳理江川区易燃易爆场所、雷电易发区内的矿区和雷电易发区内的旅游景点等3项重点防雷安全监管对象。开展烟花火炮企业联合执法。与区安监局联合执法，对全区已开工的烟花爆竹企业进行防雷防静电设施安全专项检查。完成全区94个单位部门的防雷检测工作，完成建筑物防雷设计图纸技术审核85项，新建（构）筑物共检测85家，土壤电阻率测试检测85家。

加强行政审批网上大厅的应用，编制工作流程及工作手册，明确并制定气象行政审批工作细则。

利用“3·23”世界气象日，“5·12”防灾减灾日，以发放宣传资料、现场答询、摆放气象科普展板等形式，向广大群众开展科普宣传。

【汛期气象服务工作】 综合业务人员24小时坚守岗位，值班期间加强对仪器、业务软件运行状况的巡视，加强对区域自动气象站数据传输的监测监控，确保传输质量。加强领导值班带班制度，按照谁带班谁负责的原则，切实加强领导工作。加强汛期安全工作，加强夜间值守，确保观测仪器和设备安全。在出现突发事件后，及时启动汛期气象服务应急预案，所有人员在第一时间及时到位，确保汛期气象服务万无一失。

（李阳春　张　毅）

防震减灾

【地震活动】 据云南省正式地震目录，2016年1～12月江川区境内共计发生0.5级以上地震7次（见附表、附图），其中0.5～0.9级1次，1.0～1.9级5次，2.0级以上1次。最大地震为6月9日前卫2.1级，震时造成大街街道少量居民有微弱震感，最小地震为2月19日安化1.2级。与2015年同期相比地震频度相当、强度有所减弱。江川区2016年度地震活动时间6月份相对集中，共发生3次，占全年地震数量的42.9%；2月、4月、7月和8月则各有1次地震，其它月份则处于平静状态。地震活动空间分布较为分散，行政区划内除雄关和大街2个乡（街道）各有2次地震外，安化、前卫和江城等3个乡（镇）各有1次，九溪和路居2个镇则未记录到精确定位的地震。

【地震预测】 区防震减灾局2015年所编写的《云南省2016年度地震趋势研究报告》对云南地区作出预测尺度为一年的地震活动趋势预测，其预测结论为：

一、云南省2016年度发生地震的最大震级Mmax≤7.0级（CFi=0.85）

二、云南省2016年度地震危险区：

1.滇西保山-昌宁-永平-巍山-弥渡-大理-漾濞-祥云-洱源-宾川-剑川-鹤庆-永胜-丽江-宁蒗一带，MS6.0～7.0级，CFi=0.85；

2.滇南个旧-蒙自-红河-石屏-建水-开远-华宁-通海-峨山-江川-易门一带，MS5.5～6.5级，CFi=0.85；

3.滇东北永善-大关-昭通-彝良-鲁甸-巧家-会泽-东川-寻甸与四川相邻地区，MS5.0～6.0级，CFi=0.75。

根据中国地震局地震目录和云南省正式地震目录，2016年云南省内共发生1次5.0级以上地震，即5月18日大理云龙县5.0级地震，小于7.0级最大地震预测强度，第一条预测意见准确。对于所圈定的3个地震预测危险区，滇东北东川-昭通危险区（最大地震巧家4.5级）和滇南危险区（最大地震个旧4.7级）则未发生5.0级以上地震，预测结论虚报。综上所述，江川区防震减灾局2016年度中期预测对应率为33%。

【观测环境改造】 为提高江川台水位、水温、气氡、气汞和气氦等地下流体前兆观测的科学性及可靠性，防震减灾局于2016年1月13日对江川台观测井泄压口进行观测环境改造。改造中拆除原套装在泄压口上的渡水皮管，使井水自然流淌，消除此前因渡水皮管过长，导致泄压口压力增加，流量减少对水位等前兆观测的影响，形成较为科学的水位平衡观测面。同时加装接水装置，并将井水引至江川局景观水池，以达到对机井地下水回升再利用的目的。

【“科技三下乡”活动】 2016年1月25日，防震减灾局参加由宣传部组织2016年春节“三下乡”活动。防震减灾局出动工作人员4人，现场设立咨询台为群众提供防震减灾法律法规知识、防震避震技能、农村民居抗震设防等方面的咨询服务，展出防震减灾知识展板5块，发放《防震避震常识》《云南省中小学学校应急避震指导手册》等宣传资料800余册。

【中国地震局震灾应急救援司调查农村民居抗震能力】 2016年1月25日，中国地震局震灾应急救援司组织由台网中心研究员姜立新任组长，应急司、台网中心、地球所、地质所和云南、四川、天津、广西等省（市、区）地震局专家组成的调研组一行20余人，由省地震局应急救援处处长汤筱麒带队到江川九溪镇马家庄村委会河口村民小组，开展农村民居抗震能力调研。

调研组一行深入河口村民小组，听取九溪镇党委组织委员洪家起和村组干部对该村居民人口、经济作物、收入来源、建筑类型、农村民居地震安全工程等基本情况介绍，实地查看该村民小组农村危房改造新建住房地基施工情况。并由村组干部为向导，按框架、砖混、砖木和土木等不同结构类型房屋抽样进行入户调查，了解记录各类型民居的构造结构、建筑材料和抗震能力等情况。为掌握村庄布局及各类型民居分布情况，调研组启用2台无人驾驶飞机对河口村进行航空拍摄。

【省地震局检查地震监测工作】 2016年2月16日，省地震局监测预报处处长谷一山，监测中心主任赵晋民、副主任宋超和发财处副调研员杨军等一行5人，在市防震减灾局局长金志林、副局长黄家富等陪同下到江川防震减灾局检查地震监测工作。

谷一山、赵晋民等实地查看井孔改造、接地地网改造和“十五”前兆仪器安装等工作情况，听取防震减灾局副局长郑忠党就前兆监测工作现状、仪器工作状态、取得的成绩和存在问题所作的工作汇报，在机房调看“十五”水位、水温动态观测数据图，了解相关观测手段的正常变化形态。

在防震减灾局应急指挥平台，金志林向谷一山、赵晋民介绍全市地震应急指挥平台、信息节点建设及应用情况，汇报江川应急平台建设和全市信息节点与省局互联互通存在的问题，共同研究探讨地震监测与信息节点、应急平台交互应用相关技术措施，检查应急平台设备工作状态。

【渔村观测站机井断流】 江川区防震减灾局渔村观测站观测机井自1985年成井以来一直呈自流状态。经1990年至今的水位观测资料显示该井井水位变化呈雨—旱季交替的年变动态特征，具体表现为雨季上升、旱季下降。

2016年1月以来渔村机井水位持续快速下降，严重超出正常变化趋势。至5月6日上午08时已无法通过目测水柱校测水位。5月7日凌晨02时模拟水位观测浮漂沉底，原始记录曲线转为直线状态，泄压口水流成“点滴”形态。5月12日泄压口完全断流，为1990年观测井正式投入观测以来首次出。根据同井数字化水位观测显示，5月13日01时水位下降至最低值-0.072m（泄压口以下7.2cm）。5月13日02时后水位开始上升，同日观测井周边农田开始放水大春栽插（据渔村观测站观测员杨秀丽）。从14日观测井泄压口开始“滴水”，5月17日已呈细流状态，5月23日流量增大，模拟水位恢复正常观测。

【陈勤到江川调研】 2016年6月3日，省地震局副局长陈勤带领省地震局、省政府应急办和省财政厅相关处室领导和工作人员组成的调研组，在市防震减灾局局长金志林、副局长黄家富陪同下到江川区防震减灾局调研。

陈勤调研过程中查看专用地震前兆观测机井，了解机井深度、测项配置及气象三要素辅助观测等情况，检查前兆监测仪器设备的工作状态。在区地震应急指挥平台，听取金志林和区防震减灾局局长付纲就平台建设及存在问题的情况汇报，了解平台系统的相关功能、日常管理和互联互通等工作情况，要求加强对应急平台的管理和应用，发挥平台在防震减灾日常工作和地震应急指挥协调中的作用。

【抚仙湖托管区防震减灾工作交接】 由于行政管理关系变更，为理顺工作关系、明确工作职责，2016年5月10日，玉溪市防震减灾局局长金志林在江川区防震减灾局主持召开江川、澄江2区（县）防震减灾工作交接会议。市防震减灾局监测预报中心副主任续外芬、高级工程师毕青，江川区防震减灾局局长付纲、副局长郑忠党，澄江县防震减灾局副局长杨晓东及市、区（县）干部职工12人参加会议。会议确定：路居中心小学强震台依然由江川区防震减灾局负责管理；路居中心小学市级“防震减灾科普示范学校”创建由江川区防震减灾局负责，创建完成后移交澄江县防震减灾局负责管理；抚仙湖托管区原属江川区负责的所有防震减灾业务工作移交澄江县负责管理。

7月11日，江川区防震减灾局副局长郑忠党前往路居镇与澄江县防震减灾局局长夏彦东、副局长杨晓东等进行现场工作交接。双方人员实地查看路居镇中心小学科普示范学校、路居中心小学强震台进行，实地走访移交的2个地震宏观观测点。并就地震群测群防、地震预警站点相关业务工作进行交接。双方确认：两地防震减灾部门将继续沟通协调，力争把路居镇防震减灾工作做到无缝对接、平稳过渡。

【地震应急决策辅助系统安装】 2016年7月28日，昭通市防震减灾局原局长、高级工程师申玻在玉溪市防震减灾局局长金志林的陪同下，到区防震减灾局安装调试地震应急决策辅助系统，并为江川区防震减灾局的工作人员介绍系统的使用方法。该地震应急决策辅助系统经过鲁甸6.5级等地震检验，整合各项软硬件资源，收录了玉溪全市的基本情况，能对不同震级地震在一定区域造成的房屋损坏、基础设施破坏、经济损失等基础灾害数据进行科学评估，同时能对该区域所能调动的应急救援力量和资源进行科学配置，将为区委、区政府在地震应急救援决策时提供及时、准确的资料和信息。

【强震动台联合巡查】 2016年8月31日，市防震减灾局地震监测预报中心主任沈坤和区防震减灾局副局长郑忠党，带领相关工作人员，对江川区所属江川台、雄关台、路居台和江城台等4个强震台开展联合巡查工作。将江川台和路居台更换为不锈钢材质百叶窗，对4个强震台进行防水处理。并对监测仪器进行触发，检查各仪器设备的工作状态，如实填写巡查日志和相关检查表格，打扫4个强震动台。

【地震群测群防工作培训】 区防震减灾局于2016年10月14日

在江川宾馆召开“玉溪市江川区2016年度地震群测群防培训会”。会议由区防震减灾局副局长郑忠党主持，全区地震宏观联络员、防震减灾助理员、防震减灾联络员和区防震减灾局全体干部职工共100余人参加会议。

会上，区防震减灾局工程师李祥以多媒体形式，从地震灾害基本情况及特点、地震预测预报现状、地震灾害防御、地震群测群防职能职责和地震宏观异常识别与判定等5个方面对与会人员开展题为“强化意识，提高能力”专业知识培训，明确群测群防人员的日常工作职责和具体工作任务，重点就地震宏观异常的分类、识别、判定原则和上报程序等内容进行讲解。

区防震减灾局局长付纲作题为“强化地震群测群防工作，切实减轻地震灾害损失”的讲话，就江川区群测群工作提出4项要求：一是各乡镇（街道）要加强对群测群防工作的领导，建立完善群测群防工作机制，强化对本辖区群测群防队伍的管理；二是区防震减灾局要加强研究，根据实际情况对宏观观测点进行调整补充，优化地震宏观观测网络；三是建立完善我区地震群测群防工作制度和办法，将群测群防工作规范化、制度化，提高群测群防人员工作积极性；四是要加大对地震群测群防人员的培训力度，创新培训形式，提高群测群防人员业务素质和工作能力。

郑忠党对会议进行小结，提出3项具体工作要求：一是各乡镇（街道）要按照目标考核责任书要求做好群测群防工作；二是群测群防人员要加强学习，提高自身业务素质；三是群测群防人员变更通讯方式要按程序及时上报。

【前兆观测系统改造】 2016年10月18～21日，省地震局监测中心前兆台网应骁睿、黄麒瑾等3位专家到区防震减灾局，对江川台地下流体前兆观测系统进行技术改造。

在为期4天的改造工作中，应骁睿等专家先后对江川台地下流体前兆观测系统加装避雷装置，使观测系统达到三级电源防雷标准；对观测仪器设备重新安置、统一装柜，在此基础上对相关线路进行重新编排，使之有序归整；同时对观测井口进行改造，加装不锈钢防护罩和水位校测水柱，降低雨水渗入和大风对水位、水温观测探头的干扰。在对江川台改造期间，3位专家对存在观测故障的“十五”降雨观测设备进行维修，对渔村观测站“十项措施”水位、水温数采网络通讯单元进行检修更换，保障前兆观测数据的连续性。黄麒瑾还对江川局专业技术人员就地下流体前兆基础信息录入工作进行指导。

【地震应急综合演练】 2016年11月4日，区政府以第六个“11.6云南省防震减灾宣传日”为契机，组织区抗震救灾指挥部成员单位和在城投大楼内办公的所有单位200余人开展地震应急综合演练活动。此次演练由区委副书记、区长王志华任指挥长，区委书记徐贤，区委常委、武装部政委曾宪涛，区委常委、区委办主任邓春元，区委常委、宣传部部长赵琦，副区长牛旺林、王波、杨军苹等区领导参加演练。市防震减灾局副局长黄家富等到现场观摩指导。

演练模拟江川区某地发生5.8级地震，造成部分道路坍塌，供电、通信等基础设施受损，部分老旧房屋倒塌，个别地方出现爆炸、火灾现象，震区群众出现恐慌情绪。演练共分3个阶段：

第一阶段：桌面推演。区抗震救灾指挥部召开紧急会议，区防震减灾局运用《玉溪市地震应急辅助决策系统》向指挥部报告震情，并对灾情进行快速评估，提出应急响应级别和应急处置工作建议。区民政局、卫计局、住建局、交通运输局、国土局等11家单位汇报救援力量部署、交通管制、抢险救援、救灾物资准备、基础设施受损、医疗救护、道路保通、应急供电和应急通信保障等情况。听取各部门汇报情况后，区长、区抗震救灾指挥部指挥长王志华宣布启动江川区地震应急Ⅲ级响应，安排部署抗震救灾工作。

第二阶段：应急疏散演练。演练由江川城投大楼内全体干部职工参加，参加第一阶段桌面推演的全体领导到场观摩演练。演练内容主要包括应急避震和应急疏散2部分。根据区人防办车载电台发出的演练指令，所有参演人员实施应急避震，并按照疏散路线快速有序撤离到城投大楼前绿化开阔地。

第三阶段：野外演练。演练在江川龙泉山工业园区进行，区人武部、民政局、住建局、卫计局、交通局、水利局、市公安局江川分局、消防大队、红十字会、供电公司、移动公司等11家单位各组织10人的救援队伍，先后开展现场指挥部组建、废墟救援、帐篷搭建、灾民安置、人员救助、交通管制、路障清除、治安维护、应急通讯、后勤保障和重点目标保护等科目演练。并在演练现场进行救援物资、应急供电通讯、抢险救援装备器材及地震应急单兵设备等应急装备的静态展示。此次演练启用3台无人机，通过无人机适时传回的各科目演练适时画面，指挥部及时准确掌握“救灾”进度。

王志华对演练进行总结，提出工作要求：加强领导，切实提高抗震救灾综合能力；结合此次演练中暴露出来的问题，各部门进一步修订完善本部门、本系统的应急预案，细化措施，责任到人，切实增强预案的针对性和可操作性；要牢固树立“宁可备而不震，不可震而不备”的思想，提高认识，明确责任，全面做好防灾减灾各项工作。

徐贤最后进行点评，对此次演练给予肯定，指出不足，对区防震减灾作出部署：加强领导，切实提高抗震救灾综合能力；完善预案，进一步做好地震应急工作；落实责任，深入实施预防和处置地震灾害能力；强化监视，提高震情跟踪能力；加强督查，推进工作开展。

【防震减灾科普示范学校创建】 2016年1月8日，县防震减灾局为取得“江川县防震减灾科普示范学校”称号的路居小学举行授牌仪式，并正式启动“玉溪市防震减灾科普示范学校”创建工作。

3月15日，市防震减灾局副局长黄家富到路居中心小学进行检查指导，听取校长周玉松关于创建工作情况汇报，查看学校防震减灾设施、科普知识宣传展板和科技活动馆，并查阅相关台账资料。结合学校实际，就如何进一步加强防震减灾科普知识宣传教育、修订完善地震应急预案、制定地震疏散示意图、开展地震应急演练、健全相关台账资料及加强地震应急物资储备等问题提出意见建议。

11月24日，黄家富等一行，在区防震减灾局局长付纲、副局长郑忠党等陪同下，到路居镇中心小学检查验收防震减灾科普示范学校创建。通过检查，认为路居中心小学对防震减灾科普示范学校创建高度重视，将防震减灾工作制度化、科普知识宣传普及化，地震应急疏散演练常态化，同时科普展室建设具有较高科技含量，达到市级防震减灾科普示范学校创建标准，决定授予该校“玉溪市防震减灾科普示范学样”称号，并由黄家富进行授牌。

【地震宏观观测点巡查】 2016年10月17日至12月13日，区防震减灾局与各乡镇（街道）对全区水库、水源点、机井和养殖场等22个宏观观测点进行联合巡查。

区防震减灾局局长付纲、专业技术人员和乡（镇、街道）防震减灾助理员调查宏观联络员的在岗工作情况；查看各个观测点的观测环境；了解水库的库容、蓄水量、法定水位线和供水范围；养殖场的饲养种类和养殖规模；水源点和机井的涌水量、抽水时间及供水范围等基本情况。对巡查中发现的电话不通、不在岗等情况对相关人员提出批评；对已调离工作岗位出现的缺岗人员及时进行补充调整。

【防震减灾法制宣传】 2016年12月16日，区防震减灾局在江川中心城区宁海路北段开展防震减灾法制宣传活动，主题为“大力弘扬法治精神，协调推进‘四个全面’战略布局”。活动共悬挂横幅1条，展出展板5块，发放防震减灾法律法规及科普知识宣传资料900余份。

【应急物资储备】 为保障震时地震应争指挥系统通讯畅通、仪器设备正常运转、应急工作高效有序，区防震减灾局12月初投入资金8.9万元向昆明川峰经贸有限公司购置型号为康明斯C55D5、功率40KW的应急发电机一台。并由该公司于12月20～21日完成设备安装及区防震减灾局供电线路改造工作。投入资金3.693万元购置地震应急单兵装备10套进行储存，每套单兵装备包括：冲锋衣、冲锋裤、帽子、登山鞋、水鞋、手电筒、背包、帐篷、自充气垫、睡袋、工兵铲、雨衣和雨伞等各一件。

【表彰奖励】 区防震减灾局在2016年12月全市防震减灾工作综合考核中获综合考核优秀奖，《云南省2016年度地震趋势研究报告》评比第一名，地震应急救援单项奖和强震动台评比优秀奖。李祥荣获玉溪市防震减灾局授予的“玉溪市2016年度防震减灾工作先进个人”称号。

附表

玉溪市江川区2016年度地震目录

序号	年	月	日	时	分	秒	经度	纬度	震级	震　中	震源深度（km）
1	2016	02	19	06	05	59.2	102° 41′	24° 24′	0.7	安　化	10
2	2016	04	28	16	16	41.5	102° 49′	24° 15′	1.5	雄　关	9
3	2016	06	09	08	54	16.2	102° 42′	24° 19′	2.1	前　卫	8
4	2016	06	10	11	58	44.2	102° 46′	24° 18′	1.4	大　街	6
5	2016	06	14	12	16	37.8	102° 49′	24° 25′	1.5	江　城	23
6	2016	07	01	17	02	36.3	102° 50′	24° 14′	1.3	雄　关	21
7	2016	08	01	17	25	51.7	102° 44′	24° 14′	1.6	大　街	6

附图：玉溪市江川区2016年度地震震中分布图

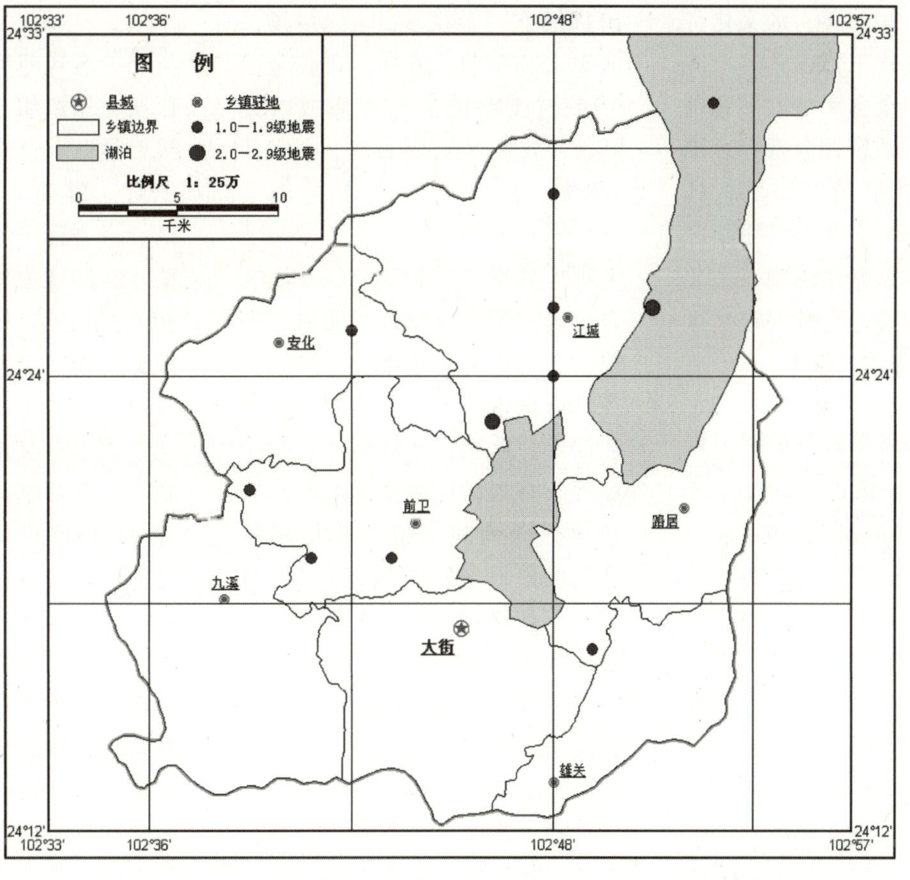

（李　祥）

文化·旅游·广电·体育·卫生

编辑 徐凡清

文 化

【概 述】 2016年，区文化广电和体育局文化工作以党的十八届五中、六中全会和习近平总书记系列重要讲话精神为指导，围绕区委、区政府的工作目标任务，紧扣建设生态文明美丽新江川的总体目标，紧紧围绕“文化惠民”这个中心，有效促进全区文化工作持续健康发展。

【九溪镇文化站舞台改扩建工程竣工】 九溪镇文化站舞台于2015年12月7日正式开工改扩建，2016年6月30日竣工。整个舞台长14米，径深8米，总面积329.8平方米，设计建筑风格采用仿古彩绘的形式，总投资近100万元。文化站舞台改扩建工程作为九溪建设美丽乡镇重点项目其中之一，建成后将为丰富九溪人民群众的文化活动、跃人们精神文化生活提供坚实保障。

抓好群众文化活动：继续做好文化下乡工作，组织文艺团队、单位到各乡镇进行“送戏、送书、送电影”活动，由区文化馆主办、承办、协办和参加的文艺演出17场次，其中惠民下乡演出10场次，节庆演出活动4场，演出文艺节目326个；完成全区69个村委会的农村电影放映计划，共放映故事片818场，科教片420场。

【文化惠民下乡活动】 1月20日，区文化馆组织区戏曲曲艺家协会、音乐协会到雄关麦冲，为当地群众带来丰富多彩的戏曲曲艺演出。滇剧、花灯剧、说唱小品等一系列精彩纷呈的表演给观众留下深刻的印象，赢得现场观众的阵阵掌声与叫好声。1月25日，在江川区委宣传部的统一安排下，科技、文化、卫生三下乡活动来到安化乡，此外文化馆还组织一台精彩的文艺节目，独唱、舞蹈、戏曲、小品等12个贴近百姓生活的文艺节目丰富农村精神文化生活，营造欢乐祥和的节日气氛。3月6日、10月11日、10月20日，区文化馆组织“文化下乡文化惠民演出”深入到大街街道大营村委会龙泉村、新河咀村和伏家营村委会演出3场，组织部分歌手和骨干文艺队共51人的演职人员队伍，演出文艺节目52个。

【春节文化活动】 大年初一，区文化馆组织三支龙队、一支威风锣鼓队、两支秧歌队、一支毛驴灯、蚌壳、旱船、大头面具队、一支狮子队、一支民族腰鼓队，在城区主要街道举行巡演；初一至初三，组织来自江城、前卫、大街三个乡镇（街道）39支业余文艺队在老戏台进行精彩的文艺演出，演出的节目有歌舞、独唱、花灯剧、小戏小品等，参加演出的演职人员达700余人，演出节目78个；在区文化馆展厅内举办“迎新春书画作品展”，展出江川28位书法爱好者的书法、绘画作品59件；云南李家山青铜器博物馆除展出《李家山古滇青铜文化展》《星湖渔韵——江川鱼文化展》两个基本陈列外，春节期间，新开设以江川现代铜工艺品为主题的专题展览《星抚铜韵——江川铜工艺精品展》，展出江川本地企业和工匠艺人为代表性的铜工艺品48件（套）；区图书馆开展百科知识有奖竞猜活动，“盲人击鼓”“考考眼力”“海底捞珠”等游园游戏活动；各乡镇街道也根据自身实际，开展形式多样的春节系列活动。

【安化彝族新春斗牛文化节】 大年初一至初三，安化彝族乡举办以“醉美彝乡　狂欢斗牛”为主题的“玉溪·江川安化彝族新春斗牛文化节”系列活动，15支文艺队共516名演员为人们演出46个节目，让观众深切的感受到彝乡人民的热情与魅力。

【召开非物质文化遗产保护工作会】 2月4日，2016年非物质文化遗产保护工作会在景湖酒店召开。会上，为获得省级和市级非遗传承人称号的传承人颁发“荣誉证书”，颁发“江川县非物质文化遗产传承保护项目传习基地”牌匾，为省级传承人颁发传承补助经费；区文化馆还与省级非遗传承人签订传习协议。

【国家级非物质文化遗产“玉溪花灯”传承培训基地在我区的挂牌】 4月27日，国家级非物质文化遗产“玉溪花灯”传承培训基地在我区的挂牌成立。

【承办庆五·一“劳动者之歌”主题文艺晚会】 4月28日，在江川影剧院区文化馆承办“中国梦·劳动美·江川情”庆五·一“劳动者之歌”主题文艺晚会，演出合唱《劳动最光荣》、舞蹈《劳动者之歌》、小品《我叫农民工》、独唱《祖国不会忘记》等14个讴歌和赞美劳动者的节目。演职人员150余人，观众600人次。

【区图书馆联合红塔区、华宁县开展文化共享工程和数字资源利用与推广培训】 7月、10月、11月，区图书馆联合红塔区、华宁县开展文化共享工程和数字资源利用与推广等培训，涉及两区一县各乡镇文化事务中心骨干、各优秀农家书屋管理员及各县区管理人员共76人，共计228人次，学员反映良好。

【自创节目《要账》参加云南省“彩云奖”比赛、“中国梦.大地情”巡回演出】 8月15～17日，江川区自创小品《要账》，被玉溪市文化广播电视局推荐，在聂耳大剧院参加云南省“彩云奖”比赛的节目录制；10月25日至11月9日，小品《要账》受邀，参加由玉溪市文化馆主办、江川区文化馆协办的“中国梦.大地情”巡回演出，分别在易门县、峨山县、新平县等演出10场。

【举办“兴福杯首届广场舞大赛”】 9月8～11日，江川区文化馆与江川兴福村镇银行联合在江川怡心园广场举办“兴福杯首届广场舞大赛”，共26支广场舞舞蹈队800余位爱好者参加比赛，观众3000余人次。

【承办“碧玉清溪是我家”摄影展】 9～11月，江川区文化馆承办庆中秋、迎国庆“碧玉清溪是我家”摄影展一期。展出全市38位摄影爱好者的摄影作品78幅，观众800余人次。

【斯里兰卡旅游考察团参观博物馆】 11月7日，斯里兰卡旅游官员及旅游企业高管培训团一行30余人到云南李家山青铜器博物馆参观考察。博物馆讲解员对《李家山古滇青铜文化展》、《星抚铜韵——江川铜工艺精品展》及正在提升改造中的鱼文化展览进行详细介绍，听完介绍后，考察团对江川源远流长的青铜文化赞叹不已并对博物馆的讲解接待工作给予热烈的掌声。

【举办“玉溪市江川区2016年小戏小品曲艺调演”】 12月13日，由区文广体局主办、文化馆承办的“玉溪市江川区2016年小戏小品曲艺调演”在文化馆综合厅上演，全区5个乡镇的7支代表队参加调演。参演的小戏小品和曲艺节目共9个，全部为近3年以来的自创作品。通过比赛，评出组织奖1个、综合表演奖6个、创作奖9个、优秀个人表演奖9个。

【玉溪市江川区第十二届“开渔节”群众文艺演出】 江川区第十二届“开渔节”群众文艺演出于2016年12月24日和25日在江川区“鱼文化广场”隆重举行。为高质量、高水平完成此次演出，12月5～20日，文化馆组织文艺下乡，对全区的重点文艺队进行节目的审查，查看全区各乡镇的文艺队46支，审查节目236个。两天共演出30个文艺节目，涉及文艺队28个，演职人员626人，观众25000余人次。

【法治文化建设专场演出】 1月27日、1月28日、2月18日、3月3日、3月4日和3月5日，与江川区政法委联合组织“法治文化建设专场慰问演出”6场，分别到九溪镇六十亩村、雄关文化站、江城镇黄营村、大街螺蛳铺村、前卫镇文化站和大街街道海浒村进行演出。通过宣传演出，在教育和引导广大农民群众知荣明耻，革除陈规陋习；宣传“黄赌毒邪”的危害，倡导人民群众远离“黄赌毒邪”方面起到较好的教育作用。

【承办“玉溪市江川区纪念中国共产党成立95周年歌咏比赛”】

6月28、29日在江川影剧院举行“颂歌献给党”大型合唱比赛，庆祝中国共产党成立95周年，结合纪念新中国成立67周年、纪念红军长征胜利80周年和“两学一做”教育，全区15支代表队，近千名演员参加此次比赛活动。这是撤县设区以来规模最大、规格最高、参加人数最多的一次合唱比赛。

【加强古建筑文物保护单位的修缮保护工作】 1月配合江城镇完成《江城文星阁修缮工程方案》的编制工作；8月19日竣工验收文庙钟秀书院的修缮工作；做好药王阁的修缮工作，成立修缮工作协调领导小组，整个前期工作从8月9日正式开工；配合有关部门积极做好曲焕章故居修缮、江城古镇复原工作。

【江川甘棠箐遗址荣获2015全国十大考古新发现之一】 5月16日，江川甘棠箐遗址以第一的身份从25个后选项目中脱颖而出，荣获2015全国十大考古新发现之一。甘棠箐遗址是继元谋人遗址之后发现的又一个非常重要的旧石器时代早期旷野遗址，特别是在世界上同类遗址中第一次发现的用火遗迹。同时也是继1992年江川李家山古墓群被评为全国十大考古新发现之一以来，江川区第二个荣获全国十大考古新发现的文物点。

【完成《李家山古墓群文物保护总体规划》修编工作】 5月，清华大学建筑设计研究院完成《云南省江川李家山古墓群文物保护总体规划（终稿修改）》本，同时，编制《李家山古墓群保护与利用工程立项报告》《李家山古墓群保护规划修编立项报告》。

【“四时物语——民间历书个人收藏展”专题展】 8月8日，由云南李家山青铜器博物馆策划举办的《四时物语——民间历书个人收藏展》正式开展并免费向参观群众开放。展出的96件各类历书均为江川民间收藏者祁德荣提供，年代从20世纪50年代至今，主要为云南本地出版的农家历，也有部分为怀历和农村政治文化综合读物《东方红》历书等。

【样板山文物调查有重大发现】

8月11～16日，由玉溪市文物管理所和江川区文物管理所联合对样板山遗址进行调勘，通过这次调勘，可以初步确定该遗址是一处青铜时代人类生活的遗址，为研究当地人口变化、生活状况，特别是李家山文化提供有力支持。

【完成“澄川”高速公路的文物调查复查工作】 8月至9月，江川区文管所配合玉溪市文物管理所对拟建设的“澄川”高速公路江川路段进行全面细致的文物调查勘探复查工作。通过复查，进一步摸清有关路线的地上地下文物情况，并编制调查复查报告提交上级有关部门，为下步的公路建设做前期准备工作。

【馆藏第一次可移动文物普查验收合格】 2016年11月，云南李家山青铜器博物馆按期完成馆藏第一次可移动文物普查总结验收合格。馆藏第一次可移动文物普查工作于2014年1月8日全面启动，历时3年的馆藏第一次可移动文物普查全面完工。通过普查，摸清国有馆藏文物家底。明确馆藏文物实际数量，云南李家山青铜器博物馆现有各级各类文物1036件（套），其中一级文物89件（套），二级文物208件（套），三级文物251件（套），一般文物488件（套）。

【馆藏四件文物精品赴成都参展】 云南李家山青铜器博物馆应成都博物馆邀请，精选馆藏文物金腰带饰、驯马场面铜贮贝器、嵌绿松石圆形铜扣饰、蛇头銎铜叉共四件（套）文物于2016年12月27日——2017年4月10日在成都博物馆参展“丝绸之魂——敦煌艺术大展暨天府之国与丝绸之路文物特展”。此次展览是国内迄今为止最大规模的以丝绸之路为主题的大型展览，展览以陆上、海上丝绸之路沿线省（市、自治区）出土先秦至唐宋珍贵文物为主，全面展示天府之国与丝路文化及博大精深的中华文化。来自丝绸之路沿线的全国70余家博物馆150余件文物精品参加展览。

【行政审批工作】 始终坚持以党的“十八大”精神为指导，以“服务经济、方便群众、塑好形象”为工作目标，以廉洁高效、求真务实、勤政为民为目标。截至2016年10月25日，全区文化市场管理经营户共有145户，其中包装装潢印刷企业30户，歌舞厅19户，网吧26户，打印复印30户，书报刊16户，音像制品27户，电影放映1户；已年检127户，未检18户；注册资金249341200元，经营面积514322.74平方米，从业人员3034人。全年新审批网吧6户，4户正在公示，办结率达到100%；行政审批工作目前为止没有群众投诉和应诉工作。

【文化市场管理】 按照“一手抓繁荣，一手抓规范”的方针，依法管理文化市场，认真开展“扫黄、打非”和“网吧”的专项治理整顿工作，全年区文广体局文化市场执法检查共出动车辆62车次，检查经营户248户次，受理举报2次，立案调查12件，办结案件9件，处罚7家，罚款36000元，确保文化市场的平安、稳定、和谐，净化文化市场环境。

【“扫黄打非.护苗2016”专项行动检查】 4月21日，按照玉溪市江川区“扫黄打非”办公室的安排，区文广体局执法大队联合区教育局、公安局及电视台新闻记者12人，对我区大街镇城区，江川一中，前卫镇，江城镇中、小学周边的书店、复印店、音像制品店进行“扫黄打非.护苗2016”专项行动检查，共查处涉嫌盗版、非法出版学生辅导书籍67本，涉黄音像制品1张。有效清理学校周边环境和文化市场经营场所，为在校学生创造一个良好的学习环境，确保我区文化市场健康有序发展。

（张陈俊达）

旅　游

【机构设置】 2016年2月26日江川撤县设区，江川县旅游发展局更名为玉溪市江川区旅游发展局。2016年，玉溪市江川区旅游发展局共有行政编制7名，机关工勤人员1名，其中，设局长1名，副局长2名。根据《玉溪市江川区机构编制委员会办公室关于在区政府部分工作部门设置行政审批股的通知》文件要求，增设行政审批股。根据《玉溪市江川区机构编制委员会关于设置玉溪市江川区旅游发展服务中心的通知》文件，设置玉溪市江川区旅游发展服务中心，为玉溪市江川区旅游发展局所属财政全额拨款的事业单位，核定事业编制5名，设主任1名。2016年底，玉溪市江川区旅游发展局实有内设股室3个：办公室、旅游事业发展股和行政审批股，实有在职干部职工7名，其中：行政编制6名，机关工勤编制1名。

【政府推动产业发展】 2016年，在区委、区政府的统筹和领导下，江川区旅游产业发展按照“创新引领、生态优先、兴园强工、城乡融合”的发展思路，以建成旅游强区为目标，以推进旅游业供给侧结构性改革为主线，充分挖掘江川资源优势，协同推进全域旅游发展，深入实施“一城三地”的战略总目标，做强企业、做大产业，精准营销“滇国故里高原水乡”旅游目的地形象。

1月25日，县政府下发《江川县人民政府办公室关于印发2016年政府工作报告主要任务分解方案的通知》，提出抓住昆玉红旅游文化产业经济带建设的重大机遇，以现代服务业发展为重点，加快旅游基础设施建设，提高文化旅游产业水平，实现2016年旅游总收入17.2亿，增长16%的目标任务。8月25日，江川区召开玉溪市江川区旅游产业发展推进会，由区委副书记、区长王志华主持会议，会上区委书记徐贤做重要讲话，对江川旅游业发展进行深入剖析，将旅游产业的发展提到一个新的高度；副区长王炳璋代表区政府与各乡镇（街道）、相关部门签订《玉溪市江川区2016年旅游产业发展目标责任书》。8月29日下发《中共玉溪市江川区委玉溪市江川区人民政府关于印发〈玉溪市江川区旅游产业转型升级三年（2016年—2018年）行动计划〉的通知》，整合全区力量，全力推进旅游强区工作。

2月4日，县委常委、县政府副县长李志刚对江川县前卫镇的旅游资源进行调研，在对前卫镇七星塔和唐家山、云峰村等地方进行实地踏勘，充分解七星塔的祈福过七夕的旅游资源状况和乡村建设情况后，要求县旅游发展局要加强与各乡镇的工作联系和对接，搜集整理江川各乡镇旅游资源，要在抚仙湖径流区统一托管和撤县设区的新形势下，解放思想，整合资源，寻找突破口，打造新的旅游景点和乡村旅游项目，科学谋划江川县旅游发展方向，为江川的积极发展和旅游事业发展做出贡献。7月22日，玉溪市江川区人民政府副区长王柄璋就江川区旅游产业发展情况进行实地调研，在对界鱼石公园、北山公园、神鱼泉等景点和江川铜器制品生产经营情况进行实地调研考察和听取汇报后，强调要加强规划引领工作、扎实开展旅游资源搜集整理工作、加强招商引资工作，要在抚仙湖径流区统一托管和撤县设区的新形势下，解放思想，科学谋划我区旅游产业发展。

【抚仙湖统一托管工作移交】 根据《中共玉溪市委办公室玉溪市人民政府办公室关于印发〈抚仙湖径流区实行统一托管工作方案〉的通知》文件要求，2016年1月1日起正式施行抚仙湖径流区统一托管。

按照区划不变、委托管理的原则和统计渠道不变、合理划分财政收益的原则，抚仙湖径流区范围内的旅游项目、旅游规划和旅游企业的行业管理划归澄江统一管理，主要包括：云南江川仙湖锦绣项目、九龙国际会议中心、仙湖花海国际旅游度假村（原抚仙湖药王谷国际养生度假村）、奥宸.抚仙湖国际文化旅游小镇、云南抚仙湖原乡民俗风貌区（原远洋国际培训中心）等旅游重大项目；碧云寺公园改造、路居小凹民俗客栈及旅游基础设施建设；明星鱼洞AAA级旅游景区创建、古滇国文化园提升改造规划编制；3家旅游景区（古滇国文化园（3A）、明星鱼洞（2A）、明星碧云公园（2A））、5家旅游饭店、1家团队接待设施、4家特色民居客栈、22家市级乡村旅游星级接待单位、5家游船公司和旅游行业协会会员的行业管理。但旅游统计口径不变，划归澄江统一管理的旅游数据仍旧由江川进行统计。

到2016年底为止，仍归江川区管理的旅游企业包括：三星级饭店1个（景湖酒店）、二星级饭店1个（江川宾馆）；3星级旅行社1家，2星级旅行社3家；四星级乡村旅游星级接待单位1户，三星级2户，二星级1户；团队接待设施金盘级单位1户，银盘级单位2户；无A级景区。

【经济指标完成情况】 按照抚仙湖统一托管统计口径不变的原则，2016纳入江川区旅游统计口径的为未托管前江川辖区范围内的旅游数据，主要包括：3家A级景区、界鱼石公园、乡村农家乐和以抚仙湖西岸为主要区域的农家乐合并星级饭店旅游接待总床位6182个。

2016年江川区累计共接待海外游客523人次，同比增长6.3%，国内游客356.52万人，同比增长15.16%，旅游业总收194026.83万元，同比增长30.38%。

其中春节黄金周期间，江川区共接待游客41764人次，比上年同期增长21.67%，旅游总收入1551.9554万元，比上年同期增长14.32%。“五一”共接待游客11.5855万人次，比上年同期增长3.94%；旅游总收入4426.01万元，比上年同期增长3.44%。“端午”共接待游客3.551万人次，比上年同期增长6.38%；旅游总收入1672.75万元，比上年同期增长10.79%。“十一”共接待游客7.9527万人次，比上年同期增长7.48%；旅游总收入3476.2万元，比上年同期增长7.82%。开渔节期间共接待36.9509万人次，同比增长6.84%，实现旅游收入12407.3732万元，同比增长5.25%。

2016年1～12月江川区实现住宿业营业额18818.2万元，同比增长18.3%。

【界鱼石公园提升改造】 界鱼石公园提升改造项目（一期）主要建设内容为景区主楼养心斋修缮、1座旅游厕所（3A）及2座休憩亭建设，总建筑面积约405平方米。该项目于2016年4月完工，4月28日通过初验，8月19日江川区旅游发展局与玉溪佳华建筑设计有限公司、玉溪世纪永立建设监理有限公司、云南广源设计有限公司、云南省玉溪市大营街镇古典园林建筑公司相关人员组成竣工验收小组，对江川区界鱼石公园提升改造项目（一期）进行竣工验收，最终结果为通过验收，项目总投资117万元。二期规划设计委托云南九方智库规划设计有限公司进行编制，主要建设内容为界鱼石崖刻对岸游路景观改造、界鱼石文化展示区域及休闲区域、界鱼石崖刻东侧花架长廊景观改造、西侧游路及沿路的景观改造，总体规划设计面积968平方米，规划设计方案已完成，将开展造价及招投标工作及开工建设工作，投资估算200万元，资金已到位。

【旅游基础设施建设】 旅游厕所：按照《玉溪市旅游厕所建设与管理三年（2015-2017年）行动方案》的要求，2016年已完成界鱼石公园AAA级旅游厕所和安化乡民族文化广场AA级旅游厕所的建设，年度实际投资82万元。申请专项资金对神鱼泉旅游厕所进行改建，12月已到位资金20万元，将开展改建工作。

旅游交通标识建设：为完善江川区旅游基础设施建设、解决江川辖区内旅游交通标识缺乏的问题，2016年3月开始江川区旅游交通标识建设工作。项目立项后，经过江川区旅游发展局、玉溪公路路政管理大队、江川区交通局、江川区交警大队等相关单位根据江川的实际情况共同对标识牌安置地点进行现场确定，共安装17块旅游交通标识牌。该项目通过招投标由云南省通海县正丰装饰有限责任公司组织施工建设，7月与施工方签订合同入场，历时70天，于9月22日顺利完成江川区范围内17块旅游交通标识牌安置并组织通过验收，项目总投资50万元。

【旅游规划】《玉溪市江川区旅游产业发展规划（2016-2030年）》和《江川县旅游业发展十三五规划（2016-2020年）》编制。委托昆明意图旅游规划设计有限公司编制并已通过评审，随着抚仙湖径流区的统一托管，根据区委政府的部署要求筹备修编工作。

《江川区新河咀铜工艺特色旅游村规划设计》编制。委托昆明意图旅游规划设计有限公司进行编制，2016年3月1日召开初次汇报会，玉溪市旅游发展委员会、江川区人大、文产办、住建局、文广体局、旅发局、前卫镇人民政府等相关单位领导出席会议。4月26日召开中期汇报会，区人大主任龚桂存、分管副区长李志刚和区旅产领导小组成员单位分管领导出席会议。8月4日召开评审会，江川区委、区政府、区人大、区政协及区旅产领导小组相关成员单位分管领导出席会议，会议推选玉溪市规划设计研究院、昆明营造工程设计有限公司、玉溪市旅游发展委员会、江川区发展和改革局的5位专家组成专家评审组对《规划》进行评审。评审专家组听取规划编制单位的汇报及旅产小组相关成员的意见和建议后，仔细审阅规划文本及相关图件，认为该规划编制规范，基础资料详实，编制思路清晰，编制深度基本达到编制要求，经审议专家组原则同意该规划通过评审。9月19日，在市旅发委主任何雪峰、江川区人大主任龚桂存陪同下，市人大副主任叶本功对江川区新河咀铜工艺特色旅游村发展情况进行实地走访调研，听取相关部门的汇报后叶本功指出新河咀铜工艺特色旅游村的开发建设，将为江川区青铜制品产业转型升级打开突破口，要紧抓青铜文化保护、传承、开发，多渠道引进资金及人才，推进新河咀铜工艺特色旅游村建设。

《江川北山公园旅游景区总体规划》编制。委托玉溪师范学院旅游研究所进行编制，4月26日召开中期汇报会，区人大主任龚桂存、分管副区长李志刚和区旅产领导小组成员单位分管领导出席会议。8月4日召开评审会，江川区委、区政府、区人大、区政协及区旅产领导小组相关成员单位分管领导出席会议，会议推选玉溪市规划设计研究院、昆明营造工程设计有限公司、玉溪市旅游发展委员会、江川区发展和改革局的5位专家组成专家评审组对《规划》进行评审。评审专家组听取规划编制单位的汇报及旅产小组相关成员的意见和建议后，仔细审阅规划文本及相关图件，认为该规划编制规范，基础资料详实，编制思路清晰，编制深度基本达到编制要求，经审议专家组原则同意该规划通过评审。根据会上提出的意见和建议，规划方对评审稿进行进一步修改，并上报修改后的评审稿，《规划》完成编制。

《江川区星云湖环湖旅游设施可行性研究报告》编制。委托湖南大学设计研究院有限公司进行编制，建设内容为旅游厕所、步行栈道、观景台、休憩点等旅游基础设施及公共服务接待设施，进行多次实地踏勘，报告正在编制中。

【重大旅游项目建设】星云湖十里长堤生态旅游区（前期）：2016年江川区旅游发展局启动《星云湖旅游设施可行性研究报告》编制工作，报告正在修改完善中；编制《星云湖十里长堤生态文化旅游区招商手册》，并将江川区星云湖生态湿地文化旅游区建设项目上报市级作为重点招商引资项目。2016年12月30日，《国家林业局关于同意天津蓟县州河等134处湿地开展国家湿地公园试点工作的通知》同意云南江川星云湖国家湿地公园开展试点工作。

新河咀铜工艺特色旅游村（前期）：《江川区新河咀铜工艺特色旅游村规划设计》已于8月4日通过评审。结合“百村示范，千村整治”工作，按照《规划》内容，2016年启动旧村改造工程实现项目开工。12月底旧村改造已制定改造方案并进行入户调查，老厂区已拆除平整。

云湖山景（在建）：玉溪泰

怡园林绿化工程有限公司公司于2013年6月21日租赁约1570亩土地用于苗圃基地建设，2016年已经完成各类苗木60多万棵的种植及云湖庄园农庄建设，完成《云湖山.怡养主题公园概念性规划》，实际投资3747万元。

【旅游安全和行业管理】 旅游安全工作。2016年5月24日召开江川区旅游安全工作会议，制定详细具体的安全生产工作方案，与各星级饭店、旅行社、星级农家乐等旅游企业签订《2016年旅游安全目标责任书》。6月16日召开“江川区旅游行业2016年安全生产月专题培训会”，景湖酒店全体员工、各旅行社、星级酒店、星级农家乐及景区负责人到场参加培训，会后在区消防大队配合下，释放烟雾弹，进行火灾应急疏散演练，强化江川区旅游行业安全发展观念。强化日常检查和重大节假日专项检查，全年共出动执法车辆22辆次，执法人员88人次，完成岁末年初安全生产大检查和今冬明春火灾防控隐患排查治理等安全检查工作工作，同时联合公安、市场监管等部门在春节、国庆等重大节假日期间开展联合检查2次，对全区星级饭店、旅行社、星级农家等旅游期间和景区景点进行全面的检查，2016年江川区无旅游安全事故发生。

旅游行业管理工作。江川区高度重视旅游市场秩序整治，区政府分管领导亲自召集相关部门负责人进行研究，根据江川的旅游市场实际情况，制定《江川区进一步加强旅游市场秩序整治全面提升旅游服务质量工作方案》，整合力量细化部门责任，积极开展旅游市场秩序整治工作，重点联合公安、市场监管、税务部门开展“不合理低价游”秩序整治行动。9月7日，举办2016年江川区旅游从业人员培训大会，对区旅游企业的从业人员90人进行专题培训，玉溪师范学院旅游研究所副所长罗辉副教授以《关于全域旅游和乡村旅游的一些思考》为主题进行授课，推进全区旅游行业从业人员服务技能和综合素质的提高。积极组织旅游企业从业人员旅行社导游参加玉溪市第一届导游服务技能大赛并取得较好的成绩。11月29日，玉溪市旅游发展委员会行业监督与管理科科长刘庆华一行到江川对2家星级旅游饭店进行复核，结果为复核通过，同时在玉溪市旅游发展委员会的支持下，江川区旅游发展局完成6家星级农家乐的乡村旅游经营单位年度复核评定工作。

【旅游宣传促销】 2016年1月16日，江川县旅游发展局和相关单位配合云南电视台都市频道大口马牙栏目组完成以渔村小肚的小肚、手工卷粉；江川大头鱼的铜锅鱼、盐水鱼；九溪陈记牛肉的牛肉冷片、冷荤等特色菜品和江川手工铜艺、九溪彝族歌舞为主要内容的拍摄。节目拍摄制作后，通过云南2套都市频道“大口马牙.吃货两个半”栏目播出，对江川渔文化、铜文化和民族文化的宣传工作起到较大的促进作用，在很大程度上加大江川的知名度。

5月26～31日，参加市旅发委组织的武汉长沙客源地宣传营销活动，召开“玉溪旅游推介会”；6月12～17日到昆明滇池国际会展中心参加第4届中国-南亚博览会暨第二十四届中国昆明进出口商品交易会；7月1～3日，到河北省唐山参加市旅发委组织的2016年北方旅游交易会；11月10～15日到上海参加2016年中国国际旅游交易会。通过召开推介会、发放宣传资料和现场咨询等方式对江川旅游资源和旅游产品进行宣传营销。

11月29日至12月6日，赴广州、深圳、珠海参加2016年珠三角重点城市旅游宣传营销活动；12月14～17日江川区旅游发展局与区委宣传部、区文广体局、安化乡、前卫镇共同开展“玉溪号”文化旅游列车宣传暨招商引资活动活动，通过市旅发委统一招投标由玉溪红塔国际旅行社中标，组织开展在广州市的江川开渔节及精品旅游推介会。宣传活动取得明显效果，尤其是在广州市进行江川开渔节及精品旅游推介会得到参会媒体及相关人员的热烈响应。

12月24～25日，江川区第十二届“开渔节”暨高原湖泊水产品交易会在江川渔文化广场热烈举办，江川区旅游发展局积极参与，成功举办“醉美小田乡村游”活动和“创新青铜技艺·传承古滇文明”非物质文化遗产展评活动。12月24日，开展“醉美小田乡村游”活动，百余辆自驾车驶入小田村，参加徒步、森林趣味寻宝、射箭体验、森林彩绘轮胎及滚轮胎比赛、投篮游戏等丰富多彩的活动，举行热闹的篝火晚会，提高小田村的旅游知名度。12月25日，“创新青铜技艺·传承古滇文明”非物质文化遗产展评活动在渔文化广场顺利举行，来自60家青铜工艺制品商的120件精美作品参加评比，最终两位省级工艺美术大师杨绍华和陆培兴的作品摘得桂冠，分获锻打类和手工类一等奖。同时，“江川旅游”微信平台公众号正式发布开通运行，成为宣传江川旅游的新平台。

（徐 洁）

广电网络

【概 述】 2016年，云南广电网络集团江川支公司始终坚持问题导向和目标导向，围绕“两化两升”两提高、一路一带一平台和“九个一”的经营理念，以高清互动、宽带发展、用户保有为工作重点，加快网络双向化改造，努力拓展增值业务，推进业务转型和升级，进一步加强基层一线标准化规范化管理，全面提升干部员工管理素质，高清互动业务保持快速发展，宽带业务下滑的势头基本得到扼制，电视机销售再创造佳绩，体外网用户回归进程有所加快。对外合作业务取得新进展，FTTH光纤网络改造开始实施，广播电视安全播出无事故，安全生产工作得到加强，保持健康、稳步、持续发展的良好局面。

【经营发展】 全年共完成经营收入1978.77万元，完成玉溪分公司下达指标任务2340.28万元的84.55%。实现电视机销售收入180.66万元，完成分公司下达指标任务145.47万元的124.19%。发展新增数字电视主机用户1178户，完成玉溪分公司下达指标任务1120户的105.18%。新增宽带用户1321户，完成下达任务数2654户的49.77%。完成高清互动电视主机用户8760户，完成下达指标8322户的105.26%。回归历年欠费用户1732户，完成分公司下达指标任务2185户的79.27%。

【网络建设及用户发展】 2016年底，公司已完成全区所有乡镇的双向网络升级改造工程。全区共建设光节点1311个，建设光缆里程1102.97千米、其中县城建设光节点255个、光缆107.4千米，农村建设光节点1056个、光缆1018.9千米，全区杆路建设535千米、地埋管道40.06千米，建成具有宽带、双向、多功能承载能力的有线电视基础网络，全区共有数字电视主机在网用户42678户，其中标清数字电视用户20231户，高清互动用户22447户，高清互动用户占在网总户数的52.59%；宽带在网用户5450户，占用户总数的12.77%。基本实现数字电视“网络双向化、节目高清化、内容多元化、应用互动化、运营市场化”的发展目标。

【解决山区群众收视难问题】 安化乡有线电视网始建于2001年，受当时技术的限制，网络系统光节点少，电缆干线长，放大器联级较多，1个光节点覆盖1个村委会以上，由于网络老化，有线电视在传输过程中存在较大的安全隐患。用户在收看电视时，故障频发，严重影响用户体验度，制约安化乡人民群众文化生活水平的进一步提高，为彻底为山区群众解决收视困难，公司向上级争取双向网改造项目及资金，完成安化乡的光缆双向网建设，共建设光节点83个。双向网的建成，提高网络承载能力，具备高清互动电视的整体转换硬件支持。2016年是安化乡实施脱贫工程的一年，公司担起应有的社会责任，向上级公司争取低资费政策支持，在安化乡进行高清互动电视整体置换，为山区群众带来实惠，高清互动电视丰富的节目内容、点播回放功能等众多优点，让群众从看电视到用电视有一个思维的转变，丰富山区群众的文化生活。

【保障安全播出】 广播电视是宣传党的政策、传播党的声音的重要渠道，安全播出是广播电视的生命线，2016年，公司备战安播工作，在每个安播重保期，安全播出领导小组对中心机房、光缆主干线、乡镇分前端机房及县电供电、发电机、UPS电源、用户分配网、光节点等设施设备进行全面检查，对检查中发现的不足及时进行整改，排除隐患。安播期间，强化值班管理，做到重点突出，技术保障，人员到位，在安全播出领导小组的指挥下，通过全体员工的共同努力，安全播出全年无任何事故发生。

（张文聪）

广 播

【概 述】 2016年玉溪市江川区广播电视台高举旗帜、引领导向，围绕中心，服务大局，尊重新闻传播规律、创新方法手段、求真务实、真抓实干，各项工作取得实效，队伍建设事业建设跃上新台阶，宣传工作卓有成效，安全生产实现“零”事故。

【新闻宣传】 坚持把政治方向摆在第一位，坚持党性原则，坚持马克思主义新闻观，坚持正确舆论导向，坚持正面宣传为主，充分发挥广播电视主阵地作用，宣传工作卓有成效。2016年，共采写制作播出电视类新闻160期1103条，被中央电视台采用2条，省电视台采用12条，市电视台采用272条。共采写制作播报广播类新闻6637条（次），被中央人民广播电台采用1条，省广播电台采用8条，市广播电台采用280条。在市电台播出新闻条数位居七县两区之首，外宣工作保持较好态势，江川对外的良好形象得到进一步展示。

【专栏专题】 结合江川经济社会发展，因时而动，精心策划。江川区广播电视台电视类节目在《江川新闻》节目中开设《扶贫攻坚进行时》《党旗在飘扬》《九严禁》《城乡人居环境综合整治在行动》《政协委员风采录》《百村示范、千村整治》《十二五成就报道》《巾帼风范》《喜迎开渔节》《教育均衡发展》《十八届六中全会精神》《挂包帮、转走访》共12个专栏，播出节目81期；继续与市广播电视台联合制作播出《新闻直通车》栏目41期242条，与玉溪市公安局江川分局合作制作播出《江川警方》栏目12期，警示教育片12个，警示新闻76条。广播类节目以创新为引领，在专题节目的内容、形式上进行创新，增强节目的吸引力和感染力，开办《星抚之声》《聚焦三农》《法制在线》三个栏目，播出专题共584条（次），开办《一分钟论坛》播出156条（次），开办《广播书场》播出365讲，开办《健康生活》播出452期（次）。

【公益宣传】 进一步加大公益宣传力度。在黄金时段播出《爱国之恋》《富强之路》《民族辉煌》等30首“中国梦”主题新创作歌曲；播出“图说我们的价值观”“中国梦”“梦娃”系列动画视频，弘扬主题，传播正能量；安排播出预防森林火灾、禁烟、禁毒、艾滋病防治、反恐、反邪教、打击传销、打击非法集资以及交通消防安全防范、廉政、税务等公益广告，宣传力度、群众知晓率明显提升；播出《忏悔之门》《谎言的覆灭》《一念》等警示宣传片；播出以抗日战争、红军长征等为题材的电影和电视剧节目，全方位、多角度开展宣传，实效突出。共制作播出各类标语1500多条（次），播出各类公益广告16000多条（次）。

【安全播出】 牢固树立“隐患就是安全事故”的政治责任意识，强化领导，明确职责，人人有责，人人负责，主领导是第一责任人。明确广播电视技术中心负责人为全台安全生产工作主要负责人，各部门、各科室负责人为安全生产主要责任人，全体干部职工为安全生产的直接责任人，做到安全责任层层落实，责任到人，以细、实为标准，严格督查；进一步完善《机房值班制度》《安全播出制度》《机房安全制度》。建立健全《机房工作台账》《值班人员交接班记录》《外来人员登记记录》《消防检查记录》等。将供电、信号链路、设备分布及各项操作流程上墙，以备随时查对；广播电视机房作为单位安全播出重点，重点检查和重点防范，安全隐患检查，细节上下功夫，整改上求时效，严格值班制度，重保期领导带班，实行24小时值班制度和“零”报告制度；制定周二、每月、半年、全年的安全生产和设备维护工作计划，依计划有步骤、有针对性的开展安全检查，发现问题及时整改；筹资近万元对机房监看电视墙及设备进行改造，筹资8000元更换机房破旧静电地板，完成单位微型消防站的建设。实现全年消防安全和播出安全“零”事故，确保广播电视节目安全优质播出。

【公共服务建设】 精心做好无线覆盖发射工作，确保中央、省级农村广播电视节目（即：CCTV-1、CCTV-7中央电视两套，中国之声广播一套。YNTV-1省级电视一套，云南人民广播电台广播一套）优质正常播出。模拟无线发射覆盖大街街道和前卫镇的大部分区域，覆盖率达28%。确保玉溪人民广播电台一套、江川人民广播电台调频广播安全播出，广播在全区的覆盖率达100%；加快推进江川区“户户通”置换“村村通”工作，积极争取资金和设备，对400台“户户通”接受设备进行置换，并对安装信息进行入档登记，使边远山区群众能更好的收听收看广播电视节目。目前，全区未通光缆的23个自然村已全部实现“户户通”全覆盖，覆盖率达100%。

【成立玉溪市江川区广播电视台】 6月24日，玉溪市江川区机构编制委员会下发《关于成立玉溪市江川区广播电视台的批复》文件，同意撤销玉溪市江川区微波站、玉溪市江川区人民广播电台、玉溪市江川区电视转播台及玉溪市电视台江川记者站，组建玉溪市江川区广播电视台，将撤销的玉溪市江川区微波站、玉溪市江川区人民广播电台、玉溪市江川区电视转播台及玉溪市电视台江川记者站4个事业单位的职能、编制及现有人员一并划入新成立的玉溪市江川区广播电视台。玉溪市江川区广播电视台为区文化广电和体育局所属财政全额拨款事业单位，核定事业编制42名，设台长1名，副台长2名。其机构编制方案另行规定。12月20日，玉溪市江川区文化广电和体育局下发〔2016〕99号文件，廖增华同志任玉溪市江川区广播电视台台长，12月22日，办理原四个事业单位注销手续，办理玉溪市江川区广播电视台事业单位法人证书，更换公章。玉溪市江川区广播电视台统一社会信用代码为12530421432008217L经费来源为全额拨款，开办资金为500万元，宗旨是坚持正确的舆论导向，宣传党的路线、方针、政策；传播正能量，讲好江川故事。业务范围是安全优质转播中央及省市广播电视节目；全面及时报道江川经济、社会等领域建设发展的新成就、新经验；向上级台提供江川广播电视节目；依法开展广告经营；做好广播电视公共服务体系建设。

【区委、区政府主要领导调研文化广电和体育工作】 5月11日下午，区委书记马文龙，区委副书记、区长王志华率相关区领导及区属有关部门负责人对区文广体局及其下属事业单位工作进行调研，并召开专题工作会，对区文化广电和优育工作存在问题进行专题研究。

会议指出，文化广电和体育工作是党委政府的一项重要工作，与人民群众生活密切相关。多年来，区文广体局认真贯彻落实区委、区政府的各项决策部署，围绕中心、服务大局、服务群众，在公共文化服务体系建设、群众文化工作开展、文物保护、广播电视宣传、广播电视事业发展、群众体育、竞训体育、新闻出版（版权）和产业发展等方面取得一定的成绩，部分工作走在全市前列，有的还取得全省乃至国家级的荣誉。但是，由于各方面的原因，当前存在着文化广电体育基础设施仍然较落后、人才队伍建设还有待加强等方面急需解决的重要问题。

【区委书记徐贤调研意识形态工作】 8月9日，区委书记徐贤，区领导张燕华、邓春元、赵琦一行到区委党校、区广播电视台、区委宣传部就江川区意识形态工作进行专题调研。

每到一处，徐贤一行都要认真查看基础设施建设情况，听取基本情况介绍，了解各单位部门的工作运行情况和存在的困难及问题。通过走、看、访、听，徐贤对区委党校、区广播电视台、区委宣传部三个部门的工作给予肯定，并强调思想意识形态部门一定要明确“举什么旗、走什么路、朝什么方向走”的问题，以高度的政治自觉履职尽责担责，努力开创思想意识形态工作新局面，为江川区“走在前列、干在实处”提供强有力的思想保证、精神力量、道德滋养和文化条件。

（郭艳波）

体育

【第六届“开渔节·庆元旦·体彩杯”羽毛球邀请赛】 2016年1月1～3日，江川县文化广电和体育局在体育馆举办江川县第六届“开渔节·庆元旦·体彩杯”羽毛球邀请赛。参加比赛的代表队有：玉溪市羽毛球协会、玉溪羽客队、玉溪猫队、玉溪师院、峨山羽协、新平羽协、元江羽协、通海县、澄江羽协、江川羽协共21个代表队参赛。比赛设混合团体、男子单打、女子单打、男子双打、女子双打、混合双打六个项目。比赛结束，江川县文广体局、江川羽协相关领导为获奖代表队和个人颁发证书和奖金。

【省、市领导到江川检查体育工作】 1月14日，云南省体育局副局长吴亚敏到江川检查工作。重点检查“七彩云南全民健身基础设施建设”。检查组先后深入到大街街道、江城镇部分村委会的省市县级农民体育健身工程进行实地查看；听取县文化广电和体育局副局长陈华的工作汇报。通过查看和听取汇报，检查组对江川近三年来的体育工作和农民体育健身工程工作给予充分的肯定。同时，对“农健工程”存在“重建不重管”等问题提出改进建议，希望江川体育部门在今后的体育工作中进一步加强组织领导，完善全民健身服务体系，加强对村级全民健身路径建设投入力度；进一步加强“全民健身工程示范点”的工作。

【体育部门对“七彩云南全民健身基础设施建设工程”项目进行检查】 2016年1月18～22日江川体育部门组织人员对2015年1月、7月、12月移交给江城镇、前卫镇、雄关乡、路居镇、安化乡、九溪镇、大街街道办1个街道6个乡镇的60个点的全民健身路径、篮球架或乒乓球台进行实地查看80%的已经安装完成并投入使用，这批健身器材的安装将使百姓不出村就能体验到健身的快乐，也是体育部门实实在在为老百姓办实事的具体行动。同时对有场无体育设施的也进行实地查看，全面掌握全县有场无体育设施的情况，为下一步实施江川县“七彩云南全民健身基础设施建设工程”提供数据支持。

【春节中国象棋比赛】 2月8日，正值大年初一，江川县文广体局在体育馆内举办中国象棋比赛。参加比赛的运动员共14名，经过一天的比赛，荣获中国象棋前六名的运动员分别是：周晓明、王学光、宁省荣、杨恒林、张空、禹东平。比赛结束，县文广体局副局长陈华为获奖运动员颁发奖金和奖状。

【市体育产业项目组到江川进行体育产业考察座谈】 2月24日，玉溪市体育局副局长朱建华、成都体育学院副教授杨强等一行7人到江川进行体育产业考察座谈。参加座谈的有副县长周福荣、县文化广电和体育局、县发改局、县旅游发展局、县住建局、县少体校的相关领导。考察组听取县文化广电和体育局副局长陈华的汇报。通过听取汇报，考察组对江川的体育产业工作提出意见和建议。希望江川体育部门及相关部门在今后的体育产业工作中进一步加强，加强对体育产业发展的扶持力度；进一步加强体育产业的发展工作。同时，对县城内及星云湖周边环境进行重点考察。考察组先后到少体校游泳池、体育馆、渔文化广场、湖滨公园等星云湖周边进行实地查看。

【2016年仙湖卫士“爱湖·护湖·美丽家园·巾帼建功”徒步活动】 3月8日上午，江川区为庆祝“三·八”国际劳动妇女节，展示江川妇女的精神风貌，倡导广大妇女积极投身到全民健身的活动中，江川区妇女联合会、江川区总工会、江川区文化广电和体育局在江川渔文化广场联合举办玉溪市江川区2016年仙湖卫士“爱湖·护湖·美丽家园·巾帼建功”徒步活动。徒步活动共有来自全区各乡镇街道、各部委办局的66个单位1080人报名参加活动。

【市体育局局长雷毅调研温泉游泳训练点和村体育设施建设】 5月31日，市体育局局长雷毅在副区长周福荣、文广体局局长何俊、江城镇镇长赵子良的陪同下，到江川区温泉小学游泳训练点实地查看游泳训练点泳池修缮和七彩云南全民健身基础设施工程项目建设情况。

据了解，温泉游泳训练点始建于1988年，距今已有26年，多年来训练点向省、市输送60余名优秀游泳苗子，在国际国内获得优越的成绩，为我市、区赢得荣誉，1998年被教育部、国家体育总局表彰为“全国体育传统项目学校先进单位”。由于泳池多年来年久失修，现池底变低疏松，池壁四周开裂，漏水严重，存在严重的安全隐患，给训练点的日常训练造成极大的影响。经过区体育、教育部门积极向上争取，在省、市体育局的大力支持下，温泉游泳训练点泳池修缮改造项目自2016年3月开始改造，工程投资30余万元，目前已完成泳池修缮建设，使温泉游泳训练点可继续之前的光荣，为江川区乃至玉溪市游泳事业贡献更大的力量。

【江川组队参加玉溪市第四届乡镇篮球大联赛】 由玉溪市体育局主办，新平县文化广电和体育局承办的“七彩云南全民健身运动会”2016年玉溪市第四届县（区）乡镇（街道）篮球大联赛，于2016年4月15～19日在新平县举行。来自七县两区的16支男、女篮球代表队报名参加比赛。江川区文广体局抽调20名运动员组织男、女队参加本次比赛。经过5天10场的比赛，江川篮球队获女子组二等奖；男子组三等奖；并获男、女优秀组织奖。

【2016年体育部门进行健身路径器材移交】 2016年6月14日，江川区“七彩云南全民健身基础设施工程”移交工作在体育馆前大门举行，分别将2015年“七彩云南全民健身基础设施工程”全民健身路径或篮球架移交给安化

乡、江城镇、前卫镇、雄关乡、九溪镇、大街街道办1个街道5个乡镇的30家村委会或村民小组。

这批健身器材的移交将使百姓不出村就能体验到健身的快乐，也是体育部门实实在在为老百姓办实事的具体行动。健身器材经过政府招投标后购买，价值约45万元。

【江川组队参加2016年玉溪市幼儿体操幼儿排舞交流赛】 由玉溪市体育局、玉溪市教育局主办，玉溪市体育馆、玉溪市少体校承办的2016年玉溪市幼儿体操·幼儿排舞交流赛，于2016年6月17～19日在玉溪市体育馆举行。来自七县两区的32家幼儿园报名参加比赛。江川区文广体局、教育局研究后决定由区幼儿园和三街欣兴幼儿园代表江川组队参加比赛。经过3天的比赛，区幼儿园荣获幼儿排舞一等奖，团体总分三等奖和优秀教练奖；三街欣兴幼儿园荣获幼儿器械操·幼儿排舞两个一等奖，团体总分二等奖，体育道德风尚奖和优秀教练奖。

【举办三级社会体育指导员及健身项目培训班】 由江川区文化广电和体育局、江川区总工会主办的2016年玉溪市江川区三级社会体育指导员及健身项目培训班于2016年7月12～15日在江川体育馆举行。共有来自全区24个不同单位的学员81人参加培训。通过4天的学习培训和考核，玉溪市江川区文化广电和体育局决定授予李响等44位同志为三级社会体育指导员称号。

【组队参加第十届云南·玉溪抚仙湖公开水域游泳邀请赛】 2016年7月16日上午，2016年全国公开水域游泳系列赛（抚仙湖站）暨“七彩云南全民健身运动会”第十届云南·玉溪抚仙湖公开水域邀请赛在澄江县禄冲风景区（波息湾）举行。区文广体局委托江川体育总会组队参加男子30～39岁组，男、女子40～49岁组，男子50～59岁组3个组别的比赛，江川代表队不负众望分别夺得女子C组40～49岁组第二名和第三名；男子C组40～49岁组第九名和第二十七名的好成绩。

【举办“全民健身日”系列活动】 在第八个“全民健身日”也是“十三五”开局之年的首个“全民健身日”来临之际。江川区文化广电和体育局组织开展系列体育活动，主要内容有：8月5～9日，在少体校举行门球、地掷球比赛；在区老年人活动基地举行气排球、象棋、桥牌比赛。8月8日场馆免费向群众开放，接待健身群众300余人次，免费开展国民体质监测活动，监测100余人，晚上7时，在体育馆正大门广场举行体育健身项目展演，展演项目包括：中国功夫、拉丁舞、柔力球、时尚大众健身操二级、太极拳、泰迪球、广场舞迎酒欢歌等7个项目，吸引几百名观众观看。

【江川组队参加市少儿年度赛】 2016年7月26日至8月7日，由玉溪市体育局、玉溪市教育局主办的2016年玉溪市少年儿童田径、游泳、篮球、比赛分别在峨山、玉溪体育运动学校、玉溪市体育馆举行。江川区文化广电和体育局、江川区教育局联合组队由大庄中心校、龙街中心校温泉小学、江川区少体校出队参加3个项目的比赛。田径荣获女子儿童组投掷垒球第一名，女子少年组铁饼第二名，女子儿童组跳高第三名，女子儿童组200米第三名；篮球荣获男、女子第七名；游泳荣获女子8–9岁组50米自由泳第一名，女子10–11岁组自由泳全能第一名，女子7岁组50米自由泳腿第二名，女子10–11岁组自由泳全能第二名，女子10–11岁组蛙泳全能第二名，女子4×50米自由泳接力第二名，男子50米仰泳第二名，男子8–9岁组自由泳腿第二名，女子7岁组50米自由泳腿第三名，男子10–11岁组自由泳全能第三名。

【承办玉溪市政协系统第十四届职工运动会】 2016年9月26～30日，由政协玉溪市委员会主办，政协玉溪市江川区委员会承办，玉溪市江川区文化广电和体育局协办的玉溪市政协系统第十四职工运动会在江川举行。有来自市政协和七县两区政协的10支代表队共284名运动员、领队、教练、工作人员、裁判员参加本次运动会。运动会共设男子篮球、羽毛球团体、乒乓球团体、中国象棋、扑克双抠五个项目，经过五天194场比赛，荣获团体总分前六名的代表队分别是：华宁县、元江县、市政协、通海县、新平县、江川区；荣获体育道德风尚奖的代表队是：政协玉溪市江川区委员会；荣获优秀组织奖的代表队是：政协澄江县委员会、政协玉溪市红塔区委员会、政协易门县委员会、政协峨山县委员会。

【2016年“七彩云南全民健身运动会”玉溪市江川区长跑比赛】

10月15日上午，由江川区文化广电和体育局、江川区自行车运动协会主办，江川区捷安特自行车店和玉溪蜗牛快跑团承办的“2016年‘七彩云南全民健身运动会’玉溪市江川区长跑比赛”在江川县城举行。江川区副区长杨军苹主持开幕式，中国平安财产保险股份有限公司江川支公司总经理陈增贵致欢迎词，区委宣传部长赵琦致开幕词，区政府、区委、区文广体局、区自行车协会相关领导参加开幕式。长跑比赛设男、女子5千米，男、女子10千米四个项目，共有来自云南悦跑团、玉溪跑吧、玉溪蜗牛快跑团、玉溪跑协、通海跑团、通海螺峰跑吧以及全区各乡镇街道、各部委办局的健身爱好者207人报名参加比赛。

【举办玉溪市江川区首届篮球争霸赛】 由玉溪市江川区文化广电和体育局主办，玉溪市江川区体育总会和玉溪市江川区少体校承办的玉溪市江川区首届篮球争霸赛，于2016年12月12日在少体校灯光球场举行开幕式。参加开幕式的主要领导有：区文广体局副局长陈华、区少体校校长体育总会会长董森等领导。由来自全区的10支男子篮球代表队报名，共150余人参加本次比赛。经过6天24场的比赛，完成所有赛程。17日下午在江川区体育馆举行闭幕式，区文广体局局长何俊，区体育总会会长董森、副会长陈东和赞助方董事长刘云虹为获奖代表队颁奖。

（史文杰）

卫生和计划生育

【概　述】 2016年，江川区卫生和计划生育工作贯彻落实区委、区政府机构改革工作实施意见，整合卫生、计生资源，深化医疗卫生体制改革，推进基本公共卫生计生服务项目，加强计划生育工作管理，各项卫计工作稳步推进。全区期末出生人口3437人，出生率12.31‰；人口自然增长率7.28‰，政策内生育3191人，符合政策生育率92.84%。期末已婚育龄妇女51108人，期末采取各种避孕节育措施43549人，综合节育率85.21%；出生婴儿性别比为112。全区共有卫生机构173个，其中区级医院2个，其它医院2个，卫生院7个，妇幼保健院1个，疾病预防控制中心1个，卫生监督机构1个。卫生技术人员1604人，其中执业医师和执业助理医师631人，注册护士792人，其他181人。医院和卫生院床位799张（核定床位）。乡镇卫生院7个，床位249张（核定床位），卫生技术人员269人。村级卫生室71个（74个点），乡村医生258人。

【新型农村合作医疗参合及基金筹集情况】 2016年，全区农业人口数214479人，应参合人数241921人，实际参合人数237768人，其中，农转城参合人数27442人，参合率98.28%。全年筹集基金13051.08万元，其中，中央财政7159万元，省级财政713万元，市级财政1069.96万元，县级财政1069.96万元，个人缴纳2853.22万元，利息收入185.95万元。

2016年全区农业人口参合情况表

乡　镇	农业人口数（单位：人）	参合人数（单位：人）		参合率
			其中：农转城参合人数	
江城镇	55128	64743	10955	97.97%
大街街道	50166	57263	7960	99.41%
九溪镇	24502	24952	980	97.92%
路居镇	26235	26888	1115	98.31%
前卫镇	41537	44539	4287	97.20%
安化乡	6774	8843	2145	99.15%
雄关乡	10128	10552	545	98.87%
合计	214479	237768	27442	98.28%

【新型农村合作医疗基金使用及效益情况】 2016年，全区新农合基金支出12336.22万元，基金使用率96.08%；减免补偿901388人次，受益率379.10%，其中：门诊补偿867124人次，医疗费用3062.19万元，补偿金额1723.10万元；住院补偿34264人次，医疗费用18607.95万元，补偿10613.11万元。统筹区域内住院实际补偿比67.94%，政策范围内住院补偿比78.39%。

【新型农村合作医疗二次补偿】 根据卫生部《关于规范新型农村合作医疗二次补偿的指导意见》，结合新农合基金累计结余情况，进一步缓解参合患者因病返贫、致贫现象，区委、区政府对2016年度住院且已领取过住院补偿的参合患者，累计政策范围内个人自付费用2000元以上的部分，再次按照50%～80%的比例给予二次补偿。共有8477人得到二次补偿，二次补偿金额1609.3万元。经二次补偿后，江川区2016年新农合基金累计支出1.39亿元，政策范围内住院报销比例78.64%，住院实际补偿比65.73%。

【新生儿“母婴共享”保障】 2016年，共1267名新生儿获得新农合住院补偿，医疗总费用629.74万元，补偿290.35万元。

【重大疾病医疗保障】 2016年，共347人获得重大疾病救治，医疗费用650.09万元，补偿451.91万元。

【政府出资的参合农民大病救治】 2016年，共763人次享受到大病救助，大病补助金额631.31万元。

【门诊慢性病管理】 2016年，共办理《慢性病门诊就医证》1430本；减免补偿3476人次，基金支出368.4989.66万元。

【区级公立医院药品让利】 区人民医院、区中医医院继续推进公立医院改革，取消药品加成，药品实行零差率销售。区人民医院2016年药品让利群众502.29万元，区中医医院2016年药品让利群众76.82万元。

【国家基本公共卫生服务项目】 2016年，全区共完成城乡居民规范化电子档案建立263594人，建档率107.85%，发放各种各类健教材料28.34万份。全区共报告突发公共卫生事件12起（Ⅳ级2起，未分级10起），及时报告率100%，全部事件均及时处置和及时上报，及时处置率100%。全区累计管理65岁以上老年人29445人；35岁以上高血压患者19021人，35岁以上Ⅱ型糖尿病患者4169人，精神疾病患者1038人。中医药服务42277人。

【实施妇幼健康计划】 2016年，全区孕产妇系统管理3089人，系统管理率98.06%，住院分娩率100%。剖宫产率28.70%。3岁以下儿童系统管理8268人，系统管理率98.77%，7岁以下儿童健康管理18361人，管理率98.89%。全区孕产妇死亡1人，死亡率31.75/10万。全区活产数3150人，婴儿死亡18人，死亡率为5.71‰，5岁以下儿童死亡22人，死亡率6.98‰。农村孕产妇住院分娩2789人，实际补助2570人，补助金额102.80万元，补助率92.15%。婚前医学检查4866人，婚检率91.62%。新婚人员HIV和梅毒检测率100%。新生儿疾病筛查3067人，筛查率97.37%。

【基础设施建设】 以国家全面实施提升区级医院综合能力项目为契机，争资立项，进一步加强基础设施建设。江川区妇计中心业务用房建设项目，建设规模2530平方米，总投资759万元（中央预算内投资600万，地方配套159万），2016年1月开工，2016年11月主体工程完工；江川区中医医院改扩建项目，总投资3019万元（中央资金2200万元，省级配套200万，地方筹集619万），用地面积5500.55平方米，总建筑面积7169.36平方米，2016年9月16日开工，截至2016年12月31日，完成40%的主体工程。

【艾滋病防治工作】 2016年8月23日，江川区召开第四轮禁毒和防治艾滋病人民动员大会，区委书记徐贤强调要团结一致，凝心聚力，采取超常举措，拿出过硬办法，坚决遏制毒品和艾滋病问题蔓延势头，坚决打赢第四轮禁毒防艾人民战争。全年报告艾滋病病毒感染者/病人70例。全区HIV检测份数53197份（任务数42900人），其中确证阳性数39份。完成FSW人群HIV抗体检测和梅毒检测261人次；完成MSM人员检测62人次，HIV抗体检测结果2例为阳性（既往阳性），1例梅毒检测为阳性（既往阳性），并进行告知和治疗转介工作。婚前

办公厅印发关于全面推进县级公立医院综合改革意见的通知》《云南省人民政府办公厅关于印发云南省全面推开县级公立医院综合改革实施方案的通知》《中共玉溪市委、玉溪市人民政府关于印发〈公立医院改革国家联系试点城市玉溪市综合改革实施方案〉的通知》要求，从改革公立医院运行机制、实施DRGs付费制度改革、构建“互联网+医疗健康”服务体系、建立分级诊疗制度、建立符合医疗行业特点的人事薪酬制度、健全各类医疗机构协同发展的服务体系、改革公立医院管理体制、建立扶贫攻坚医疗服务保障机制等8个方面深入推进公立医院改革工作。

【接受省卫计委医院评审追踪检查】 2016年5月17～18日，省卫计委组织开展2016医院评审追踪抽查工作，在第六组组长贾农的带领下，对区人民医院进行二级甲等综合医院追踪检查，检查组由省、市专家一行13人组成，分为综合管理组、医疗药事组、护理感控组进行对口检查。

检查过程中，专家组对照新的《二级综合医院评审标准实施细则》要求，通过听取汇报、查阅资料、抽查病历、实地考察、现场考核、访谈问答等形式，分9个小组现场检查19个临床医技科室、17个职能科室，访谈医院职工、患者及家属100余人，涉及医院管理、医护质量、医疗安全、人才培养、学科建设、药事管理、文化建设、科研教学和综合服务能力等方面，严格按照二级甲等医院综合评审细则对583个条款进行检查评审。最终顺利通过二级甲等综合医院追踪检查。

【骨科通过省级临床重点专科评审】 区人民医院骨科成立于2006年3月，是区内唯一的骨科专业科室，有61张病床，3个亚专业。截至2016年底有职工28人，其中主任医师1人，副主任医师2人，中级职称9人。2016年共收治患者1950人，手术888台，门诊26169人次。2016年9月，骨科参加云南省卫计委组织的省级临床重点专科评审活动，并顺利通过该项目的评审。

【血液透析室投入使用】 2016年7月1日，区人民医院耗资近300万元建设的血液透析室正式开诊，该血液透析室位于医院住院大楼六楼，以内二科技术力量为支撑，配有血液透析机5台、6张透析床及相应的急救设备，对急、慢性肾功能衰竭，各类中毒患者、高脂血症、重症肝炎、重症狼疮肾炎、多脏器衰竭及严重水电解质紊乱、酸碱平衡失调等患者都能提供治疗服务，截至2016年12月底，透析630人次，为病人提供安全有效的血液透析治疗，减轻家庭、社会的经济负担。

【护理系列活动】 2016年，护理部以国家卫计委颁布的“进一步深化优质护理、改善护理服务服务通知”为工作重心，开展各种活动，不断提高护士自我管理意识和能力，提升护理服务质量及病人满意度。2016年2月26日，召开2015年度全院护理质量讲评会，全院不在班护士165人参会；2016年4月28日，组织全院护理人员参加庆“五·一”暨迎“5·12”国际护士节文艺晚会和健康环保徒步活动2项活动，弘扬南丁格尔精神，展示医院护理队伍良好的精神风貌和职业风范；2016年6月12～28日，组织护理人员参加江川区纪念建党95周年歌咏比赛；2016年8月1～6日，组织全院N0–N2级护理人员参加“2016年护理操作技能培训暨护理操作技能竞赛”，最终产生团体一等奖1名，二等奖2名，三等奖3名；个人单项奖6名；2016年10月26日，举办江川区人民医院首届护理品管圈竞赛暨颁奖活动，120余名护士参加。

【党务工作】 2016年，医院党总支以深入开展“两学一做”学习教育为契机，围绕公立医院改革、DRGs付费制度改革和二甲追踪检查的中心工作，抓好党建促发展的工作思路，将党建工作与医院日常工作相结合，不断提高党员干部的整体素质。开展义诊活动和主题服务事项，组织党员干部开展义诊活动4次。诊疗服务1148人次，免费发放药品700人次，价值16070元，发放宣传资料1126份；党员主题服务事项6903件次，在职党员到社区报到服务事项98件次。开展扶贫攻坚“挂包帮”“转走访”工作，扶贫攻坚下组成员12人，深入安化彝族乡早谷田村，走访慰问困难党员、联系户，开展义诊、道德讲堂和关爱民生寒冬送暖活动8次，划拨资金12000元用于村卫生室和道路建设，为贫困户送去价值7000元生活用品，帮助他们暂度难关。开展各种教育培训，累计开展集中党课教育、道德讲堂、走访慰问、医德医风和廉洁建设教育培训27次。以“两务公开”强化社会监督，患者2016年的7项综合满意率达95.52%。医院党总支书记、副院长洪美英于2016年6月被中共玉溪市委授予优秀党务工作者荣誉称号；2016年12月其作为云南省党代表出席云南省第十次党代会，任期为2016～2021年。

【上海普陀区卫计委及区中心医院领导专家访问交流】 2010年初，区人民医院和上海市普陀区中心医院结为对口支援医院，2010年4月至2014年9月，普陀区中心医院共派出9批援滇医疗队到江川进行对口支援工作。2016年3月28～29日，由普陀区卫计委党工委书记张文瑶带队的普陀区卫计委及区中心医院领导和专家一行10人再次到区人民医院进行访问交流。来访领导和专家交流讨论对口支援以来的收获和感悟，希望今后上海市普陀区和玉溪市江川区能够进一步拓展交流的领域，有更多面对面的交流，共同促进两个地区的发展。

【市级医学继教项目成功举办】 2016年11月24～25日，由区人民医院承办的2016年玉溪市市级医学继续教育项目《疼痛的药物治疗和临床应用培训班》在门诊医技楼6楼大会议室召开，来自全省各州市及区内各医疗机构的150名医务人员参会。会议以“关爱疼痛病人，个性化镇痛”的宗旨，以紧跟疼痛药物治疗及临床应用进展为主题。

【卫计系统中层管理人员及医师培训】 2016年7月16日，玉溪市江川区卫计局针对“中层干部的角色定位”“如何做一名好医生”2个主题，在区人民医院门诊医技综合楼六楼大会议室举行为期一天的培训，局机关、区人民医院、区中医医院、区妇计中心及各乡镇卫生院中层以上管理人员及医师200余人参会。培训专题由昆明医科大学成教学院副院长黄建强主讲，黄建强对如何定位好自身的角色并努力做好一名医生进行深入的剖析，让参会者进一步明确自身的工作职责，培养良好的协调、沟通能力，相应的领导能力和管理才能，适应新医改形势下医院的发展，提升医院的整体形象。

（李亚捷）

中医医院

【概　述】 玉溪市江川区中医医院创建于1988年，占地10.59亩，业务用房4400平方米，人员编制112人，现有职工164人（其中在编77人，编外87人），卫技人员147人（占职工总数的89.63%），其中：副高职称以上的7人，中级职称26人，初级职称127人，高级工3人，职员1人；硕士学历1人，本科学历42人，大学专科学历72人，中专及以下学历49人。设有19个专业科室，编制床位120张，实际开放120张；拥有先进的医疗设备80余台，截至2016年12月31日，全院固定资产1563.28万元。是一所集医疗、预防、保健、康复、科研、教学于一体的县级卫生医疗机构；是云南省唯一一家参加全国中医质量监测的县级中医医院；同时也是城镇职工基本医疗保险、城镇居民基本医疗保险、中国人寿保险公司及江川复烤厂的定点医疗机构。医院拓展适合自己的生存空间，努力探索适合自己的发展道路，形成具有一定规模的二级乙等中医医院。

【医疗质量监测】 2016年全年总诊疗人次75257人次，门诊人次70834人次；全年住院患者入院4495人次，住院患者出院4423人，手术人次856人次。微机录入病历4423份，其中：内科有1309人，外科427人，针灸科1286人，骨伤科790人，肛肠科611人。业务收入4655.2万元，其中医疗收入1857.5万元，药品收入631.21万元，门诊人均费用79.5元，住院人均费用2926.36元。病床使用率87.5%，入院与出院、术前与术后、临床与病理诊断符合率98.5%以上，治愈好转率98%，诊断符合率98.8%，病人平均住院日8.73天。单病种治愈好转率达到卫生部颁布的病种质量控制标准。各科护理质量指标达到百项指标考核标准：基础护理合格率97%，无菌护理技术操作合格率≥96%，急救物品完好率100%，五种表格书写合格率≥98%，出勤率98.6%，住院患者满意度≥91%，技术操作培训率合格率100%，参与率99%，全年护理差错事故发生率为零。

【成立夜间急诊分诊】 2016年2月4日，区中医医院正式成立急诊预检分诊室。先后派出8名内科医护人员到云南省第一人民医院急诊科进修学习，并正式开始夜间急诊工作。

【信息化系统升级】 2016年3月，区中医医院选择与合肥南软公司合作进行信息化系统制作，签订合同总价74.98万元，其中硬件设备29.96万元，软件系统45.02万元。并于2016年5月1日全院试运行。全新的信息化系统规范医院处方、病历的书写，在试运行阶段逐步改进、调试、修改、优化，使该套系统在进一步规范医院运营操作流程的同时更符合医院实际工作的需要。

【公立医院改革绩效管理】 2016年6月30日，区中医医院邀请北京朝阳医院张仁华教授为医院定制绩效管理方案。分别从绩效考核指标体系设计、医院质量目标管理评分标准、医院岗位设置及人员编制标准、医院员工奖惩细则等多方面为医院的绩效管理提出建设的性建议。针刺此次管理培训，区中医医院借鉴北京朝阳医院经验，制定符合实际的《员工绩效考核细则》。

【首次开展“三伏灸”贴敷疗法】 2016年7月8日开始，区中医医院首次开展“三伏灸”冬病夏治穴位中药贴敷治疗，截至8月25日，包括伏前加强治疗在内的“三伏灸”治疗共257人次。其中，儿童12人次，妇女208人次，其余37人次，“三伏灸”收入4万余元。

【健康体检】 2016年，区中医医院接收体检累计718人次，同比上年涨7.8%。其中，与联塑公司定点合作体检177人次，教师体检83人次，保安体检72人次，交通大队体检53人次，其余常规体检、旅游体检、中小企业组织零星体检共333人次。

【改扩建项目（医技、住院综合楼）建设】 2015年12月23日区中医医院获玉溪市发改委批准立项，在原址上和原闲置空地一起规划一幢建筑面积7763.22平方米的住院、医技综合楼，并成立改扩建项目建设院内组织领导机构及工作小组，由院长杨绍宽任项目总指挥，全权负责该项目建设工作。

该项目占地面积2369.38平方米，新建建筑面积7763.22平方米，其中：新建医技、住院综合楼建筑面积7518.56平方米（地下室1111.56平方米），总层数6层，建筑高度23.85米，框架结构。新建消防水泵房建筑面积153.48平方米（地下室76.74平方米，含医疗垃圾房），新建连廊建筑91.18平方米。

截至2016年7月4日，已获得获玉溪市江川区人民政府《重大事项社会稳定风险评估意见书》《玉溪市固定资产投资项目节能登记表》《江川县环境保护局关于江川县中医医院改扩建项目环境影响报告书的批复》，获得玉溪市发改委《关于玉溪市江川区中医医院改扩建项目（医技、住院综合楼建设项目）初步设计的批复》文件等上级政府及相关部门的批复，于2016年9月16日正式开工。至2016年12月29日，该项目的桩基子分部验收及基础验槽，预计2017年4月完成主体工程土建施工，2018年全部完工并投入使用。

【新进护士岗前培训】 2016年9月21～22日，区中医医院护理部组织对新进护理人员以及实习生进行岗前培训。培训主要内容包括《劳动合同法》《玉溪市江川区中医医院编外人员管理方法》《护士知道如何尽快适应自己的新角色》《护理相关制度》《护士管理条例》《医疗废物的管理规定及护士职业防护措施》《2008年管理条例及护理人员行为规范》《护理文书书写规范》《基础护理技术操作常见并发症及处理程序》以及无菌技术、静脉输液、导尿、徒手心肺复苏等内容。邀请区中医医院医务科主任、控感办主任、资深护士长、护理骨干授课、指导，2016年10月19～20日进行考试、考核。其中，理论知识优秀率58.3%，通过率100%；徒手心肺复苏优秀率41.6%，静脉输液优秀率75%，女性导尿优秀率50%，无菌技术优秀率75%，护理实操通过率100%。

【院前急救能力提升】 2016年10月19日，区中医医院组织全体不在班人员参加院前急救知识技能的培训，邀请玉溪市人民医院急诊科副主任陈斌授课，本次培训分别讲解内科、外科疾病的院前急救。2016年11月18日，区中医医院开展院前急救演练，邀请玉溪市人民医院急诊科副主任陈斌亲临现场指导。主要演练心源性猝死、溺水及交通事故院前急救。演练共出动急救医护人员20余人，救护车1辆，140余名医务人员进行观摩。演练结束后，陈斌对本次演练给予肯定，就存在问题提出针对性意见和建议，并在现场进行实操指导。

【医疗设备更新】　2016年11月24日，区中医医院肛肠科采购XNG-2H肛肠多功能仪、6230A型红光治疗仪，确定采购价格分别为2.9万元/台和3.3万元/台，供应商承诺延长质保期为2年。

（晏　培）

妇幼保健计划生育

【概　述】　依据中共江川县委江发〔2015〕19号文件精神，江川县妇幼保健院、江川县计划生育服务站于2015年10月26日正式合并为江川县妇幼保健计划生育服务中心，保留江川县妇幼保健院牌子，为江川县卫生和计划生育局所属事业单位。2016年3月1日，江川县撤县设区，江川县妇幼保健计划生育服务中心更名为玉溪市江川区妇幼保健计划生育服务中心。中心坚持“以保健为中心，以保障生殖健康为目的，保健与临床相结合，面向群体、面向基层和预防为主”工作方针。设有妇女保健科、儿童保健科、婚前保健科、妇产科、基层科、计划生育科、检验室、B超室、放射室、护理部、医务科、妇幼卫生信息科、健康教育科等13个临床保健科室；设有办公室、财务科、后勤科、信息设备科等4个行政后勤职能科室。

中心核定编制66人，2016年年末实有在职职工58人，年内退休1人，新招录用1人，调出1人。有执业医师28人，执业助理医师3人，注册护士10人，药剂师1人，检验技师（士）3人，其它卫生技术人员3人，统计师1人，经济师2人，助理会计师2人，技师1人，高级工3人，中级工1人。

2016年，完成门诊诊疗66929人次，实现业务收入580.46万元，比上年增110.24万元，圆满完成省、市、县下达的各项任务指标。

【业务用房建设项目主体工程完工】　江川区妇幼保健计划生育服务中心业务用房建设项目于2015年7月批准建设。2016年1月开工，建设规模：2702.06平方米。总投资：880万元（中央预算内投资600万，地方配套220万）。建设性质：新建。2016年11月主体工程完工。

【育龄妇女死亡监测】　2016年全区共有育龄妇女75050人，上报育龄妇女死亡36人，死亡人数比上年减10人，死亡人数占育龄妇女死亡总数的0.05%，孕产妇死亡1人，死亡原因为子宫破裂。36例育龄妇女死亡中，各类恶性肿瘤死亡12人，占育龄妇女死亡总数的33.33%；意外死亡7人，占育龄妇女死亡总数的19.44%；脑部疾病死亡3人，占育龄妇女死亡总数的8.33%；自杀、肾病各死亡2人，各占育龄妇女死亡总数的5.56%；猝死、肝硬化、高血压、精神病、肺炎、溃疡性结肠炎、系统性红斑狼疮、癫痫、吸毒、子宫破裂各死亡1人，各占育龄妇女死亡总数的2.78%。

死因排位：36例育龄妇女死亡中各类恶性肿瘤死亡12人，居第一位；意外死亡7人，居第二位；脑部疾病死亡3人，居第三位；自杀、肾病各死亡2人，居第四位；猝死、肝硬化、高血压、精神病、肺炎、溃疡性结肠炎、系统性红斑狼疮、癫痫、吸毒、子宫破裂各死亡1人，居第五位。

【孕产妇保健】　2015年10月至2016年9月，全区共有产妇3123人（农业户籍产妇2789人，非农业户籍产妇334人），建孕产妇保健手册3123人，产妇建册率达100%，与上年同期持平；产前检查≥5次的产妇有3121人，健康管理率达99.08%，比上年同期下降0.03%；孕早期产前检查的产妇有3090人，孕早期产前检查率达98.10%，比上年同期上升0.44%；孕产期血红蛋白检测的产妇有3123人，检测率达100%，筛查出贫血产妇299人，率9.57%，比上年同期上升6.73%，其中中重度贫血8人，中重度贫血患病率达0.26%，比上年同期下降0.02%；产妇艾滋病病毒检测3123人，检测率达100%，孕产妇艾滋病病毒感染2人，感染率达0.06%，比上年同期上升0.02%；产妇梅毒检测3123人，产妇梅毒感染6人，感染率达0.19%，比上年同期上升0.03%；产妇乙肝表面抗原检测3123人，检测出乙肝表面抗原阳性35人，阳性率1.12%，比上年同期下降0.26%；产后访视3123人，产后访视率达99.14%，比上年同期上升0.03%；产妇系统管理3089人，系统管理率达98.06%，比上年同期上升0.40%。出生活产数3150人，新法接生活产数3150人，新法接生率达100%，与上年同期持平；住院分娩活产数3150人，住院分娩率达100%，与上年同期持平；剖宫产活产数904人，剖宫产率达28.70%，比上年同期上升1.84%；筛查出高危产妇1706人，高危产妇筛查率达54.63%，比上年同期上升1.60%；高危产妇管理1706人，管理率达100%，高危产妇住院分娩1706人，高危产妇住院分娩率达100%；低出生体重儿122人，发生率3.87%，比上年同期下降0.32%；巨大儿72人，发生率2.29%，比上年同期下降0.69%；早产儿138人，发生率4.38%，比上年同期上升1%；死胎死产8人，发生率0.25%，比上年同期下降0.19%；早期新生儿死亡7人，死亡率2.22‰，比上年同期下降0.60‰；围产儿死亡15人，死亡率4.75‰，比上年同期下降2.47‰；无新生儿破伤风发病人数和死亡人数。孕产妇死亡1人，死亡率达31.75/10万，比上年同期上升31.75/10万。

【5岁以下儿童死亡监测】 2015年10月至2016年9月，全区共有出生总数3158人，其中出生活产3150人，死胎死产8例。5岁以下儿童死亡22例，死亡率为6.98‰，比上年同期下降0.27‰；其中男孩死亡11例，死亡率为6.67‰，女孩死亡11例，死亡率为7.33‰。1岁内婴儿死亡18例，死亡率为5.71‰，比上年同期上升1.68‰；其中男孩死亡10例，死亡率为6.06‰，女孩死亡8例，死亡率为5.33‰。28天内新生儿死亡9例，死亡率为2.86‰，比上年同期下降0.36‰；其中男孩死亡4例，死亡率为2.43‰，女孩死亡5例，死亡率为3.33‰。7天内早期新生儿死亡7例，死亡率为2.22‰，比上年同期下降0.60‰；其中男孩死亡3例，死亡率为1.82‰，女孩死亡4例，死亡率为2.66‰。早期新生儿死亡占新生死亡数的77.78%，新生儿死亡占婴儿死亡数的50%，婴儿死亡占5岁以下儿童死亡数的81.82%。

22例5岁以下儿童死亡中，第一位为先天性心脏病死亡5例，占死亡总数的22.73%；第二位为出生窒息、意外死亡各4例，各占死亡总数的18.18%；第三位为肺炎死亡3例，占死亡总数的13.64%；第四位为早产或低出生体重、腹泻死亡各2例，各占死亡总数的9.09%；第五位为高胆红素血症、颈部先天性肿瘤死亡各1例，各占死亡总数的4.55%。

18例婴儿死亡中，第一位为出生窒息、先天性心脏病死亡各4例，占死亡总数的22.22%；第二位为肺炎死亡3例，占死亡总数的16.67%；第三位为早产或低出生体重、意外窒息死亡各2例，占死亡总数的11.11%；第四位为高胆红素血症、颈部先天性肿瘤、腹泻死亡各1例，各占死亡总数的5.56%。

9例28天内新生儿死亡中，第一位为出生窒息死亡4例，占死亡总数的44.44%；第二位为早产或低出生体重死亡2例，占死亡总数的22.22%；第三位为肺炎、先天性心脏病、颈部先天性肿瘤死亡各1例，各占死亡总数的11.11%。

7例7天内早期新生死亡中，第一位为新生儿出生窒息死亡3例，占死亡总数的42.86%；第二位为早产或低出生体重死亡2例，占死亡总数的28.57%；第三位为新生儿肺炎、颈部先天性肿瘤死亡各1例，各占死亡总数的14.29%。

【儿童保健】 2015年10月至2016年9月，全区共有7岁以下儿童18567人，健康管理18361人，健康管理率达98.89%，比上年同期上升0.77%。3岁以下儿童8371人，系统管理8268人，系统管理率达98.77%，比上年同期上升0.34%。5岁以下儿童13680人，身高体重检查13538人，检查率达98.96%，比上年同期上升0.73%，筛查出5岁以下儿童低体重194人，5岁以下儿童低体重率达1.43%，比上年同期上升0.55%；5岁以下儿童生长迟缓102人，5岁以下儿童生长迟缓率达0.75%，与上年同期持平；5岁以下儿童超重31人，5岁以下儿童超重率达0.23%，比上年同期下降1.05%；5岁以下儿童肥胖9人，5岁以下儿童肥胖率达0.07%，比上年同期下降0.01%；5岁以下儿童血红蛋白检测9814人，筛查出5岁以下儿童贫血患病504人，5岁以下儿童贫血患病率达5.14%，比上年同期上升1.93%，其中5岁以下儿童中重度贫血患病52人，5岁以下儿童中重度贫血患病率达0.53%，比上年同期上升0.28%。新生儿访视3137人，新生儿访视率达99.59%，比上年同期下降0.13%；6个月内婴儿母乳喂养调查3140人，母乳喂养3057人，母乳喂养率达97.36%，比上年同期下降1.03%，纯母乳喂养2450人，纯母乳喂养率达78.03%，比上年同期下降2.71%。

【出生缺陷监测】 出生缺陷监测基本情况：2015年10月至2016年9月，我区共监测围产儿2349例（男1243例，女1106例），发现出生缺陷儿20例（男10例，女10例），其中3例孕周不满28周，3例均为女性（唇裂合并腭裂2例，脊柱裂1例），出生缺陷发生率为7.24‰，比上年同期下降3.15‰。

监测到城镇围产儿2148例，农村围产儿201例；监测到城镇缺陷儿19例，农村缺陷儿1例。

20例出生缺陷顺位：外耳其它畸形6例，占缺陷总数的30%；小耳、多指、唇裂合并腭裂各2例，各占缺陷总数的10%；马蹄内翻足、并指、马蹄外翻足、多趾、脊柱裂、胎儿多囊肾、右耳无耳道、血管瘤各1例，各占缺陷总数的5%。

20例出生缺陷儿畸形确诊时间及诊断依据情况分布：

产前确诊5例，占25%，产后七天内确诊15例，占75%。超声诊断5例，占25%；临床诊断15例，占75%。诊断为出生缺陷后治疗性引产5例，占25%。

出生缺陷儿母亲孕早期及家庭史情况：

孕早期病毒感染5例，占缺陷总数的25%；孕早期服过药的4例，占缺陷总数的20%；接触过农药1例，占缺陷总数的5%。产妇异常生育史：自然流产1例，20例产妇家庭中均无遗传史，也无近亲婚配史。

出生缺陷儿性别及转归分布：20例出生缺陷儿中，男10例，女10例，男女发生率为1∶1。转归情况：存活15例，引产5例，无七天内死亡。

【产前筛查和新生儿疾病筛查工作】 2016年，全区共有产妇3123人，出生活产3150人，孕产妇产前筛查2862人，产前筛查率达91.64%，筛查出高危人数100人，高危率为3.49%，产前诊断85人，诊断率为2.72%，孕产妇产前诊断确诊4人，确诊率为4.71%。新生儿苯丙酮尿症筛查3067人，筛查率达97.37%；新生儿甲状腺功能减低症筛查3067人，筛查率达97.37%；新生儿听力筛查3070人，筛查率达97.46%。

【预防艾滋病、梅毒和乙肝母婴阻断项目工作】 2016年1月至12月，全区共有婚前保健人员4657人，接受HIV抗体自愿咨询检测4657人，自愿咨询检测率达100%；检测人员中，HIV抗体确认阳性10人，阳性率达0.22%；接受梅毒检测4657人，检测率达100%，检出梅毒感染11人，感染率0.24%。孕产妇接受HIV抗体自愿咨询检测3695人，自愿咨询检测率达100%；检出HIV抗体阳性孕产妇2人，阳性率达0.05%。孕产妇接受梅毒检测3695人，梅毒感染确认7人，感染率达0.19%；孕产妇乙肝两对半检测3695人，检出乙肝感染孕产妇47人，感染率达1.27%；乙肝感染产妇37人，乙肝感染产妇所生活产37人，及时注射乙肝免疫球蛋白和乙肝疫苗37人，及时阻断率达100%。

【免费婚前医学检查工作】 2015年10月至2016年9月，全区共有新婚人员4866人，婚前医学检查4458人，婚前医学检查率达91.62%，比上年同期下降1.96%；检出疾病254人，疾病检出率为5.70%，比上年同期上升0.20%，其中指定传染病69人，占总数的27.17%，指定传染病中性病15人，占指定传染病总数的21.74%；生殖系统疾病175人，占检出疾病总数的68.90%；内科系统疾病3人，占检出疾病总数的1.18%；其它疾病7人，占检出疾病总数的2.76%。对影响婚育的疾病提出医学意见的有169人，婚前卫生咨询4458人。

【农村孕产妇住院分娩补助项目工作】 2015年10月至2016年9月，江川区共有农村户籍产妇2789人，住院分娩2789人，住院分娩率达100%；农村孕产妇住院分娩补助2570人，补助金额达102.80万元，补助率达92.15%。人均住院分娩费用2014.27元，比上年上升40.79元；人均个人付费607.38元，比上年下降164.04元。2016年市级预拨我区的农村孕产妇住院分娩补助资金82.44万元，资金使用率达124.70%。正常产补助1834人，补助金额73.36万元，占补助人数的71.36%；阴道手术助产6人，补助金额0.24万元，占补助人数的0.23%；剖宫产补助730人，补助金额29.20万元，占补助人数的28.40%。

【宫颈癌免费检查项目工作】 2016年5月9日至6月2日，区妇计中心在全区范围内针对35～64岁、有性生活的农村妇女开展为期25天的农村妇女免费宫颈癌检查及HPV基因分型检测工作。

市级下达江川区农村妇女宫颈癌检查任务数1500人，实际检查1508人，任务完成率达100.53%。检查人员中以往接受过宫颈癌检查的人数为136人，仅占9.02%。结案1508人，结案率100%。结案人员中正常的有797人，占52.85%；异常有的711人，占47.15%。异常人员中生殖道感染人数646例，占42.84%。生殖系统良性疾病：子宫肌瘤23例，检出率为1.53%；其他良性疾病

42例，检出率为2.79%。异常人员中宫颈细胞学检查516例，检出异常／可疑病例57例，追踪57例。醋酸／碘染色检查992例，筛查出异常／可疑病例40例。电子阴道镜应检查97例，实查75例，检出异常／可疑病例17例，宫颈癌筛查中需作组织病理检查25例，实查22例，检测出低级别病变（CIN1）4例，高级别病变（CIN2和CIN3）6例，原位癌（AIS）4例。宫颈癌癌前病变共10例。早期诊断人数10人，早诊率100%；宫颈癌及癌前病变检出率663.13/10万；宫颈癌及癌前病变随访10人，随访率100%；宫颈癌癌前病变追踪转诊10例，追踪转诊率达100%；宫颈癌癌前病变转诊至上级综合医院治疗8例，宫颈病变治疗率为80%。

市级下达江川区HPV基因分型检测任务数2000例，共检测2002例，任务完成率达100.10%。检查人员中以往接受过宫颈癌检查的人数为190人，仅占9.49%。结案2002人，结案率100%。结案人员中正常的有1053人，占52.60%；异常有的949人，占47.40%。异常人员中生殖道感染859例，占42.91%。生殖系统良性疾病：子宫肌瘤32例，检出率为1.60%；其他良性疾病58例，检出率为2.90%。异常人员中HPV检测阳性108例，占5.40%。液基细胞检查75例，发现异常／可疑24例。醋酸/碘染色实查33例，发现异常／可疑8例，异常／可疑人员中需做电子阴道镜检查185例，实查164例。需作病检33例，实检27例，检测出低级别病变（CIN1）15例，高级别病变（CIN2和CIN3）6例，原位癌（AIS）5例，共查出癌前病变11例。早期诊断人数11人，早诊率100%；癌前病变检出率549.45/10万；宫颈癌及癌前病变检出率549.45/10万；宫颈癌及癌前病变随访11人，随访率100%；追踪转诊11例，追踪转诊率达100%；宫颈癌癌前病变转诊至上级综合医院治疗8例，宫颈病变治疗率为72.73%。

【免费孕前优生健康检查项目工作】 2016年1～12月，共完成免费孕前优生检查3174人（男方1585人，女方1589人），目标任务完成率达102.4%。评估咨询、指导服务3174人。其中高风险606人，面对面咨询指导或电话咨询240人。完成早孕随访4037人次，妊娠结局随访545人次。新增叶酸服用人数2485人，免费叶酸发放14910瓶，发放优生知识读本1340本。

【计划生育服务工作】 2016年1～12月，区妇计中心共做930例宫内节育环放置手术，1455例宫内节育环取出术，1040例计划外终止妊娠术。开展计划生育手术术后随访（B超生殖健康检查）1600余人次。

【危急孕产妇救助】 2016年省级配套5.84万元危急孕产妇救助经费，对患有产科严重合并症并实施危急抢救的孕产妇进行救助。全年共救助6例危急孕产妇，最高救助金额达25000元，最低救助金额达3000元，救助金额共计5.66万元。

【贫困孕产妇救助】 2016年1月14日，在区妇计中心四楼会议室召开江川区2015年贫困孕产妇救助基金兑现会，对符合补助标准的78名贫困孕产妇进行补助，最高的补助2000元，最低的补助500元。补助金额共计6万元。

【出生医学证明管理】 2016年1～12月份，共办理出生医学证明2690张。其中：首次签发2652张，换发8张，补发15张，废证15张，废证率0.56%，办证率100%。

【孕产妇免费筛查】 中心于2016年3月11～31日、2016年10月17日至11月9日，在全区范围内开展为期45天的两轮孕产妇免费拉网筛查。

两次共计筛查孕产妇2629人，筛查出有高危因素的928人，其中：轻度152人，重度高危558人，极重度高危218人。高危因素筛出率达35.30%。

【在园儿童体检】 2016年3月28～31日，妇计中心组织人员对区幼儿园在园的843名儿童进行健康体检，共体检838人，体检率达99.41%，筛查出轻度贫血36人，中度贫血1人，营养不良2例，发育迟缓2人，超重20人，肥胖1人，龋齿259人，弱视78人。

【健康教育】 2016年，共发放宣传资料8万份，出版报24期，发放光盘47张，举办专题讲座4期，开通“江川妇计园”微信宣传平台。区妇计中心一楼门诊电子屏每天进行妇幼保健知识、优生优育、预防艾滋病、梅毒和乙肝母婴传播知识及相关政策、法律法规等内容进行滚动宣传。

（周艳萍）

疾病预防控制

【省督导组到江川督导检查精神卫生综合管理试点工作】 2016年3月23日，省级督导组一行9人，在市级相关部门领导的陪同下，到江川区就精神卫生综合管理试点工作进行督导检查。

省督导组一行在副区长杨军萍的陪同下，到江川区精神重度残疾人托养中心、区民政局、区残联、区卫计局、区疾控中心、区人民医院和区大街街道卫生院等成员单位，对精神卫生综合管理试点工作开展情况进行实地查看和座谈，进一步了解全区精神障碍患者康复、随访和严重精神障碍管理模式，对相关工作环节进行现场指导和交流。

省督导组一行听取杨军萍作江川区精神卫生综合管理试点工作情况汇报。截至2016年底，全区累计建立档案管理精神障碍患者1107例，救助救治657例，规范管理率64.49%，省、市目标数药物治疗完成率71.97%，病情稳定率73.41%，试点工作任务落实到位，取得明显成效。

【市病媒生物防治督导组到江川检查工作】 2016年5月19～20日，由市卫计委、爱卫办及疾控中心组成的市督导组一行到江川区就申报“云南省病媒生物先进城区”前区工作进行督导检查。

市督导组一行4人在江川相关部门领导的陪同下，先后对部分宾馆饭店、学校食堂、定点屠宰场、车站、社区、商场超市、农贸市场、机关单位、建筑工地以及河道水体等重点部位和区域的病媒生物防制情况进行督导检查。专家组向工作人员了解除“四害”开展情况，严格检查防鼠、防蚊蝇等设施及消杀药品器具的使用情况，对于在检查过程中发现的一些问题，提出指导性意见和建议。

【在押人员学习禁毒防艾知识】

为提高在押人员对毒品危害性的认识和禁毒意识，在“6.26”国际禁毒日到来之际，江川区看守所开展对在押人员的禁毒防艾知识宣传。

针对在押人员知识层次不同的现状，看守所民警采用多措并举，多形式开展禁毒知识宣传。发禁毒防艾宣传单、毒品预防知识宣传手册共200份余；由驻所医生从毒品对人体健康危害、毒品与艾滋病的关系、艾滋病的预防知识等开展知识讲座；组织在押人员观看影视展播，自6月20日以来，江川区看守所利用每天早上学习时间，组织在押人员观看《毒海深渊》《与死神共舞》《防范新型毒品的危害》等影视宣传教育片，让在押人员形象、直观地了解毒品的种类及危害，提升在押人员知毒、识毒和拒毒意识，在监区营造禁毒宣传的氛围。

【举办“情系红丝带　爱在阳光下”防艾文艺晚会】 2016年7月8日，江川区举办以“情系红丝带　爱在阳光下”为主题的防治艾滋病文艺晚会。晚会由大街街道党工委和办事处、江川区卫计局联合主办，街道干部职工、村级文艺队、星抚之声以及县内文艺爱好者和学生参加表演。

晚会由“红丝带在飘动，爱与艾相连，爱在阳光下”3个篇章组成，目的旨在通过群众喜闻乐见的形式，使禁毒防艾宣传教育深入人心，号召全区群众和社会各界力量行动起来，让更多的人民群众加入到禁毒防艾的队伍中来，从自身做起，从现在做起，认清艾滋病的危害，珍爱生命、远离艾滋，共同创建健康、美好、和谐的家园。

【迎接病媒生物防制工作先进城区省级考核验收】 根据《国家卫生城市标准》，病媒生物防制工作是创建国家卫生城市的入门指标，创建城市“鼠、蚊、蝇、蟑螂”四项指标必须通过省级病媒生物防制先进城区考核验收，达到国家规定的C级标准。2016年10月25日，云南省病媒生物防制考核专家组一行对江川区病媒生物防制先进城区进行考核验收。

专家组主要通过现场检查、听取汇报的方式对江川区病媒生物防制进行考核验收。专家组分4个组深入机关单位、宾馆酒店、商场超市、餐饮店、学校医院、公园绿地、住宅小区、建筑工地等地对病媒生物防制工作进行实地检查考核。检查中，专家细致查看防蝇帘、挡鼠板、毒饵站等防制设施的安装使用是否正确、是否存在蚊、蝇孳生地、是否有蟑迹、鼠迹等情况，并向检查点人员询问了解平时病媒生物防制措施落实情况。

【防艾宣传走进戒毒所】 2016年12月1日是第29个世界艾滋病日。云南省第三强制隔离戒毒所邀请江川区疾控中心防艾专家开展艾滋病知识讲座，提高吸毒人员艾滋病防治知识知晓率，遏制艾滋病的传染及蔓延。

防艾专家分析国际、国内艾滋病防控形势，玉溪市、江川区艾滋病发病及控制情况，并就艾滋病的临床表现、传播途径以及吸毒感染艾滋病的实例，向戒毒人员进行讲解。从医学角度分析吸毒的危害，向戒毒人员传授艾滋病的预防方法。

（杨　虎）

爱国卫生

【加强城区环卫管理】 坚持卫生长效管理，加大对薄弱环节的整治力度，对街头巷尾，背街小巷，集贸市场，城郊结合部等卫生死角和街面的全日保洁。道路清扫保洁、公厕清掏清扫、垃圾日产日清率100%，机械化清扫率50%以上，洒水降尘率85%以上，共收集、清运生活垃圾总量28050吨，收集清运粪便45吨，并进行无害化填埋处理，对城区路灯进行全面检修与建设，对18只垃圾箱、12辆清运车、35只果皮箱等环卫设施进行维修维护；严格按照《道路清扫保洁质量考核标准》对承包地段实行日检月评的办法，以创卫指标要求，强化精细长效管理机制，保证城区街道环境卫生质量良好。力促城区卫生整治常态化、有序化及全时段、全方位、全天候将日常管理做到无间断、无空隙、无死角，向国家卫生城市目标迈进。

【加大城区绿化治理】 按创卫指标要求，加强城区街道的美化绿化管理工作，对人行道树、分绿隔离车带、草坪进行修枝造型，对死树进行清理，补植更换天竺桂7株、球花石楠24株、冬樱花33株、香樟12株、红花檵木球22个、叶子花球1288株、迎春柳324平方米，铺植草坪790平方米。针对江通路原绿化景观效果较差，更换种植胸径18公分香樟460余株，种植清香木1394.98平方米，迎春花1204.69平方米，红花石楠1284.89平方米，红叶石楠球273个，红花檵木球267个。在玉江路主次道路两侧及翠大线补植种植大树香樟228株。对11.38万平方米绿篱、22188株乔木、2.56万平方米草坪喷洒农药5遍，施肥3次。

【严肃查处违章占道】 加强查处违章占道经营、乱停乱放、乱帖、乱画的执法。清除违章占道4300处、清除乱贴小广告5200张，清理落地广告牌166起，规范门头店牌88起，查处乱挂乱摆23起；重点开展对散体物料运输专项整治，加大“飘、撒、滴、漏”及违法建筑的整治力度，查处违规散体物料运输222起，其中处罚31起，教育改正191起；查处违法建筑36起。

【开展春节爱国卫生运动】 为使人们在优美的环境中欢快地度过2016年新春佳节，在爱卫会的倡导和布置下，驻江各级部门、企事业单位，高度重视，认真组织，城镇乡村全民动员，人人动手，开展爱国卫生运动，彻底治理辖区内的环境卫生脏、乱、差现象。住建、公安、交通、卫计、文广体局及大街街道办事处、各乡镇等部门切实履行工作职责，精心布置，统筹安排，通力合作。充分利用广播、板报、电子屏等各种宣传媒体，广泛开展卫生知识宣传和教育，爱卫办还通过江川电子气象显示屏发出“2016年新春佳节即将来临！全县人民行动起来，大力整治环境卫生“脏、乱、差”现象；大力推广“送烟=送危害”公益广告及相关卫生知识宣传”。广播电视技术管理中心，结合江爱卫发〔2016〕1号文件精神，在江川电视台黄金时段安排播出《健康面对面》节目，播出6期，每期20分钟，向广大群众宣传日常卫生知识、健康保健知识、卫生防病知识，江川电视台《江川新闻》，共播出新闻7条，并反复滚动播出“送烟=送危害”公益广告和全方位报道江川迎新春爱国卫生运动开展情况。疾病预防控制中心如数转发省配发的“送烟=送危害”的宣传画册300张、宣传册子200张和宣传袋子50个到相关窗口单位，利用新春佳节传播控烟理念，让回家过年的人都能接受一次洗礼，从而降低人群吸烟率，逐步改变公众“以烟为礼”的风气，提高全民卫生防病知识。为迎新春开展爱国卫生活动营造良好的舆论氛围。

春节期间城乡环境、食品卫生、交通秩序和市场秩序井然有序，城镇乡村面貌一新。据不完全统计，城区共清运垃圾890吨，乡镇清除垃圾2370吨，保障人们在清晰舒适的环境中欢度2016年新春佳节。

【开展四月爱国卫生月活动】 2016年4月，是全国第28个爱国卫生月。为开展好四月爱国卫生月活动，达到以月促年，向创国卫目标奋进。区爱卫会根据上级精神，结合江川实际，下发江爱卫〔2016〕3号文件，要求各级各部门要紧紧围绕“清洁家园、灭蚊防病、健康你我”主题，广泛开展爱国卫生运动。紧紧围绕“国家卫生城市”指标，使爱国卫生工作有部署、有行动、有总结、见成效。

利用广播电视、板报宣传栏等形式开展宣传，江川广播台电视台积极发挥舆论监督作用，及时宣传报到好的经验和作法，对脏乱差突出问题进行曝光，引导群众自觉革除乱扔、乱吐、乱画、乱张贴的陋习，结合开展健康城市建设，拓展互联网、移动客户端等新媒体宣传平台，利用街道、社区、公园、单位等宣传阵地，重点宣传以合理膳食、适量运动、戒烟限酒、心理平衡为重点的健康生活方式和寨卡病毒病、登革热、黄热病等蚊媒传染病防治要点，提高群众健康素养和防病意识。促使广大群众养成健康的生活和良好的行为习惯。区广播台播出相关新闻38条、卫生公益广告121条，开播《健康生活栏目》4期；区电视台播出相关新闻121条、卫生新闻报道13条次，开播《健康面对面栏目》4期。爱卫办除发文件安排外，又在气象电子屏幕上向全区发出反复宣传动员的简讯，以助推爱卫月活动掀高潮。卫计、教育、各乡镇人民政府和街道办事处及各群团组织还结合实际，大力开展健康教育，普及卫生防病知识，广泛宣传《禁止毒品预防艾滋病》《卫生与保健》《保护环境教育》及手足口病等其它传染病的科学预防知识，引导广大群众和中小学生增强健康意识，提高自我保健能力。卫计系统出宣教展板67块，发放宣传资料23580份；教育系统各中小学校出黑板报136期，发放宣传资料13636份，上卫生健康教育课803节；江城镇广播宣传360次，出黑板报82期，出宣教展板65块，开专题会议2次；雄关乡出黑板报11期，出宣教展板7块，发放宣传资料2026份；团区委组织各级团委悬挂标语12期，出宣教展板16块，发放宣传资料300份。

以环境卫生整治为重点，活动重心放在城区、集镇和城乡结合部，按照属地管理的原则，广泛发动群众，组织动员各方面的社会力量，切实搞好日常保洁，从根本上解决脏、乱、差的问题。

城区加强集贸市场、背街小巷、住宅小区、城中村的环境卫生整治和狠抓小旅馆、小餐饮店、小浴室、小美容美发厅、小歌舞厅的治理。各单位开展卫生突击行动，清理院内、楼道乱堆乱放、乱贴乱画，清除卫生死角，疏通污水沟道，填平坑凹，清除蚊蝇虫媒孳生地。清除街道、巷道、公厕、宿舍等墙面上乱贴广告和乱喷涂的办伪证电话号码。进一步整顿市场秩序和交通秩序，完善和落实“门前三包”责任制，搞好单位门前和内部的环境卫生。区住建局为做好81.2万平方米城区街道的清扫保洁工作，城区垃圾日产日清，不留死角，共运垃圾1710吨，并对9座公厕粪池进行保洁抽吸粪水25吨，清除卫生死角1处，对城区垃圾桶厢和果皮箱进行清洗，坚持每天出动洒水车16车次沿街洒水降尘。教育局组织师生2.32万余人次，开展环境卫生整治活动，清除垃圾50吨、出动车辆93辆次、清理污水沟6525米、清除乱贴乱画小广告465张、清除卫生死角35处。公安局出动200余人次，出动车辆3辆次，重点对内部公厕、下水道阴沟、生活居住和办公区卫生及食堂进行彻底冲扫、疏通、整治，共清除垃圾1.3吨，清理污水沟146米，卫生死角8处。开展城区道路交通专项整治，用足设备、调动人员、合理分散交通，严查无证驾驶、涉牌涉证、飙车酒驾、超速超员、不按规定车道行驶、城区乱停乱放和违反交通信号等交通违法行为。加强对拖拉机、三轮摩托车、中型以上货车等高噪音、高尾气排放车辆，严格执行早8时至晚8时中心城区限入规定。城管执法局清除违章占道230处，清理大街小巷非法张帖和喷涂的小广告1400张，督促落实“门前三包”责任制，加大对商户的宣传教育，保证店门面干净卫生。工信局全力推进对大街市场爱国卫生活动月的工作，落实相应工作措施，保证市场的正常经营秩序，保证农副产品经营正常进行，增加人员确保大街市场内的卫生清扫，加大卫生死角清理，维护市场经营秩序，有力地促进市场的交易秩序与环境卫生的整治工作。活动中，清除市场大门、走道、墙面上乱贴、乱涂的广告和办虚假证件的电话号码100张（份）。对乱停乱放的各种车辆进行规劝、教育，并指定地点有序停放。对已承包的公厕进行检查，督促随时经常清扫保洁除臭。确保市场无积存垃圾，当月清理清运垃圾5吨，市场的环境卫生明显改善。

农村结合美丽乡村和美丽家园建设，充分发挥乡镇、街道、单位等基层组织作用，动员基层单位，集中开展清理整治活动。重点清理村镇入口以及公路、沟渠沿线的生活垃圾。动员群众开展家庭卫生大扫除，加强厕所、畜圈卫生保洁，对室内和房前屋后的环境进行清理，铲除蚊虫孳生环境，从源头上控制蚊虫孳生。城乡结合部针对存在的主要卫生问题，采取措施认真解决。为广大群众营造健康、宜居、和谐的生产生活环境。江城镇组织村组5300人次，出动垃圾车168辆次，清扫街道98587米，清理污水沟渠49870米，清理公厕216个，清除违章占道208处，清除乱贴乱画小广告983张，清除卫生死角135处，清运垃圾2870吨；大街街道组织村组7500人次，出动车辆36辆次，清扫道路11264米，清理污水沟渠7710米，清扫公厕183个，清除乱贴乱画小广告510张，清理卫生死角50处，清运垃圾81吨；前卫镇组织村组2375人次，出动车辆31辆次，清理污水沟渠1203米，清除乱贴乱画小广告18张，清除卫生死角37处，清运垃圾152吨。

各级相关部门严格按照《食品安全法》和《公共卫生管理条例》对全区公共场所、宾馆、饭店、学校食堂、酒店和农家餐饮业及食品生产经营单位进行卫生监督，坚决杜绝卫生不合格的食品上市，严厉查出违法经营者，杜绝食源性疾病发生。监督检查公共场所经营单位40户。其中，住宿场所15户，理发美容场所20户，其它公共场所5户，发放卫生监督意见书40份。抽查食品单位156个，同时，加强对饮用水源水质安全监测与管理，抓好各道关键环节，对9家集中式供水单位，10家二次供水单位，5家自备水源学校，4个分散式供水点进行监督检查和抽检，发放卫生监督意见书28份。对自来水和101口供水井及城区740个二次供水水箱的安全卫生进行一次检查，对存在二次供水安全的水池下发清洗消毒意见书，要求保持水质达标，防止水源性疾病的流行，确保人民群众的身体健康。

【开展第二十九个世界无烟日活动】 今年5月31日，是世界卫生组织发起的第二十九个世界无烟日。为认真开展这次活动，结合江川实际，区爱卫会及时下发7号文件提出要求，同时发出相关宣传材料“世界卫生组织烟草控制框架公约”和“吸烟危害相关知识”297份，并确定5月30日至6月3日为控烟宣传日时间。

全区上下为进一步贯彻落实江川区委办公室、区人民政府办公室《关于领导干部带头在公共场所禁烟有关事项的通知》要求，围绕“为平装烟包做好准备”“拒绝烟草的危害”的主题，以及“无烟城市，让生活更美好”和《世界卫生组织烟草控制框架公约》《吸烟危害相关知识》为主要内容，以版报、广播、会议、电子屏幕及禁烟标志和发放宣传材料等方式大力开展“吸烟有害健康”的宣传活动，广泛动员各行政机关、社会团体及企事业单位积极参与控烟工作，以巩固创建无烟医院为基础，拓展争创无烟学校和无烟政府机关为切入点，开展室内公共场所和工作场所禁止吸烟活动。

文化广电和体育局利用江川广播电视台及时转播中央、省、市级广播电视宣传“吸烟有害健康”活动的节目，及全国开展第二十九个世界无烟日活动的情况和在广播台、电视台开设戒烟话题栏目，宣传“吸烟及二手烟危害”和“公共场所做自觉控烟的表率”的控烟宣传活动，以提高公众对烟草危害的认识，推进实现“无烟城市，让生活更美好”的理念。利用电子屏幕滚动播放相关知识内容，悬挂横幅、摆放展板、设立咨询台、印发宣传资料、传单300余份，向广大群众积极宣传吸烟与被动吸烟的危害，提高人们对烟草的认识，知晓纪念日的重要性的含意，增强人们控烟戒烟意识，号召广大群众为了自己和家人的健康，远离香烟的侵害，养成健康的生活习惯。同时将青铜器博物馆列为公共无烟区，合力营造浓厚的控烟履约氛围。

卫生医疗单位为进一步加大控烟宣传和健康教育工作力度，提高公众对烟草危害的认识，维护人民群众健康，共创无烟环境，切合“无烟城市，让生活更美好”主题，主动配合做好“玉溪市国家卫生城市”江川区创建促进工作。通过现场讲解咨询，发放宣传材料等方式开展宣传。各医院控烟宣传员在医院门诊候诊厅、住院部大厅、戒烟门诊等区域进行控烟知识的宣传，以口头教导的形式对来往的就诊病人及家属进行现场宣传教育，讲解吸烟对人体的各种危害，劝导烟民及早戒烟，指导戒烟的方法与技巧，并通过显示屏滚动标语和宣传栏开展控烟宣传。同时，要求医院全体职工带头遵守控烟规章制度，劝阻吸烟行为，做好控烟表率。5月31日，由区疾控中心联合江川区医院、中医医院、大街街道卫生院出动宣传车1辆，到人流密集的江川客运站和同客运站一道开展控烟宣传活动，以发放宣传单、折页、粘贴宣传画的方式，并利用江川综合气象平台发布控烟宣传主题，号召广大群众参加到控烟活动中来，在公共场所带头不吸烟和劝阻他人不吸烟。共发放宣传材料500份，促成460辆客运车在车内完善张贴禁烟标志，做到全部客运车辆禁烟，深受广大群众的好评。

教育系统积极组织师生参与活动。加强学生行为习惯养成，各校充分利用“无烟日”活动，在师生中广泛开展“吸烟有害健康”的宣传教育，利用健康教育课程组织学习《世界卫生组织烟草控制框架公约》《未成年人保护法》《预防未成年人犯罪法》《中小学生守则》《中小学生日常行为规范》等法律法规；按照《云南省创建无烟学校实施细则（试行）》的要求，各校举行以“拒吸第一支烟，做不吸烟的新一代”为主题的控烟宣传活动，利用升国旗仪式举行控烟启动宣誓仪式73场次；充分利用校园广播、板报、专栏、征文、演讲等形式，开展形式多样、丰富多彩的“禁烟、控烟”宣传教育活动，全区学校宣传“禁烟、控烟”知识出黑板报73期，进行校园广播140余次，在大门口、会议室等设立禁烟标志、挂图300余幅。为创建无烟学校起到积极作用。

共青团江川区委动员各级团组织志愿者70余人深入7个社区，在宣传栏上张贴禁止吸烟的警示语，让群众了解吸烟对人体健康尤其是对尚未发育完全的青少年的危害。在人口密集的集市由志愿者们走上街头，向过往群众发放戒烟倡议书及宣传单，并详细讲解戒烟对健康的益处、戒烟的方法和步骤等常识及控烟禁烟的相关法律知识，唤起烟民为自己和家人的健康，不吸或少吸烟，远离香烟的侵害，共发放相关宣传资料500余份。

【加强健康教育】 各级大力宣传卫生科学知识，发放卫生知识宣传材料39512份；展板155块，出宣传栏板报229期，使广大群众健康意识和自我保健能力得到提高；同时，加强学校卫生常识教育，使学生从小养成讲卫生、爱卫生的良好习惯，促进他们健康成长。

【开展创建卫生村活动】 根据玉溪市人民政府办公室关于印发玉溪市卫生村检查考核管理办法（试行）的通知，按照云南省卫生村检查评比标准及考核管理办法，开展创建卫生村活动，坚持自愿和合格一个申报一个的原则。2016年，在爱卫办的指导、督促和检查及考核的基础上，申报大街街道河咀社区居民委员会、九溪镇六十亩村委会两村同获“玉溪市卫生村”的荣誉称号；申报大街街道大庄社区居民委员会、三街社区居民委员会两村同获“云南省卫生村”的荣誉称号。

【开展以灭鼠为重点的除四害活动】 认真开展以灭鼠为重点的除“四害”活动。区属各单位、各乡镇认真准备，开展以灭鼠为重点的除四害活动，对生活环境进行药物喷洒，投放灭蟑药395千克，灭蚊灭蝇109199平方米，有效降低蚊、蝇、蟑螂的密度，城区投放灭鼠毒饵520千克，对消除四害孳生场所，改善卫生状况收到良好效果，有效预防鼠类传染病的发生。

【申报云南省病媒生物先进城区】 2016年2月，江川已成功撤县设区，隶属玉溪市直辖，自动进入全市国家卫生城市创建行例。为全面迎接2018年玉溪国家卫生城市复审，根据《云南省爱卫办关于进一步规范创建国家和省级卫生城镇工作管理程序的通知》和国家卫生城市10项必备条件要求，1992年江川已成功创建灭鼠先进县城，至2014年已连续五轮巩固荣誉称号，在申报“蟑、蚊、蝇”三项防制工作达到国家病媒生物控制密度C级水平标准。2016年4月完成江川区申报“云南省病媒生物先进城区”全部材料的上报工作。

【玉溪市病媒生物防治督导组到江川检查工作】 5月19～20日，由市卫计委、爱卫办及疾控中心组成的市督导组一行到江川区就申报“云南省病媒生物先进城区”工作进行督导检查。

市督导组一行4人在江川相关部门领导的陪同下，先后对部分宾馆饭店、学校食堂、定点屠宰场、车站、社区、商场超市、农贸市场、机关单位、建筑工地以及河道水体等重点部位和区域的病媒生物防制情况进行督导检查。每到一处，专家组都向工作人员详细了解除“四害”开展情况，严格检查防鼠、防蚊蝇等设施及消杀药品器具的使用情况，对于在检查过程中发现的一些问题，及时提出指导性意见和建议。

在5月20日下午召开的情况反馈会上，市督导组在认真听取副区长杨军苹代表江川区所作病媒生物防治工作情况汇报后。充分肯定江川区委、区政府多年来高度重视城区除四害工作，目前又把巩固“灭鼠”先进城区达标成果和“防蚊、防蝇、防蟑螂”的先进城区达标申报工作作为迎接2018年“玉溪市国家卫生城市”复审，江川区达标的一项重要工作来抓，坚持开展以环境治理为重点的综合整治，坚持突击性大规模和经常性灭害工作相结合，大力开展除害防病为重点的群众性爱国卫生运动，做到思想不松，力度不减，按计划、有步骤地开展达标巩固工作。经过努力，全区除害工作取得一定成效，鼠、蝇、蚊、蟑螂密度常年控制在一定的范围之内。

【江川区申报病媒生物防制先进城区工作接受省检查考核】 10月25日，由云南省爱卫会组成的病媒生物防制考核验收组一行，到江川区就申报“云南省病媒生物先进城区”工作进行考核验收。

专家组一行4人在市区相关部门领导的陪同下，按照《云南省病媒生物防治先进城区考核与管理办法》，主要通过现场检查、听取汇报的方式对江川城区病媒生物防制进行考核验收。专家组分四个组深入城区机关单位、宾馆酒店、商场超市、餐饮店、学校医院、公园绿地、住宅小区、建筑工地等地进行实地检查考核。检查中，专家认真细致地查看防蝇帘、挡鼠板、毒饵站等防制设施的安装使用是否正确、是否存在蚊、蝇孳生地、是否有蟑迹、鼠迹等情况，并向检查点人员询问了解平时病媒生物防制措施落实情况。

考核组一致认为，江川城区病媒生物防制工作领导重视、保障有力、措施到位、成效显著。考核组在充分肯定成绩的同时，针对检查考核中存在的问题，还提出意见和建议：要继续加大环境卫生整治力度，消除蚊、蝇孳生地；要注重病媒生物防制工作中的细节，加强规范性管理；要进一步加强灭蟑工作力度；要继续加大对餐饮店的监管力度，严禁出现回潮反弹；要建立病媒生物长效机制，使病媒生物长期控制在标准水平。

【召开国家卫生城市创建达标工作培训会议】 为推进江川区国家卫生城市创建达标工作，进一步明确工作职责，确保2018年顺利通过玉溪市国家卫生城市复审。

11月17日下午，江川区召开爱国卫生委员扩大会议暨国家卫生城市创建达标推进工作培训会议，区爱卫会各委员部门，区国家卫生城市创建达标工作指挥部和专业组工作成员，各乡镇、大街街道分管领导和业务人员及相关村社区主任，卫计系统主要单位领导等90余人参加会议。会议由副区长、区爱卫会常务副主任、区国家卫生城市创建达标工作指挥部副总指挥杨军苹主持，玉溪市国家卫生城市创建指导专家亲临会场进行辅导。杨军苹对江川区国家卫生城市创建达标工作进行安排部署：一是要统一思想，提高认识；二是要明确步骤，细化措施；三是要突出重点、统筹谋划；四是要强化措施，周密布置。并要求各级各部门要精心组织，履行职责，背水一战。一把手总负责，亲自抓；分管领导具体抓，抓具体。按照签订的创卫目标责任书要求，对照《国家卫生城市标准》逐项逐条加以落实，认真完成好各自承担的任务。住城区各单位要广泛发动群众对辖区环境卫生进行综合治理，在2017年底实现各项工作指标达标，确保2018年顺利通过玉溪市国家卫生城市的复审。

（李明川）

社 会

编辑 徐凡清

人力资源和社会保障

【概 述】 2016年，玉溪市江川区人力资源和社会保障局围绕“民生为本，人才优先”工作主线，深入实施“促就业、重保障、惠民生、强人才”工作战略，坚持“对标一流，争先进位”，深化改革、务实创新、勇于担当、狠抓落实，推动江川区人社工作整体跃升，实现“十三五”开门红。

【公务员培训】 完成2016年度公务员和参公人员的人才统计上报工作。组织44名新招录的公务员参加初任培训，34名公务员参加任职培训。组织政府系列959名公务员参加公务员通用能力培训。

【专业技术人员教育培训】 2016年，结合专业技术人员本职工作开展继续教育培训，改善知识结构，提高专业技术人员队伍素质，2016年专业技术人员继续教育培训2559人次。

【职称改革】 教育、农业、水利、建设等系统共申报高、中、初级专业技术职务480人，其中：正高级7人，副高级204人，中级112人，初级157人。非公企业申报73让你，其中：副高级11人，中级15人，初级47人。已评审通过423人，其中：正高级3人，副高级135人，中级130人，初级156人。开展鼓励专业技术人员到基层服务工作，上报乡镇基层专业技术人员需求岗位74个。云南江磷集团股份有限公司被遴选认定为云南省第二批专家基层科研工作站。开展第三批专家基层科研工作站申报工作，申报江川区欣宇机械事业有限公司和玉溪云星生物科技有限公司。

【事业单位岗位设置】 完成事业单位岗位聘用1324人。放宽政策聘任的高级专业技术人员182人，其中：区级事业单位18人，乡镇事业单位164人。属放宽政策的这164人中教育系统140人，农业系统11人，林业系统7人，文化系统4人，环境系统2人。聘用合同签证1077人，解聘32人，终止136人。

【公务员年度考核】 完成2016年度公务员考核，全区应参加考核人数1054人，实际参加考核人数1052人，未参加考核人数2人（1人病假超过半年，1人被拘役），其中：优秀206人，称职804人，基本称职1人，不定等次41人。

【专业技术人员年度考核】 完成2016年度事业单位工作人员考核，事业单位实有3825人，应参加考核人数为3825人，实际参加考核人数为3726人，未参加考核人数99人，其中：优秀等次551人，合格等次3035人，基本合格等次2人，不合格等次1人，未定等次137人。

【农村乡土人才培养】 江川“铜锅王”民间手工艺人陆培兴荣获“云岭首席技师”荣誉称号，成立大师工作室，以培训带动就业和民族民间特色工艺发展，为江川传统乡土人才培养探索出一条新路子。扶持农民工莫小宽自主创业，并获“全国优秀农民工”荣誉称号，并带动当地农民致富。

【毕业生就业指导】 重新设定《江川区大中专毕业生报到登记表》，对报到的学生个人信息进行登记输入数据库中保存，全年共有996人应届高校毕业生登记报到。组织供需见面会2次，提供就业岗位1451个（其中适合高校毕业生岗位1451个），签订就业意向416人，参加求职人员1200人次。目前，尚未就业的大中专毕业生848人，其中：应届毕业生805人，往届毕业生43人。

【人事代理】 以人才中心为载体，以档案管理为核心，以优质服务为宗旨，以创新为突破口，加强对档案材料的完善管理工作。目前，江川区共有1601人进行人事代理，其中，事业单位聘用1348人，其他253人。

【人员流动管理】 事业单位办理调动103人，其中：调出9人，调入18人，区内流动69人；公务员（参公）办理调动34人，其中：调出10人，调入4人，区内流动20人。

【人事考录】 进一步健全和完善事业单位公开招聘制度，实现事业单位公开招聘的制度化、规范化和科学化。公开招聘157人，其中教育系统公开招聘教师76人，卫生系统公开招聘工作人员25人，定向招聘服务期满高校毕业生4人，其他事业单位公开招聘52人；提前招聘高中教师34人，卫生系统提前引进医护人才4名，全科医生安置1人。

【军转安置工作】 做好全区57名企业军队转业干部的维稳与解困工作，发放26名企业军转干部的困难生活补贴401700元，春节慰问12人。接受安置自主择业军转干部1人，做好9名自主择业军队转业干部的管理工作。

【工资变动审批工作】 职务变动晋升工资和事业单位岗位变动680人；办理特殊岗位津贴变动59人；121人见习人员办理转正定级手续。办理丧葬抚恤费及遗属困难补助41人。

【退休审批】 机关事业单位按政策办理退休共102人，其中因病提前退休1人。企业及自谋职业者179名职工办理正常退休手续，其中特殊工种、因病退休11人。

【工伤认定和劳动能力鉴定】 全年共收到工伤申请158件，受理158件，其中，个人申报的2件。由市人力资源和社会保障局认定158件，其中：属于工伤的150件，不属于工伤8件。需要劳动能力鉴定29人，经市劳动能力鉴定委员会已鉴定30人，其中：因工鉴定20人，因病10人，因病完全丧失劳动能力10人。

【就业再就业】 城镇新增就业2295人，城镇失业人员再就640人，特殊困难群体再就业632人，开发公益性岗位520人，城镇登记失业率3.32%。“贷免扶补”扶持创业80户，小额担保贷款扶持创业550户，小额担保贷款扶持劳动密集型小企业户数为5户。宣传大学生创业扶持政策，发放“两个10万元”扶持的个人或企业20户，2016年“就业创业玉溪”大学生创业场租补贴5户，推荐优秀创业实体3户。

【农村劳动力转移】 农村劳动力转移就业942人，农村劳动力培训704人，专项对安化彝族贫困乡60户建档立卡贫困人员开展职业技能培训。

【企业养老保险】 企业基本养老保险参保385户，其中：国有84户，集体7户，外资1户，其他企业（含股份制和私营企业）293户。企业参保10114人，企业离退休人员参保3534人。企业职工基本养老保险应收缴基金7320元，实际收缴7282万元，收缴率99%；发放3534名企业离退休职工养老金9012万元，发放率100%。

【机关事业单位养老保险】 机关事业单位参保户数172户，参保职工5079人，机关事业单位离退休人员参保1878人。应收缴基金9553万元，实际收缴9553万元，收缴率100%；发放1878名行政事业单位离退休职工养老金10127万元，发放率100%。

【被征地农民养老保险】 2016年，为536人办理被征地农民养老保险，收取个人保险费及政府补贴收入269.03万元；为5045人发放被征地农民养老保险养老金及退保金337.98万元。

【新型农村和城镇居民养老保险】 城乡居民社会养老保险参保人数14.96万人，参保率98.6%。累计为3.8万名60岁以上老年人累计发放养老金3740万元。办理退保1845人，支付退保金100.35万元。发放重度残疾人养老金补助

7.64万元，为1117人发放丧葬补助费67.02万元。

【城镇职工基本医疗保险】 参加城镇职工基本医疗保险的单位411户，参保人数14046人。

【城镇居民基本医疗保险】 参加城镇居民基本医疗保险15079人。

【新型农村合作医疗保险】 应参合人数241921人，实际参合237768人，其中，农转城参合人数27442人，参合率98.28%。全区共减免补偿901388人次，收益率379.1%。

【失业保险】 执行《云南省失业保险条例》，做好失业人员的接收、登记工作。参加失业保险的人数有7207人，失业保险费收入626万元，1449人次领取失业保险金，发放失业保险待遇104.73万元，为501人次失业人员代缴医疗保险14.25万元。

【工伤保险】 全区工伤保险参保人数有15411人，其中企业参保10002人，机关事业单位参保5409人。工伤保险基金应收缴347万元，实际收缴342万元，收缴率98%；工伤保险待遇支付624万元，其中，支付企业职工561万元、机关事业单位职工63万元。

【生育保险】 生育保险参保9602人，其中企业参保4193人，机关事业单位参保5409人。生育保险应收缴基金112万元，实际收缴112万元，收缴率100%；生育保险待遇支付744万元，其中，支付企业职工310万元、机关事业单位职工434万元。

【劳动合同登记备案】 严格按照合同登记备案的要求，对542户用人单位6323人的劳动合同进行登记备案，劳动合同签订率97%。审批执行不定时工作制1户，涉及职工14人，签订5个区域性工资集体协商合同，覆盖企业180户，单独签订工资集体协商合同的企业61户，签订2个行业性工资集体协商合同，共涉及劳动者7346名职工，集体合同签订率93%。

【劳动人事争议案件处理】 办理劳动人事争议案件45件，涉及当事人45人，其中调解14件，撤诉4件，不予受理1件，裁决25件。结案率100%。

【信访工作】 落实信访工作十项制度，做好来信来访工作，及时答复群众咨询的政策问题，共接待涉及工资、工伤、福利等问题来访群众300人次，妥善处理信访案件7件，按照规定100%结案。

【社会保险登记】 根据《社会保险费征交暂行条例》《社会保险登记管理暂行办法》的规定，督促用人单位办理社会保险登记。2016年，共发放社会保险登记证829份，其中机关和社会团体90份，事业单位161份，企业423份，其他169份。

【劳动监察】 组织开展劳动保障执法年审，共审查各类用人单位502户。全面推进农民工工资保证金制度，保障农民工工资支付。共有54户建筑施工企业上缴农民工工资保证金1952.57万元。2016年，为278名农民工追回所欠工资233万元，及时协调解决14起欠薪来访事件。

【日常巡查】 做实日常巡查工作，规范用人单位的用工行为。先后对辖区内各类用人单位188户次进行巡查，达到预期的日常巡查的目的。

【专项检查】 开展以“农民工工资支付”“清理整顿人力资源市场”等为内容的专项检查4次，检查用人单位33户。对检查中存在违法行为的用人单位严格进行整改，及时纠正存在的违法行为，维护社会的稳定。

【企业退休人员社会化管理服务】 全区建立自管学习大组8个，以各社区、村（居）委会建立自管学习小组75个，全区企业退休人员3856人，其中：机关事业单位退休工人324人，企业退休人员3532人。全区实现企业退休人员社会化管理率100%，社区管理率99.03%。全年走访看望生病住院退休职工573人次，报销金额17470元；对病故退休职工家属进行安抚并协助办理丧事59人次，报销金额8850元。

（李江艳）

机构编制

【概 述】 2016年，江川区委编办按照“五位一体”总体布局和“四个全面”战略布局，主动服务江川经济发展新常态，突出深化改革、强化管理主线，切实贯彻创新、协调、绿色、开放、共享五大发展理念，坚持问题导向找准改革切入点，坚持目标导向找准管理突破口，在控编减编、推进简政放权、深化行政管理体制改革、政府职能转变、综合行政执法改革、相关重点领域体制改革、部门自身建设等方面取得明显成效，为推进江川撤县设区后的发展开好局、起好步提供坚实保障。

【控编减编工作】 2016年，江川编办抓好江川区控编减编工作任务分工的贯彻落实，行政编制、政法专项编制实行“退三进一”，事业编制实行总量调剂、增减平衡，机关工勤编制实行“退一减一”、逐年核减。实现政法专项编制、行政编制、事业编制总量不超过市编委核定江川区的编制总量。

【机构编制管理】 2016年，江川编办坚持“改善结构，紧缺急需，核得出去，收得回来”的原则，将周转编制的使用与消化超编人员结合起来，提高行政周转编制使用效率。2016年共收回行政周转编制3名；通过组织、人事部门配合，从超编的区直党政群机关选派优秀公务员到乡镇机关或其他空编机关任职或挂职锻炼；政策性安置人员适当考虑向乡镇（街道）倾斜，加快超编机关人员分流步伐。利用组织调配干部的手段，将党政群机关超编的工作人员调入参照公务员法管理的事业单位工作。今年已从超编机关调出3人到参公单位工作；严格空编管理制度。及时办理退休手续，核减编制与工资。退休、外调等自然减员空出的编制，严格控制自然减员的空编使用，出现空编的单位需要补充工作人员时，只能从区内超编单位选调；在编制总量内跨部门带编制调配工作人员，保证重点工作的人员编制。

【机构编制监督检查】 2016年，江川编办将《云南省机构编制监督检查办法》转发到各单位，制作小册子，以小册子的形式向各部门宣传，并在江川电视台播放，提高群众的知晓率；履行机构编制监督检查职能，加大机构编制违纪违规行为查处力度，严肃查处“条条干预”、超限额设置机构、不按程序或越权审批机构等行为；全面推行机构编制实名制管理，每月按时完成实名制系统的信息更新工作，确保实名制系统的数据与工资核发的数据一致；联合纪检、人社、财政等部门，组成督查小组，对规范机构名称管理等工作进行督查；完善考核标准，加大对机关事业单位、乡镇（街道）的年终考核工作。

【机构编制综合调研】 2016年，江川编办聚焦改革和管理重大问题，围绕加快政府职能转变、理顺层级关系、优化政府组织结构、完善政府运行机制、集中行使行政审批权、统筹推进党政群机构改革、完善园区管理体制等课题，深入开展基础性研究，为深化改革、强化管理做好政策准备和方案储备。2016年开展全区机构编制工作调研，形成有价值的调研报告6个。

【抚仙湖环境资源保护管理体制改革】 扎实推进抚仙湖管理体制改革，探索生态文明建设新机制。按抚仙湖径流区职责权限划分，完成径流区统一托管机构编制移交协议，并按要求配合澄江县做好托管区域机构编制日常管理工作。

【整合城乡居民基本医疗保险职责】 成立玉溪市江川区医疗保障基金管理中心，在玉溪市江川区医疗保险基金管理中心加挂“玉溪市江川区医疗保障基金管理中心”牌子。将新型农村合作医疗保险管理职能、职责和人员划入玉溪市江川区医疗保障基金管理中心。

【成立玉溪市规划局江川分局】 成立玉溪市规划局江川分局，为财政全额拨款的事业单位，机构规格相当于正科级，核定事业编制10名。原江川县住房和城乡建设局规划股职责划入玉溪市规划局江川分局，取消江川县住房和城乡建设局规划股。

【上划玉溪市国土资源局江川分局】 结合江川撤县设区工作，江川县国土资源局更名为玉溪市国土资源局江川分局，人财物统一上划至玉溪市管理。

【设立巡察办】 经2016年10月8日区编委会研究，2016年10月20日区委常委会议审议通过，决定设立中国共产党玉溪市江川区委员会巡察工作领导小组办公室（简称“巡察办”）。中国共产党玉溪市江川区巡察工作领导小组办公室主要职责是负责区委巡察工作的组织、协调、督查、服务、保障和联络等工作。“巡察办”为区委工作部门，设在区纪委，机构规格为正科级。

【成立其他机构】 2016年，经区编委研究同意，撤销玉溪市江川区人大常委会机关工作机构财政经济工作委员会，成立玉溪市江川区人民代表大会财政经济委员会；在区委组织部设立了“非公有制经济组织和社会组织党建工作股”；成立玉溪市江川区旅游发展服务中心；成立玉溪市江川区职工服务中心、玉溪市江川区媒体管理服务中心、玉溪市江川区政府采购和出让中心、玉溪市江川区政府和社会资本合作（PPP）项目管理中心和玉溪市江川区机关公务用车服务中心。

【推进综合行政执法改革】 江川区设立玉溪市江川区城市管理局，加挂玉溪市江川区城市管理综合行政执法局牌子，为区政府工作部门，机构规格为正科级，强化城市管理综合行政执法局主体地位。

【创新公益类事业单位体制机制】 根据中央、省、市统一部署，继续稳妥推进承担行政职能事业单位和生产经营类事业单位改革。严格管理行政类、生产经营类、公益类事业单位编制，做好盘活存量、内部挖潜工作。根据上半年对全区事业单位的调研情况，以区文化广电和体育局所属部分事业单位作为试点进行调整，撤销玉溪市江川区微波站、玉溪市江川区人民广播电台、玉溪市江川区电视转播台及玉溪市电视台江川记者站，组建玉溪市江川区广播电视台。优化事业单位资源配置，加大对规模过小，设置过于分散，职能交叉、弱化、消失的事业单位调整、整合力度，提高事业单位的运行效能和服务水平。

【事业单位法人登记和年检】 2016年江川区采取事业单位自查、举办单位审核、网上申报、登记管理机关网上审查的方式进行事业单位法人登记和年检。全年共登记事业单位161家，年检事业单位161家，变更登记122家，换发新证115家。

【统一社会信用代码赋码】 研究制定适合统一社会信用代码工作的办理流程，缩短办理时限，提高工作效率。2016年，全区发放机关单位统一社会信用代码证书50本，群团组织统一社会信用代码证书7本。

【建立健全权责清单动态管理机制】 公布江川区权责清单行政职权6238项，责任事项47572项，追责情形43030项；内部管理服务事项57项，责任事项245项，追责情形294项。新增权责清单168项，调整区抚仙湖管理局权责清单行政检查事项3项。所有新增和调整事项均按程序予以确认和公布。

【推进行政许可项目管理标准化】 严格执行《玉溪市行政许可项目目录管理办法》，建立最严格的行政许可项目准入制度。全面推行“三个标准”，强化行政许可项目编码管理，科学编制办事指南和业务手册，规范行政许可审批运行。2016年，江川区共编制办事指南264册。

【清理中介服务事项清单】 收集各有关单位的中介服务事项，明确中介服务的事项名称、涉及的审批事项、服务时限、设立依据、实施机构等。2016年底，江川编办完成中介服务事项的清理工作，共清理中介服务事项清单72项。

【相对集中行政许可权改革取得成效】 2016年10月8日，区编委会议研究，决定在区教育局、区工信局、市公安局江川分局、区民政局、区司法局、区财政局、区人社局、区环保局、区交通运输局、区农业局、区林业局、区水利局、区安监局、区统计局、区旅发局和区民宗局分别增设内设机构“行政审批股”，编制在单位内部调剂解决。截至11月30日，江川区承担行政许可职能的所有单位均设立行政审批股，真正实现行政许可职能相对向一个股室集中，由一个股室负责履行整个部门的行政许可职能，其他股室不再承担行政许可职能，转为事中事后监管。

（唐 甜）

民 政

【概 述】 2016年，全区共有社区居委会21个，居民小组168个；村民委员会53个，村民小组296个；自然村352个。全区享受定期抚恤、生活补助对象的重点优抚对象2676人，其中伤残人员100人、“三属”28人、在乡老复员军人219人、带病回乡退伍军人42人、参战退役人员1580人、60岁以上农村籍退役士兵687人、烈士子女20人；享受定期生活补助的出国参战民兵民工147人。全年社会化足额发放定期抚恤和生活补助1605.32万元。为2527名享受国家抚恤、生活补助的优抚对象办理了2017年度的城乡居民医疗保险，缴纳参保费37.905万元。全年优抚对象医疗保障“一站式”住院补助420余人次42.4万元。帮助优抚对象解决“三难”28人7.3万元。对符合政策条件的45名生活困难的城镇重点优抚对象按照申报、审核、公示、审批程序纳入补助对象（每人每月400元标准），发放补助43.08万元。春节、“八一”建军节对全区享受国家抚恤、生活补助优抚对象发放人均标准200元的一次性慰问金2659人105.96万元。入户走访慰问军休干部和无军籍职工15人，慰问金和慰问品合计1.8万元。全区共有社团和民办非企业单位85个，100%通过年检；全年结婚登记2557对，离婚登记794对；依法办理收养登记9起。全区共发放36名孤残儿童生活补助金40.19万元，人月均发放1049元。流浪乞讨救助接待和劝导救助人员84人次，市二院长期住院治疗3人，共支出流浪乞讨人员救助资金109418.26元。64名村（社区）民政信息员补助15.36万元，3名建国前入党农村老党员补助0.15万元。江川区殡仪馆共火化遗体1763具，其中：男性940具，占53.3%；女性823具，占46.7%；火化后骨灰100%进入公墓安葬。年内发放救灾粮食和物资折价204万元。

【城乡低保实现贫困人口全覆盖】 坚持以社会救助兜底与扶贫开发制度有效衔接工作为主线，把脱贫攻坚作为最大的民生工程，注重精准施策、精准扶贫、精准脱贫，按照应保尽保、应扶尽扶原则，建立农村低保标准与扶贫标准同步提高机制。对无法依靠产业扶持和就业帮助实现脱贫的贫困人口实行政策性兜底脱贫，确保2016年底全区完全或部分丧失劳动能力的农村贫困人口全部脱贫。截至2016年12月31日，全区现有农村低保对象为5980人，现有城市低保对象2633人2316户。

【提高城乡低保保障标准】 从2016年7月1日起，江川区城市居民最低生活保障标准从431元/月·人提高至456元/月·人，城市低保对象人均补助水平从317元/人提高至342元/人；农村居民最低生活保障标准从2415元/年·人提高至2904元/年·人，农村低保对象人均补助水平从123元/人提高至172元/人。

【城乡低保突出分类施保】 出台《玉溪市江川区民政局关于做好2016年全区精准救助工作实施方案》，进一步加强精准施保工作，其中A类（重点保障户）低保对象补助水平不低于220元/人·月，B类（基本保障户）低保对象补助水平不低于160元/人·月，C类（一般保障户）低保对象补助水平不低于110元/人·月。2016年度农村低保资金支出1189.9万元，人月均发放低保金174元。2016年城镇低保资金支出1082.09万元，人月均发放低保金343元。

【城乡低保强化动态管理】 依托家庭经济状况核对机制，定期开展低保对象家庭经济状况核查，建立低保对象有进有出管理机制。鼓励农村低保对象通过自身努力脱贫致富，对参与扶贫开发项目、外出务工就业等需要一定工作成本的农村低保对象，在核定家庭收入时适当扣减。并在一定时期内实行低保渐退，提供保障过渡期，为其彻底脱贫提供有力保障。农村低保对象共新增66户75人，退出560户628人，其中：因死亡退出317人，因其它退出31人，因生活好转退出280人；2016年城市低保对象共新增32户39人，退出362户391人，其中：因死亡退出76人，因其它退出225人，因生活好转退出90人。

【补助特困人员新农合保险金】 对特困人员按标准进行全额资助参保参合，城乡低保对象和建档立卡的贫困人口按照每年80元标准定额资助，其余部分由个人承担。2016年度对16807人困难群众参加居民医疗保险进行资助，发放资助金129.64万元，其中：资助建档立卡的贫困人口7248人，发放资助金58万元。

【实施重特大疾病医疗救助】 根据玉江政办发〔2016〕88号文件精神，规范重特大疾病医疗救助程序，建立健全重特大疾病医疗救助基金档案管理制度，切实将具有本辖区户籍的贫困人口全部纳入重特大疾病救助范围，对其经过基本医疗保险、城乡居民大病保险和各类补充医疗、商业保险等及优抚医疗救助后报销后个人负担的合规医疗费用给予救助。年内发放城乡重特大医疗救助人数108人，发放金额48.62万元。

【发挥医疗救助“一站式”即时结算平台作用】 在辖区内定点

医疗机构设立综合服务窗口，实现基本医保、大病保险、医疗救助等“一站式”信息交换和即时结算。使贫困患者就医更加方便快捷，并最大限度地减轻贫困患者自付的住院治疗费用。年内对3537人进行城乡医疗救助，发放救助资金248.96万元。

【特困人员供养政策】 切实做好特困人员救助供养制度与城乡居民基本养老保险、基本医疗保障、最低生活保障、孤儿基本生活保障、社会福利等制度的有效衔接。符合相关条件的特困人员，可同时享受城乡居民基本养老保险、基本医疗保险等社会保险和高龄津贴等社会福利待遇。纳入特困人员救助供养范围的，不再适用最低生活保障政策。纳入孤儿基本生活保障范围的，不再适用特困人员救助供养政策。纳入特困人员救助供养范围的残疾人，不再享受困难残疾人生活补贴和重度残疾人护理补贴。全区共有特困人员供养对象303户331人，供养标准为分散供养456元/月·人，集中供养650元/月·人。全年发放特困人员救助金219.65万元。

【加强农村特困人员供养服务设施建设】 加快供养服务机构依法办理法人登记进度，按比例配置管理服务人员，按照工作人员与特困供养人员数量1∶10配备，对生活不能自理的失能、半失能特困人员分别按照1∶3、1∶6配备。保障服务管理人员的薪酬待遇，为其购买相应的社会保险，按照不低于本地最低工资标准给予保障。全区共有农村敬老院10所，床位721张，工作人员22人。

【区政府对特困人员供养服务机构运转经费给予补贴】 补贴标准为每集中供养1名特困人员每年补贴720元。在省财政对各地给予适当补助的基础上，市区两级财政将运转经费纳入当地财政预算。

【完善临时救助制度】 出台《玉溪市江川区临时救助实施方案》，对遭遇突发事件、意外伤害、重大疾病或其他特殊原因导致基本生活陷入困境，其他社会救助制度暂时无法覆盖或救助之后基本生活暂时仍有严重困难的家庭或个人及时进行救助。

【提高临时救助标准】 临时救助坚持应救尽救、尽力而为、量力而行的原则。一次性临时救助金一般不高于当地城乡居民最低生活保障年标准的3倍，特别困难的，可适当提高临时救助标准，但1年内累计临时救助金额一般不高于当地城乡居民最低生活保障年标准的6倍。家庭成员因身患重特大疾病导致家庭生活特别困难的，或无力支付重特大疾病医疗费用的特别困难家庭或个人，可再提高临时救助标准。年内临时救助困难人员1047人，发放临时救助金131.43万元，人均发放临时救助1255元。

【落实残疾人两项补贴】 建立和完善标准统一、便民利民的申请、审核、补贴发放机制，做到阳光透明、客观公正；注重与社会救助、社会保险、公益慈善有效衔接，努力形成残疾人社会保障合力。标准为困难残疾人生活补贴每人每月50元；重度残疾人护理补贴一级每人每月70元、二级每人每月40元。做到应补尽补，确保残疾人两项补贴制度覆盖所有符合条件的残疾人。年内共发放困难残疾人生活补贴1379人，金额81.98万元；一级重度残疾人护理补贴642人，金额52.19万元；二级重度残疾人护理补贴705人，金额32.24万元。

【建立留守儿童关爱服务体系】 对行政区域内农村留守儿童、留守妇女、留守老人全面摸底排查，准确掌握农村“三留守”的数量规模、分布区域、家庭组成、监护照料、教育就学等基本信息。配合各部门认真做好强化家庭监护主体责任、强化区、乡镇（街道）两级政府和村（居）民委员会职责、强化教育部门和学校关爱保护力度、强化群团组织关爱服务优势、强化社会力量积极参与等有关工作，建立家庭、学校、基层组织、政府和社会力量相衔接的留守儿童关爱服务体系。

【建立脱贫攻坚信息资源共享机制】 实现民政部门的农村低保对象与扶贫部门的扶贫“建档立卡”对象的台账比对和衔接，逐步实现信息数据对接共享。同时建立健全相互衔接的三级信息体系，村（社区）建立台账，乡镇（街道）登记造册，区级有电子档案。民政、扶贫部门协同制定两项制度衔接的统计指标，建立农村低保、扶贫开发和贫困统计监测制度，不断规范相关统计信息的采集、整理、反馈和发布工作。

【建立慈善项目库和信息发布机制】 逐步建立和完善以慈善需

求和项目储备为重点的慈善项目库，定期向社会公布，努力实现脱贫攻坚与慈善资源的有效对接。积极推进慈善信息发布制度。建立慈善信息发布平台，引导慈善主体入驻慈善信息平台，及时发布有关慈善信息，为社会组织和慈善力量开展扶贫工作提供信息服务。

【救助站及救灾仓库项目投入使用】 江川区救助站及救灾仓库项目建设内容为：新建框架结构综合楼一幢（救助站业务用房4层，物资仓库3层）。项目经江川县发展和改革局《关于江川县救助站及救灾仓库建设项目可行性研究报告的批复》。项目占地299.7平方米，建筑面积1157.1平方米（物资保管室765.4平方米，救助站391.7平方米）。上级下达建设资金130万元，区级投入资金50万元。玉溪市江川区民政局为建设单位，云南省广源设计有限公司为勘察单位，玉溪永立建筑设计有限公司为设计单位，玉溪世纪永立建设监理有限公司为监理单位，云南迎泰建筑工程有限公司为施工单位。项目于2015年12月14日开工，2016年8月10日竣工，同年10月11日组织竣工验收，10月底投入使用。

【村（居）委会换届选举工作】 2016年5月，江川区完成第六届村民委员会、第五届社区居民委员会换届选举工作。全区46个村委会登记选民总数124228人，参加选举的选民数115159人，参选率92.7%；18个社区居民委员会登记选民总数85060人，参加选举的选民数80779人，参选率94.79%。选举产生新一届村（居）委员会成员224人（其中女性68人），其中：主任64人，副主任64人（其中女性4人），委员96人。选举产生村（居）务监督委员会成员189人，其中：主任63人。推选产生村（居）民小组组长399人，副组长388人，村（居）民代表3042人。

【调整提高村组干部岗位补贴】 从2016年6月1日起，调整提高村组干部岗位补贴，村委会主任每人每月2200元，村委会副主任、村务监督委员会主任每人每月1700元，分别提高57.14%和70%；社区居委会主任每人每月2400元，居委会副主任、居务监督委员会主任2000元，分别提高41.18%和81.82%；村（居）委会委员、村（居）务监督委员会委员每人每月600元，提高33.33%；村（居）民小组组长每人每月600元，副组长每人每月450元，分别增加66.67%和32.35%。

【为村（社区）干部购买保险】 从2016年6月起，为任职满一年的村（社区）“两委”和村（居）务监督委员会成员按照每人每年600元的标准购买新型农村养老保险。从2016年6月1日起，按照村（社区）“两委”和村（居）务监督委员会成员核定职数，为每个职位购买200元的意外伤害保险。

【村（社区）干部培训】 2016年10月28日，举办村（社区）干部培训，全区64个村（居）委会主任、副主任，村（居）务监督委员会主任，村（社区）民政信息员参加培训。副区长王柄璋作培训动员讲话，市民政局副调研员陈贵元、市委党校教师蒋树芬分别讲授《村（社区）干部村务管理实务》和《社区创新管理》。

【核查小乡干部领取定期生活补助发放情况】 2016年3月、7月，两次对农村原大队一级离职半脱产干部和农村离职村办干部（简称小乡干部）定期生活补助费发放情况进行核查。通过核查，对原表册中13人出生日期、参加工作时间、离职时间和累计任职年限等错误信息以及补助标准有出入的进行了更正，对已病故的14人停发了生活补助。年内共为189名小乡干部生活补助39.8万元。

【村（社区）服务设施建设】 向省、市民政部门争取大街社区居委会、祁家营村委会、云岩村委会、下营村委会服务站，或社区基础设施建设项目补助资金共70万元。

【成立隔河社区居民委员会】 2016年3月29日，玉溪市人民政府下发《关于设立江川区江城镇隔河社区居民委员会的批复》，同意设立隔河社区居民委员会。隔河社区居民委员会下辖隔河第一、二居民小组和胡家湾居民小组。

【开展“三留守”摸底排查工作】 2016年5月至7月，全区第一次农村留守儿童留守妇女留守老人摸底排查工作完成，较为准确地掌握了区内农村留守儿童、农村留守妇女、农村留守老人基本情况，基本做到底数清、情况明。

【建立农村留守儿童关爱保护联席会议制度】 2016年12月，召开了第一次农村留守儿童关爱保护工作联席会议，由副区长王柄璋同志担任总召集人，区民政局局长李佳强同志任召集人，全区27个有关部门分管领导参与，明确职责，完善措施，针对江川区农村留守儿童的全方位关爱保护网络逐步完善。

【启动社会组织“三证合一”换证工作】 2016年5月，出台《江川区承接社会组织统一社会信用代码实施方案》，启动社会组织法人登记证、组织机构代码证、税务登记证“三证合一”换证工作，共为41家社会组织换发载有统一社会信用代码的社会组织法人登记证。

【孤儿助学工程落地】 2016年6月，江川区承接民政部孤儿助学工程，在全区范围内开展宣传动员，推荐一名符合条件的孤儿报名就读北京社会管理职业学院。

【婚姻登记业务培训】 2016年3月，江川区组织全区婚姻登记员业务培训，对《婚姻登记工作规范》进行解读。邀请区妇幼计生中心和疾控中心的分管领导对婚检、防艾宣传等相关知识进行讲解。

【退役士兵短期培训及一年以上职业技能培训】 2016年江川区民政局积极做好退役士兵短期培训及一年以上职业技能培训。61名退伍士兵报名参加培训，其中参加玉溪市汽车驾驶技术培训学校学习汽车驾驶技能45人，玉溪市农业职业学院15人，云南耀兴卓越技工学校1人。做好1年以上职业教育和技能培训期间生活费补贴和学费缴纳工作，学员生活费补助15人2.25万元。

【完成省民政厅下达的优抚对象信息数据核查任务】 2016年省民政厅下达江川的核查任务是546人，核查对象为优抚信息管理系统数据库中享受国家定期抚恤、生活补助的各类优抚对象中的部分人员。自9月27日开展该项工作以来，优抚安置工作人员深入各乡镇、街道采取集中与分散入户方式，利用便携式终端机现场采集本人身份证和现场拍照，核查率达100%，核查后及时上传到全国优抚信息管理系统。

【完成退役士兵接收安置任务】 2015年底至2016年初，江川区共接收退役士兵、转业士官102人，其中农村退役士兵75人，城镇退役士兵18人、转业士官9人。经审核，符合政府安排工作或者自谋职业方式安置的城镇退役士兵11人。经报经政府批准，县编办下达10个安置工勤人员岗位使用编制计划。8月5日上午，召开2016年城镇退役士兵安置选岗现场会，经选岗9人走上新的工作岗位，其余2人选择自谋职业。发放一次性自谋职业补偿金29.4834万元，发放2人待分配期间生活补助费0.3448万元；发放91名自主就业退役士兵一次性经济补助97.902万元（含荣立三等功一次性补助0.342万元）。

【节日期间走访慰问部队官兵】 2016年春节、“八一”建军节对驻江77216部队、123团、江川消防大队、玉溪军分区等11家部队官兵进行走访慰问，为部队送去慰问金（慰问品折币）合计39万。

【发放义务兵家属优待金和立功奖励金】 2016年发放义务兵家属优待金220人165万元（标准7500元/每户）；做好现役军人立功受奖喜报送达，1至10月，送达立功受奖通知书和喜报63人，其中二等功4人，三等功21人，优秀士官（士兵）38人，发放立功受奖奖金18人5400元（发放现对象为义务兵家属）。

【送发烈士遗属“烈属光荣”牌匾】 江川共有革命烈士206位。区民政局认真落实相关政策，8月31日至9月2日，江川区民政局干部深入到各乡镇、街道进村入户为烈士遗属发“烈属光荣”牌匾，共计发放62块。“烈属光荣”牌匾以省委、省政府名义颁发，发放对象为区内持有《烈士证明书》并健在的烈属家庭。

【启动江川烈士陵园提档升级改造项目】 2016年9月1日启动江川烈士陵园提档升级改造项目，计划投资318万元对烈士陵园进行一次全面改造。该项目包括修建和修缮陵园大门、停车场、台阶、挡墙、文化墙、陈列室、唐淮源将军烈士事迹碑、烈士纪念碑等，绿化、美化陵园环境，打造“园林式”烈士陵园，将江川烈士陵园建成一个崭新的爱国主义教育基地。

【开展烈士纪念日活动】 9月30日上午9：00时在烈士陵园开展烈

公平台，对上为党政领导监督部门提供阳光监督平台。2017年政务中心实有编制7名，实有8人；公共资源交易中心编制12名，实有8人。

【政务服务】 全区具有审批职能的部门共36个，审批项目（含行政许可、公共服务事项）共368项，实际进中心的单位14家、项目165项，开设窗口29个，窗口共有工作人员39余人，2016年共办理事项30318件，其中行政许可事项2966件，公共服务事项27352件，咨询件9791件，办结率100%。

【基层政务服务平台建设】 全区辖1街道4镇2乡，已全部建立为民服务中心7个，人员基本配备齐全，辖村（社区）73个，已全部建立为民服务站73个，人员由村委会（社区）成员组成。同时，制定服务事项栏目、工作制度、工作职责，实行开放式零距离办公，一个窗口受理，一条龙服务，一站式办结的服务机制，为群众设置方便、快捷的“绿色通道”。

2016年按照省政府关于加强基层政务服务体系的建设要求，进一步规范全区基层便民服务体系建设标准和要求，按照便民利民原则，进一步拓展乡镇（街道）便民服务中心、村组（社区）为民服务站服务领域，努力建设功能完善、运转高效、公开透明的省、市（州）、县（市）、乡四级联动的政务服务平台。全面完成基层便民服务体系建设，全区所有乡镇、街道全部建立基层便民服务中心（条件差的挂牌），村、社区全部建立为民服务站，结合实际因地制宜，推进基层服务标准化建设。

【公共资源交易服务中心建设】

2016年，中心累计进场交易项目153个，实际完成交易项目138个，交易额188289.86万元，节约额2193.18万元，有效节约财政资金，实现国有资产价值最大化。其中：工程建设进场交易项目62个，交易额22632.73万元，节约额1375.55万元；政府采购项目73个，交易额160220.33万元，节约额817.63万元（其中三P项目3个，总投资153159.24万元，政府投资350万元，社会资本152809.24万元）；土地矿业权交易项目3个，交易额5436.8万元；司法罚没物资处置交易项目2个，项目涉及金额小，由玉溪市公安局江川分局组织，纪委、发改、财政参与，2016年5月4日，公开处置涉案汽车6辆，涉案摩托车1辆，竞拍所得0.61万元；2016年8月30日公开处置涉案汽车2辆，涉案摩托车1辆，涉案电动车6辆，无主摩托车15辆，无主电动车15辆，竞拍所得1.22万元，拍卖资金已经上缴财政专户。

【全省投资项目在线平台事项对应工作】 按照省投资项目审批中心2016年11月22日下午召开视频会议要求，江川区政务服务管理局组织全区投资项目集中审批部门于23日下午、24日上午，开展投资项目审批事项的梳理、录入和与中央平台的一一对应的工作。在市发改委、市政务服务管理局、区委、区政府的指导与各投资项目审批部门的配合下，江川区于11月25日下午全面完成投资项目在线审批监管平台目录梳理、事项录入、办事指南、与中央平台一一对应等的各项工作。

【投资审批中介超市建设】 按照市政府36号公告，玉溪市各县区可以使用玉溪市政府投资建设项目中介服务机构库，2014年9月26日报经江川区政府同意申请选用“玉溪市政府投资建设项目中介服务机构库”。同时江川区交易中心加快中介超市硬件建设，购置设备，信息系统集成，2015年12月31日正式启动运行江川区中介超市。从而规范执业行为、加强行业自律、落实行业监管，优化市场环境，合理控制投资成本，促进江川区政府投资建设项目使用中介机构高效便捷运行。

江川区中介超市建设中，邀请玉溪市交易中心领导及业务人员进行专项培训，共举办8次，培训人员40人次；中介超市建设面积20平方米，设置电子LED显示大屏，终端查询机1台，办公区隔离柜组，配置电脑2台，打印机2台，引入20兆电信宽带，“江川中介超市”字样醒目。2016年为项目业主单位共选取包括资产评估、勘察、设计、监理、环境影响报告编制、水土保持方案编制等类别的中介机构35次，提供中介咨询服务82次，项目公开选取之后，中介单位签订合同，项目实施之后进行平台意见回复，满意度较好。

【推行投资项目集中审批和网上审批服务工作情况】 江川区共有投资项目并联审批事项106项，主要涉及林业、气象、水利、环保、工信、国土、发改、交通、住建、防震减灾、安监、抚管、人防等14个部门。江川区推进“线上线下相结合”的综合服务模式，实行网上办事和实体窗口办事的有效联动。推广“互联网+政务服务”，完善政务服务信息化平台，实现行政审批、便民服务全覆盖。推动政务大厅向网上办事大厅延伸，凡具备网上办理条件的事项，全部实行网上受理、网上办理、网上反馈，实现办理进度和办理结果网上实时查询。加快实施智能化大厅改造及功能升级，强力推进窗口智能化建设，确保“线上”“线下”并轨运行。深入开展行政效能大提速、服务质量大提升活动，全面开展“两集中、两到位”回头看行动，确保审批服务事项“应进俱进”。进一步深化政务服务“四个一工程”建设，为市场主体提供便捷、高效、规范的优质服务。

按照省、市电视电话会议要求，2016年6月23日，江川区组织区监察局、区编办、区民政局、区人社局、区发改局、区国土局、区住建局、区农业局、区林业局、区水利局、区环保局、区安监局、区工信局、区气象局、区防震减灾局、区交通运输局、区文广体局、区卫计局、区统计局、区市场监督局、区公安局、区司法局、区民宗局、区地税局、区残联等26家相关部门进行现场指导行政审批网上服务大厅应用系统操作培训和综合演练，确保江川区进一步推进投资项目在线审批监管平台建设，进一步梳理投资项目审批事项目录、办事指南，完成系统录入工作，设立投资项目审批咨询接件窗口，实现投资项目审批事项全部能够网上办理。利用平台促进各部门审批信息的互联共享，横向联通各审批部门，纵向贯通各级政府，推动投资项目“并联审批”和省、市、区“三级联动”。所有投资项目审批事项实现网上受理、办理、监管“一条龙”服务，做到全透明、可核查，让信息多跑路、群众少跑腿。

2016年1～12月，云南省行政审批网上服务大厅网上申报总量42件，其中通用审批3件，平均提速率0.34%，投资项目审批网上申报39件，平均提速75.81%，超时办件总量为0件，按时办结率100%。

【规范使用综合评标专家库】 评标专家由招标人、采购代理机构、监督人员现场依法依规进行抽取，并遵守对专家抽取情况保密的相关规定，评标时现场开启“专家签到表密封纸”，进行专家签到。入场项目评标专家均通过专家库抽取，同时免费向社会通过系统抽取专家服务，截至2016年12月30日在交易中心共抽取各类专家102次。

玉溪市江川区依法必须招标的新建、改建、扩建工程建设项目按照《江川县人民政府关于公共资源交易运行的设施意见》明确的进场交易项目，按照应进必进原则，没有出现场外交易情况。

（侯彦昆）

老　龄

【概　述】 2016年，江川区老龄工作在区委、区政府的领导下，在市老龄办的关心指导下，在成员单位的大力支持下，围绕“六个老有”工作目标，以改善老年民生为目的，以保障老年民权为重点，突出抓好老年社会保障、养老服务、老年人优待、老年维权、老年文化、老龄宣传、养老服务项目建设等方面的工作。

【机构设置】 2015年5月28日江川县机构编制委员会批准江川县民政局成立老龄工作股，为江川县民政局的内设机构，所需人员在民政局内部调剂解决。江川区老龄委实有老龄委副主任1名，2016年10月，从民政局内部调整1名事业编制工作人员到老龄工作股工作。

【老龄人口】 2016年，江川区总人口259901人，其中60岁以上老年人口43992人，占总人口的16.93%；有80岁以上高龄老人6452人，占老年人口的14.67%；；有百岁及以上寿星10人，最大年龄105岁。

【老年人优待证】 从2007年7月起，开始为年满60周岁以上老年人发放《云南省老年人优待证》。截至2016年底，共为60周岁以上的老年人办理优待证37524个，其中，2016年办理2635个。老年人凭《优待证》免费上公厕、免费进公园、就医免收普通挂号费等老年人优待政策得到落实。

【百岁老人】 2016年，江川区新增2位百岁老人，分别是：大街街道下营社区文明街李永贵；雄关乡麦冲上营村普声财。区委、区政府相关领导分别到2位老人的家中，为老人颁发“百岁寿星荣装配假肢，其中大腿4例，小腿3例。同时多方筹措资金4.2万元，购买147辆轮椅、拐杖75只、手杖20只、坐便器20个，无偿配备给重瘫贫困患者，为他们出行提供方便。

【精神残疾人医疗救助】 2016年，江川区34名精神残疾人在市精神病院进行托养，紧急救助精神病人12人。145名精神、智力和重度残疾人实现居家托养，精神病机构托养85人，精神病免费服药110人。

【“阳光家园”康复工程】 2016年，江川区145名精神、智力和重度残疾人实现居家托养，投入资金19.5万；85人机构托养，投入资金12.75万元。

【助学兴教】 2016年，区残联开展助学兴教活动：出资10800元对玉溪市特校16名江川籍残疾学生、前卫镇20名残疾学生进行慰问。对全区53名15岁以下未入学的残疾儿童进行摸底调查，并联合玉溪市特殊教育学校筛选出7名学生进行送教上门，2016年送教上门2次，对送教上门学生发放每人1250元的助学经费。贫困残疾学生资助，2016年调查筛选出15名家庭比较困难的残疾家庭子女及残疾学生纳入助学补助。其中残疾大学生2名、残疾家庭子女4名、在读高中生残疾学生5名，共补助1.95万元。新入学残疾大学生资助，2016年区残联筹措资金8.2万元，资助37名考取大中专院校的贫困残疾学生和贫困残疾人家庭子女，圆他们的大学梦。

【残疾人培训】 2016年，江川区残联共计投入资金18万元举办10期残疾人实用技术培训，参加培训人数737人，其中建档立卡贫困残疾人83人；举办残疾人计算机基础知识培训，26名残疾人参加培训，训期7天；举办残疾人食品烘焙培训，25名残疾人参加培训；举办聋儿语训、智残儿、盲人定向行走等培训工作，其中：培训智残儿及家长24人，培训视力及盲人定向行走17人，培训听力言语12人，投入经费2.6万元。

【就业援助月专项活动】 2016年1～2月，开展残疾人就业服务系列活动。自开展就业援助服务系列活动以来，登记认定失业残疾人11人，走访慰问失业残疾人32户36人，实名纳入2016年培训计划20人，帮助残疾人享受专项扶持政策8人，帮助7人实现就业。

【残疾人创业就业扶持】 2016年，区残联制定江川“助残就业同奔小康”创业就业行动方案，扶持有创业意愿和创业能力的残疾人和残疾人家庭创业，打造残疾人“万元户”58人，残疾人创业就业示范点1个和2户残疾人创业示范户，共计5.1万元。2016年区残联筹资7.6万元资金，扶持残疾人经营生产户38户，扶持他们做致富的带头人。同时继续争取区政府的支持，对城区在从事手工缝补、理发、打印复印等行业的6名残疾人进行扶持，返补20%的招租资金。

【残疾人基本服务状况和需求专项调查工作】 2016年9月，江川区残疾人基本服务状况和需求信息数据动态更新录入工作顺利完成。此次工作对全区7309名残疾人进行逐一调查，其中入户调查6497人，电话调查150人，死亡568人，查无此人35人，已搬迁17人，空挂户16人，外出25人，入户率97.74%。

【残保金征收工作】 2016年，区残联、区地税局、区财政局相互支持配合，对500余个行政事业单位、企业征收残疾人就业保障金，征收金额141万元。同时区残联对全区所有残疾人用工单位情况进行检查，对残疾人待遇落实不到位的单位提出整改建议，对残疾人用工达到1.5%的44个单位给予免收残保金43.1万元。

【打造服务平台】 2016年，区残联围绕高效服务残疾人，建设更好的服务平台，继续完善无障碍服务窗口建设。在中心设立“党员先锋岗”和“党员示范岗”，实行党员服务承诺制，增强支部党员的服务意识和责任意识。中心设立三大服务窗口：办证及康复服务窗口、就业服务窗口、信访维权服务窗口。二个功能室：综合接待室、用品用具展示室。一年来，共接待残疾人及亲属来信来访500余人次，90%以上的来信来访在初信初访后得到妥善解决；为残疾人提供辅助用品用具200多件；办理残疾人证477本。

（邓江玲）

人 物

编辑 徐凡清

玉溪市江川区2016年获市以上表彰的先进集体

受表彰单位	授予称号	授予单位	授予时间
玉溪市公安局江川分局	全国公安信访窗口示范单位	中华人民共和国公安部	2016.02
云南江磷集团股份有限公司	2014-2015年“守合同重信用”企业	国家工商总局	2016.06
玉溪市公安局江川分局	全省公安信访窗口示范单位	云南省公安厅	2016.01
玉溪市公安局江川分局	2014-2015年度全省公安系统青年文明号	云南省公安厅、共青团云南省委	2016.03
玉溪市公安局江川分局	云南省第三轮禁毒和防治艾滋病人民战争先进集体	中共云南省委、云南省人民政府	2016.05
江川区农村信用合作联社	2015年银行业金融机构安全保卫工作先进集体	云南省公安厅、云南省银监局	2016.05
云南江磷集团股份有限公司	2016云南民营企业100强（第74位）	云南省企业联合会、云南省企业家协会	2016.07
云南联塑科技发展有限公司	2016云南民营企业100强（第84位）	云南省企业联合会、云南省企业家协会	2016.07
云南江磷集团股份有限公司	云南省非公企业100强（第92位）	云南省工商业联合会	2016.09
江川区农村信用合作联社	玉溪市2014至2015年度五星级守合同、重信用企业	玉溪市人民政府	2016.05
玉溪市公安局江川分局	全市先进基层党组织	中共玉溪市委	2016.06
江川区纪委监察局党支部	全市先进基层党组织	中共玉溪市委	2016.06
江城镇童话幼儿园党支部	全市先进基层党组织	中共玉溪市委	2016.06
前卫镇小街村党总支	全市先进基层党组织	中共玉溪市委	2016.06
江川区妇联	玉溪市第三轮禁毒和防治艾滋病人民战争先进集体	中共玉溪市委、玉溪市人民政府	2016.07
玉溪市公安局江川分局	玉溪市第三轮禁毒和防治艾滋病人民战争先进集体	中共玉溪市委、玉溪市人民政府	2016.07
江川区水产技术推广站	2016年度玉溪市科学技术二等奖	玉溪市人民政府	2016.10

玉溪市江川区2016年获市以上表彰的先进个人

姓　名	工作单位	授予称号	授予单位	授予时间
王长林	江城镇大地村委会	全国绿化劳动模范	全国绿化委员、中华人民共和国人力资源和社会保障部、国家林业局	2016.08
张四春	江川区水产技术推广站	2014—2016年全国农牧渔业丰收奖、农业技术推广贡献奖	中华人民共和国农业部	2016.12
李　燕	江城镇中心小学	云南省五一巾帼标兵	云南省总工会	2016.04
牛旺林	玉溪市公安局江川分局	云南省第三轮禁毒和防治艾滋病人民战争先进工作者	中共云南省委、云南省人民政府	2016.05
吴冬丽	江川区红十字会	优秀个人	云南省红十字备灾救灾中心	2016.09
李红斌	江川区红十字会志愿者	优秀志愿者	云南省红十字备灾救灾中心	2016.09
李红斌	江川区红十字会志愿者	蒲公英奖章	云南省红十字备灾救灾中心	2016.12
曾　春	江川区红十字会	优秀共产党员	中共玉溪市委	2016.06
梅老四	江城镇翠峰村党总支书记、村委会主任	优秀共产党员	中共玉溪市委	2016.06
岳　良	雄关乡窑房村党总支书记	优秀共产党员	中共玉溪市委	2016.06
王　蕊	区幼儿园副园长	优秀共产党员	中共玉溪市委	2016.06
田　超	江城镇党委组织干事	优秀党务工作者	中共玉溪市委	2016.06
蒋文英	九溪镇六十亩村党总支委员、妇女主任	优秀党务工作者	中共玉溪市委	2016.06
刘娟娟	大街街道党工委组织干事	优秀党务工作者	中共玉溪市委	2016.06
洪美英	区人民医院党总支书记、副院长	优秀党务工作者	中共玉溪市委	2016.06
李正春	玉溪市公安局江川分局	玉溪市第三轮禁毒和防治艾滋病人民战争先进个人	中共玉溪市委、玉溪市人民政府	2016.07
杨仕祥	玉溪市公安局江川分局禁毒大队	玉溪市第三轮禁毒和防治艾滋病人民战争先进个人	中共玉溪市委、玉溪市人民政府	2016.07
张四春	江川区水产技术推广站	2016年度玉溪市科学技术奖三等奖	玉溪市人民政府	2016.10
张友存	江川区水产技术推广站	2016年度玉溪市科学技术奖三等奖	玉溪市人民政府	2016.10

（沈　娴）

统计资料

2016年江川区土地、森林、气候主要指标

主要指标	单位	2015年	2016年	增减	
				数量	%
一、土地					
土地面积	平方千米	850	850	-	-
二、森林					
森林覆盖率	%	40.66	43.78		-
二、气候					
全年平均气温	摄氏度	17.2	17.0	-0.2	-1.16
全年日照时数	小时	2130.8	1855.8	-275	-12.91
全年降雨量	毫米	1032.7	865.3	-167.4	-16.21

2016年江川区卫生事业主要指标

	单位	2015年	2016年	增减	
				数量	%
县、乡（镇）医院机构	个	11	12	1	9.1
诊治疗人数	人次	869291	919064	49773	5.7
健康检查人数	人次	41424	30057	−11367	−27.4
住入院人数	人次	27319	26026	−1293	−4.7
出院人数	人次	27244	25660	−1584	−5.8
农村卫生情况					
医疗机构数	个	71	71	0	0.0
其中：西医为主	个	10	10	0	0.0
中西医结合	个	61	61	0	0.0
乡村医生和卫生人员	人	235	258	23	9.8
其中：中专以上学历	人	209	232	23	11.0
在职培训合格	人	235	258	23	9.8
诊疗人次数	人	561476	578332	16856	3.0
孕产妇检查人次数	人次	12400	15605	3205	25.8
儿童疫苗接种人次数	人次	115045	90674	−24371	−21.2
全年业务总收入	万元	1501.43	1455.6	−45.8	−3.1
传染病病发率	1/10万	114.9	112	−2.9	−2.5
农村卫生厕所普及率	%	35.46	35.61	0.15	
卫生防疫人员数	人	32	31	−1	−3.1
5岁以下儿童死亡率	%	0.725	0.70	−0.03	−3.7
婴儿死亡率	%	0.403	0.57	0.17	41.7
产妇住院分娩比例	%	100	100		

2016年江川区社会消费品零售总额

主要指标	单位	2015年	2016年	增减	
				数量	%
社会消费品零售总额	万元	197253.6	219346	22092.4	11.2
按销售单位所在地分					
1.城镇	万元	170564.9	189621.6	19056.7	11.2
2.乡村	万元	26688.7	29724.4	3035.7	11.4
批发零售住宿餐饮业情况					
1.批发业销售额	万元	41178.1	49846.3	8668.2	21.1
限额以上	万元	7096.4	9417	2320.6	32.7
限额以下	万元	34081.7	40429.3	6347.6	18.6
2.零售业销售额	万元	177557.9	206144.8	28586.9	16.1
限额以上	万元	6423.8	9146.5	2722.7	42.4
限额以下	万元	171134.1	196998.3	25864.2	15.1
3.住宿业营业额	万元	15901.6	18818.2	2916.6	18.3
限额以上	万元	5827.3	7090.4	1263.1	21.7
限额以下	万元	10074.3	11727.8	1653.5	16.4
4.餐饮业营业额	万元	66772.2	80427.3	13655.1	20.5
限额以上	万元	3658.7	4628.4	969.7	26.5
限额以下	万元	63113.5	75798.9	12685.4	20.1

2016年江川区城镇居民家庭调查基本情况

指 标	计量单位	2015年	2016年	增减	
				数量	%
一、调查户数	户	80	80	-	-
二、期内住户常住成员数	人/户	3.36	3.36		
三、人均期末拥有房屋面积（建筑面积）	平方米	51.3	57.01	5.7	11.0
四、全年人均可支配收入	元	28508.7	31191.4	2682.7	9.4
五、人均消费支出	元	18022.3	19118.5	1096.2	6.1
（一）食品烟酒	元	4396.1	4407.6	11.5	0.3
（二）衣着	元	1456.7	1546.4	89.7	6.2
（三）居住	元	3591.0	3985.7	394.7	11.0
（四）生活用品及服务	元	879.0	1503.0	624.0	71.0
（五）交通通信	元	2205.0	3128.0	923.0	41.9
（六）教育文化娱乐	元	3316.0	2588.0	-728.0	-22.0
（七）医疗保健	元	1098.0	1536.0	438.0	39.9
（八）其他用品和服务	元	651.0	424.0	-227.0	-34.9

2016年江川区农民家庭生产调查基本情况

指 标	计量单位	2015年	2016年	增减	
				数量	%
一、调查户数	户	70	70		
二、期末拥有房屋面积	平方米	57.9	62.9	5.0	8.6
三、人均可支配收入	元/人	10214.2	11167.4	953.2	9.3
（一）工资性收入	元/人	2365.9	2635.1	269.2	11.4
（二）经营净收入	元/人	7398.1	8050.4	652.3	8.8
（三）财产净收入	元/人	132.7	138.4	5.7	4.3
（四）转移净收入	元/人	317.5	343.5	26.0	8.2
四、全年人均总支出	元/人	14794.1	15787.8	993.7	6.7
（一）消费支出	元/人	8758.9	9490.1	731.2	8.3
（二）生产经营费用支出	元/人	2925.3	4037.2	1111.9	38.0
（三）财产性支出	元/人	0.5	1.1	0.6	115.0
（四）转移性支出	元/人	215.0	242.8	27.8	12.9

2016年江川区邮电通信主要指标

指　标	计量单位	2015年	2016年	增减	
				数量	%
邮政业务总量	万元	768	824	131	20.6
函件合计	件	335344	245283	254021	312.4
包件合计	件	14459	39059	-2771	-16.1
报刊期发数	万份	1.5	1.1	0.4	36.4
报纸累计份数	万份	157.5	158.0	9.1	6.1
其中：订阅报纸累计数	万份	157.5	158.0	9.1	6.1
杂志累计份数	万份	7.0	6.4	0.3	5.0
其中：订阅杂志累计份数	万份	7.0	6.4	0.3	5.0
邮路总长度	千米	47.0	47.0		
电信业务总量	万元	2685	3074	-171	-6.0
联通业务总量	万元	2746	6856	1460	113.5
移动业务总量	万元	18480.5	19000.0	414.5	2.3
电话用户总数	户	214969	238696	-6133	-2.8
电话普及率	部/百人	75.3	83.3	-2.4	-3.1

2016年江川区经济技术协作主要指标

指　标	计量	2015年	2016年	增减	
				数量	%
一、实施国内项目数	个	99	74		
其中：市外	个	21	6	-15	-71.43
省外	个	78	68	-10	-12.82
二、新签订项目数	个	72	50	-22	-30.56
三、实际利用县外国内资金	万元	536330	689068	152738	28.48
其中：实际利用市外国内资金	万元	526600	689017	162417	30.84
实际利用省外国内资金	万元	460400	622097	161697	35.12
四、实施国外项目数	个	1	0	-1	-100.00
五、实际利用国外资金	万美元	331.8	0	-331.8	-100.00

2016年江川区各乡镇主要指标人均比较

项　目		全区	大街	江城	前卫	九溪	路居	安化	雄关
耕地面积（平方米）	按总人口	304.31	153.97	340.96	298.24	383.26	378.15	643.52	510.05
	按乡村人口	495.67	1114.22	400.03	463.37	455.50	467.20	643.52	510.05
粮食（千克）	按总人口	157.94	97.60	217.82	135.81	150.57	97.82	570.78	134.63
	按乡村人口	257.26	706.28	255.55	211.01	178.95	120.85	570.78	134.63
人均生产烤烟（千克）		44.96	19.99	19.04	44.11	53.91	54.19	217.07	203.43
人均生产油料（千克）		28.46	18.53	24.83	21.78	45.19	6.51	161.06	57.81
人均生产猪肉（千克）		82.93	86.74	91.02	86.93	67.56	57.31	60.43	109.04

2016年江川区普通中学基本情况（一）

	学校数（所）	班数（个）			在校学生数（人）			招生数（人）		
		合计	高中	初中	合计	高中	初中	合计	高中	初中
合　计	14	324	90	234	15829	4733	11096	4924	1578	3346
大街街道	5	139	54	85	6775	2902	3873	2210	948	1262
江城镇	4	90	36	54	4469	1831	2638	1357	630	727
前卫镇	2	46		46	2206		2206	667		667
九溪镇	1	22		22	1052		1052	298		298
路居镇	1	15		15	784		784	212		212
安化乡		0			0			0		
雄关乡	1	12		12	543		543	180		180

2016年江川区普通中学基本情况（二）

	毕业班学生数（人）			毕业生数（人）			专任教师	学校占地面积		计算机（台）
	合计	高中	初中	合计	高中	初中		高中	初中	
合　计	5533	1565	3968	5665	1493	4172	1190	232699	221195	2458
大街街道	2267	978	1289	2266	1014	1252	513	175943	75846	1278
江城镇	1572	587	985	1522	479	1043	327	56756	46189	536
前卫镇	825		825	893		893	163		51724	323
九溪镇	382		382	410		410	76		14173	148
路居镇	316		316	408		408	59		22493	96
安化乡	0			0						
雄关乡	171		171	166		166	52		10770	77

2016年江川区普通中学基本情况（三）

	校舍建筑面积		教学及辅助房面积		校舍危房面积		图书藏量（册）	
	高中	初中	高中	初中	高中	初中	合计	图书（册）
合　计	118828	134753	31896	57321	18584	56586	449492	449492
大街街道	81393	43924	21436	23169	10277	25916	188901	188901
江城镇	37435	32213	10460	12528	8307	11937	103600	103600
前卫镇		28426		10169		7402	75376	73561
九溪镇		13397		4873		4800	37700	37700
路居镇		9728		3828		5545	26915	26915
安化乡								
雄关乡		7065		2754		986	17000	17000

2016年江川区小学基本情况（一）

	学校数（所）	专任教师（人）	班数（个）	招生数（人）	在校学生（人）	毕业生数（人）	毕业班学生数（人）
合　计	56	1058	511	2468	15869	3403	3476
大街街道	10	305	138	881	5252	1166	1067
江城镇	16	255	123	547	3566	749	766
前卫镇	10	172	85	363	2604	525	600
九溪镇	7	116	60	242	1611	311	467
路居镇	7	112	53	236	1480	352	315
安化乡	3	43	23	84	589	113	118
雄关乡	3	55	29	115	767	187	143

2016年江川区小学基本情况（二）

	计算机（台）	图书藏量（册）	学校占地面积（平方米）	校舍建筑面积（平方米）	教学及辅助房面积（平方米）	校舍危房面积（平方米）
合　计	1982	396482	320061	172118	88177	67934
大街街道	532	126631	58514	38666	23184	9467
江城镇	466	98702	86172	52162	23664	22753
前卫镇	369	64659	52814	30219	16054	9266
九溪镇	272	36719	41254	16832	9171	9212
路居镇	142	33471	35716	16894	8675	9881
安化乡	87	17424	32638	9437	3676	4289
雄关乡	114	18876	12953	7908	3753	3066

2016年江川区主要指标完成情况（一）

	单位	2015年	2016年	增减	
				数量	%
一、人口					
1、年末户籍总人口	人	278408	280742	2334	0.8
年平均人口	人	278046	279575	1529	0.6
出生人口	人	2947	3763	816	–
出生率	‰	10.60	13.46	2.86	27.0
死亡人口	人	1782	1585	–197	–11.1
死亡率	‰	6.41	5.67	–0.74	–
自然增加人数	人	1165	2178	1013	87.0
自然增长率	‰	4.19	7.79	3.6	–
总人口中：乡村人口	人	171046	172361	1315	0.8
城镇人口	人	107362	108381	1019	1.0
少数民族人口	人	20250	20838	588	2.9
2、年末常住总人口	万人	28.60	28.73	0.13	0.5
年平均人口	万人	28.57	28.67	0.10	0.4
镇区人口	万人	11.24	11.83	0.59	5.3
城镇化率	%	39.3	41.2	1.87	4.8
二、综合					
1、地方生产总值（现价）	万元	724863	810895	86032	11.9
第一产业	万元	150998	159866	8868	5.9
第二产业	万元	235068	264223	29155	12.4
其中：工业	万元	201626	223757	22131	11.0
建筑业	万元	34655	41813	7158	20.7
第三产业	万元	338797	386806	48009	14.2
2、地方生产总值（可比价）	万元	724863	812376	87513	12.1

2016年江川区主要指标完成情况（二）

	单位	2015年	2016年	增减	
				数量	%
第一产业	万元	150998	160058	9060	6.0
第二产业	万元	235068	274118	39050	16.6
其中：工业	万元	201626	233938	32312	16.0
建筑业	万元	34655	41564	6909	19.9
第三产业	万元	338797	378200	39403	11.6
3、按常住人口计算人均GDP	元	25371	28335	2964	11.7
4、第一产业经济结构比重	%	20.8	19.7	-1.1	-5.4
第二产业经济结构比重	%	32.4	32.6	0.2	0.5
第三产业经济结构比重	%	46.7	47.7	1.0	2.1
5、现价工业农业总产值	万元	1028342	1168291	139949	13.6
工业总产值	万元	776391	902034	125643	16.2
农业总产值	万元	251951	266257	14306	5.7
其中：农业	万元	143667	152794	9127	6.4
林业	万元	4294	4496	202	4.7
牧业	万元	86916	91102	4186	4.8
渔业	万元	10174	10700	526	5.2
农林牧渔业服务业	万元	6900	7165	265	3.8
三、500万以上固定资产投资完成额	万元	400694	576681	175987	43.9
四、年末常用耕地面积	亩	128168	128086	-82	-0.1
全年粮食产量	万千克	4295.4	4420	124.6	2.9
大春粮食产量	万千克	3471.99	3574.5	102.5	3.0
小春粮食产量	万千克	823.41	845.5	22.1	2.7
烤烟产量	万千克	1152.24	1262.35	110	9.6
油料产量	万千克	759.63	798.96	39	5.2
水果产量	万千克	390	390		

2016年江川区主要指标完成情况（三）

	单位	2015年	2016年	增减	
				数量	%
水产品产量	吨	4237	4314	77	1.8
全年肥猪出栏数	头	305993	300051	–5942	–1.9
年末生猪存栏数	头	250672	222755	–27917	–11.1
其中：能繁殖母猪	头	42444	35400	–7044	–16.6
生产经营仔猪	头	845511	700230	–145281	–17.2
五、社会消费品零售总额	万元	197254	219346	22092	11.2
六、零售物价总指数	%	100.4	100.9	以上年为100%	
居民消费价格总指数	%	101.2	101.3	以上年为100%	
农业生产资料价格总指数	%	101.1	101.8	以上年为100%	
七、城镇居民人均可支配收入	元	28509	31191	2682	9.4
八、农民人均总收入	元	13610	15694	2084	15.3
农村居民人均可支配收入	元	10214	11167	953	9.3
九、在岗职工人数	人	15618	15594	–24	–0.2
其中：事业单位	人	4383	4360	–23	–0.5
机关单位	人	1666	1696	30	1.8
在岗职工平均工资	元	46068	53254	7186	15.6
其中：事业单位	元/人	65095	77883	12788	19.7
机关单位	元/人	63270	79147	15877	25.1
十、财政总收入	万元	82002	87629	5627	6.9
其中：地方财政收入	万元	63425	80335	16910	26.7
财政总支出	万元	168566	193540	24974	14.8
十一、金融机构贷款余额	万元	629974	713001	83027	13.2
金融机构存款余额	万元	990607	1107834	117227	11.8

注：1、城镇居民人均可支配收入从2014年起按新制度统计；农民人均纯收入从2014年起为农村居民人均可支配收入。2、根据公安户籍人口报表制度，由于统计口径改变，2015年起采用城镇人口与乡村人口统计。

（区统计局　供稿）

附 录

中共江川县委
关于制定国民经济和社会发展第十三个
五年规划的建议

（2016年1月8日中共江川县委十二届七次全会通过）

江发〔2016〕2号

“十三五”时期（2016—2020年）是江川县全面建成小康社会的决胜阶段。组织编制“十三五”规划，必须准确把握新形势、新要求、新目标、新定位、新使命，全面贯彻党的十八大和十八届三中四中五中全会精神和习近平总书记系列重要讲话和考察云南重要讲话精神，深入贯彻落实省委、省政府和市委、市政府发展战略，使之成为江川未来五年跨越发展的行动纲领，成为江川全面建成小康社会的宏伟蓝图，成为江川广大干部群众奋发向上的强大精神动力。

县委十二届七次全会认真研究了“十三五”时期我县发展的一系列重大问题，就制定“十三五”规划提出以下建议。

一、牢牢把握发展机遇，推动经济社会科学发展

（一）“十二五”时期经济社会发展取得显著成就。“十二五”时期，江川县在“十一五”经济社会发展的基础上，在市委、市政府的坚强领导下，坚持以科学发展观统揽全局，开拓进取、团结拼搏、攻坚克难，实现了主要经济指标平稳较快增长、主导产业稳步壮大、城乡统筹加速推进、生态环境有所改善、人民生活水平不断提高、社会事业全面进步、改革开放潜力逐步显现的良好局面，主要规划指标基本完成。

（预计）全县地方生产总值从2010年的36.7亿元增加到2015年的72.7亿元，增长0.98倍，按可比价计算年均增长12%；人均生产总值从13032元增加到25600元，增长0.97倍，年均增长12%；地方财政收入从2.7亿元增加到6.3亿元，增长1.33倍，年均增长18.3%；城镇居民人均可支配收入从16417元增加到28813元，增长0.76倍，年均增长11.9%；农村居民人均可支配收入增加到10296元，年均增长13.9%。

“十二五”期间国民经济和社会发展取得的显著成就，为“十三五”实现跨越发展奠定了良好的基础。今日的江川，发展基础逐步夯实，发展优势日益

凸显，发展潜力正在迸发，发展动力持续增强，发展活力不断显现，已经进入了一个蓄势待发、加快发展的新阶段。

（二）“十三五”是实现江川经济社会跨越发展的关键时期。今后五年，是江川加快跨越式发展的机遇叠加期。一方面，我县有着与周边地区共同的机遇特征：党的十八届三中四中五中全会关于全面深化改革、依法治国和一系列政策的系统部署，国家“一带一路”“互联网+”“中国制造2025”等重大发展战略以及新一轮西部大开发、主体功能区等重大决策部署的实施，云南加快推进滇中城市经济圈一体化发展和“五大基础网络”建设等重大决策，玉溪确立“三区一港”发展定位以及加快推进“六城同创”等各项部署，为江川在更大空间领域发展经济、调整结构、扩大开放提供了千载难逢的机遇。另一方面，我县有自己的独特机遇：“十二五”期间积累的一批重大项目，将在“十三五”期间转化为江川实现跨越式发展的机遇；撤县设区带来的城镇和基础设施建设迅速发展，将在“十三五”期间转化为突破瓶颈制约的机遇。

同时还必须清醒地看到，随着我国经济发展进入新常态，宏观经济发展形势复杂多变，发展竞争日趋激烈，“十三五”时期我县经济社会发展还面临着一些突出问题和制约因素：一是生态脆弱，环境容量小，县域经济发展与生态环境保护治理矛盾突出仍然是江川最大的县情；二是工业化、城镇化水平较低，特别是工业体量不大、生产性投资比重低仍然是江川最大的实际；三是发展不足、发展水平不高、发展环境不优，尤其是大项目、好项目储备不足、推进缓慢仍然是江川最大的问题。同时，新常态下部分党组织核心作用没有充分发挥，少数领导干部不作为、慢作为等作风问题依然存在。站在新的历史起点上，我们必须增强机遇意识和危机意识，正确判断形势，充分利用各种有利条件，认真解决突出矛盾和问题，集中力量加快发展，不断探索和实践具有江川特色的跨越发展之路。

（三）制定“十三五”规划的指导思想。高举中国特色社会主义伟大旗帜，以马克思列宁主义、毛泽东思想、邓小平理论、“三个代表”重要思想、科学发展观为指导，全面贯彻党的十八大和十八届三中四中五中全会精神，深入贯彻习近平总书记系列重要讲话和考察云南重要讲话精神，坚持“四个全面”战略布局，贯彻创新、协调、绿色、开放、共享五大发展理念，按照“创新引领、生态优先、兴园强工、城乡融合”的发展思路，统筹推进经济建设、政治建设、文化建设、社会建设、生态文明建设和党的建设，闯出一条跨越式发展的路子来，着力把江川建设成为全市重要的新型工业化聚集区、全省重要的休闲旅游度假区、滇中城市经济圈的产城融合发展样板区和辐射周边地区的现代物流中心，确保全面建成小康社会。

（四）“十三五”时期经济社会发展的主要目标。与全市同步建成全面小康社会，经济转型升级取得突破性进展，转方式调结构取得实质性成效，全县综合实力和竞争力明显提高，人民物质文化生活显著改善，可持续发展能力不断提升，生态文明制度建设初步形成，全面深化各项改革，加快形成引领经济发展新常态的体制机制。

经济实力明显提升。在保持经济平稳增长的基础上，力争主要经济指标增速高于全省平均水平。县内地方生产总值年均增长10%以上，地方财政一般公共预算收入年均增长5%以上，规模以上固定资产投资年均增长20%以上，社会消费品零售总额年均增长10%以上，城镇居民人均可支配收入年均增长10%以上，农村居民人均可支配收入年均增长11%以上，城镇登记失业率控制在4%以内，万元生产总值能耗与省市同步下降。

产业结构明显优化。现代农业体系日益完善，新型工业化进程明显加快，传统产业优化转型升级取得显著成效。产业结构中，第二产业占比超过40%，第三产业占比稳步提高。加快调整经济结构，立足当下创造良好环境，推动加工贸易企业发展提升，立足长远做大做强内源经济增量，大力培育本土“专精特优”型企业，促进民营经济发展，不断增强经济发展的自主性。依托龙泉工业园区发展和撤县设区带来的发展机遇，围绕落实创新驱动发展战略，加快形成以创新为主要引领和支撑的经济体系和发展模式，真正把创新驱动落实到发展上来。围绕建设自主创新的经济体系，在做大做强现有支柱产业的同时，盯住先进装备制造、“互联网+”、智慧城市建设等市场前景好、高成长的产业方向，培育更多新的支柱产业，促进产业多元化发展。

城乡面貌显著改观。以大街为中心，其它乡镇为节点的城乡融合发展空间格局更加完善，中心城区承载聚集力、辐射带动力显著增强，生态宜居的“滇中明珠”初具规模，“智慧生态城市”建设取得明显成效，现代化特征更加明显，城市综合实力显著增强，城市功能全面提升，农村基础设施和公共服务设施进一步完善，城乡融合发展取得重大突破，资源节约型、环境友好型社会建设取得实质性进展，以改善民生为重点的社会建设得到全面加强。

改革开放不断深入。全面深化和统筹推进各项改革，建立起比较完善的现代化市场体系和社会保障制度。对外开放水平不断提高，合作领域进一步扩大。统筹推进经济体制改革、教育医疗制度改革、公务用车改革、农村综合改革、司法体制改革、政府职能转变等重点领域和关键环节改革。

生态环境更加优美。树立“以水为源、以绿为美”的理念，强力推进生态建设，促进经济发展与人口、资源、环境更加和谐。加快循环经济向纵深发展，主要污染物排放总量明显减少，能源消耗和二氧化碳排放强度持续降低。贯彻落实新环保法，用制度保护生态环境，加快实施主体功能区制度，积极争取建立健全资源有偿使用制度，确保星云湖水质明显改善。建成绿色生态城区，积极开展省级、国家级生态乡镇和生态县创建，全力建设“森林江川”，深入实施绿色社区、绿色学校等绿色细胞工程，形成绿色生态人人共享、幸福家园人人共建的良好氛围。

生活质量全面提高。城乡居民收入普遍较快增加，城乡收入差距进一步缩小，贫困人口全部实现稳定脱贫，群众生活水平显著提高，物价总水平保持基本稳定。巩固提高基础教育水平，普及高中教育，大力发展职业技术教育和文化事业，均衡配置城乡义务教育资源。巩固提高新型农村合作医疗保障水平，推进县乡村医疗服务一体化管理。统筹推进各类社会保险扩面征缴工作，完善养老服务体系。抓好城市综合体、棚户区改造等工程建设。加大精准扶贫、产业扶贫力度，扎实打好脱贫攻坚战。落实和完善促进就业创业政策，积极推进农村劳动力培训转移就业。优化人口结构，落实“全面二孩”政策。

二、加快推进产业联动发展，优化产业结构

按照“城乡统筹、五化互动”思路，大力发展特色产业，加快形成县域特色产业集群、加大投资和项目建设力度，壮大县域经济实力。

（一）加快发展现代农业，促进农业转型升级。加强农业基础设施建设，大力发展农产品加工特别是精深加工业，构建具有江川特色、体现区域特点的“一乡一业”产业带，大力推进江川高原特色农业示范县创建工程。加快具有江川特色的精品庄园建设步伐，高起点、高标准建设一批蔬菜、花卉、水果以及特色渔业、养殖等产业为主的精品农业庄园。加快推进“互联网+农业”公共服务平台建设，扶持农业龙头企业、农民专业合作社等开展江川特色农产品电子商务应用示范，打造集物联网应用、农产品质量安全监管、农业电子商务、休闲观光农业于一体的“互联网+农业”示范区。加快推进农业信息服务便捷化、农业生产智能化。

（二）加快工业转型升级，提升产业核心竞争力。大力发展新兴产业，狠抓龙泉园区规划布局、产业培育、基础建设、招商引资工作，推进龙泉园区实体化改革和“玉溪龙泉·北京顺义”产业园、江城小微企业创业区建设，引进实施一批高端装备制造、生物医药、新能源新材料等项目，加快磷化工、烟花爆竹、建筑建材、农产品加工、纸制品等传统产业转型升级，全力推动产业结构由中低端向中高端迈进。强化品牌带动效应，提升企业核心竞争力，着力打造具有城市名片效应的产业品牌。加大对骨干企业的扶持力度，重点培育具有自主知识产权、主业突出、核心竞争力强、在国内领先的龙头企业。

（三）繁荣现代服务业，打造综合竞争新优势。创新发展理念，统筹旅游文化产业发展，加大旅游业基础设施建设力度，提升旅游业服务水平。打造江川“滇国故里、高原水乡”旅游品牌，塑造高原湖滨文化旅游休闲名城，将江川打造成为古滇国青铜文化深度体验集结地、星云湖奇异渔文化体验地、生态休闲度假新天地。加速商贸流通体系建设，积极推进以蔬菜、肉类、花卉、水产等农产品为重点的冷链物流建设。加快生产资料、农副产品等专业批发市场、集贸市场建设。主动承接玉溪中心城区职业教育、科研、会展等服务功能，加快发展信息服务业，鼓励发展健康养老服务业，大力引入社会资本，着力扩大供给、创新服务模式、提高消费能力，不断满足人民群众多层次、多样化的服务需求。

三、强化基础设施建设，破解发展瓶颈

按照适度超前、综合提升、可持续发展的原则，构建便捷高效安全的综合交通体系，提高区域能源供应水平，强化人水和谐的水利保障体系，加快推进区域信息一体化，强化基础设施支撑能力。

（一）强化交通基础设施建设。以县城为辐射中心，构建公路主干道体系。积极推进江通、红江、澄川高速和环城路建设。努力推进建制村之间以及建制村到自然村的路面硬化。争取启动通用机场、轻轨交通建设。

（二）强化能源基础设施建设。适应新型城镇化加快发展的需要，优化电力网络布局，加大以输电线路改造为重点的电网建设力度，加快城镇电网建设，实施新一轮农村电网改造升级工程。加快推进天然气管道建设，积极发展太阳能、风能和生物质能等新能源。

（三）强化水利基础设施建设。加快推进实施民生水利，进一步夯实江川农田水利基础设施，加大病险水库除险加固工程建设。继续配合做好玉溪市东片区暨“三湖”生态保护水资源配置应急工程。抓住中央加大人饮安全建设资金投入契机，加强水源地保护和人畜饮水工程建设，落实水源涵养地生态效益补偿机制，继续实施植树造林、退耕还林工程，强化对水源地的管理，确保人畜饮水安全。

（四）强化信息基础设施建设。积极推进一二三产业与互联网深度融合，稳步推进电子商务等新市场新业态发展，促进互联网与政务信息、便民服务、城乡建设、医疗卫生教育和企业的结合，加快“数字城管”“应急联动”等公共服务平台建设，构建“数字江川”“智慧江川”基本框架，推进公共服务网络化。

四、加快推进新型城镇化，统筹城乡一体化发展

按照“合理布局、完善功能、提升品位、惠及民生”的原则，贯彻市委市政府“六城同创”要求，以建设“智慧新城”为核心，按照老城区改造升级、新城区加快发展的思路，加快新型城镇化进程，充分发挥生态优势，提高城镇综合承载能力，推动人口和产业聚集，走符合江川实际的新型城镇化道路，不断提升城镇化水平。

（一）加快完善城镇化体系。抓住撤县设区机遇，优化县城布局，进一步完善道路、市场、绿化等市政设施，着力提高新型城镇化、市场化、产业化、信息化水平，打牢江川城市发展基础。完善城镇化空间结构，重点加强江城、九溪两个城镇建设，争取形成江城为次中心，前卫、九溪、安化、雄关各具特色的新型城镇格局。

（二）建设生态宜居新城。持续开展县城街区整治，配套建设各类专业市场，构筑江川城市发展框架，增强县城承载能力，提升江川城市品味，巩固“甲级卫生城”成果，创建省级园林县城。

（三）加快美丽宜居乡村建设。继续加快推进“百千工程”、农村危房改造和易地搬迁工作，改善村庄生态环境和人居环境。完善农村公共服务体系，提高农村基础设施共享水平。大力发展集体经济，加快推进土地承包经营权流转，培育壮大农民专业合作经济组织。

五、构建“两型”社会，建设生态文明

按照生态文明和主体功能区建设的要求，正确处理发展和保护之间的关系，将生态环境综合治理和保护建设作为重要任务和长期任务，维护区域生态安全。

（一）加强生态建设。加强森林、湖泊、湿地、流域、城镇、农田等生态系统的保护、修复和建设，强化重点和敏感生态功能区管治，优化资源空间布局、增强生态服务功能、丰富生态产品供给，促进生态资源更好地为经济社会可持续发展服务。

（二）加大环境保护力度。加强农业面源污染防治，实施化肥、农药减量增效工程，全面落实入湖河道保洁责任制，确保入湖河道生态安全。加强工业污染防治，严格环境影响评价，严守各项制度，严格排污总量控制和排污许可证管理。推进城乡环境综合治理，实施县城及各乡镇污水处理厂和垃圾处理厂升级改造工程，到2020年，县城生活污水收集、生活垃圾集中处理率达100%。大力倡导低碳消费，积极推进绿色能源应用。

（三）大力发展循环经济。把发展循环经济作为推动经济发展转方式求实效的突破口，按照“减量化、再利用、资源化”的原则，加大对循环经济的支持力度，重点加强资源综合利用和推进循环工业园建设。

（四）建设“两湖一库”生态示范区。积极推进“两湖”湿地保护与开发。重点抓好湿地恢复与保护、湿地资源综合利用发展、城乡一体化发展项目。加强“两湖一库”生态保护和污染防治，加强面山生态修复和治理，积极申报星云湖国家级生态湿地公园。

（五）加强生态文明制度建设。健全自然资源资产产权制度，加快实施资源有偿使用制度、自然资源用途管制制度、生态红线制度。

六、保障改善民生，共享改革发展成果

千方百计提高基本公共服务均等化水平，着力解决科技进步、教育发展、劳动就业、收入分配、社会保障、医疗卫生、食品安全等事关群众生存、生产、生活和发展的民生问题，让城乡居民共享改革发展成果，提高获得感、公平感、幸福感。

（一）加快发展科技事业。全面推进社会事业领域科技进步，加强科技成果在医疗卫生、食品安全、人居环境等方面的开发应用，提高人民生活质量和科技素养。加快科学技术普及与推广。加强科技成果转化服务平台建设。

（二）加快发展教育事业。全面普及高中教育，不断改善义务教育学校办学条件，推进义务教育均衡发展。大力发展学前教育，提高适龄儿童的入园率。加大教师培训力度，发展有针对性的职业教育。加快缩小城乡、区域教育发展差距。

（三）加快发展文化事业。繁荣社会主义文化，实施文化惠民工程，提高精神文明创建水平，大力实施文化精品创作工程，大力加强公共文化基础设施建设，注重民间文化传承保护，完善公共文化服务体系。振兴传统文化产业，培育新兴文化业态。

（四）加快发展体育事业。大力发展大众体育。继续实施农民体育健身工程，广泛开展群众喜闻乐见、科学健康的体育活动，引进和承办有特色的体育赛事和活动，加快以县体育场建设为重点的体育基础设施建设。

（五）完善社会保障体系建设。加快推进覆盖城乡居民的社会保障体系建设。完善养老服务体系，加快发展养老服务产业。积极探索被征地农民的社会保障制度，解决低收入人群的住房困难问题和最低生活保障问题。完善社会救助体系，建立价格补偿机制。

（六）提升卫生计生服务能力。加强城乡卫生计生服务体系和公共卫生服务体系建设，促进公共卫生服务均等化。加强医学人才特别是全科医生培养，支持中医药事业发展。落实国家人口政策，优化人口结构，提高人口素质。

（七）加大脱贫攻坚工作力度。以精准扶贫为着力点，围绕整乡整村推进、劳动力转移、劳务培训、异地搬迁、产业发展等重点，探索庭院经济、林下经济等扶贫路径，逐步把农民增收的重点转移到“非农”收入上来，确保脱贫攻坚取得实效，到2017年全县稳定实现贫困人口全脱贫。

（八）加强公共应急体系建设。加强安全体系建设，构筑社会治安防控体系，高度重视禁毒和艾滋病防治工作，健全公共应急处置机制、提高处置能力，健全完善防灾减灾体系，全面提升突发地质灾害的应急响应能力。

七、全面改革开放，增强发展活力

围绕完善社会主义市场经济体制，进一步发挥市场在资源配置中的决定性作用和更好地发挥政府的宏观调控作用，加快体制机制创新步伐，全面深化各个领域改革。坚持主动融入、全域开放，全面参与滇中城市经济圈分工合作，大力发展民营经济，加强与国内省内其他区域的经济联系，积极拓展合作领域和范围。

（一）加快转变政府职能。合理界定政府在市场经济活动中的职能范围，建设法治政府、服务政府和责任政府。积极推进政企分开、政事分开以及政府与中介组织分开，强化社会管理和公共服务，提高经济调节和市场管理水平，着力提高政府效能。

（二）创新投融资机制。统筹安排、科学制定政府性投资计划，强化政府投资性项目的全过程监督，不断提高政府投资项目的社会效应。深度激活民间资本，加快投融资体制改革和创新，努力形成市场、政府、社会多元化投融资体制和机制。探索PPP、资产证券化、股权融资等投融资模式。

（三）深化农村改革。加快推进以农村产权制度改革为中心的农村综合改革，积极探索农村土地承包经营权流转机制，探索农村房屋产权流转的办法和途径，盘活农村土地。巩固集体林权主体改革成果，积极推进林业产权制度配套改革。积极推进户籍制度改革，把符合条件的农业转移人口逐步转化为城镇人口。

（四）全面推进其他各项改革。加快推进供销社综合改革。深化价格体制、教育体制、文化体制、医药卫生体制等各项改革。

（五）不断提升开放水平。大力发展民营经济，鼓励全民创新创业，加大财税扶持力度，强化科技创新驱动，着力优化发展环境。扩大对外贸易规模。积极培育对外贸易经营主体，增强外贸企业实力。扶持特色优质有机农产品出口基地建设。加强区域经济合作。积极参与滇中城市经济圈的区域分工，加强与滇中各县市区合作。加强与东南沿海等发达区域合作，加强与中西部地区产业融合。做好劳务输出工作。

八、加强党的领导，保障规划实施

制定我县“十三五”规划纲要，要坚决贯彻党中央和省委、市委决策部署，提出切实有效的保障措施，落实县委全会确定的指导思想、目标任务、重大举措。

（一）组织保障。“十三五”规划的组织实施涉及到各个不同的部门，具有很强的综合性。为充分保障规划实施的严肃性、权威性和可行性，应建立和完善规划实施的组织机构。县政府要加强对规划实施的领导，建立实施“十三五”规划的高效组织机构，负责规划的分解、执行、考核、协调和调整。成立县贯彻落实“十三五”规划领导小组和专家顾问小组，对规划实施的具体工作进行指导、协调和监督。

（二）政策保障。健全财政政策，积极调整和优化财政支出结构，强化政府投资引导，加强薄弱环节建设。运用财政手段，提高公共资源配置的科学性和效益性。建立严格、高效的财政支出管理体系。认清江川土地资源紧缺的现实，积极向上争取土地整治项目、地质灾害防治项目，协调建设用地指标，合理利用土地资源，严格推行土地利用计划管理，加强规划管理和指导，继续落实耕地保护目标责任制和基本农田保护制度，强化执法监察，维护国土资源利用良好秩序。

（三）资金保障。进一步加强招商引资工作的规划、组织、协调、落实，完善招商引资的激励机制。积极拓展融资渠道，建立地方中小企业贷款担保体系，拓宽个私经济融资渠道。不断扩大民间投资，加大地方财政的建设性支出，集中力量办大事。继续积极争取国家、省的各项投资，搭建多元化的融资平台。

（四）人才保障。围绕“十三五”规划建设的重点领域，加大人才培养。大力发展职业教育，广泛开展岗位技能培训；进一步发展成人教育，加强继续教育和人才培训工作，完善教育培训网络，满足多样化的学习需求。把高技能人才和农村技能人才队伍建设纳入人才培养的整体规划，并形成合理使用人才的机制，实现人才的动态优化组合。消除人才壁垒，加快人才的市场化流动；鼓励、支持民营企业吸纳人才。研究制定激励人才的优惠政策措施，完善人才奖励办法。

实现“十三五”时期发展目标，主动谋划跨越发展路径，前景十分光明，任务特别繁重。全县上下要坚决落实中央、省委和市委的各项决策部署，进一步坚定信心、破解难题，抢抓机遇、主动作为，为推动江川转型升级和与全市同步全面建成小康社会作出更大贡献。

中共玉溪市江川区委
玉溪市江川区人民政府
关于江川撤县设区机构更名及启用新的
行政区划代码的通知

玉江发〔2016〕1号

各乡镇党委、政府，大街街道党工委、办事处，区委和区级国家机关各部、委、办、局，各人民团体和企事业单位，中央、省、市驻江单位：

根据《中共玉溪市委关于对〈中共江川县委关于江川县撤县设区的请示〉的批复》（玉复〔2016〕1号）精神，设立玉溪市江川区。经江川区委、区政府研究同意，现就江川撤县设区机构更名等有关事项通知如下：

一、新的机构名称

（一）区县级单位名称8个

1.中国共产党玉溪市江川区委员会

2.玉溪市江川区人民代表大会常务委员会

3.玉溪市江川区人民政府

4.中国人民政治协商会议玉溪市江川区委员会

5.中国共产党玉溪市江川区纪律检查委员会

6.玉溪市江川区人民武装部

7.玉溪市江川区人民法院

8.玉溪市江川区人民检察院

（二）区乡级单位名称35个

1.中国共产党玉溪市江川区大街街道工作委员会

2.玉溪市江川区人民政府大街街道办事处

3.玉溪市江川区人民代表大会常务委员会大街街道工作委员会

4.中国共产党玉溪市江川区大街街道纪律检查工作委员会

5.玉溪市江川区大街街道人民武装部

6.中国共产党玉溪市江川区江城镇委员会

7.玉溪市江川区江城镇人民政府

8.玉溪市江川区江城镇人民代表大会主席团

9.中国共产党玉溪市江川区江城镇纪律检查委员会

10.玉溪市江川区江城镇人民武装部

11.中国共产党玉溪市江川区前卫镇委员会

12.玉溪市江川区前卫镇人民政府

13.玉溪市江川区前卫镇人民代表大会主席团

14.中国共产党玉溪市江川区前卫镇纪律检查委员会

15.玉溪市江川区前卫镇人民武装部

16.中国共产党玉溪市江川区九溪镇委员会

17.玉溪市江川区九溪镇人民政府

18.玉溪市江川区九溪镇人民代表大会主席团

19.中国共产党玉溪市江川区九溪镇纪律检查委员会

20.玉溪市江川区九溪镇人民武装部

21.中国共产党玉溪市江川区路居镇委员会

22.玉溪市江川区路居镇人民政府

23.玉溪市江川区路居镇人民代表大会主席团

24.中国共产党玉溪市江川区路居镇纪律检查委员会

25.玉溪市江川区路居镇人民武装部

26.中国共产党玉溪市江川区雄关乡委员会

27.玉溪市江川区雄关乡人民政府

28.玉溪市江川区雄关乡人民代表大会主席团

29.中国共产党玉溪市江川区雄关乡纪律检查委员会

30.玉溪市江川区雄关乡人民武装部

31.中国共产党玉溪市江川区安化彝族乡委员会

32.玉溪市江川区安化彝族乡人民政府

33.玉溪市江川区安化彝族乡人民代表大会主席团

34.中国共产党玉溪市江川区安化彝族乡纪律检查委员会

35.玉溪市江川区安化彝族乡人民武装部

（三）区委工作部门名称7个

1.中国共产党玉溪市江川区委员会办公室

2.中国共产党玉溪市江川区委员会组织部

3.中国共产党玉溪市江川区委员会宣传部

4.中国共产党玉溪市江川区委员会政法委员会

5.中国共产党玉溪市江川区委员会统一战线工作部

6.中国共产党玉溪市江川区直属机关工作委员会

7.中国共产党玉溪市江川区委员会机构编制办公室

（四）区委直属党（工）委名称7个

1.中国共产党玉溪市江川区教育局委员会

2.中国共产党玉溪市公安局江川分局委员会

3.中国共产党玉溪市江川区工业商贸和科技信息局委员会

4.中国共产党玉溪市江川区委老干部局委员会

5.中国共产党玉溪市江川工业园区工作委员会

6.中国共产党玉溪市江川区非公有制经济组织和社会组织工作委员会

7.中国共产党玉溪市江川区卫生和计划生育局委员会

（五）群众团体名称9个

1.中国共产主义青年团玉溪市江川区委员会

2.玉溪市江川区总工会

3.玉溪市江川区妇女联合会

4.玉溪市江川区残疾人联合会

5.玉溪市江川区工商业联合会

6.玉溪市江川区科学技术协会

7.玉溪市江川区文学艺术界联合会

8.玉溪市江川区红十字会

9.玉溪市江川区计划生育协会

（六）区委部门管理机构名称1个

中国共产党玉溪市江川区委员会老干部局

（七）区委及区委工作部门所属事业单位名称8个

1.中国共产党玉溪市江川区委员会党校

2.玉溪市江川区档案局

3.中国共产党江川区委员会党史研究室

4.玉溪市江川区电子政务内网信息技术中心

5.玉溪市江川区关心下一代工作委员会办公室

6.中国共产党玉溪市江川区委员会组织部农村党员干部现代远程教育办公室

7.玉溪市江川区老干部活动中心

8.玉溪市江川区老年大学

（八）区委区政府派出机构名称1个

玉溪市江川工业园区管理委员会

（九）区政府工作部门名称23个

1.玉溪市江川区人民政府办公室

2.玉溪市江川区发展和改革局

3.玉溪市江川区工业商贸和科技信息局

4.玉溪市江川区教育局

5.玉溪市江川区民族宗教事务局

6.玉溪市江川区监察局

7.玉溪市江川区民政局

8.玉溪市江川区司法局

9.玉溪市江川区财政局

10.玉溪市江川区人力资源和社会保障局

11.玉溪市江川区环境保护局

12.玉溪市江川区住房和城乡建设局

13.玉溪市江川区交通运输局

14.玉溪市江川区农业局

15.玉溪市江川区林业局

16.玉溪市江川区水利局

17.玉溪市江川区文化广电和体育局

18.玉溪市江川区卫生和计划生育局

19.玉溪市江川区审计局

20.玉溪市江川区旅游发展局

21.玉溪市江川区市场监督管理局

22.玉溪市江川区安全生产监督管理局

23.玉溪市江川区统计局

（十）区政府直属机构名称1个

玉溪市江川区招商合作局

（十一）挂靠区政府办公室的行政机构1个

玉溪市江川区政务服务管理局

（十二）区林业局所属单位1个

玉溪市江川区森林公安局

（十三）区政府直属事业单位名称4个

1.玉溪市江川区抚仙湖管理局
2.玉溪市江川区星云湖管理局
3.玉溪市江川区防震减灾局
4.玉溪市江川区供销合作社

（十四）区政府工作部门所属事业单位名称124个

1.玉溪市江川区信息中心
2.玉溪市江川区人民政府烟草产业办公室
3.玉溪市江川区公共资源交易中心
4.玉溪市江川区市场服务中心
5.玉溪市江川区殡葬管理所
6.玉溪市江川区救助管理站
7.玉溪市江川区居民家庭经济状况核对中心
8.玉溪市江川区社会福利中心
9.玉溪市江川区会计核算中心
10.玉溪市江川区非税收入管理局
11.玉溪市江川区中小企业融资担保服务中心
12.玉溪市江川区农业综合开发办公室
13.玉溪市江川区城市基础设施建设投资管理中心
14.玉溪市江川区劳动就业服务局
15.玉溪市江川区社会保险局
16.玉溪市江川区医疗保险基金管理中心
17.玉溪市江川区人才服务中心
18.玉溪市江川区企业退休人员管理服务中心
19.玉溪市江川区人力资源和社会保障局信息中心
20.玉溪市江川区城乡居民社会养老保险局
21.玉溪市江川区房地产管理所
22.玉溪市江川区供排水有限公司
23.玉溪市江川区城市管理监察大队
24.玉溪市江川区建设工程质量安全监督管理站
25.玉溪市江川区建设工程招投标办公室
26.玉溪市江川区环境卫生管理站
27.玉溪市江川区园林绿化管理站
28.云南省农业广播电视学校玉溪市江川区分校
29.玉溪市江川区种子管理站
30.玉溪市江川区植保植检站
31.玉溪市江川区农村环保能源工作站
32.玉溪市江川区经营管理站
33.玉溪市江川区经济作物工作站
34.云南省玉溪市江川区农业机械化技术学校
35.玉溪市江川区农机监理站
36.玉溪市江川区农机化技术推广服务站
37.玉溪市江川区农业技术推广站
38.玉溪市江川区土壤肥料工作站
39.玉溪市江川区动物卫生监督所
40.玉溪市江川区动物疫病预防控制中心
41.玉溪市江川区畜禽改良站
42.玉溪市江川区水产技术推广站
43.玉溪市江川区农产品质量安全检测站
44.玉溪市江川区森林病虫害防治检疫站
45.玉溪市江川区林政稽查大队
46.玉溪市江川区经济果木林推广站
47.玉溪市江川区营林工作站
48.玉溪市江川区林业科学技术推广站
49.玉溪市江川区林木种苗站
50.玉溪市江川区林权管理服务中心
51.玉溪市江川区茶尔山水库管理所
52.玉溪市江川区大街抽水站
53.玉溪市江川区水利勘测设计队
54.玉溪市江川区防汛抗旱站
55.玉溪市江川区水土保持工作站
56.玉溪市江川区水利工程建设质量安全监督站
57.玉溪市江川区第一中学
58.玉溪市江川区第二中学
59.玉溪市江川区职业中学
60.玉溪市江川区江城镇翠峰中学
61.玉溪市江川区江城镇江城中学
62.玉溪市江川区江城镇龙街中学
63.玉溪市江川区前卫镇前卫中学
64.玉溪市江川区前卫镇后卫中学
65.玉溪市江川区大街街道大庄中学
66.玉溪市江川区大街街道大街中学
67.玉溪市江川区大街街道伏家营中学
68.玉溪市江川区路居镇中学
69.玉溪市江川区雄关乡中学
70.玉溪市江川区九溪镇中学
71.玉溪市江川区江城镇翠峰中心小学
72.玉溪市江川区江城镇江城中心小学
73.玉溪市江川区江城镇龙街中心小学
74.玉溪市江川区前卫镇前卫中心小学
75.玉溪市江川区前卫镇后卫中心小学
76.玉溪市江川区安化彝族乡中心小学

77.玉溪市江川区大街街道大庄中心小学

78.玉溪市江川区大街街道大街小学

79.玉溪市江川区大街街道伏家营中心小学

80.玉溪市江川区路居镇中心小学

81.玉溪市江川区雄关乡中心小学

82.玉溪市江川区九溪镇中心小学

83.玉溪市江川区教育科学研究所

84.玉溪市江川区招生考试委员会办公室

85.玉溪市江川区幼儿园

86.玉溪市江川区青少年校外活动中心

87.玉溪市江川区学生资助管理中心

88.玉溪市江川区卫生和计划生育局卫生监督局

89.玉溪市江川区人民医院

90.玉溪市江川区中医院

91.玉溪市江川区妇幼保健计划生育服务中心

92.玉溪市江川区疾病预防控制中心

93.玉溪市江川区江城镇中心卫生院

94.玉溪市江川区前卫镇中心卫生院

95.玉溪市江川区安化彝族乡卫生院

96.玉溪市江川区九溪镇卫生院

97.玉溪市江川区大街街道中心卫生院

98.玉溪市江川区路居镇卫生院

99.玉溪市江川区雄关乡卫生院

100.玉溪市江川区投资审计中心

101.玉溪市江川区环境监察大队

102.玉溪市江川区环境监测站

103.玉溪市江川区地方统计调查队

104.玉溪市江川区地方公路管理段

105.玉溪市江川区路政大队

106.玉溪市江川区隔河管理所

107.玉溪市江川区安全生产监督管理局安全生产监察大队

108.玉溪市江川区图书馆

109.玉溪市江川区文化馆

110.玉溪市江川区文物管理所

111.玉溪市江川区电视转播台

112.玉溪市电视台江川记者站

113.玉溪市江川区人民广播电台

114.玉溪市江川区微波站

115.玉溪市江川区少年儿童业余体育运动学校

116.玉溪市江川区文化市场综合行政执法大队

117.玉溪市江川区消费者协会

118.玉溪市江川区个私协会

119.玉溪市江川区法律援助中心

120.玉溪市江川区公证处

121.玉溪市江川区抚仙湖管理局综合执法大队

122.玉溪市江川区渔政管理站

123.玉溪市江川区人工增雨防雹办公室

124.玉溪市江川区残疾人就业服务站

（十五）其他单位名称

各党（工）委根据管辖权限和党组织隶属关系，做好所辖基层党组织的更名工作，并报区委组织部备案。

中央、省、市直管单位新名称，要将原“江川县”统一更名为“玉溪市江川区”（如：“江川县地方税务局”更名为“玉溪市江川区地方税务局”）；区属加挂牌子的单位将“江川县”统一更名为“玉溪市江川区”（如：“江川县粮食局”更名为“玉溪市江川区粮食局”）；乡镇（街道）下设的中心、站、所新名称由区委编办另行通知。

二、新的行政区划代码

按照云南省民政厅通知，撤销原“江川县”行政区划代码“530421”，启用“江川区”新行政区划代码“530403”，具体如下：

江川区：530403000；大街街道：530403001；

江城镇：530403101；前卫镇：530403102；

九溪镇：530403103；路居镇：530403104；

安化乡：530403200；雄关乡：530403201。

中共玉溪市江川区委

玉溪市江川区人民政府

2016年2月26日

中共玉溪市江川区委关于认真做好乡镇党委换届选举工作的意见

玉江发〔2016〕2号

（2016年3月8日）

按照中央和省、市委的统一部署，我区5个乡镇党委班子换届将于今年4月中旬完成。认真做好这次乡镇党委换届，对于“十三五”规划起好步、开好局，促进全区经济平稳较快发展和社会和谐稳定具有十分重要的意义。为切实抓好乡镇党委换届选举工作，根据《中国共产党章程》、《中国共产党基层组织选举工作暂行条例》、《中国共产党农村基层组织工作条例》和《中国共产党地方组织选举工作条例》的规定，按照《中共云南省委关于做好县（市、区）、乡（镇）领导班子换届工作的通知》（云发〔2016〕6号）和《中共玉溪市委关于做好县（区）、乡（镇）领导班子换届工作的通知》（玉发〔2016〕4号）有关要求，现就做好乡镇党委换届选举工作提出如下意见：

一、指导思想

乡镇党委换届选举工作以党章为准则，高举中国特色社会主义伟大旗帜，全面贯彻党的十八大和十八届三中、四中、五中全会精神，以马克思列宁主义、毛泽东思想、邓小平理论、“三个代表”重要思想、科学发展观为指导，深入贯彻习近平总书记系列重要讲话和考察云南重要讲话精神，坚持党的领导、发扬民主和依法办事有机统一，统筹谋划，精心组织，有序推进，绘出思路清措施实的好蓝图，选出忠诚干净担当的好干部，配出结构功能强的好班子，换出心齐气顺劲足的好面貌。为协调推进“四个全面”战略布局，贯彻创新、协调、绿色、开放、共享发展理念，落实“创新引领、生态优先、兴园强工、城乡融合”发展思路，顺利完成“十三五”规划，闯出一条跨越式发展路子，努力成为全市重要的新型工业化聚集区、全省重要的休闲旅游度假区、滇中城市经济圈的产城融合发展样板区和辐射周边地区的现代物流中心，为全面建成小康社会提供坚强的保证。

二、主要任务

（一）总结部署乡镇党委工作。以党的十八大和十八届三中、四中、五中全会精神为指导，深入贯彻落实科学发展观，实事求是地总结过去，肯定成绩，找出差距，按照“十三五”规划确定的指导方针和主要目标，科学制定符合本地实际的发展规划，激励广大党员群众同心协力，开创经济社会科学发展和全面加强党的建设新局面。

（二）选优配强党政正职。坚持好中选优、优中选强，着力选拔政治素质过硬、能够驾驭全局、善于抓班子带队伍，公道正派、胸襟开阔、严于律己的优秀干部担任党政正职。注重选拔经过多岗位锻炼、乡镇工作经验、领导经验比较丰富的干部。选拔担任党政正职的，应具有2年以上乡镇领导工作经历或3年以上乡镇工作经历。党政正职配备要注重年龄、经历、专长、性格等方面的合理搭配，做到优势互补、气质相容。

（三）优化领导班子结构。围绕增强整体功能和合力，着力改善领导班子年龄、性别、民族、党派、专业等结构，全面提高领导班子建设科学化水平。

1.老中青相结合梯次配备。统筹把握领导班子中不同年龄层次干部配备比例，不简单以年龄划线，注意发挥各年龄段干部的作用，形成老中青梯次配备。乡镇党委领导班子年龄结构，应在全区范围内形成合理比例，形成以30至45岁干部为主体的梯次配备，适当保留一些50岁以上有经验的骨干，注意选拔30岁以下科级干部。注重选配优秀年轻干部，同时充分发挥经验丰富、事业心强、工作得力的年龄较大干部的作用。

2.积极培养选拔女干部、少数民族干部、党外干部。立足领导班子建设的实际需要，充分考虑人选成熟度和岗位匹配度，择优配备女干部、少数民族干部和党外干部。乡镇党政班子要配备1名女干部，党政正职的女干部要有一定数量。

3.改善领导班子专业、知识、工作经历结构。注意选配综合素质好、具有较高知识层次和专业素质的干部，防止一个班子中同一类型干部过于集中。党委领导班子注意选配熟悉党务和经济、社会、法治等工作的干部。政府领导班子重视充实熟悉农业经济、工业经济、旅游开发、扶贫攻坚、社会治理、生态保护、群众工作等方面工作的干部。

（四）扩大选人用人视野。加大从乡镇事业编制人员、优秀村干部、大学生村官中选拔乡镇领导班子成员力度，每个乡镇一般从这“三类人员”中择优配备不少于1人，本乡镇没有合适人选的，由区委在全区范围内进行统筹。“三类人员”进乡镇领导班子的资格条件，按《中共云南省委办公厅关于印发〈云南省加强乡镇干部队伍建设的实施意见〉的通知》（云办发〔2014〕28号）文件严格把握。要坚持好中选优、优中选强，不能在少数人中选人。对于符合条件人数较少的乡镇，优秀村干部的年龄可放宽2至3岁，学历可放宽至高中（中专），乡镇事业编制人员和大学生村官不放宽条件。对放宽条件选拔的人员要从严把握，根据《玉溪市江川区选拔乡镇事业编制人员、优秀村干部、大学生村官进乡镇领导班子实施方案》，严格按程序选拔，具体人选报区委组织部审核。各乡镇要注重长远谋划、加强培养，成熟一个选拔一个。此次换届确实没有合适人选的，可空出职位，待有合适人选后再选拔。

（五）从严掌握领导职数。根据市委的安排，结合我区实际，乡镇党委委员设9至11名，其中：党委书记1名，副书记2名（除担任乡镇长的党委副书记外，设1名专职党委副书记），党委委员原则上按科级配备。政法综治维稳工作不设专职领导，可结合乡镇领导班子配备实际，通过从市、区下派干部到乡镇挂职负责综治维稳工作等方式，配齐配强力量。乡镇纪委委员设3至5名，其中设纪委书记1名。人大主席由党委书记兼任的，配备1名专职副主席。乡镇人大主席、纪委书记、党员副乡镇长、武装部长、组织委员、宣传委员一般要进党委班子。乡镇党政领导班子要加大交叉任职力度，具有2年以上乡镇工作经历的人员应不少于四分之三。

（六）选好区级党代会代表。各乡镇党委要统筹安排，精心组织，在召开本级党员代表大会的同时，选好出席中国共产党玉溪市江川区第二次代表大会的代表，减少会议，节约成本，提高效率。区党代会的代表分配名额见附表。

三、方法步骤

本次乡镇党委换届工作分三个步骤进行，换届选举工作在4月中旬前完成。

第一步，选举出席乡镇党代会代表。（2月22日—3月31日前）

1.党代表的条件。根据《中国共产党基层组织选举工作暂行条例》第七条规定：代表应能反映本选举单位的意见，代表党员的意志，是共产党员中的优秀分子，能够认真贯彻执行党的基本路线和方针政策，按党性原则办事，严守党的纪律，有一定的议事能力。这次换届，中央、省委、市委和区委明确：党代表大会代表人选应当体现先进性和纯洁性。按照党代表大会任期制要求，注重从模范遵守党章党规党纪、具有一定议事能力和联系党员群众能力、充分发挥先锋模范作用的党员中产生。各乡镇党委要严格把关，切实提高代表质量。

2.党代表名额的确定。根据《中国共产党基层组织选举工作暂行条例》的规定，乡镇党代会具体代表人数由各乡镇召开党委会，按照所辖党组织的数量、党员人数和工作需要确定后，报区委批准。结合我区实际，各乡镇党代会代表名额一般不超过上届党代会。其中：各级领导干部占50%左右；注意推荐工人、农民和专业技术人员中的先进模范人物，基层一线代表比例应在上次党代表大会的基础上适当提高，一般不少于35%；妇女代表和少数民族代表所占比例一般不少于本地区妇女、少数民族党员占党员总数的比例；45岁以下的代表一般不少于50%；初中以上文化的代表一般应占50%左右。各条战线的先进模范人物、年轻党员、退（离）休党员应占一定的比例。同级党代会代表与人大代表一般不交叉，具体分配名额见附表。

3.党代表的产生。乡镇党委要根据各自的实际情况，划分选举单位和分配代表名额。各选举单位按照分配的代表名额和有关要求，采取自下而上、自上而下、充分酝酿协商的办法，提出代表候选人推荐名单。选举单位党组织根据多数党组织或多数党员的意见，从推荐名单中，按照多于代表名额30%以上的比例提出候选人推荐人选名单，与乡镇党委沟通，根据党委提出的代表比例要求，按照多于代表25%以上的差额比例，提出代表候选人初步人选名单；组织进行考察，广泛征求党内外群众意见，填报代表候选人初步人选登记表；选举单位召开总支、支部委员会，在充分讨论的基础上，按照25%的差额比例，确定代表候选人预备人选名单并在一定范围内进行公示；将候选人预备人选名单报乡镇党委审批后，由选举单位召开党员大会，对候选人预备人选进行充分酝酿，根据多数选举人的意见确定候选人，进行正式选举；选出的代表，上报乡镇党委审批。选举要充分体现选举人的意志，一律采用无记名投票的方式进行。代表候选人名单按姓氏笔画为序排列。

第二步，产生乡镇党委班子候选人预备人选。（3月25日—3月31日前）

按照《中国共产党基层组织选举工作暂行条例》、《党政领导干部选拔任用工作条例》的要求，对新一届乡镇党委班子人选进行民主推荐、考察等工作。

1.组织民主推荐。本次换届采取先个别谈话推荐后会议推荐的方式进行。组织党员群众民主推荐乡镇党委、纪委班子人选。坚持对新一届领导班子成员人选进行全额定向推荐提名，对现任领导班子成员进行民主测评、民主评议，对新提名人选进行差额考察，拟提拔人选人数较少的，差额考察比例一般为1：2；人数较多的，差额考察人选可按比新提拔人选多3至5人掌握。采取党员和群众公开推荐与党组织推荐相结合的办法提名候选人。科学分析和运用推荐测评结果，综合考虑岗位需求和干部近年考核评价情况、工作实绩、发展潜力等因素，既尊重民意，又防止简单以票取人。

2.确定候选人初步人选。在民主推荐的基础上，反复酝酿，研究提出乡镇党委、纪委班子候选人初步人选。注意从政治品质和道德品行等方面完善干部的评价标准，注意从履行岗位职责、完成急难险重任务、关键时刻表现、对待个人名利等方面考察干部的德。坚持并完善差额考察、延伸考察，扩大考察谈话范围，提高民主评议、民主测评质量，增加考察准确性。注意把换届考察与经常性考察相结合，综合运用平时考核、年度考核结果，全面准确地评价干部。坚持定性考核与定量考核相结合，改进和完善实绩分析、民意调查等办法。严格执行考察预告、考察对象公示等制度，扩大预告、公示范围，完善公示内容。

3.确定候选人预备人选。对候选人初步人选进行组织考察，根据考察结果，研究确定新一届党委、纪委班子候选人预备人选。认真落实《江川县领导干部交流工作实施办法（试行）》，重点交流主要领导干部、关键岗位干部、有培养前途的优秀年轻干部以及因工作需要交流的干部。在同一职位任职满10年的必须交流；在同一职位任职5年以上的，有计划地进行交流。在加大干部交流的同时，认真执行党政领导干部职务任期有关规定，注意保持班子的相对稳定。

第三步，召开乡镇党代会。（4月中旬前）

1.听取和审议工作报告。将乡镇党委、纪委本届工作报告提交全体代表讨论，审议通过。

2.选举乡镇党委、纪委领导班子。以无记名差额选举的形式，选举新一届党委、纪委班子。乡镇党委书记、副书记、纪委书记、党委委员的候选人由区委组织部组织考核，区委批准；乡镇纪委委员候选人由乡镇党委提出方案后报区纪委、区委组织部确定；乡镇党委委员和纪委委员实行差额选举，差额比例不低于20%；乡镇党委书记、副书记和纪委书记分别在党委一次全会和纪委一次全会上实行等额选举产生。党委委员和书记、副书记、纪委书记的选举结果按干管权限报区委审批。乡镇党委挂职干部不参加党委换届选举。

3.选举出席区党代会代表。由乡镇党代会严格按照区委提出的代表名额、代表结构、代表条件等方面的要求，选举出席区党代会代表。

四、严肃换届纪律

把严肃纪律、保证风清气正贯穿换届工作全过程，严格教育、强化监督、严明纪律、警示在前，全程监督、综合治理，惩防并举、严格问责，始终保持整治不正之风的高压态势，确保换届选举风清气正。

（一）把纪律和规矩挺在前面。严明政治纪律和政治规矩，严禁违背组织决定搞阳奉阴违、团团伙伙等行为。严明组织人事纪律，严禁拉票贿选、跑官要官、买官卖官、跑风漏气、说情打招呼等不正之风。严格执行《党政领导干部选拔任用工作条例》和干部选拔任用工作四项监督制度，做到“五个严禁”、“十七个不准”、“五个一律”坚决执行，对行贿买官、受贿卖官的，一律先予停职或免职，再依纪依法处理；对在民主推荐和选举中拉票贿选的，一律取消其考察人选或候选人资格；对跑官要官的，一律不得提拔重用，并记录在案；对违反规定选拔任用干部、突击提拔调整干部、超职数超规格配备干部的，作出的干部任免决定一律无效，并追究有关人员责任；对干扰换届和选拔任用干部中跑风漏气的，一律严肃查处，是组织人事干部的调离组织人事部门。教育和引导广大党员干部特别是各级领导干部严格遵守换届工作纪律，坚决抵制不正之风。

（二）坚持正面教育与反面警示相结合。突出教育在先、警示在先、预防在先，增强党员干部和代表、委员遵规守纪的自觉性、坚定性。采取务实有效的方式，深入学习宣传贯彻干部选拔任用和换届选举工作的政策法规，认真组织学习《中国共产党廉洁自律准则》、《中国共产党纪律处分条例》和换届纪律要求，强化纪律意识和规矩意识。加大警示教育力度，组织干部群众认真学习党中央关于湖南衡阳破坏选举案和四川南充拉票贿选案的通报精神，汲取教训，举一反三、引以为戒。

（三）加强全程监督。纪委和组织部门要加强配合，采取切实有效措施，完善监督手段，把严格监督贯穿于提名推荐、考察、公示、换届选举等各个环节。要严格执行干部选拔任用工作有关事项报告等制度，前移监督关口。要把党内监督、群众监督和舆论监督紧密结合起来，充分利用网络、信访和“12380”举报电话，及时受理反映违反换届纪律的问题。

（四）保证风清气正。认真落实中央、省委、市委关于严肃换届纪律的有关要求，严格执行党政领导干部选拔任用工作责任追究制度，坚持原则，狠刹换届中的歪风邪气。对换届中的违规违纪行为，坚决查处、决不姑息。对顶风违纪的，从快从严、重点查办。对查处的案件，要及时予以通报。

五、组织领导

为确保这次乡镇党委换届选举工作顺利进行，加强工作指导和上下联系，区委成立乡镇党委换届选举工作领导小组，领导小组名单如下：

组　长：马文龙　区委书记
副组长：王志华　区委副书记、区长
　　　　张燕华　区委副书记
成　员：李学祥　区委常委、纪委书记
　　　　林　清　区委常委、组织部部长
　　　　李忠海　区政协副主席、江城镇党委书记
　　　　郭　华　区纪委副书记、区监察局局长
　　　　陈乔华　区委办副主任
　　　　唐光华　区委正科级组织员、区委组织部副部长
　　　　赵　华　区政府办副主任、区信访局局长
　　　　邢长伟　区政府法制办主任
　　　　刘　鸿　区委宣传部副部长
　　　　靳永春　大街街道党工委书记
　　　　莽嘉慧　前卫镇党委副书记、镇长
　　　　蒋　文　九溪镇党委书记
　　　　李德坤　雄关乡党委书记
　　　　陆云波　安化乡党委书记

领导小组下设办公室在区委组织部，由林清同志任办公室主任，办公室人员从有关部门抽调组成，负责乡镇党委换届选举工作的相关事宜。

六、工作要求

（一）做好换届准备工作。各乡镇党委要切实落实换届工作主体责任，加强对换届工作的统一领导，成立换届选举工作领导小组，乡镇党委书记要切实履行“第一责任人”的责任，把换届选举工作摆上议事日程，对换届选举工作和当前工作通盘考虑，统筹安排。要提前准备，认真写好党委工作报告，总结好本届党委五年的工作。要认真研究制定好换届工作方案（报组织部备案）和《选举办法》，使之既符合政策规定，又切合本地实际，便于操作。对换届选举的各个重要环节，包括宣传发动、大会工作报告、选出党代表、组织推荐、人事安排、党代会的召开，乡镇党委、纪委班子成员的选举工作等，都要深入研究、周密部署，做到心中有数。对换届选举工作中存在的困难和问题要超前考虑，把工作做细，及时采取措施解决，确保换届工作任务圆满完成。

（二）做好思想政治工作。巩固党的群众路线教

育实践活动、“三严三实”和“忠诚干净担当”专题教育成果，大力宣扬杨善洲、高德荣等先进典型，教育引导广大干部讲政治、讲党性、顾大局、守纪律，自觉服从组织安排，正确对待个人进退留转，正确对待选举结果。换届前，领导班子可通过召开专题民主生活会等方式，统一思想认识。要关心和爱护干部，普遍开展交心谈心活动；对换届中调整的干部，党委主要领导同志要亲自谈话，有针对性地把思想工作做深、做细、做实。要关心和爱护干部，保护和调动干部的积极性。

（三）做好舆论引导工作。宣传部门要积极宣传十八大以来经济发展、社会进步、民生建设取得的重要成就，宣传党建成效和先进典型，宣传换届工作的重大意义、重要政策、纪律要求及经验做法，认真做好党代会有关宣传工作。牢牢掌握宣传舆论工作的主动权，严格新闻宣传纪律，密切关注舆情动态，加强网络舆情监控和引导，营造良好舆论环境。

（四）严格请示报告制度。在换届选举工作中，一定要坚持按程序、按政策办事的原则。凡对政策界限不清楚的地方，都要主动向区委和区委组织部报告和沟通；凡需要向区委报批的事项，都要按照规定履行报批手续。换届选举工作的有关情况，要及时向区委汇报。重大问题必须及时请示汇报。乡镇党委班子换届选举工作结束后，要对换届选举工作进行全面总结。对换届后的新一届党委班子成员，根据分级培训的原则，有计划地进行培训，尽快让他们熟悉工作。

中共玉溪市江川区委 玉溪市江川区人民政府 印发《关于在全区开展“争先创优跨越发展”大讨论、大行动的实施意见》的通知

玉江发〔2016〕14号

各乡镇党委、政府，大街街道党工委、办事处，区委和区级国家机关各部、委、办、局，各人民团体和企事业单位，中央、省、市驻江单位：

经区委、区政府研究，决定在全区开展“争先创优跨越发展”大讨论、大行动。现将《关于在全区开展“争先创优跨越发展”大讨论、大行动的实施意见》印发给你们，请结合实际认真贯彻执行。

中共玉溪市江川区委

玉溪市江川区人民政府

2016年4月1日

关于在全区开展“争先创优跨越发展”大讨论、大行动的实施意见

为认真贯彻落实中央和省市委经济工作会议、全市“争先创优跨越发展”大讨论、大行动动员大会暨2016年市委理论学习中心组第一次集中学习精神，抢抓新机遇，谋划新举措，确保江川经济实现跨越发展、走在全市前列，经区委、区政府研究，决定在全区开展“争先创优跨越发展”大讨论、大行动，特制定如下实施意见。

一、充分认识开展大讨论、大行动的重要意义

（一）开展大讨论、大行动是确保江川经济跨越发展走在全市前列的必然要求。从全市经济发展形势看，各县区正在全面贯彻落实习近平总书记考察云南重要讲话精神和省市委的相关要求，全力以赴稳增长、促改革、调结构、惠民生、防风险，形成千舟竞发、你追我赶的发展态势。当前，江川面临严峻的发展形势，从全市来看，红塔区等县区近年以来的发展十分迅猛，2015年生产总值、工业增加值、固定资产投资、公共财政预算收入等主要经济指标均高于我区。从超越通海追赶红塔的目标来看，2015年度我区公共财政预算收入、固定资产投资、第一产业增加值3项指标绝对值虽然超越了通海，但差距不大，尤其是生产总值等9项重要指标依然落后通海远低于红塔区，客观讲超越通海追赶红塔的目标还没有实现，我们的标兵是越来越多、越来越远，追兵是越来越少、越来越近。面对如此严峻的发展形势，全区上下必须

以全局的眼光和辩证的思维应对挑战，知难奋进，奋发有为。在全区开展“争先创优跨越发展”大讨论、大行动，其主要目的是进一步研判形势，凝聚共识、解放思想、抢抓机遇、谋划举措、扎实干事、推动跨越发展。

（二）开展大讨论、大行动是引领江川干部适应严格约束下干事创业的必然要求。新的时期有新的要求，全面从严治党对各级领导干部提出更加严格的要求和约束。全区各级领导干部必须进一步深刻认识当前从严治党、改进作风、跨越发展的重要性，主动适应新的要求。在全区开展“争先创优跨越发展”大讨论、大行动，有利于严格按照“三严三实”和“忠诚干净担当”的要求，进一步整治领导干部中的“庸懒散混”行为，着力解决好为官不为、为官不勤、为官乱为等问题，坚决淘汰温吞型、打盹型、太极型、木偶型、比划型、说唱型“六型”干部；有利于进一步引导领导干部解放思想、更新观念、转变作风，坚决破除传统思维定势和行为定势，激发干事创业的积极性和创造性，创新发展举措，破解发展难题；有利于在各个层面各个领域掀起争先创优、比学赶超的热潮，为想干事、能干事、干成事、不出事的干部创造一个干事创业的良好环境。

（三）开展大讨论、大行动是实现“十三五”发展良好开局的必然要求。2016年是全面建成小康社会决胜阶段的第一年，是“十三五”开局之年，是供给侧结构性改革的关键之年。在这特殊之年，在全区开展“争先创优跨越发展”大讨论、大行动，根本目的是要全面贯彻习近平总书记考察云南重要讲话和省委九届十二次全会、市委四届七次全会精神，认真落实县委十二届七次全会精神，进一步强化全区广大干部特别是党员领导干部的危机意识、机遇意识、开放意识和发展意识，鼓舞斗志、提振信心、强化措施、扎实干事，努力实现“十三五”发展开门红，为全区经济社会发展走在全市前列奠定坚实基础。

二、总体目标和要求

（一）总体目标。通过开展“争先创优跨越发展”大讨论、大行动，促使全区领导干部研判江川经济发展形势，进一步统一思想，增强危机感和责任感，牢固树立干在实处、走在全市前列的思想理念，以时不我待的紧迫感和舍我其谁的责任担当，切实转变作风，激发热情和斗志，在全区上下形成争先创优、你追我赶的干事创业氛围，确保江川经济发展走在全市前列。

（二）总体要求。深入学习贯彻党的十八届三中、四中、五中全会精神，深入贯彻落实习近平总书记系列重要讲话和考察云南重要讲话精神，紧扣发展第一要务，紧紧围绕中央和省委、市委的决策部署，以“争先创优跨越发展”为主题，增强政治意识、大局意识、核心意识、看齐意识，做到工作争先、服务争先、业绩争先“三个争先”，做到学习创优、作风创优、素质创优“三个创优”，实现思想跨越、实干跨越、开放跨越、经济跨越“四个跨越”。

三、重点工作

（一）召开大讨论、大行动动员大会

1.主要内容：（1）广泛宣传组织开展“争先创优跨越发展”大讨论、大行动的重要意义，统一思想，凝聚共识；（2）动员广大干部积极参与大讨论、大行动，转变作风，干事创业；（3）全面安排部署“争先创优跨越发展”大讨论、大行动各项工作。

2.参会人员：（1）区委常委，区人大常委会主任、副主任，区政府副区长，区政协主席、副主席，保留原职级待遇的区领导，区人民法院院长，区人民检察院检察长，公安分局政委，区委党校常务副校长，区人武部部长。（2）各乡镇（街道）党（工）委书记、乡镇长（办事处主任）。（3）人大办、政协办、纪委办、区委政研室、区委督查室、团区委、妇联、直属机关党工委、“两类组织”党工委、工商联、科协、信访局、区政府督查室、区政府法制办、发改局、监察局、民政局、司法局、财政局、人社局、国土资源局、环保局、住建局、交通运输局、农业局、林业局、水利局、审计局、统计局、安监局、文广体局、旅发局、市场监督管理局、星管局、招商合作局、供销社、防震减灾局、国税局、地税局、城投公司、人行、农发行、工行、农行、中行、建行、商行、邮储银行、信用社、供电公司主要负责人。（4）老干部局、教育局、工信局、卫计局、江川工业园区党政主要领导。（5）区委办副主任，区政府办主任、副主任，区委宣传部、区委统战部各1位负责人。

责任单位：区委办、区政府办

（二）开展一次大讨论、大行动集中学习活动

1.学习对象：全区副科级以上领导干部。

2.学习内容：以“面对赶超，江川怎么干”为问题导向，围绕“三个争先、三个创优、四个跨越”开展思想大讨论，厘清“怎么看、怎么干、怎么抓”

等问题，牢固树立“干在实处、走在全市前列”的理念，凝聚强大的跨越发展信心和动力，明确干事创业的行动计划。

责任单位：区委办、区委组织部、区委宣传部

（三）实施七个争先创优两年行动计划

1.固定资产投资争先创优两年行动计划。针对江川固定资产投资严重不足的问题，强化领导干部和部门责任落实，组织实施《玉溪市江川区五大基础设施网络建设行动计划（2016—2020年）》。2016年，全区固定资产投资计划54.1亿元、增长35%。2017年，全区固定资产投资计划68亿元、增长26%。2016至2017年，引进市外国内资金200亿元以上，投资增速保持在全市前列。

责任单位：区发改局、区招商合作局、区工信局、江川工业园区管委会、区住建局、区农业局、区水利局、区交通运输局等，各乡镇（街道）

2.产业提质增效争先创优两年行动计划。按照“调优一产、调强二产、调快三产”的产业发展思路，调整优化三次产业结构，实现产业转型升级，促进产业提质增效，实现大发展。到2017年，全区生产总值达100亿元，年均增长17%以上，三次产业比重由2015年的20.8：32.4：46.8调整为17.3：34.2：48.5，产业投资占规模以上固定资产投资比重达50%。

责任单位：区发改局、区工信局、区农业局、区旅发局、区住建局等，各乡镇（街道）

3.供给侧结构性改革争先创优两年行动计划。着力实施化解过剩产能、消化地产库存、防范债务风险、降低企业成本、逐步补齐短板、有效扩大消费六大重点任务，抢抓机遇，强化措施，推进发展。实现2016年和2017年国内生产总值、规模以上固定资产投资、一般公共预算收入均保持两位数增长。

责任单位：区发改局、区委编办、区工信局、区财政局、区住建局、区旅发局、区市场监督管理局、区政务服务管理局、区国税局、区地税局、供电公司等，各乡镇（街道）

4.财政增收争先创优两年行动计划。针对全区财政收支矛盾突出、增收乏力等问题，通过税基建设、培育税源、强化征管、预算约束、债务管理等一系列措施，努力实现财政增收节支、化解政府债务、防范金融风险的目的，进一步提高财政保障能力。2016年，全区一般公共财政预算收入5.94亿元、增长10%。2017年，全区一般公共财政预算收入6.54亿元、增长10%。

责任单位：区财政局、区国税局、区地税局、区土地储备中心等，各乡镇（街道）

5.统筹城乡发展争先创优两年行动计划。充分发挥规划引领作用，开展“多规合一”工作，统筹做好新一轮城市总体规划修编，科学合理制定城乡规划，强化规划刚性约束，一张蓝图干到底；深入开展“六城同创”，加强城市精细化管理，提升城市管理水平；以提高城镇综合承载能力为目标，加大城乡基础设施建设力度，完善城乡功能设施；加快产城融合步伐，助推城乡一体化发展。到2017年，基本建立城乡规划体系，城镇化率达到42%左右。

责任单位：区住建局、区委农办、区农业局、区发改局、区交通运输局、区水利局等，各乡镇（街道）

6.创新驱动发展争先创优两年行动计划。实施“创新引领”战略，充分发挥创新引领作用，强化企业创新主体地位，支持企业创新。力争在装备制造、生物医药、高原特色农业、信息产业等领域实现创新突破。着力营造创新环境，积极引进和培养各类创新人才，协调推进管理方式、商业模式、服务方式等变革，激活大众创业、万众创新。到2017年，全区科技进步对国民经济增长的贡献率达到60%以上。

责任单位：区工信局、区人社局、区教育局等，各乡镇（街道）

7.金融服务实体经济发展争先创优两年行动计划。金融机构要改善对实体经济的服务，用好用足中央在当前经济形势下的金融支持地方经济发展政策；要通过政府建立的各类产业发展基金，给予金融资金更大支持；要对政府部门推介的信誉好、效益高、带动强的诚信企业给予支持；要不断完善信用体系建设，创新融资产品，千方百计支持实体经济发展。2016年，全区新增贷款12.6亿元以上。2017年，全区新增贷款10亿元以上。

责任单位：人行江川支行、银监江川办事处、区工信局、区发改局等，各乡镇（街道）

（四）出台一批推动跨越发展的配套政策

以“争先创优跨越发展”为主题，以稳增长、增投资、促消费、扩开放、惠民生为重点工作，突出去产能、去库存、去杠杆、降成本、补短板工作任务，抓紧研究，制定稳增长工作、开放型经济发展、工业经济结构调整、制造业发展、开放型高原特色农业

发展、项目建设用地保障、税收支持实体经济发展、城市建设基金管理、环保基金管理、国企重大项目推进、融资担保服务企业、PPP项目入库管理、信息资源互联共享、房地产业健康发展、政府购买城市棚户区改造服务等方面的配套政策，助推7个争先创优行动计划的落实。

责任单位：区政府办、区发改局、区财政局、区工信局、区住建局、区农业局、区林业局、区水利局、区环保局、区国土资源局、区土地储备中心、区国税局、区地税局

（五）制定牢固树立“干在实处、走在全市前列”意识的实施方案

责任单位：区委宣传部

（六）制定“努力工作、依法统计”的工作方案

要认真做好日常统计工作，依法依规开展统计，做到应统尽统。统计部门要认真做好统计数据的分析和运用，并提出相应对策措施建议。要加强经济运行分析，定期召开经济形势分析会，认真做好我区与发展较快县区的主要经济发展指标完成情况对比分析，找出差距和存在的问题，提出解决问题的意见和方案，确保我区主要经济发展指标走在全市前列。

责任单位：区发改局、区统计局，各乡镇（街道）

（七）开展“作风转变年、工作落实年、创新发展年”活动

为了确保“争先创优跨越发展”大讨论、大行动取得实效，把2016年作为“作风转变年、工作落实年、创新发展年”，研究制定“作风转变年”“工作落实年”“创新发展年”3个实施意见。

责任单位：区纪委、区委组织部、区政府办

（八）坚定不移地落实“创新引领、生态优先、兴园强工、城乡融合”的发展思路

县委十二届七次全会提出了“创新引领、生态优先、兴园强工、城乡融合”的发展思路，这是江川今后一段时期特别是“十三五”期间经济社会发展的总体方向和总体要求，是全区上下致力于江川跨越发展的行动纲领，必须坚定不移地贯彻落实。全区各级各部门要以“四个战略”为统领，结合实际，对照实施意见及任务分工具体量化指标实施“争先创优跨越发展”大讨论、大行动工作，制定具体的工作方案，明确责任，抓好落实。

责任单位：区直各部门，各乡镇（街道）

四、保障措施

（一）加强组织领导。争先创优，实现跨越发展，关键在领导，最重要的是实干。为开展好“争先创优跨越发展”大讨论、大行动，确保完成各项工作任务，区委、区政府研究决定，成立玉溪市江川区开展“争先创优跨越发展”大讨论、大行动工作领导小组，由区委书记马文龙同志任组长，区人大常委会、区政府、区政协主要领导和相关区领导任副组长，领导小组办公室设在区委办，领导小组下设综合督导组、宣传组，并明确各组职责。

（二）加强作风转变。各级各部门要以“三个年”为抓手，更加深刻地认识全面从严治党、改进作风、跨越发展的重要性，更加深刻地理解跨越发展的内涵，按照“三严三实”和“忠诚干净担当”的要求，进一步调动广大干部干事创业的积极性，激发工作热情，切实转变工作作风，重点解决不会干、不敢干、不愿干的问题，解决能力、态度问题，树立良好的队伍形象，使推动跨越发展的成效更加明显。

（三）加强工作落实。开展“争先创优跨越发展”大讨论、大行动的出发点和落脚点是解决问题，促进发展。各级各部门必须把深化思想认识、查找问题差距、坚持比学赶超、实现跨越发展作为一个相互联系、相互促进的整体，在讨论中深化认识，在发展中突破束缚，在实践中转变观念，在赶超中转换思维。看准了的事情，就要果断决策、全力推进，用干的过程和发展的实际成果检验大讨论成效。各责任单位要切实负起主要责任，会同配合单位共同研究制定实施细则，明确目标、细化任务、落实措施、规定时限，将每项任务分解细化到具体的部门和责任人；配合单位要积极主动地做好配合、落实工作。各级各部门要把大讨论、大行动与完成今年的各项任务、实现年初人代会预定目标和区委、区政府确定的工作目标紧密结合起来，以更加奋发有为的精神状态，更加求真务实的工作作风做好各项工作，实现新跨越、争当排头兵，做到讨论和发展两促进、两不误，确保“十三五”开局之年开好头、起好步。

（四）加强舆论引导。宣传部门要把大讨论、大行动作为当前宣传报道工作的重中之重。各新闻媒体要密切配合，上下联动，充分发挥各自优势，认真制定宣传方案，开设专版专栏专题，做到报纸有版面、电台有声音、电视有画面，及时宣传各乡镇（街道）各单位大讨论、大行动的进展情况以及涌现出的先进

典型，全面展示大讨论、大行动中制定的新举措、取得的新成效，努力营造浓厚的舆论氛围，确保全区各项工作扎实推进。

（五）加强督促检查。区领导小组督导组要组织明查暗访，通过召开现场办公会、现场协调会等形式，切实解决企业生产经营、重点项目建设等存在的突出问题，对工作不到位，作风不扎实的，要及时予以通报，对落实不力、发展不力的单位和乡镇（街道）要适时预警并及时问责。区委督查室、区政府督查室要把大讨论、大行动各项工作作为督查重点，实行一月一督查、一月一通报制度，对开工不动工、动工就停工或进展缓慢的项目进行专项督办。区纪检监察部门要进一步下大力气“治庸、治懒、治散、治混”，对为官不为、落实不力、整改不力的严肃问责，确保各项政策措施落到实处、取得实效。

中共玉溪市江川区委
玉溪市江川区人民政府
关于印发《玉溪市江川区国家卫生城市创建达标工作实施方案》的通知

玉江发〔2016〕24号

各乡镇党委、政府，大街街道党工委、办事处，区委和区级国家机关各部、委、办、局，各人民团体和企事业单位，中央、省、市驻江单位：

《玉溪市江川区国家卫生城市创建达标工作实施方案》已经区委、区政府同意，现印发给你们，请认真抓好贯彻落实。

中共玉溪市江川区委

玉溪市江川区人民政府

2016年8月14日

玉溪市江川区国家卫生城市创建达标工作实施方案

按照市委、市政府的要求，我区必须于2016—2018年完成国家卫生城市创建达标工作。为认真抓好各项创建达标工作的落实，确保我区2018年顺利通过玉溪市国家卫生城市复审，结合我区实际，制定本方案。

一、指导思想

深入贯彻落实科学发展观，以党的十八届五中全会精神为指导，以《国家卫生城市标准（2014版）》及相关法律法规为依据，坚持“统一领导、分线作战、突出重点、集中整治、部门负责、属地管理、纵向到底、横向到边、条块结合、不留空档”的原则，精心组织、全面动员各级各部门和广大群众积极参与国家卫生城市创建达标工作，进一步改善我区人居生活环境和投资环境，完善城市卫生基础设施、提高市民生活质量，加快推进我区与中心城区融合的步伐，推动全区经济社会全面发展。

二、工作重点

（一）突出抓好三项专项整治

1.“五小”行业专项整治。按照国家卫生城市标准加大对小餐饮店、小食品店、小浴室、小美容美发、小歌舞厅和小旅店等“五小”行业的管理力度，重点加强车站、市场内外、学校周边、旅游景点周边“五小”行业的监督管理，强化守法经营、安全卫生责任意识，提升卫生水平，对无证经营坚决取缔。

2.农贸市场专项整治。按照国家卫生城市标准加大对农贸市场改造提升力度，进一步规范市场管理，加强市场内公共厕所、病媒生物防制、垃圾箱等卫生设施建设，对卫生设施不完善、功能不全的要尽快列入改造计划。对城区临时菜场、路边摊点采取有力措施进行整治，确保符合国家卫生城市复审要求。

3.城市环境、城中村和城乡结合部专项整治。要进一步加强城市基础设施建设，重点组织实施好城市市政建设、棚户区改造、环卫设施提升、街区整治、河道整治、园林绿化建设、城区公共厕所改造提升等工程，完善城市配套服务功能，解决基础设施不完善、管理措施落实不到位等问题。要进一步健全城区、街道、村（社区）环卫管理体系，明确管理职责范围，切实抓好城区、城中村、城乡结合部及居民小区卫生整治，做到城市环境卫生整治不留空档、不留死角。要进一步加大城市管理力度，组织开展交通秩序、门前三包、建筑工地、宠物饲养、户外广告、城市“牛疲鲜”、流动摊点等市容环境专项整治，重点整治车辆违章停放、乱搭乱建、乱摆摊点、乱贴乱画等现象，抓好建筑垃圾乱堆乱放的整治。要继续加大农村改水改厕力度，进一步提高农村自来水和无害化卫生厕所普及率。要积极开展卫生村创建工作，结合“城乡环境卫生综合整治”，每年打造一批环境卫生示范村，2017年年底前大街街道“省级卫生村”创建率达30%。

（二）扎实推进八项重点工作

1.落实食品安全措施，加强对重点场所、生活饮用水卫生管理。依据《食品安全法》《公共场所卫生管理条例》等法律法规，进一步加大对食品、生活饮用水、重点场所的监督执法力度。要从严准入标准，完善经营条件，规范从业行为，提高管理水平，积极预防食物中毒、食源性疾患及传染性疾病的发生。扎实推进农产品质量安全工程建设，加强食品安全质量监测监管，保证饮食卫生安全。

2.落实健康教育措施，实施全民健康活动。制定健康促进与教育实施规划，建立健全健康教育工作网络，各级各部门要在区卫计局的指导下，积极开展以健康教育进机关、进企业、进学校、进社区、进家庭为载体的各类健康促进与教育活动，倡导健康生活方式，进一步提高广大干部群众健康知识知晓率、健康生活方式与行为形成率和基本技能掌握率，学校、医院、村（社区）要确保健康知识知晓率和健康行为形成率、基本技能掌握率达标。同时，区卫计局要针对不同季节、不同人群，采取有效的健康促进方式，全面开展各类健康教育活动和全民健康活动，普及全民健康素养基本知识技能。积极开展控烟工作，实现机关单位、学校、医院控烟工作全覆盖，城区范围内无烟草广告。各类公共场所要设立创卫宣传平台，在电视、广播、网络等媒体开设创卫专栏，对国家卫生城市创建活动进行正确的舆论引导。

3.落实环境保护措施，确保各项指标达标。以饮水安全和环境安全为重点，加强水污染防治；以控制噪声为重点，加强工业企业、建筑工地、交通运输、社会生活噪声整治，督促城区噪声污染严重企业落实整改，确保各项环境保护指标达标。继续加大环境执法力度，开展医疗、危险废弃物专项检查，实施污染源治理，改善城乡人居环境。加强污水处理厂管理和提标改造。

4.落实传染病防控措施，加强传染病防治工作。严格执行《传染病防治法》，进一步健全疾病预防控制体系、突发公共卫生事件医疗救治体系、重大疫情信息网络体系，落实突发公共卫生事件的防范和应急措施，提高应对突发公共卫生事件的快速反应能力，规范传染病、突发公共卫生事件的报告和处理。重点加强对不明原因发热、手足口病等传染病的防治工作，全面落实防控措施。加强医院感染控制的组织、制度建设，提高传染病报告和管理水平，严格控制院内感染。完善计划免疫工作制度，规范工作流程，提高计划免疫工作质量。确保医源性污水排放符合国家标准，临床用血继续保持100%来自无偿献血。

5.落实病媒生物防制措施，严格控制“四害”密度。认真落实《病媒生物预防控制管理规定》，进一步完善病媒生物防制制度，健全工作网络，落实工作责任。坚持以环境治理为主的综合防治方针，加大除害防病技术指导、监督监测和宣传教育，按照政府组织与全社会参与相结合的方针，积极开展卫生清理，实施环境综合整治，消除“四害”孳生场所。认真组织落实春秋季集中灭鼠和夏秋季灭蚊蝇各项措施，突出抓好重点社区、重点单位、重点场所（城区公共区域和“五小行业”）卫生消杀措施的落实，定期开展病媒生物监测。探索推行重点区域除四害市场化运作机制，完善除四害市场化运作和监管。

6.落实属地负责制，加强村（社区）和单位卫生管理。各级各部门要按照“属地管理、属地负责”原则，切实加强对所属单位、村（社区）爱国卫生工作的组织领导。进一步健全各单位、村（社区）卫生管理组织，加强社区卫生服务机构建设，细化各项卫生管理制度，落实卫生检查、考核措施，开展爱国卫生先进单位、先进社区等创建工作。积极组织居民和职工搞好环境卫生、绿化美化和病媒生物防制工作，定期开展健康教育，完善配套措施，建立长效管理机制。没有物管的单位居民小区卫生整治由所属单位负责，其它居民小区卫生整治由所属乡镇（街道）负责。

7.加大宣传工作力度，营造浓厚的创建巩固、迎接复审氛围。在城市出入口处、车站、广场等大型公共场所设立电子屏幕或公益性宣传牌（栏），新闻媒体和政府网站专门设立国家卫生城市宣传平台，刊登巩固提升国家卫生城市成果、迎接国家卫生城市复审工作和健康教育等内容。

8.全面做好资料收集归档工作。各级各部门要明确专人负责，认真做好创建巩固国家卫生城市和爱国卫生相关工作资料的收集、整理、立卷与归档，保证资料全面规范，文广体局要做好各项创建工作开展以来的相关影视资料收集工作。

三、工作步骤

我区国家卫生城市创建达标工作从2016年3月开始至2018年12月结束。分四个阶段实施：

（一）宣传动员与启动创建阶段（2016年3月1日—2016年8月31日）。组织摸清底子，对照相关标准，寻找差距，制定《玉溪市江川区国家卫生城市创建达标工作实施方案》。建立健全创卫组织机构，成立国家卫生城市创建达标指挥部，召开全区动员大会，全面动员、安排部署创卫工作，明确各责任单位工作任务，层层签订责任书。区属各部门、各乡镇（街道）、驻江单位、创卫指挥部各专项工作组根据实施方案，制定工作计划或方案，对照《国家卫生县城标准（2014版）》，细化各项目标达标实施细则，组织召开动员大会，与所辖村（社区）和系统单位、干部职工层层签定目标责任书，确保一级抓一级，层层抓落实。

（二）创建达标各项工作落实阶段（2016年8月1日—2017年12月31日）。按照国家卫生城市标准，针对存在的问题和薄弱环节，集中力量全面开展综合整治。各专项工作组、各部门、各乡镇（街道）认真对照创卫标准的要求，逐条逐项进行梳理，找问题、找差距，针对存在的问题，强化措施，全面开展专项整治行动，集中精力解决各项工作存在的重点问题和突出问题，在抓日常创建工作的同时，要做好创建工作总结、技术报告及图片、资料汇编工作，确保各项指标达标。

（三）巩固整改和迎检阶段（2018年1月1日—2018年9月30日）。制定迎检方案，全面开展迎接上级复检工作，并对检查工作中提出的整改意见进行梳理，制定切实可行的整改方案，认真组织整改落实。对照《国家卫生城市标准（2014版）》的八大项40条指标要求进行全方位自检自查；建立长效机制，进一步巩固和提升复审达标成果，做好迎接国家爱卫会暗访的各项准备工作，接受全国爱卫办复审。

四、工作要求

（一）提高认识，加强领导。国家卫生城市的创建是生态城市、园林城市创建的共同组成部分，是确保“六城同创”目标实现的重要举措。江川要顺利通过2018年玉溪市国家卫生城市的复审，目标差距较大，工作任务繁重，必须举全区之力，加强领导、加大投入、加强督查，做到“广泛参与，严格要求，项项落实”，才能实现国家卫生城市创建巩固的目标。各级各部门要进一步统一思想，提高认识，增强创卫工作的紧迫感和责任感，将创卫工作列入重要议事日程，层层成立由“一把手”负责的创卫组织机构，制定工作计划，做到创建工作、创建经费两个落实，持续深入地开展创建活动，确保2017年各项硬性指标达标，2018年顺利完成玉溪市国家卫生城市复审。

（二）明确职责，落实责任。各责任单位要按照分解的工作任务（详见附件1、2），严格实行目标管理，层层分解落实任务，确保责任落实到人。国家卫生城市创建达标工作实行“政府统筹、属地管理、条块结合、以块为主、条条保证、单位负责、全民参与、齐抓共管”的工作体制。严格实行区领导及各部门包片包街责任制，创卫办要制订《江川区环境卫生责任区域和区级领导牵头区域责任划分》，把城区划分为若干区域，分别由四套班子的区领导包干牵头负责，再把区域划成条或块由区属各单位及驻江单位负责包片、包路，组织全体干部职工参加社会卫生义务劳动，巩固整治成果。

（三）严格执法，务求实效。各级各部门要强化法制建设，建立健全城市卫生管理制度，提高依法管理城市的总体水平。要加强执法队伍建设，建立健全联合执法机制，加大城管、卫计、公安、环保、市场监管等多部门联合执法力度，切实加强协调配合，保障各项目标任务如期完成。要发挥媒体和城市监控视频的作用，及时曝光破坏公共设施、破坏城市环境和秩序等行为，采取批评教育、行政处罚、治安处罚等手段，教育和引导市民提高文明素质。要针对城市管理和创卫工作中的热点、难点问题，不断深化专项整治行动，着力解决“老大难”问题，并积极探索长效管理机制，建立长久有效的管理办法，不断巩固提高专项整治成果。

（四）多措并举，加大投入。创卫达标工作采取“财政拿一点、向上争一点、单位出一点、社会募一点”的办法筹集资金。将创卫工作纳入经济和社会发展规划，把创卫专项活动经费、基础设施建设经费以及必需的办公经费和奖励基金纳入区财政年度预算，统筹安排。城区各单位每年要安排一定资金用于环境卫生综合整治。同时，采取社会募集、企业赞助等方式拓展资金来源渠道，为完成创卫达标工作提供保证。

（五）深入发动，营造氛围。各级各部门要广泛深入地宣传动员，推动创卫工作成为全区各级干部职工和广大人民群众的自觉行动。要充分利用各种宣传教育阵地，创造更多群众喜闻乐见的载体，调动群众积极性，形成浓厚的创卫氛围。新闻媒体要设置专题栏目，全方位、多层次地开展创卫宣传报道工作，宣传创建国家卫生城市的重要意义、主要工作和阶段成果等，加强典型报道、热点引导和舆论监督，设立举报电话，接受社会公众的监督。区委宣传部、创卫办要组织编印创卫工作手册，及时发放到各单位、社区和居民手中，引导群众自觉投入到创卫活动之中。区交通局要积极利用公交车、出租车进行标语宣传。通过全方位、立体式的舆论宣传，形成上下重视、各方支持、人人参与、齐抓共建的创建格局。

（六）强化督查，严格考核。国家卫生城市创建达标工作涉及面广，标准高，要求严，需要大量的人力、物力、财力和时间投入，是一项庞大复杂的社会系统工程，也是一项实实在在的惠民工程。各级各部门、各专项工作组要严格按照方案要求限期完成各项目标任务。实行区领导督办创卫工作制度，创卫各项工作分别由区委、区政府领导牵头负责组织进行督办。坚持每月由区领导带队对创卫工作进行一次检查评比，每周由各乡镇（街道）、各部门进行一次自查，区创卫办每半年对各部门的创卫工作进行考核，区督查领导小组不定期开展督查，并将督查情况作为年度考核重要依据，凡因工作落实不到位，影响“国家卫生城市”荣誉的，严格按照相关要求实行“一票否决”和责任追究。

附件：

1.玉溪市江川区落实《国家卫生城市标准（2014版）》责任分解表（略）

2.玉溪市江川区创建国家卫生城市15项必备条件及责任分解表（略）

3.江川区开展国家卫生城市达标工作宣传标语口号（略）

中共玉溪市江川区委 玉溪市江川区人民政府 关于推进简政放权放管结合优化服务改革工作的实施意见

玉江发〔2016〕34号

（2016年10月18日）

根据《中共玉溪市委玉溪市人民政府关于推进简政放权放管结合优化服务改革工作的实施意见》（玉发〔2016〕22号）文件精神。为持续推进简政放权、放管结合、优化服务，加快政府职能转变，充分发挥市场在资源配置中的决定性作用，更好发挥政府职能，推动新常态下江川经济社会跨越发展，结合实际，制定本实施意见。

一、总体要求

（一）指导思想

全面贯彻落实党的十八大和十八届二中、三中、四中、五中全会及全国、全省简政放权放管结合优化服务改革电视电话会议精神，以实现创新发展为目标，以激发跨越发展活力为重点，主动认识、适应和引领经济发展新常态，协同推进简政放权、放管结合、优化服务；坚持民意为先、问题导向，重点围绕阻碍创新发展的“堵点”、影响干事创业的“痛点”和市场监管的“盲点”，在简政放权上求实效，在监督管理上求创新，在服务质量上求提升，努力建设法治政府、阳光政府、廉洁政府和服务政府，促进政府治理体系和治理能力现代化。

（二）工作目标

适应改革发展的新形势新任务，从减少审批向放权、监管、服务并重转变，从分头分层级推进向纵横联动、协同并进转变，统筹推进投资审批、商事制度、中介服务、公共服务等重点领域和关键环节的改革，着力解决跨领域、跨部门、跨层级的重大问题，集中出台一批规范行政权力运行、提高行政审批效率的制度和措施，推出一批创新监管、改进服务的举措，为企业松绑减负，为创业创新清障搭台，为稳增长、促改革、调结构、惠民生提供有力支撑，培育经济社会跨越发展新动力。

二、主要任务

（一）继续深化简政放权，进一步释放市场活力和社会创造力

1.健全完善权责清单制度。坚持全面、完整、真实、准确的原则，根据法律法规立改废释、机构和职能调整情况以及政府职能转变要求，及时调整完善权责清单，实行“清单之外无职权”。

任务分工：区政府审改办牵头，区委编办、区政府法制办配合，区政府各部门负责具体落实。

时间进度：作为长期工作任务，根据法律法规立改废释、机构和职能调整情况以及政府职能转变要求，及时调整完善权责清单并公布。

2.加强权责清单动态管理。实行严格的权责清单新增、取消、承接、调整动态管理制度，从严审核把关，按程序予以确认和公布，切实维护权责清单的权威性和严肃性。

任务分工：区政府审改办牵头，区委编办、区政

府法制办配合，区政府各部门负责具体落实。

时间进度：作为长期工作任务，抓好权责清单动态管理。

3.制定公布行政职权运行流程。坚持透明、高效、便民的原则，制定每一项行政职权的运行流程图并向社会公布，限制行政裁量权，规范行政权力运行。

任务分工：区政府审改办牵头，区委编办、区政务服务管理局配合，区政府各部门负责具体落实。

时间进度：2017年12月底前制定公布运行流程图。

4.推进权责清单运行应用。把权责清单作为政府部门行使职权、责任追究的主要依据，加强日常运行应用。建立第三方评估机制和社会监督员制度，加大权责清单运行监督。

任务分工：区政府审改办牵头，区委编办、区政府督查室、区监察局配合，区政府各部门负责具体落实。

时间进度：2017年12月底前建立权责清单社会监督员制度和权责清单第三方评估制度。

5.从严管理行政许可项目目录。严格执行《云南省行政许可项目目录管理办法》，未列入目录的事项，任何部门不得以任何方式实施许可。严禁变相实施许可。

任务分工：区政府审改办牵头，区委编办、区监察局、区政府法制办、区政府督查室配合，区政府各部门负责具体落实。

时间进度：作为长期工作任务，定期不定期开展专项督查和监察。

6.规范全区行政许可目录。结合权责清单公布，参照《行政许可项目目录》，按照要素规范、权限明确、依据统一、数量相当的原则，做好江川区行政许可项目目录的统一规范工作。

任务分工：区政府审改办牵头，区委编办、区政府法制办配合，区政府各部门负责具体落实。

时间进度：2017年6月底前完成。

7.推进行政许可标准化。全面推行“三个标准”，强化编码管理，科学编制每一项行政许可项目的办事指南和业务手册，再造办事流程和审批流程，方便企业、群众办事，规范行政许可审批运行。

任务分工：区政府审改办牵头，区委编办、区政府法制办、区政务服务管理局配合，区政府各部门负责具体落实。

时间进度：2017年12月底前完成。

8.继续做好行政许可事项承接、监管、服务。接好管好上级下放的行政许可事项；对承接取消调整后需加强监管的事项，各职能部门要逐项制定出台具体管理办法，切实加强后续监管。要切实转变审批方式，强化审批服务。

任务分工：区政府审改办牵头，区委编办、区政府法制办、区政务服务管理局配合，区政府各部门负责具体落实。

时间进度：根据国务院、省、市政府承接取消调整的行政许可事项情况和实际工作需要，适时承接取消调整行政许可事项和中介服务事项；区政府决定承接取消调整后，区级政府部门要在3个月内逐项制定加强后续管理的具体办法。

9.建立内部审批事项清单。对政府及政府部门的审批、审核、核准等内部审批事项，以及该事项对应的设定依据、责任事项、追责情形进行全面清理，编制内部审批事项清单并向社会公布。

任务分工：区政府审改办牵头，区委编办、区政府法制办配合，区政府各部门负责具体落实。

时间进度：2017年12月底前完成。

10.清理进驻政务服务平台的事项。对进驻政务服务平台的事项进行集中清理，凡与已公布的行政许可项目目录、权力清单、中介服务事项目录以及公共服务事项目录规定不相符的，一律取消，不得搞变相审批或指定中介服务。

任务分工：区政府审改办牵头，区委编办、区政府法制办、区政务服务管理局配合，区政府各部门负责具体落实。

时间进度：2017年12月底前完成并加强动态监管。

11.清理审核涉密审批事项和数据。对涉密的审批事项和数据进行清理，整合过程中，由保密部门依据相关保密规定对部门提出的涉密审批事项和数据进行审查审核，并提出处理意见，对未经保密部门审核同意的涉密审批事项和数据，一律不得以涉密为由，阻碍审批事项的清理、整合、公开。

任务分工：区保密局牵头，区政府各部门负责具体落实。

时间进度：2016年12月底前各部门向区保密局提交涉密的审批事项和数据清单。2017年6月底前区保密局完成区级涉密审批事项和数据的清理审核、整合。

12.清理精简申报材料。对每一项行政许可事项、内部审批事项和公共服务事项需要提交的申报材料进行全面清理，没有法律法规依据的申报材料一律取消。要求的“其他材料”应明确列举具体情形和材料名称。

任务分工：区政府审改办牵头，区委编办、区发改局、区政府法制办、区政府督查室、区政务服务管理局配合，区政府各部门负责具体落实。

时间进度：2017年12月底前完成。

13.清理年检和政府指定培训项目。对照行政许可项目目录，全面梳理有关证照年检和政府指定培训项目。各部门确需保留的年检项目和政府指定培训项目报区政府审改办审核，经区政府审定后向社会公布。

任务分工：区政府审改办牵头，区人力资源社会保障局，区委编办、区市场监督管理局、区民政局、区政府法制办配合，区政府各部门负责具体落实。

时间进度：2017年12月底前完成。

14.清理规范行政审批收费。认真清理规范各类行政审批收费和政府性基金项目并公布收费目录，进一步降低收费标准，规范收费行为。国务院、省、市政府要求取消的收费项目坚决取消，需要规范的项目要认真规范。整顿规范行业协会商会收费，坚决制止强制企业入会或付费参加各类会议、培训、展览、考核评比、表彰和强制赞助捐赠、订购刊物等行为；严禁行业协会、商会以任何形式擅自设立收费项目和提高收费标准。坚决遏制利用行政审批事项强制提供服务、强制收费。对保留的收费项目，要公开收费依据及标准，落实审批服务减免政策。清理公布涉企收费目录，目录清单之外一律不得收费，切实减轻企业负担。

任务分工：区发改局、区财政局、区工信局牵头，区政府各部门负责具体落实。

时间进度：2016年12月底前根据国务院、省政府公布收费目录清单情况，向社会公布收费目录清单；进一步规范涉企收费行为，加强日常监管。

15.理清并减少管理层级。根据权责清单，区政府各部门要对法律法规没有明确管理层级的事项进行清理，提出由哪一级政府部门负责实施更为合适的初步意见，按程序报区政府审改办审核后，报区政府审定；对未明确规定管理层级和权限，或不同层级政府均有权实施的事项，要根据实际，交由设定依据规定的最基层政府或政府部门实施。法律法规未明确规定需由下级政府部门初审或审核的，由上一级政府部门直接受理，实际工作中由区政府部门实施最终审批的，逐步由区政府部门直接受理，提高审批效率。

任务分工：区政府审改办牵头，区政府法制办配合，区政府各部门负责具体落实。

时间进度：2017年6月底前区政府部门完成清理，相关审批事项试行由区政府部门直接受理。2017年8月底前区政府部门提出由哪一级负责实施的初步意见报区政府审改办审核；2017年12月底前区政府审改办审核后报区政府审定并组织实施。

16.以信息公开推动简政放权。审批部门要全面公开审批事项清单、申报材料、办理流程、办理时限、咨询方式等内容和审批受理、进展情况、办理结果等信息，方便企业和群众监督查询。行政许可、行政处罚等信息自作出行政决定之日起7个工作日内必须上网公开。

任务分工：区政府办公室、区发改局、区政务服务管理局牵头，各审批部门负责落实。

时间进度：2017年6月底前完成。

（二）推进重点领域和关键环节改革，为创业创新清障搭台

17.深入推进投资审批改革。实施好《政府核准的投资项目目录》，严格执行市场准入负面清单，进一步缩小企业投资项目核准范围，落实企业投资自主权，放宽市场准入，激发市场活力。制定投资审批制度改革实施方案。梳理公布投资审批许可项目目录、企业投资项目核准前置审批及中介服务事项目录，完善并运行投资审批许可项目办事指南和业务手册。再造投资项目审批流程。保留的投资项目审批事项纳入统一的投资项目在线审批监管平台，实行“一站式”网上审批，实行投资项目“告知+承诺”办理模式。审批部门一次性告知项目单位应具备的条件和需要提交的材料，以及项目建设具体标准、要求和虚假承诺应负的责任；项目单位书面承诺按照标准和要求执行并承担相应违约责任后，审批部门即以一定方式认可项目单位的申请事项，项目单位据此即可开展所申请事项的实施工作。推进投资审批提速。

任务分工：区发改局牵头，区住建局、市国土资源局江川分局、市规划局江川分局、区环境保护局、区交通运输局、区林业局、区水利局、区政务服务管理局、区政府法制办配合，区政府各部门负责具体落实。

时间进度：2016年12月底前梳理公布投资审批许

可项目目录、企业投资项目核准前置审批及中介服务事项目录，编制投资审批许可事项办事指南和业务手册。2017年6月底前拟订投资审批制度改革实施方案，按程序提交区政府研究同意后组织实施。2017年12月底前完成投资项目审批流程再造，按程序提交区政府研究同意后组织实施；根据国务院、省政府部署安排，推进投资项目网上审批。

18.清理规范投资项目报建审批事项。根据《国务院关于印发清理规范投资项目报建审批事项实施方案的通知》（国发〔2016〕29号），对投资项目报建审批事项进行全面清理，按照国务院要求，进行整合规范，严格将投资项目报建审批事项控制在42项以内，保留涉及安全的强制性评估5项，改为部门征求意见2项。

任务分工：区发改局牵头，区住建局、市国土资源局江川分局、区交通运输局、区林业局、区水利局、区环境保护局、区文广体局、市公安局江川分局、区民宗局、区气象局、区政府法制办配合，区政府各部门负责具体落实。

时间进度：2016年12月底前拟订整合规范投资项目报建审批事项的实施方案，按程序提交区政府研究同意后组织实施。

19.搭建投资项目审批服务平台。依托区政务服务中心，设立投资项目审批服务窗口，建立代办机制，搭建投资项目审批服务平台。实行投资项目审批“告知+承诺”服务模式，投资项目审批实行“一窗受理、内部流转、全程代办、限时办结、一口出件”，做到“企业一次申报、部门多次沟通、首席代表主动服务、承诺时限内办结取件”。区级涉及投资项目审批的政府部门，确定行政审批股或承担行政审批职能的股室负责人作为本部门首席代表，轮流进驻投资项目审批服务窗口，负责接件、流转、办理、送达等工作。实行投资项目重大事项集中审批、联合审批、并联审批制度，提高审批效率。

任务分工：区发改局、区政务服务管理局牵头，区政府各部门负责具体落实。

时间进度：2016年10月底前完成投资项目审批服务平台搭建。2016年12月底前投资项目审批服务窗口正式运行。

20.深入推进园区授权审批改革。以投资审批、招商引资、项目落地为重点，加大向园区放权力度，加强区政府部门对园区的投资审批服务。积极推进园区投资审批改革，全面推行矿压、地灾等按规划区审批，不再审批单个项目的矿压、地灾等；除土地、规划、重大项目环评等以外，将其他园区投资项目前置审批事项改为后置并联审批，实行审批承诺制，全程代办，切实加快园区投资项目审批速度。

任务分工：区政府审改办、区发改局、区工信局牵头，区委编办、区政府法制办、江川工业园区管委会配合，区政府各部门负责具体落实。

时间进度：2016年12月底前，区政府审改办牵头，根据实际情况向工业园区管委会授权（委托）权限。

21.深入推进商事制度改革。继续推进工商营业执照、组织机构代码证和税务登记证“三证合一、一照一码”改革，整合社会保险登记证和统计登记证，实行“五证合一、一照一码”。积极探索“证照分离”改革，加快推进工商登记全程电子化、名称登记、放宽住所条件、简易注销登记等改革，进一步巩固认缴登记、年度报告公示改革，深化工商登记前置审批改后置审批，继续削减前置审批事项，加大后置审批事项取消力度，降低准入门槛，实行宽进严管，激发市场活力。

任务分工：区市场监督管理局牵头，区国税局、区地税局、区政府审改办、区政府法制办配合，区政府各部门负责具体落实。

时间进度：2017年12月底前完成。

22.推行中介服务清单管理。对政府部门保留的行政许可事项、内部审批事项、管理服务事项涉及的中介服务事项进行全面清理，除法律、行政法规、国务院决定和部门规章按照行政许可法规定设置的中介服务事项外，其他中介服务事项一律取消。实行中介服务清单管理，凡未纳入清单的中介服务事项，一律不得作为行政审批的受理条件。

任务分工：区政府审改办牵头，区发改局、区政务服务管理局、区政府法制办配合，区政府各部门负责具体落实。

时间进度：2016年12月底前完成中介服务清理，按程序报区政府研究同意后，公布区级中介服务事项清单。

23.切断中介服务利益链。全面清理中介服务组织，规范中介服务组织登记管理。大力整治“红顶中介”，区政府部门所属事业单位、主管的社会组织及其举办的企业，不得开展与本部门行政审批相关的中介服务。区政府部门所属事业单位、主管的社会组织及其举办的企业，提供与主管部门行政审批范围相关的中介服务的，主管部门要提出脱钩、转企改制或职责取消的意见。取消民办非企业单位、基金会和有关社会团体的业务主管单位，积极推进行业协会、商会在机构、人员、财务、职能等方面与行政机关脱钩，政府机关工作人员一律不得在中介服务机构兼职（任职）。

任务分工：区政府审改办、区监察局、区委编办、区市场监管局、区民政局、各行业主管部门牵头，区发改局、区人力资源社会保障局、区财政局、区政务服务管理局配合，区政府各部门负责具体落实。

时间进度：2017年12月底前区委编办牵头完成中介服务组织登记机构的清理；区民政局牵头取消民办非企业单位、基金会和有关社会团体的业务主管单位；区监察局牵头完成政府机关工作人员在中介机构兼职（任职）清理。2017年12月底前各行业主管部门会同区委编办、区人力资源社会保障局、区财政局拟订中介机构转企改制、脱钩改革方案并组织实施。

24.破除中介服务垄断。区政府部门不得利用职权指定或变相指定中介机构提供中介服务，不得限定行政审批申请人接受其指定的中介机构提供服务。对申请人已委托中介服务机构开展的服务事项，行政审批机关在审批过程中，不得再委托同一机构开展该事项的技术性审查。各部门设定的区域性、行业性或部门间中介服务执业限制一律取消。严禁通过限额管理控制中介服务机构数量，各部门现有限额管理规定一律取消。对于市场发育成熟、价格形成机制健全、竞争充分规范的中介服务事项，一律推向市场。行业主管部门要加大对中介服务机构的培育引进力度。

任务分工：区政府审改办牵头，区委编办、区监察局、区发改局、区政务服务管理局配合，区政府各部门负责具体落实。

时间进度：2016年12月底前区政府审改办牵头完成区政府部门指定中介服务的清理；各行政主管部门完成执业限制、限额控制的清理，提出整改规范意见报区政府审改办。2017年12月底前行业主管部门培育引进执业不足3家中介服务机构工作取得进展。

25.规范中介服务收费。行政审批部门在审批过程中委托开展的评估评审等技术性审查服务，必须通过竞争方式选择服务机构，服务费用一律由行政审批部门支付并纳入部门预算，严禁将审批部门技术性审查费用转嫁给行政审批申请人。对于市场发育成熟、价格形成机制健全、竞争充分规范的中介服务事项，一律通过市场调节价格。

任务分工：区发改局牵头，区政府审改办、区财政局配合，区政府各部门负责具体落实。

时间进度：2017年12月底前完成审批部门技术性审查服务收费清理，并提出整改规范意见报区政府研究。

26.加强中介机构履行服务时限承诺监督。审批部门委托中介机构开展技术性审查服务的，审批部门必须要求中介服务机构作出服务时限承诺，按承诺时限提供服务。区政府政务服务管理局、各行业主管部门加强中介服务机构履行服务时限承诺的监督，建设服务项目齐全、服务质量、收费合理的“中介超市”，建立失信机构淘汰退出机制。

任务分工：区政务服务管理局、区发改革局牵头，区政府各部门负责具体落实。

时间进度：2017年6月底前完成。

（三）创新和加强政府管理，使市场和社会活而有序

27.推动政府部门更好履行职能。创新部门职能管理方式，探索将部门权责清单作为“三定”规定的重要依据，结合权责清单的动态调整，实行常态化管理。按照权责一致原则，进一步明确和强化部门责任，着力解决权责不匹配的问题。

任务分工：区委编办牵头，区政府各部门负责具体落实。

时间进度：2017年12月底前探索建立权责清单与“三定”规定管理衔接办法。

28.推进机构和职责优化整合。积极推进基本医疗保障、检验检测认证、不动产登记、抚仙湖资源环境管理等领域机构职能的整合，配合做好基本医疗保障、检验检测认证、不动产登记、抚仙湖资源环境管理体系，全面提升政府的管理能力。进一步理顺区政府部门职能职责关系，最大限度减少职责交叉分散，促进部门依法全面高效履行职责。

任务分工：区委编办牵头，区政府各部门负责具体落实。

时间进度：2016年7月底前完成不动产登记、基本医疗保障等机构职能整合。2016年12月底前完成检验检测认证机构整合。2017年12月底前完成抚仙湖资源

环境管理职能整合。适时做好相关部门机构职责的优化整合。

29.推进审批与监管职责相对分离。深入实施相对集中行政许可权改革，推进部门内设机构行政许可职能整合，真正实现行政许可职能相对向一个股室集中，由一个股室负责履行整个部门的行政许可职责，其他内设机构不再承担行政许可职能，转为事中事后监管。

任务分工：区委编办牵头，区政府各部门负责具体落实。

时间进度：2016年10月底前基本完成区政府部门相对集中行政许可权改革；2016年12月底前基本实现区政府部门行政许可权相对集中，行政审批股正式运行。

30.强化市场监管。坚持市场经营“凡进必受监督”的原则，编制市场监管清单，对管理的行业或领域按照事前、事中、事后全链条的监管要求，明确监管主体、行业分类、监管内容、监管范围、监管措施、监管依据、监管标准，以清单形式向社会公布。持续推进市场监管“三合一”体制改革，实现市场监管机构、职责、人员的融合。

任务分工：区政府审改办牵头，区委编办、区市场监管局配合，区政府各部门负责具体落实。

时间进度：2016年12月底前研究解决好市场监管体制改革中存在的问题。2017年12月底前编制市场监管清单并向社会公布。继续完善区级市场监管体制改革工作。

31.创新监管方式。全面建立随机抽取检查对象、随机抽取执法检查人员，检查情况和查处结果及时向社会公开的“双随机、一公开”监管机制，逐步缩小监管部门自由裁量权。抓紧建立随机抽查事项清单、检查对象名录库和执法检查人员名录库，制定随机抽查工作细则，今年区政府部门都要拿出“一单、两库、一细则”。探索推广分类分级监管。探索“互联网+监督”监管方式，运用大数据、云计算、物联网等信息技术，整合信息资源，完善信用信息征集、存储、共享与应用等环节的制度，实现“一个平台管信用”，建立信息披露和诚信档案制度、失信联合惩戒机制和经营异常名录、黑名单等制度。

任务分工：区市场监管局、区发改局、人行江川支行牵头，区政府各部门负责具体落实。

时间进度：2016年12月底前区政府各部门建立“双随机、一公开”机制和“一单、两库、一细则”，其中随机抽查清单必须于2016年11月底前向社会公布；随机抽查事项达到本部门市场监管执法事项的70%以上，其他行政执法事项的50%以上；2017年12月底前实现全覆盖。推进信用信息整合，建立信用信息公示平台。

32.全面推进重点领域综合行政执法。摸清各部门行政执法队伍种类、机构设置和人员编制现状，规范机构编制管理。按照“一件事主要由一个部门管”的要求，适时选择条件相对成熟的领域，推进系统内综合执法改革；继续推进资源环境、城区管理、市场监管等领域综合行政执法。

任务分工：区委编办牵头，区政府法制办配合，区政府各部门负责具体落实。

时间进度：2016年8月底前完成执法队伍清理。2016年12月底前推进资源环境、城区管理、市场监管等领域综合行政执法。

33.加强事中事后监管。研究出台加强事中事后监管的意见，强化对重点领域和新型业态的监管，构建市场主体自治、行业自律、社会监督、政府监管的社会共治格局。

任务分工：区政府审改办牵头，区政府各部门负责具体落实。

时间进度：2017年6月底前制定出台江川区加强事中事后监管的意见。

（四）优化政府服务，更好满足人民群众和经济社会发展的需要

34.梳理公布公共服务事项目录和服务指南。全面梳理与公民、法人和其他组织创业创新有关的服务事项，包括政策资金支持、就业技能培训、奖励优惠等综合服务事项；以及与公民日常生产生活密切相关的社会保险、基本社会服务、基本医疗、人口和计划生育等公共服务事项，向社会公布公共服务事项目录和服务指南，方便企业和群众办事创业。

任务分工：区政府审改办牵头，区委编办、区政府法制办、区政务服务管理局配合，区政府各部门负责具体落实。

时间进度：2017年12月底前完成公共服务事项目录和服务指南的梳理公布。

35.从与群众日常生活密切相关的公共服务事项入手简化优化服务。以户籍管理、不动产登记、客货车辆管理、公共教育、劳动就业、社会保障、社会

救助、社会救济、婚姻登记、公积金提取及贷款等公共服务事项为重点，精简规范不合法不合理的申报材料，并以申请材料清单的形式一次性告知申请人需要提交的申报材料，简化办事环节，方便群众办事。以优质高效的服务，提高群众“放管服”改革的满意度，增强获得感。

任务分工：区政府审改办牵头，区政务服务管理局、区监察局、区政府督查室配合，区政府各部门负责具体落实。

时间进度：2017年12月底完成。

36.提高“双创”服务效率。落实“大众创业、万众创新”要求，打造“双创”综合服务平台，为企业开办和成长“点对点”提供政策、信息等全方位服务，为扩大就业、培育新动能、壮大新经济拓展更大发展空间。建立新生市场主体统计调查、监测分析制度，密切跟踪新生市场主体特别是小微企业的经营发展情况，促进新生市场主体增势不减、活跃度提升。

任务分工：区工信局、区市场监管局牵头，区发改局、区教育局、区司法局、区人力资源社会保障局、区统计局配合，区政府各部门负责具体落实。

时间进度：2017年12月底前完成。

37.创新公共服务供给方式。大力推进政府向市场主体和社会组织购买公共服务，形成政府购买、市场和社会提供的公共产品供给机制，扩大公共服务和公共产品的供给，补齐公共服务短板，逐步实现小政府大服务。

任务分工：区财政局牵头，区政府各部门负责具体落实。

时间进度：逐年加大政府购买服务实施力度。

38.优化行政审批服务。建立完善“一次性告知”制度，以申请材料清单的形式一次性告知申请人需要提交的申报材料。继续完善“受理单”制度，全面推行一个窗口受理。进一步完善首席代表制度，区政府部门行政审批科或承担行政审批职能的科室负责人作为本部门首席代表，进驻政务服务中心，加大向首席代表授权力度，基本实现一般事务窗口办结。严格执行服务承诺，公开承诺办结时限，限时办结，做到“零超时”。制定公布行政审批服务规范，对工作人员的仪容举止、工作纪律、文明用语等作出具体要求，不断提升窗口服务质量。

任务分工：区政务服务管理局牵头，区政府各部门负责具体落实。

时间进度：2017年6月底前完成。

39.推进公共服务事项网上办理。推动政务服务大厅向网上办事大厅延伸，凡具备实行网上办理条件的事项，都要通过政务服务平台，推广实行网上受理、网上办理、网上反馈，实现办理进度和办理结果网上实时查询；暂不具备网上办理条件的事项，要通过政务服务平台，采取多种方式提供全程在线咨询服务，及时解答申请人疑问。

任务分工：区政府办、区发改局、区工信局、区政务服务管理局牵头，区政府各部门负责具体落实。

时间进度：2016年12月底前确定一批公共服务事项实行网上办理。2017年12月底推进公共服务事项网上办理。

40.推进政府部门间数据信息整合。大力推行“互联网+政务服务”，抓紧制定政府部门间数据信息共享实施方案，明确共享平台、标准、目录、管理、责任等要求，打破“信息孤岛”和数据壁垒，实现数据信息互联互通和充分共享。

任务分工：区政府办、区发改局、区工信局、区政务服务管理局牵头，区民政局、玉溪市公安局江川分局、区人力资源社会保障局、区住房城乡建设局、区市场监管局、区统计局配合，区政府各部门负责具体落实。

时间进度：2017年6月底拟订政府各部门数据信息共享实施方案，按程序提交区政府研究同意后组织实施。

（五）加强督查问责，确保各项工作任务落实

41.建立第三方监督评估机制。制定“放管服”重大改革措施第三方评估机制，对简政放权、放管结合、优化服务进行第三方评估，客观公正地提出意见建议。建立社会监督员制度，聘请社会监督员强化对政府部门简政放权放管结合优化服务工作的日常监督。建立群众监督投诉举报奖励激励机制，充分发动群众参与监督。

任务分工：区政府审改办牵头，区监察局、区委编办、区政府督查室配合落实。

时间进度：2017年12月底前完成。

42.搭建监督投诉举报平台。完善12310监督投诉举报运行机制，畅通企业和群众监督投诉举报渠道。建立常态化的投诉举报协调处理机制，区政府审改办、区监察局、区委编办、区政府督查室等部门对12310投诉举报问题及时调查处理。

任务分工：区政府审改办牵头，区监察局、区委编办、区政府督查室配合落实。

时间进度：2016年12月底前完成12310监督投诉举报平台的建设；建立投诉举报问题调查处理工作机制。

43.切实加强督查监察和考核。把简政放权、放管结合、优化服务改革工作列入区政府重点督查事项，切实加强工作督查。区监察局要切实履行职责，加大对政策落实和工作推进的跟踪监察，确保各项工作平稳有序推进。把简政放权放管结合优化服务改革列入对乡镇（街道）、区级部门年终综合目标考核和领导班子考核的重要内容。

任务分工：区政府督查室、区监察局牵头，区政府审改办、区委编办配合落实。

时间进度：区政府督查室、区监察局每季度对区政府责任部门工作推进落实情况进行一次定期督查和监察，督查和监察情况报区政府审改办；对重点改革工作任务，根据工作推进情况进行跟踪督查和监察，督查情况适时报区政府审改办。从2016年起将简政放权放管结合优化服务改革列入对乡镇（街道）、区级部门年终综合目标考核和领导班子考核的重要内容。

44.严肃责任追究。对思想认识不到位，工作推进不力，或者因不作为、乱作为造成严重影响和严重后果的，要对部门、部门主要领导、有关领导和直接责任人，进行严肃问责，严格追究有关责任。

任务分工：区监察局牵头，区政府审改办、区委编办、区政府督查室配合落实。

时间进度：根据督查、监察中发现的问题，及时启动问责，严肃责任追究。

三、组织实施

（一）加强改革领导

区政府已成立推进简政放权放管结合优化服务改革工作领导小组，切实加强改革组织领导。各级各部门也要把简政放权放管结合优化服务改革摆在突出位置，当作“一把手工程”，由主要领导负责抓好落实。各级各部门主要领导要切实履行简政放权放管结合优化服务改革的主体责任，加强对改革工作组织领导和研究部署，把改革抓牢抓实，确保改革各项工作落到实处。区级各部门要结合实际，成立相应的领导机构，对照目标任务分工制定相关的工作方案，并于2016年10月20日前报区政府审改办。

（二）加强改革推进

各级各部门要切实提高推进改革的效率，根据实施意见要求，及时组织制定并限期出台相关改革文件，明确时间表、路线图和成果形式，将任务逐项分解到位、落实到人。对主动作为的要激励，对落实不力的要问责，以踏石留印、抓铁有痕的作风，务求有进展、有突破、有实效。建立简政放权放管结合优化服务改革工作任务落实月报制度，区级各牵头部门从10月起，于每月20日前定期向区政府审改办报送工作进展情况，逾期不报送，将给予通报并追究相应责任。

（三）加强统筹协调

各级各部门要牢固树立大局意识和全局观念，密切协作、协调联动、相互借鉴，勇于探索创新，敢于率先突破。各级各部门负责推动解决属于本部门的改革问题；区政府简政放权放管结合优化服务改革领导小组负责协调解决好跨部门跨领域的改革问题。

（四）加强工作指导

区政府简政放权放管结合优化服务改革领导小组要注重对各级各部门的跟踪指导，搭建经验交流推广的平台。及时研究解决“放管服”中的重点难点问题，为各级各部门推进改革扫除障碍。加强对区政府部门简政放权放管结合优化服务改革工作的考核，完善考评机制。

（五）加强舆论引导

要及时发布权威改革信息，回应社会关切，引导社会预期。要加强改革举措的解读宣传，凝聚改革共识，形成推动改革的良好舆论氛围。要积极调动广大群众广泛参与，依靠群众力量推进改革。

中共玉溪市江川区委关于印发《中共玉溪市江川区委巡察工作实施办法》的通知

玉江发〔2016〕38号

各乡镇党委、大街街道党工委，区委和区级国家机关各部委办局、各人民团体和企事业单位党组织，中央、省、市驻江单位党组织：

《中共玉溪市江川区委巡察工作实施办法》已经区委研究同意，现印发给你们，请认真贯彻执行。

中共玉溪市江川区委

2016年11月20日

中共玉溪市江川区委巡察工作实施办法

第一章　总　则

第一条　为落实全面从严治党要求，强化管党治党政治责任，推动巡视监督向基层延伸，根据《中国共产党章程》《中国共产党巡视工作条例》《中共云南省委贯彻〈中国共产党巡视工作条例〉实施办法》《中共云南省委关于建立州（市）、县（市、区）党委巡察制度的意见》和《中共玉溪市委巡察工作实施办法》等规定，结合江川实际，制定本办法。

第二条　巡察工作是政治巡察，是党的巡视工作的延伸和补充，是区委的一项重要工作。巡察工作以马克思列宁主义、毛泽东思想、邓小平理论、“三个代表”重要思想、科学发展观为指导，深入贯彻习近平总书记系列重要讲话精神，以“四个全面”战略布局为总引领，坚持党要管党、从严治党，落实中央巡视工作方针和省市巡察工作要求，进一步增强政治意识、大局意识、核心意识、看齐意识，聚焦党的领导、党的建设、全面从严治党、党风廉政建设和反腐败斗争，发现问题、形成震慑、遏制和治本作用，推动党的执政能力建设、先进性建设和纯洁性建设。

第三条　区委实行巡察制度，建立巡察工作机构，对所管理的乡镇（街道）、部门、企事业单位和基层党组织进行巡察，形成上下联动的巡视巡察工作机制。

第四条　巡察工作坚持统一领导、统筹安排，依纪依规、实事求是，聚焦问题、注重实效，发扬民主、依靠群众的原则。

第二章　巡察机构和人员组成

第五条　区委是组织开展巡察工作的责任主体，区委书记是第一责任人。区委成立巡察工作领导小组，向区委负责并报告工作，区委巡察工作受市委巡察工作领导小组的领导。

区委巡察工作领导小组组长由区纪委书记担任，副组长由区委组织部部长担任，成员由区纪委、区委组织部分管领导和巡察办主任担任。巡察工作领导小组组长为组织实施巡察工作的主要责任人。

第六条 巡察工作领导小组的职责是：

（一）贯彻中央、省委、市委和区委有关巡察工作的决议、决定；

（二）研究年度巡察工作计划、方案；

（三）听取巡察工作汇报；

（四）研究巡察成果的运用，分类处置发现的问题，提出相关意见和建议；

（五）向区委报告巡察工作情况；

（六）对巡察组进行管理和监督；

（七）研究处理巡察工作中的其他重要事项。

第七条 巡察工作领导小组下设办公室，为巡察工作的日常办事机构，是区委的工作部门，设在区纪委。

第八条 巡察工作领导小组办公室的职责是：

（一）向市委巡察工作领导小组办公室和区委巡察工作领导小组报告工作情况，传达贯彻中央、省委巡视工作和市委、区委巡察工作领导小组的决策部署；

（二）承担巡察工作的组织、协调、督查、服务、保障职责；

（三）承担省委巡视工作、市委巡察工作的协调联络职责；

（四）承担调查研究、制度建设、督促整改等工作；

（五）对市、区党委及其巡察工作领导小组决定的事项及巡察组移交事项进行督查督办；

（六）组织对巡察人员的培训、考核和监督管理；

（七）负责巡察工作宣传、信息处理和资料收集归档工作；

（八）办理巡察工作领导小组交办的其他事项。

第九条 区委根据巡察工作需要组建巡察组，承担巡察工作任务。巡察组向巡察工作领导小组负责并报告工作。每个巡察组设5至7名成员，设组长1名、副组长1—2名。巡察工作实行组长负责制，副组长协助组长工作。

巡察组依靠被巡察党组织开展工作，不干预被巡察乡镇（单位）、区直单位的正常工作，不履行执纪审查的职责。

第十条 建立巡察组组长库和人才库。选择政治素质过硬、熟悉党务工作、原则性强、勇于担当、善于发现和分析研究问题的同志组成巡察组组长库。选择熟悉纪检监察、组织人事、财务、审计、政法等专业和相关领域的优秀干部组成巡察组人才库。同时要有计划地选派后备干部、新提拔领导干部到巡察组工作、锻炼。巡察组组长库和人才库人选由区纪委商区委组织部门建立，人数约30人，实行动态管理。

巡察组组长、副组长和工作人员，由巡察工作领导小组根据工作任务，实行一次一授权。

第三章　巡察对象和内容

第十一条 巡察对象和范围是：各乡镇（街道）党（工）委、人大（工委）、政府（办事处）领导班子及其成员；区委工作部门、区政府部门、人民团体以及区级管理的企事业单位党组织领导班子及其成员，市、区党委要求巡察的其他党组织领导班子及其成员。

第十二条 巡察组对巡察对象执行《中国共产党章程》和其他党内法规，遵守党的纪律，落实管党治党主体责任和监督责任，贯彻落实中央和省市区委决策部署等情况进行监督。重点是执行党的政治纪律、组织纪律、廉洁纪律、群众纪律、工作纪律、生活纪律情况。

第四章　巡察方式和工作程序

第十三条 巡察组可以采取以下方式开展工作：

（一）听取被巡察单位党组织工作汇报和有关部门专题汇报；

（二）与被巡察党组织领导班子成员和其他干部群众个别谈话；

（三）受理反映被巡察党组织领导班子及其成员和所属下一级党组织领导班子成员问题的来信、来电来访等；

（四）抽查核实领导干部报告个人有关事项情况；

（五）向有关知情人询问情况；

（六）调阅、复制有关文件、档案、会议记录等资料；

（七）召开各类座谈会；

（八）根据需要列席被巡察乡镇（街道）、区直单位有关会议；

（九）组织民主测评、问卷调查；

（十）以适当方式对被巡察乡镇（街道）、区直单位的下属单位或部门了解情况；

（十一）开展专项检查；

（十二）提请有关单位予以协助；

（十三）区委批准的其他方式。

巡察组采取本条第（四）、（五）、（十一）、（十二）项所列方式开展巡察，应当提出书面申请，由巡察工作领导小组办公室按有关规定报批后，商请相关部门按程序协助办理。

第十四条 巡察工作领导小组办公室负责协调做好巡察前的准备工作，按每年不少于三个轮次的要求拟定巡察工作年度计划，确定巡察对象、巡察时间，报区委批准后组织实施；组织对巡察组成员进行巡察业务培训，明确巡察工作目标任务、基本步骤、方式方法、具体要求和工作纪律等。

第十五条 巡察组按照年度巡察工作计划开展巡察，原则上，对乡镇（街道）的巡察时间为20天，对部门和基层单位的巡察时间为15天。对下属单位较多或人数较少的单位和部门，经巡查工作领导小组批准可适当延长或缩短巡察时间。

巡察组提前5至10个工作日书面通知被巡察乡镇（街道）、区直单位，协调巡察组进驻有关事宜。进驻被巡察乡镇（街道）、区直单位后，应当召开巡察工作动员会，向社会发布巡察工作公告，公布巡察对象、巡察内容、巡察方式及联系方式等，向被巡察党组织通报巡察任务，按规定的工作方式和权限，开展巡察了解工作。

第十六条 巡察结束后10个工作日内，巡察组应当形成巡察报告，如实报告了解的重要情况和问题，并提出处理建议。对党风廉政建设等方面存在的普遍性、倾向性问题和其他重大问题，应当形成专题报告，分析原因，提出建议。

第十七条 每轮巡察结束后，巡察工作领导小组和区委“五人小组”（区委书记、副书记、纪委书记、组织部长）应及时听取巡察情况汇报，研究处理意见，审定巡察反馈意见，研究成果运用。巡察中发现的重大、紧急情况，应及时向区委报告。

区委书记在区委“五人小组”听取巡察汇报时的讲话和巡察工作领导小组组长的汇报材料应及时报送市委巡察工作领导小组。

第十八条 巡察反馈意见经巡察工作领导小组审定后，由巡察组会同巡察办及时向被巡察党组织领导班子及其主要负责人进行反馈。

第十九条 被巡察乡镇（街道）、区直单位党组织及其主要负责人在收到巡察组反馈意见后，应当认真落实整改要求，并在2个月内将整改情况书面报告巡察工作领导小组办公室。

第二十条 对巡察发现的问题和线索移交实行签收制，发现问题线索按照“进一步了解关注”、“了解关注”、“组织处理”和“参考”4类进行分类处置。其中，“组织处理”类移交组织部门，其余3类移交纪检监察机关。其他问题移交相关单位。

第二十一条 巡察组对巡察中了解到的影响经济社会发展和党的建设方面的重大问题，或涉及重大政策调整、体制机制改革方面的问题，应当形成专题报告，报送区委、区政府。

第二十二条 有关纪律检查机关、组织部门收到巡察移交的问题或线索后，要优先办理并及时反馈，一般情况下于3个月内将办理情况反馈巡察工作领导小组办公室。

被巡察单位党组织主要负责人是落实巡察整改工作的第一责任人。

第二十三条 巡察工作领导小组办公室应当会同巡察组采取督办、“回头看”等方式，对被巡察乡镇（街道）、区直单位的整改落实情况跟踪问效。巡察工作领导小组可以直接听取被巡察党组织有关整改情况的汇报。被巡察乡镇（街道）、区直单位报告整改落实情况后，巡察组应对其整改落实情况进行评价，并向巡察工作领导小组报告。

第二十四条 巡察整改结果应当在一定范围内公开，组织民主评议，接受党员干部和人民群众监督。

第五章 工作机制

第二十五条 建立与上级党委巡察工作联动机制。对于全局性或某一领域、区域、系统存在的重大问题，可以根据需要对巡察内容和工作要求进行统一部署，联动巡察、交叉巡察。对上级党委巡视巡察提出的整改意见和移交事项，建立台账跟踪了解、限时督办、及时报告，协调配合做好相关工作。

第二十六条 建立定期研究汇报巡察工作机制。建立区委常委会研究巡察工作和区委“五人小组”听取巡察情况汇报机制。区委常委会应当每年研究巡察工作，定期听取巡察工作领导小组的工作汇报，确定巡察工作计划，提出巡察工作要求。

第二十七条 建立巡察机构与相关机关、部门的协作机制。巡察组开展工作前，应当向纪检监察、检察机关和组织、信访、审计、财政、统计等部门征询了解被巡察党组织领导班子及其成员的有关情况，相关单位应予以协助。根据工作需要，巡察组组长可直接与同级纪委、组织部和相关部门负责人会商，深入了解被巡察乡镇（街道）、区直单位党组织及党员干部的有关情况。

纪检监察机关在办理涉及被巡察乡镇（街道）、区直单位的案件时，应当向正在开展巡察的巡察组组长通报情况。经分管巡察工作的纪委领导批准后，纪委案件监督管理部门应当协调有关部门向巡察组提供巡察对象的有关信息。

组织部门应当根据巡察工作需要和相关报批程序，配合巡察组抽查、核实领导干部个人有关事项。

宣传部门应配合巡察机构协调相关媒体，向社会公开巡察进驻、反馈、整改等情况，定期收集研判舆情信息并互相通报，共同应对处置涉察舆情。

政法机关应当根据巡察工作需要，在巡察工作领导小组办公室取得有关报批程序后，配合开展信息查询、关注督办、法纪咨询等工作。

审计部门应当向巡察工作领导小组办公室提供审计计划，在巡察期间按照有关程序和要求为巡察组提供审计材料、配合巡察工作。巡察组可以根据巡察情况，提出对相关单位开展审计的建议。

第二十八条 建立巡察发现问题线索管理、交办、督办机制。制定巡察发现问题线索管理办法，巡察组负责问题线索的发现、研判、报告工作，巡察办负责问题线索的备案、移交、协调、督办、归档工作。

第二十九条 建立和完善巡察成果运用机制，实现巡察成果与纪律审查、干部选拔任用、党组织班子评价等的有序衔接。巡察成果以巡察报告、专题报告、综合报告、综合材料、问题线索等形式体现，作为区委在议事决策、处理问题，区纪委监察局开展纪律审查，区委组织部选拔任用干部的参考和依据。

第三十条 建立巡察工作绩效考评和激励机制。以巡察发现和报告的问题数量和质量为考核内容，对巡察工作领导小组办公室、巡察组和巡察干部进行年度绩效考核，优先选拔任用工作实绩突出的巡察干部。巡察干部在巡察期间由巡察领导小组负责管理，日常工作由巡察办负责。

第六章 服务保障

第三十一条 参照上级巡视巡察工作的保障方式，结合本地实际，将巡察工作经费列入本级财政预算予以保障，为巡察工作提供必要的办公、交通条件。

第七章 纪律和责任

第三十二条 巡察工作领导小组应当加强对巡察工作领导小组办公室和巡察组的领导和管理。对巡察工作开展不力，发生严重问题的，依据有关规定追究相关责任人员的责任。

第三十三条 纪检监察、组织、政法、审计、信访等机关、部门及其他有关单位，应当支持配合巡察工作。对违反规定不支持配合巡察工作，造成严重后果的，依据有关规定追究相关责任人员的责任。

第三十四条 巡察工作人员应当严格遵守巡察工作纪律。巡察工作人员有下列情形之一的，视情节轻重，给予批评教育、组织处理或者纪律处分；涉嫌犯罪的，移送司法机关依法处理：

（一）对应当发现的重要问题没有发现的；

（二）不如实报告巡察情况，隐瞒、歪曲、捏造事实的；

（三）泄露巡察工作秘密的；

（四）工作中超越权限，造成不良后果的；

（五）利用巡察工作的便利谋取私利或者为他人谋取不正当利益的；

（六）有违反巡察工作纪律其他行为的。

第三十五条 被巡察党组织领导班子及其成员应当自觉接受巡察监督，积极配合巡察组开展工作。党员有义务向巡察组如实反映情况。

第三十六条 被巡察单位领导班子及其工作人员有下列情形之一的，视情节轻重，对该乡镇（街道）、区直单位领导班子主要负责人或者其他有关责任人员，给予批评教育、组织处理或者纪律处分；涉嫌犯罪的，移送司法机关依法处理：

（一）隐瞒不报或者故意向巡察组提供虚假情况的；

（二）拒绝或者不按照要求向巡察组提供相关文件材料的；

（三）指使、强令有关单位或者人员干扰、阻挠巡察工作，或者诬告、陷害他人的；

（四）无正当理由拒不纠正存在的问题或者不按照要求整改的；

（五）对反映问题的干部群众进行打击、报复、陷害的；

（六）其他干扰巡察工作的情形。

第三十七条　被巡察乡镇（街道）、区直单位的干部群众发现巡察工作人员有本实施办法第三十四条所列行为的，可以向巡察工作领导小组及其办公室反映，也可以依照规定直接向有关部门反映。

第八章　附　则

第三十八条　本实施办法由区委负责解释，具体解释工作由区委巡察工作领导小组办公室承担。

第三十九条　本实施办法自印发之日起施行。

玉溪市江川区人民政府关于切实抓好2016年大春生产工作的意见

玉江政发〔2016〕2号

各乡、镇人民政府，大街街道办事处，区属各有关单位：

2016年是“十三五”规划实施的开局之年，也是农业调结构转方式的重要一年，围绕区委区政府工作布署，为切实抓好2016年大春生产，确保农业增效、农民增收、农村繁荣，现结合我区实际，提出以下大春生产意见。

一、总体思路和生产目标

（一）总体思路。全面贯彻党的十八大和十八届三中四中五中全会精神、习近平总书记系列重要讲话尤其是视察云南时重要讲话精神，以创新、协调、绿色、开放、共享发展理念为统领，以农业增效、农民增收为目标，以提质增效转方式、稳粮增收可持续为主线，以进一步优化生产布局、作物结构和品种结构，突出科技引领，深入推进粮油高产创建活动，大力推广农作物间作套种、粮食地膜覆盖栽培、测土配方施肥、集中育秧育苗和有害生物绿色防控等节本增效技术，着力提高种植业质量和效益，为“十三五”全区现代高原特色农业的健康发展开好头、起好步。

（二）生产目标。2016年，全区大春农作物总播种面积为18.57万亩，减少2.2万亩，减少原因主要是抚仙湖区域托管，其中：粮食作物5.25万亩，减少3533亩，总产3263万公斤，减少178.99万公斤。稻谷种植面积2.9万亩，减少221亩，总产1883万公斤，增加3.91万公斤；玉米种植面积2.15万亩，减少2830亩，总产1300万公斤，减少172.28万公斤；薯类（折粮）种植面积2000亩，增加337亩，总产550万公斤，增加92.45万公斤。烤烟种植面积7.13万亩，减少9436亩，总产1000万公斤，减少152.24万公斤，收购量987万公斤。蔬菜种植面积5.9万亩，减少8210亩；花卉种植面积2880亩，减少94亩。按此计划，2016年大春粮食作物与非粮食作物种植比重为28.3∶71.7，粮食作物种植比重上升1.3个百分点。

二、工作重点

（一）着力稳定粮食种植面积。认真落实粮食安全行政首长负责制，强化政策宣传和信息引导，落实好强农惠农政策，调动农民粮食生产积极性。一是要抓好大春主要粮食作物面积稳定。稳步增加水稻、调减玉米，有水源的地方尽可能种植水稻，各乡镇（街道）要及早做好面积规划，把粮食面积落实到村、落实到户，做到面积不减，产量稳中有进。二是要突出粮食间作套种保面积。要大力推广玉米间种大豆、水稻间种大豆和果园套种粮食等模式，并充分利用田边、地角、坡坎和零星土地等种植玉米、大豆等粮食作物。三是要强化耕地利用，杜绝耕地闲置撂荒。要切实做好外出户、劳弱户土地流转、落实转包、承租、代耕助耕等工作，确保大春作物面积稳定。

（二）持续调整优化种植结构。在保证面积的基础上，各乡镇（街道）要转变发展方式，引导群众抓好结构调整，提高产品质量和生产效益。一要优化作物结构。星云湖径流区逐步减少蔬菜、大棚花卉等高耗肥（药）作物，引导发展水稻、荷藕等具有湿地功能的水生作物。二要优化品质结构。大力发展优质水稻、专用玉米、高蛋白大豆和特色杂粮等生产。三要转变耕作模式。大力推广“水稻+N”水旱轮作模式、尤其在城郊结合部及蔬菜常年连作区，要开展“水稻+烤烟”、“水稻+蔬菜”、“水稻+花卉”等示范。四是推进种养结合。在近年取得初步结果的基础上，推进畜禽规模养殖场（小区）配套相应规模的种植基地，引导畜禽规模养殖场（小区）、规模种植基地走种养结合之路。

（三）全力抓好十项科技增粮措施。高产创建、间作套种和粮食地膜覆盖栽培等措施是有效提高粮食单产的重大科技增粮措施，各乡镇（街道）要继续把这些措施作为大春生产的主要抓手，及早准备，精心组织，落实人员和实施地点。尤其是近年承担省部级水稻、玉米高产创建的要尽快落实地点，明确行政责任人和技术责任人，及时做好育秧育苗工作。

（四）大力推广绿色生产技术。一是推动农药使用量零增长行动。加强农药使用管理，强化源头治理，规范农民使用农药行为；强化病虫监测预警，开展绿色防控与统防统治融合示范，推广高效低毒低残留及环境友好型农药剂型和生物农药制剂。二是推动化肥使用零增长行动。以测土配方施肥、缓（控）释肥、机械施肥、种肥同播、水肥一体化为主要内容，突出新型经营主体示范推广。三是推广加厚地膜、可降解地膜和适时揭膜技术，开展以烤烟为主的农膜、农药包装物回收示范处理。

（五）着力推进农业标准化生产。要加快制定和完善主要特色农产品生产标准和技术规程，开展“三品一标”农产品基地建设，大力推进蔬菜、水果和花卉等作物标准化生产，扩大标准化技术应用面，鼓励龙头企业、农民专业合作社、家庭农场等农业新型经营主体，按标准组织生产和订单收购。

（六）全力抓好防灾减灾。一是加强灾情调度分析。密切与气象等部门的沟通会商，加强灾害预测预报，提早发布预警信息，强化灾情调度，及时做好关键农时和重点区域的防灾减灾工作，重点防范春末夏初干旱、“倒春寒”、洪涝冰雹等灾害。二是推进科学防灾减灾。加强分类指导，突出关键环节、主要作物、重点区域，因地因时搞好农业防灾减灾。要主动避灾，做到防灾关口前移，一旦发生灾害，要组织受灾地区及时落实关键技术，有效应对突发灾害，减轻灾害损失。三是认真做好政策性农业保险工作。

三、组织保障

（一）提高认识，加强组织领导。各乡镇（街道）要立足经济发展新常态，主动适应新常态，紧紧围绕“稳粮增收调结构、提质增效转方式”这一主线，把当前春季田管和春耕备耕作为抓好大春生产乃至全年种植业生产、农民增收的关键环节来落实，成立领导挂帅的工作小组，主要领导亲自抓，分管领导具体抓，行政人员和科技人员共同抓。要认真落实粮食生产行政首长负责制，把粮食生产任务分解到村（居）委会、落实到组；要建立粮食工作责任制，把粮食生产指标纳入乡镇（街道）政府工作目标考核内容。

（二）落实工作责任，加强督促检查。要把大春生产的主要目标任务，尤其是十项科技增粮措施落实到单位、到人，要明确领导责任人和技术负责人，分别制订实施方案和管理措施，确保工作落到实处；要加强项目资金管理，高产创建、间套种等项目资金，设立专账，做到专款专用，严格按照财政支持环节支出，严禁截留、挪用。在大春生产的关键季节，要派出督导组到生产一线督促检查，及时通报情况，发现问题及时研究解决。

玉溪市江川区人民政府

2016年4月21日

玉溪市江川区人民政府
关于深入推进依法行政加快建设法治政府的实施意见

玉江政发〔2016〕44号

各乡、镇人民政府，大街街道办事处，区属各有关单位：

为全面推进依法行政，进一步加强法治政府建设，根据《中共中央关于全面推进依法治国若干重大问题的决定》、《中共中央国务院法治政府建设实施纲要（2015—2020年）》、《云南省人民政府关于深入推进依法行政加快建设法治政府的实施意见》（云政发〔2015〕1号）和《玉溪市人民政府关于深入推进依法行政加快建设法治政府的实施意见》（玉政发〔2016〕14号），结合我区实际，提出如下意见：

一、总体目标和基本要求

（一）总体目标。经过坚持不懈的努力，到2020年实现基本建成职能科学、权责法定、执法严明、公开公正、廉洁高效、守法诚信的法治政府目标，确保我区在全面落实依法治国各项任务中走在前列。

（二）基本要求。深入贯彻科学发展观，认真落实党的十八大、十八届三中、四中、五中全会和习近平总书记系列重要讲话精神，坚持在党的领导下、在法治轨道上开展工作，切实做到深入推进依法行政与全面深化改革有机结合，更好的发挥法治对经济社会发展的引领、规范和保障作用；切实做到法无授权不可为、法定职责必须为，无法律法规依据不得作出减损公民、法人和其他组织合法权益或者增加其义务的决定，不断提高依法行政的能力和水平；切实做到勇于担当、敢于负责，积极回应社会公众的需求和关切，自觉运用法治思维和法治方式深化改革、推动发展、化解矛盾、维护稳定，保障公民合法权益和社会公平正义，努力建设有限、有为、有效政府。

二、深入推进依法行政，加快建设法治政府

（一）依法界定和规范政府职能

1.推进行政机关职能、权限法定化。坚持法无授权不可为，依法完善机构编制管理制度和规则，推进机构、职能、权限、程序、责任规范化、法定化，清晰合理确定政府及部门职责权限。加强政府部门职责动态管理，优化机构设置和人员编制配备。行政机关不得法外设定权力。

2.加快建立权力清单、责任清单和负面清单制度。按照法定职责必须为的要求，全面梳理法规规章，厘清行政职权的行使主体、名称、设定依据、监督方式、救济途径等，列出权力清单。按照权责一致的要求，进一步梳理、明晰行使职权对应的责任事项、追责情形和追责依据，建立与权力相统一的责任清单。严格执行国家公布的负面清单，放宽市场准入，凡是市场主体自愿投资经营和民商事行为，只要不属于法律法规禁止进入的领域，不损害第三方、社会公共利益和国家安全的，政府不得限制进入。

3.依法履行政府社会管理和公共服务的职能。突出保障和改善民生，确保就业、教育、医疗、食品安全、社会保障、保障性住房等人民群众较关心问题得到有效回应和解决。健全政府向社会力量购买服务机制，凡属事务性管理服务，原则上引入竞争机制，通过合同、委托等方式向社会购买。

4.加大简政放权力度。精简行政审批事项，简化审批流程。投资项目审批事项、生产经营活动审批事项、行政事业性收费的实施必须依法有据。加大市场主体和社会组织培育力度，加快政府部分职能向社会组织转移。强化对经济的宏观管理，注重发展规划制

定、全局性事项统筹管理、体制改革统筹协调。

5.规范行政审批行为。承担行政审批的部门实行“一个窗口”对外统一受理，每一个审批事项要编制服务指南，明确审查内容、要点和标准，避免随意裁量。建立规范高效的审批运行机制，提高行政服务效能，推进一个行政机关的审批事项向一个科室集中、行政审批科室向行政审批服务中心集中，保障进驻行政审批服务中心的审批事项到位、审批权限到位。实行限时办理，受理申请要出具受理单。对多部门审批事项实行一个部门牵头的“一条龙”审批或并联审批。坚持透明办理，除涉及国家秘密、商业秘密或个人隐私外，要公开审批的受理、进展、结果等信息。推行网上预受理、预审查，2016年建成完善的网上审批大厅，构建横向到部门、纵向连市级的网上审批服务平台。

6.严格行政审批的管理和监督。严格实行行政审批目录动态管理。全面推进相对集中行政审批权改革。加强行政审批监督检查，落实行政审批责任追究制度。针对取消、下放的审批事项制定监管办法，严禁变相恢复、上收已经取消和下放的行政审批项目。对调整为备案、日常监管的审批事项，不得变相实施审批。严禁将属于行政审批的事项转为中介服务事项，规范行政审批中介服务环节、收费和办理时限，建立行政主管部门监管过错责任追究机制，加强对中介服务的监管。

（二）加强依法行政制度建设

7.加强规范性文件监督管理。建立规范性文件制定主体资格制度，依法确定并公布规范性文件制定主体。重要行政管理规范性文件需由政府法制机构参与起草，有效防止规范性文件制定中的部门利益。建立成本效益和社会效益预评估制度，提高规范性文件质量。把合法性审查确定为规范性文件制定的必经程序。规范性文件起草单位在报送制定机关批准前，应当由制定机关的法制机构进行合法性审查并出具审查意见。直接涉及公民、法人和其他组织切实利益的规范性文件应当举行听证。落实规范性文件备案审查制度，完善专家咨询制度，加强规范性文件的监督管理。2016年1月1日起新制发的规范性文件实行标明有效期制度，有效期不超过5年，其中暂行、试行的规范性文件有效期不超过3年，有效期届满的规范性文件自行失效，确有必要继续施行的，应当重新发布。落实规范性文件定期清理制度，适时修改、废止与法律法规、经济社会发展不相适应的规范性文件。各部门每隔2年对制定的规范性文件进行集中清理，并将清理结果向社会公布。未经公布的规范性文件，不得作为行政管理的依据。

8.加强对村规民约的监督。引导基层组织依法依规制定村规民约，健全对村规民约的审查备案和监督机制，乡镇（街道）政府（办事处）对违反宪法、法律法规和国家政策的村民自治章程、村规民约和村民会议的决定，要责令改正。

（三）坚持依法科学民主决策

9.健全和完善重大行政决策程序。认真贯彻《江川县重大行政决策程序规定（试行）》，严格执行重大决策公众参与、专家论证、风险评估、合法性审查和集体讨论决定的法定程序，科学界定和划分各级政府之间、政府部门之间、政府和部门内部的决策权限，界定重大行政决策范围。实行重大行政决策目录管理制度，目录有调整的，应当经过集体决定，及时公布。

10.健全听取人大代表、政协委员意见机制。完善政府协商机制，重大决策、重要工作加强与人大代表、政协委员的沟通协商，涉及地方经济社会发展全局、人民群众切身利益的重大行政决策事项，应当通过召开讨论会、座谈会、协商会等形式，充分征求人大代表、政协委员意见，坚持听取意见、协商于决策之前，增强决策的科学性和民主性。

11.健全公众参与、风险评估和专家论证机制。完善重大行政决策听证制度，建立听证目录，规范听证程序，扩大听证覆盖面，对涉及公共利益和人民群众切身利益的重大决策实行听证。依法应当听证而未经听证的，不得提交讨论，作出决策。听证意见应当作为决策的重要参考。完善行政决策风险评估机制，对涉及经济社会发展和人民群众切身利益的重大决策都要进行社会稳定、环境保护等方面的风险评估。规范重大决策专家论证制度，探索委托第三方机构评估论证，以评估结果作为是否作出、调整或者停止执行行政决策的参考依据。

12.健全和完善重大决策合法性审查和集体讨论决定制度。建立重大决策合法性审查制度，政府重大决策事项应当在会前交由政府法制机构进行合法性审查，部门重大决策事项应当会前交由法制机构进行合法性审查，未经合法性审查或者经审查不合法的，不得提交讨论，作出决策。坚持重大行政决策集体决定制度，重大决策事项要经政府常务会议或者部门领导班子会议集体讨论决定。

13.建立和落实重大决策终身责任追究制度及责任倒查机制。建立重大决策终身责任追究及责任倒查制度，实行重大行政决策终身责任追究和责任倒查，对不严格按照重大行政决策程序要求进行决策，造成决策严重失误或者应当作出决策但久拖不决造成重大损失、恶劣影响的，严格追究行政首长、负有责任的其他领导人员和有关责任人员的法律责任。推行重大决策实施情况后评估制度。完善行政决策监督制度，明确监督主体、监督程序和监督方式，加强对决策事项的督查督办。

14.积极推行和普遍建立政府法律顾问制度。认真贯彻落实《玉溪市人民政府关于进一步加强政府法律顾问工作的意见》（玉政发〔2015〕84号）及《江川县政府法律顾问管理办法》，推动政府法律顾问全面介入政府依法行政、依法决策和行政执法各领域、各环节，保证政府法律顾问在制定重大行政决策，推进依法行政中发挥独特的优势和作用，推动江川经济社会发展，服务法治政府建设。在2015年全区基本实现政府法律顾问全覆盖的基础上，巩固提升政府法律顾问的服务质量和水平，扩大政府法律顾问工作服务领域，推动政府法律顾问在更大范围、更高层次发挥作用，充分发挥法制机构、法律顾问在重大决策和重大项目推进中的服务作用。

（四）深化行政执法体制改革

15.严格行政执法主体管理。加强行政执法主体的清理、确认、公告工作，强化行政执法人员资格和行政执法证件的管理，严格岗前培训、持证上岗、亮证执法、未经执法资格考试合格，不得授予执法资格，不得从事执法活动。建立行政执法主体及行政执法人员数据库。严格执行罚缴分离和收支两条线管理制度，严禁以任何形式下达罚没款任务（指标），严禁收费罚没收入与部门利益直接或变相挂钩。加大重点领域执法力度，严厉查处食品药品安全、安全生产、环境保护、文化旅游、城市管理等领域的违法案件，依法惩处各类违法行为。

16.健全行政执法和刑事司法衔接机制。界定案件移送范围，完善案件移送标准和程序，建立行政执法机关、公安机关、检察机关、审判机关信息共享、案情通报、案件移送制度，坚决克服有案不移、有案难移、以罚代刑现象，实现行政处罚和刑事处罚无缝对接。建立健全行政机关与刑事司法联席会议制度，协调解决执法机关之间的矛盾和争议。

（五）严格规范公正文明执法

17.深入推进行政执法规范化建设。完善行政执法程序，细化操作流程，规范行政执法调查取证、告知、听证、集体讨论决定等程序，明确执法步骤、环节和时限。重点规范行政许可、行政处罚、行政强制、行政征收、行政收费、行政检查等行政执法行为，制定具体的执法程序规定。建立健全行政执法全过程记录制度，加强行政执法信息化建设，推行行政执法文书电子化，实现对立案、调查取证、决定、执行等行政执法活动全过程的跟踪记录。建立并严格执行重大执法决定法制审核制度，行政机关作出重大行政许可、行政处罚、行政强制、行政征收、行政收费、行政检查等重大执法决定之前，应当由本机关法制机构进行审核，未经法制审核或者审核未通过的，不得作出决定。全面落实行政执法责任制和执法评议考核制，全面梳理行政执法依据，明确执法职权，严格确定不同部门及机构、岗位执法人员执法责任和责任追究机制。坚持行政执法案卷评查制度，区政府法制办每年组织开展行政处罚、行政复议、行政许可等行政执法案卷评查，评查结果予以反馈并进行通报。

18.健全完善行政裁量权基准制度。进一步健全和完善行政裁量基准制度，严格细化行政裁量权，重点细化、量化行政处罚、行政强制、行政征收等行政裁量标准，规范裁量范围、种类和幅度。行政决定书中要将行政裁量权基准作为适用的依据，确保相同或类似的行政违法行为所受的处理基本一致。

（六）强化对行政权力的监督和制约

19.自觉接受外部监督。建立向人大报告、政协通报工作机制，自觉接受人大及其常委会的法律监督、工作监督和政协的民主监督。接受人民法院、人民检察院依法实施的监督，主动接受舆论和社会公众监督，保障人民群众依法监督政府和部门的权利。

20.强化政府内部权力的制约。加强对重点部门和关键岗位行政权力的监督制约。优化政府机构设置和职能配置，推进决策权、执行权、监督权适度分离和相互制衡。对财政资金分配使用、国有资产监管、政府投资、政府采购、公共资源转让等权力比较集中，极易导致权力滥用和失控，易产生腐败行为的部门和岗位，实行分事行权、分岗设权、分级授权、定期轮岗，同时强化内部流程控制，建立内部审批制度规范，防止内部审批漏管失控。加强行政复议和行政执法监督工作，严格执行《云南省行政执法监督条例》，建立健全行政复议建议书和意见书制度，强化政府内部层级监督。

21.保障审计机关依法独立行使审计监督权。完善审计制度，保障审计机关依法独立开展审计监督。严格落实对公共资金、国有资产、国有资源和领导干部履行经济责任情况实行审计全覆盖规定。落实审计机关重大事项向同级政府报告的同时向上一级审计机关报告制度，推进审计职业化建设。

22.完善纠错问责机制。进一步明确问责范围、问责程序，增强问责的针对性、操作性和实效性。健全问责方式，加大问责力度，坚决纠正不作为、乱作为和慢作为。健全诫勉谈话、取消当年评先评优资格、责令作出书面检查、通报批评、责令公开道歉、调整工作岗位、停职检查、引咎辞职、责令辞职、罢免等问责方式。

23.加强政府诚信建设。严格执行行政决定事项，非因法定事由并经法定程序，不得撤回或变更已经生效的行政决定。依法撤回或变更行政决定造成行政管理相对人财产损失的，及时依法予以补偿。违法行使职权造成行政管理相对人权益受到损害的，及时依法予以赔偿。行政合同和协议严格履行，承诺事项切实兑现。

（七）全面推进政务公开

24.加大政府信息公开力度。坚持以公开为常态、不公开为例外的原则，实施政务公开，推进决策公开、执行公开、管理公开、服务公开、结果公开。政府及其工作部门编制权责清单并向社会全面公布。重点推进财政预算、“三公”经费及公共资源配置、重大建设项目、社会公益事业等领域的政府信息公开。依申请公开事项在法定期限内办结。健全政府信息保密审查、查询评价机制，完善政府信息公开工作考核、社会评议、年度报告、责任追究等配套保障机制。

25.建立健全行政执法公示制度。实行行政执法主体、执法职责、执法依据、执法过程和执法结果公开。未经审定公布的行政审批事项，行政机关不得实施。未经审查公布的规范性文件，行政机关不得执行。加强政府法治信息服务工作，创建玉溪政府法治信息网。

26.拓宽政务信息公开渠道。加强政府网站的建设和管理，推进政务公开信息化，加强互联网政务信息数据服务平台和便民服务平台建设，充分运用信息技术手段，充实公开内容，创新公开方式，采取新闻发布会、在线访谈、政务信息岛等方式，充分利用每年的两会、各类专业会议和地区综合性会议，及时公布开展的重点工作，提升发布信息、解读政策、回应关切、引导舆论的能力和水平。

（八）依法化解社会矛盾纠纷

27.健全社会矛盾纠纷化解机制。完善调解、仲裁、行政裁决、行政复议、行政诉讼、信访等有机衔接、相互协调的多元化纠纷解决机制。把信访纳入法治化轨道，坚持法定途径优先原则处理信访问题，保障合法合理诉求依法按程序得到解决。加强行业性、专业性人民调解组织建设，完善人民调解、行政调解、司法调解、仲裁调解联动工作体系。健全行政裁决制度，强化行政机关解决同行政管理活动密切相关的民事纠纷功能。

28.推进行政复议体制机制改革和能力建设。整合行政复议资源，完善行政复议案件审理机制，加大行政复议对违法或者不当行政行为的纠错力度，积极探索不履行行政复议决定的责任追究制度。全面推进行政复议规范化建设的各项工作，加强行政复议工作场所和装备建设。加强行政复议与司法、信访良性互动，增强行政争议化解能力。

29.加强行政机关应诉和行政赔偿工作。严格执行《中华人民共和国行政诉讼法》、《玉溪市行政机关负责人行政诉讼出庭应诉规定》，对涉及本地区重大公共利益、社会稳定的群体性案件、重大疑难复杂案件和具有重大影响社会高度关注的案件由行政机关主要负责人出庭应诉，其余案件由行政机关其他负责人出庭应诉。支持人民法院依法独立行使审判权，自觉履行人民法院依法作出的生效判决和裁定。建立行政机关拒不履行人民法院生效判决的责任追究制度。严格执行国家赔偿法规定的范围、程序、方式和计算标准，依法受理行政赔偿申请，规范行政赔偿程序，落实行政赔偿责任。

30.加强行政调解、人民调解工作。进一步健全和完善政府部门“一把手”负总责、分管领导具体抓、各职能部门为主体的行政调解工作体制，落实行政机关与人民法院沟通协调机制，做好行政调解协议司法确认工作。进一步加强人民调解工作，完善各类人民调解组织，实现人民调解网络全覆盖。增强人民调解规范化管理，制定完善人民调解员选任、聘任人民调解员担任人民陪审员等制度，健全村（居）人民调解委员会，发挥其源头控制、常态排查、就地化解的作用。

31.积极发挥仲裁作用。引导合同当事人自愿选择通过仲裁方式解决民商事纠纷，发挥仲裁在化解社会民商事纠纷中的重要作用。引导行政机关和国有企业在签订合同时选择通过仲裁方式解决合同争议。加强仲裁规范化建设，完善仲裁制度，加强仲裁监管，提高仲裁公信力。

（九）全面提高行政机关工作人员依法履职能力

32.建立健全领导干部学法和法治培训长效机制。全面建立领导干部学法制度，通过中心组学习、政府常务会议学法、领导班子集体学法等形式，组织对宪法、基本法律知识和与履行职责有关的专门法律知识以及新颁布的法律、法规、规章的学习。区政府每年至少举办2期领导干部依法行政专题研讨班，各部门每年至少举办1期依法行政专题讲座。

33.开展行政机关工作人员法律培训。各级行政机关年度法律知识培训不少于2次，切实做到学法计划、内容、时间、人员、效果“五落实”。行政学院和公务员培训机构要把依法行政知识列为必修课程，在干部自主选学中加大依法行政专题和课程比例。

34.健全行政执法人员岗位培训制度。定期组织执法人员通用法律知识、专门法律知识专题培训，使行政执法人员熟练掌握执法依据和执法流程，提升执法素养和执法水平。

（十）积极营造依法办事的良好社会氛围

35.各部门要严格落实“谁执法、谁普法”的普法责任，进机关、进乡村、进社区、进学校、进企业、进单位深入开展宪法等法律法规的宣传教育，全面弘扬社会主义法治精神，积极引导公民、法人和其他组织学法尊法守法用法，依法维护自身权益，逐步形成与建设法治政府相适应的良好社会氛围。

三、强化对深入推进依法行政加快建设法治政府的领导和保障

（一）强化政府及其部门主要负责人第一责任，加强对法治政府建设的部署、规划和考核。政府及其部门“一把手”要切实履行法治政府建设第一责任人的职责，亲自研究部署、亲自解决问题、亲自督促指导。通过制定《法治政府建设指标体系》，完善法治政府建设考评机制，提高法治政府建设考评指标在政府绩效考核体系中的权重，将依法行政暨法治政府建设纳入年度综合工作目标任务进行考评。政府常务会议每年至少听取2次依法行政工作汇报，及时解决本地依法行政中存在的突出问题。区政府每年向市政府和同级党委、人大常委会报告推进依法行政情况。

（二）建立健全干部考核评价体系和培养选拔机制。把法治政府建设成效和依法履职能力作为衡量各级领导班子和领导干部工作实绩的重要内容，纳入政绩考评体系。加大干部法律知识培训力度，拟任各级政府及其部门领导职务的干部，要对其进行有关法律知识测试。将法治人才的培养发展纳入全区人才队伍建设整体规划，选拔政治思想好、业务能力强、有较高法律素养的法治干部进入政府和部门领导班子，选拔一批善于运用法治思维和法治方式推动工作的干部充实进后备干部队伍。

（三）加强政府法制机构建设。要进一步重视和加强政府法制机构建设，充分发挥政府法制在推进依法行政工作中所承担统筹规划、综合协调、督促指导、监督检查和考核评价等职责，使法制机构的规格、人员编制配备与其承担的实际职责任务相适应。畅通政府法制机构、行政执法部门、司法机关等干部和人才相互之间以及与其他部门具备条件的干部和人才交流渠道。探索建立政府规章制定、规范性文件和重大决策合法性审查专家库。

（四）严格落实财政保障制度。区财政要将同级政府及其部门依法行政、建设法治政府暨开展法制工作所需经费列入年度财政预算，切实保障法制机构在组织推动行政执法监督、行政复议、法律顾问、依法行政宣传培训、示范创建、考核评议等方面各项经费支出。改善政府法制机构和部门法制机构的基础设施和装备条件，加大信息化建设投入，进一步提高依法行政和建设法治政府的信息化水平。

各部门要按照本实施意见的要求，认真抓好贯彻落实。要根据中共中央、国务院印发的《法治政府建设实施纲要（2015—2020年）》和本实施意见，抓紧研究符合本部门实际的目标任务和工作措施，待省、市法治政府建设实施方案出台后及时制定出台本部门《法治政府建设实施方案（2016—2020年）》并抓好落实。

附件：深入推进依法行政加快建设法治政府实施意见工作任务分工方案（略）

玉溪市江川区人民政府

2016年7月15日

玉溪市江川区人民政府
关于承接取消和调整部分区级行政审批事项的决定

玉江政发〔2016〕45号

各乡、镇人民政府，大街街道办事处，区属各单位，各人民团体和企事业单位：

为进一步简政放权，加快推进政府职能转变，根据《国务院关于清理国务院部门非行政许可审批事项的通知》（国发〔2014〕16号）、《国务院关于取消和调整一批行政审批项目等事项的决定》（国发〔2015〕11号）、《国务院关于取消和调整一批行政审批项目等事项的决定》（国发〔2015〕57号）、《玉溪市人民政府关于取消下放调整和承接部分行政审批项目的决定》（玉政发〔2015〕225号）和《玉溪市人民政府关于划分建设项目环境影响评价审批权限和承接取消下放调整部分行政职权的决定》（玉政发〔2016〕75号）等文件要求，经区人民政府第6次常务会议研究，决定取消区级非行政许可审批事项4项，承接行政许可审批事项3项，继续试行建设项目环境影响评价审批事项2项，上划行政审批事项1项；调整区抚仙湖管理局权责清单行政检查事项3项；玉溪市国土资源局江川分局权责清单新增行政许可事项3项、行政处罚事项52项、行政检查事项8项、其他行政职权事项10项。

各有关单位要按照全面深化行政审批制度改革的要求，做好行政职权的接、放、管、服工作，认真对照项目目录调整本单位的“权责清单”，确保承接取消下放调整的行政职权落实到位，并向社会公开，接受监督。

附件：

1.玉溪市江川区人民政府决定承接取消和调整的区级行政审批项目目录

2.玉溪市江川区人民政府决定继续试行建设项目环境影响评价审批权限和上划的区级行政审批项目目录

3.玉溪市江川区人民政府决定新增和调整的权责清单项目目录（略）

玉溪市江川区人民政府

2016年7月12日

附件1

玉溪市江川区人民政府决定承接取消和调整的区级行政审批项目目录

序号	项目编码	实施机关	项目名称	子项编码	子项	审批类别	处理决定	备注
1	2004600015182986	玉溪市国土资源局江川分局	农用地转用方案、补充耕地方案、征收土地方案的审查、审批	无	无	非行政许可审批	取消	按照《国务院关于清理国务院部门非行政许可审批事项的通知》（国发〔2014〕16号）的规定取消。调整为内部管理服务事项，权责清单中放在其他行政职权类。
2	2004300015182986	玉溪市国土资源局江川分局	年度土地储备计划审批	无	无	非行政许可审批	取消	按照《国务院关于清理国务院部门非行政许可审批事项的通知》（国发〔2014〕16号）的规定取消。调整为内部管理服务事项，权责清单中放在其他行政职权类。
3	2019800015182679	玉溪市江川区统计局	地方统计调查项目审批	无	无	非行政许可审批	取消	按照《国务院关于清理国务院部门非行政许可审批事项的通知》（国发〔2014〕16号）的规定取消。
4	1006400015183452	玉溪市江川区环境保护局	建设项目投入试生产运行审批	无	无	非行政许可审批	取消	按照《国务院关于清理国务院部门非行政许可审批事项的通知》（国发〔2014〕16号）的规定取消。
5	1011600015182759	玉溪市江川区农业局	种子生产经营许可证核发	无	种子生产许可证核发	行政许可	承接	在本单位“权责清单”行政许可类取消“农作物种子经营许可审核”项。
					种子经营许可证核发	行政许可	承接	在本单位“权责清单”行政许可类取消“农作物种子经营许可审核”项。
6	1030300015182759	玉溪市江川区农业局	种畜禽生产经营许可证核发	无	无	行政许可	承接	该项目已在2015年制定的行政许可审批项目目录中

附件2

玉溪市江川区人民政府决定继续试行建设项目环境影响评价审批权限和上划的区级行政审批项目目录

继续试行建设项目环境影响评价审批权限项目							
序号	实施机关	项目名称	审批类别	审批时限	设定依据	权限划分	备注
1	玉溪市江川区环境保护局	建设项目环境影响评价审批	行政许可	报告书20个工作日；报告表10个工作日；登记表3个工作日	《中华人民共和国环境保护法》第十九条：编制有关开发利用规划，建设对环境有影响的项目，应当依法进行环境影响评价。未依法进行环境影响评价的开发利用规划，不得组织实施；未依法进行环境影响评价的建设项目，不得开工建设。《中华人民共和国环境影响评价法》第二十二条：建设项目的环境影响评价文件，由建设单位按照国务院的规定报有审批权的环境保护行政主管部门审批；建设项目有行业主管部门的，其环境影响报告书或者环境影响报告表应当经行业主管部门预审后，报有审批权的环境保护行政主管部门审批。第二十三条：国务院环境保护行政主管部门负责审批下列建设项目的环境影响评价文件：（一）核设施、绝密工程等特殊性质的建设项目；（二）跨省、自治区、直辖市行政区域的建设项目；（三）由国务院审批的或者由国务院授权有关部门审批的建设项目。前款规定以外的建设项目的环境影响评价文件的审批权限，由省、自治区、直辖市人民政府规定。 《建设项目环境保护管理条例》（1998年11月29日国务院令第253号）第六条：国家实行建设项目环境影响评价制度。第十条：建设项目环境影响报告书、环境影响报告表或者环境影响登记表，由建设单位报有审批权的环境保护行政主管部门审批；建设项目有行业主管部门的，其环境影响报告书或者环境影响报告表应当经行业主管部门预审后，报有审批权的环境保护行政主管部门审批。 《云南省建设项目环境保护管理规定》（2001年10月22日云南省人民政府令第105号）第六条：建设单位应当在建设项目可行性研究阶段报批环境影响报告书、环境影响报告表或者环境影响登记表，但是，铁路、交通等建设项目，经有审批权的环保部门同意，可以在初步设计完成前报批；不需要进行可行性研究的，应当在建设项目开工前报批，其中需要在开工前办理营业执照的，应当在办理营业执照前报批。 《云南省人民政府关于简政放权取消和调整部分省级行政审批项目的决定》（云政发〔2013〕44号）附件2第41项：实施机关：环境保护厅，项目名称：建设项目环境影响评价审批，调整方式：部分下放。 《云南省环境保护厅关于发布云南省环境保护厅审批环境影响评价文件的建设项目目录（2015年本）的通知》（云环发〔2015〕66号）第二条：除环境保护部和省环境保护厅审批权限外，建设项目环境影响评价文件审批权限，由各州市环境保护局按照建设项目的环境影响程度，结合当地实际及时提出分级审批建议，报同级人民政府批准后公布实施。	除环境保护部和省环境保护厅审批权限以外，市环保局负责审批跨县区建设项目环境影响评价文件，其余建设项目环境影响评价文件继续试行由县区和高新区管委会审批。	

续表

序号	实施机关	项目名称	审批类别	审批时限	设定依据	权限划分	备注
2	区国土资源局	具体建设项目供地审查、审批（市政府审批项目）	行政许可	10个工作日	《中华人民共和国土地管理法》（1986年6月25日第六届全国人民代表大会常务委员会第十六次会议通过，根据2004年8月28日第十届全国人民代表大会常务委员会第十一次会议《关于修改〈中华人民共和国土地管理法〉的决定》第二次修正）第五十三条："经批准的建设项目需要使用国有建设用地的，建设单位应当持法律、行政法规规定的有关文件，向有批准权的县级以上人民政府土地行政主管部门提出建设用地申请，经土地行政主管部门审查，报本级人民政府批准。"第六十条："农村集体经济组织使用乡（镇）土地利用总体规划确定的建设用地兴办企业或者与其他单位、个人以土地使用权入股、联营等形式共同举办企业的，应当持有关批准文件，向县级以上地方人民政府土地行政主管部门提出申请，按照省、自治区、直辖市规定的批准权限，由县级以上地方人民政府批准；其中，涉及占用农用地的，依照本法第四十四条的规定办理审批手续。"第六十一条："乡（镇）村公共设施、公益事业建设，需要使用土地的，经乡（镇）人民政府审核，向县级以上地方人民政府土地行政主管部门提出申请，按照省、自治区、直辖市规定的批准权限，由县级以上地方人民政府批准。"《中华人民共和国土地管理法实施条例》（1998年12月27日中华人民共和国国务院令第256号发布，根据2011年1月8日《国务院关于废止和修改部分行政法规的决定》修订）第二十二条："具体建设项目需要占用土地利用总体规划确定的城市建设用地范围内的国有建设用地的，按照下列规定办理：......（二）建设单位持建设项目的有关批准文件，向市、县人民政府土地行政主管部门提出建设用地申请，由市、县人民政府土地行政主管部门审查，拟订供地方案，报市、县人民政府批准；需要上级人民政府批准的，应当报上级人民政府批准。......" 《云南省土地管理条例》（1999年9月24日云南省第九届人民代表大会常务委员会第十一次会议审议通过，根据2014年7月27日云南省第十二届人民代表大会常务委员会第十次会议通过《云南省人大常委会关于修改部分地方性法规的决定》修改）第二十二条：为实施土地利用总体规划和城市规划，在已批准的农用地转用范围内的具体建设项目用地划拨或者有偿使用的，按下列权限审批：（二）用地在0.4公顷以上的，由州、市人民政府批准，报省人民政府土地行政主管部门备案。 《云南省人民政府关于减政放权取消和调整部分省级行政审批项目的决定》（云政发〔2013〕44号）附件2第29项：实施机关：国土资源厅，项目名称：具体建设项目供地审批（代省政府审批），调整方式：全部下放。"	市级审批权限，即0.4公顷以上具体建设项目供地审批权继续试行由县区审批。	

续表

上划的区级行政审批项目						
序号	项目编码	实施机关	项目名称	职权类别	市政府处理决定	备注
1		玉溪市江川区民族宗教事务局	中国公民民族成份变更登记	行政确认	调整为市民宗局的行政职权，列入市民宗局的权责清单，县区民宗局不再履行。	根据《中国公民民族成份登记管理办法》（2015年6月16日，国家民委、公安部令第2号）第十一条：申请变更民族成份，按照下列程序办理：（一）申请人向户籍所在地的县级人民政府民族事务部门提出申请；（二）县级人民政府民族事务部门对变更申请提出初审意见，对不符合条件的申请予以退回，并书面说明不予受理的理由；对符合条件的申请，自受理之日起的十个工作日内报上一级人民政府民族事务部门审批。

玉溪市江川区人民政府关于加快内外贸易发展的实施意见

玉江政发〔2016〕78号

各乡、镇人民政府，大街街道办事处，区属各局、办，各企事业单位：

为深入贯彻习近平总书记考察云南时的重要讲话和云南省开放工作会议、市委四届七次全会精神，充分发挥贸易流通引导生产、扩大消费、吸纳就业、改善民生等基础性和先导性作用，进一步引导和鼓励内外贸易企业转变增长方式，优化经营方式，不断提高发展的质量和效益，扩大对内对外开放，促进内外贸易跨越发展，创新加工贸易模式，促进服务贸易发展，根据国务院、省政府的相关规定及《玉溪市人民政府关于加快内外贸发展的实施意见》（玉政发〔2016〕130号）的要求，结合我区实际，提出内外贸易发展实施意见。

一、指导思想和发展目标

（一）指导思想

以促进江川开放型经济发展为目标，以加快转变经济发展方式、推进跨越式发展为主线，以提高内外贸易发展质量、发展能力为核心，紧紧抓住把云南建成面向南亚东南亚辐射中心及昆曼、昆河国际大通道开通、江川撤县设区等重大历史机遇，围绕区委、区政府“三区一中心”发展战略，充分发挥江川产业优势和资源优势，着力培育壮大内外贸易经营主体，大力开拓国际国内市场，把江川建设成全市重要的出口加工基地，推进内贸流通创新发展，扩大流通促进消费，提升内外贸易对全区经济的拉动作用。

（二）发展目标

1.国内贸易规模不断扩大，消费需求进一步凸显。全区社会消费品零售总额到2020年力争突破35亿元，年均增长12%以上。

2.对外贸易实现新的转变。在巩固传统出口产品的基础上，积极培育新的出口优势产品，优化出口产品结构，规模进一步扩大。全区进出口总额到2020年力争突破1亿美元，年均增长10%以上。

3.全区电子商务发展取得突破。2017年建立完善的网络交易平台，初步形成安全可信、规范有序的网络商务环境。培育网上销售额超过2000万元以上的企业3户以上，到2020年全区电子商务交易额突破1亿元，电子商务交易额年均增长20%以上。

4.规划一批物流园区。以九溪、雄关、龙泉工业园区为重点，布局烟草、粮食、蔬菜、水果等物流园区和物流中心。

二、工作措施

（一）加快农产品基地建设，夯实农产品出口基础，做大做强一批外向型农业龙头企业。大力支持市级以上农业龙头企业，优化整合资源，组建企业集团，整合品牌，做大规模，逐步形成一批生产型、加工型、外销型农业小巨人。支持生产型龙头企业通过土地流转、土地入股等方式，发挥带动示范引领作用，加强与专业合作社、种养大户合作，建设一批具规模的外销型农产品生产基地。支持加工型龙头企业引进新技术、新工艺、新设备，提升农产品精深加工能力和水平。支持外销型龙头企业巩固国内外市场，拓展新市场，设立销售平台，建立健全营销网络。加快江川区示范区建设及区域化备案工作。

（二）加快外向型产品流通体系建设。以蔬菜交易为重点，加快建设一批农产品产地交易市场，同时改造提升一批农产品批发市场。鼓励有条件的地方建设农产品交易中心。以南亚东南亚市场为重点，改造提升一批国外营销网点，支持新建一批农产品外销直销点。大力发展农产品电子商务，发展网上销售、直销配送、连锁经营等现代流通业务，畅通特色农产品流通渠道。加大特色农产品展示推介力度，提高江川农产品知名度。提升农产品保鲜加工能力，改造完善和新建一批农产品产地预冷、销地冷藏和保鲜加工设施，支持农产品外销和运输企业购置一批冷藏运输车辆，提升冷链运输规模化、集约化水平，推动冷链运输车辆标准化、专业化和冷链运输信息化建设。

（三）培育壮大进出口经营主体，增强外贸发展后劲。通过资产重组、强强联合等方式，增强外贸企业实力。对出口超过500万美元的企业，列入全区重点出口企业目录，从政策、资金等方面予以支持。争取到2020年，全区出口总值超1000万美元的企业达到5家以上，超500万美元的企业达到10家以上。

（四）优化出口结构，转变外贸发展方式。充分利用国家产业退税政策的杠杆作用，扶持附加值高、科技含量高的特色农产品出口。在稳定和扩大一般贸易规模的基础上，大力推进货物贸易、服务贸易，鼓励和引导企业开展进料、来料加工复出口业务，鼓励企业自主创新，促进先进技术向生产成果转化，推动云南腾达、欣宇机械等装备制造企业由零部件向技术和资金密集的整机出口转变。

（五）加快实施“走出去”战略。外经外贸联动，进一步加强我区对外经济合作，鼓励有资金、技术和经营管理优势的本地企业，到境外投资办厂，收购企业、品牌，设立营销网络，利用国外能源、原材料资源及国际先进技术，提高我区企业参与国际市场竞争的能力。同时，积极打造江川品牌，围绕湖泊保护、环湖旅游、城市建设、青铜文化保护与开发、特色农产品等分别申请相关认证及标识。

（六）加大进口，促进贸易结构进一步合理。鼓励相关企业引进先进技术设备、进口关键零部件，促进企业技术创新。适度扩大高级时装、数码产品、热带水果等消费品进口，带动居民消费结构升级。力争到2020年末进口占全区进出口比重达到20%以上。

（七）实施品牌战略，全力打造国际知名品牌。围绕出口产品质量标准，适应国际市场需要，积极改进和提升我区出口产品质量，打造具有国际影响力的自主品牌，增强国际市场竞争力。

（八）加快服务贸易发展，扩大出口规模。积极培育服务贸易出口企业，加强服务贸易统计工作，鼓励劳务合作、对外承包工程、技术、文化、运输、旅游等方面的发展，进一步扩大服务贸易出口规模。

（九）创新加工贸易模式，加快加工贸易发展。加大招商引资力度，主动承接东部加工贸易产业转移。积极培育卷烟配套、食品加工等产业加工贸易，加工贸易产品附加值不断提高，进出口贸易方式、结构不断优化。

（十）积极培育大中型流通企业。加快推进本土骨干内贸流通企业创新经营模式、拓展业务渠道、丰富服务内涵、提高专业水平，提升企业自主创新和综合竞争能力，实施自有品牌战略。在全区重点扶持2—3户流通企业实现规模扩张，成为主业突出、管理先进、核心竞争力强的大中型企业。以重大项目建设为载体，促进内贸流通业集聚集约发展。科学有序引进国际、国内知名内贸流通大公司、大集团，引领带动我区内贸流通行业提高商品质量和服务水平。

（十一）支持中小商贸流通企业发展。提升中小商贸流通企业的组织化、品牌化、规范化水平，激发企业创新活力，建立完善规范的服务机制，构建优质高效的服务体系，重点解决中小商贸流通企业在资金、市场、人才、管理等方面的困难，改善中小商贸流通企业生产发展环境。鼓励流通领域自主创新，积极引导和扶持商贸流通个体工商户转为中小微企业，支持中小微企业进入限额以上企业，鼓励个体工商户、合伙企业变更为有限责任公司。支持中小商贸流通企业参加各类展会、展销促销活动。

（十二）推进内外贸一体化。提高统筹利用两个市场、两种资源的能力，加快内外贸融合发展。构建内外贸联动新机制，搭建内外贸协作平台。

（十三）大力开展促消费活动。举办好江川开渔节系列活动，通过一批辐射带动能力强、发展潜力大的展会促销活动，积极培育地方特色性展会，开展节庆促销活动。引导商贸流通企业开展形式多样、内容丰富的优质服务、让利促销等活动，繁荣活跃城乡消费品市场，促进全区消费稳定增长。

（十四）拓展省外市场销售渠道。组织企业参加昆交会、南博会、农博会、食博会、广交会等全国品牌展会，通过展示展销、对接推介、交流合作、建立营销网络等形式，拓展市场，提高产品竞争力。鼓励相关企业根据产业特色，到省外开展市场拓展活动。

（十五）完善市场运行监测。加强对重点流通企业、批发市场、超市等监测对象的商品运行情况监测，增加监测样本企业，优化监测样本结构，提高监测数据质量和预测预警水平，依托相关机构，加强国际市场信息的收集，为进出口企业提供快捷、有效的市场信息。

（十六）建立完善重要商品企业储备制度。建立完善生活必需品企业储备制度，重点做好猪肉、方便食品、成品油、应急救灾药品等重要商品的企业储备，为应对自然灾害和突发事件提供有力支持，完善重点企业应急联系制度，发挥重点流通企业骨干作用，做到有储备、调得动，全面增强应急保供能力。

（十七）保障商贸流通设施建设用地。对纳入政府鼓励的物流业、城区商品批发市场、农产品专业批发市场、农贸市场、流通设施建设目录的项目用地予以支持。在编制区城市总体规划、土地利用总体规划及各专项规划时充分预留商贸流通设施建设用地。新建市场选址必须符合当地商业网点规划。

（十八）大力发展流通业中介组织和行业协会。通过营造公平竞争的流通环境和诚信制度建设，规范和活跃市场中介要素，努力形成一批知名度高、影响力强的中介服务组织。支持流通协会、商会充分发挥行业服务、行业自律、维护权益和行业协调等方面的作用，为内贸流通企业发展创造良好氛围。

三、政策支持

（一）鼓励企业进出口。鼓励本区产品出口南亚和东南亚等传统市场，拓展欧美等新兴市场，加快企业“走出去”步伐，立足东南亚，辐射中东、非洲等区域，实现外经带动外贸，促进外向型经济持续健康发展。自2016年起，对在我区生产和注册结汇的外贸企业按照全年进出口业绩进行奖励，每进出口100万美元奖励5000元人民币；对自营出口当地生产的蔬菜、水果、畜禽等农产品，按照年新增出口业绩进行奖励，与上年度相比，每新增出口100万美元奖励1万元人民币。鼓励企业扩大先进技术关键设备及零部件、紧缺资源性产品的进口，对用于加快传统产业技术改造升级和促进战略性新兴产业发展的区内进口企业引进先进技术设备进行奖励。

（二）支持限上商贸企业健康发展。为使限上批发、零售、住宿和餐饮企业销售额增速与我区经济社会发展相适应，对排名靠前且增幅较快的限上企业进行奖励。自2016年起，每年累计增速不低于30%的，每户奖励2万元；累计增速不低于25%的，每户奖励1万元；累计增速不低于20%的，每户奖励0.5万元。同时，对批发、零售、住宿、餐饮四个行业，各取增速最快的一户（增速20%以上）进行表彰，每户奖励2万元。

（三）加强限上企业动态管理。对现有限上企业进行跟踪管理，按照相关规定，该入库的及时申报入库，该退库的及时申报退库。对当年新增纳限的企业，每户奖励5万元。

（四）加强市场建设，促进贸易流通。自2016年起，区财政每年预算100万元建立市场建设专项经费。同时，积极争取省级、市级市场建设项目资金，力争每年实施4—5个市场建设项目，重点对市场交易棚、摊台、场地、消防设施等进行改造。争取到2020年对符合条件的农贸市场和蔬菜批发交易市场改造完毕。

（五）强化市场监测。将市场监测工作作为打造服务型政府，服务企业、服务群众的重要抓手，采取夯实基础、强化培训、提升质量等措施，区财政每年预算监测运行经费10万元，加强对样本企业信息报送的跟踪督查。适时启动主要生活必需品和重点零售企业的市场日常监测工作，加大市场运行情况分析，确保节日市场消费的安全和稳定。

（六）支持电子商务发展。对我区工业、农业、商业、餐饮业和旅游企业自建或依托第三方电子商务平台开展网上销售，并在我区结算纳税的，按照各行业主管部门监管的企业销售情况，年度电子商务销售额达500万元以上的，按销售额的2%给以奖励（最高不突破50万元）；销售额在100万元—500万元的，按销售额的1%给以奖励。

（七）加强物流建设。引进培育一批大型物流龙头企业，推进九溪润特物流园区、江川宏程物流中心、雄关商贸物流产业园等建设。引导物流企业、专业市场和社会性仓储物流设施向物流园区、物流中心集中，构建多联式物流基础设施，支持物流园区等物流功能聚集区有序发展，构建社会化、专业化、网络化、信息化的现代物流服务体系，全面提升企业的市场竞争力。

玉溪市江川区人民政府

2016年10月26日

玉溪市江川区人民政府
关于加强农村留守儿童关爱保护工作的实施意见

玉江政发〔2016〕91号

各乡、镇人民政府，大街街道办事处，区属各有关部门：

为认真贯彻《国务院关于加强农村留守儿童关爱保护工作的意见》（国发〔2016〕13号）、《云南省人民政府关于加强农村留守儿童关爱保护工作的实施意见》（云政发〔2016〕52号）和《玉溪市人民政府关于加强农村留守儿童关爱保护工作的实施意见》（玉政发〔2016〕196号）精神，进一步加强全区农村留守儿童关爱保护工作，切实维护农村留守儿童合法权益，为他们的健康成长构建良好环境，结合我区实际，提出以下意见：

一、重要意义

留守儿童是指父母双方外出务工或一方外出务工另一方无监护能力、不满十六周岁的未成年人。农村留守儿童问题是我国经济社会发展中的阶段性问题，扎实做好留守儿童关爱保护工作，关系未成年人健康成长，关系家庭幸福与社会和谐，对我区未来经济社会持续发展、精准扶贫攻坚和全面建成小康社会具有重要的意义。近年来，各乡镇（街道）、区属各有关部门做了大量的工作，取得较为显著的成效，但仍存在家庭监护缺乏监督指导、关爱服务体系不完善、救助保护机制不健全等薄弱环节。农村留守儿童关爱保护工作制度化、规范化建设亟待加强。

据不完全统计，目前全区约有444名农村留守儿童，随着外出务工人员增多，农村留守儿童权益保障问题日益突出。各乡镇（街道）、区属各有关部门要站在经济社会发展大局和切实维护社会和谐稳定的高度，充分认识做好农村留守儿童关爱保护工作的重要意义，切实增强责任感和使命感，加大工作力度，采取有效措施，确保我区农村留守儿童得到妥善监护照料和更好关爱保护。

二、总体要求

（一）指导思想

全面落实党的十八大和十八届三中、四中、五中、六中全会精神，深入贯彻习近平总书记系列重要讲话和考察云南重要讲话精神，按照国务院、省、市的决策部署，以促进未成年人健康成长为出发点和落脚点，坚持依法保护、儿童优先、儿童利益最大化，进一步推动《中华人民共和国未成年人保护法》等法律法规的实施；坚持问题导向，强化家庭监护主体责任，加大关爱保护和农村工作力度，加快扶贫攻坚进度，逐步减少儿童留守现象，确保农村留守儿童安全、健康、受教育等权益得到有效保障。

（二）基本原则

1.坚持家庭尽责。落实家庭监护主体责任，监护人要依法尽责，在家庭发展中首先考虑儿童利益；加强对家庭监护和委托监护的督促指导，确保农村留守儿童得到妥善监护照料、亲情关爱和家庭温暖。

2.坚持政府主导。把农村留守儿童关爱保护工作作为各乡镇（街道）、区属有关部门的重要工作内容，落实属地责任，强化民政等有关部门的监督指导责任，健全农村留守儿童关爱服务体系和救助保护机制，切实保障农村留守儿童合法权益。

3.坚持全民关爱。充分发挥村（居）民委员会、群团组织、社会组织、专业社会工作者、志愿者等各方面积极作用，着力解决农村留守儿童在生活、监护、成长过程中遇到的困难和问题，形成全社会关爱农村留守儿童的良好氛围。

4.坚持标本兼治。既立足当前，完善政策措施，健全工作机制，着力解决农村留守儿童监护缺失等突出问题；又着眼长远，统筹城乡发展，从根本上解决儿童留守问题。

（三）总体目标

家庭、政府、学校尽职尽责，社会力量积极参与的农村留守儿童关爱保护工作体系全面建立，强制报告、应急处置、评估帮扶、监护干预等农村留守儿童救助保护机制有效运行，关爱保护农村留守儿童的宣传教育活动深入持久，侵害农村留守儿童权益的事件得到有效遏制。到2020年，努力实现公共服务均等化全覆盖，未成年人保护制度体系更加健全，全社会关爱保护农村留守儿童的意识普遍增强，农村留守儿童成长环境更为改善、安全更有保障，农村留守儿童数量明显减少。

三、工作任务

（一）进一步完善农村留守儿童关爱服务体系

1.强化家庭监护主体责任。家庭监护是保障儿童健康成长的基础，儿童监护主体责任在家庭，父母必须依法履行对未成年子女的监护职责和抚养、教育义务。外出务工人员要尽量携带未成年子女共同生活或父母一方留家照料，暂不具备条件的应当委托有监护能力的亲属或其他成年人代为监护，不得让不满十六周岁的儿童脱离监护单独居住生活。父母双方外出务工前应将务工地点、联系方式和委托监护等基本信息主动告知村（居）民委员会和未成年子女就读学校，增强与农村留守儿童教师或委托监护人的联系。外出务工人员要与留守的未成年子女常联系、多见面，及时了解掌握他们的各项成长状况，给予更多亲情关爱，重视假期农村留守儿童的生活学习。各乡镇（街道）、村（居）民委员会要加强对父母或受委托监护人的法制、家庭责任教育和监护指导，强化家长作为第一监护人的主体责任意识，确保农村留守儿童得到妥善照顾和有效管护。辖区内用工企业、单位要提醒、督促务工人员履行家庭监护责任。父母、受委托监护人不履行监护职责或侵害未成年人合法权益的，村（居）民委员会、公安机关和有关部门要及时予以劝诫、制止；情节严重或造成严重后果的，公安等有关机关要依法追究其责任。

责任单位：各乡镇人民政府（大街街道办事处）

配合单位：辖区内村（居）委会、市公安局江川分局

2.强化各乡镇（街道）和村（居）民委员会职责。农村留守儿童关爱保护工作实行属地管理、分级负责制。各乡镇人民政府（街道办事处）要重视家庭教育指导，通过家长学校、农村家庭教育网络、农村广电平台等渠道，加强对农村留守儿童家长、亲属和其他监护人的监护培训。要建立翔实、完备、准确的农村留守儿童信息台账，一人一档案，实行动态管理、精准施策，为有关部门和社会力量参与农村留守儿童关爱保护工作提供支持，隐瞒、谎报、误报档案信息的要严肃追责。要采取党员干部上门家访、驻村干部探访、专业社会工作者随访等方式，对重点农村留守儿童家庭进行核查；切实抓好适龄儿童入学工作，要将农村留守儿童关爱保护工作列入重点工作内容，做好关爱帮扶等各项工作。村（居）民委员会要定期走访、全面排查，及时掌握农村留守儿童的家庭情况、监护情况、就学情况等基本信息，掌握父母或其他监护人对未成年人的监护情况，并向乡镇人民政府（街道办事处）报告；对受委托监护的农村留守儿童要专人进行监护走访，指导帮助监护人妥善照料农村留守儿童。发现农村留守儿童单独居住生活的情况，要及时采取措施予以关爱保护。要为农村留守儿童与外出务工父母联络沟通提供便利条件。区民政部门及救助管理机构要对乡镇人民政府（街道办事处）、村（居）民委员会开展的监护监督等工作提供政策指导和技术支持。

责任单位：各村（居）民委员会

配合单位：各乡镇人民政府（大街街道办事处）、市公安局江川分局、区民政局

3.强化教育部门和学校关爱保护力度。全面落实控辍保学及劝返复学责任制，督促监护人送适龄儿童、少年按时入学并完成义务教育。教育部门要落实免费义务教育和教育资助政策，提高义务教育巩固率，确保农村留守儿童不因贫困而失学。到2017年，实现符合寄宿规定的农村留守儿童学生小学80%在校寄宿、初中100%在校寄宿。全面并常态化开展儿童心理健康教育，促进学生心理、人格积极健康发展，及早发现并纠正心理问题和不良行为。到2017年，每所义务教育阶段学校至少配备1名专（兼）职心理健康辅导教师；到2020年，全区寄宿制中小学都拥有标准的心理健康辅导室。逐步普及高中阶段教育，率先对建档立卡贫困家庭学生实施普通高中、中等职业教育免除学杂费，让未升入普通高中的初中毕业生都能接受

中等职业教育。加强对农村留守儿童相对集中的学校教职工的专题培训，着重提高班主任和宿舍管理人员关爱照料农村留守儿童的能力。会同公安机关加大校园安全管理，完善学校人防、物防、技防措施，积极开展农村校园安全专项整治和法治宣传，认真做好农村留守儿童自我保护、防范不法侵害、预防意外伤害的辅导教育，严厉打击涉校涉生违法犯罪活动，营造安定的教书育人环境。

中小学校要对农村留守儿童受教育情况实施全程管理，了解农村留守儿童生活情况和思想动态，建立和完善学校与家长、委托监护人定期沟通制度，多关注农村留守儿童学生，帮助农村留守儿童加强与父母的情感联系和亲情交流，帮助监护人掌握农村留守儿童学习情况，提升监护人责任意识和教育管理能力，切实让学生走进学校、学校走近家庭。及时了解无故旷课农村留守儿童情况，落实辍学学生登记、劝返复学和书面报告制度，劝返无效的，应书面报告区教育局和乡镇人民政府（大街街道办事处），依法采取措施劝返复学。全面建立农村留守儿童在校期间教师定人联系帮辅制度，寄宿制学校要完善教职工值班制度，落实学生宿舍安全管理责任。丰富校园文化生活，引导寄宿学生积极参与体育、艺术、社会实践等活动，增强学校教育吸引力。充分发挥农村寄宿制学校、儿童之家、学校和少年宫等场所，共青团、少先队、邻里、同学等组织和人员的作用，加强农村留守儿童学生课外管理。在区卫计局的指导下，加强学校、青少年精神卫生教育，有条件的乡镇（街道）卫生院应延伸驻校卫生服务。

责任单位：区教育局、全区各中小学、幼儿园

配合单位：各乡镇（街道）、市公安局江川分局、区卫计局、区民政局

4.强化群团组织关爱服务优势。各级工会、共青团、妇联、残联、关工委等群团组织要发挥自身优势，积极为农村留守儿童提供日间照料、亲情陪伴、心理疏导、法律援助、课业辅导、假期营地活动等关爱服务。实现少先队组织全覆盖，配齐配强少先队辅导员队伍，强化社会主义核心价值观宣传教育。工会、共青团要广泛动员广大职工、团员青年、少先队员等开展多种形式的农村留守儿童关爱服务和互助活动。妇联要依托妇女之家、儿童之家等活动场所，为农村留守儿童和其他儿童提供关爱服务，加强对农村留守儿童父母、受委托监护人的家庭教育指导，引导他们及时关注农村留守儿童身心健康状况，加强亲情关爱。残联要组织开展农村留守残疾儿童康复、帮扶等工作。关工委要组织动员广大老干部、老专家、老教师、老模范等离退休老同志，协同做好农村留守儿童系列关爱与服务工作。

责任单位：区总工会、团区委、区妇联、区残联、区关工委

5.强化社会力量积极参与。要加快培育社会工作专业服务机构、公益慈善类社会组织、志愿服务组织，通过政府购买服务等方式支持其深入城乡社区、学校和家庭，开展农村留守儿童家庭教育指导、心理疏导、行为矫治、社会融入、家庭关系调适等专业服务和关爱行动。基层党组织要发动干部、党员带头参与关爱帮扶农村留守儿童的志愿工作，动员和鼓励各种社会力量结对扶助农村留守儿童及其家庭。加快扶植建立关心关爱农村留守儿童、救助保护困境儿童志愿服务队伍和社会工作队伍，到2017年，力争达到每个村（社区）有1名关爱农村留守儿童的志愿者；到2020年，力争每个村（社区）有1名社会工作人员。积极探索儿童专业社工服务机构与寄宿制学校合作模式，丰富寄宿在校农村留守儿童的学习生活。在农村或部分社区组织发动妇女、具有劳动能力的中老年人形成互助体系，通过培训提高其照顾和护理农村留守儿童的能力，广泛开展爱心家长、爱心妈妈、“手拉手”、爱心邻居结对子等活动，探索与社会工作机构联合，为农村留守儿童提供情感关怀、心理抚慰等专业化服务。充分发挥市场机制作用，支持社会组织、爱心企业依托学校、社区综合服务设施举办农村留守儿童托管服务机构，财税部门要依法落实税费减免优惠政策。

责任单位：区民政局

配合单位：区农业局、区教育局、区妇联、区文明办、区财政局

（二）进一步建立健全农村留守儿童救助保护机制

1.建立强制报告机制。学校、幼儿园、医疗机构、村（居）民委员会、社会工作服务机构、救助管理机构、福利机构及其工作人员，在工作中发现农村留守儿童脱离监护单独居住生活或失踪、监护人丧失监护能力或不履行监护责任、疑似遭受家庭暴力、疑似遭受意外伤害或不法侵害等情况的，应当在第一时间向公安机关报告。负有强制报告责任的单位和人员

未履行报告义务的要严肃追责。其他公民、社会组织积极向公安机关报告的，应给予表扬和奖励。要开通、用好“12355”青少年服务台，整合充实农村留守儿童求助、投诉举报受理、诉求转介等服务职能，强化家庭自觉履行监护责任的法律意识和强制报告主体的报告责任，妥善化解不利因素。

责任单位：区教育局、区民政局、市公安局江川分局、区卫计局、区工信局、区文广体局

2.建立应急处置机制。对区内发生的侵害儿童行为第一时间发现、快速处置、实时公布信息、不留盲区。涉及农村留守儿童的案（事）件，公安机关要第一时间处置应对，报警求助要第一时间接警受理，风险隐患要第一时间通报有关部门，强制报告责任人要协助公安机关做好调查和应急处置工作。属于农村留守儿童单独居住生活的，公安机关要责令其父母立即返回或确定受委托监护人，并对父母进行训诫；属于监护人丧失监护能力或不履行监护责任的，公安机关要联系农村留守儿童父母立即返回或委托其他亲属监护照料；上述两种情形联系不上农村留守儿童父母的，公安机关要就近护送至其他近亲属、村（居）民委员会或救助管理机构、福利机构临时监护照料，并协助通知农村留守儿童父母立即返回或重新确定受委托监护人。属于失踪的，公安机关要启动儿童失踪快速查找机制迅速开展调查。属于遭受家庭暴力的，公安机关要依法制止，必要时通知并协助民政部门将其安置到临时庇护场所、救助管理机构或者福利机构实施保护；属于遭受其他不法侵害、意外伤害的，公安机关要依法制止侵害行为、实施保护；对于上述两种情形，公安机关要按照有关规定调查取证，协助其就医、鉴定伤情，为进一步采取干预措施、依法追究法律责任打下基础。公安机关要将有关情况及时通报乡镇人民政府（街道办事处）。要建立农村留守儿童舆情监测预警和应对机制，指导网站和网络媒体引导社会公众理性看待农村留守儿童现象，客观审慎报道农村留守儿童事件，加强侵权侵害农村留守儿童事（案）件的网络舆情监测及网上内容管理。

责任单位：市公安局江川分局

配合单位：区委宣传部、区民政局、区工信局、区卫计局

3.建立健全评估帮扶机制。各乡镇（街道）要采取严密措施综合干预农村留守儿童意外伤害，加强监护人预防和控制儿童伤害的安全宣传，增强农村留守儿童自我防范意识。各成员单位要加强对重点时段、重点环节、重点隐患点的排查，建立安全责任制和隐患报告制度，有效防控、消除农村留守儿童溺水、跌伤、交通事故、烫伤、坠落、中毒等伤害因素，督促用工单位准确掌握外来务工人员未成年子女的随迁或留守情况。各乡镇人民政府（街道办事处）要在有关部门、组织、专业机构的协助下，定期对行政区域内农村留守儿童的安全处境、监护情况、身心健康状况等方面进行调查评估，分类动态管理，特殊对象跟踪监管，有针对性地安排监护指导、医疗救治、心理疏导、行为矫治、健康检查、法律服务、法律援助等专业服务，做到特殊农村留守儿童发现、报告、转接、救助保护工作无缝对接。区民政局要保障农村留守儿童的基本生活，完善城乡低保、慈善关爱、儿童福利等综合性保障措施，健全农村留守儿童各项分类社会保障、社会救助制度，不断加强社会保险体系建设。

责任单位：各乡镇（街道）、区民政局、区教育局、区工信局、区卫计局、区人社局、区司法局

4.监护干预机制。未成年人的父母已经死亡或者没有监护能力的、因特殊原因不能履行监护职责委托其他监护人的，要按照《中华人民共和国民法通则》规定处理，签订委托监护协议等法律手续。对实施家庭暴力、虐待或遗弃农村留守儿童的父母或受委托监护人，公安机关应当给予批评教育，必要时予以治安管理处罚，情节恶劣构成犯罪的，依法立案侦查。对于监护人将农村留守儿童置于无人监管和照看状态导致其面临危险且经教育不改的，或者拒不履行监护职责6个月以上导致农村留守儿童生活无着落的，或者实施家庭暴力、虐待或遗弃农村留守儿童导致其身心健康严重受损的，由农村留守儿童的其他监护人或亲属、朋友、住所地的村（居）民委员会、父母所在单位、民政部门及其设立的未成年人救助保护机构、共青团、妇联、关工委、学校等有关人员或者单位，依法向人民法院申请撤销监护人资格，另行指定监护人。对于监护侵害行为，任何组织和个人都有权劝阻、制止或者举报。未成年人监护侵害行为的依法处置、受害未成年人临时安置和人身安全保护裁定、案件审理等，按照《最高人民法院最高人民检察院公安部民政部关于依法处理监护人侵害未成年人权益行为若干问题的意见》（法发〔2014〕24号）执行。人民法院、人民检察院、公安机关、民政部门应当充分履职尽责，实现未成年人行政保护和司法保护的有效衔

接，加强预防农村留守儿童违法犯罪工作。

责任单位：区委政法委、市公安局江川分局、区法院、区检察院

配合单位：区民政局、区教育局、团区委、区妇联、区关工委、区司法局、区政府法制办

（三）进一步从源头上逐步减少儿童留守现象

1.为农民工家庭提供更多帮扶支持。要大力推进农民工融入城镇，为其监护照料未成年子女创造更好条件。深化户籍制度改革，符合落户条件的要有序推进农民工本人及家属办理落户。扩大基本公共服务覆盖面和均等化，为外出和流入的务工人员提供公共服务，支持和帮助外出务工人员携带未成年子女举家进城定居。符合住房保障条件的要纳入保障范围，采取实物配租公共租赁住房或发放租赁补贴等方式，满足其家庭的基本居住需求。不符合上述条件的，有关部门要在生活居住、日间照料、义务教育、医疗保障、社会福利、养老保险等方面提供帮助。倡导用工单位、社会组织和专业社会工作者、志愿者队伍等社会力量，为农民工照料未成年子女提供便利条件和更多帮助。对已经申领居住证的外来务工人员随迁未成年子女，学前教育、义务教育入学应与当地户籍学生一同实行划片免试就近入学和对口直升，完善和落实符合条件的农民工子女在输入地参加升学考试政策，使其真正融入城市学习生活。公办义务教育学校要普遍对农民工未成年子女开放，与城镇户籍学生混合编班统一管理，提高农民工子女入读公办学校的比例。通过财税、专项补助等优惠政策助力民间办学、有条件的用工企业办学，吸纳农民工随迁子女上学，有效解决务工人员未成年子女上学、随迁生活等后顾之忧。

责任单位：市公安局江川分局、区住建局、区人社局、区教育局、区卫计局

2.促进农民工返乡创业就业。大力发展经济，落实关于支持农民工返乡创业就业的系列政策措施。加快培育中小城市和发展特色镇，辐射带动新农村建设。提高农村各种公共服务资源投放规模和利用效率，使农村留守儿童享受更多的公共服务。准确掌握农村留守儿童家庭成员就业、创收情况，为引导和鼓励农村劳动力就近就地转移就业、家庭劳动力返乡工作积极创造条件。将农民工返乡就业政策、岗位信息宣传作为关爱帮扶措施的重要内容，结合企业用工需求和个人意愿，有针对性地为农村留守儿童家庭劳动力提供就业指导、岗位推荐、劳动预备制和职业技能培训、劳动维权、农村实用技术提升、保险等信息和服务。加快发展地方优势特色产业，大力扶持农民工创业，制定和落实财政、金融等激励政策，落实定向减税和普遍性降费政策。

责任单位：区人社局、区工信局

四、保障措施

（一）加强组织领导。各乡镇（街道）要把农村留守儿童关爱保护工作纳入重要议事日程、纳入脱贫攻坚和全面建成小康社会大局，作为领导干部综治维稳实绩、妇女儿童工作目标责任考核考评的重要内容，主要领导要亲自过问，分管领导要具体部署，一级抓一级，层层抓落实。建立健全各有关单位参与的联席会议制度，成立领导小组，对农村留守儿童关爱保护工作实行统一领导、统一部署、统筹推进，及时研究解决工作中的重大问题。建立和落实包保责任制，区级干部包乡镇（街道）、部门干部包村、乡镇干部包组。各级妇儿工委和农民工工作领导小组要将农村留守儿童关爱保护作为重要工作内容，统筹推进有关工作。区民政局、市公安局江川分局、教育局等部门要强化责任意识，督促有关方面落实有关责任。

（二）细化实施方案。2016年8月底，各有关部门要结合实际，按照各自分工制定具体工作方案。要认真学习借鉴省内外经验和做法，进一步完善政策规定和保障措施，细化业务流程和工作要求，明确部门职责和任务分工，确保关爱保护措施因地制宜、切实可行。要强化关爱服务和救助保护的有效衔接，区分安全处境、监护情况、身心健康、生活照料等情况和类型，明确重点对象，因人施策、按需帮扶，确保农村留守儿童得到妥善照料和有效关爱。要着眼长远，加快统筹城乡发展，推进基本公共服务均等化，从根本上解决农村留守儿童问题。

（三）强化精细管理。要加快构建全区上下衔接、条块互动的农村留守儿童信息监管平台。2016年底，基本形成区、乡、村三级联动监管网络，实现农村留守儿童精准定位到村、精准识别到户、精准建档到人。2016年8月底，各乡镇（街道）要对行政区域内农村留守儿童进行全面摸底排查，准确掌握农村留守儿童数量规模、分布区域、家庭组成、监护照料、教育就学等基本信息，并建立详实完备、动态更新的农村留守儿童信息库，每个季度向区民政局报送农村留守儿童更新信息。区民政局、区教育局和市公安局江川分局要建立健全农村留守儿童基本信息动态管理机

制，加强信息共享，确保民政部门社会事务管理、教育部门中小学学籍管理、公安机关户籍管理有关信息精准衔接。

（四）加强保障能力。要统筹考虑人口规模和城镇化趋势，下大力气改善农村学校基本办学条件，加快推进标准化农村寄宿制学校建设，办好学校食堂，加快每个乡镇（街道）至少建立1所公办中心幼儿园、有条件的村（社区）建立公办幼儿园进度，满足不同年龄段的农村留守儿童入学需求。每年选择不低于5%的城乡社区建设运行“儿童之家”，加快推进救助管理、未成年人保护、儿童福利机构场所设施建设，满足临时监护照料农村留守儿童需要，利用现有公共服务设施开辟儿童活动场所，提供必要托管服务。各级财政部门要优化和调整支出结构，多渠道筹措资金，支持做好农村留守儿童关爱保护工作。要积极引导社会资金投入，为农村留守儿童关爱保护工作提供更加有力的支撑。要加强工作队伍建设，配齐配强未成年人保护工作人员，保障必要的工作条件，确保事有人干、责有人负。要加强各领域各层次儿童关爱保护工作业务培训，为农村留守儿童服务阵地提供岗位设置、人才培养、队伍建设等支持。

（五）强化激励问责。建立完善工作考核和责任追究机制，对认真履责、工作落实到位、成效明显的，按照有关规定予以表扬和奖励；对重视不够、措施不实、落实不力，尤其是风险隐患防控不扎实、突发事件处置不力、失职渎职、关爱帮扶流于形式的，要严肃问责、严肃处理。对骗取、挪用、挤占、侵吞涉及农村留守儿童资金物资构成违法犯罪的要追究法律责任。对贡献突出的社会组织和个人，要适当给予奖励。

（六）加强宣传引导。加强未成年人保护法律法规和政策措施宣传工作，开展法律讲座、家长学校、道德讲堂等形式多样的宣传教育活动，加大农村法制、禁毒、防艾等方面宣传工作力度，增强政府主导、全民关爱的责任意识和家庭自觉履行监护责任的法律意识，改善有益于农村留守儿童健康成长的农村社会文化环境。大力挖掘农村留守儿童积极向上、健康快乐、自强自立、自尊自信的优秀事迹和关爱工作典型事例，及时总结关爱救助保护工作的经验和做法，发出好声音，凝聚正能量，努力营造全社会关注、关心、关爱农村留守儿童的良好氛围。对侵犯儿童合法权益的反面案例要及时曝光。构建舆论引导机制，积极利用互联网等平台广泛收集社情民意，加强舆情预警，掌握苗头性、倾向性问题，及时将矛盾化解在萌芽状态，及时发布突发事件信息，主动回应社会关切，正确引导社会舆论。

农村留守儿童关爱保护是一项长期的系统工程，涉及面广，影响大。全区各级各部门、各有关单位要把关爱保护农村留守儿童作为一项长期的、义不容辞的重要任务摆在重要位置，落实各项工作任务，密切配合，抓出实效。

玉溪市江川区人民政府
2016年12月23日

中共江川县委办公室
江川县人民政府办公室
关于印发《江川县关于进一步健全完善重大决策事项社会稳定风险评估机制的指导意见》的通知

江办发〔2016〕4号

各乡镇党委、政府，大街街道党工委、办事处，县委和县级国家机关各部、委、办、局，各人民团体和企事业单位，中央、省、市驻江单位：

《江川县关于进一步健全完善重大决策事项社会稳定风险评估机制的指导意见》已经十二届县委第86次常委（扩大）会议研究同意，现印发给你们，请结合实际认真贯彻执行。

中共江川县委办公室

江川县人民政府办公室

2016年1月29日

江川县关于进一步健全完善
重大决策事项社会稳定风险评估机制的指导意见

为进一步正确处理好改革发展稳定的关系，进一步健全完善科学有效的重大决策事项社会稳定风险评估机制，进一步落实社会稳定风险评估主体责任和决策责任追究制度，提高社会稳定风险评估科学性、规范性，切实从源头上预防和减少社会矛盾，为全县经济社会跨越发展创造和谐稳定的社会环境。根据《中共中央办公厅国务院办公厅印发〈关于建立健全重大决策社会稳定风险评估机制的指导意见（试行）〉的通知》（中办发〔2012〕2号）、《中央维护稳定工作领导小组印发〈关于贯彻中办发〔2012〕2号文件的具体意见〉的通知》（中稳发〔2014〕1号）和《云南省人民政府关于深入推进依法行政加快建设法治政府的实施意见》（云政发〔2015〕1号）、《中共云南省委办公厅云南省人民政府办公厅印发〈关于深化司法体制和创新社会治理体制意见〉及分工方案的通知》（云办发〔2014〕17号）、《中共玉溪市委办公室玉溪市人民政府办公室印发〈玉溪市关于进一步健全完善重大决策事项社会稳定风险评估机制的指导意见〉的通知》（玉办发〔2015〕52号）等有关要求，结合江川实际，制定本指导意见。

一、总体要求

深入贯彻落实党的十八大、十八届三中四中五中全会精神和习近平总书记关于“对重大改革尤其是涉及人民群众切身利益的改革决策，要建立健全社会稳定风险评估机制”及省委、省政府和市委、市政府关于建立健全重大决策社会稳定风险评估机制的要求，把社会稳定风险评估作为重大决策的前置条件和法定程序，最大限度增加和谐因素，为改革发展、社会稳定提供坚强保障，推进形成社会稳定风险评估长效机制。

二、总体目标

坚持源头防范控制，有效防止决策失误，凡是应当评估而未经评估的重大决策事项，一律不上会研究，一律不出台实施，一律不开工建设。坚决做到：凡是不能使多数群众受益、得不到多数群众理解和支持的事项不研究决策，群众思想工作没有做好可能引发社会稳定的事项不决策，保护部门利益与民争利的事项不决策。确保实现：凡是开展社会稳定风险评估的重大决策事项，不发生有影响的重大群体性事件、不发生社会恶性案件、不发生舆论媒体大规模负面炒作、不发生规模性越级集体访、不发生重大公共安全事件。

三、评估的基本原则

（一）“以人为本、执政为民”的原则。把人民群众是否拥护作为出台各项政策和改革举措的基本标准，把人民群众是否满意作为检验各项工作成效的基本尺度，做到发展为了人民、发展依靠人民、发展成果由人民共享，真正让改革发展成果惠及广大人民群众。

（二）“科学发展、统筹兼顾”的原则。把实现经济社会又好又快发展、促进社会和谐稳定作为社会稳定风险评估工作的重要目标，统筹协调各方面利益关系，确保政策、决策的正确贯彻执行和项目建设、改革措施顺利推进。

（三）“民主公开、实事求是”的原则。广泛听取各方面意见，切实保障广大群众对涉及切身利益重大决策事项的知情权、参与权、监督权。坚持从实际出发，按照客观规律办事，根据党的方针政策和国家法律法规及规定进行决策。

（四）“依法决策”的原则。重大决策必须符合宪法和法律规定的权限和程序，依法应当提请同级人大常委会审议的重大决策事项，必须提请同级人大常委会依法作出决议或决定。

（五）“属地管理、分级负责，谁主管、谁负责，谁决策、谁负责，谁评估、谁负责”的原则。切实加强组织领导，明确领导责任，对重大决策可能出现的稳定风险要先期预测、先期评估、先期化解，及早发现影响社会稳定的隐患，有针对性地采取措施予以化解，有效防范决策风险，保障重大决策的顺利实施。

四、评估范围

（一）涉及较大范围人民群众切身利益的农村土地、山林、水利、矿产资源开发、处置的决策。主要是指涉及农村土地、林地经营权流转；土地管理重要政策和重大改革措施的起草和提出，以及可能引发社会稳定风险的土地征收、出让项目的审批；矿产资源开发管理重要政策和重大改革措施的起草和提出，以及可能引发社会稳定风险的矿业权审批；地质灾害防治重要政策和重大改革措施的起草和提出，以及可能引发社会稳定风险的地质灾害危险性评估备案；水电、风电、旅游等资源开发和交通、水利、公共服务设施等涉及群众切身利益的重大工程建设项目和涉及重大民生的工程项目等。

（二）涉及较大范围的征地拆迁和移民安置问题的决策。主要是指涉及大中型水利水电工程建设中农民土地征收征用、拆迁、补偿、安置和库区移民安置等方面重大决策和改革措施等。

（三）涉及城市发展和管理方面的重大决策。主要是指公共租赁住房、廉租住房等住房保障政策重大调整；城市基础设施建设、旧城改造中的拆迁补偿、居民安置等政策重大调整；房地产市场、物业服务管理等政策重大调整；国有土地上房屋征收涉及被征收人、公有房屋承租人50户以上，拆迁面积达2000平方米以上或户数达50户以上的重大工程项目等。

（四）涉及县属企业改革方面的重大决策。主要是指涉及县属规上企业改制的资产处置、人员安置和社会保障；涉及县属控股企业的成立、撤销、重组，兼并、关闭破产；涉及县属企业职工裁员、分流安置、劳动关系调整；涉及县属企业职工薪酬、福利待遇的重大政策调整；涉及县属企业解决历史遗留问题政策的制定；涉及县属企业重大投资项目的决策；针对特定企业、重点项目的资源配置等决策事项。

（五）涉及建设项目的重大决策。主要是指重大固定资产投资项目：开发建设中对全县经济社会发展影响重大的项目；开发建设中使用县级财政并由县级自行安排的重大项目；重大招商引资项目、重点基础设施、社会公益设施建设项目等。

（六）涉及社会保障和社会事业方面的重大决策。主要是指涉及人民群众普遍关心的有关民生问题的法规、规章和规范性文件的制定或修改；涉及水、电、燃气、粮食、公共交通、教育、医疗、药品等方面的重大政策调整；涉及城乡失业人员就业援助政策制定及其管理服务；涉及养老保险、医疗保险、失业保险、工伤保险、生育保险、农村社会保险和社会保险救助、被征地农民基本生活保障待遇等社会保障政策的调整；涉及企业军转干部的解困和稳定工作、自主择业转业军官的服务与管理及军转安置等人事制度的改革；涉及制定企业最低工资标准、事业单位绩效工资等工资待遇政策的制定或调整等。

（七）涉及生态环境保护方面的重大决策。主要是指实施后可能对周围环境造成严重影响或可能引起重大环境污染事故的化工、造纸、电镀、印染、酿造等重污染建设项目；存在重大风险源，可能造成严重安全、环境污染事故的建设项目；处于自然保护区、风景名胜区、世界文化和自然遗产地、饮用水水源保护区等环境敏感区的建设项目等。

（八）重大活动的举办。主要包括在本地区有重大影响的文体活动、节庆活动、民俗活动、商业活动、公益活动等。

（九）各级党委、政府或维稳部门认为应当进行社会稳定风险评估的其他决策事项。

五、评估内容

（一）重大决策的合法性。决策机构是否享有相应的决策权并在权限范围内进行决策；决策程序是否合法合规；决策内容是否符合党的现行政策和国家的法律、法规；规范性文件涉及的行政审批、许可、收费、强制措施、处罚等行政行为及禁止性条款的内容与依据是否超越法定权限限制或者侵犯公民、法人和其他组织合法权利，或者增加公民、法人和其他组织的义务；所涉政策调整、利益调节的对象和范围是否界定准确，调整的依据是否合法；是否保持政策的连续性和统一性；是否经过报批和审查审批程序。

（二）重大决策的合理性。是否符合科学发展观、构建社会主义和谐社会的总体要求和以人为本的精神；是否符合大多数群众的根本利益；是否兼顾了各方面利益群体的不同需求以及相关群众的现实利益和长远利益；人民群众特殊困难是否得到解决；是否遵循公开、公平、公正原则。

（三）重大决策的可行性。重大决策实施或出台的时机是否成熟；决策事项是否充分考虑了群众的接受程度，是否超出了大多数群众的承受能力，是否得到大多数群众的理解与支持；是否征求了广大群众的意见和组织开展了前期宣传解释工作；改革力度、发展速度和人民群众可承受程度是否有机统一；是否坚持可持续发展观，对生态环境有何重大影响；政策是否具有稳定性、连续性和严密性；是否可能导致相关地区、行业群众的相互攀比；决策事项是否与本地经济社会发展总体水平相适应，实施是否具备相应的人力、物力、财力，相关配套措施是否经过科学严谨周密论证；实施方案是否周密、完善、具体、可操作。

（四）重大决策的安全性（可控性）。重大决策的实施是否存在引发群体性上访或群体性事件的苗头性、倾向性问题；是否存在引发重大网络舆论炒作的问题；实施过程中可能出现哪些较大的社会治安问题，是否会给周边的社会治安带来冲击；对群众反映的热点问题有无解决办法，是否能将社会稳定风险控制在预测范围之内；是否有相应的预测预警措施和应急处置预案；是否有化解不稳定因素的对策措施，是否需要作出暂缓实施或者改变谋划的决定，是否有能力应对和处置，是否完善工程管理制度和社会稳定风险问责制，从制度方面加强对社会稳定风险的控制。

六、评估责任

（一）评估责任主体。根据“谁决策、谁负责、谁评估”的原则确定重大决策事项社会稳定风险评估责任主体。

1.由各级党委、政府决策或发文的，作出决策或发文的党委、政府为评估责任主体。

2.由各级党委、政府的有关部门作出决策或发文的，作出决策或发文的部门为评估责任主体。

3.由几个部门共同作出决策或发文的，牵头部门为评估责任主体。

4.中央、省、市级事权项目在地方实施的，实施地党委、政府为评估责任主体。

（二）评估实施主体。评估实施主体具体负责重大决策的社会稳定风险评估工作。

1.由各级党委、政府作出决策或发文的，提出决策或发文建议的部门是评估实施主体；几个部门共同提出决策或发文建议的，党委、政府指定的部门是评估实施主体，其他部门参加评估工作。

2.由各级党委、政府的有关部门作出决策或发文的，该部门或由该部门指定的部门是评估实施主体。

3.各级党委、政府的几个部门共同作出决策或发文的，牵头部门与其他部门共同确定评估实施主体，其他部门要积极支持配合评估工作。

4.需要多级党政机关作出决策的，由初级决策的党政机关指定评估实施主体，不重复评估。

5.跨地区的项目决策，一般由共同的上级党委、政府或主管部门指定评估实施主体。

6.中央、省、市级事权项目在地方实施的，项目实施单位或实施地党委、政府指定的部门是评估实施主体。

（三）评估结论责任

评估实施主体对评估报告内容、程序和评估结论的真实性、准确性、合法性承担责任。对需要进行社会稳定风险评估的重大决策事项，评估实施主体要在决策前，适时启动社会稳定风险评估工作，评估报告作为决策的重要依据。根据工作需要，评估实施主体可委托具备相应评估能力的第三方评估咨询机构或社会中介组织辅助开展社会稳定风险评估工作。委托有关评估咨询机构或社会中介组织辅助开展社会稳定风险评估的，被委托的第三方评估咨询机构或社会中介组织对评估报告内容和程序的真实性、准确性负责。但评估责任主体和实施主体要加强组织协调、监督管理，提供必要服务保障，对评估过程严格管理，对评估报告严格审查，并依据实际情况及有关评估咨询机构或社会中介组织的评估报告，综合作出最终评估结论，并对评估结果负责。

七、评估程序

全县范围内的重大决策事项社会稳定风险评估严格按照以下规定的程序规范实施。

（一）确定评估事项。评估责任主体根据年初梳理出来的拟开展社会稳定风险评估重大决策事项清单或年中拟决策重大事项，按工作计划研究确定评估事项，明确评估实施主体和拟开展评估时间，填写《拟开展社会稳定风险评估重大决策事项清单》（见附件1），报同级维稳办备案。

（二）制定评估工作方案。评估工作方案由评估实施主体或受委托的第三方评估咨询机构负责制定（见附件2）。方案的制定要根据重大决策的性质、特点和内容，准确把握评估重点，明确评估目的、评估对象与内容、评估标准、评估的具体方式、步骤和方法等，并按评估方案组织开展评估工作。需成立评估领导小组的，在方案中予以明确。属于固定资产投资项目的，按照《国家发展改革委重大固定资产投资项目社会稳定风险评估暂行办法》制定评估方案，并报同级维稳办。

（三）充分听取意见。评估实施主体或受委托的第三方评估咨询机构按照公开透明原则，向受决策直接影响的群众和其他利益相关方公示重大决策的内容和决策方案、决策可能产生的影响，决策的法律和政策依据，决策的必要性，反映意见和建议的具体途径等内容，以方便群众了解真实情况，表达真实意愿。并可采取走访群众、问卷调查、舆情跟踪、召开座谈会、听证会、设立征求意见箱、开通热线电话和电子信箱等方式（见附件3、4、5、6），充分听取利益相关方和社会公众的意见。就决策事项听取各方意见，应深入实地、深入群众收集社情民意，听取意见要注意对象的广泛性和代表性，尤其要注意征求直接利益群体的意见和建议，准确了解相关利益群体的利益诉求，准确把握群众对重大决策的反应及心理动态。开展问卷调查，要尽可能全面征求直接利益群体的意见和建议，即样本≈全体。

（四）全面分析论证。评估实施主体或第三方评估咨询机构根据收集的信息、数据组织有关部门、专家和相关利益群体代表（不少于20%比例，并须在评估报告中说明对其意见、建议的采纳情况）参与分析论证，进行系统的定性和定量分析研究，根据社会稳定风险发生概率和可预见的后果，对重大决策的合法性、合理性、可行性、安全性（可控性）等方面作出全面的分析论证，对决策可能引发的各种风险进行科学预测、综合研判，提出风险防控的措施或建议。特别要对因实施评估事项或活动可能引发的矛盾冲突及所涉及的人员数量、范围和激烈程度以及可能引发的矛盾冲突及所涉及的人员数量、范围和激烈程度以及可能带来的负面影响等做出评估预测并提出风险管理建议。对争议较大、专业性较强的评估事项，按照有关法律法规的要求组织专家进行论证。开展风险评估分析，必须以化解矛盾、解决问题为导向，以寻找降低或化解项目风险的措施方案为目的，以定性分析为主、定量分析为辅，不允许采用整体风险指数法进行量化分析确定风险等级，坚决防止人为加权，刻意降低稳定风险。

（五）确定风险等级。评估责任主体或评估实施主体根据评估分析论证情况，确定风险大（Ⅰ级)、风险中等(Ⅱ级)、风险小（Ⅲ级）或无风险（Ⅳ级）四个风险等级。根据确定的风险等级作出不能实施、暂缓实施、慎重实施或部分实施、可实施的最终决定—

评估结论。

（六）形成评估报告。评估实施主体或第三方评估咨询机构根据评估分析论证情况及确定的风险等级，形成正式的评估报告，并提出相应的风险防范、减缓或者化解处置预案，报决策机关。社会稳定风险评估结果作为决策机关决策的重要依据。

风险评估报告的主要内容应包括：

1.重大决策事项概况；2.决策事项实施的合法性、合理性、可行性、安全性(可控性)；3.可能引发的社会稳定风险；4.各方面意见、建议及其采纳情况；5.风险评估结论和风险管理建议；6.风险防范和化解措施、应急处置预案准备等。

重大固定资产投资项目、大中型水利水电工程建设征地补偿和移民安置等重大决策事项，可根据各职能部门确定的社会稳定风险分析篇章和评估报告编制大纲开展风险分析、风险评估和评估报告编制。

八、评估结论运用

（一）评估结论和风险等级标准

1.可实施（风险等级Ⅳ级）。经过社会稳定风险评估，具备下列条件的，可作出可实施的评估结论：①符合法律法规和政策的规定，符合经济和社会发展总体规划，符合国家利益、公共利益和人民群众的根本利益；②经过公示和民意测评，绝大多数（90%以上）群众认同的；③参与社会稳定风险评估的部门、单位和专业机构的意见一致或基本统一；④排查发现的矛盾和分析预测的风险，已经或能够有效化解和控制；⑤引发群体性事件的概率基本为零。

2.慎重实施或部分实施（风险等级Ⅲ级）。经过社会稳定风险评估，具有下列情形之一的，应作出慎重实施或部分实施的评估结论：①经过公示和民意测评，多数群众理解支持，明确反对意见占10%-33%的；②社会稳定存在较大稳定隐患，可能发生较大矛盾冲突、引发群众较大规模聚集上访的；③参与社会稳定风险评估的部门、单位和专业机构对核心问题的处理意见有一定分歧的；④决策实施可能引发网络舆论炒作、可能给改革发展稳定带来一定负面影响的；⑤存在的一些矛盾和问题暂时难以妥善解决，可能引发集体越级上访的。

3.暂缓实施（风险等级Ⅱ级）。经过社会稳定风险评估，具有下列情形之一的，应作暂缓实施的评估结论：①应当公示的内容尚未公示，或者公示范围未达到全覆盖，存在重大稳定隐患，可能引发重大群体性事件的；②经过公示和民意测评，超过33%以上的群有意见或反对意见虽不超过33%，但其中有的反对意见十分激烈，有串联上访、游行、示威、扬言采取极端行为等情况，可能引发信访突出问题和矛盾冲突，给改革发展稳定带来较大影响的；③参与社会稳定风险评估的部门、单位和专业机构对核心问题的处理意见存在重大分歧的；④决策实施可能引发重大网络舆论炒作，或被媒体、网络持续负面炒作形成热点的；⑤实施的时机和条件尚不成熟，存在的重大矛盾和问题在法律和政策范围内一时无法化解消除的；⑥其他应当暂缓实施的情形。

4.不能实施（风险等级Ⅰ级）。经过社会稳定风险评估，具有下列情形之一的，应作不能实施的评估结论：①违反法律法规、政策和经济社会发展总体规划的；②无正当理由改变决策方式、简化程序、缩短时限，违反法定决策程序的；③侵犯群众利益、与民争利的；④存在大量矛盾和问题不可能解决的；⑤容易引发相关地区、部门和利益群体连锁反应、攀比，严重影响社会稳定的；⑥超过50%以上的群有意见、反应特别强烈，可能引发特别重大群体性事件或重大恶性案（事）件，给改革发展稳定带来严重影响的；⑦引发重大网络舆论炒作，形成一边倒的反对意见的；⑧其他不能实施的情形。

重大固定资产投资项目、大中型水利水电工程建设征地补偿和移民安置等重大决策事项社会稳定风险等级按照各职能部门有关规定执行，具体风险等级划分统一为：高风险对应风险等级Ⅰ级、中风险对应风险等级Ⅱ级、低风险对应风险等级Ⅲ级和Ⅳ级。

（二）风险防控

各级责任主体对存在社会稳定风险的重大决策事项，应根据不同风险等级，分别采取应对措施，严格风险管理。

1.对决定实施的重大决策事项，评估实施主体应落实责任，细化措施，防范化解分析评估出的稳定风险，并严密监控、及时排查化解可能产生的新隐患、新问题，制定防止产生新稳定风险的措施，确保重大决策事项顺利实施。

2.对决定慎重实施或部分实施的重大决策事项，评估实施主体应在加大可实施部分不稳定因素监控、排查、化解的同时，提前研究、分析、预测未实施部分的潜在稳定风险，必须有针对性地制定化解稳定风险的措施和预案，妥善处理相关群众的合理诉求，稳妥实施。

3.对决定暂缓实施的重大决策事项，评估实施主体应调整工作步骤，及时修改完善决策方案，完善相关政策措施，有效防范、化解、消除不稳定风险，经再次组织评估确认风险等级降低的，待化解稳定风险后再作出实施的决策。

4.对决定不能实施的重大决策事项，评估实施主体必须坚决执行，严禁擅自、盲目实施。决策机关应及时调整决策，制定化解稳定风险的措施和预案，切实化解稳定风险，待稳定风险等级降低后再行决策。

5.对符合有关政策法规规定，急需实施但又容易引发矛盾冲突的重大决策事项，须在制定应急预案的基础上，有针对性地做好群众工作，妥善实施；对重大决策事项内容和程序不符合法律、法规，或方案难以为大多数群众所接受，不能使绝大多数群众受益，或反对意见表现比较激烈，不能得到绝大多数群众理解支持的，应坚决终止实施。

九、评估备案审查

重大决策事项社会稳定风险评估实行集中报备制、随时报备制和分级备案制。

（一）集中报备制和随时报备制。每年2月底前，由乡镇（街道）和县级职能部门梳理政府工作规划，按照评估范围确定应评事项，将需要进行社会稳定风险的重大决策事项，集中向县维稳办报备待评清单（见附件1），便于维稳部门跟踪掌握年度重大决策事项情况和督查督办；年中新增重大决策事项，随时报同级维稳办备案。

（二）分级备案制。着眼于逐级落实风险评估工作要求，源头预防社会矛盾，把风险评估备案工作覆盖到县、乡镇（街道），实行风险评估工作事项二级备案。对于一些规模较小、涉及群众不多、稳定风险不大的决策事项，由乡镇（街道）直接进行稳评备案，以便就事就地及时发现和化解不稳定问题；对存在Ⅲ级以上稳定风险的重大决策事项，由评估责任主体将风险评估报告连同备案申报表（见附件11）报送县维稳办备案，同时将风险评估报告报送行业主管部门备案；下级维稳办要定期将当地开展社会稳定风险评估的重大决策事项向上级维稳办备案。

（三）对已完成社会稳定风险评估的重大决策事项备案工作，经县维稳办审核后，向报备部门出具同意或不同意备案的意见书（见附件12），并提出风险防范工作建议。

十、评估时限规定

（一）评估时限。评估实施主体或受委托的第三方评估咨询机构对需要进行评估的重大决策事项，在制定评估方案后，要在60日内完成评估工作（因评估责任主体项目实施方案未确定、评估对象范围难以界定、公示未完成等原因而拖延的，不在此限），形成风险评估报告提交评估责任主体。

（二）评估报告有效时限。重大决策事项、重大工程项目社会稳定风险评估报告自报送之日起2年内未实施建设的，评估实施主体应当重新组织进行社会稳定风险评估，并履行相关程序。

（三）督办回复时限。评估责任（实施）主体接到县维稳办下发的《社会稳定风险评估督办单》后，须在5个工作日内作出答复。

十一、进一步完善重大决策社会稳定风险评估运行机制

（一）将风险评估纳入部门日常工作。对部门职能职责所涉社会稳定风险点、自身作出的重大决策、内部风险防范消除措施实行台账管理。认真建立和管理“三个台账”，即本地本部门职能职责所涉社会稳定风险点台账、本地本部门重大决策台账、开展重大决策社会稳定风险评估中排查消除风险台账，加强风险点日常排查和管理基础工作。

（二）将风险评估纳入现行决策程序。认真落实中办发2号文件关于“凡是按规定应当进行社会稳定风险评估的重大决策事项，未经评估不得作出决策”的规定，各乡镇（街道）、各部门在作出重大决策、制定出台涉及民生的政策措施时，须将社会稳定风险纳入日常议事决策程序，纳入“第一责任”范畴，作为制定和出台重大决策的刚性“门槛”和前置程序，充分考虑是否会损害群众利益，充分预测是否会引发不稳定事件，及时将预测到的潜在风险明确责任逐一排查、逐一落实防范消除措施。重大决策事项在报请党委、政府决策前，由“两办”负责审核把关，对应评估而未评估的重大决策事项不得提交党委、政府研究决策。做到凡重大决策无风险评估不上会，风险点不查清不研究、风险防范消除措施不落实不决策。

（三）将风险评估纳入现行审批体系。凡县级有审批权限的职能部门，是风险评估的重要责任主体，对审批涉及民生的重要事项时必须同步审查相应的社会稳定风险评估报告，将风险点查找、防范消除措施以及评估结论等纳入现行审批体系，把风险评估作为

项目审批的前置条件进行把关，并把风险评估成果运用到项目管理过程中，确保应评尽评。

（四）将风险评估纳入绩效目标考核。进一步加强对重大决策社会稳定风险评估工作的督促检查，并切实纳入年度绩效目标考核，赋予社会稳定风险评估工作对乡镇（街道）和县级部门的一票否决权，并列入领导干部述职内容和综治维稳工作实绩档案，作为个人晋职晋级的重要依据。对不落实社会稳定风险评估措施的启动追责程序。

十二、加强队伍建设和人才培养

（一）加强队伍建设，提升能力水平。进一步加强对稳定风险评估工作的组织领导，建立健全本地本部门重大决策社会稳定风险评估工作领导小组，领导小组办公室设在县维稳办，负责对本级社会稳定风险评估工作的综合协调、督促指导、备案审查和考评工作。各级各部门要加强统筹协调、分类指导，推动社会稳定风险评估机制建设，牵头研究解决重点、难点问题。维稳办不承担具体评估工作。

（二）建立社会稳定风险评估专家库。为增强社会稳定风险评估工作的科学性、有效性和权威性，在市、县两级组建社会稳定风险评估专家库。评估专家由政法、维稳、法制、发改、工信、教育、民宗、民政、国土、交通、住建、规划、统计、人力资源社会保障、林业、水利、卫生、信访、律师等方面的专业人士组成，应具有本专业方面的权威及风险评估工作经验，且熟悉评估事项。评估专家由相关专业部门推荐，填写《社会稳定风险评估专家推荐审批表》（见附件16），经市、县维稳办审核后报市、县维护稳定工作领导小组批准。

（三）培育社会专业评估机构。县维稳、发改、民政、市场监督部门要加强对第三方评估咨询机构或社会中介评估组织的培育和引导，明确资质，规范管理。探索引入资质高、能力强、公信度好的社会专业评估咨询机构等第三方参与开展社会稳定风险评估，建立健全评估主体多元化机制，鼓励重大决策事项评估实施主体委托评估咨询机构等第三方社会中介组织进行社会稳定风险评估，整合资源，汇聚民智，增强评估工作的科学性、民主性、客观性，确保评估主体的相对独立性，提高群众的认可度，有效推动社会稳定风险评估工作的社会化、专业化和市场化。第三方评估咨询机构或社会中介组织开展社会稳定风险评估，必须通过备案方可开展社会稳定风险评估工作，备案登记由县维稳办负责。

十三、立卷归档

评估责任主体应对重大决策事项社会稳定风险评估建立专项档案。档案内容包括：

（一）重大决策事项名称；

（二）风险评估责任主体、实施主体名称；

（三）风险评估小组组成人员名单；

（四）风险评估方案；

（五）开展风险评估的有关材料；

（六）风险评估报告；

（七）化解稳定风险的工作措施、处置预案；

（八）其他需要备案的内容。

十四、严格责任追究

各乡镇（街道）、县级各部门对所管辖范围内的重大决策事项社会稳定风险评估工作负总责，党政主要领导是第一责任人，分管领导是直接责任人。按照“谁主管、谁负责，谁决策、谁负责，谁审批、谁负责”的原则，凡是因决策失误，引发群体性事件、个人极端行为或规模性到市赴省进京集体上访等重大不稳定事端，造成重大影响和严重后果的，将启动问责程序实行责任倒查，严格问责有关领导干部和有关人员。

《江川县社会稳定风险评估问责办法》由县维稳办负责组织制定。

十五、其他需要明确的事项

（一）重大决策事项的社会稳定风险评估费用纳入财政预算，重大工程项目的评估费用纳入评估项目的建设成本。

（二）出台、实施涉及群众切身利益和社会普遍关注重大事项的社会团体或经济组织，是该重大事项的评估责任主体，应参照本指导意见开展社会稳定风险评估。

（三）县级有关职能部门可以根据本指导意见和各自工作实际，制定具体实施细则。

（四）《中共江川县委办公室江川县人民政府办公室印发〈江川县重大事项社会稳定风险评估办法〉的通知》（江办发〔2012〕2号）的内容与本指导意见内容不相符的，以本指导意见为准。

附件：（略）

中共玉溪市江川区委办公室
玉溪市江川区人民政府办公室
关于印发《玉溪市江川区重点工作重大项目落实情况责任追究办法（试行）》的通知

玉江办发〔2016〕35号

各乡镇党委、政府，大街街道党工委、办事处，区委和区级国家机关各部、委、办、局，各人民团体和企事业单位：

《玉溪市江川区重点工作重大项目落实情况责任追究办法（试行）》已经区委、区政府同意，现印发给你们，请结合实际认真贯彻执行。

中共玉溪市江川区委办公室

玉溪市江川区人民政府办公室

2016年9月22日

玉溪市江川区重点工作重大项目落实情况责任追究办法（试行）

第一条 为深入贯彻落实党要管党、从严治党各项决策部署，确保中央、国务院以及省市区党委、政府各项重点工作重大项目落到实处，着力解决逃避责任“不敢落实”、推诿拖沓“不真落实”、能力不足“不会落实”、政策不优“不利落实”等问题，严肃查处各类违规违纪行为，确保各级党员干部履职担当、务实清廉，根据《中国共产党章程》《中国共产党纪律处分条例》《中国共产党问责条例》《江川县领导干部问责办法（试行）》《江川县加强作风建设问责办法》，结合我区实际，制定本办法。

第二条 本办法适用于各乡镇（街道）、区委和区级国家机关各部、委、办、局和各人民团体、企事业单位领导班子、班子成员及其他国家公职人员。

第三条 重点工作重大项目责任追究坚持公开公正、权责一致、失责必究、惩教结合的原则，着力整治不作为、乱作为、慢作为等“为官不为”行为。

第四条 按属地管理和行业主管明确重点工作重大项目的责任主体，区联系领导、乡镇（街道）和部门（单位）主要领导及领导班子其他成员根据分工履行相关职责。具体为：区联系和分管领导在职责范围内负有相应领导责任，部门（单位）主要负责人承担主要领导责任，分管工作的班子成员及其他相关工作人员承担直接责任。

第五条 本办法所称的重点工作重大项目是指中

央、国务院以及省市区党委、政府各项重大决策部署；市委、市政府和区委、区政府每年工作报告确定的各项重点工作；市委、市政府和区委、区政府确定实施的稳增长、促跨越，确保经济社会全面协调可持续发展的各项重大项目；市委、市政府和区委、区政府主要领导交办、转办或批示件的落实情况；市委、市政府和区委、区政府根据工作需要临时确定实施的各项重点工作重大项目等。

第六条 有下列情形之一的，根据情节和造成的后果，按照《中国共产党问责条例》《江川县领导干部问责办法（试行）》《江川县加强作风建设问责办法》对单位主要领导、领导班子成员及相关责任人实行责任追究：

（一）重点工作类

1．不及时传达、学习、落实中央、国务院以及省市区党委、政府的各项决策部署和文件精神；执行上级决策部署和指示要求措施不力，工作不到位，效率低下；执行上级决策部署打折扣、做选择、搞变通，或搞上有政策、下有对策；对工作中存在的问题不整改、不落实，工作长期无起色的。

2．对上级重大决策、重要工作部署消极对待、执行不力、推诿扯皮、效率低下、不按规定时限和质量要求完成工作任务、实现责任目标的。

3．对市委、市政府和区委、区政府确定的应及时解决和办理的特别事项不及时办理，造成不良影响的。

4．对重点工作论证不科学、措施不得力，导致既定方案反复修改，致使工作延误，造成损失的。

5．对职责范围内应当办理的事项，不认真履行职责，拖着不办、顶着不办；对要求限时办结的事项，未能在规定时限内完成，对公开承诺的事项不兑现的。

6．对工作瞻前顾后、畏首畏尾、怕负责任、怕担风险，实干精神差，影响整体工作部署和工作进度的。

7．对下属管理不力，失之于宽、失之于软，致使领导班子长期软弱涣散、干部职工慵懒散混，群众反映强烈的。

8．对群众诉求、上访不及时解决处理，或处置不当，造成不良后果或影响的。

9．对由多个部门共同办理的事项，主责部门（单位）不主动牵头协调，协办部门不积极支持配合，审批互为前置、相互推诿扯皮，致使工作延误的。

10．对职责范围内的事项和群众反映的突出问题，在处置中隐瞒真相，歪曲事实；编报虚假数据、虚假成绩，欺骗上级机关和社会公众；瞒报、谎报、迟报、漏报重要事项；隐瞒案件真相，歪曲案件事实，瞒案不报，压案不查的。

11．在江川区“互联网+纪律监督平台”中被预警2次，拒不整改落实推动工作的。

（二）重大项目类

1．对重大项目领导、协调、指导不到位，重视不够、组织不力、决策失误、处置不当等，导致应开工建设项目不能按时开工、应竣工项目不能按时竣工，没有按目标任务时间节点顺利推进，造成影响或损失的。

2．没有按要求在规定时限内完成项目申报、审核、开工、入库等，造成影响或损失的。

3．由于主观努力不够，导致项目争取工作滞后，没有在规定时限内争取到位或错失争取机遇的。

4．对项目建设缺乏调查研究，对可能发生影响项目建设的问题缺乏预见性，致使工程进展迟缓的。

5．在协助做好项目的过程中，变相增设前置审批条件，对项目主办或牵头单位的工作不支持、不配合，推诿扯皮，故意刁难，导致项目推进难，造成影响或损失的。

6．向上级部门协调、沟通、争取不力，致使项目建设进展缓慢的。

7．在办理行政许可事项过程中对不需要中介服务的事项强行要求相对人接受中介服务，或对需要中介服务的事项强行指定中介服务机构的。

8．在项目监督检查中乱处罚、乱收费、乱摊派等乱作为的。

9．未认真履行监督、检查和管理职责，致使项目建设在施工过程中出现较大质量问题、造成安全事故或其他不良影响的。

10．在项目审查、审核、审批、上报、立项、招标、投标、合同签订、工程管理、资金使用、工程验收、预决算、审计等环节操作不当、把关不严、监督不力导致发生违规违纪行为的。

11．本辖区内或主管行业内发生阻工闹事事件不及时赶赴现场处置，致使建设项目蒙受损失或造成严重不良影响的。

12．在项目建设中不监督检查工程施工和监理等情况，不能及时发现和解决项目建设有关问题，造成影响或损失的。

13．对涉及重要事项，不积极协商、不主动报告，未报经上级批准擅作决定造成影响和损失的。

14．在江川区“互联网+纪律监督平台”中被预警2次，拒不整改落实推动项目建设的。

第七条 应追究纪律责任的，依据有关规定给予党纪政纪处分；涉嫌违法犯罪的，移送司法机关依法处理。

第八条 本实施办法由区纪委负责解释。

第九条 本实施办法自发布之日起施行。

中共玉溪市江川区委办公室
玉溪市江川区人民政府办公室
关于印发《玉溪市江川区2016年依法治区工作要点》的通知

玉江办发〔2016〕37号

各乡镇党委、政府，大街街道党工委、办事处，区委和区级国家机关各部、委、办、局，各人民团体和企事业单位，中央、省、市驻江有关单位：

《玉溪市江川区2016年依法治区工作要点》已经区委、区政府同意，现印发给你们，请结合实际，认真抓好贯彻落实。

中共玉溪市江川区委办公室

玉溪市江川区人民政府办公室

2016年9月29日

玉溪市江川区2016年依法治区工作要点

2016年是全面实施“十三五”规划的开局之年，也是我区深入贯彻落实习近平总书记考察云南重要讲话精神，协调推进“四个全面”战略布局，闯出一条跨越式发展路子的重要一年。做好全面推进依法治区工作的总体要求是：深入贯彻落实党的十八大、十八届三中、四中、五中全会及省、市、区相关会议精神，紧紧围绕建设法治江川总目标，突出改革思维，突出任务落实，进一步健全完善党委领导法治建设的主体责任，以加强法律监督、加快建设法治政府、深化司法体制改革、加强法治文化建设、强化法治宣传教育为抓手，持续推动法治江川建设各项任务落实，促进全区依法治理水平不断提升，为实现“十三五”发展良好开局提供坚强的法治保障。

一、健全党领导法治建设的体制机制，加强依法执政

1．加强对全面推进依法治区的统筹协调和督促指导，深入推动各部门持续落实《中共江川县委关于贯彻落实〈中共中央关于全面推进依法治国若干重大问题的决定〉的实施方案》（江发〔2015〕4号）。认真贯彻落实好《江川县第四个五年依法治县规划（2013—2017年）》。

2．健全法治建设领导体制和工作机制，落实法治建设工作机构、人员编制和经费保障。加强法治建设政绩考核制度建设，切实把法治建设成效作为衡量各级领导班子和领导干部工作实绩的重要内容。

3．规范和完善党内规范性文件备案审查工作，认真贯彻《玉溪市党内规范性文件备案办法》《市委党

内规范性文件备案工作规定》《市委办党内规范性文件下备一级备案审查工作规程（试行）》，明确机构和人员专门负责本单位的党内规范性文件工作，积极搭建党内规范性文件备案审查联动机制，着力提升党内规范性文件的报备率、报备及时率和报备规范率。进一步加大备案审查力度，积极探索和建立下备到乡镇（街道）的体制机制。

4．健全落实领导干部和国家工作人员学法用法述法制度和评价机制，制定出台江川区领导干部学法用法述法落实措施，提高领导干部和国家工作人员运用法治思维和法治方式深化改革、推动发展、化解矛盾、维护稳定的能力水平，在全民守法中发挥引领表率作用。

5．健全保证领导干部依法履职的制度机制，着力解决为官不正、为官不为、为官乱为等问题，推动形成能者上、庸者下、劣者汰的用人导向和从政环境。

6．加强法治人才队伍建设，健全完善执法、司法部门干部和人才交流机制，健全从政法专业毕业生中招录人才的规范便捷机制。加强法治人才队伍教育培训。建立激励法律服务人才流动机制，逐步解决基层法律服务资源不足和高端人才匮乏问题。

7．认真贯彻落实《中共玉溪市委办公室玉溪市人民政府办公室印发〈关于健全法律顾问制度的实施意见〉的通知》（玉办发〔2016〕6号）精神，在2015年实现政府及其工作部门、各乡镇（街道）人民政府（办事处）法律顾问全覆盖的基础上，2016年在全区各级党委机关（含党委、纪委、党委工作部门、群团组织、乡镇〈街道〉党〈工〉委）、人大机关、政协机关、人民团体、国有企业、事业单位普遍建立和实施法律顾问制度，实现法律顾问全覆盖，充分发挥法律顾问的独特优势和作用，为全面推进依法治区、建设法治江川提供重要保障。

二、健全完善监督机制，加强法律监督

8．不断创新法律法规实施监督机制，加强对法律法规实施情况的监督检查，制定人大执法监督工作计划，加强重点领域执法检查。强化区人大对“一府两院”执法司法的监督，确保行政执法权、审判权、检察权得到正确行使。坚持权责统一，健全和规范问责制度，严格责任追究，做到有权必有责、用权受监督、违法受追究、侵权须担责。对决策失误、违法行政、滥用职权、失职渎职等行为，严格依法依规追究责任。

9．加强规范性文件备案审查工作机构和队伍建设，建立完善规范性文件备案审查机制和程序。严格实施《江川县人民代表大会常务委员会规范性文件备案审查实施办法（试行）》，加强规范性文件备案审查工作，加大主动审查力度，依法撤销和纠正违宪违法的文件。

三、加快政府职能转变和深化行政管理体制改革，深入推进依法行政

10．深化行政审批制度改革，深化简政放权，放管结合，优化服务改革，加快政府职能转变。推进全区行政审批网上大厅扩建项目建设，全面清理规范行政审批中介服务项目及收费，实行中介服务清单管理，编制行政审批中介服务事项清单并向社会公布，凡未纳入清单的中介服务事项，一律不得作为行政许可受理条件；大力整治“红顶中介”，推进中介机构的转企改制、脱钩改革，加快行业协会、商会与行政机关脱钩，切断中介服务利益关联；加快中介服务平台建设，打造辐射面广、服务项目全、服务质量高，收费合理的“中介超市”，破除中介服务垄断。大力推行权力清单、责任清单、负面清单制度并实行动态管理，按照云南省权责清单管理办法制定贯彻实施意见。深化相关重点领域体制机制改革，创新行政管理方式，完善政府绩效管理。进一步健全政府向社会力量购买服务机制。

11．完善依法行政制度体系，全面贯彻落实中共中央、国务院印发的《法治政府建设实施纲要（2015—2020年）》和省委、省政府出台的《云南省法治政府建设实施方案暨规划（2016—2020年）》，结合江川实际，科学编制《江川区法治政府建设实施方案（2016—2020年）》。加强规范性文件监督管理，建立行政机关规范性文件制定主体资格公告制度。坚持规范性文件定期清理制度，年内组织开展行政机关规范性文件及其制定主体资格清理工作，清理结果向社会公开。

12．推进行政决策科学化、民主化、法治化，认真落实《云南省重大行政决策程序规定》，坚持重大行政决策公众参与、专家论证、风险评估、合法性审查和集体讨论决定的法定程序。建立和落实重大行政决策终身责任追究制度及责任倒查机制，严肃责任追究。探索建立江川区法治政府建设专家库。

13．坚持严格规范公正文明执法，根据《中共玉溪市委办公室玉溪市人民政府办公室印发〈关于整合

城市执法力量加强城市管理的指导意见〉的通知》（玉办发〔2016〕6号）的要求，推动综合行政执法工作，进一步理顺城市管理行政执法体制。认真组织开展全面梳理行政执法职权职责、行政执法案卷评查和行政执法人员全面清理工作，健全行政执法人员持证上岗和资格管理制度。督促行政执法部门进一步健全和完善行政处罚自由裁量权基准制度。

14．强化对行政权力的制约和监督，推进审计监督全覆盖。研究制定《江川区关于完善审计制度若干重大问题的实施意见》《江川区关于实行审计全覆盖的贯彻意见》及相关配套文件。完善纠错问责机制，加强行政问责规范化、制度化建设。完善社会监督和舆论监督机制，全面推进政务公开，理顺网站管理体制，确保网站内容建设与信息公开工作协同推进，把政府网站打造成信息发布、解读回应的第一平台。

15．加快推进政府诚信建设，严格履行政府向社会作出的承诺，把政府履职情况以及为百姓办实事的践诺情况作为评价政府诚信水平的重要内容，不断提升政府公信力。加强公务员诚信管理和教育，增强公务员法律和诚信意识。完善政务诚信约束和问责机制。发挥政府诚信建设示范作用，以政府的诚信施政，带动全社会诚信意识的树立和诚信水平的提高。

16．依法有效化解社会矛盾纠纷，完善行政调解、行政裁决、仲裁制度，健全行政复议案件审理机制，推进全区行政复议工作规范化建设，探索不履行行政复议决定的责任追究制度。认真贯彻落实《玉溪市行政机关负责人行政诉讼出庭应诉规定》，坚持行政机关负责人依法出庭应诉，尊重并执行人民法院生效判决，自觉接受司法监督。加强行政执法与刑事司法衔接工作，规范、畅通行政执法机关与司法机关的工作衔接渠道。抓好行政调解、行政复议、仲裁、行政诉讼、信访工作的有机衔接，建立相互协调的多元化矛盾纠纷解决机制。

四、建立科学高效的司法权力运行机制，保证公正司法

17．深入推进司法体制改革，积极稳妥地开展司法责任制、司法人员分类管理和司法人员职业保障及人财物省级统管改革试点工作；探索实行法院、检察院司法行政事务管理权和审判权、检察权相分离的改革试点。

18．改革审判委员会和检察委员会制度，完善主审法官、合议庭、主任检察官、主办侦查员办案责任制，严格落实办案质量终身负责制和错案责任追究制。

19．健全行政执法和刑事司法衔接机制，完善案件移送标准和程序，建立行政执法机关、公安机关、检察机关、审判机关信息共享、案情通报、案件移送制度，切实预防和纠正有案不移、有案难移、以罚代刑现象。

20．落实终审和诉讼终结制度，实行诉访分离，建立涉法涉诉信访事项导入司法程序机制，完善申请再审和申诉立案受理制度。保障当事人依法行使申诉权利。健全有关规制虚假诉讼、恶意诉讼、无理缠诉行为的制度措施。

21．加强对司法活动的监督，健全司法机关内部监督制约机制，健全检察机关行使监督权制度，深入推进检察机关提起公益诉讼试点工作，完善和落实领导干部干预司法、插手具体案件，司法机关内部人员过问案件的责任追究规定，完善对涉及公民人身、财产权益的行政强制措施实行司法监督制度。

22．全面深化司法公开，推进审判公开、检务公开、警务公开，完善生效法律文书统一上网和公开查询制度，加强法律文书释法说理，依法及时公开执法司法依据、程序、流程、结果和生效法律文书。

23．健全落实罪刑法定、疑罪从无、非法证据排除等法律原则的制度措施。健全完善全面贯彻证据裁判规则的制度机制。探索建立刑事诉讼中认罪认罚从宽制度。建立完善失信被执行人信用监督、威慑和惩戒制度措施。

五、弘扬社会主义法治精神，繁荣法治文化

24．开展法治理论研究，围绕法治建设的热点问题，借助区法学会平台召开专题研讨会、开展论文评选活动和组织课题研究，积极推动法治文化建设研究成果向实践转化，让更多优秀成果应用于法治实践。

25．加强法治文化宣传，充分发挥传统媒体优势，加强新闻媒体普法平台建设，组织策划法治江川建设系列宣传活动，建立具有江川特点的法治文化传播体系，打造有影响力的法治文化品牌栏目，营造法治江川建设强大声势和浓厚氛围。挖掘全区法治建设工作亮点，总结推广一批法治建设的有效经验。

26．拓展法治文化宣传阵地，继续在全区打造升级一批法治文化主题广场（公园）、文化街和文化墙建设项目。深化公共文化服务和法治文化建设的结合，充分利用公共文化平台开展法治文化活动，提高

法治文化内容在公共文化资源中的占比。增强文化信息资源共享平台、农民文化素质网络培训学校、文化活动站（室）在开展法治文化活动中的作用。

27. 开展法治文化实践活动，把法治文化建设落实到文明城市、文明单位、文明村镇“三大创建”中，纳入精神文明建设政绩考核内容。把法治文化内容纳入市民公约、乡规民约、行业规章中，推动法治文化与机关文化、企业文化、行业文化、校园文化、社区文化等有机结合，不断丰富法治文化生活实践。

六、推进社会依法治理，推动全民守法

28. 制定实施“七五”法治宣传教育规划，健全普法宣传教育机制，引导全社会树立法治意识和法治观念，推动形成全民自觉守法、遇事找法、解决问题靠法的法治环境。深入推进《江川县国家机关“谁执法谁普法”责任制》落实，建立完善考核评价办法。健全完善“媒体公益普法”、“以案释法”等法治宣传教育机制。实施“互联网+”普法工作，充分发挥新媒体新技术在普法中的运用。进一步完善基层普法基础设施建设。

29. 深入推进多层次多领域多形式法治创建，制定深入开展法治创建活动的意见，不断深化法治区和民主法治示范村（社区）、依法诚信示范企业等法治创建活动，大力开展法治学校和依法治校示范校创建工作。深化基层组织和部门、行业依法治理，制定支持各类社会主体自我约束、自我管理的意见，完善支持和发展志愿服务组织的制度措施。坚持依法治理，深入推进社会治安综合治理。

30. 加强公共法律服务体系及平台建设，大力培育发展公共法律服务组织，建立健全公共法律服务标准和相关工作机制，推动建立公益性法律服务补偿机制，大力发展律师、公证等法律服务业，加强人民调解工作，统筹城乡、区域法律服务资源合理分布、均衡发展，解决律师资源不足问题。推动落实玉溪市《关于健全法律顾问制度的意见》（玉办发〔2016〕6号），在各级党政机关设立法律顾问，在人民团体设立公职律师，鼓励企业设立公司律师。落实法律援助政府责任制度，健全司法救助体系。

区委依法治区领导小组负责对2016年工作要点落实的统筹协调和督促指导。各法治建设领导小组、区委依法治区领导小组各专项组要分头落实好工作要点在本单位本领域的部署和要求，切实发挥好组织牵头作用，进一步明确职责、分工，主动做好协调，加强督促，建立台账，推动责任单位逐项落实。各部门各单位要按照分工，主动担当、真抓实干，确保工作要点落实落地。区委依法治区办要加大督促指导力度，加强信息汇集反馈，总结推广经验，及时上报工作进展情况，提出工作建议。

中共玉溪市江川区委办公室
玉溪市江川区人民政府办公室
关于印发《玉溪市江川区公务用车制度改革实施方案》及配套文件的通知

玉江办发〔2016〕41号

各乡镇党委和政府，大街街道党工委和办事处，区委和区级国家机关各部、委、办、局，各人民团体和企事业单位：

《玉溪市江川区公务用车制度改革实施方案》及配套文件已经区委、区政府同意，实施方案报市公务用车制度改革领导小组批复同意，现印发给你们，请结合实际认真贯彻落实。

中共玉溪市江川区委办公室
玉溪市江川区人民政府办公室
2016年8月25日

玉溪市江川区公务用车制度改革实施方案

根据《中共玉溪市委办公室玉溪市人民政府办公室关于印发〈玉溪市公务用车制度改革实施方案〉及配套文件的通知》（玉办发〔2016〕28号）和玉溪市公务用车制度改革领导小组办公室《关于公务用车制度改革实施方案制定与报送有关事项的通知》（玉车改办〔2016〕1号）精神，结合江川区实际，制定本实施方案。

一、总体思路、要求和目标

全面贯彻落实中央、省、市关于公务用车制度改革的要求，加快推进我区公务用车制度改革，合理有效配置公务用车资源，创新公务交通分类提供方式，保障公务出行，切实降低公务交通支出费用，建立与社会主义市场经济体制相适应，与现代化行政管理体制相统一，与经济社会发展水平相一致的新型公务用车制度。

公务用车制度改革坚持创新制度、保障公务，统筹兼顾、政策配套，统一部署、分步实施的原则。积极推进全区各级党政机关先行改革，非参照公务员法管理的事业单位、国有企业按中央和省、市有关部署有序推进。

力争2016年8月完成全区公务用车制度改革。通过改革，实现全区公务用车数量大幅压减，行政成本明显降低。努力构建公务出行便捷可靠、交通费用节约可控、车辆管理规范透明、公务交通补贴适度合理、监督制约切实有力、监管问责严格有效、符合江川区实际的新型公务用车制度。

二、参改范围

（一）机构：全区各级党政机关（包括党委、人大、政府、政协、审判、检察机关、工商联，参照公务员法管理的人民团体、群众团体、事业单位，下同）。

（二）人员：参改机关（单位）在编在岗的处级及以下公务员、参公管理人员、机关工勤人员按照本方案全部参加改革。

（三）车辆：取消一般公务用车，保留必要的机要通信、应急、特种专业技术用车和符合规定的一线执法执勤岗位车辆及其它车辆。

（四）其他：中央、省、市属驻江川单位参照本方案执行。执行驻在地标准，与驻在地同步推进；之前已经实施车改的相关单位，一并纳入此次改革，并按照本方案同步规范。

三、补贴发放及保障范围

（一）公务交通补贴标准及发放

1.补贴标准：按照“节约成本、保证公务、简化档次、便于操作”的原则发放交通补贴，执行全市统一标准：处级每人每月1200元，科级及以下每人每月750元，机关工勤人员每人每月650元。

2.公务交通补贴属于改革性补贴，列入财政预算，在交通费中列支，按月随工资发放给个人，相关税收政策按国家有关政策执行，所需经费由同级财政负担。公务交通补贴标准按国家统一部署，适时适度调整，避免补贴福利化、变相涨工资。

（二）保障范围

全区公务交通补贴保障范围为江川区行政区划范围，并与差旅费保障范围作好衔接。

四、涉改公务用车保留

（一）相对固定车辆

区委、区政府主要负责人各保留1辆相对固定用车。相对固定用车实行动态管理，若选择领取公务交通补贴，相应车辆调配到公务用车平台管理使用。

（二）机要通信和应急用车

区级：保留60辆。

乡镇（街道）：保留18辆，其中：大街街道3辆、江城镇3辆、前卫镇3辆、九溪镇3辆、安化乡3辆、雄关乡3辆。

（三）执法执勤用车

执法执勤部门统一参加公务用车制度改革，按规定保留的执法执勤用车要严格配备在一线执法执勤岗位，机关内部管理和后勤岗位以及机关所属事业单位一律不得配备。全区执法执勤部门留用执法执勤用车原则上不超过70%，即65辆。超出留用比例的部门，按规定扣减部门的公务交通补贴，每多留1辆车，按照每年6万元扣减部门公务交通补贴，留用比例超过90%的不予发放。执法执勤部门的其他一般公务用车全部纳入改革范围。

（四）特种专业技术用车

由区公务用车制度改革领导小组负责对全区16辆一般特种专业技术用车进行审核。

（五）调研车

区委、区政府保留2辆调研车辆，不固定专人使用，用于保障区级领导下乡调研等活动。调研车以中巴车型为主。

五、平台建设及管理

搭建一个具备公务用车服务和综合执法用车平台功能的综合性平台，由相应机构负责管理。平台车总数72辆，其中：市核定平台车基数（Ⅳ类）10辆，区本级保留的60辆机要通信和应急用车、2辆调研车全部调增到平台使用。

平台用于保障区本级各参改单位跨区域出差、大型会议、重大接待等公务活动及机要通信和重大突发事件应急用车需要，并且要搭建使用预约服务系统，预约信息要向本部门公开，服务价格统一核定，透明结算。

六、司勤人员安置

各乡镇（街道）、区属各部门是本乡镇（街道）、本部门司勤人员安置的责任主体。要根据改革后的实际需要，合理设置司勤人员岗位，采取公开、平等、竞争、择优的方式，在现有在册正式司勤人员中确定上岗人员，订立聘用合同；未聘用人员原则上以内部消化为主，通过内部转岗、开辟新的就业岗位、提前离岗等措施妥善安置。依法做好未留用人员聘用合同或者劳动合同的终止、解除工作，维护其合法权益，相关必要支出由同级财政予以保障。区人力资源和社会保障局要会同有关部门组成工作组，负责指导改革单位做好司勤人员安置工作，确保改革平稳推进。

七、取消的公务用车处置

区公务用车主管部门在全区参改单位车辆封存停驶后，对各级、各部门拟取消的公务用车进行一对一调剂，将车况较好的调剂到边远、路况较差的乡镇继续保留使用，但不能将车辆调剂到非参改单位或变相增加各级留用车辆。对于确定取消的公务用车，由区财政局按有关要求统一规范、公开透明处置。

八、强化管理

（一）严格定向化保障车辆管理

区党政机关公务用车主管部门要会同有关部门严格核定定向化保障公务用车的编制和标准。用于机要通信、相对固定路线执法执勤、通勤等车辆配备更新时应当使用新能源汽车。按照国家机关事务管理局等5部门印发的《政府机关及公共机构购买新能源汽车实施方案》（国管节能〔2014〕293号）要求，确保车辆配备更新时购买新能源汽车达到一定比例。除涉及国家安全、侦查办案等有保密要求的特殊工作用车外，按规定保留的公务用车要区分用途，实行统一或单位集中管理，统一喷涂标识，并采用卫星定位等手段，实现全程有效监督，确保规范合理使用。

（二）加强财务管理

各乡镇（街道）、区属各部门要加强财务管理，按照参改人员数量和职级核定公务交通补贴数额，严格补贴发放，不得擅自扩大补贴人员范围、提高补贴标准。对未参加公务用车制度改革的单位和人员，不得发放公务交通补贴。

（三）切实保障公务出行

鼓励公务出行利用公共交通服务。各乡镇（街道）、区级相关部门要采取有效措施，健全城乡公共交通服务体系，优化公交路线，完善出租车市场化运营管理方式，有效增加社会化交通供给，积极发展适合公务出行的市场化交通定制服务，及时研究解决公务出行遇到的问题，确保改革后公务出行得到有效保障。

（四）加强监察审计

各乡镇（街道）、区属各部门不得以特殊用途等理由变相超编制、超标准配备公务用车，不得以任何方式换用、借用、占用下属单位或者其他单位和个人的车辆，不得接受企事业单位和个人赠送的车辆，不得以任何理由违反用途使用或固定给个人使用执法执勤、应急、机要通信等公务用车，不得以交通补贴名义变相发放福利，不得既领取公务交通补贴、又违规乘坐公务用车。

区纪检监察机关要强化监督，并会同区公务用车制度改革领导小组有关成员单位，对全区推进、完成公务用车制度改革各项任务进行集中检查和重点抽查，督促各乡镇（街道）、区属各部门履行公务用车制度改革主体责任。注重发挥社会和舆论的监督作用，及时受理群众举报，依法依纪严肃查处和纠正违反公务用车制度改革和公务用车管理的行为，对违反规定的，严肃追究查处有关人员的责任。

审计部门要把车辆配备和运行维护费用、公务交通补贴发放、车辆处置情况等纳入日常和专项审计监督，重点对公务用车制度改革后超范围、超标准发放公务交通补贴，变相多留用车辆等问题进行全面检查和督促整改。

九、组织实施

（一）加强领导，明确责任

区公务用车制度改革领导小组要加强领导，进一步明确工作责任，完善工作机制，认真落实推进各项改革任务，确保公务用车制度改革改成功、改到位。

各乡镇（街道）、区属各部门，要根据区公务用车制度改革实施方案要求，编制本部门公务用车制度改革方案，报区公务用车制度改革领导小组批准后实施。

（二）扎实推进，务求实效

各乡镇（街道）、区属各部门要认真抓好公务用车制度改革工作，明确任务分工和责任落实，周密制定车改实施方案，明确时限要求，加强监督检查，确保在规定时间内完成改革任务。要及时研究解决改革中遇到的新情况、新问题，保证改革顺利推进。

（三）搞好宣传，营造氛围

公务用车制度改革涉及深层次的利益关系调整，社会关注度高，要切实做好新闻宣传和舆论引导，广泛宣传相关政策、经验和成效，及时回应社会关切，使广大公务人员和人民群众了解、支持改革，营造良好的改革氛围。

十、其他

设立公共交通专项经费。按照参改部门（单位）全年公务交通补贴总额的10%预算公共交通专项经费，用于集体公务出行等与公务交通相关的其他直接支出。

设立公共交通专项经费。按照参改部门（单位）全年公务交通补贴总额的10%预算公共交通专项经费，用于集体公务出行等与公务交通相关的其他直接支出。

附件：（略）

玉溪市江川区党政机关公务用车制度改革车辆处置实施细则

第一条 为规范全区党政机关公务用车制度改革车辆处置管理工作，按照《玉溪市公务用车制度改革实施方案》有关要求，结合江川实际，制定本办法。

第二条 全区各级党政机关及其所属参照公务员法管理的事业单位公务用车制度改革车辆的处置工作，适用本办法。

第三条 本办法所称车辆，指参改单位公务用车制度改革经批准保留和应当核减取消的车辆。

第四条 区公务用车主管部门负责制定公务用车制度改革车辆处置实施细则，承担本区公务用车制度改革车辆的处置工作。

第五条 从严控制保留车辆。公务用车制度改革后，仅保留必要的机要通信、应急、特种专业技术用车和符合规定的一线执法执勤岗位车辆及其他车辆。

第六条 保留车辆实行编制管理。区公务用车制度改革领导小组根据《玉溪市江川区公务用车制度改革实施方案》，提出保留车辆编制意见，报区委、区政府研究同意，核定各乡镇（街道）及区属有关部门（单位）的定向化保障车辆编制。

执法执勤用车由区财政局按上级有关规定，提出保留车辆编制意见，并经区委、区政府同意后核定。

第七条 各乡镇（街道）及区属有关部门（单位）向区公务用车制度改革领导小组办公室提出保留车辆申请，说明保留理由，注明保留车辆的品牌、型号、牌照号、车架号、使用年限、行驶里程等信息，经公务用车制度改革领导小组办公室审核，报区公务用车制度改革领导小组批准。

第八条 取消一般公务用车。取消车辆应当遵循“公平公正、集中统一、规范透明、杜绝浪费”的原则，采取报废和公开拍卖等方式处置，防止甩卖和贱卖，避免国有资产流失。

违规注册登记在企业或者个人等名下的车辆不得继续留用，必须全部公开处置。

第九条 区公务用车主管部门委托集中采购机构，通过公开招标方式，从具有相应资质的社会中介机构中确定鉴定评估机构、拍卖机构。

第十条 取消车辆按照以下程序处置：

（一）各参改单位将取消车辆封存停驶，并保证机动车登记证、行驶证、购车凭证、购置附加费（税）证、交强险凭证、车船税凭证、组织机构代码证等材料齐全（封存停驶车辆的交通事故和违法记录处理完毕，年检有效期在3个月以上，随车工具齐全）。

（二）鉴定评估机构对各参改单位的取消车辆进行鉴定评估；区公务用车主管部门根据鉴定评估结果、车辆实际情况以及交通管理有关规定，提出处置意见批复各参改单位。

（三）各参改单位根据区公务用车主管部门要求，将报废车辆移交解体回收机构，将拍卖车辆按照规定时限移交指定地点。

（四）取消车辆的公开拍卖底价以鉴定评估机构评估价格为基准价，车辆实际成交价格原则上不得低于基准价，处置收入抵扣相关税费后按照非税收入管理有关规定上缴同级国库。

（五）各参改单位依据区财政资产管理部门处置批复，及时调整本单位固定资产账目。

第十一条 公安交通管理部门按照职责，依法办理处置车辆的相关登记手续。

第十二条 区监察局、区财政局、区审计局应当根据职责分工，依照有关法律和规定，加强对车辆处置工作的监督管理。

第十三条 违反本办法，有下列情形之一的，由区公务用车主管部门责令限期改正；造成国有资产流失的，由有关部门依法追究有关人员责任：

（一）违反《党政机关厉行节约反对浪费条例》的。

（二）违反《中华人民共和国政府采购法》、

的在册正式司勤人员，按照原劳动和社会保障部等部门《关于职工在机关事业单位与企业之间流动时社会保险关系处理意见的通知》（劳社部发〔2001〕13号）等有关规定，妥善处理各项社会保险关系。

四、组织实施

（一）加强领导。司勤人员安置是公务用车制度改革中的关键环节，各参改单位要根据中央、省、市有关规定要求，在公务用车制度改革领导小组的指导和协调下，建立司勤人员安置工作组，履行好司勤人员安置重要职责。各乡镇（街道）、各部门要发挥本单位司勤人员安置的责任主体作用，积极稳妥做好司勤人员安置工作。

（二）广泛宣传。各参改单位要认真学习国家、省、市的有关安置政策，积极做好宣传和解释工作，让广大司勤人员了解安置形势、掌握安置政策，消除思想顾虑，增强竞争意识，理解和支持公务用车制度改革。

（三）规范程序。各参改单位要根据本实施意见，结合实际，认真研究制定司勤人员安置实施方案，填写信息统计表，汇总填写公务用车制度改革司勤人员安置情况汇总表。按时将本单位司勤人员安置方案、公务用车制度改革司勤人员安置情况汇总表、司勤人员信息统计表和司勤人员名册报区人力资源和社会保障局审批。

（四）狠抓落实。各参改单位要精心组织，周密部署，采取切实可行的有效措施，不折不扣抓好司勤人员安置政策的贯彻落实。对改革中可能出现的矛盾和问题，要认真分析，制定应急预案，掌握工作的主动权。要加强督促检查和指导，确保司勤人员安置工作按时完成。

五、本实施意见适用范围之外的司勤人员由单位按“谁使用、谁负责”的原则妥善处理

本实施意见由玉溪市江川区人力资源和社会保障局负责解释。

玉溪市江川区执法执勤用车制度实施办法

第一条 为稳妥推进全区执法执勤用车制度改革，规范执法执勤用车管理，根据《中共玉溪市委办公室玉溪市人民政府办公室关于印发〈玉溪市公务用车制度改革实施方案〉及配套文件的通知》（玉办发〔2016〕28号）精神，结合我区实际，制定本办法。

第二条 执法执勤用车是指用于执勤、监管、稽查、办案等公务的专用机动车辆。执法执勤用车包括一般执法执勤用车和特种专业技术执法执勤用车。

第三条 执法执勤用车制度改革坚持满足一线执法执勤工作需要，从严控制配备范围、编制、标准，按照“控制总量、降低成本，保障一线、倾斜基层，严格配备、保障业务，监管到位、使用规范”的原则，做到改革与保障兼顾、管理与规范并重，形成规范有序、运转高效的执法执勤用车新机制。

第四条 执法执勤用车纳入公务用车制度改革范围，符合规定的特种专业技术执法执勤用车予以保留。

保留执法执勤用车的部门，仅限于2011年党政机关公务用车问题专项治理工作中明确的法院、检察院、公安、纪检监察（含纪工委）、司法、农业、林业、工商、食品药品监管、森林公安等10个部门。

保留的执法执勤用车，应严格限制配备在一线执法执勤岗位，机关内部管理和后勤岗位以及机关所属事业单位一律不得配备。

保留的特种专业技术执法执勤用车，是指长期固定搭载特殊专业技术设备，用于执行特殊工作任务的执法执勤车辆，如：防爆车、囚车、清障车、现场勘查车等。

各执法执勤用车部门应当制定本部门的执法执勤用车管理规定，严格限定执法执勤用车的使用人员、范围、用途等，切实规范执法执勤用车使用行为。

第五条 从严控制执法执勤用车总量。全区执法执勤用车制度改革后的车辆保留数量，根据玉溪市公务用车制度改革实施方案，结合各执法执勤部门的机构设置、职能特点、履职需求等因素，分部门确定。

区级执法执勤用车保留数量原则上不超过现有编制数的70%（即65辆）。

现有执法执勤用车编制数为1辆的不再压缩，其余

按现有编制数和压缩比例计算后，四舍五入取整确定保留数量。

第六条 配备执法执勤用车的部门，应当根据控制执法执勤用车总量、机构职能、一线执法执勤岗位等因素，按照“保障一线、向基层倾斜、向重点岗位倾斜”的原则，按改革后核定编制数研究上报本部门保留和取消的执法执勤用车，由区财政局审核汇总后，报市财政局核准，并报区公务用车改革领导小组办公室备案。

第七条 市财政局核准保留的执法执勤用车数量，作为公务用车制度改革后核定各部门执法执勤用车编制、运行费用等的依据。符合规定，新组建单位的执法执勤用车编制按照规定程序核定。

第八条 区财政局应当根据核准保留的执法执勤用车数量，确定各部门需扣减的公务交通补贴。保留执法执勤用车数少于或等于核准保留数的部门，不扣减部门的公务交通补贴；超过核准保留数的部门，每多保留1辆车，按照每年6万元扣减部门的公务交通补贴。保留比例超过90%的，不发放公务交通补贴。

第九条 保留的执法执勤用车，执法执勤部门可在本部门现有车辆范围内选择车况较好的予以保留。取消的执法执勤用车根据《玉溪市江川区公务用车制度改革车辆处置实施细则》，按照“公开公平、规范高效”的原则统一处置。

第十条 执法执勤部门应当加强执法执勤用车的使用管理。除涉及国家安全、侦查办案等有保密要求的特殊工作用车外，执法执勤用车应当喷涂明显的统一标识。

执法执勤部门应当建立健全单位内部统一指挥、统一调度、统一管理，以及登记、公示等执法执勤用车管理制度，提高执法执勤用车的使用效率。

执法执勤部门应当明确执法执勤用车管理者、使用者各自的责任，并按规定采用卫星定位等技术手段，全天候、全过程监督执法执勤用车使用情况，自觉接受社会监督。

第十一条 严格按规定使用执法执勤用车。严禁将执法执勤用车用于与执法执勤无关的公务活动；严禁将不具备特种专业技术执法执勤用车特征的车辆纳入特种专业技术执法执勤用车管理使用；严禁将特种专业技术执法执勤用车上搭载的特种专业技术设备拆卸后作为一般公务用车或者一般执法执勤用车使用；严禁公车私用或对外出租出借执法执勤用车；严禁以任何理由挪用或固定给个人使用执法执勤用车；不得以任何方式换用、借用、占用其他单位或下属单位的执法执勤用车；不得以公务交通补贴名义变相发放福利；不得既领取公务交通补贴，又违规乘坐执法执勤用车。

第十二条 纪检监察机关要依法依纪查处违规使用执法执勤用车的行为，严肃追究相关责任人的责任。审计部门要将执法执勤用车配备、使用和公务交通补贴发放等情况纳入日常和专项审计监督范围，审计结果要向社会公开。

第十三条 本办法由玉溪市江川区财政局负责解释。

第十四条 本办法自发布之日起施行。

玉溪市江川区人民政府办公室
关于印发玉溪市江川区2017年部门预算编制办法的通知

玉江政办发〔2016〕120号

各乡、镇人民政府，大街街道办事处，区属各有关单位：

《玉溪市江川区2017年部门预算编制办法》经区人民政府同意，现印发给你们，请抓好贯彻落实。

玉溪市江川区人民政府办公室

2016年11月15日

玉溪市江川区2017年部门预算编制办法

为贯彻落实中央关于全面深化财税体制改革精神，加快建立符合现代预算制度要求的区级预算编审体系，根据《中华人民共和国预算法》、《国务院关于深化预算管理制度改革的决定》（国发〔2014〕45号）和《中共云南省委　云南省人民政府关于全面深化财税体制改革加快建立现代财政制度的意见》（云发〔2014〕28号）精神，结合我区实际，制定本办法。

一、指导思想和基本原则

（一）指导思想

全面贯彻党的十八届三中、四中、五中、六中全会和中央经济工作会议、市第五次党代会精神，紧紧围绕“五位一体”和“四个全面”的战略布局和创新、协调、绿色、开放、共享的发展理念，认真落实区委、区政府决策部署。按照“编制要细、结构要优、执行要快、绩效要好、信息要明、改革要实”的要求，着力推进中期财政规划管理，在突出“保工资、保民生、保运转”底线意识的基础上，强化预算绩效理念，优化资源配置，加快构建全面规范、公开透明的预算制度。

（二）基本原则

1.依法依规原则。财政中期规划和部门预算编制要符合预算法及相关法规，部门预算编制要科学、真实、准确、全面反映本部门收支情况，做到“无预算，不支出”。

2.突出重点原则。紧紧围绕全区中心工作统筹财力，突出重点，确保重点领域、重点项目和区委、区政府重大决策部署的落实。

3.厉行节约原则。进一步优化财政支出结构，着力保障和改善民生，牢固树立勤俭意识，厉行节约。除法定支出和政策性支出按法定增长比例及有关政策标准安排外，从严安排支出预算，进一步压缩“三公”经费等一般性支出，降低行政运行成本。

4.讲求绩效原则。强化预算绩效理念，所有项目支出要填报明确的绩效目标。

二、编制重点

（一）注重绩效管理，提高资金使用效益

牢固树立预算绩效管理理念，进一步扩大绩效目

标编制范围，2017年区级部门预算征集的所有项目、省市财政专项资金项目库系统专项资金都要编报绩效目标，专项资金项目还应报送绩效计划，实现预算绩效目标编制全覆盖，提高资金使用效益。强化绩效评价结果应用，落实评价结果与预算安排挂钩机制，对绩效较好的项目优先支持，对绩效较差的项目进行整改、调减或撤销。

（二）加强项目规划，增强预算编制前瞻性和约束力

根据中央、省、市的部署，从2017年起各部门要根据上级要求和部门改革发展的需要，完善相关基础工作，搞好项目建设年限与预算年度的衔接，在编制2017年部门预算时，按项目实施规划和年度投资计划分年度测算和申报预算资金，提高预算编制的前瞻性和约束力。

（三）强化专项资金清理整合，深化管理改革

加大对区级部门专项资金清理整合力度，严格进行分类管理。各部门要按照“减一批、并一批”的思路，进一步加大清理整合力度，在2016年基础上，各部门项目数量进行压缩归并。围绕部门履行的职能职责和事业发展需要科学设置项目，项目名称要规范，既能反映部门职能和主要支出事项，也便于社会公众理解，并保持年度间的稳定，稳步提高项目精准度。要建立专项资金设立、执行和退出评估机制。

（四）从严控制支出预算，切实降低行政运行成本

按照预算法和《党政机关厉行节约反对浪费条例》等规定，严格执行我区各项经费管理办法，从严控制“三公”经费和会议费、培训费等一般性支出预算规模。各部门要严格按照只减不增的原则编制“三公”经费和会议费预算，2017年财政拨款安排的“三公”经费和会议费原则上不超过2016年预算数。不得无预算、超预算执行，切实降低行政运行成本。

（五）盘活存量资金，建立预算执行考核机制

各级各部门要继续清理盘活财政存量资金，在年初安排预算时，要结合各自职能和业务工作实际，提早筹划，逐项审核，科学编制年度预算，防止形成新的存量资金。建立区级部门预算执行进度考核机制，财政预算支出进度考核结果将作为下一年度财政预算安排的依据。各部门在预算执行中对已不具备实施条件或项目实施完毕后形成的结余资金，要及时申报由财政部门收回统筹安排。未经批准擅自调整使用的，将由相关部门进行追责。同时按照《云南省人民政府关于进一步做好盘活财政存量资金工作的通知》（云政办发〔2015〕14号）相关要求，本级预算安排的资金，当年拨付部门不能形成支出的，次年收回；上级专款拨付到部门后结转时间超过一年的结转资金，一律作为结余资金管理，收回财政由政府统筹安排。有合同约定需继续支付的，由部门专题报区政府审批，并在对项目执行时间作出承诺的基础上由财政统筹资金安排。

（六）深化预算信息公开，强化部门预算的监督

按照预算法规定，预算信息公开要完整和细化。2017年除涉密信息外，所有使用财政拨款的单位均要公开部门预算及“三公”经费预算，并且按支出功能分类细化编制到项级科目，按经济分类细化编制到款级科目。各部门要对部门预算和“三公”经费预算准确、完整、详细填报，并按照预算法及中央、省预算公开相关办法规定的时限和程序及时向社会公开。

三、编制内容

编制部门预算要做到“一个部门一本预算”，包含四个方面的内容：一是部门预算的编制主体是部门，部门对编报的部门预算负责；二是部门所有收支全部编入部门预算；三是部门及其所有下属单位的收支都要编入部门预算，单独反映；四是部门及其下属单位所有收支细化到具体的预算项目和相应的政府收支分类科目。

（一）收入预算的编制

按照综合预算的原则，将预算单位取得的各项收入按规定全部列入部门预算，统筹安排用于各项支出。增强一般公共预算、政府性基金预算、国有资本经营预算和部门自有资金之间的衔接和统筹，凡符合政府性基金预算、国有资本经营预算、专项收入、经营服务性收入和部门自有资金安排的支出项目，必须优先使用。各项收入要做到全面、合理预计，力求准确。

收入预算编制要不重复、不遗漏，做到全面、合理预计，力求准确。各项非税收入征收计划数，要参照前三年收入上缴财政的完成情况，综合考虑当年收入增减变动因素编制。预算单位申报并经核准的非税收入征收计划数必须确保完成，完不成的自行调减支出预算，超额完成年初收入征收计划的，支出按年初预算执行。

（二）基本支出预算的编制

基本支出包括人员支出、商品和服务支出。人员经费按以下方式供给：党政机关及全额供给事业单位按财政供给人数和供给标准由财政预算全额安排，定额包干事业单位的财政补助参照上年定补标准安排，自收自支单位财政补助在单位组织非税收入中安排。商品和服务支出按照分类划档定员定额核定。

1.人员支出。包括工资福利支出、对个人和家庭的补助支出。按2016年11月区编办和区人社局核定的实有人员测算。

（1）工资福利支出。反映单位开支的在职职工和临时聘用人员的各类劳动报酬，以及为上述人员缴纳的各项社会保险费等。

基本工资：反映按国家统一规定发放的基本工资，包括公务员、参照公务员管理的事业人员、事业单位工作人员及工勤人员的各项基本工资。

津贴补贴：反映国家及省、市批准的各类津贴、补贴。

奖金：反映单位按规定开支的各类奖金。包括年终一次性资金、定包奖、综合考核奖及优秀奖。具体标准及范围见附表。

社会保障缴费：反映单位为职工缴纳的基本养老、基本医疗、大病补充医疗保险、公务员医疗补助、职业年金、工伤、生育、失业等社会保险费。社会保险年度缴费基数按照《江川县人民政府办公室关于统一江川县2014年社会保险缴费工资总额的通知》（江政办发〔2014〕25号）规定执行。具体标准和范围见附表。

伙食费补助费：伙食费反映武警、消防人员伙食补助费。具体标准和范围见附表。

其他工资福利支出：反映人事部门核定的临时人员、编外长期聘用人员和长休人员工资。

（2）对个人和家庭的补助。反映离退休人员活动费、慰问金，退职（役）费，抚恤金，生活补助，救济费，医疗费，助学金，住房公积金，独子费，奖励金及其他对个人和家庭的补助支出。具体标准和范围见附表。

2.商品和服务支出。反映单位购买商品和服务的支出。

（1）公用经费。按2016年11月在职在册人员测算，包括办公费、印刷费、咨询费、手续费、水费、电费、邮电费、物业管理费、差旅费、维修（护）费、部门会议费、公务接待费、劳务费、委托业务费等商品和服务支出。

纪委（含监察局）、政法委、公安局、消防大队、检察院、法院、司法局、交警大队、森林公安局按照相关保障标准执行。其他单位按人员类别及单位性质分类核定。具体标准和范围见附表。

（2）学校生均公用经费。区幼儿园按每生每年650元标准执行；义务教育阶段学校经费按照农村义务教育经费保障机制改革的相关规定执行；江一中、江二中年度内取得的非税收入全额安排用于学校支出，其中：江一中基本支出安排比例不得高于70%，江二中基本支出安排比例不得高于80%。

（3）公务用车运行维护费。反映平台及单位按规定保留的公务用车租车费、燃料费、维修费、过桥过路费、保险费、安全奖励费等。按车辆性质分类核定，具体标准和范围见附表。

（4）其他交通费。反映除公务用车运行维护费以外的其他交通费用。包括公务交通补贴和其他交通费。具体标准和范围见附表。

（5）福利费、工会费和培训费。具体标准和范围见附表

（6）综合业务费。不计档次，由区委、政府在确保人员工资发放和机构最低运转需要的基础上，根据全区财力情况统筹安排。

（7）会议费。反映单位在会议期间按规定开支的住宿费、伙食费、会议室租金、交通费、文件印刷费、医药费等支出。按《江川县机关会议费管理暂行办法》安排。

（8）租赁费。反映租赁办公用房、宿舍、专用通讯网以及其他设备等方面的费用。按签订的相关租赁合同安排。

（9）乡镇税改统筹经费和乡镇党建经费。税改统筹经费按税费改革时确定的标准安排；党建经费按10万元每个乡镇安排。

（10）村组公用经费。按相关保障标准保障到位，具体标准和范围见附表。

（三）项目支出预算的编制

1.项目支出实行分类管理。项目支出分为经常性项目支出和重点项目支出。

（1）经常性项目支出。是指行政事业单位为履行职能，完成工作任务所必需的支出，原则上为近三年

内此类项目名称、用途没有变动的。

（2）重点项目支出。是指中央和省市规定的政策性项目支出，包括区委常委会、区政府常务会议和书记、区长办公会确定的专项经费或项目支出，国家、省、市项目配套支出，行政事业单位为完成其特定行政工作任务和事业发展目标而发生的项目支出。重点项目支出必须列明项目所依据的法律法规条款、会议纪要、领导批示等，并写清楚具体文件、纪要的编号和相关内容。

2.项目支出预算安排顺序：根据当年财力和社会经济发展需要，本着“统筹安排、突出重点、保障民生”的原则，按以下顺序安排：

（1）法定的支出项目；

（2）区委常委会、区政府常务会，书记、区长办公会决定事项；

（3）全区长远规划（计划）确定的项目；

（4）部门建议且符合全区经济社会发展导向的项目。

（四）三公经费预算的编制

各部门要按照中央、省、市和我区关于厉行节约的有关要求，严格控制一般性支出和“三公”经费支出规模。各部门在细化2017年公用支出和项目支出的同时，要按照政府支出经济分类科目，单独反映2017年“三公”经费预算情况，如实反映“三公”经费的开支项目和资金来源。

差旅费、因公出国（境）费用及公务接待费等，由预算单位根据江川区“三公”经费管理、差旅费管理等文件要求，在经费限额内合理确定。

（五）政府采购预算的编制

根据《中华人民共和国政府采购法》和《玉溪市江川区2016年政府集中采购目录及限额标准》（玉江政办发〔2016〕26号）要求，凡符合政府集中采购目录的货物、工程和服务类的项目支出应据实编制政府采购预算。

四、本办法由区财政局负责解释

附件：江川区2017年基本支出预算标准（略）

玉溪市江川区人民政府办公室关于印发玉溪市江川区推进双随机一公开监管工作实施办法的通知

玉江政办发〔2016〕123号

各乡、镇人民政府，大街街道办事处，区属各单位：

《玉溪市江川区推进双随机一公开监管工作实施办法》经区人民政府同意，现印发给你们，请抓好贯彻落实。

玉溪市江川区人民政府办公室

2016年11月25日

玉溪市江川区推进双随机一公开监管工作实施办法

为全面贯彻落实全国、全省推行“双随机一公开”监管工作电视电话会议精神，推进监管方式创新，提升政府管理水平和能力。根据《玉溪市人民政府办公室关于加快推进双随机一公开监管工作的通知》（玉政办发〔2016〕186号）精神，结合我区实际，制定本实施办法。

一、目标原则

（一）总体目标

认真贯彻落实党的十八大和十八届三中、四中、五中全会精神，按照依法施政和促进社会公平正义的要求，全力推进“双随机、一公开”监管改革，大力推广随机抽查，规范监管行为，创新管理方式，强化市场主体自律和社会监督，狠抓政策配套和督促落实，以科学有效地“管”促进更大力度地“放”，着力解决群众反映强烈的突出问题，提高监管效能，打造公平竞争的市场环境和法治化便利化营商环境，更好服务企业和群众创业兴业，为促进经济社会持续健康发展作出新贡献。

（二）基本原则

坚持依法监管。严格执行有关法律法规，规范事中事后监管，落实监管责任，确保事中事后监管依法有序进行，推进随机抽查制度化、规范化。

坚持公正高效。规范行政权力运行，切实做到严格规范公正文明执法，提升监管效能，减轻市场主体负担，优化市场环境。

坚持公开透明。实施随机抽查事项公开、程序公开、结果公开，实行“阳光执法”，保障市场主体权利平等、机会平等、规则平等。

坚持协同推进。在事中事后监管领域建立健全随机抽查机制，形成统一的市场监管信息平台，探索推进跨部门跨行业联合随机抽查。

二、主要任务

（一）全面制定随机抽查事项清单

各部门、各乡镇（街道）要及时制定随机抽查事项清单，明确检查主体、检查依据、检查标准、检查范围、检查内容、检查手段、抽查频率等，由区审改办统一向社会公布（清单须覆盖本部门市场监管执法事项的70%以上，其他行政执法事项的50%以上，2017年实现全覆盖）。随机抽查事项清单的检查事项要和权责清单中行政许可、行政处罚、行政强制、行政征收、行政检查、行政确认、其他职权等内容相对应。

（二）建立健全“双随机”抽查机制

各部门、各乡镇（街道）要根据本单位具有执法资格的执法检查人员情况，统筹建立执法检查人员名录库，并根据工作需要及时更新。根据工作实际，以区市场监督管理局建立的市场主体名录库为基础，建立本单位监管对象名录库。已建立本单位监管对象名录库的，要完善与区市场监督管理局市场主体名录库的对接，并创造条件，逐步统一到区市场监督管理局的市场主体名录库中。区市场监督管理局要进一步完善市场主体名录库，分析各单位需求，加强数据开放和共享。监管对象属于或包含非工商登记的，监管单位应根据监管工作实际，建立本单位监管对象名录库，并做好与有关单位的数据开放和共享。

各单位要建立随机抽取检查对象抽查机制。按照公平、公开、公正、规范的要求，严格限制监管自由裁量权。执法检查必须通过机选或摇号方式，从执法检查人员名录库中按照合理搭配原则随机选派执法检查人员，从监管对象名录库中随机抽取检查对象。各单位要细化抽查方式，确保检查对象和执法检查人员的双向互盲。对执法人员少的单位，要建立递补抽取机制，从执法检查人员名录库中统筹抽取。要运用电子化手段，对“双随机”抽查做到全程留痕，实现责任可追溯。对检查对象或检查人员暂不具备“双随机”条件的，经同级政府批准，可以根据情况，进行检查对象的随机或检查主体的随机。

（三）健全随机抽查细则

各部门要根据省直有关部门制定的本系统随机抽查细则，结合工作实际，制定本部门随机抽查细则。抽查细则应包含“双随机”抽查程序、检查手段、检查内容、处罚标准、处罚程序、抽查结果公开程序等。明确承办机构职责，落实执法人员责任，细化抽查方式方法。各部门要建立执法日志和执法台账，明确检查对象、执法检查人员、内容、方式、措施、结果和监督检查记录。

（四）合理确定随机抽查的比例和频次

各部门、各乡镇（街道）要按照既保证必要的抽查覆盖面和工作力度，又防止检查过多和执法扰民的要求，根据市场领域合理确定随机抽查的比例和频次。对社会关注度高、投诉举报多、涉及人民群众生命财产安全的特殊行业、列入经营异常名录或有严重违法违规记录等情况的检查对象，要加大抽查力度，提高抽查的比例和频次。对守法经营、信用良好的检查对象，可降低抽查的比例和频次。

（五）公开抽查信息

有关部门要在部门门户网站和“国家企业信用信息公示系统（云南）”和“信用玉溪”平台将随机抽查工作结果的基本信息向社会公布，接受社会监督。对涉及国家秘密、商业机密和个人隐私的检查事项，可以调整抽查结果公示的方式和范围。

三、建设配套制度机制

（一）探索开展联合抽查

协调组织有关部门探索开展跨区域、跨部门联合抽查的工作模式和工作机制，合理配置、统筹使用执法资源，切实解决多头执法、重复抽查、标准不一等问题。按照“双随机、一公开”监管工作要求，制定并实施联合抽查计划，对同一监管对象的多个检查事项，原则上应一次性完成，提高执法效能，降低市场主体成本。本区联合抽查工作由区市场监督管理局牵头推进。

（二）强化抽查结果运用

各部门对抽查发现的违法违规行为，要依法依规加大惩处力度，要将随机抽查结果与市场主体的社会信用挂钩。区发展和改革局、区市场监督管理局要牵头建立健全市场主体诚信档案、失信联合惩戒和“黑名单”制度。在随机抽查工作中，根据市场主体信用情况，采取针对性强的监督检查手段，将随机抽查结果纳入市场主体的社会信用记录，让失信者一处违规、处处受限，形成有效震慑，增强市场主体守法的自觉性。

（三）探索风险分类分级监管

各部门要依据省直有关部门分类分级监管标准，

制定本部门分类分级监管标准。积极运用大数据和“互联网+”理念，加强对抽查数据的分析与运用，根据检查对象生产经营等活动的最高风险程度进行分类，结合检查对象安全生产建设情况、事故隐患程度、内部管理水平、遵纪守法情况等，逐步推进对检查对象的分类分级监管，对不同风险层级的检查对象采取不同检查频率与抽查方式。对检查对象的风险层级分类实行动态调整，在保障风险可控、有效监管的前提下，主动降低风险层级、检查比例、抽查频率。

四、工作要求

（一）确保任务落实

区属各部门、各乡镇（街道）要切实负起责任，把加快推进“双随机、一公开”监管工作摆在更加突出的位置，全力以赴抓好落实。要细化“施工图”，倒排“时间表”，把任务和责任落实到具体股室和个人，确保进度看得见，流程摸得清，到期见效果。按照省、市要求，要于2016年11月底前分别向社会公布区属各部门随机抽查事项清单；各部门随机抽查细则、随机抽查事项的检查标准和检查范围要于2016年12月底前制定并下发实施；2017年6月底前，各部门要依据省直有关部门分类分级监管标准，制定本部门分类分级监管标准，并报区政府审改办。区政府审改办要加强统筹协调和指导，抓好督促落实，总结交流经验。各有关部门要充实并合理调配一线执法检查力量，不断提高检查能力和水平，切实把“双随机、一公开”监管工作落到实处。

（二）严格落实责任

各部门、各乡镇（街道）要进一步增强责任意识，大力推行“双随机、一公开”监管工作，公平、公开、有效、透明地进行事中事后监管，对到期完不成任务或工作不力的，要严肃问责，对监管工作中失职渎职的，依法依规严肃处理。要加强对“双随机、一公开”监管工作的跟踪问效，及时总结经验和成绩，发现问题及时研究处理。

（三）严格依法依规

法律法规规章规定的检查事项，要加快推进“双随机、一公开”监管工作。除政府系统自身内部管理外，没有法律法规规章依据的各类面向公民、法人、其他社会组织的检查一律不得擅自开展检查，确需进行检查的事项，要依法提请立法机关进行立法后再开展。法律法规规章有规定，但未列入权力清单和责任清单的检查事项，承担检查职能的部门应当向区政府审改办说明未列入权力清单和责任清单的原因，及时开展随机抽查检查工作，并按照程序列入权力清单和责任清单。随机抽查事项清单根据法律法规规章修订情况和工作实际进行动态调整，及时向社会公布。法律法规规定普遍检查的事项，也要贯彻“双随机、一公开”监管工作的理念，用检查对象和执法检查人员双向互盲的检查方式开展监督检查工作。

（四）加强宣传培训

随机抽查是对市场主体监管方式的探索和创新，各部门、各乡镇（街道）要加大宣传力度，通过新闻媒体让广大人民群众了解“双随机、一公开”监管工作。

附件：

1.玉溪市江川区推行随机抽查事项清单工作梳理口径和标准（略）

2.随机抽查事项清单（参考样表）（略）

3.检查对象（市场主体）名录库（参考样表）（略）

4.执法检查人员名录库（参考样表）（略）

5.双随机抽查结果公开表（略）

6.依法取消的检查事项统计表（略）

玉溪市江川区人民政府办公室关于印发精准救助与精准扶贫有效衔接工作实施方案的通知

玉江政办发〔2016〕138号

各乡、镇人民政府，大街街道办事处，区属各有关单位：

《玉溪市江川区精准救助与精准扶贫有效衔接工作实施方案》已经区人民政府研究同意，现印发给你们，请结合实际认真抓好贯彻落实。

玉溪市江川区人民政府办公室
2016年12月28日

玉溪市江川区精准救助与精准扶贫有效衔接工作实施方案

为深入贯彻落实《中共中央国务院关于打赢脱贫攻坚战的决定》精神，根据市委、市政府《关于深入扎实推进扶贫攻坚的实施意见》《玉溪市精准救助与精准扶贫有效衔接的实施方案》和《玉溪市江川区扶贫攻坚脱贫摘帽退出实施方案》有关要求，落实好“社会保障兜底一批”各项工作，特制定以下实施方案。

一、总体要求

（一）指导思想

以党的十八大、十八届三中、四中、五中、六中全会精神、习近平总书记系列重要讲话和考察云南重要讲话精神为指导，充分发挥社会救助在扶贫开发中的重要作用，加强农村低保与扶贫开发制度有效衔接，编密织牢一张“覆盖全面、救急解难、托底有力、持续发展”的基本民生安全网，保障困难群众基本生活水平与全面小康社会建设进程相适应，共享全面小康成果。

（二）总体目标

进一步完善最低生活保障制度，确保农村低保标准与扶贫标准同步提高。对无法依靠产业扶持和就业帮助实现脱贫的贫困人口实行政策性兜底脱贫，确保2016年全区完全或部分丧失劳动能力的农村贫困人口全部脱贫。

（三）基本原则

1.应保尽保、应兜尽兜。将符合条件的农村贫困人口分别纳入农村低保和扶贫开发范围，确保农村低保制度和扶贫开发政策对农村贫困人口实现全面覆盖。

2.加大投入、提高水平。进一步加大资金投入，提高保障标准，健全工作机制，强化工作措施，不断提高社会保障与社会救助水平，保障农村贫困人口基本生活。

3.加强衔接、织密网络。完善制度体系，扫除保障救助盲区，补齐社会救助短板；加强社会保障与扶贫政策的制度衔接，形成各有侧重、互为补充、合力保障的良好工作格局。

二、加强农村低保标准与扶贫标准的衔接，确保“兜得住”

（一）提高农村低保标准。提高农村低保标准，确保我区农村低保标准高于同期扶贫标准。自2016年7月开始农村居民最低生活保障标准由2415元/年提高到2904元/年，自2017年1月开始农村居民最低生活保障标准由2904元/年提高至3420元/年。

（二）提高农村低保补助水平。按照低保标准提高幅度的相应比例提高低保补助水平，自2016年7月开始农村低保对象人均补助水平由143元/月提高到172元/月，自2017年1月开始农村低保对象人均补助水平由172元/月提高到207元/月。

三、加强农村低保对象与扶贫对象的衔接，聚焦“兜得准”

（一）开展台账比对。各乡镇（街道）、民政部门与发改部门要联合开展农村低保对象与扶贫对象台账比对。将“建档立卡”的“扶贫低保户”名单与民政部门建立的农村低保对象名单逐户比对，切实摸清农村低保对象未纳入扶贫“建档立卡”范围的具体情况。

（二）实行应保尽保。各乡镇（街道）、区发改、民政部门要按照“应保尽保、应退尽退、应兜尽兜”的要求，结合低保提标和年度审核工作，开展农村贫困群众排查摸底，主动发现并及时把新增符合农村低保条件的贫困群众全部纳入农村低保范围，对已经脱贫的农村低保对象应坚持退出，对生活困难、靠家庭供养且无法单独立户的成年无业重度（一、二级）残疾人，经个人申请，可按照单人户纳入低保范围。对低保家庭中的老年人、未成年人、重度残疾人等重点救助对象，要采取多种措施提高救助水平，确保其基本生活需求。

（三）实行应扶尽扶。各乡镇（街道）、区发改、民政部门要对未纳入扶贫“建档立卡”的农村低保对象、五保对象，按照扶贫对象认定标准和程序，将符合条件的全部纳入扶贫“建档立卡”范围，并针对贫困人口的不同致贫原因，制定切实可行的帮扶措施，做到应扶尽扶。

（四）统一认定标准。各乡镇（街道）、区发改、民政部门要以家庭劳动力人口、土地收益、住房、机动车、家庭成员患病和残疾情况等作为主要认定指标，综合评估家庭贫困程度，并将评估结果与低保申请家庭收入和财产核对、入户调查、民主评议结果相结合，精准认定保障对象，合理确定补差水平。政府发放的强农惠农生产性补贴、农村养老保险基础养老金、优待抚恤补助金以及教育、计划生育、见义勇为等方面的奖励、补助资金，不计入农村低保申请家庭收入范围。鼓励农村低保对象通过自身努力脱贫致富，对参与扶贫开发项目、外出务工就业等需要一定工作成本的农村低保对象，在核定家庭收入时适当扣减。对通过扶贫开发帮扶实现脱贫的农村低保对象，在一定时期内实行低保渐退，提供保障过渡期，为其彻底脱贫提供保障。

（五）实施动态管理。各乡镇（街道）、民政部门要开展低保对象家庭经济状况定期核查，建立低保对象有进有出的动态管理机制。区发改、民政部门要按照“共同核查、分别认定、分类施策、信息共享、强化衔接”的原则，进一步加强扶贫开发与农村低保两项制度的有效衔接，强化动态管理。

四、加强其他社会救助与精准扶贫的衔接，力争“兜得牢”

（一）落实特困人员供养政策。各乡镇（街道）、区民政部门要全面开展特困人员摸底排查，将原农村五保供养对象、城市“三无”人员统一纳入救助供养范围，做到应救尽救、应养尽养。要积极探索救助供养标准制定、调整办法，根据当地经济社会发展水平，研究制定基本生活标准和差异化的照料护理标准，努力为失去生活自理能力的特困人员提供日常生活照料和患病陪护服务。结合养老服务业发展，进一步加强农村特困人员供养服务设施建设，加快推进特困人员供养服务机构依法办理法人登记工作，提升供养服务机构托底保障能力。

（二）加大医疗救助力度。区卫计部门要根据贫困群众医疗救助需求，逐步提高医疗救助筹资水平和救助比例，减轻贫困群众医疗支出负担，降低因病致贫风险，减少因病致贫现象。突出对农村五保对象、农村低保对象、贫困家庭儿童实施重点救助。积极资助农村低保对象、特困人员参加基本医疗保险。细化重特大疾病救助标准，分类分段设置重特大疾病医疗救助比例和最高救助限额，加强医疗救助与医疗保障、社会救助制度的有效衔接，保障困难群众的医疗需求。

（三）加强临时救助工作。区民政部门要进一步健全临时救助制度，适当提高救助标准、优化救助程序、增强救助时效，着力完善临时救助对贫困群众的救急救难功能。要加大“救急难”工作力度，对突遇不测、因病因灾陷入生存困境的贫困群众及时实施救助，有效保障贫困群众基本生活。

五、完善机制，致力打赢脱贫攻坚战

（一）建立信息资源共享机制。逐步实现民政部门的农村低保对象与扶贫部门的扶贫“建档立卡”对象的台账比对衔接和信息数据对接共享。区民政、发改部门要协同制定两项制度衔接的统计指标，建立农村低保、扶贫开发和贫困统计监测制度，规范相关统计信息的采集、整理、反馈和发布工作。

（二）建立快速响应机制。完善主动发现和快速响应机制，对急难事件做到简单问题当场办、一般问题周内办、复杂问题联合办。落实“一门受理、协同办理”机制，建立统一受理社会救助申请窗口，畅通农村困难群众求助绿色通道，确保救助无盲区，真正做到急群众之所急、解群众之所难。

（三）建立精准识别机制。发挥居民家庭经济状况核对机制作用，逐步把核对机制运用到农村贫困群众的识别和认定工作中，利用信息化手段加强社会救助申请家庭的收入、财产核查。严格履行社会救助申请、审核、审批程序，对农村贫困群众进行精准识别、精准帮扶、精准管理。

（四）完善工作保障机制。进一步完善经费保障机制，积极争取上级资金支持。加强乡镇（街道）社会救助经办机构能力建设，强化业务培训，提升业务能力，进一步做好社会救助、精准扶贫各项工作。

（五）建立舆论引导机制。各乡镇（街道）、区宣传、民政、扶贫等有关部门要充分利用新闻媒体和基层便民服务窗口、村（居）委会公示栏等公众场所，组织开展有针对性的政策宣传活动，努力营造积极参与精准救助与精准扶贫制度有效衔接工作的浓厚氛围，确保群众充分享有知情权和参与权。

玉溪市江川区人民政府办公室关于印发玉溪市江川区困难残疾人生活补贴和重度残疾人护理补贴制度实施方案的通知

玉江政办发〔2016〕139号

各乡、镇人民政府，大街街道办事处，区属各有关单位：

《玉溪市江川区困难残疾人生活补贴和重度残疾人护理补贴制度实施方案》已经区人民政府研究同意，现印发给你们，请认真贯彻执行。

玉溪市江川区人民政府办公室

2016年12月28日

玉溪市江川区困难残疾人生活补贴和重度残疾人护理补贴制度实施方案

为深入贯彻落实《国务院关于全面建立困难残疾人生活补贴和重度残疾人护理补贴制度的意见》（国发〔2015〕52号）、《云南省困难残疾人生活补贴和重度残疾人护理补贴制度实施办法》（云政发〔2016〕5号）和《玉溪市困难残疾人生活补贴和重度残疾人护理补贴制度实施方案》（玉政办发〔2016〕153号）（以下简称两项补贴）精神，结合江川实际，制定以下实施方案。

一、指导思想

以党的十八大、十八届三中、四中、五中、六中全会精神，习近平总书记系列重要讲话和考察云南重要讲话精神为指导，深入贯彻落实《中共云南省委　云南省人民政府关于深入贯彻落实党中央国务院脱贫攻坚重大战略部署的决定》《中共玉溪市委　玉溪市人民政府关于深入扎实推进扶贫攻坚的实施意见》精神，以加快推进残疾人小康进程为目标，以残疾人需求为导向，全面落实残疾人专项福利政策，逐步完善残疾人社会保障体系，切实解决我区残疾人特殊生活困难和长期照护困难，保障困难残疾人的基本生活。

二、基本原则

坚持需求导向，待遇适度。从残疾人最直接最现实最迫切的需求入手，着力解决残疾人因残疾产生的额外生活支出和长期照护支出困难。立足全区经济社会发展实际，科学合理确定保障标准，逐步提高保障水平。

坚持制度衔接，全面覆盖。注重与社会救助、社会保险、公益慈善有效衔接，努力形成残疾人社会保障合力。做到应补尽补，确保残疾人两项补贴制度覆盖所有符合条件的残疾人。

坚持公开公正，规范有序。建立和完善标准统一、便民利民的申请、审核、补贴发放机制，做到阳光透明、客观公正。加强政策评估和绩效考核，不断提高制度运行效率。

坚持资源统筹，责任共担。积极发挥家庭、社会、政府作用，形成家庭善尽义务、社会积极扶助、政府兜底保障的责任共担格局。

三、主要内容

（一）补贴对象

1.困难残疾人生活补贴对象。主要补助残疾人因残疾产生的额外生活支出，补贴对象为具有江川区户籍的持有第二代残疾证，已纳入建档立卡的残疾人、符合建档立卡条件但尚未纳入数据库的残疾人、不符合建档立卡条件的无劳动能力的残疾人。

2.重度残疾人护理补贴对象。主要补助残疾人因残疾产生的额外长期照护支出，对象为具有江川区户籍的持有第二代残疾证，残疾等级被评定为一级、二级且需要长期照护的重度残疾人。长期照护是指因残疾产生的特殊护理消费品和照护服务支出持续6个月以上时间。

（二）补贴标准

1.困难残疾人生活补贴标准，按照每人每月50元发放；

2.重度残疾人护理补贴标准，按照一级每人每月70元、二级每人每月40元发放。

（三）补贴形式

残疾人两项补贴采取社会化按月发放。

（四）政策衔接

符合条件的残疾人可同时申领两项补贴。既符合两项补贴条件，又符合老年、因公致残、离休等福利性生活补贴（津贴）、护理补贴（津贴）条件的残疾人，可择高申领其中一类生活补贴（津贴）、护理补贴（津贴）。享受孤儿基本生活保障政策的残疾儿童不享受困难残疾人生活补贴，可享受重度残疾人护理补贴。两项补贴不计入城乡最低生活保障家庭收入。领取工伤保险生活护理费、纳入特困人员供养保障的残疾人不享受残疾人两项补贴。

四、申领程序及部门职责

（一）本着自愿申请的原则，由本人向户籍所在地乡镇人民政府（街道办事处）残联受理窗口提交书面申请，根据申请补贴项目分别填写《困难残疾人生活补贴申请审核登记表》和《重度残疾人护理补贴申请审核登记表》。残疾人的法定监护人，法定赡养、抚养、扶养义务人，所在社区、村（居）民委员会或其他委托人可以代为办理申请事宜。

申请提交材料：

1.申请书；

2.申请审核登记表；

3.申请人免冠5分照片1张；

4.提交第二代中华人民共和国残疾人证复印件；

5.提交户口本、身份证、低保证原件及复印件（无低保证由乡镇〈街道〉民政办出具证明）、信用社存折复印件；

6.重度残疾人长期照护证明。由本人所在社区、村（居）委会出具。

（二）各乡镇（街道）职责：按照“一门受理、协同办理”机制受理两项补贴申请。各乡镇（街道）残联受理窗口应自收到申请5个工作日内，对申请人实际情况进行调查核实后出具初审意见，并在乡镇（街道）政务信息公开平台公示5个工作日。无异议后在申请审核登记表上签署初审意见加盖乡镇人民政府（街道办事处）公章。不符合条件的，应在3个工作日内将初审意见书面通知申请人或委托人。初审合格材料与发放名册报送区残联组织进行审核，新增加符合条件的残疾人每年审核两次。

（三）区残联职责：区残联在收到各乡镇（街道）初审合格材料后5个工作日内完成审核工作，在申请审核登记表上签署审核意见。不符合条件的在3个工作日内将审核意见书面通知各乡镇（街道）。审核合格材料与发放名册转送区民政局审定。

（四）区民政局职责：区民政局在收到区残联审核材料后在5个工作日内完成残疾人家庭经济状况审核，审定合格的名单在区政务信息网公示5个工作日，无异议后由区民政局签署审定意见。公示有异议的应按照初审程序重新组织调查核实。不符合条件的应在3个工作日内将审定意见书面通知区残联。审定合格材料报区财政局申请拨付资金。

五、补贴资金来源及发放程序

（一）资金来源。按照有关规定，两项补贴所需资金实行分级负担制，由省、市、区三级财政共同承担。区级结合困难残疾人和一二级重度残疾人人口数、资金支出情况、当地财力状况，将补贴资金纳入同级财政预算，建立与当地经济社会发展水平相适应的资金保障机制。资金筹集包括中央和省财政一般性转移支付资金、市和区级财政预算安排资金、福彩公益金、社会捐助收入等。两项补贴标准按省政府规定执行，每年所需资金，扣除中央、省和市补助后，不足部分由区级财政承担。

（二）发放程序。补贴资格审定合格的残疾人自递交申请当月计发补贴。两项补贴严格按照“残联审核、民政审定、财政部门核拨资金、金融机构代发到人”的程序实行社会化发放。特殊情况下需要直接发放现金的，要制定专门的监管办法并报区民政局和财政局备案，杜绝冒领、重复领取、克扣补贴资金等现象。

六、补贴对象管理

（一）各乡镇（街道）要统筹建立两项补贴工作信息网络平台，建立工作台账，加强对基本信息的实时监测、比对、归纳分析和动态管理，确保补贴对象的真实性。各乡镇（街道）两项补贴对象范围、总人数、拟新增人数、具体补贴标准、补贴时间和资金支出情况，应按月上报区残联审核后报区民政局和区财政局，作为加强资金管理的重要依据。

（二）两项补贴对象姓名、补贴类型、补贴金额等基本信息，应在申请人户籍所在地或长期居住地公示，公示内容要保护残疾人隐私，不得公开与残疾人补贴审核无关的信息。

（三）两项补贴实行动态管理制度。采取残疾人主动申报和发放部门定期抽查相结合的方式，建立两项补贴定期复核制度，实行应补尽补、应退则退的动态管理，及时将不符合条件的对象退出补贴范围。定期复核内容包括申请人资格条件是否发生变化、补贴是否及时足额发放到位等。原则上低保家庭困难残疾人定期复核和低保对象复核同步进行，重度残疾人可每年复核1次。

（四）有下列情形之一的经区残联核实报区民政局审定停止发放两项补贴：

1.残疾人死亡的；

2.残疾人户籍迁出江川辖区的；

3.残疾人家庭经济状况发生变化的；

4.发现申请材料弄虚作假的；

5.其他不符合发放条件的。

七、保障措施

（一）加强组织领导。各乡镇（街道）、区属各有关部门要充分认识全面建立残疾人两项补贴制度的重要性，将其作为保障和改善民生的重要任务，完善政府领导、民政牵头、残联配合、部门协作、社会参与的工作机制。要通过政府购买服务、引导市场服务、鼓励慈善志愿服务等方式，健全补贴与服务相结合的残疾人社会福利体系，促进全区残疾人事业发展。区民政局要切实履行主管部门职责，做好补贴对象资格审定、补贴资金发放、监督管理等工作，推进残疾人两项补贴制度与各项社会福利、社会救助、社会保险制度有机衔接。区财政局要加强资金保障，及时足额安排补贴资金及工作经费，确保残疾人两项补贴制度顺利实施。区残联要发挥“代表、服务、管理”职能作用，及时掌握残疾人需求，严格残疾人证发放管理，做好残疾人两项补贴相关审核工作。

（二）强化监督管理。要将残疾人两项补贴工作纳入年度考核内容，重点督查落实情况。残疾人两项补贴资金发放使用情况要定期向社会公示，接受社会监督，区财政、审计、监察部门要加强监督检查，防止出现挤占、挪用、套取补贴资金等违法违规现象。区民政局会同区残联定期开展残疾人两项补贴工作绩效评估，及时处理残疾人及其他群众反映的意见建议和投诉举报，不断完善相关政策措施，切实维护残疾人合法权益。

（三）深化政策宣传。各乡镇（街道）、区属各有关部门要及时组织学习培训，全面掌握残疾人两项补贴制度的精神和内容，认真组织实施残疾人两项补贴工作，确保工作顺利推进，补贴发放精准到位。要充分利用各种宣传媒介及时宣传残疾人两项补贴制度，营造良好舆论氛围，引导全社会更加关心、关爱残疾人。要充分考虑残疾人获取信息的特殊要求和实际困难，采用灵活多样的形式进行宣传解读，确保残疾人及其家属知晓残疾人两项补贴制度内容，了解基本申领程序和要求。要认真做好残疾人两项补贴政策解释工作，协助残疾人便捷办理相关手续。

残疾人两项补贴制度自2016年1月1日起全面实施。本实施方案由区民政局和区残联负责解释。各乡镇（街道）要结合实际，制定贯彻实施方案，推进相关工作落实。

附件：

1.困难残疾人生活补贴申请审核登记表（略）

2.重度残疾人护理补贴申请审核登记表（略）

图书在版编目（CIP）数据

江川年鉴．2017／玉溪市江川区人民政府区志编纂委员会办公室编．
—芒市：德宏民族出版社，2017.11
ISBN 978-7-5558-0757-5

Ⅰ．①江… Ⅱ．①江… Ⅲ．①江川县－2017－年鉴
Ⅳ．①Z527.44

中国版本图书馆CIP数据核字（2017）第259755号

书　名	江川年鉴·2017
作　者	玉溪市江川区人民政府区志编纂委员会办公室　编

出版·发行	德宏民族出版社	责任编辑	毕　兰
社　址	云南省德宏州芒市勇罕街1号	责任校对	濮文娟
邮　编	678400	装帧设计	徐凡清
总编室电话	0692-2124877	排　版	李维冉　朱晓虹
汉文编室	0692-2111881	封面供稿	曲雪琼
电子邮件	dmpress@163.com	发行部电话	0692-2112886
印刷厂	昆明鹰达印刷有限公司	民文编室	0692-2113131
		网　址	www.dmpress.cn
开　本	889×1194mm　大16开	版　次	2017年12月第1版
印　张	30	印　次	2017年12月第1次
字　数	840千字	印　数	1-1000册
书　号	ISBN 978-7-5558-0757-5	定　价	150.00元

如出现印刷、装订错误，请与承印厂联系调换事宜。印刷厂联系电话：0871-63646096